国家社科基金一般项目“18—19世纪学术家族之研究”（12BZS049）结项成果

清代汉学家族研究

罗检秋 著

中華書局

图书在版编目（CIP）数据

清代汉学家族研究/罗检秋著．—北京：中华书局，2019.7
ISBN 978-7-101-13928-0

Ⅰ.清…　Ⅱ.罗…　Ⅲ.汉学-家族-研究-中国-清代
Ⅳ.K249.078

中国版本图书馆 CIP 数据核字（2019）第 119159 号

书　　名	清代汉学家族研究
著　　者	罗检秋
责任编辑	张荣国
出版发行	中华书局
	（北京市丰台区太平桥西里 38 号　100073）
	http://www.zhbc.com.cn
	E-mail:zhbc@ zhbc.com.cn
印　　刷	北京市白帆印务有限公司
版　　次	2019 年 7 月北京第 1 版
	2019 年 7 月北京第 1 次印刷
规　　格	开本/710×1000 毫米　1/16
	印张 33¼　插页 2　字数 500 千字
印　　数	1-2000 册
国际书号	ISBN 978-7-101-13928-0
定　　价	99.00 元

目　录

导　论

20世纪初年，梁启超指出："吾中国社会之组织，以家族为单位，不以个人为单位，所谓家齐而后国治是也。周代宗法之治，在今日其形式虽废，其精神犹存也"。①其后，钱穆论中国文化也说："'家族'是中国文化一个最主要的柱石，我们几乎可以说，中国文化，全部都从家族观念上筑起，先有家族观念乃有人道观念，先有人道观念乃有其他的一切。"②直到清末民初，绝大多数中国人仍生活于家族社会，士大夫的家族意识仍然挥之不去。

一个世纪过去了，家国同构的历史传统趋于解体，儒家"修齐治平"的思想魅力大为减弱。人们更多地关注、依赖于法制，期望"社会转型"。许多人从中西分殊的角度，将家族本位到社会本位视为"转型"的重要标志。但在此过程中，传统道德观念趋于崩溃，新的信仰和价值观念尚未确立，法制捉襟见肘，社会乱象环生。在20世纪的政治风云中，家族文化也在批判"族权"的激流中被扭曲和根本否定了。

人们常说，对传统文化当弃其糟粕，取其精华，家族文化也不例外。但何为糟粕，何为精华，则仍是有待研究的课题。家族作为中国社会的衍生机制，其客观作用不可一概而论。族权和家族主义应予否定，而家教、家学和家风的价值仍值得重视和辨析。简言之，良好的家教是养成人格、

---

① 梁启超：《新大陆游记节录》，《饮冰室合集》专集之二十二，中华书局1989年版，第121页。

② 钱穆：《中国文化史导论》（修订本），商务印书馆1994年版，第51页。

培育人才的摇篮，与学校教育相辅相成，甚至像当代一些教育家所云，家庭的作用对于人才的成长远比学校重要；家风是培育良风美俗的种子，也是民族文化的外在体现；家学是学术传衍的重要途径，也是民间学术繁荣的表征。在中国古代尤其是明清时期，学术家族俨然为一代文化风骨的集中体现。一些家族对于学术的执着精神和卓越成就，令后世学者感佩不已。民国年间，社会动荡，民生艰难，家学遗风稍逊前代，而父子、兄弟、叔侄在学术上并驾齐驱者仍不鲜见。这种现象至今发人深省。

长期以来，研究者聚焦于学术与政治的关联，而对铸造学术辉煌的家庭因素不甚在意。梁启超、钱穆等人注意到家族社会，却未对学术家族展开研究。古代家世其学显然不只是职业问题，社会学家潘光旦指出："世家和一个兴骤亡速的暴发户又有什么分别？还不是因为遗传的基础深厚，而婚姻的选择审慎么？目前人才问题的症结，就在没有真正的世家，目前研究人才问题的通病，正坐不懂世家是什么东西！"[①]他注重血缘因素，置重婚姻关系，当然只是一家之言，实际情形可能更为复杂。但看到世家对于人才成长的重要性，仍具有启发意义。所谓"遗传的基础"，不仅包括血缘关系，还体现在学术、思想，以及家教、家风的薪火相传。进而言之，无视家族环境，正如忽略政治制约一样，都不能深入、全面地阐释许多学术现象，也不能洞悉古代士人的心灵世界。

清代士人家族众多，有些科名显赫，有的家学相传。仅就学术家族而论，数量大约也在百家以上。本书显然不可能对此一一论列，面面俱到。汉学是清代学术的主流，家世其学者比比皆是，典型地体现了学术家族的繁衍、兴衰。事实上，目前有关清代汉学的研究已经"山重水复疑无路"，亟待转换视角和思路，关注其家族语境、学术薪火和社会背景。

一　汉学分派的困境

明清之际，士大夫经历了天崩地解般的震荡，学术风气由空疏转向笃实，源远流长的考据学发展起来。清初许多学者追求"回归原典"，学

---

① 潘光旦：《中国伶人血缘之研究》，《潘光旦文集》第二卷，北京大学出版社1994年版，第158页。

术重心从“四书”转到“五经”，形成了偏重经学考证的局面。乾隆年间，汉学逐渐取代宋学而成为学术主流。[①]汉学名家辈出，头绪纷繁，地缘、师承、书院和家学成为传衍学术的不同途径，而意义不尽相同。清末以来，一些学者依据师承或地域来梳理汉学脉络，试图将其分列几派。1902年，梁启超说：“一曰吴派，一曰皖派。吴派开山祖曰惠定宇……皖派开山祖曰戴东原。”[②]稍后，章太炎进而指出：清儒“其成学著系统者，自乾隆朝始。一自吴，一自皖南。吴始惠栋，其学好博而尊闻。皖南始戴震，综形名，任裁断，此其所异也”。惠栋弟子有江声、余萧客，“而王鸣盛、钱大昕亦被其风，稍益发舒。教于扬州，则汪中、刘台拱、李惇、贾田祖，以次兴起”。戴震受学于江永，“其乡里同学，有金榜、程瑶田，后有凌廷堪、三胡”。“震又教于京师。任大椿、卢文弨、孔广森，皆从问业。弟子最知名者，金坛段玉裁，高邮王念孙。”俞樾、孙诒让“皆承念孙之学”。[③]自此，清代汉学遂有吴、皖二派说。1907年，刘师培述近儒学术系统亦云：东吴惠栋“承祖父之业，始确宗汉诂，所学以掇拾为主，扶植微学，笃信而不疑”；徽歙之地，戴震“曲证旁通，以小学为基，以典章为辅，而历数、音韵、水地之学，咸实事求是，以求其源”。[④]他们评论清儒，多谈派别，而基本不出吴、皖二派思路。

民国以后，随着梁、章等人的学术影响扩大，汉学分派流播渐广。民初支伟成撰《清代朴学大师列传》，采纳章太炎从前的做法，将多数扬州学者归入皖派，而将汪中父子、李惇、刘台拱、朱彬归入吴派。因他对一些人的归属犹疑不定，特再征询意见。而此时章氏认为，“宝应刘台拱、

---

① 笔者认为，“汉学”一词至迟在南宋已较常见，而且均指两汉时期的学术思想。清代学者逐渐尊信、归依汉儒经说，对于“汉学”的评价也发生了根本变化。清代汉学是一个变化、发展的概念，其外延往往因时代和士人的思想、学术差异而有所不同。就其主体内容经学而言，它既涵盖乾嘉古文经学及其流风余韵，又包括嘉庆以降的今文经学。详见拙著《嘉庆以来汉学传统的衍变与传承》（中国人民大学出版社2006年版）第7—14页。

② 梁启超：《论中国学术思想变迁之大势》，《饮冰室合集》文集之七，第92页。

③ 章太炎：《訄书重订本·清儒》，《章太炎全集》第一辑，上海人民出版社2014年版，第154—155页。

④ 刘师培：《近儒学术系统论》，《左盦外集》卷九，《刘申叔先生遗书》第49册，宁武南氏1936年版，第3—4页。

朱彬二家，皆兼宋学意味，而朱之《礼记》尤甚。即皖派大师江、戴二公亦然。江本兼谈宋学，戴氏《孟子字义疏证》力与宋学相攻，而说经实兼采宋学”。于是，支伟成依据学者对宋学的态度，将刘台拱、朱彬二家转归皖派，汪中、李惇仍属吴派。但他对刘、朱二家因兼采汉、宋便列为皖派的做法心存疑虑，因为兼采汉、宋者远不止此。他对陈寿祺父子、张惠言、刘文淇、俞正燮等人究竟属于吴派还是皖派，均犹豫不决。因章太炎的建议，才勉强将其列入吴派或皖派。[①]支伟成已注意到扬州学者的独立性，认为王念孙、段玉裁、任大椿、凌廷堪还是皖派，阮元以后始有扬州学派。其后，张舜徽修正此说，系统地研究了“扬州学派”，将分属吴、皖的汪中、高邮王氏、任大椿以及焦循、阮元等单列为“扬州学派”，认为清代学术以“吴学最专，徽学最精，扬州之学最通”。20世纪40年代，他给学生讲“中国近百年学术史”，“着重阐述扬州学派”。[②]

后来论者试图寻求更为合理的分派，新见迭出。近年有的将其综述为：吴、皖二派说，吴、皖、扬三派说，吴、皖、扬、浙四派说，惠（栋）、戴（震）、钱（大昕）三派说。[③]从清末至今，讨论汉学分派已历百年之久，却始终缺少共识。至20世纪90年代，已有学者对汉学分派提出质疑，认为从惠学到戴学是一个历史过程，不宜以吴、皖二派来概括乾嘉汉学。因为惠、戴前后的许多经学家如顾栋高、陈祖范、吴鼎、梁锡玙等，史学家全祖望、邵晋涵、钱大昕、章学诚，扬州名儒汪中等人皆不在惠、戴二学范围之内。同时除吴、皖二地之外，江浙的常州、无锡、嘉定、扬州、镇江、绍兴、余姚、宁波、杭州等地均是文人渊薮，学者如云。[④]有的提出，所谓吴派好古博闻，重考核，唯汉是好；皖派善裁断，重义理，实事求是，但划为吴派的钱大昕并不嗜古，且与戴震互相推重。

---

① 《章太炎先生论订书》，支伟成《清代朴学大师列传》卷首，岳麓书社1998年版，第1—7页。

② 张舜徽：《清代扬州学记》，广陵书社2004年版，第1—2页。

③ 黄爱平：《清代汉学流派研究的历史考察及其评析》，《中国文化研究》2008年第3期。

④ 陈祖武推衍其师杨向奎先生之说，较早对吴、皖分派提出质疑，详见其《关于乾嘉学派的几点思考》，收入《清儒学术拾零》，湖南人民出版社2002年版，第162—169页。

皖派也有好古者，如金榜专宗郑玄，戴震不读汉以后书。其弟子段、王、孔广森均非皖人，且段、王不传戴氏义理之学，对宋学的态度也不相同。即使在吴派、皖派内部，学者之间也多差异。[①]有的论者也对钱大昕为吴派说提出质疑。[②]这些见解均有价值，但还可深入论述，挖掘分派困境的学术根源。笔者认为，导致这些误识的根源，大致有以下几点：

其一，师承关系错综难辨。清代师承关系复杂多样，有授业师、受知师、座师、房师等，还有私淑弟子，他们对学术传承的意义不一。钱大昕曾云："古之所谓师者，曰经师，曰人师；今之所谓师者，曰童子之师，曰乡会试之师，曰投拜之师。"尤其是"投拜之师"，"外雅而内俗，名公而实私"。没有传道解惑，质疑问难，"今日得志而明日背其师矣"。[③]这揭示了清代师承关系的复杂性，较之汉代经学师承已经不同。被人们看作吴、皖宗师的惠、戴二人曾有师弟之谊，在汉学群体中具有典型意义。戴震（1724—1777）早年并尊汉、宋，乾隆二十二年（1757）在扬州卢见曾幕中谒见惠栋（1697—1758）后转尊汉学。故钱穆认为："东原论学之尊汉抑宋，则实有闻于苏州惠氏之风而起也。"[④]尊崇汉学是乾嘉汉学家的基本取向，尽管具体观点因人而异。至于贬抑宋学，则其情形千差万别。除了尊汉之外，惠、戴治学方法基本一致。惠栋说："经之义存乎训，识字审音，乃知其义。是故古训不可改也，经师不可废也。"[⑤]戴震认同其由古训而通经义的方法："故训明则古经明，古经明则贤人、圣人之理义明，而我心之所同然者，乃因之而明。贤人、圣人之义理非它，存乎典章制度者也。松崖先生之为经也，欲学者事于汉经师之故训，以博稽三古典章制度，

---

① 暴鸿昌：《乾嘉考据学流派辨析——吴派、皖派说质疑》，《史学集刊》1992年第3期。

② 王记录：《钱大昕是吴派吗？兼谈乾嘉学术派别问题》，《河南师范大学学报》1995年第5期。

③ 钱大昕：《与友人论师书》，《潜研堂文集》卷三十三，《嘉定钱大昕全集》第9册，江苏古籍出版社1997年版，第564—565页。

④ 钱穆：《中国近三百年学术史》上册，中华书局1986年版，第322页。

⑤ 惠栋：《九经古义·九经古义述首》，见《丛书集成新编》第10册，台北，新文丰出版公司1985年版，第163页。

由是推求理义，确有据依。”[①]惠著《周易述》的第二十二、二十三卷杂采经典论《易》之语，为《易微言》上、下卷，分列数十条目，上卷考释“元”“无”“潜”“微”“几”“初”“本”“极”“一贯”“心”“养心”等词，下卷则考释“道”“神”“玄”“妙”“诚”“仁”“善”等词。[②]他于故训中求义理，对宋学观念加以重释。戴著《孟子字义疏证》沿用由训诂以明道的方法，对“理”“天道”“性”“道”“诚”“权”等词进行更为详尽的疏证，二人研究方法如出一辙。

然而，自顾炎武、阎若璩、胡渭、惠栋以来，汉学家莫不强调读书必先识字，倡导文字训诂之学，故学术方法尚不足以定惠、戴之同。应该说，有师弟之谊且学术方法相同的惠、戴之所以被后人分门别派，很大程度上取决于学术思想的差异。惠氏弟子王鸣盛（1722—1798）曾“间与东原从容语：‘子之学于定宇何如？’东原曰：‘不同。定宇求古，吾求是。’嘻！东原虽自命不同，究之求古即所以求是，舍古无是者也”。[③]在王鸣盛看来，所谓求古、求是之分，只是戴震学术争胜的自我标榜。他不读汉以后书，也隐含以古为是的价值取向。然而，参与编纂《四库全书》的戴震影响力很大，后来《四库全书总目提要》采其说，谓惠栋“其长在古，其短亦在于泥古”。[④]王引之、焦循也都接受此说。[⑤]其实，乾嘉学者的求古与求是并无根本矛盾，王鸣盛的说法也不无道理。真正区分惠、戴二学的依据是其思想歧异和学术观点。惠栋对宋儒的天理、人欲之辨不以为然，戴震则进而疏证《孟子》等书，全面批判理学，自建思想体系。惠、戴二人的学术定位为认识汉学脉络提供了参考。

---

① 戴震：《题惠定宇先生授经图》，《戴东原集》卷十一，《续修四库全书》影印乾隆五十七年段玉裁刻本，第10页。

② 惠栋：《周易述》卷二十二、卷二十三，《景印文渊阁四库全书》第52册，台北，商务印书馆1986年版，第251—300页。

③ 王鸣盛：《古经解钩沉序》，《西庄始存稿》卷二十四，《续修四库全书》影印乾隆三十年刻本，第7页。

④ 纪昀等纂：《钦定四库全书总目》卷二十九，上册，中华书局1997年版，第380页。

⑤ 焦循：《述难四》，《雕菰集》卷七，《续修四库全书》影印道光刊本，第14—15页。

乾嘉学者不乏类似关系，其学术方法之同和思想歧异决不亚于惠、戴二人。亲炙惠栋的弟子有江声、余萧客，其他挂名弟子、再传弟子，或者问学请益者，与惠氏学术差异尚多。被人列为吴派的钱大昕，早年像戴震一样向惠栋问学，但其史学重心与惠氏经学迥然不同，两者义理之学更不可同日而语。嘉道年间的钱泳说：钱著“精深纯粹，贯综百家，是合惠、戴两家之学而集为大成者也”。[①]章太炎也说：“吴派之起，盖以宋学既不足尚，而力攻宋学，如毛奇龄辈，其谬戾又甚焉。故纯取汉学，不敢出入，所以廓清芜障也。至钱大昕出，实与三惠异趣。”故主张将钱大昕列入“大师传”。[②]又如，张惠言曾向吴、皖学者问学，被人列为“皖派”或“吴派”，其实也是左右为难。至于被列入“吴派”的汪中，其治学领域之博、学术思想之新简直与“吴派”形同天壤。那么，惠栋与江声、余萧客等几人是否堪称一派？江声虽是惠氏传人，但其后人的学派色彩日趋淡簿。江声之孙江沅幼承家学，擅长小学，著《说文释例》2卷。段玉裁晚年侨居苏州时，江沅出入其门数十年，为其高足。段著《六书音均表》，江沅则以段书第二表为纲，成《说文解字音均表》17卷。故其学术上既有“吴派”遗传，又摄入“皖派”血统。江沅还从理学人物彭绍升游，师其辞章之学。如此，江沅究竟属于哪派，恐怕已很难判别了。

按一般说法，“皖派”结胎于歙县富商汪梧凤的不疏园。江永、戴震早年居处僻陋，为乡俗所怪。汪梧凤于二人“独礼而置诸其家，饮食供具惟所欲。又斥千金置书，益招好学之士日夜诵习讲贯其中。久者十数年，近者七八年、四五年，业成散去”。[③]汪梧凤、戴震、郑牧、汪肇龙、程瑶田、方矩、金榜被称为“江门七子”，得切磋之益，但其学术重心和倾向差异甚大。江永尊朱子，撰《近思录集注》等书，戴震则在习闻宋学后，转而抨击宋学。他们“业成散去”之后，学术关联更显疏远。后来安徽学政朱筠幕又取代不疏园而成为皖南学术中心。换言之，不疏园正如朱

---

① 钱泳：《竹汀宫詹》，《履园丛话》上，中华书局1979年版，第148页。

② 章太炎：《吴派经学大师列传第三批语》，《清代朴学大师列传》，第26页。

③ 汪中：《大清故贡生汪君墓志铭并序》，《新编汪中集》，广陵书社2005年版，第483页。

筠、毕沅等幕一样，只是学者临时聚结之所，谋生与问学兼而有之，甚至如幕中的汪中、章学诚那样学术思想势如水火。

戴震"学高天下，而不好为人师"，[①]弟子主要有王念孙、段玉裁。至于孔广森，与戴氏姻娅而执弟子礼。任大椿与戴震同任馆职，却非弟子。段、王于戴氏学术也是既有传承，又有变异。他们发展了戴氏文字训诂之学，而摒弃其义理之学。从思想线索上看，段、王与戴震之差异，决不亚于戴震与惠栋之间。戴震的早年学源，除了江永、惠栋之外，还有秦蕙田、钱大昕的某些影响。而王念孙早年除与贾田祖、李惇等一起讲求古学外，也与刘台拱、陈昌齐、陈鳣等切磋文字音韵学，学源不囿于戴震。

清代汉学家虽讲师承，却排斥宋、明儒家的派系观念。后来张舜徽认为："清代学者，有些人有师承，有传授；而更多的人，全由自学成才，无师自通，谈不上有什么渊源。这是和宋明学术界特别是理学诸儒的学风截然不同的地方。但是由于同在一个地区，彼此影响，自然形成一种学术风尚，这倒是客观存在，至为显著。"[②]他认为，清代汉学家治学以实事求是为宗，不像汉、宋儒家那样授受谨严，其师承脉络不足以成派，而地域性因素更有意义。

其二，地域性陷阱。扬州学派、浙东学派之说主要是从地域而论，因为这些学者缺少师承。扬州学派最初只是高邮王氏、宝应刘氏及汪中等同郡学者群，自学术史家张舜徽表彰之后，遂与吴、皖鼎立。然而，被纳入该派学者越多，其间学术差异则愈益明显。从学术源头上看，贾田祖、李惇、汪中等人崇尚顾炎武的经学，排斥宋学，犹如汪中所云："中少日问学，实私淑诸顾宁人处士。"[③]汪中学术上推重高邮王氏、宝应刘氏、朱氏及好友贾田祖、李惇，但对同郡任大椿、顾九苞等人贬斥甚严，而后者恰恰被人看作扬州学派的重镇。宝应刘台拱、朱彬等人交好汪中，却传承理学，调和汉、宋，与汪中及贾田祖、李惇的学术倾向不同。

① 段玉裁：《戴东原先生年谱》，《北京图书馆藏珍本年谱丛刊》第104册，北京图书馆出版社1998年版，第596页。

② 张舜徽：《清儒学记自序》，《张舜徽集·清儒学记》，华中师范大学出版社2005年版，第2页。

③ 汪中：《与巡抚毕侍郎书》，《新编汪中集》，第428页。

任大椿的两名高足，一为汪廷珍，江苏山阳人；一为胡长龄，江苏通州人（今南通）。距扬州虽不算太远，但与扬州经学几乎无关。任大椿的《深衣释例》《释缯》等著作，对孙星衍、洪亮吉、恽敬、许宗彦、张澍、刘宝楠、汪士铎、成蓉镜等人的研究都不无启发，[①]其中仅刘、成是扬州人。江藩的《国朝汉学师承记》将王念孙、王引之、任大椿附于戴震之后，其他人则列为扬州学者，其实也表明了扬州学者的不同脉络。汪中撰李惇墓志云："是时古学大兴，元和惠氏、休宁戴氏，咸为学者所宗。自江以北，则王念孙为之唱，而君和之，中及刘台拱继之。并才力所诣，各成其学。虽有讲习，不相依附。"[②]他们各成其学，不相依附，显示了学术差异和独立性。

嘉道年间，贾田祖、李惇、汪中、任大椿、顾九苞等均已辞世，扬州学者主要有王引之、阮元、焦循、顾凤毛、江藩、刘宝楠、凌曙、刘文淇、黄承吉、汪喜孙等人。王念孙、朱彬虽然健在，却以耄耋之年闭门家居，与晚辈学者交往不多。此时扬州汉学家多传承家学，如王、焦、顾、刘、汪等。其中，阮元（1764—1849）作为封疆大吏和汉学护法，影响巨大，而焦循则以学问和人缘（阮元的族姐夫）而成为扬州学术重镇。然而，他们与前辈汉学家的学术重心与学术认同差异明显。前期以高邮王氏为代表，侧重于文字音韵学，后期的阮元、焦循等人侧重考释名物典制以及重释孔、孟义理。阮元的成名作是《考工记车制图解》，随后又与焦循一起阐释性理、仁义等主题。他们对清代学统的认同也有变化。与汪中等人推尊顾炎武不同，阮元表彰毛奇龄对清代汉学的开创之功："国朝经学盛兴，检讨首出于东林、蕺山空文讲学之余，以经学自任，大声疾呼，而一时之实学顿起。当是时，充宗起于浙东，朏明起于浙西，宁人、百诗起于江淮之间。检讨以博辨之才，睥睨一切，论不相下，而道实相成。迄今学者日益昌明，大江南北著书、授徒之家数十。视检讨而精核者固多，谓

① 张舜徽：《清代扬州学记》，第84页。

② 汪中：《大清故候选知县李君之铭并序》，《新编汪中集》，第480页。

非检讨开始之功则不可。”[①]汪、阮建立的清代汉学谱系明显不同。

焦循既吸取惠栋、钱大昕之学，又阐发戴震思想。乾嘉之际，朱筠、章学诚等人对戴氏义理学均不谓然，而焦循肯定戴氏“自得之义理”，非宋儒《西铭》《太极》所讲之义理，其所著之书“惟《孟子字义疏证》三卷、《原善》三卷最为精善”。[②]显然，作为扬州学术重镇，焦循与吴、皖汉学大师的学思多有相同。注重汉学脉络的江藩15岁师从余萧客。三年后，余萧客死。江声“教之读七经三史及许氏《说文》，乃从艮庭受惠氏《易》”。就此而言，江藩师承“吴派”。大约江藩20岁时，又与前辈学者汪中定交。汪中劝其治《九章算术》，并以梅氏历算之书相赠，而江藩“自以知志位布策，皆容甫之教也”。江氏交好的扬州学者还有李惇、阮元。[③]此外，他少时还师从出入儒、佛的长洲诸生薛起凤、吴县诸生江缙，自云：“藩从（薛）先生受句读，方十二龄，即论以涵养工夫。”[④]可见，江藩学源广泛，也很难以“吴派”或“扬州学派”来概括。

嘉道年间，除了阮元、焦循、江藩因为姻亲或幕主关系外，其他扬州学者间的交流已大不如前辈。阮元主编的《儒林传稿》最初没有汪中，后在王念孙的斡旋下，收入汪中。但阮氏所拟传稿不足百字：“汪中，字容甫，江都拔贡生。好古博学，长于经谊，于诗、古文、书翰，无所不工。著《周官征文》《左氏春秋释疑》，皆依据经证，箴砭俗学，并见《述学》内、外篇。”[⑤]这寥寥数语显然不足以反映汪中的学术和生平，且多不准确。不过，道光年间汪喜孙刊刻其父遗著、阐扬家学后，汪中的学术地位得到提升，阮元也誉其为“通儒之学”。“通儒之学”也是阮氏的学术追求。他提倡并践履调和汉、宋，与贾田祖、李惇、汪中等前辈力排宋

① 阮元：《毛西河检讨全集后序》，《揅经室二集》卷七，上海商务印书馆《四部丛刊》影印初刻本，第10—11页。

② 焦循：《申戴》，《雕菰集》卷七，第1页。

③ 闵尔昌编：《江子屏先生年谱》，《北京图书馆藏珍本年谱丛刊》第122册，第592、594—595页。

④ 江藩：《国朝宋学渊源记》，《汉学师承记（外二种）》，生活·读书·新知三联书店1998年版，第222页。

⑤ 阮元：《拟儒林传稿汪中传》，《汪喜孙著作集》下，台北，中研院中国文哲研究所2003年版，第901页。

学形成反差。

更有进者，阮元对今文经学相当推重。他不仅为孔广森的《春秋公羊经传通义》作序，而且《儒林传稿》的《孔广森传》长达4000多字，比一般人物传稿多出数倍。且谓“孔广森于《公羊春秋》，张惠言于孟、虞《易说》，亦专家孤学也”。[①]阮元与常州庄氏交往密切，且多学术认同。在山东学政任上，他结识了知县庄述祖，称其“学有本原，雅博精审”。后来，刘逢禄、宋翔凤至京师，都曾馆于阮家。道光初年，庄存与的《味经斋遗书》刊行时，阮元作序，对其经学评价甚高。[②]阮元总督两广时，立学海堂，取名于何休学无不通，“有学海之誉”。他在此以尊崇今文经学教士，其“学海堂策问”还包括“汉何邵公赞”一类题目。[③]阮元编纂《皇清经解》，将庄存与、刘逢禄、宋翔凤等人的著作收入。而汪喜孙请求收入其父《春秋述义》时，阮元答以《经解》将来还有续编，“只好续编，恐未能羼入前卷耳”。[④]所谓续编再收，其实是婉言谢绝了。阮元休致后，不与地方官来往，惟独龚自珍来访时，精神焕发。

另一方面，因汪喜孙交好刘逢禄，汪中之学颇得刘氏好评。刘逢禄读汪氏著作，认为“其学综周、秦、两汉，而深通其条贯。其文兼汉、魏、六朝，下止中唐，而不苟为。炳炳麟麟，渊渊乎文有其质，儒家之隽才也”。[⑤]汪中的义理之学和经世意识引起了刘逢禄共鸣。汪、阮、刘之间的学术评价说明，同乡之间的学术认同并无明显优势。扬州学者之间多无师承，而其学术认同又变得如此多元，那么以地域而名的“扬州学派”确实值得重新考虑。

清代浙江学术在全国占有一席之地，章学诚（1738—1802）的《文史通义》曾有“浙东学术”一篇，谓浙西之学出于顾炎武，浙东之学出于黄宗羲，源于刘宗周。又强调“浙东之学，言性命者必究于史，此其所以

① 阮元:《儒林传稿序》,《儒林传稿》卷首,《续修四库全书》影印嘉庆刊本,第2页。

② 阮元:《庄方耕宗伯经说序》,《味经斋遗书》卷首,道光年间刊本,第1、2页。

③ 阮元:《学海堂策问》,《揅经室续集》卷三,上海商务印书馆《四部丛刊》影印初刻本,第12页。

④ 阮元:《阮宫保与喜孙书》,《汪喜孙著作集》下,第970页。

⑤ 刘逢禄:《汪容甫遗书序》,《刘礼部集》卷十,光绪十八年重刻本第1页。

卓也”。[①]章氏所说浙东史学的脉络尚属粗略。1902年，梁启超论清代学术云：“浙东学派……其源出于梨洲、季野而尊史，其巨子曰邵二云、全谢山、章实斋。”[②]这是近代“浙东学派”说之滥觞。何炳松等人推衍其说，将浙东史学追溯至南宋程颐及传衍程学的“永嘉、金华两派之史学”。[③]他们所谓“浙东学派”仅就史学而言，钱穆也说浙东学派贡献最大者一是黄宗羲、全祖望的学术史、人物史，二是章学诚的方志学，“此为历史中之方域史或社会史”。[④]然而，即使从史学而言，“浙东学派”一开始就遭遇了尴尬。支伟成曾拟将史学家分为“浙派”和“别派”。章太炎认为，这种做法“尚非允惬”，主张区分“作史”与“考史”。清代浙江多“作史家”，而“考史家”很少，“作史家”需具才、学、识三长。于是，他们将杭世骏、厉鹗列为“考史家”，而鄞县万氏、邵晋涵、章学诚、马骕、全祖望、谢启昆及钱仪吉、钱泰吉等均视为“作史家”。[⑤]章氏阐扬浙江学者“作史”之长，但全祖望认为，“近来文士大半是不知而作，如邵念鲁为是集，其意甚欲表彰儒先，发扬忠孝，其意最美。然而读书甚少，以学究固陋之胸，率尔下笔，一往谬误”。[⑥]乾隆年间，邵廷采经其族孙邵晋涵（1743—1796）及其好友章学诚表彰之后，颇得学者赞誉。不过，全祖望的讥评并非没有根据。在清代前中期，浙江学者承黄、万之绪，作史时发扬民族大义，对史料的选择、对史实的考证确有粗疏之处。全祖望的评论反映出浙江学者的学术路径和自我认同仍有显著差异。

正因此，民国以来，不少学者对浙东学派提出了质疑。20世纪中期，史学家金毓黻指出，章学诚论“浙东学术”多“似是而非之论”。“浙东

① 章学诚：《浙东学术》，《文史通义》内篇二，《章氏遗书》卷二，刘氏嘉业堂1922年刊本，第23页。

② 梁启超：《论中国学术思想变迁之大势》，《饮冰室合集》文集之七，第95页。

③ 何炳松：《浙东学派溯源》，中华书局1989年版，第4页。

④ 钱穆：《中国儒学与文化传统》，《中国学术通议》，九州出版社2011年版，第80页。

⑤ 《章太炎先生论订书》，《清代朴学大师列传》卷首，第2、5页。

⑥ 全祖望：《答诸生问思复堂集帖》，《鲒埼亭集外编》卷四十七，《续修四库全书》影印嘉庆十六年刻本，第15页。

学派起于宋，时有永嘉学派、金华学派之称”，而清代黄宗羲的史学与之“绝少因缘”。黄氏学术导源于王阳明，万斯同、全祖望传其学，而章学诚、邵晋涵治学“自致通达”，与黄、万等人没有因缘。“谓为壤地相接，闻风兴起则可，谓具有家法互相传授则不可。”他不认为清代有所谓浙东学派，故其史学史“以专门名家为断”，“弗取学派之说”。[①]其后，海内外学者倪文孙（David S.Nivision）、钱穆、何佑森、余英时等人从不同侧面对“浙东学派”提出质疑，可谓视野广阔，证据丰富。[②]余英时剖析了章学诚夸张浙东学术的心理因素，一方面是因其“寂寞以至‘孤愤’”，另一方面是抬出黄宗羲与戴震的学术来源顾炎武抗衡，“南宋有朱、陆，清初有顾、黄，这样才能衬托出乾隆时的戴、章并峙”。[③]这种分析显然不无道理。

然而，章太炎已将浙东学派从史学推衍到经学，从清前中期延伸至清末，提出：“自明末有浙东之学，万斯大、斯同兄弟皆鄞人，师事余姚黄宗羲，称说《礼经》，杂陈汉、宋，而斯同独尊史法。其后余姚邵晋涵、鄞全祖望继之，尤善言明末遗事。会稽章学诚为《文史》《校雠》诸通义……定海黄式三传浙东学，始与皖南交通。其子以周作《礼书通故》，三代度制大定。唯浙江上下诸学说，亦至是完集云。”[④]于是，浙派汉学俨然初具规模。不过，章氏此说更难成立。除了黄、万、邵、章等人外，具有独立性的浙江学者也不少。比如，全祖望好搜集、整理历史文献，修订、增补黄宗羲的《宋元学案》，负气忤俗，与其他浙东学者立异。地域上属于浙西的德清胡渭（1633—1714），专精经义，著《禹贡指归》《易图明辨》等书，晚年得康熙帝赐“耆年笃学”四字，实为清代汉学的开创者之一。乾隆年间，杭州卢文弨（1717—1796）发展家学，成为校勘名家。而临海洪颐煊、洪震煊治学兼及经、子、史地，也显示了学术独立

---

① 金毓黻：《中国史学史》，商务印书馆1999年版，第334页。

② 参阅何冠彪：《浙东学派问题平议——兼辨正黄宗羲与邵廷采之学术渊源》，载中国社会科学院历史所清史室编《清史论丛》第七辑，中华书局1986年版，第217—242页。

③ 余英时：《论戴震与章学诚——清代中期学术思想史研究》，生活·读书·新知三联书店2000年版，第69—72页。

④ 章太炎：《訄书重订本·清儒》，《章太炎全集》第一辑，第155—156页。

性，不能纳入章氏的学术谱系。

晚清浙江出现了擅长礼学的黄式三、黄以周父子，以及汉学名家俞樾、孙诒让、章太炎，有的论者推衍章氏之说，视为浙派汉学。其实，他们对浙东学派和清前中期浙江学术的认同并不一致。黄氏兼治经、史，学术中心是《礼》学，阐发戴震的思想，与偏重史学的浙东学风显然不同。在黄式三看来，戴震发扬了程、朱真意，不像元、明诸儒对宋学任意张扬。他也对凌廷堪、阮元等人会通训诂与义理的学术路向相当推崇，与章学诚不同。黄以周曾在浙江书局与俞樾共事，晚年任江阴南菁书院山长，与俞樾的学术影响相当，但二人交往不多，学思不同。黄以周的著名弟子如唐文治、曹元弼、曹元忠、陈玉树等人分治儒家各经，影响多在江苏，与偏重史学者泾渭分明。或许正因为如此，章太炎、支伟成将定海黄氏列为“浙粤派汉宋兼采经学家”，而将俞樾、孙诒让列入“皖派经学家”。因为俞、孙服膺高邮王氏，尤其是俞樾的《群经平议》《诸子平议》均为模仿王氏而作。

那么，晚清学术关联较多的俞樾、孙诒让、章太炎是否可以单独成派？孙、章之间学术上互相推重，但俞、章学术和思想差异甚大。章太炎在诂经精舍师从俞樾，业师还有谭献、高学治，也师从过黄以周、孙诒让。俞樾对于太炎关注现实和排满大不谓然，曰：“曲园无是弟子！”逐之门墙之外。章氏也作《谢本师》一文。当时太炎声望尚低，既弃于师，乃谒孙诒让（仲容）请学，一谈即合，居孙家半年。“仲容曰：他日为两浙经师之望，发中国音韵、训诂之微，让子出一头地，有敢因汝本师而摧子者，我必尽力卫子。”时太炎集中署名“荀漾”者，即孙诒让也。以荀子亦名“孙子”，诒让二字反切为“漾”，仲容与太炎来往书札皆用此姓名。①

浙绅胡道南、童学琦于1897年7月筹办《经世报》时，章太炎颇为支持，并和参与其事的宋恕、陈虬等人筹创兴浙会。宋恕回信云：“执事欲振浙学，与恕盖有同情。然非开学会不可，非请曲园师领袖其事不可。鄙

① 刘禺生：《章太炎师事孙诒让》，《世载堂杂忆》，中华书局1960年版，第126页。

意欲俟此馆既开，拟一《浙学会章程》，邀集同门雅士，公请曲园师出名领袖。倘蒙师允，即将章程登报，立总会于此馆，渐立支会于各府县城，期于大昌梨洲之学、德清之道，方能为浙人吐气。”[①]但宋恕要由俞樾领衔、大昌德清之道的主张未获章氏支持。此事曲折过程可见俞、章之间的学术差异和疏离。俞樾在诂经精舍的另一高足是吴兴人崔适，在民国后转崇今文经学，著《春秋复始》，“证明《穀梁》也是古文；又撰《史记探源》，说《史记》是今文学，其所以杂有古文说，全是刘歆的羼乱，于是今文学更由经典而推及于史籍”。[②]崔适在民初执教北大，成为疑古思潮的渊薮，与太炎之学大异其趣。同一师承、同一地域的弟子，学术上竟如此各执一端。

与俞樾同邑的戴望（1837—1873）出身书香门第，其外祖父为浙江名儒周中孚。周氏好读书，于经学侧重古文，为诸生时识宋翔凤。戴望之父戴福廉为俞樾的表兄，但戴望4岁丧父，家道衰落，受俞樾学术影响甚微。戴望最初致力于考据、辞章，咸丰初年在苏州师从陈奂，又从宋翔凤习《公羊春秋》。他当时致力于《左传》，不信刘、宋之学。咸丰十年（1860），宋翔凤卒后，他因避难山中，于刘逢禄之书“徐徐取读之，一旦发寤，于先生及宋先生书若有神诰”。[③]其转崇刘、宋今文经学的“神诰”，根源于咸丰初年的磨难经历，故着意于公羊家三统、三世说蕴含的拔乱反正、致太平思想。刘逢禄曾著《论语述何》，宋翔凤也著《论语发微》，均以公羊学阐释《论语》。戴望“博稽众家，深善刘礼部《述何》及宋先生《发微》，以为欲求素王之业，太平之治，非宣究其说不可”。[④]他遂推衍刘、宋之绪，以《公羊》义例释《论语》，阐释“齐学

① 宋恕：《复章枚叔书》（1897年7月14日），《宋恕集》上册，中华书局1993年版，第573页。

② 周予同：《“汉学”与“宋学”》，《周予同经学史论著选集》（增订本），上海人民出版社1996年版，第337页。

③ 戴望：《故礼部仪制司主事刘先生行状》，《谪麐堂遗集》文卷一，宣统三年刊本，第27页。

④ 戴望：《注论语叙》，《戴氏注论语小疏》，华东师范大学出版社2014年版，第291—292页。

所遗，邵公所传”，成《论语注》20卷。戴望又治先秦诸子和清初颜李之学，而壮年时期的学术重心是公羊学和《论语》，与俞樾、孙诒让、章太炎等人偏重古文经学者显然不同。俞樾读了戴著《论语注》后，“颇不以为然”，并表示“仆说经务求平易，故与足下此论不合，希更审之”。[①]然而，戴望并没有因俞樾的异议而改变学术观点和路向。

晚清浙江汉学群体中的类似差异不一而足。总之，某地学术盛况是一回事，是否成派则是另一回事。如果以地域而名学派，则其主要成员除籍贯相同之外，还当师承有绪，旨趣相合，而且学术领域、学术风格基本一致。准诸此，则清代扬州学派、浙江学派之说大抵均难以成立。

其三，不恰当的“附入”。嘉道以降，汉学在江南之外迅速扩散，一些地区出现了汉学名家，如湖南（魏源、邹汉勋、王先谦、皮锡瑞、叶德辉等）、岭南（林伯桐、陈澧、侯康、康有为等）、福建（陈寿祺、陈乔枞父子、林春溥、林昌彝等）、贵州（郑珍、莫友芝等）、四川（廖平、胡从简等）转治汉学，成就引人注目。他们曾与“吴派”“皖派”“扬州学派”“常州学派”学者交游或师从，但学术上、思想上仍具有鲜明的独立性。然而，一些论著仍将他们附入其中，故多有凿枘不合。

常州今文学派既同地域，又多师承，而且均偏重今文经学，基于考据学而讲求微言大义，可谓初具学派规模，但有些说法仍当辨析。后人谓常州学派有广义、狭义之分。广义者如刘师培云：“常州之学，复别成宗派。自孙星衍、洪亮吉……说经笃信汉说，近于惠栋、王鸣盛。”张惠言“久游徽歙，主金榜家，故兼言礼制……惟说《易》，则同惠栋”。庄存与“喜言《公羊》，侈言微言大义”，庄绶甲传之，刘逢禄、宋翔凤均治《公羊》，“而常州学派以成”。[②]如此囿于地域，将孙星衍、洪亮吉、张惠言等学思不同者纳入常州学派，其实也有不妥。因为这些常州学者，或治经，或治史，或治文学，学术重心各不相同。而治经者，或近于惠栋，或学于金榜，或言今文，或兼今古文，旨趣不同。仅仅因为地望便纳

① 俞樾：《致戴望》，《俞樾函札辑证》（上），凤凰出版社2014年版，第37页。

② 刘师培：《近儒学术系统论》，《左盦外集》卷九，《刘申叔先生遗书》第49册，第5页。

入同一学派，显然过于笼统。

狭义的常州学派仅指今文经学。它起源于庄存与，历经数代，以庄氏家族（包括姻亲成员）为核心。其今文经学重心和治学风格基本一致，脉络清晰，自然可视为同一学派。但问题是，如果将庄氏今文经学称为常州学派，则掩盖了常州其他学术群体。再则，一些论著将龚自珍（1792—1841）、魏源（1794—1857）附于常州今文学派，但常州今文经学以庄氏为核心，家族之外的师承，均不及家学特征明显。在龚、魏之前，常州今文经学基本上是家学传衍。龚、魏习闻庄氏学术后，融合其他学术资源，今文经学因之出现了飞跃性发展。故章太炎认为，龚自珍"不可纯称'今文'"，魏源"不得附常州学派，如说《诗》多出三家之外"，王闿运"亦非常州学派"。[①]龚、魏代表了清代今文经学的新阶段，与常州今文学派差异甚大，章太炎此说很有道理。嘉道以降的今文经学实已超越常州，比如孔广森、陈立、凌曙、柳兴恩、陈寿祺、陈乔枞父子等都研究今文经，显然不属于常州学派。因此，所谓常州今文学派，实质上只是庄氏之学，也不必因交游或学术相似性而将龚、魏等人附入。

闽县陈寿祺早年心向宋儒，专心科举，因接受座师阮元的建议，转治汉学，推崇段玉裁、钱大昕、王念孙、程瑶田等人。[②]章太炎认为"左海父子，学本近吴，列吴派下为得"。[③]支伟成遂将陈寿祺、陈乔枞父子列入"吴派"。然而，陈氏虽像惠栋、王鸣盛一样精研《尚书》，却推崇《今文尚书》，与"吴派"偏重《古文尚书》形成了强烈反差。在陈寿祺看来，"向微伏生，则唐、虞、三代典谟诰命之经，烟销灰灭，万古长夜"。且伏生之学，"往往六经所不备，诸子百家所不详"。[④]陈寿祺还撰文专驳沈彤的"唐虞不步五星说"，认为沈氏不当以"《虞书》中星不

---

① 《章太炎先生论订书》，《清代朴学大师列传》卷首，第4页。

② 陈寿祺：《答段懋堂先生书》，《左海文集》卷四，《续修四库全书》影印清刊本，第48页。

③ 《章太炎先生论订书》，《清代朴学大师列传》卷首，第6页。

④ 陈寿祺：《尚书大传定本序》，陈寿祺辑校《尚书大传（附叙录辨讹）》，《丛书集成新编》第106册，台北，新文丰出版公司1985年版，第342—343页。

兼及五星，遂谓五星之名商以后始见”。[①]显然，陈寿祺的《尚书》学与“吴派”大相径庭。在推重今文经的同时，陈寿祺主张兼采汉、宋，致力于重兴福建理学。嘉庆二十年（1815），他与郡守及泉州绅士捐俸修葺清源书院，“祀朱子及诸儒”。道光年间，他主鳌峰书院长达11年，订立“学规”，以尊德性教士；晚年还积极整理乡邦文献，阐扬黄道周的理学，主张将刘宗周、黄道周从祀孔庙。其学术主张与“吴派”迥然不同，将其附入“吴派”显然是不合适的。

即使同地学者，随便附入某派也可能陷入尴尬。绩溪胡氏在学术脉络上与戴震及不疏园学者泾渭分明，没有师承关系，但往往因地域因素而被列入“皖派”。又如俞正燮，支伟成觉得“俞理初学问典博，辨论精切，贯串经史百家，不易分派”，列为“诸子学家”或“皖派”都有些勉强。章太炎认为，俞氏“学问甚博，而不能自名其家；其在皖派，又与先哲不同；入于‘诸子学家’亦有未安……既无朋类汇集，只有附入皖派，稍似妥帖”。[②]然而，“皖派”附入这些学思独立者，显得非常勉强。

总的来看，清人注重学有本源或师承，士人交游也呈现一定地域性，但这些因素并不必然导致学术成派。清代汉学家的学派观念远不如宋明理学家明显。理学家自建思想体系，衍成濂、洛、关、闽之学，其后学注重宗传，固守壁垒。清代汉学家置重实证研究，追求实事求是，广征博采，学派观念相对淡薄。立足于汉学的《四库全书总目》云：“汉、唐儒者谨守师说而已，自南宋至明，凡说经、讲学、论文，皆各立门户。大抵数名人为之主，而依草附木者，嚣然助之。朋党一分，千秋吴越，渐流渐远，并其本师之宗旨亦失其传，而仇隙相寻，操戈不已，名为争是非，实则争胜负也。人心世道之害，莫甚于斯。”[③]清代汉学家自己不好分派，嘉道学者也很少以学派来勾勒汉学谱系。乾隆六十年（1795），焦循曾致函孙星衍，批评学者以考据相标榜，赞赏汉代经师“各传其经，即各名其学”的做法：

---

① 陈寿祺：《驳沈果堂〈尚书小疏〉唐虞不步五星说》，《左海文集》卷三，第37—38页。

② 《章太炎先生论订书》，《清代朴学大师列传》卷首，第7页。

③ 纪昀等纂：《钦定四库全书总目·凡例》，中华书局1997年版，第33页。

> 本朝经学盛兴，在前如顾亭林、万充宗、胡朏明、阎潜邱；近世以来，在吴有惠氏之学，在徽有江氏之学、戴氏之学；精之又精，则程易畴名于歙，段若膺名于金坛，王怀祖父子名于高邮，钱竹汀叔侄名于嘉定，其自名一学，著书授受者不下数十家，均异乎补苴掇拾者之所为，是直当以“经学”名之，乌得以不典之称之所谓“考据”者，混目于其间乎？[①]

焦循反对称清代经学为“考据学”，列举了数十汉学家“自名一学”的格局，显露出以家名学的倾向。至嘉庆二十三年（1818），江藩的《国朝汉学师承记》在广州刻成，此时乾嘉汉学已经日过中天，传衍脉络已经清晰了。然而，该书虽重汉学脉络，却没有明确分派，只是分8卷简述40多位汉学家的生平、学术成就及特色。

嘉庆年间，阮元任国史馆总纂三年，主持编纂《儒林传稿》，并于嘉庆十七年（1812）八月出任漕运总督前完稿。传稿包括44篇正传，55篇附传，兼采汉、宋，而重心在于汉学。全书梳理学术脉络，但没有分门别派。阮元认为：“我朝诸儒，好古敏求，各造其域，不立门户，不相党阀，束身践行，暗然自修。”[②]事实上，《儒林传稿》的正、附传多叙家学传衍，如《惠周惕传》附列惠士奇、惠栋、江声等传。其中云：“本朝谈汉儒之学者，以东吴惠氏为首。惠氏三世以经学著，周惕其创始者也。”“惠氏世守古学，而栋所得尤精，拟诸汉儒，当在何休、服虔之间……弟子知名者，江声、余萧客。”[③]该书《戴震传》附有凌廷堪传，并无“皖派”踪影，仅云：“婺源江永精《礼经》及推步、钟律、音声、文字之学，震偕其县人郑牧、歙县汪肇漋、方矩、汪梧凤、金榜学之。震乃精研汉儒传注及《说文》诸书，由声音文字以求训诂，由训诂以求义理，实事求是，不专主一家。出所学质之江永，永为之骇叹。”“凌廷堪，字次仲，歙县人，六岁而孤，冠后始读书，慕其乡江永、戴震之

① 焦循：《与孙渊如观察论考据著作书》，《雕菰集》卷十三，第23—24页。

② 阮元：《儒林传稿序》，《儒林传稿》卷首，第2页。

③ 阮元：《惠周惕传》，《儒林传稿》卷二，第4、8页。

学。”[①]这些叙述虽涉及皖南的学术关联，却没有视为同一派别。光绪年间，桂文灿罗列清代经学成就：“二百年来，专门名家，于《易》有半农、定宇惠氏父子，于《书》有艮庭江氏、西庄王氏，于《诗》有长发陈氏，于《礼》有稷若张氏、慎修江氏、东原戴氏，于《春秋》有复初顾氏、顨轩孔氏，于《尔雅》《说文》《音韵》有亭林顾氏、二云邵氏、竹汀钱氏、懋堂段氏、石臞王氏。”[②]这一经学谱系仍按儒经门类分列，与江藩、阮元等人的做法异曲同工，同样没有汉学派系的踪影。

当然，严斥汉学的方东树提到了“扬州学派”。他攻击汪中“欲废‘四子书’之名”，《墨子》研究是“颠倒邪见”，“后来扬州学派著书，皆祖此论”。[③]方东树以此讥贬扬州学者，而当时健在的阮元、江藩等人，并不以“扬州学派”自居。仪征刘师培以及认同扬州汉学的俞樾、孙诒让、章太炎等人，在谈及清学流派时，也没有接受“扬州学派”的概念。

在清末社会变革中，政治对垒与学术纷争交织于一。无论是章太炎、刘师培等古文经学家，还是康有为、梁启超等今文经学者，无不重视政治上、学术上的党派性。在彰显派系的思维习惯中，他们偏重学术分派，建立汉学谱系。然而，梁启超、刘师培并没有坚信其所分派别。清末刘师培说：“昔周季诸子，源远流分，然咸守一师之言，以自成其学。汉儒说经，最崇家法；宋明讲学，必称先师。近儒治学，亦多专门名家，惟授受谨严，间逊汉、宋。”[④]他认为清代汉学的师承授受不如汉、宋谨严，这显然不无依据。至民国年间，梁启超对早年的分派也不那么自信了。作于1920年的《清代学术概论》既将乾嘉考证学分派、归类，又说“其实清儒最恶立门户，不喜以师弟相标榜。凡诸大师皆交相师友，更无派别可言也”。[⑤]四年之后，他一方面说乾嘉汉学有吴派、皖派，此外，尚有扬州

① 阮元：《戴震传》，《儒林传稿》卷四，第5、10页。

② 桂文灿：《经学博采录》卷一，华东师范大学出版社2010年版，第3页。

③ 方东树：《汉学商兑》卷中之上，《汉学师承记（外二种）》，第291—292页。

④ 刘师培：《近儒学术系统论》，《左盦外集》卷九，《刘申叔先生遗书》第49册，第1页。

⑤ 梁启超：《清代学术概论》，《饮冰室合集》专集之三十四，第4页。

一派，有浙东一派；另一方面指出：“以上所举派别，不过从个人学风上以地域略事区分，其实各派共同之点甚多。许多著名学者，也不能说他们专属那一派。总之，乾嘉间学者，实自成一种学风，和近世科学的研究法极相近。”[①]梁启超的认识无疑具有典型意义。事实上，清末民初批评分派的声音不绝于耳，有人罗列代表性言论：

> 王先谦曰：“宗派之说，起于乡曲竞名之私，播于流俗之口，而浅学者据以自便（《续古文辞类纂·例略》）。”郭立山曰：“学问之道，求其是而已矣，不必问其宗派也。况其术本同，而强以地望分之，不尤陋之甚乎？（《复斋文稿》）。”李详曰：“……古云师法，无所谓宗派者（《论桐城派》）。”统此三说，可知学术之不应以宗派分，以地域限，明矣！[②]

这些见解远不像章太炎、梁启超的言论受到重视。然而，历经多年的争论之后，有关清代汉学的每一分派均遭受质疑。总之，汉学分派陷入困境的根源，一是对师承关系的误识，二是过重学术的地域性。加之，有的“学派”附入了差异较大的学者，导致概念笼统不当，而对其学术本身、学术认同注意不够。其实，在乾嘉学者中，一些人超越地域性而另启新途，甚至弟子修正师说、改变学术方向者也屡见不鲜。直到19世纪中期，清代士人多以某氏之学概述汉学脉络，如吴县惠氏、高邮王氏、常州庄氏等，未见后来那样的分派。因之，超越分派，从更丰富、更具体的家学脉络来梳理清代汉学，或许更切合实际情形。

二　家学与汉学

在中国历史上，官、私之学的消长影响到学术盛衰。家学与官学若即若离，或者重叠交叉，但家学本质上是私学，具有民间性。《辞海》释“家学”云：“家传之学。如：家学渊源。《北史·江式传》：‘式

① 梁启超：《中国近三百年学术史》，《饮冰室合集》专集之七十五，第22页。

② 黄光焘：《湖南学派论略》，湖南省图书馆藏民国稿本，第1—2页。

少传家学。’苏轼《刘壮舆长官是是堂》诗：‘刘君有家学，三世道益孤’。”[①]“家传之学”是简略解释。概言之，家学是以经、史、诸子、文辞之学为基本内容，治学的重心或方法、特色具有同一性，且家族数代相传的学问。至于技艺、书画、医学、戏曲等领域借用“家学”一词，则体现了这一概念的泛化，并非本义。

历代家学的具体情形不尽一致。三代学在王官，官师合一，治学之士多为公卿子弟，家学与官学密切相关。东周私学勃兴，诸子百家并起立说，议论纵横，学术的民间性空前彰显。钱穆论秦汉时期的学官“博士”云：

> 古代学术分野，莫大于王官与家言之别。鲍白令之有言：“五帝官天下，三王家天下。”“官”言其公，“家”言其私。百家言者，不属于王官而属于私家，易辞言之，即春秋以下平民社会新兴之自由学术也。王官学掌于“史”，百家言主于诸子，诸子百家之势盛而上浮，乃与王官之史割席而分尊焉，于是有所谓“博士”。[②]

关于“博士”的私学性质尚可再加探讨，但钱穆认为稷下学派及诸子百家属于私学，且注意到博士之职在秦、汉之际的变化，无疑是有识之见。事实上，民间学术脉络一旦形成，就会以不同形式传衍、流播，从先秦的诸子百家，到后世的学术“异端”和家学，大体上都是私学。

西汉大一统局面后，官学统摄了学术文化，而家学仍流转不绝，形态各异。官学是汉代经学世家的主要来源，如“五经博士”。但汉代经学极重师承，“五经博士”均以家世传业。“汉人无无师之学，训诂句读皆由口授；非若后世之书，音训备具，可视简而诵也。书皆竹简，得之甚难，若不从师，无从写录；非若后世之书，购买极易，可兼两而

---

① 《辞海》，上海辞书出版社1980年版，第1023页。

② 钱穆：《两汉博士家法考》，《两汉经学今古文平议》，九州出版社2011年版，第159—160页。

载也。”[①]师承为家学衍生、为官学的民间化提供了条件。陈乔枞论汉儒《齐诗》学云：“汉儒说经，最重家学。”文景之际，言《诗》者有鲁、齐、韩三家并立学官，三家之学，“皆家世传业，守其师法”。[②]于是，本为官学的经学逐渐家学化，转化为民间学术。时移势异，东汉许多经学世家不再立于学官，只是家学相传。

魏晋时期，儒经的学官地位遭受冲击，而士族社会成为家学传承的基础。陈寅恪指出：“东汉以后学术文化，其重心不在政治中心之首都，而分散于各地之名都大邑。是以地方之大族盛门乃为学术文化之所寄托。中原经五胡之乱，而学术文化尚能保持不坠者，固由地方大族之力，而汉族之学术文化变为地方化及家门化矣。故论学术，只有家学之可言，而学术文化与大族盛门常不可分离也。”[③]魏、晋、南北朝时期，学术的民间性较前代发展，不像两汉那样笼罩在官学之下，这对于隋唐以后的学术也具有重要意义。故陈寅恪认为：“河陇一隅所以经历东汉末、西晋、北朝长久之乱而能保存汉代中原之学术者，不外前文所言家世与地域之二点，易言之，即公立学校之沦废，学术之中心移于家族，太学博士之传授变为家人父子之世业，所谓南北朝之家学者是也。”[④]家学传承从此成为中国学术文化的命脉。

隋唐以后，士族社会发生了巨变，科举成为士人进身之阶。明、清科举鼎盛，世代科甲者随之增多，产生了许多科举望族。乾嘉年间，有人罗列清初科举世家：“本朝桐城张氏亦二世阁老；昆山徐氏则兄弟三鼎甲；宜兴吴氏则五代进士；长洲沈氏、磁州张氏、泰州宫氏、吾邑蒋氏，则四代进士；长洲彭氏则祖孙会状；德清蔡氏则从叔侄两状元，可谓超越

① 皮锡瑞：《经学历史》，中华书局1959年版，第131页。

② 陈乔枞：《齐诗翼氏学疏证自叙》，《齐诗翼氏学疏证》卷首，《续修四库全书》影印清刊本，第1页。

③ 陈寅恪：《崔浩与寇谦之》，《金明馆丛稿初编》，生活·读书·新知三联书店2001年版，第147—148页。

④ 陈寅恪：《隋唐制度渊源略论稿》，《隋唐制度渊源略论稿·唐代政治史述论稿》，商务印书馆2011年版，第22—23页。

前代矣。”[①]科举强化了士人联结官方体制的纽带，有的科举家族也重视学术。但科举的目的是选官，即通常所谓选材，与学术世家不能等同。民初刘禺生说：“按有清一代，经史、词章、训诂、考订各种有用之学，名家蔚起，冠绝前朝，皆从事学问，而不事举业。凡有科名者未必有学问，而有学问者亦可得科名，或学优而仕，或仕优而学，学问不为举业所限制。论其原因：一、继承家学，如二钱、三惠、王氏父子之例。二、各有师承，读《汉学师承记》《宋学渊源记》等书自知。”[②]在他看来，清代汉学之盛，实在于家学和师承，而不在科名。此说显然不无道理。

钱穆曾说，先秦诸子百家之“‘家’字与‘官’字对立。官指王官，即政府中各衙门。家指社会中之私人家庭。因其成为一学派，门徒传习，历久弗替，犹如贵族家庭之爵位世袭般，故家字亦兼有家世之义”。[③]他从家世相传的民间学术来定义“家学”。陈寅恪则从士族的本质特征彰显家学的意义：“所谓士族者，其初并不专用其先代之高官厚禄为其唯一之表征，而实以家学及礼法等标异于其他诸姓。如范阳卢氏……‘其文武功业殆无足纪，而见重于时，声高冠带，盖德业儒素有过人者。’”“夫士族之特点既在其门风之优美，不同于凡庶，而优美之门风实基于学业之因袭。”[④]古代如此，清代家学也不例外，同样呈现出鲜明的民间性。

嘉道年间，汪喜孙向朝鲜友人介绍清代学者：“顾亭林、阎百诗、江艮庭、惠定宇、江慎修，皆下士耳；刘端临先生、焦里堂、段若膺、程易田，皆不第举子耳。达者阮、王高邮、嘉定、青浦五人；入翰林者，张皋文、戴东原、金辅之三人耳；近如叶东卿，则以金石家而为赀郎；黄仲则、吴兰雪、杨蓉裳、万卢山、张亨甫，则诗人、画家而为赀

① 王应奎：《柳南随笔》卷三，《续修四库全书》影印嘉庆刊本，第21页。

② 刘禺生：《世载堂杂忆》，第13页。

③ 钱穆：《四部概论》，《中国学术通议》，第29—30页。

④ 陈寅恪：《唐代政治史述论稿》，《隋唐制度渊源略论稿·唐代政治史述论稿》，第259、260页。

郎。”[①]他所列不全，却说明清代汉学与官学的距离。有的汉学世家虽与朝廷相关，如常州庄氏、高邮王氏，但绝大多数并非身居高位。即使由仕而学者，其家学兴起也是在退出官场之后，如惠栋、钱大昕。故清代家学与官学的关联远不像汉代那样密切，甚至不像六朝、隋、唐那样依托于士族豪门。正如论者所云："虽然清代的经学有阮元及曾国藩等达官贵人的提倡，但清代经学仍是一种民间学术文化，而且家族世传经学也是一种民间社会文化现象。"[②]

当然，清代汉学是在因外因素的相互作用中兴盛起来。江南经济的发展为汉学繁衍提供了条件，而雍乾时期接踵发生的"文字狱"以及乾隆帝对经学的倡导则为考据学的繁荣推波助澜。嘉庆年间，朝廷兼重宋学和通经致用，又为汉学的调整提供了契机。[③]就学术本身来看，所谓"对理学反动"与"内在理路"说并非对立，都从不同视角揭示了学术自身的调整，体现了学术衍变的内在规定性。而尤当注意的是，这些影响学术变迁的因素多少带有家族化特征。即使如近年较受注意的清初士人结社、清代士人交游、汉学师承等，实际上都以家族为枢纽。清代学者大多关心家族的兴衰，受家族观念的制约。

乾隆三十八年（1773）开四库馆是汉学兴起的标志之一，但此前已经出现了一批崇尚经学、推崇汉学者，如惠栋、江永、戴震、钱大昕、沈彤等，而他们并非朝廷命官，与官学关系不大。故清代汉学的繁荣与其说见诸明史馆、三礼馆、四库馆一类学术事件，毋宁说体现在众多家学的繁衍。究其主因，在学问日趋精深，而传授途径仍然狭窄的时代，家世其业具备一些常人缺少的有利条件。考史家赵翼（1727—1814）曾经指出："古人习一业，则累世相传，数十百年不坠。盖良冶之子必学为裘，良弓之子必学为箕，所谓世业也。工艺且然，况于学士大夫之术业乎！"[④]章学诚也说："古人重家学，盖意之所在，有非语言文字

① 汪喜孙：《与朝鲜金正喜书（二）》，《汪喜孙著作集》上，第202页。

② 罗福惠：《江南经学家的学派家法与地缘》，《鄂州大学学报》2006年第5期。

③ 详见拙文《乾嘉两朝的文治变化及其学术效应》，《清史研究》2015年第1期。

④ 赵翼：《累世经学》，《廿二史劄记校证》上册，中华书局1984年版，第100页。

所能尽者。《汉书》未就而班固卒，诏其女弟就东观成之。当宪宗时，朝多文士，岂其才学尽出班姬下哉！家学所存，他人莫能与也。大儒如马融，岂犹不解《汉书》文义，必从班姬受读？此可知家学之重矣！后世文章艺曲，一人擅长，风流辄被数辈，所谓弓冶箕裘，其来有自。”[①]嘉道年间，钱泰吉论清代学者云：“大抵为学必有师承，而家学之濡染为尤易成就，余前所述惠氏、万氏皆然矣！若邵二云之学，发源于族祖念鲁。姚惜抱之学，开于世父南青，亦人所共知也。”[②]对于考经证史而言，家学濡染显然有利于学者成长。比如，乾隆间的著名校勘学家卢文弨，其父卢存心曾应试博学鸿词，其母冯氏，生于儒者之家。文弨幼时“濡染庭训，又渐涵于外王父之绪论。长则桑先生调元婿而师之，冯、桑二公皆浙中懋学之士，故其学具有本原。”[③]较为生动的事例是鄞县万氏。万斯同幼年读书过目不忘，却因放荡不驯，被其父万泰禁闭在书室之内：

> 先生窃视架上有明史料数十册，读之甚喜，数日而尽。又见经学诸书，皆尽之。既出，时时随诸兄后，听其议论。会家课，先生欲豫焉，诸兄笑曰：“汝何知？”先生曰：“观诸兄所为，易与耳。”因杂出经义目试之，千言立就。伯兄大惊，持之泣以告户部（万泰——引注）曰：“几失吾弟。”户部亦愕然曰：“几失吾子。”遂从黎洲先生游，为高弟子，与闻蕺山刘氏之学。[④]

这则故事反映了家学熏染对青少年从学、治学的意义。故清末胡蕴玉说：“国朝学术可称极盛，余姚黄氏、鄞县万氏、高邮王氏、嘉定钱氏，其父子兄弟类能著书成一家言。家学之盛，超轶前古。当时宣歙间盛称胡

---

① 章学诚：《家书二》，《文史通义》外篇三，《章氏遗书》卷九，第68—69页。

② 钱泰吉：《曝书杂记》卷二，《续修四库全书》影印本，第21页。

③ 李元度：《卢抱经先生事略》，《国朝先正事略》卷三十五，同治八年刊本，第4页。

④ 李元度：《万季野先生事略》，《国朝先正事略》卷三十二，第11页。

氏。”[①]作为绩溪胡氏的后人，胡蕴玉感受到家学传衍的重要性。刘师培也总结了家学传衍的意义：“自汉学风靡天下，大江南北治经者以十百计。或守一先生之言，累世不能殚其业。”[②]何以如此？他认为，儒者诸学中，以经学为难：“盖帖括之家，稍习宋明语录，束书不观，均得自居于理学。经世之谈，仅恃才辩；词章之学，仅恃华藻；而校勘金石，必施征实之功。若疏理群经，讲明条贯，则非好学深思，不能理众说之纷，以归一是，故惟经学为难能。”[③]“累世不能殚其业”恰是刘氏《左传》学的写照。

与此同时，因血缘和学术熏染，族人对家学的认同也比地域和师承更加容易。万斯大之子万经自称“幼侍府君家塾，不曾别就外傅”。万斯大馆于钱塘魏氏，“挈经行，凡九年，无顷刻离，一切先贤懿训、经史微义，晨夕提撕”。万斯大卒后，万经又从在京修《明史》的八叔父万斯同问业。[④]其后，万经学术上主要是完善家学。清末叶德辉自认为“一生学业成就，固得力于庭训，而亦克承家学，有以光大之”。[⑤]孙诒让重视家学，而不标榜师承，自感“凡治古学，师今人不若师古人。故诒让自出家塾，未尝师事人，而亦不敢抗颜为人师……（曲园俞）先生，于诒让为父执，其拳拳垂爱，尤逾常人，然亦未尝奉手请业。盖以四部古籍俱在，善学者能自得师，固不藉标榀师承以相夸炫也”。[⑥]孙诒让学术上博采众长，发展了家学，但仍把家学熏陶置诸首要。

在清代汉学格局中，师承与家学常常合而为一或交叉传授。许多学

① 胡蕴玉：《胡秉虔传》，《碑传集补》卷四十，《近代中国史料研究丛刊》初编第一百辑，第997册，台北，文海出版社影印本，第10页。

② 刘师培：《扬州前哲画像记》，《左盦外集》卷二十，《刘申叔先生遗书》第60册，第3页。

③ 刘师培：《清儒得失论》，《左盦外集》卷九，《刘申叔先生遗书》第49册，第10页。

④ 万经：《万经自撰年谱》，见《中国家谱资料选编·传记卷》，上海古籍出版社2013年版，第491、486—487页。

⑤ 杨树穀、杨树达：《郎园学行记》，《叶德辉文集·附录》，华东师范大学出版社2010年版，第330页。

⑥ 孙诒让：《答日人馆森鸿书》，《孙诒让遗文辑存》，浙江人民出版社1990年版，第156页。

者学有本源，一些著述历经数代才得完成，并且这些考证之作的梓行和流播，有的也历经几代。比如，臧琳在康熙年间著《经义杂记》30卷，直至其玄孙臧庸才公之于世。臧庸云：“维我高祖玉林公著书未刊，四传至先考，不绝如缕。先考镉藏遗稿甚固，教不孝读书，粗有知识，始启箧校录，择其要者付梓。由是当世学者甫知有玉林先生其人。”[①]有论者计算，《清史稿·艺文志》所著录的清人经部作品，《周易》共246部，其中家学类作品55部，占23%；《尚书》共110部，其中家学类作品32部，占32%；《诗经》共131部，其中家学类作品30部，占30%；三礼共240部，其中家学类作品63部，占26%；《春秋》共73部，家学类作品22，占30%。同时，在清人引以自豪的9种12部著名的清代新疏中，有6种7部出自家学，实际涵盖了乾嘉经学的主要成果。[②]此处百分比或有误差，且对于家学类作品的认定，研究者可能略有出入，而这些数据大致印证了清代家学的重要性。

清初以来，侧重经史考证的学术家族即已逐渐出现。对于清代汉学而言，学术家族的重要性体现在汉学的衍变和发展阶段，而非兴起之初。乾隆年间，常州庄氏不以学术名世。四库馆臣多非家学传人，为四库馆撰写提要的主要学者如戴震、邵晋涵、周永年等都非出自汉学世家。乾隆朝前、中期汉学兴起之时，家学的意义尚未彰显。迨至乾嘉之际，众多汉学家族崛起，逐渐在学术界举足轻重。从乾隆五十九年（1794）算起，汉学大师接踵辞世，犹如春末残花：五十九年（1794），汪中病卒于杭州；六十年（1795），谢墉卒，卢文弨卒于龙城书院。嘉庆元年（1796），邵晋涵病卒于京城；二年（1797），王鸣盛卒于苏州；四年（1799），江声卒于苏州；六年（1801），金榜卒于歙县，章学诚卒于绍兴；七年（1802），张惠言病逝于翰林院编修任；九年（1804），钱大昕在紫阳书院逝世；十年（1805），刘台拱卒于扬州，桂馥病卒于知县任；十一年（1806），王昶卒于青浦，朱珪病卒于大学士任；十二年

① 臧庸：《跋经义杂记叙录后》，《拜经堂文集》卷二，《续修四库全书》第1491册，影印汉阳叶氏写本，第535页。

② 陈居渊：《十八世纪汉学的建构与转型》，《学术月刊》2009年第2期。

（1807），宁波府学教授丁杰卒；十九年（1814），程瑶田逝世于歙县；二十年（1815），段玉裁卒于苏州；二十一年（1816），庄述祖卒于常州；二十三年（1818），孙星衍卒于南京，许宗彦在杭州病逝；二十五年（1820），焦循病逝……此时王念孙、朱彬虽然健在，却只是闭门著书。

嘉庆二年（1797），王鸣盛卒后，赵翼感慨"生平旧交，一时俱尽，凄然感怀"。因作诗云："老来不复作诗新，偶作诗惟哭故人。哭尽故人无可哭，孑然顾影自伤神。""武纬文经将相功，儒林文苑亦宗工。此皆数十年成就，何意沦亡一岁中。"[①]七年之后，钱大昕病卒，赵翼感觉自己时间不多了。其诗云："庚年同谱几人留，百里相望两白头。君去更无人可语，我来应有伴同游。"[②]王昶卒后，段玉裁也致书王念孙，感叹老成凋谢："子田《钩沉》蒙补刻，幸甚。而端临遗书，恐碎简不成片段，非执事精心，恐不能成书也……兰泉少寇六月仙逝，海内又少一个，竹汀已宿草矣。"[③]嘉庆十八年（1813），83岁的姚鼐序钱大昕的《疑年录》时感慨："余生平获知于海内贤士君子，游从之情未厌，而暌离之后，继以凋亡，其生卒俱入此录。而余猥以昏耄仅存，孑然四顾，展读是编，悲怀凄怆，其亦何能已也。"[④]其悲怆心情同样非常沉重。

数十年成就的汉学家们，至嘉庆年间迅速"沦亡"，这对于学术局面的影响是不言而喻的。随着老宿凋零，家学传承的重要性凸显出来。罗振玉编辑学者致高邮王氏书信时认为："当嘉道之际，江、戴、汪、钱诸先生既先谢，茂堂、石臞、易畴三先生虽健在，然已笃老。文简巍然为海内大师，寰内学者之所拱向。虽阮文达公以座主之尊，而语及学术，亦但有逊服而已。"[⑤]王引之自有学术造诣，但很大程度又因传承家学，才得以巍然为学术大师和士林枢纽。此外，刘逢禄、宋翔凤、汪喜孙、钱大昭及

① 赵翼：《王西庄光禄挽诗》，《瓯北集》卷三十九，《续修四库全书》影印嘉庆十七年刊本，第28页。

② 赵翼：《钱竹汀宫詹挽诗》，《瓯北集》卷四十六，第23页。

③ 段玉裁：《与王怀祖书五》，《经韵楼集补编》卷下，北平来熏阁书店1935年刊本，第19页。

④ 姚鼐：《疑年录序》，《惜抱轩全集》，中国书店1991年版，第210页。

⑤ 罗振玉：《序目》，《昭代经师手简》二篇，1918年影印墨迹本（无页码）。

其子、张琦等人也是因传衍家学而成为学界的中心人物。

三 汉学世家述要

近几十年来，海内外学者讨论了“家族”“宗族”“世家”的定义，见仁见智。在上古时期，家族又常称为宗族，其成员称为族人、宗人。家族或宗族两词的内涵大致相同，而外延因人而异。正如有的论者所云：“人们对‘家族’‘宗族’等概念的讨论固然必要，然而过于强调概念化的界定，反而在一定程度上阻碍了人们对家族社会的多重审视。”①本书一般称家族学者群体为“学术世家”或“学术家族”，两词大体同义，而“家族”一词的取义采纳了前人论述。徐扬杰认为，“家族是以家庭为基础的，是指同一个男性祖先的子孙，虽然已经分居、异财、各爨，成了许多个体家庭，但是还世代相聚在一起（比如共住一个村落之中），按照一定的规范，以血缘关系为纽带结合成一种特殊的社会组织形式”。②同时，本书在考察士人生活、治学的社会环境时，多使用“宗族”一词，含义较“家族”略为宽泛。

清代倾向汉学的家族中，有的偏重于科举、仕宦，而非学术。比如：大兴朱筠、朱珪均为乾隆早期进士，任职翰林院及学官；吴县潘世恩为乾隆五十八年（1793）状元，其从兄潘世璜、嫡孙潘祖荫分别为乾隆、咸丰朝的探花。朱氏兄弟和潘祖荫均为清代汉学的护法，但学术成就相对较小。家学为世代相传之学，除经学之外，史学、小学、诸子学、辞章学及与其相关的金石学、地理学等也是家学内容。笔者认为，作为学术史范畴的家学，还当应具备以下特征：其一，数代承续的学术关联，其经、史、诸子、辞章等学一脉相承。异代之间或许转换了学术重心，但不出传统学术范畴，仍可视为家学传衍。其二，学术成就比较卓著，不仅有著述传世，而且在相关研究领域具有一定影响。至于偶涉学术的仕宦家族，即使有扶持文教之功，如学术上无大建树，仍不能作为家学典型。而许多数代

① 陈支平：《再版自序》，《近五百年来福建的家族社会与文化》，中国人民大学出版社2010年版，第2页。

② 徐扬杰：《中国家族制度史》，人民出版社1992年版，第4页。

业儒者虽以诗书传家，如无学术成就，则没有达到家世其学的高度，自然也不属于学术家族。

关于清代汉学世家的统计，论者多有出入，多者四五十家，少者二三十家。人们对学术家族是否应包括母族、妻族成员，可能看法不一。潘光旦研究嘉兴望族时，把许多人物“因其祖孙、父子、兄弟、叔侄等等的血缘关系，归并成若干大小集团，最小的两三人，最多至六七十人”。虽然同姓，但“独立而血缘关系丝毫无可考见的人物，无论他的名望如何伟大，也只好暂且割爱，付诸阙如。但若有姻缘关系可考，我们还可以把他附丽在别人家的血缘之上”。[①]在他看来，同姓而无血缘者不属同一集团，有姻缘可考的非同姓则可归之于一，这一见解无疑是可取的。清代考史家沈钦韩注意到：“宗法废则骨肉之恩薄，服纪未终而漠然若行路，庆吊谯会之节，反不如姻娅之密。”[②]当时这类情形恐非少数，并且见诸于学术关联。许多学者虽然同姓而不同支派（如章学诚与章宗源），其学术关系模糊难定，而舅甥、翁婿之间的学术传衍更显重要。清代许多著名学者幼年均在外家受学。比如，刘逢禄、宋翔凤、董士锡等人幼年均接受母教，青年从舅父治学，传衍了外家学术。基于此，本书的学术家族包括一脉相承的姻亲成员，而将缺乏学术传承的同宗或同姓学者置诸次要。

乾嘉汉学兴起之前，清代学术家族已不罕见。清初学术三大家之一的浙江余姚黄宗羲（1610—1695），少时受学于刘宗周（蕺山），传衍、修正了阳明学，以诚意、慎独为主。中年以后精研群书，反对空谈性命，说经则宗汉儒，立身则宗宋学。他著述多达百余种，主要有《明夷待访录》《明儒学案》《宋元学案》及《南雷诗文集》等。其父黄尊素与刘宗周同任明末御史，受魏忠贤迫害而死。尊素“有子五，受业蕺山者三。伯子宗羲，仲子宗炎，叔子宗会也”。黄宗炎作诗多达万首，著《周易象辞》等书，总名“忧患学《易》”，又著《六书会通》。[③]黄宗会也为清初学

① 潘光旦：《明清两代嘉兴的望族》，《潘光旦文集》第三卷，北京大学出版社1995年版，第262页。

② 沈钦韩：《木渎吴氏家祠记》，《幼学堂文稿》卷六，《续修四库全书》影印清刊本，第35页。

③ 钱林：《黄宗炎》，《文献征存录》卷二，咸丰八年有嘉树轩刻本，第41页。

者，时人有“三黄”之目，均隐居不出。黄宗羲之子百家，传承家学，从梅文鼎治历算学，著《勾股矩测解原》等书，曾入明史馆修史。

清初“浙东门风之雄，莫过于万氏”。[①]鄞县万泰（1598—1657），字履安，晚号悔庵，其父为明末名孝廉，自己为崇祯年举人，与黄宗羲为兄弟交。明亡后，万泰隐居不出，以诗书教8子。其子“皆受业于黎洲先生之门，称高座弟子”，分治经史。其长子斯年，逃避战乱时，“必载书行。昼则偕老农杂作，夜拥书集子弟讲习，成就者多”。五子斯选，“躬行实践，为同堂领袖”，著《白云集》。六子斯大（1633—1683），字充宗，“不事科举业，湛思诸经。以为非尽通诸经不能通一经，非悟传注之失不能通经”。长于《春秋》、三礼，著有《学礼质疑》《周官辨非》《仪礼商》等书。[②]八子斯同（1638—1702），字季野，经史兼治而以史学名家。受廷臣徐乾学之聘主修《明史》，“时史局中征士，例食七品俸，称纂修官。先生请以布衣参史局，不署衔，不支俸。许之。诸纂修以稿至，主者皆送先生复审……《明史稿》五百卷，先生手定也”。“盖先生以遗民自居，而即任故国之史事以报故国。”[③]自著有《历代史表》《纪元汇考》《儒林宗派》等。万斯大之子万经为康熙进士，官翰林院编修，补充、完善了万斯大、万斯同的经史著作。此外，万斯备、万斯年之子万言等，均学有所成。

顾炎武的外甥徐乾学、徐元文兄弟，传舅氏博学之长，又均为顺康间进士，官至尚书。徐乾学充《大清一统志》《会典》《明史》三馆总裁，为之发凡起例。归里后辑纂《资治通鉴后编》《读礼通考》等书，刊刻《通志堂经解》。二徐能知人得士，奖掖后学，影响一时风气。此外，清初历算学家梅文鼎（字定九）的先世治《易学》，而他专研历算，著书数十种，其诸弟及子孙也长于历算学。梁启超谓“历算能成为清代的显学，多由定九的精神和方法浚发出来”。[④]后世汉学家如戴震、钱大昕等多兼

① 钱林：《万泰》，《文献征存录》卷一，第25页。

② 李元度：《万充宗先生事略》，《国朝先正事略》卷三十二，第8页。

③ 李元度：《万季野先生事略》，《国朝先正事略》卷三十二，第11、12页。

④ 梁启超：《中国近三百年学术史》，《饮冰室合集》专集之七十五，第147页。

治历算学，盖梅氏治学方法与乾嘉汉学本质一致。

清初这些学术家族成就卓著，开乾嘉汉学之先河，但还没有独尊汉学的自觉，故后来史家谓其不分汉、宋或汉、宋兼采。如皮锡瑞云："国初诸儒治经，取汉、唐注疏及宋、元、明人之说，择善而从。由后人论之，为汉、宋兼采一派"，而至"惠、戴诸儒，为汉学大宗，已尽弃宋诠，独标汉帜矣"。[①]换言之，惠栋之前，清儒治经不分汉、宋，既无汉学旗帜，也非纯粹汉学。章太炎也认为，阎若璩考证《尚书》"为渐成汉学之始，然尚无汉学之名"，惠"士奇《礼说》已近汉学，至栋则纯为汉学，凡属汉人语尽采之，非汉人语则尽不采，故汉学实起于苏州惠氏"。[②]"汉学"一词虽然早已出现，但惠栋楬櫫汉学，独尊汉学，彰显了异于清初学术的特质，故论清代汉学，一般均以惠氏为起点。惠氏之后，清代汉学氤氲成象，成就辉煌；汉学家族数量众多，延续久远。本书主要考察乾隆到清末的汉学家族，论及的主要有：

吴县惠氏：从惠有声、惠周惕、惠士奇到惠栋，惠氏四代潜研儒经，蔚为东南学术名门。惠有声，字朴庵，为明末贡生，与高士徐枋交好，以儒经教授乡里，究心于《左氏春秋》，又精《周易》。其子周惕（？—1696），字元龙，一字研谿，擅长古文诗词。康熙三十年（1691）进士，授庶吉士，散馆授密云知县，卒于官，著有《易传问》《春秋问》《三礼问》《诗说》等。"惠氏自周惕以善说经闻，其后世世以古学显矣。"[③]其子惠士奇（1671—1741），字天牧，晚号半农居士，学者称红豆先生。康熙四十八年（1709）进士，散馆授编修，典试湖南，督学广东，以经学课士，居官有声誉。两广总督在雍正元年（1723）奏称，其"校士公明，一文不取"。"始终如一，可以深信"。但"观其作用，惟有衡文乃其所长，恐非吏治之长才也"[④]。士奇累官至翰林院侍读学士、侍讲，又因入对不称旨，罚修镇江城，以产尽停工，削籍。乾隆元年（1736），复调取

① 皮锡瑞：《经学历史》，第305、313页。

② 章太炎：《清代学术之系统》，《章太炎全集·演讲集上》第二辑，上海人民出版社2015年版，第427页。

③ 钱林：《惠周惕》，《文献征存录》卷五，第12页。

④ 惠善旌等纂修：《惠氏宗谱》卷四"朱批"，光绪二十五年刊本，第1页。

入京，免欠修城银。惠士奇兼治经史，晚年尤邃经学，著《易说》《礼说》《春秋说》等。士奇生有七子，其中以惠栋最能发扬家学。

惠栋，字定宇，一字松崖。初为吴江县学生，改元和籍。家有藏书，自幼夙承门风，笃志稽古，日夜讲诵，于经史诸子，名物记载，无不博通强识。乾隆十五年（1750），被举为经学人才，寻罢归。50岁以后，专心经术，撰《九经古义》，论古字古言。惠栋尤邃于《易学》，著《易汉学》及《易例》《周易本义辨证》等。又撰《周易述》，未完稿。因《易》学而悟明堂之法，撰《明堂大道录》《禘说》，专考古代礼制。惠氏祖孙四世治《易》，旁及“五经”。惠栋学术上趋于专精，楬橥汉学旗帜，推动了汉学复兴。钱大昕云：“惠氏世守古学，而先生所得尤深，拟诸汉儒，当在何邵公、服子慎之间，马融、赵歧辈不能及也。”[①]

常州庄氏：庄存与一族自晚明以来，以理学传家，科名之盛，甲于东南。而其今文学派的深远影响又非他族所能望及项背。庄存与（1719—1788），字方耕，号养恬，江苏武进人，五岁就塾读书，一目数行，年幼即以古人自期。其父庄柱为康熙进士，庄存与幼承庭训，涉猎经史百家，博观约取，于乾隆十年（1745）成一甲二名进士，授编修，官至礼部侍郎。先后值上书房、南书房近40年。庄存与于诸经皆能阐发奥旨，不专事笺注之学，而讲求微言大义，著《春秋正辞》《春秋举例》《彖传论》《彖象论》《系辞传论》《八卦观象解》《尚书既见》《毛诗说》《周官说》《周官记》等，统名曰《味经斋遗书》，由后人刊行。庄存与的胞弟庄培因是乾隆十九年（1754）状元，英年早逝，学术未有大成，其子庄述祖成为发展家学的关键人物。述祖（1750—1816），字葆琛，号珍艺。10岁而孤，从伯父学，潜心经术。乾隆四十五年（1780）进士，后选为山东昌乐知县，旋补潍县知县，以母老乞养归。一生著述多达40余种，刊行者有《尚书今古文考证》《毛诗考证》《夏小正经传考释》等。

庄述祖尝说：“吾诸甥中，刘申受可以为师，宋虞庭可以为友。”[②]

---

① 钱大昕：《惠先生栋传》，《潜研堂文集》卷三十九，《嘉定钱大昕全集》第9册，第667页。

② 宋翔凤：《庄珍艺先生行状》，《朴学斋文录》卷四，嘉庆二十五年刊本，第27页。

其推重刘、宋二人于此可见。刘逢禄（1776—1829），字申受，武进人，嘉庆十九年（1814）进士，久任礼部仪制司主事，传承庄氏《春秋》学，著《春秋公羊经何氏释例》《公羊春秋何氏解诂笺》《论语述何》等。宋翔凤（1776—1860），字虞廷，一字于庭，江苏长洲人，嘉庆五年（1800）举人，官湖南新宁知县。少时从舅父庄述祖治今文经，撰《论语说义》《大学古义说》《过庭录》等。刘、宋传承、发展了庄氏今文经学，为晚清学术流变的重要环节。庄存与之孙庄绶甲克承家学，刊刻祖父遗著，扩大了庄氏学术的影响。

高邮王氏：高邮王氏以儒学传家，王念孙之高祖王开运治《尚书》有声，曾祖王式耜以儒经授弟子，祖父王曾禄"深于理学"。[①]其父王安国为雍正二年（1724）进士，曾任翰林院编修，官至巡抚、吏部尚书，为雍正及乾隆初的理学名臣。王念孙（1744—1832），字怀祖，号石臞，3岁丧母，幼时随父入都，有神童之目。在京曾师从戴震一年，为稽古之学。乾隆四十年（1775）成进士，改翰林院庶吉士。嘉庆四年（1799）以参劾和珅黩货揽权，声震朝野，曾任永定河道等职。一生精研文字训诂之学，笃守经训，晚年就养京邸，闭门谢客，日以著书自娱，著述力求精审。除生前刊印的《广雅疏证》20卷、《读书杂志》82卷、《释大》8卷外，有未完之稿多种。

王念孙的长子王引之（1766—1834），字伯申，号曼卿。传承家学而光大之，由音韵训诂而明经达道，熔小学、校勘、经学于一炉，25岁撰《春秋名字解诂》2卷。嘉庆四年（1799）成一甲第三名进士，授翰林院编修。其后任太仆寺卿、山东学政等职，官至工部尚书、礼部尚书，谥文简。其一生治学，以父为师。据平日其父所授和自己研究，撰成《经义述闻》32卷。又博稽九经三传及周秦、西汉之书，搜讨语助之文，撰《经传释词》10卷。王氏父子不仅考辨经典，而且注重归纳条例，总结方法。其研究领域不限于儒经一隅，考据学方法趋于完善，将乾嘉汉学推向精深的境界，后人多比之于吴县惠氏。

---

① 阮元：《王石臞先生墓志铭》，《揅经室续集》卷二下，第1页。

嘉定钱氏：钱大昕（1728—1804），字晓徵、辛楣，号竹汀，江苏嘉定人。15岁取秀才，有神童之目。乾隆十四年（1749）就读于紫阳书院，博览群籍。十九年（1754）成进士，旋改翰林院庶吉士，任侍读学士、詹事府少詹事、广东学政等职。晚年主紫阳书院讲席，倡导实学，涵养德性，弟子众多，影响吴中学风。钱大昕以实事求是为宗旨，不专一经而无经不通，不专攻一艺而无艺不精，凡经史文艺、音韵训诂、金石文字、天文历算、典章舆地，莫不洞悉是非，剖析源流，尤邃于考史。将历年考订所得，整理成帙，于乾隆四十七年（1782）成《廿二史考异》100卷。此外考史之作有《三史拾遗》《诸史拾遗》《金石文跋尾》等。晚年撰《十驾斋养新录》等，其考史成就之大，在清代学者中无有其匹。

钱大昕深于经史，一门群从。其胞弟钱大昭（1744—1813），字晦之，号可庐，视兄如严师。嘉庆初举孝廉方正，治学博通经史，勤于著述，尤精于考证两汉正史，著有《后汉书补表》《两汉书辨疑》《三国志辨疑》等。又长期究心小学，著《广雅疏义》。钱大昕的族子钱塘（1735—1790），号溉亭，乾隆进士，长于律吕天文之学，著《律吕考文》《史记三书释疑》等。族子钱坫（1741—1806），字献之，副贡生，官知县、知州。擅篆书，究心于音韵、地志、金石之学，著《说文解字斠诠》《史记补注》等。钱大昭之子东垣、钱绎、钱侗，皆治古学，能文章，均有著述。大昕之子东壁、东塾，皆克守家学。钱氏蔚为东南学术名门，时有“九钱”之称。钱大昕的女婿瞿中溶则发展了钱氏金石学，为此学一代名家。

江都汪氏：汪中（1744—1794），字容甫，江都人。幼年孤苦，14岁到书肆为佣，每日向书贾借阅经史百家书，博闻强记。汪中博学多才，而科名终于诸生。一生奔走衣食，刻苦治学。治经独尊汉学，不喜心性之谈。对于宋明学者，除朱子之外，有举其名者，必痛加诋毁。对推动汉学复兴的顾炎武、阎若璩、胡渭、梅文鼎、惠栋、戴震等人则倍加推崇。汪中著书没有鸿篇巨制，但兼擅考据和辞章，学术多有创见，在乾嘉经学、诸子学、文字学等领域均有一席之地，对于《荀子》和《墨子》研究尤有开创之功。汪中的诗文关切民生利病，但只是社会积弊的批评者，其经世意识体现在改良风习、救济孤寡等主张。

汪喜孙（1786—1847），又名喜荀，字孟慈，汪中独子。9岁而孤，少长能读父书，嘉庆十二年（1807）举人，受人资助，援例捐为内阁中书，升户部员外郎。后补河南怀庆府知府，勤于治狱，不循情面，倡兴文教，为官清廉。汪喜孙发扬家学而有所变通，虽传汉学，却能融会汉、宋，力除门户之见。他讲求由明经修行而通经致用，继承其父的经世意识和主张，且践行于仕途和社会活动中。

宝应刘氏：江苏宝应刘氏的学术渊源深厚，脉络绵长。其六世祖刘永澄为明万历进士，与东林党人游，究心濂、洛、关、闽之学。乾隆以降，宝应刘氏的重要学者有刘台拱、刘宝楠、刘恭冕等人。刘台拱（1751—1805），字端临，少时心慕理学，以圣贤之学自励，而不屑于文辞。乾隆三十六年（1771）举人，多次会试不第，大挑授丹徒县训导。好古而能求是，侧重考校经籍，通晓天文、律吕、六书、九数、声韵诸学。以《论语》《礼经》为孔子微言大义所在，用力最深，尤精于三礼。一生校书不下千卷，却不喜著述，撰著多属校书批注，有《论语骈枝》《经传小记》《国语补校》等。对幼年孤贫的从侄刘宝楠、从侄孙刘巩亦有抚育、教导之功。

刘宝楠（1791—1855），字楚桢，号念楼。其父刘履恂久任教谕，著有《秋槎杂记》；其兄刘宝树也以教谕为业，著《经义说略》。刘宝楠于道光十五年（1835）中举，二十年始成进士。自道光初年起，专于《论语》注疏。因晚年久任知县，簿书繁琐，精力不济，逝世时已注疏《论语》前14篇共17卷。刘宝楠治学融合汉、宋，并关注社会实务，讲求经世致用。此外著有《释谷》《汉石例》《宝应图经》《愈愚录》等。其次子刘恭冕（1824—1883），字叔俛，少时随父游宦读书，能通经训，中年以后游于曾国藩等人幕府，以校书、授徒为业。他传承家学，经十余年研究，续补《论语正义》后6篇及《论语序》共7卷，并厘定全书，于光绪初年刊行，自著有《何休注训论语述》等。刘氏《论语正义》凝聚了三代人心血，为清代十三经“新疏”的代表作。

绩溪胡氏：绩溪金紫胡氏以《礼》学传家，一门数世，自相师友，有著作者十余人，为清代汉学名家。胡匡衷（1728—1801），号朴斋，岁贡生，以孝友闻于乡里，于经义多所发明。幼时读《易》，受之庭训，著《周易传义疑参》12卷，发明宋学，析程、朱之异同，补其漏略。胡匡衷尤长于《礼》学，著有《三礼劄记》《周礼井田图考》《井田出赋考》《仪礼释官》等。"其论井田也，多申郑义"；"其论官制也，谓《周礼》外惟《仪礼》是周初之制"。[①]又著《论语古本证异》《论语补笺》等。其从弟胡匡宪（1744—1802），号绳轩，少承庭训，研究经史，著有《毛诗集释》《绳轩读经记》等多种。匡宪之子胡秉虔，嘉庆四年（1799）进士，精于训诂音韵之学，著《说文管见》，论假借尤精。又著《卦本图考》《周易小识》《西京博士考》等，既守汉儒家法，又取宋儒之说。

胡培翚（1782—1849），字竹村，少时随祖父胡匡衷受经学，13岁学于从祖胡匡宪。嘉庆二十四年（1819）进士，官内阁中书，擢户部广东司主事，居官勤慎，晚年主讲钟山、惜阴、云间、泾川等书院。培翚发展家学，积40余年研究之功，于嘉庆年间撰成《仪礼正义》40卷，追溯周、孔垂教之旨，考辨郑、贾注疏得失。胡培翚弟子众多，交游广泛。与安徽泾县胡承珙（号墨庄）同宗，同为嘉庆进士，切磋《礼》学，胡承珙著《毛诗后笺》等。"朴斋与竹村，世与墨庄同称为三胡是也。"[②]胡匡宪之孙胡培系，贡生，官宁国府教谕，沉潜于三礼，著有《周礼述义》《大戴礼记笺证》等。胡培翚的族孙胡澍，少有文誉，咸丰九年（1859）举人。少时向慕孙星衍、洪亮吉为人，作《释人疏证》。中年遭遇太平天国战争，资产荡尽，著述多毁于战火，遗稿不存。

武进臧氏：臧氏之学至乾隆间才为人所知，而起源于康熙时期。臧琳（1650—1713），字玉林，江苏武进人，康熙中补县学生，生平博极群书，深于小学，"谓不通训诂，无以明经"，治学以《尔雅》《说文》为

---

① 王泽：《胡君朴斋家传》，《碑传集补》卷三十九，《近代中国史料研究丛刊》初编第一百辑，第997册，第18页。

② 胡蕴玉：《胡秉虔传》，《碑传集补》卷四十，《近代中国史料研究丛刊》初编第一百辑，第997册，第9—10页。

宗，经学以汉注、唐疏为主，成《经义杂记》30卷。书成，没有刊板。阎若璩曾见其书，称之为“隐德君子”，“深明两汉之学，既通声音训诂，又雅擅二刘、扬子云之长”。[①]是书得钱大昕、段玉裁、阮元等人推重。此外，臧琳三易其稿，历20年而成《尚书集解》120卷、《大学考异》2卷，藏于家。他好辑考佚书，辑有汉儒郑玄的《六艺论》、卢植的《卢子干逸文》等。

臧庸（1767—1811），字在东，又字西成，号拜经，臧琳的玄孙。其父继宏，以商贾为业。臧庸“沉默敦重，天性孝友，遵父命，续其高祖将绝之学，修身著书并见于世”。[②]乾隆中，卢文弨主常州书院，臧庸抱其高祖所著《经义杂记》拜见，文弨大为惊叹，曰：“人诚不可无贤子孙也。臧先生之书，使无在东，则无何由见之哉！”[③]卢氏所校《经典释文》多引其说。从此，臧氏之学受知于学人。臧庸两应乡试不售，仿《经义杂记》而著《拜经日记》8卷，受知于学界名流钱大昕、段玉裁等人。臧庸也好辑古书，辑有《子夏易传》《诗考异》《韩诗遗说》等。臧庸兄弟四人，三弟臧礼堂（1776—1805），字和贵。少时读书攻苦，事兄如师，究心经史、文字学。曾师事钱大昕，好《说文解字》，所著《说文引经考》13卷，得段玉裁、王引之肯定。性至孝，遇母疾，至刲股疗亲。姚鼐说：“和贵与兄庸，皆好学博闻，尤精小学，善雠校，为四方贤士所贵。”[④]

吴县江氏：江声（1722—1799），字叔澐，号艮庭，江苏元和人，7岁入塾读书，与兄江筠共学，不事帖括。年过而立未获功名，遂不再应试。独好经义古学，于许慎《说文解字》时加研习。35岁师事惠栋，得读其所著《古文尚书考》及阎若璩《古文尚书疏证》，始知《古文》及《孔传》皆晋代人伪作，遂于41岁时开始研究《尚书》。仿惠栋《周易述》体例，取伏生《尚书大传》所引逸文，辑马融、郑玄注及汉儒逸说，采《说

① 阎若璩：《原序》，《经义杂记》叙录，《续修四库全书》影印嘉庆刊本，第2页。

② 阮元：《臧拜经别传》，《拜经堂文集》卷首，《续修四库全书》第1491册，第482页。

③ 严元照：《经义杂记跋》，《经义杂记》卷末，第1页。

④ 姚鼐：《臧和贵墓表》，《惜抱轩全集》，第251页。

文解字》所引《尚书》古文本字，以更正秦人隶书及唐代改易古字之谬，于乾隆三十八年（1773）成《尚书集注音疏》14卷。继阎、惠之后，刊正《尚书》经文，疏明古注，实集是书研究之大成。治学极重文字训诂之原，著《六书说》一文，推阐《说文》转注说。拟撰《说文解字考证》，见段玉裁精研《说文》，与己见多相契合，遂作罢，并将手稿相赠。此外著有《论语竢质》《尚书逸文》等。弟子有顾广圻、江藩等。

江声之子江镠，字贡庭，为名诸生，能传家学，曾为阮元幕宾，助其撰《十三经注疏校勘记》。江镠之子江沅（1768—1838），字子兰，优贡生，幼承家学，为文好窈渺之思，乡试屡不中。精研《说文》，著《说文释例》。段玉裁侨居苏州，江沅出入其门数十年，为其高足。段著《六书音均表》，阐明平上入分合相配之理。江沅则以段书第二表为纲，成《说文解字音均表》17卷。书中多采段氏之说，而对其纰缪处亦加驳正。江沅尝从彭绍升游，“通释典，茹素祝发而卒家，寿七十有二”。[①]江氏素擅篆书，至江沅尤变化神妙，自成一家。一生多里居教授，弟子成材者众。江沅之孙江文炜传承家学，治《说文》，工小篆，道光二十九年（1849）拟刊江沅《说文解字音均表》。文炜字彤甫，贡生，咸丰九年（1859）因太平天国战争死难。

曲阜孔氏：清代史家赵翼认为，论累世经学，“自以孔圣之后为第一……历战国、秦及两汉，无代不以经义为业，见于前后《汉书》，此儒学之最久者也”。[②]孔氏的著名学者有西汉孔安国、曹魏时期的孔融、唐代孔颖达、清初孔尚任等。乾隆年间，孔氏转治汉学，其名家为孔广森（1752—1786），字众仲，号㢲轩。其祖父孔传铎为袭封衍圣公。其父孔继汾（1725—1786），字体仪。恩贡生，曾任内阁中书、户部主事，编著《阙里文献考》《孔氏家仪》等书。广森少随戴震游，于经史训诂、

---

① 陈奂：《师友渊源记》，光绪十二年刊本，第4页。

② 赵翼：《累世经学》，《廿二史劄记校证》上册，第100页。

六书九数，靡不贯通。年17，与兄广林同举于乡，[①]主考官为桐城姚鼐。乾隆三十六年（1771），广森与族叔孔继涵同成恩科进士，庄存与为是年会试副总裁，故有师生之谊。广森所学在《公羊传》，谓《春秋》重义不重事，《公羊传》尤不可废。乃旁通诸家训说，择善而从，撰成《公羊春秋经传通义》12卷。因连遭祖母和父丧，哀毁过度，广森于其父殁同年十一月早逝。著述尚有《大戴礼记补注》《礼记卮言》《经学卮言》等。弟广廉及广森之子昭虔编其著述为《顨轩孔氏所著书》7种刊行。

孔继涵（1739—1784），字体生，号荭谷，孔广森的族叔，进士，官户部主事，充《日下旧闻》纂修官。笃于内行，雅志稽古，而精于三礼。在京六载，与戴震结为儿女亲家，"于天文、地志、经学、字义，无不博综"。[②]又与周永年、姚鼐等交好。乾隆四十二年（1777），以母疾乞养归，专心著述，著有《考工车度记》《补林氏考工记解》《勾股粟米法》《水经释地》。其子广栻，能传其学。孔广森的族弟孔广铭，字文箴，曾任州判，著有《公羊释例》《孟子义疏》《五经异义疏证》等。其族弟孔广牧，长于训诂考据，兼通中西算术。遇咸丰战乱，流离奔走，染病早逝，仅存《礼疏》残稿及《天算释》《孔子生卒年月考》等篇。

兴化任氏：任大椿（1738—1789），字幼植，又字子田，江苏兴化人，与清初著名学者任启运同族。大椿的祖父任陈晋，幼时家贫，工诗文，转而沉潜于《易》学，乾隆四年（1739）进士，官徽州府学教授，著《易象大义存解》1卷，折衷诸家之说，也阐发宋儒《易》学。发挥明简，"亦大抵切人事立言"。[③]另有《燕喜堂文集》《后山诗钞》等。大椿之父任葆，庠生。受家学濡染，大椿早具夙慧，少以文章名。乾隆二十七年（1762），中乡试第六名举人，与戴震同举于乡。三十四

① 孔广林署太常寺博士，闭门著书，撰有《周礼臆测》《仪礼臆测》等书。晚清有学者云："检讨（广森）之学出于博士（广林）。检讨弱冠成进士，官翰林，而博士仅摄世官。"广森所著书"风行宇内"，而广林"所著书以卷帙浩繁，屡刊不成，惟一二藏书之家存其稿本，不绝于线"。见桂文灿：《经学博采录》卷二，第70页。

② 阮元：《孔兴燮传》，《儒林传稿》卷四，第33页。

③ 纪昀等纂：《钦定四库全书总目》上册，第68页。

年成进士，授礼部仪制司主事。值开四库馆，被举为纂修官，与同任馆职的戴震共事多年，亦曾切磋学术。《四库全书·礼经类》提要出自多人，而皆由大椿详定。于校书之暇，得阅览朝廷藏书，专心著述，于《礼》学尤长于考释名物，即类以求。一类已通，更求他类，遂著《弁服释例》《深衣释例》及《释缯》篇等。又好辑录小学佚书，于各家异说多所考镜，撰《字林考逸》《小学钩沈》，此外有《吴越备史注》等。乾隆五十四年（1789）四月，以郎中授陕西道监察御史，甫一月而卒，著述多未刊行。

任兆麟，字文田，号心斋。诸生，荐举孝廉方正，以侍养辞。其父为太学生，沉潜于经学。兆麟与族兄基振、大椿称为“三任”。人称兆麟远承任启运家学，博闻敦行，“讲经义经世之务，间作古文辞，务有根柢，与六经相表里”。[①]继大椿之后，兆麟撰《字林考逸补正》，增补了150余条。又著有《毛诗通说》《春秋本义》等。此外，其姻亲顾九苞，字文子，母任氏为任大椿之祖姑，通经达史。九苞幼受母教，精于三礼、《毛诗》之学，乾隆四十年（1775）成进士，卒于天津。其子顾凤毛，字超宗，传承家学。幼时祖母任氏“口授唐诗，率能成诵。十一岁能解经书”，强记博览。18岁补弟子员，二年后丁父忧归，以授徒为生。[②]曾从钱塘学音韵律吕，撰《楚辞韵考》《入声韵考》《毛诗韵考》等。

阳湖洪氏：洪亮吉（1746—1809），字稚存，号北江，江苏阳湖人。6岁而孤，幼时随母寄居外祖母家就学，聪颖异常，擅长诗文。24岁补诸生，曾入安徽学政朱筠幕，由嗜好辞章而转治经史。因久困场屋，入陕西巡抚毕沅幕，助其编书。乾隆五十五年（1790）成一甲二名进士，授编修，入值上书房。视学贵州，教士以通经学古为先。嘉庆四年（1799）上书言事，言语激直，惹怒嘉庆帝，被“发往伊犁”，不久释回，自号更生居士，专于著述。洪亮吉“善于汉魏六朝之文，每一篇

① 王豫：《有竹居集序》，任兆麟《有竹居集》卷首，《清代诗文集汇编》第484册，上海古籍出版社2010年版，第280页。

② 焦循：《顾小谢传》，《雕菰集》卷二十一，第10—11页。

出，世争传之”。[①]又精研经学、史地、训诂之学，于经学著有《春秋左传诂》《春秋穀梁古义》等；于小学有《汉魏音》《六书转注录》《比雅》等。在毕沅幕曾与修《续资治通鉴》及陕西、河南等州县志。于历朝疆域变迁尤有研究，著有《补三国疆域志》《东晋疆域志》《十六国疆域志》等，后人对其疆域志诸书多有补正。今人编辑《洪亮吉集》，收入诗文88卷。

亮吉之长子洪饴孙（1773—1816），字孟慈，又字祐甫。幼时好学，嘉庆三年（1798）举人，官知县，中年早逝，撰有《世本辑补》《三国职官表》《史目表》《毗陵艺文志》等。亮吉幼子洪齮孙，字子龄，道光举人，官广东镇平县知县，克承家学，撰《补梁疆域志》《战国地名考》《汉魏六朝隋唐地理书目考证》等。洪氏兄弟传衍了其父的史地考据之学。

甘泉焦氏：焦循（1763—1820），字里堂，江苏甘泉人，其父、祖为下层儒士。焦循的曾祖父焦源“深于《易》学，有《读易图》”。祖父焦镜娶妻王氏，为明末吏部纳谏之玄孙女，王氏的父、祖辈亦“以《易》名家”。故焦循之父焦葱得“并闻外家《易》说”。[②]焦葱，字佩士，太学生，学《易》未有大成。焦循少颖异，以孝行闻于乡里。嘉庆六年（1801）才中举人，次年入都会试，下第后不复北游。焦循为阮元族姐夫，二人交谊深厚。阮元督学浙江时，焦循从游。焦循博闻强记，识力精卓，于经史、历算、音韵、训诂之学无所不通。“性诚笃，恬淡寡欲，布衣蔬食，不入城市，惟以著书为娱。”[③]焦循承祖父之学，幼年好《易》。不拘汉魏师法，“取《易》之经文与卦爻反复实测之，得所谓‘旁通’者，得所谓‘相错’者，得所谓‘时行’者”，使《易经》“诸义例皆发之而知其所以然”。[④]他先著《易通释》20卷，然后撮其要

① 袁枚：《施卷阁文乙集序》，见《洪亮吉集》第1册，中华书局2001年版，第265页。

② 焦廷琥：《先府君事略》，《丛书集成三编》第86册，台北，新文丰出版公司1997年版，第1页。

③ 钱林：《焦循》，《文献征存录》卷七，第55页。

④ 阮元：《江都焦氏雕菰楼易学序》，《易章句》卷首，《续修四库全书》影印清刻本，第1页。

为《易图略》8卷，又作《易章句》12卷，总为《雕菰楼易学三书》。焦循推崇戴震的《孟子字义疏证》，谓《孟子》与《易》学相通，乃著《孟子正义》30卷。他又精研天文算学，著《加减乘除释》《天元一释》《释弧》《释轮》《释椭》等，与同时算学名家李锐、汪莱、钱大昕等相与讨论，而受推重。

焦循之子廷琥（1782—1821），优贡生，性醇笃，少时随父治学，不假外傅，善承家学。焦循著《群经宫室考》，廷琥遂撰《冕服考》4卷加以阐释。焦循深信地圆说，而其友孙星衍作《释方》质疑，以为西人误解《大戴礼记》，遂有地圆之说。廷琥乃博搜古籍，胪列诸家之言，成《地圆说》2卷。焦循作《开方通释》，有正负开方法。廷琥受命以正负开方法推之，撰《益古演段开方补》，附于父著《里堂学算记》之末。焦廷琥使家传历算学更趋专精，此外著有《尚书伸孔篇》《春秋三传经文辨异》等。不幸焦循卒后不到一年，廷琥随之而逝。

常州张氏：张惠言（1761—1802），字皋文，号茗柯，江苏武进人。生于寒儒之家，14岁为童子师，曾刻苦研习科举时文，在安徽歙县设馆多年。受桐城派学者王灼、钱鲁斯的影响而研读古文，又转而研究《易经》《仪礼》。乾隆五十一年（1786）举人，嘉庆四年（1799）进士，散馆授编修。嘉庆七年（1802），病卒于官，年仅42岁。他曾读惠栋所著《易》学书，而不满其泥古琐碎，遂援《春秋》学方法阐发虞翻《易》学，著《周易虞氏义》9卷。又撰《周易虞氏消息》《虞氏易礼》《虞氏易事》《易义别录》《易纬略义》等。穷尽汉《易》各家古义，而为虞氏《易》之羽翼，成一家之学。又研究《礼经》，学宗郑注，作《仪礼图》6卷。张惠言治学博及诸子、史书，兼及词、赋，且其经学与文学相需相济，相得益彰。

张惠言、张琦兄弟是阳湖文派的开创者，二人又合编《词选》等书，流播甚广。张琦（1765—1833），字翰风，嘉庆十八年（1813）举人，官山东馆陶知县。于词学之外，又深于子、史、兵、农、刑法、术数之学，晚年则专研医学，著述有《战国策释地》《素问释义》等。惠言的独子张成孙（1789—1838），字彦惟，国子监生。少时从父研习《说文解字》。14岁早孤，后从庄述祖游，精小学，续补父著《说文谐声谱》至50卷，所增内容达一半以上。又工历算，精研礼意。张惠言的外甥董士锡幼年在家受学，16岁从舅父游，为古文、赋、词皆精妙，而所受虞氏《易》义尤精。张琦的次子张曜孙，少承家学，工为文，研求古今成败、民生利病，精于医学。张琦的四位才女张𬘡英、张䌸英、张纶英、张纨英均擅诗文，有诗集刊行。可谓家学余韵，一门风雅。

闽县陈氏：陈寿祺（1771—1834），字恭甫，号左海，晚号隐屏山人，福建闽县人，父、祖均以教授乡里为生。寿祺9岁随祖父读儒经，15岁补县学生员，少喜辞章，究心理学，嘉庆四年（1799）成进士后，转治汉学。又受阮元之聘，主讲杭州敷文书院，兼课诂经精舍。嘉庆十四年（1809）任国史馆总纂，专创《儒林传》《文苑传》。历任文渊阁校理，教习庶吉士等职。陈寿祺兼治今、古文经而侧重今文，崇汉学而不排斥宋学。于两汉经学，上溯伏生，下至许、郑，无不通彻，辑校伏胜《尚书大传》，并为《序录》《辨伪》等篇，成《尚书大传定本》3卷。著有《五经异议疏证》《左海经辨》《左海文集》，均刊入《皇清经解》。拟著《三家诗遗说考》等，未成。

陈寿祺的长子陈乔枞（1809—1869），字朴园，一字树滋，道光五年（1825）举人，少受庭训，克承家学，尤深于《三家诗》。多次会试不第，二十四年以大挑知县分江西，晚署袁州、临江、抚州知府，居官有声。乔枞继志述事，续成父著《三家诗遗说考》《礼记郑读考》《欧阳夏侯经说考》。又自撰《今文尚书经说考》34卷及《齐诗翼氏学疏证》《诗经四家异文考证》《诗纬集证》等。陈氏父子并为经学大师，后人谓“国朝古学元和惠氏、高邮王氏外，惟乔枞能修世业，张大其家法”。[①]陈寿祺晚年主持地方书院，造士众多，于闽学风尚不无影响。其著名弟子有长于三礼学的林昌彝等。

仪征刘氏：刘文淇（1789—1854），字孟瞻，仪征人。父刘锡瑜，以医名世。文淇出身寒微，18岁即授徒为生。嘉庆二十四年（1819）优贡

① 《陈寿祺》，《清史列传》卷六十九，《儒林传》下二，第18册，中华书局1987年版，第5579页。

生，候选训导。幼年颖悟，曾从其舅父凌曙读书。凌氏治经偏重今文，著《公羊礼疏》及《公羊礼说》《公羊问答》等书。而文淇精研古籍，贯串群经，博览汉人经著及宋元以来诸说，治学必求其是。尝谓《左传》之义，为杜预《左传注》剥蚀已久，遂取贾逵、服虔、郑玄三人之旧注，旁稽博考，以正杜注之失。他究心《左传》40年，撰成了《春秋左氏传旧疏考正》8卷。而其《春秋左氏传旧注疏证》已具长编，因多年替人校勘经史、方志，未及成书，遽然而逝。此外，著有《楚汉诸侯疆域志》《扬州水道记》等。

刘文淇之子毓崧（1818—1867），字伯山，从父受经，以淹通经史闻名江淮间，道光间举为优贡生。他长于校书，受曾国藩礼遇，聘入金陵书局校勘《船山遗书》等，并撰《王船山先生年谱》2卷。毓崧思继父业，而值离乱，于"春秋左氏传旧注疏证长编"未加整理，自著有《通义堂文集》等。刘毓崧有子四人，长子寿曾（1838—1882），字恭甫，少工文章，资质开敏，父殁后继入金陵书局校书。曾中副榜贡生，保举知县，而志趣在于学问。校书之余，发奋以继志述事为任，严立课程，孜孜不倦，而《春秋左氏传旧注疏证》稿仅编至"襄公四年"，45岁病卒。[①]"疏证"之余，撰成《读左札记》《春秋五十凡例表》等。刘氏三代以专精《左传》而闻名，"学者企若吴门惠氏"。[②]刘毓崧之季孙、寿曾之侄刘师培（1884—1919），字申叔，继承古文家法，谙熟《左传》，但未专精于此，治学遍及"五经"，36岁病卒。刘师培早年参加反清革命，入民国后专注学术，著有《春秋左氏传义例》《周礼古注集疏》《周书补正》等，近人编为《刘申叔先生遗书》。[③]

---

① 案：20世纪50年代，中国科学院历史研究所第一、二室整理了署名刘文淇所著《春秋左氏传旧注疏证》，由科学出版社1959年出版。近年刘氏门人的后人吴静安补足《春秋左传旧注疏证》，由东北师范大学出版社2005年出版。

② 汪士铎：《墓志铭》，刘寿曾著《传雅堂集》卷首，1937年铅印本，第1页。

③ 仪征刘氏是清代著名的汉学世家，近年已有不少研究成果，如李帆的《刘师培与中西学术》（北京师范大学出版社2003年版）、郭院林的《仪征刘氏〈左传〉家学研究》（中华书局2008年版）、罗军凤的《清代春秋左传学研究》（人民出版社2010年版）等书均对刘氏《左传》学进行了探讨，本书不再赘述。

定海黄氏：定海黄式三、黄以周父子授受谨严，家学一脉相承。黄式三（1789—1862），字薇香。其父黄兴梧，性端严，锐志于学，诸生，因病辍举子业，究心《易》《诗》之学。式三幼受父教，性至孝，曾赴乡试，恰逢其母暴卒于家，归家号恸几绝，誓不再应举，以岁贡终。治学博综群经，不拘汉、宋门户，宗郑学而兼尊朱子，主张于汉、宋经学各用所长，以补所短。谓："经无汉、宋，曷为学分汉、宋也乎！"[①]于《易》《春秋》皆有心得，而尤长于三礼，其论郊禘、论学校，阐发郑学；论封域、井田、兵赋、学校、明堂、宗法诸制，有大疑义，必加厘正。又撰"申戴"诸篇，阐发戴震义理之学；撰《约礼说》《复礼说》《崇礼说》诸篇，调和理学和礼学，以崇礼、复礼为学者倡。另著有《易释》《论语后案》等。

黄式三之四子以周（1828—1899），字元同，号儆季。6岁入塾读书，少承家学，与兄儆孟、儆仲相砥砺，与从兄以恭作经课，互相督责。19岁补诸生，同治九年（1870）举人，官处州府教授。黄以周恪守父训、阐扬家学，为学不拘汉、宋，贯串群经大义。于《易》《诗》《春秋》皆有著述，尤精《礼》学，成《礼书通故》百卷，既阐发郑玄《礼》注，又加驳正，实事求是。论者谓其"足以窥见先王制作之堂奥，比秦蕙田书博虽不及，精或过之"。[②]黄以周任江阴南菁书院院长15年，兼经学门主讲，以博文约礼、实事求是教士，多高材弟子。此外著有《子思子辑解》《儆季杂著》等。黄氏为晚清学术名门，缪荃孙赞黄氏云："国朝家学，绍汉迈唐。元和之惠，高邮之王。鼎足其间，先生觥觥。"[③]黄氏学者还有黄以恭，字质庭，式三从子，光绪元年（1875）举人，著有《尚书启蒙疏》《读诗管见》等。以周的次子黄家岱，廪生，11岁读《尚书》，能有所得，以经解受知于学使，卒年38岁，所著多未完稿。

新化邹氏：邹汉勋（1805—1853），字叔绩，湖南新化人。其父邹文

---

① 黄式三：《汉宋学辨》，《儆居集·经说三》，光绪十四年刊本，第22页。

② 《黄式三子以周》，《清史列传》卷六十九《儒林传》下二，第18册，第5663页。

③ 缪荃孙：《中书衔处州府学教授黄先生墓志铭》，《续碑传集》卷七十五，《近代中国史料丛刊》初编，第九十九辑，第989册，台北，文海出版社影印本，第4页。

苏，岁贡生，以郑、贾之学教授乡里，“考证典礼力尊汉学，而于心性之学则确守宋儒”。“于学无不通，尤深于三礼”。[①]汉勋兄弟六人，少秉庭训，皆有才学。长兄汉纪，长于小学，著《五音表》。次兄汉潢，长于《易》及医术，著《序卦解》等。汉勋排行第三，以学闻名，15岁佐长兄撰《左氏春秋地图说》《博物随钞》，又佐仲兄撰《山海经集谱》诸书。“乡居，苦书少，辄诣郡学借观，手录口诵。于天文推步、方舆沿革、六书九数之属，靡不研究，而制举业不循绳尺”，久困童子试。[②]道光十七年（1837）补郡学生，旋食廪饩。道光十九年（1839），应同县邓显鹤之聘，参与校刊《船山遗书》，自此知名。咸丰元年（1851）举人，礼部试报罢。咸丰三年（1853），湘军将领江忠源巡抚安徽，汉勋被邀从行。不久太平军破庐州，汉勋随江氏战死。汉勋精于经学、小学，著述多在同治二年（1863）被土匪焚毁，有《读书偶得》《广韵表》《穀梁传例》《颛顼宪考》及《学艺斋文集》等藏于家。其四弟汉嘉，长于舆地之学，著有《宝庆疆里记》《黔滇楚粤水道考》等。五弟汉章、六弟汉池，亦擅舆地、天文之学，各有著述。

邹氏后辈多学者，以舆地学传家。汉纪之孙邹代过、汉潢之孙邹代藩、汉勋之孙邹代钧最为显名，世称“三邹”，尤以代钧学术成就最大。邹代钧（1854—1908），字甄伯，号沅帆。克承祖业，尤嗜史地之学。尝言切于经世之用者，莫若地理，当以今地为主，而钩稽古来疆域、战争、漕运、水道迁徙，以求贯通。并于测绘之事，精心研讨。光绪十一年（1885），以随员身份出访英、俄。受湖广总督张之洞聘请，编修湖北地图，并为两湖书院教长，在武昌创立舆地学会。后充钦定《书经图说》纂修官，所绘《中外舆地全图》盛行于世。此外，撰有《西征纪程》《直隶水道记》《中国海岸记》等，并撰有蒙古地区及日本、朝鲜、安南、缅甸、印度等邻国地记多种。

瑞安孙氏：乾嘉年间，瑞安（今温州）的重要学者是孙希旦（1737—

① 邓显鹤：《例授职修郎岁贡生候选训导邹君墓志铭》，《南村草堂文钞》卷十四，咸丰元年刊本，第12页。

② 李元度：《邹叔绩先生事略》，《国朝先正事略》卷三十六，第35页。

1784），乾隆进士，官翰林院编修，与修《四库全书》。他学宗程朱，尤精三礼，著有《礼记集解》50卷，学术上对瑞安盘谷孙氏有所启发。后者第一代学者是孙衣言、孙锵鸣兄弟。其祖父孙振铎26岁才补为县学生，乡试不售，家居好学。孙衣言之父孙希曾，少时读书郡城，不久家道中落，遂舍举子业，勤俭务农。而“益以读书科第望诸子”，“所以督课之甚严密”。[①]孙衣言（1815—1894），字琴西，道光三十年（1850）进士，深得房师曾国藩的赏识，由编修入值上书房，官至江宁布政使。其弟孙锵鸣（1817—1901），道光二十一年（1841）进士，历官广西学政、侍读学士等职。孙衣言治学长于考据，又注重义理，“力辟世儒汉、宋门户之见”。又认为“欲综汉、宋之长而通其区畛，莫如以永嘉之学”。[②]故孙氏兄弟以研考、弘扬永嘉之学为己任。孙衣言补辑《永嘉学案》，又搜集、校勘南宋永嘉诸儒及孙希旦的著作，编为《永嘉丛书》刊行。孙锵鸣校勘了孙希旦经学著作，自著有《周易释义》《吕氏春秋高注补正》，其诗文今人已编为《孙锵鸣集》出版。

孙诒让（1848—1908），字仲容，号籀庼，孙衣言次子。少有神童之目，随父读《周礼》，同治六年（1867）举人，援例得刑部主事，而不乐仕进，随官江宁布政使的父亲居南京。数应礼闱不第，遂家居著述。孙诒让讲求经世之学，被列入光绪二十九年（1903）清廷“经济特科”征用人才，但未应诏。他热心教育，于光绪戊戌之际创办瑞安学计馆、农学会、方言馆等。20世纪初年，在温州创办瑞平化学学堂，并合办蚕学馆、天算学社等。诒让发扬家学，精研《周礼》，博稽唐、宋以来诸儒旧诂，发郑注之渊奥，裨贾疏之遗阙，屡易其稿，成《周礼正义》86卷。又于光绪十九年（1893）撰成《墨子间诂》卷，且擅考金石、龟甲文字，著有《古籀拾遗》《契文举例》等。此外，著述有《札迻》《籀庼述林》等多种，论者视为清代汉学之殿军。此外，孙锵鸣的女婿宋恕亦为晚清著名学者，不专治汉学，而重视阐扬永嘉学统，讲求经世致用。

① 孙衣言：《显考鲁臣府君妣丁太淑人行述》，《逊学斋文钞》卷六，同治十二年刊本，第15—16页。

② 孙衣言：《艮斋浪语集叙》（孙诒让代作），《籀庼述林》卷四，1916年刊本，第12页。

德清俞氏：俞樾（1821—1907），字荫甫，号曲园，浙江德清人。道光三十年（1850）进士，改庶吉士，授翰林院编修，曾任河南学政，罢归后，专心著述。历主讲苏州紫阳、上海求志等书院，主杭州诂经精舍30余年。治学以高邮王氏为宗，仿《经义述闻》而作《群经平议》，仿《读书杂志》而作《诸子平议》。平生不好声色，日以著述为业。每竟一岁，则以写定之书刊布于世。晚年足迹不出浙江，而声名远播海内外，与同时大学士曾国藩、李鸿章、潘祖荫等有交往。所著书凡500余卷，统曰《春在堂全书》。除《群经平议》《诸子平议》受推重外，人称其《古书疑义举例》与王氏《经传释词》也在伯仲之间。

俞樾晚年授其孙俞陛云读书，亲见陛云于光绪二十四年（1898）会试以一甲第三人及第，授翰林院编修。俞陛云长于诗词和词学，著有《小竹里馆吟草》《诗境浅说》《唐五代两宋词选释》《清代闺秀诗话》等，擅书法。俞陛云之子俞平伯为现代著名学者、文学家，历任北京大学、清华大学等校教授，与胡适并为"新红学派"创始人。

湘阴郭氏：郭嵩焘一家是晚清士人从宋学转向汉学的象征。郭嵩焘（1818—1891），字伯琛，号筠仙，湖南湘阴人，自其曾祖以降皆诗书传家。嵩焘于道光二十七年（1847）成进士，改庶吉士，丁父忧归籍。与理学人物曾国藩、刘蓉等交好。遇太平天国军起，劝曾国藩出山帮办团练，并自办厘金。以军功授编修，官至广东巡抚，出使英国、法国，晚年主讲长沙城南书院。郭嵩焘早年治宋学，中年以后治考据训诂，与王先谦等汉学家交往密切，著述刊行者有《礼记质疑》《大学质疑》《中庸质疑》《订正朱子家礼》等。郭氏重视以学传家，认为世家门第"惟勤力以守诗书之业，暗然无闻于时，其传也常久"。[①]其弟郭崑焘、郭崙焘，均为湘军干才，自云"吾兄弟三人，皆稍能读书求有用之学"。[②]崑焘7岁能文，工书法，道光二十四年（1844）举人，入湖南巡抚幕帮办厘金、饷粮，官至四品，著《诗文经字正谊》4卷及《云卧山庄诗集》及《文集》。郭崙

① 郭嵩焘：《梧冈〈姚氏宗谱〉序》，《郭嵩焘诗文集》，岳麓书社1984年版，第88页。

② 郭嵩焘：《蛰存〈萝华山馆遗集〉序》，《郭嵩焘诗文集》，第64页。

焘，诸生，曾入湖南巡抚幕，究心经世之学，因功保荐道员，工诗、古文辞。

郭崑焘之子郭庆藩（1844—1896），字孟纯，少时刻苦好学，屡次乡试不举，由优廪生擢任通判，光绪元年（1875）补浙江知府，以道员主持修浚扬州运河。曾上书朝廷要员，提出兴办轮船公司，收回利权，并“论铁路、电报、邮政、矿务四者宜急举”。[①]庆藩精于文字学，著有《说文经字考辨证》《说文答问疏证补谊》《说文经字正谊》等，所著《庄子集释》24卷传承家学，引用郭嵩焘的释文约180条，为该书思想主干，尤受世人重视。他整理过郭嵩焘的日记、奏疏和诗文，并自著诗文多卷。郭嵩焘的堂侄郭立山，光绪进士，授翰林院编修。清末兴办新政后，任湖南中路师范学堂（第一师范）监督，兼史学讲习。辛亥革命后，回乡授徒自给，1927年病卒。郭立山精于三礼，著有《三礼札记》《丧服表注》等，又撰有《离骚注释》等。

善化皮氏：皮树棠，字鹤泉，湖南善化（今长沙县）人，同治元年（1862）恩科举人，历任县学训导、府学教授。同治十三年（1874）选候补知县，次年补浙江宣平知县，光绪十一年（1885）因病辞归。其长子皮锡瑞（1850—1908），字鹿门，幼承庭训，工诗及骈文。14岁考取秀才，光绪八年（1882）举顺天乡试，多次会试不第，遂沉潜于经学。任南昌经训书院讲席7年，江西士子闻风兴起，究心经学。他主张通经致用，赞襄戊戌维新，三个月内在长沙南学会讲演12次，倡导摒弃门户之见，变法开智，并任京师大学堂经学教习。戊戌政变发生后，被革除科名，交地方官“严加管束”。皮锡瑞经学成就卓著，因仰慕西汉经学大师伏胜，名其居为“师伏堂”。初治《尚书》，著有《今文尚书考证》30卷、《尚书大传疏证》等；中年治郑学，著《郑志疏证》等；晚年贯串群经，创通大义，著《五经通论》《驳五经异义疏证》《师伏堂春秋讲义》及《经学历史》等。

皮嘉祐，字吉人，皮锡瑞次子，随父参与戊戌维新，在《湘报》发表《平等说》一文，影响巨大。又著《三礼郑注引汉制考》《月令章句》

① 王先谦：《二品顶带江苏候补道郭君墓志铭》，《葵园四种》，岳麓书社1986年版，第240页。

《韩诗疏证》等。皮锡瑞之孙皮名振，现代地理学家，曾与唐伯球合编《矿冶学》一书，并撰《皮鹿门年谱》《皮鹿门先生传略》等。皮名振的胞弟皮名举，少时入北京清华学校读书，后负笈美国，为哈佛大学博士，专攻西洋史。历任南开大学、西南联大、湖南国立师范学院等校教授，1959年病卒。所撰博士论文为《胶州湾租借史》，潜心研究德国史多年。

上述家族之外，乾隆以降的汉学世家还有余姚邵廷寀、邵晋涵祖孙，嘉定陈诗庭、陈瑑父子，吴江陈景云、陈黄中父子，金坛段玉裁及女婿龚丽正、外孙龚自珍，嘉兴钱仪吉、钱泰吉兄弟，钱塘梁玉绳、梁履绳兄弟，江宁严长明、严子观父子，仪征阮元、阮福父子，嘉兴李富孙、李超孙、李遇孙兄弟，桐城马宗琏、马瑞辰父子，临海洪颐煊、洪震煊兄弟，乌程严可均、严章福兄弟，番禺侯康、侯度兄弟，吴县朱骏声、朱孔彰、朱师辙祖孙，无锡华蘅芳、华世芳兄弟等。清末民初倾向汉学者有陈三立、陈寅恪父子；梁启超及其胞弟等。事实上，清代下层士人中，传承家学的现象也很普遍。王昶记一位朋友的传经情形：

> 同年韦君约轩，出示授经图一卷，中依石而坐，容色睟然，是为君尊人铁夫先生。其垂髫依侧而奉书者，则君也。盖君家传经已九世矣，是时君年方十四尔，于是君属余以文记之。余维孔子没，两汉经师莫不各守其家法。临以天子公卿之问难，莫能夺也。其一家父子祖孙相授受者尤众……今复阅先生是图，则韦氏之穷经，犹有两汉经师之遗则欤！先生一老贡生，晚年洊历学官，不以冗长自废，行事卓卓，非家世穷经之效欤！[①]

在清代群星灿烂的汉学群体中，韦氏经学暗淡无光，不为后人所知。然而，正是许多这样并不耀眼的学者之家，汇集起来，铸就了清代汉学的辉煌。

自清中期以来，江藩的《国朝汉学师承记》、徐世昌主编的《清儒

① 王昶：《授经图记》，《春融堂集》卷四十九，《续修四库全书》影印嘉庆十二年刊本，第3—4页。

学案》、支伟成的《清代朴学大师列传》、杨向奎的《清儒学案新编》等书均对学术家族有所记载，为后来研究开辟了途径。近年也发表了相关论著，出现了涉及某一家族的博士、硕士学位论文。这些成果价值参差，有的可为再加研究的基础。但综观之，近年的论述偏重于文学世家，少数涉及经、史之家者仍然是个案描述，罕见宏观、贯通之作，关于汉学家族的专题性探讨更是阙如。

本书无意重构某一学术家族史，而是以上文列述的20多个汉学家族为重点，探讨清代汉学及学术家族的几个主要问题，知人论世，深入揭示其家学脉络和繁荣机制。近年有关清学史的论著不可谓少，而对学者生活的宗族环境、社会网络仍然研究不够，对清代汉学的学术观念和精神特质尤其缺少梳理。因此，本书既注重分析以往论者忽略的家法观念、家学传承和治学精神，又考察汉学传衍的社会因素如宗族背景、士人交游等，从而多角度、深层次地剖析汉学家族的兴衰，以期推进清代学术史、思想文化史研究。

第一章

清代学术的宗族背景

在中国古代，家族是个人成长的基点，也是社会生活的中心。清代至民国，政局几经变幻，社会流动性增强，而士人的治学环境并无大变。即使一些移居城市者，仍与宗族社会有着千丝万缕的联系。宗族环境对学者的制约和影响仍然不能忽视。本章以清代汉学群体为中心，梳理传统学术生长、繁衍的社会环境。

一　清代宗族机制

秦、汉以降，宗法制已不复存在，家族制度几经变化。魏、晋、南北朝的庄园制、门阀士族制解体之后，宋代以后逐步形成新型的家族制度。乾隆初年的陈祖范云：古有宗法，族不易散。后世“族易涣散，故宜用收。收之之方，严宗庙，设师塾，振乏困，救祸灾，助嫁娶，急丧纪，时宴聚，是数者非有财与力不能”。[①]于是，“族田的购置，祠堂的建筑，家谱的撰修”成为“敬宗收族、团聚族人、重建家族制度的手段”。“它们在宋、元之际相继普遍化，就标志近代封建家族制度的最终形成。”[②]学者对族田、祠堂和族谱情形多有论说，而本书关注的是，这些宗族机制如何履行其社会、文化功能，渗透于汉学家的思想观念。宋代以降，理学家对宗族、礼制和乡约多有建言和实践。比较而言，清代汉学家沉潜于考

① 陈祖范：《陶氏义庄记》，《陈司业文集》卷二，《清代诗文集汇编》第236册，第656页。

② 徐扬杰：《中国家族制度史》，第298、308页。

经证史，似乎与现实社会较为疏远，其社会思想也不为今人注意。事实上，清代一些汉学家仍关注社会，参与、改良宗族机制，而其宗族观念也是挥之不去，或隐或显。

《白虎通》云："宗者，何谓也？宗者，尊也。为先祖主者，宗人之所尊也……古者所以必有宗，何也？所以长和睦也。大宗能率小宗，小宗能率群弟，通其有无，所以纪理族人者也。""族者，何也？族者，凑也，聚也，谓恩爱相流凑也。上凑高祖，下至玄孙，一家有吉，百家聚之，合而为亲，生相亲爱，死相哀痛，有会聚之道，故谓之族。"[①]可见，宗族本质上具有聚合族众、维系社会、施教人伦的功能。故隋、唐以降，政府虽不像前代那样依赖于宗族，但大抵肯定、保护宗族机制。清朝对膨胀的宗族势力心存芥蒂，却积极地将其纳入政府的轨道。由康熙帝颁谕、雍正帝绎释，乾隆朝收入《四库全书》的《圣谕广训》共有十六条，前三条规定："敦孝弟以重人伦""笃宗族以昭雍睦""和乡党以息争讼"。雍正帝释第二条云：

> 明人道必以睦族为重也。夫家之有宗族，犹水之有分派，木之有分枝。虽远近异势，疏密异形，要其本源则一……凡属一家一姓，当念乃祖乃宗，宁厚毋薄，宁亲勿疏。长幼必以序相洽，尊卑必以分相联。喜则相庆以结其绸缪，戚则相怜以通其缓急。立家庙以荐蒸尝，设家塾以课子弟，置义田以赡贫乏，修族谱以联疏远……诚使一姓之中，秩然蔼然，父与父言慈，子与子言孝，兄与兄言友，弟与弟言恭。雍睦昭而孝弟之行愈敦，有司表为仁里，君子称为义门，天下推为望族，岂不美哉！[②]

清朝对正常的宗族活动予以保护、支持，以期收人伦教化之效。明清时期，宗族意识和人伦教化不限于士大夫阶层，而呈现平民化趋势，

---

① 班固：《宗族》，《白虎通》卷三下，《丛书集成新编》第9册，第412页。

② 《圣谕广训》，《景印文渊阁四库全书》第717册，台北，商务印书馆1986年版，第593—594页。

浩如烟海的族谱彰显了此类主题。雍正以降，一些省区推行了乡约、族正制度，其首要职责是宣讲“圣谕”。直至晚清，许多下层士人虽处贫困之中，而对“《圣谕广训》十六条，皆背诵如流，每于里社为人庄诵之”。[①]清代士民聚族而居，熏染于宗族环境，积淀了浓厚的宗族意识。

祠堂与祭祀

历代朝廷保护宗族，承认、维护族权，而宗族教育也强调忠大于孝，使族权成为政权的附属品。较之上古三代，明、清宗族的政治功能明显减弱，而社会功能有所增强。清代北方的山东、山西，南方的江苏、安徽、广东等地多有强宗大族。乾隆朝的陈宏谋说：“敬宗即所以睦族，立教不外乎明伦。临以祖宗，教其子孙，其势甚近，其情较切。以视法堂之威刑，官衙之劝戒，更有大事化小，小事化无之实效。直省惟闽中、江西、湖南，皆聚族而居，族皆有祠，此古风也，即礼教也。”[②]清代的宗族社会呈现地域性。一般说来，南方的宗族观念强于北方，长江中下游和闽、粤地区尤为典型。刘文淇注意到：“自元、明以来，宗祠与族谱相为维系，有宗祠斯有族谱。江以南聚族而居，族各有祠，祠各有谱。其敦宗睦族之谊，较之江北为厚。”[③]皖南徽州府“家多故旧，自唐、宋来，数百年世系比比皆是。重宗义，讲世好，上下六亲之施，无不秩然有序。所在村落，家构祠宇，岁时俎豆其间”。[④]其实，此类情形也不限于皖南地区。

如何实现敦宗睦族？理学家罗泽南指出：“宗族者，祖宗一人之子孙也。贤者当爱敬之，以其能绳祖武也。富者当保卫之，以其能克家也。

① 俞樾：《霁岚李君传》，《春在堂杂文》六编卷三，光绪二十五年《春在堂全书》刊本，第30页。

② 陈宏谋：《寄杨朴园景素书》，《皇朝经世文编》卷五十八，见《近代中国史料丛刊》初编，第七十四辑，第731册，第13页。

③ 刘文淇：《云阳陈氏族谱序（代）》，《青溪旧屋文集》卷六，光绪九年刊本，第12页。

④ 《道光徽州府志》（一），《中国地方志集成·安徽府县志辑（48）》，江苏古籍出版社1998年版，第160页。

不肖者教之，惧其辱先人也。穷困者恤之，吾祖宗所不忍视者也。”[①]他重视训诫子孙笃守孝悌，敬宗法祖。敦宗睦族不完全依靠家训，还包括祭祠、修谱、济贫、维护家法等措施，后世方志对此多有记载。一些族谱明确规定了宗族活动内容，详载家规族约。出过戴名世、戴震、戴熙等名人的湘上戴氏于乾隆二十三年（1758）厘定家规20条，包括“孝父母”“和兄弟”“敦伦纪”“谨丧葬”“早输纳”“尊祠宇”“置祭田”“读圣论崇诗礼”“勤俭本业”“息词讼”“修谱牒”“慎婚姻”“严继嗣”“存心地”“戒溺女”“禁赌博”“饬房长”“睦乡邻”“申词规剖决”“遵公论”等。[②]清代的家规族约多有类似规定，只是具体条目略有出入。

尊尊之祭有裨于维系宗族秩序。古人祭祖有所谓春祀、夏禴、秋尝、冬烝，清代尤重清明墓祭和祠祭。顾炎武（1613—1682）云：“古之君子虑先人之德久而弗昭，于是为之祠堂以守之，其盛者及于始祖。古之君子虑宗人之涣而无统，于是岁合子姓于祠而教之孝，奠爵献俎毕而馂食以教之礼。其子孙之众或至于数千百人，此祠堂之所由兴，而祭法之所由传。”[③]清代祠堂是宗族活动的主要场所，王昶（1725—1806）追溯祠堂的起源说：三代之时，自天子以至诸侯、卿大夫、士均有家庙。春秋以降，立庙之制遂亡。唐代郭子仪、颜真卿等“勋臣贵族始立庙，或奉敕建之，或令史官为之辞。士人格于分，不得与。其或力能自致，无待而兴庀，治栋宇，亦名祠堂，不敢言庙”。[④]张惠言也指出：“三代而下，宗法不立。民无统纪，而轻去其乡，则背祖忘宗之患作。宋之大儒忧之，乃始讲论，使士庶人之祭皆及高祖，而又以义起先祖、初祖之祭。宗祠之作，盖由此其仿也。”[⑤]可见，祠堂是唐、宋以降随着社会变迁，代家庙

① 罗泽南：《忠节公家训》，罗日嵩等纂修《湘乡罗氏族谱》首卷一，光绪十八年刊本，第35—36页。

② 《家规二十条》，《湘上戴氏四修族谱》卷二，1943年木活字本，第1—12页。

③ 顾炎武：《杨氏祠堂记》，《亭林文集》卷五，《续修四库全书》影印清刻本，第10页。

④ 王昶：《殷氏祠堂记》，《春融堂集》卷四十八，第1页。

⑤ 张惠言：《嘉善陈氏祠堂记》，《茗柯文四编》，上海商务印书馆《四部丛刊》影印同治八年刊本，第11页。

而兴的祭祀场所。祭祀者由品官贵族而扩大到一般士人，以至庶民，体现了宗族祭祀的普遍化和庶民化。

明清时期，祭祖礼仪不无变迁。叶梦珠在康熙年间不无遗憾地记载：以前缙绅“家必立庙，设祭品，四时致祭，主人必公服，备牲牢，奏乐，子孙内外皆谒庙，自岁时以迄朔望皆然……今则缙绅家不立庙，亦不备物，而寒士无论，庶民亦无论矣”。[①]这里，原来的祭祖情形大致是指明末崇祯年间，而现“今”则是战乱之后的清初。明、清鼎革，江南民气消沉，家祭之礼自然趋于减杀。康雍乾时期，社会趋于稳定，经济得到发展，祭祖习俗得以恢复和完善。族谱有云：“夫家祭之礼，《钦定皇朝文献通考》《钦定大清通礼》《钦定大清会典》《朱子家礼》明明载之，而可不遵乎？”[②]事实上，清朝品官、士人和庶民的祭礼仍然等级森严。如关于家祭，规定品官、士、庶均可奉祀高、曾、祖、祢，但只许宗室、品官设立家庙，庶士和庶人只能“祭于寝”。“庶士家祭，设龛寝堂北。”“庶人家祭，设龛正寝北”，“一切礼如庶士而稍约。”[③]祠堂与家庙不同。家庙必须遵守礼制，修建祠堂则毋需官方批准，有条件的宗族均可兴建。清初建祠成风，有资料载：“慨自明季兵燹，人家祠庙毁灭多矣，幸际我朝孝治维昭，民德归厚，虽山陬澥族亦兴起建祠，以此知皇泽之所及远也。”[④]于是，祠堂和祠祭成为超越社会等级，聚合族众的有效途径。

祠祭是清代民间的重要祭礼，其教化功能得到士大夫的广泛肯定。程瑶田（1725—1814）指出：“宗祠者，敬宗之地也。曷为必敬其宗也？尊祖也，尊祖故敬宗。然则宗祠者，尊祖之地也。是故族之有祠，犹府州

① 叶梦珠：《阅世编》，中华书局2007年版，第43页。

② 《文简公祠春秋祭仪》，尤文濬纂修《（江苏无锡）尤氏宗谱》，《中国家谱资料选编·礼仪风俗卷》下，第619页。

③ 《吉礼六》，《清史稿》卷八十七，第10册，中华书局1977年版，第2612—2613页。

④ 王大枢：《王氏宗祠记》，王宏祖纂修《（安徽）太湖西源里王氏宗谱》，《中国家谱资料选编·诗文卷》（上），第136页。

县之有学。”[①]王芑孙也认为：“家祠之设，起于近世，或因之为义庄，为书塾，以寓收族敬宗之义，而睦姻任恤行乎其中。”[②]沈钦韩认为，祠堂代宗法而兴，符合儒家“礼以义起”的宗旨：“古者宗子收族，以其世世传重，历代十百皆统于宗，故亲亲笃而人伦重也。”宗法废除之后，骨肉之恩薄，族人形同陌路，而士君子“追惟收族合食之义，立私祠，或于舍旁，或于陇侧，以寓宗法而聚族人礼之，合于人情者最其正乎！”[③]因之，祠祭的重要性在家规族约中得到了明确体现，许多家族建立祠堂，“四时祭祀。仪式一遵晦翁《家礼》，各用仲月望日行事。事毕，更行会拜之礼”。“祠堂所以追远报本，当严为洒扫扃钥，所有祭器不许他用。”“子孙入祠，当正衣冠、肃仪容，俨如祖考在上。不得嬉笑戏语，狎亵祖先。”[④]这些论述、记载说明了清代祠祭的本质和严肃性。

清代较大宗族皆有祠堂，祭礼之隆杀可能呈现地域差异，但基本沿袭不废。屈大均记广东情形：

> 岭南之著姓右族，于广州为盛。广之世，于乡为盛。其土沃而人繁，或一乡一姓，或一乡二三姓，自唐宋以来，蝉连而居，安其土，乐其谣俗，鲜有迁徙他邦者。其大小宗祖祢皆有祠，代为堂构，以壮丽相高。每千人之族，祠数十所。小姓单家，族人不满百者，亦有祠数所……其族长以朔望读祖训于祠。养老尊贤，赏善罚恶之典，一出于祠。祭田之入有羡，则以均分。其子姓贵富，则又为祖祢增置祭田，名曰蒸尝。[⑤]

① 程瑶田：《叙伦堂约》，《通艺录·论学外篇十五》，《丛书集成续编》第10册，台北，新文丰出版公司1989年版，第569页。

② 王芑孙：《洞庭王氏家祠记》，《惕甫未定稿》卷七，《续修四库全书》影印《渊雅堂全集》嘉庆刊本，第22页。

③ 沈钦韩：《木渎吴氏家祠记》，《幼学堂文稿》卷六，第35页。

④ 《义乌盘溪施氏家规》，《（浙江义乌）盘溪施氏宗谱》，见《中国家谱资料选编·家规族约卷》（上），第44页。

⑤ 屈大均：《广东新语》卷十七，下册，中华书局1985年版，第464页。

皖南的宗族机制十分健全，各地祠堂星罗棋布，往往有总祠、支祠和专祠等类别。位处万山之中的徽州，风俗古朴。“千年之塚，不动一抔。千年之族，未尝散处。千载之谱系，丝毫不紊。”祭礼之隆更为庄严，甚至如清初赵吉士云：“新安各族，聚族而居，绝无一杂姓搀入者。其风最为近古。出入齿让，姓各有宗祠统之。岁时伏腊，千丁皆集。祭用文公《家礼》，彬彬合度。”[①]

古代宗法消亡后，宗族祭祀多由宗长或族长主持。如晚清余姚鲁氏云：“今吾祠大祭以宗长主献，而宗子次之，宗士又次之，盖世俗宗子之法多不立。姚之各右族，亦复仍袭既久。吾族世数辽远，往往宗长与宗子其分相去七八代，一旦进宗子而退宗长，势亦殊难。且宗长为统族之尊，亦古人以长收族之意，故初献主之，而宗子即于亚献尽其礼。”[②]各族祭祀的具体仪节大同小异，江苏丹徒田氏规定“春秋祭祀仪制，悉遵晦翁《家礼》”。“凡举祭之日，主祭者俱要鸡鸣而起，黎明行事，齐明盛服，如对神明，不许狂妄嬉笑、拜起参差及亵衣苟简、后期不至。”“祠堂正门非祭享不开”，“每年元旦，各房尊长统各房子侄自十五岁以上，务要早到公祠，同拜祖宗世系”，否则入祠责罚。[③]清代宗族祭祀大致都非常严格，较之前代毫无逊色。

族田及族产

族田是最重要的族产，是宗族的经济支柱。此外，族有的山林、房屋、地基及水利等公共设施大抵不如族田重要。关于族田的历史功能，魏源曾云：井田、宗法废而后有义田、义门、义仓、义学、义冢之设。义田“以周族之贫者、老废疾者、幼不能生者、寡不嫁者”，能发挥“亲亲厚

---

① 赵吉士：《故老杂记》，《寄园寄所寄》卷十一，《续修四库全书》影印康熙刊本，第11页。

② 《祭礼》，鲁森标等纂修《（浙江余姚）姚江景嘉桥鲁氏宗谱》，《中国家谱资料选编·礼仪风俗卷》上，第417页。

③ 《祭仪条规》，田忠明等纂修《（江苏丹徒）柳湖田氏宗谱》，《中国家谱资料选编·礼仪风俗卷》下，第511页。

族”的作用。[①]族田是宗族共有的土地，包括祭田、义田、学田等。族田的收入，用于举办族内的各种公共事业，救济贫困族人，从经济上统合族众。族田不可随便典卖，不可因罪入官，故能在家族败落、遭遇不测时保住部分家产。义田是族田的主要类型，一般所占数量较大。义庄则是管理田土、房屋、祠墓等族产的机构。从春秋到唐、宋，历代不乏官僚富绅捐田以恤族、济贫的事迹。而北宋名臣范仲淹在原籍苏州创设义庄后，《范氏义庄条规》就成为后世赡族、睦族的典范。范氏后人增定“义庄规矩”，包括墓祭、修祠、劝学、周贫、优老、恤寡、丧葬、酬劳8项，[②]体现了宗族义庄、族产的主要功能。

清廷支持绅商捐置族田，禁止胥吏土豪借此渔利。乾隆初年谕云：“倡立义田、义仓、义学、义冢，许具呈本州县，详报上司立案，仍听本人身自经管。胥吏土豪不得干涉……倘有官吏勒派，该督抚失察，并有徇庇者，均照例分别处分。”[③]清代族田数量较元、明两代明显增多了。有论者估计，清代江苏全省共有276处族田，其中1000亩以上者有76处，全省共有族田至少在40万亩以上。但有的认为，这个估数可能偏低，因为有些族田没有反映在方志记载中。并且，民国时期的调查表明，江南的族田成为“一种特色”，“常熟、吴县、无锡、昆山等县族产都在十万亩上下”。浙江族田的情况与江苏相似，江西的族田也有很大发展，而广东、福建族田发展的规模更是惊人，一些地区族田、公田数达到了总耕地面积的50%以上。[④]

乾嘉至晚清，各地创设或重兴义庄、义田的事迹比比皆是，各地族谱多有记述，学者的文集也不乏记载。义仓之法，各地情形不尽相同。王昶记云：“员外郎陶君卫阳，捐田千亩为义庄，以赡宗族之贫无告者。”地方官员上陈其事，得朝廷旌奖。[⑤]陶氏新立义庄与范氏大致相同，而浙江

① 魏源：《庐江章氏义庄记》，《魏源集》下册，中华书局1976年版，第502页。

② 《增定广义庄规矩》，范安瑶等纂修《（江苏吴县）范氏家乘》，《中国家谱资料选编·家规族约卷》上，第4—5页。

③ 《高宗纯皇帝实录》卷五，《清实录》第9册，中华书局1985年影印本，第240页。

④ 张研：《清代族田与基层社会结构》，中国人民大学出版社1991年版，第38—54页。

⑤ 王昶：《陶氏寻阳义庄志略序》，《春融堂集》卷三十七，第6页。

姑熟吴氏的义仓则汲取官府常平仓之法。具体办法是："族中量力欢输，储为公廪；宗督一人，总稽其多寡之数；司货、司书二人，兼理其出入之繁。沿义仓之名而不拘其法，本社仓之制而不泥其制。夏粜秋籴，则犹是常平之例；而斟酌贵贱，以为积藏远谋。遇小饥则轻息以贷之；遇中饥则抑价以粜之；遇大饥则临时变通，酌其贫乏次极量口以赈之。"[①]与一般救济族人有所不同，这类义庄主要帮助族人度过饥荒岁月，也不同于官方的常平仓。对于基础薄弱的宗族来说，这种"义仓"是颇为合适的。关于族田的社会功能，海宁李善兰的族谱有典型反映：

> 爰有郡学生绍洪等，于乾隆初年仿文正遗制，倡兴义举，令殷实者量力而助，仕宦者捐俸以输。若乏嗣者捐其产十之一，以其三代祖先设主宗祠，春秋一体祭飨，得常稔田若干亩。于是酌定规则，举族之贤能者以董其事焉。其周恤之序，先于鳏寡孤独给其养，次及建塾延师，以造就贫不能从学者，继之丧葬婚娶，赈其匮乏。[②]

可见，义田的周恤功能主要有三，首先是救济鳏寡孤独，其次则兴办义学，再则帮助族人丧葬婚嫁。

创设义田的善行多得清代汉学家作记表彰。孙星衍（1753—1818）出自常州望族武进孙氏，其祖先孙慎行曾任明末礼部尚书，因得罪宦官魏忠贤被黜，崇祯继位后被赦，谥文介。孙慎行的从孙"讳自式，字衣月，号风山……幼年亲炙文介公，即慨然怀爱国忧民意。顺治丁亥成进士，授内翰林秘书检讨"，曾任顺天乡试主考。[③]孙自式幼时侍父读书，即闻范氏义庄之事。出任官职后，热心宗族事务，续修族谱，修建宗祠，又"以五百亩为义田，并立规条以为永久计"。[④]钱大昕说："我国家列圣

① 佚名：《宗祠养仓记》，吴健邦等纂修《（浙江）姑熟吴氏宗谱》，《中国家谱资料选编·诗文卷》（中），第667页。

② 《义田》，李洽纂修《苞溪李氏家乘》卷一，光绪十六年刻本，第1页。

③ 孙星衍：《风山公自式》，孙星衍纂修《孙氏谱记》卷九，嘉庆十五年金陵五松祠刻本，第5页。

④ 《曾孙自式义田记》，《孙氏谱记》卷三，第8页。

重熙，风俗茂美，好义君子，希风先哲者，接踵而兴……范氏之意可以为后世法。又近岁立义庄，若吴县陶氏、昆山顾氏，皆经大府题奏，得邀优叙。”而长洲陆豫斋捐田产500亩，创设义庄，以为赡族之资，且不求上闻，务实而不竞名，尤当表彰。[①]

道光年间，安徽庐江章氏捐田3000亩作义田，并立义门、义仓、义学，得到政府旌表。魏源从此事获得了治国安民的启示，指出：“而上亦兢兢昭显章示之，以辅王政所穷，以联群情所不属，岂非渊渊然有意于天地生人之本始而思复其朔者哉！”在他看来，如果有几百个这样的宗族散布全国，而“朝廷复以大宗法联之，俾自教养守卫，则鳏寡孤独废疾者皆有所养，水旱凶荒有所恃，谣俗有所稽察，余小姓附之，人心维系，磐固而不动，盗贼之患不作矣！”[②]显然，他期望以义田聚合、赈恤族众，强化宗族机制，化解社会危机。

嘉道年间，苏州潘氏（因来自皖南歙县大阜村，故称大阜潘氏）迅速崛起，成为著名的科举、学者之家。潘奕隽为乾隆进士，其子潘世璜为乾隆六十年（1795）探花，其侄潘世恩则中乾隆五十八年（1793）状元，官至大学士、军机大臣。潘世恩之孙潘祖荫又为咸丰二年（1852）探花，为晚清著名金石家、藏书家。潘氏重视敬宗收族，所设松鳞义庄具有祭祀、周恤和助学功能，为清代义庄之典型。道光十二年（1832），潘遵祁（潘世璜之子）拟定《松鳞庄条规》云：“义庄之设，奉祖父遗命，所以专祭祀而恤宗族也。”“叔父芝轩公（潘世恩——引注）奉叔祖光禄公遗命捐田二百亩，为贫族子弟读书公产。”“义田现止一千余亩，为数不多，倘遇岁歉不敷所用，则权事之缓急，随时酌减。”[③]在太平天国战火中，潘氏的宗族机制遭受重挫，但其后逐渐恢复，民国初年义田已达3000余亩，庄屋累计达200余间。松鳞义庄除对族中婚嫁、丧葬、贫寡、幼孤之家给予救助外，自建立之始即制定了详细的助学、励学措施，发挥了宗族的教

① 钱大昕：《陆氏义庄记》，《潜研堂文集》卷二十，《嘉定钱大昕全集》第9册，第319—320页。

② 魏源：《庐江章氏义庄记》，《魏源集》下册，第503页。

③ 潘遵祁：《松鳞庄条规》，潘遵祁等纂修《大阜潘氏支谱》卷二十一，《清代民国名人家谱选刊续编》第13册，北京燕山出版社2006年版，第1页。

育功能。

上述之外，宗族机制还包括家规族约、族学和族谱等（详见下文）。许多族谱均收录了家规族约和家训，一般宗族均设立族长等机构。它们从多方面维系着宗族社会，履行宗族的教化功能。这些机制因家族的大小、强弱而呈现较大差异，也随社会变迁而兴衰。

晚清宗族机制的重建

晚清社会动荡，近代城市逐渐兴起，但宗族社会没有大变，重建义庄、祠堂，重修族谱者接踵而起。俞樾曾云："昔在咸丰之季，江浙沦陷，名都大邑，化为榛莽。自圣贤祠宇，至僧庐道观以及士大夫家庙，咸烧掇而焚杅之，无遗础焉。中兴以来，百废初举，咸鸠工庀材，重立垣墉。以余旧官柱下，稍习记载之文，走使具文，求为文以识重建岁月者，盖多有之。"[①]又云："自咸丰、同治以来，大乱既平，士大夫敬宗收族，以义庄求记于余者七八家。"[②]这些义庄，有的不过几百亩田；有的则规模较大，如新阳王氏义庄有田1000余亩，又"买地一区，建屋十六椽，置为庄屋。都凡用白金四千一百十三两有奇。每年所入，除以钱漕纳官外，悉以供祭祀之用及族人丧葬婚嫁之需。其贫不能自存者，计月而予之米。其读书而应试者，大小试皆有助"。[③]而建于光绪初年的吴县陈氏义庄，规模更加宏大。创建之初，仅有田1000余田。朝廷赐予"乐善好施"字，建坊旌表。之后，族人又出资购屋、置田，共耗资4万余两白银。[④]

皖南宗祠林立，却在太平天国战争中遭受毁坏，故同光年间多有重建现象。中日甲午战争之际，胡适的父亲胡传（字铁花）任台湾台东直隶州知州，为族中名人，人称其亦儒亦侠。他热心于恢复宗族机制，召集族人重建宗祠，并记云：

① 俞樾：《张氏宗祠记》，《春在堂杂文》续编卷一，第6页。
② 俞樾：《嘉兴陈氏祭田记》，《春在堂杂文》六编卷一，第23页。
③ 俞樾：《新阳王氏义庄记》，《春在堂杂文》六编卷一，第25页。
④ 俞樾：《吴县陈氏义庄记》，《春在堂杂文》六编卷一，第27页。

> 吾族旧时五千余人，自咸丰庚申遭粤贼之难，死于刀兵疠疫与饥饿者十有七八。至同治甲子难平，仅存千二百余人。而宗祠亦于咸丰辛酉之夏毁于贼。同治乙丑冬至，族人始议重建。同治丙寅冬工兴，至光绪丙子秋工竣，为楹九十有二，为间六十有四，前堂后寝，左右房屋廊庑，略如古者家庙之制……盖历十有一年之久，竭千余人之财之力，而后祖宗之神灵得所凭依，子孙得申其孝享焉……此后休养生息，日益蕃衍，日益富庶。凡可以嘉惠宗族如义仓、义塾之类，当亦不难次第为之，以推广尊祖敬宗收族之思，而益敦孝友睦姻任恤之谊也。[①]

胡传热心于宗族事务，也有侠义之行。据说，他死于甲午割台后的抗日活动，而他期望的义仓、义塾也只能待诸后人了。像他这样重建宗祠、重振宗族者，晚清江南地区并不罕见。

同时，晚清祠祭之风不减，即使官宦、学者之家也不例外。瑞安孙衣言云："先王之制，有宗以收族。后世宗法不能复行，而祠堂兴焉……其有力者，往往别立祠堂，谓之小宗祠，盖诚有小宗之意焉。子孙既多，分枝益蕃，而此一枝之子孙必更值以祭于此一枝之祠，虽百世不废，盖又有大宗之意焉。其为法，至公而溥，可以历久而无弊，又何必为古者之宗法，而后族人不至于散哉？"[②]孙氏视祠祭为敬宗收族的办法，重视修葺祠堂，修纂族谱。晚清洋务人才黎庶昌（1837—1898）于光绪初年出使英、德、日本等国，见闻广博，主张进行社会改革，但家族观念牢不可破。他曾筹集1000银元，拟在贵州遵义建立家祠，未果。遂于光绪十年（1884）在其家乡"居室正寝中楼，权备四龛之制，以待异时扩充。凡祭式祠规诸大端，比傅前哲，成模酌拟，使后有所守"。[③]黎庶昌制定了家

---

① 胡传：《重建宗祠记》，胡祥木纂修《上川明经胡氏宗谱》上卷之下，宣统三年刊本，第19—20页。

② 孙衣言：《祠祀分支表序》，孙衣言纂修《盘谷孙氏族谱》，见《温州历史文献集刊》（第一辑），南京大学出版社2010版，第289页。

③ 黎庶昌：《黎氏家祠记》，黎庶昌等修《遵义沙滩黎氏家谱》不分卷，光绪十五年刊本，第94—95页。

祭条规，对祭期、祭器、祭品、行礼节文、忌日祭、烧包、燃灯等均有具体条规。如“行礼节文”规定：“大清通礼所载，斟酌古今，尽善尽美，今应笃而行。二仲之祭，用三献，行三跪九叩首礼。忌日祭、时节荐、新塑望献茶，行一跪三叩首礼。”[①]这些情形与清前中期士大夫强宗固族的举措并无不同。

在苏南、皖南、闽粤等商业发达地区，晚清绅商捐建义田、义学的事迹每每可见。上海澄衷学堂的创建人叶成忠是清末绅商兴族的典型。叶氏字澄衷，浙江镇海人，世代务农，8岁而孤，9岁就村塾读书，11岁因贫辍学，三年后到上海做工。其后，在沪开设商铺，在上海、汉口创设缫丝、火柴公司。“其族素无谱牒，无宗祠，君皆创为之，且置田四百余亩供祭祀，牲醴粢盛。又以三万金建义庄，赡族之贫者。”“里中善举无弗与，在沪亦然。念设肆既多，肆中友多有物故者，出二万金建怀德堂，岁时存问其家……晚年乃有澄衷蒙学堂之设，盖感少时以贫废读而为此举也。病中手书致堂中董理其事者，使延聘名师，教授中国经书，俾寓沪孤寒学子皆得来学，出十万金为经费。君殁，而其长子贻鉴复以十万金益之。”该学堂遂具规模。[②]与此类似，光绪年间，丁沛生在上海开设商铺，家境渐裕，遂捐资设义塾。其族叔丁志隆也捐助其成，其他族人也有捐助，先后设孔浦、文星二塾，至清末合为孔文学校。其后，丁志隆之孙丁百龄又拨民田近百亩，设“丁氏体恤会”，“岁以会产所入赒给族中孤寡”。[③]

近代都市兴起后，一些族人徙居城市，宗族社会受到商品经济和城市生活的冲击。一些宗族遂设立同宗会、公会等组织。浙江鄞县应氏族人在上海就业者众多，“举室以侨徙者有矣，久旅而生聚累叶者有矣。要皆敦本思源，累生计而无以赡乡睦族为虑：族人之散处沪地者无以会聚，而亲之族有缓急之需、兴革之宜，又无以成群力以应之。于是有旅沪同宗会之

① 黎庶昌：《家祭条规》，《遵义沙滩黎氏家谱》不分卷，第96页。

② 俞樾：《候选道叶君墓志铭》，《春在堂杂文》六编卷六，第14—16页。

③ 《本族兴学及诸善举事略》，丁孝谓纂修《（浙江鄞州）鄞南孔浦港丁氏宗谱》，《中国家谱资料选编·教育卷》，第5页。

议。言宗祧，则有支祠遥祀之遗意；言嘉会，则有友助扶持之美德”。[①]在近代社会变迁中，原来乡村的宗族祠堂、义庄、族田等设施，简化为城市的宗亲会所，宗族的社会功能无疑有所减弱，但延续了敬宗睦族、互助扶持的传统。这些宗亲会所成为近代社会变迁中维系宗族观念的纽带。

二 族学与经学

古代官学，包括国子监和府、州、县学、官办书院等，集中于城邑之内，学额有限，特色不显。在基础教育层次，带有家族色彩而形式灵活的族学则不可或缺。它们像官学一样传承文化、教化人伦，而且更有实效。正如嘉道年间的官宦学者朱琦所说：“教化兴则人材出，故古者立学之法为最详。然有时朝廷所立，不若乡遂所自立足以严其规而习其训。何者？情趋于便而事举于独也。”[②]宋、元以降，族学、私塾渐趋普及，尤其是富庶的江南地区，较大的家族均自办族学。族学散布在广大乡村，属于民间教育，虽然重视蒙学识字，却没有远离学术主流。数量庞大的族学既是清代民间教育的主体，又是主流学术生长的良田沃土。清代学者的记述和大量族谱资料表明，他们早年的族学经历往往潜移默化地影响了学术道路，使之成为汉学繁盛的根基。

清代的族学

《礼记》云：“古之教者，家有塾，党有庠，术有序，国有学。”[③]上古时代所谓“家有塾”，主要是士族或大族的家塾，与庶民关系不大。北宋以降，随着宗族社会和义田、义庄的兴起，族学不再为士族专有。族学衍生于宋、元时期，明、清两代迅速发展，清中叶进入黄金时期。族学是一族或几族设立的义务学堂，多称为族塾、义学、书院等，由宗祠或义庄管理、经营，为本族及姻亲子弟的读书场所。如《红楼梦》中的贾氏

① 应书玉：《鄞东湖下应氏旅沪同宗会序》，《（浙江鄞县）甬东湖下应氏宗谱》，《中国家谱资料选编·诗文卷下》，第1812页。

② 朱琦：《王氏柳溪家塾碑记》，《小万卷斋文稿》卷十八，光绪十一年重刊本，第9页。

③ 《礼记·学记》，《十三经》上册，北京燕山出版社1991年版，第822页。

族人“有个家塾，合族中不能延师的便可入塾读书”（第七回）。而数量更多的家馆，常称为家塾、散馆、书房、书屋等，多为独家开办，规模较小，有的也面向族内或姻亲子弟，均属民间教育场所。

钱穆注意到中国古代官学与私学的分殊，认为政府倡导的学术、教育，“总不免偏重于政治”，但“以历史大趋势言，在野讲学，其势力常超过政府所提倡，而政府亦不得不屈意以从”。如先秦诸子、两汉今文经学、清代汉学，最初都是民间学术。故中国“学术教育命脉，常在下，不在上”。[①]实际上，清代汉学不仅“最初”，而且始终与民间教育密切相关。清代族学散布各地，属于私学范畴，却是清代汉学繁衍的机制。族学以读书识字、敦亲睦族、人伦教化为基本目的，所谓“自古家塾之建，原为培植子弟，教育人材，以储齐治均平之具……其所以为学者，皆明人伦之道也”。[②]许多族学为书香门第或富家大族所立，寄予了提升家族地位的期望。乾嘉年间，王昶的家祠有田800余亩，并设有家塾。其友王鸣盛记云：王氏家塾有书二万卷，金石文字1000卷，“立国以养人才为本，教家何独不然。今合族子弟而教之，他日有发名成业起为卿大夫者，俾族得所庇荫，则无义庄而有义庄也。即未能为卿大夫，而服习乎诗书仁义之训，必皆知自爱，族人亦得相与维系而不散，其利不已溥乎？”[③]这揭示了族学肩负的教化、兴族使命。

族学规模不等，设施参差。一些殷实之家不仅有蒙学，还有学术色彩较浓的书院。家族书院在宋、元已不罕见，有的“书院本为家塾，后来扩大规模，变为书院”，成为宗族及乡里子弟的就学场所。[④]在乾嘉“盛世”，家族书院纷纷出现。比如，安徽泾县倪氏族人集资建紫山书院，以

① 钱穆：《中国教育制度与教育思想》，《国史新论》，生活·读书·新知三联书店2001年版，第263页。

② 何家潭：《重修家塾记》，何声教主修《（湖南浏阳）何氏族谱》1947年刊本，《中国家谱资料选编·教育卷》，第215页。

③ 王鸣盛：《王氏宗祠碑记》，《青浦县志》（一）卷三，光绪五年刊本，台北，成文出版社1970年影印本，第298页。

④ 肖永明：《书院·儒学·社会——社会文化史视野中的书院》，商务印书馆2012年版，第111页。

教同族子弟。不仅如此，“虽以泾僻处丛山，近邑则有水西书院，东则台泉，西则宝岩，或仍古迹而修葺之，或择胜地而鼎新之。而凡故家巨姓之聚族而居者，又各就其社以立义学”。[①]湖南衡山向氏在清初已有乡、县二祠，乾隆间再修家乘，增广祭田，设义学以诲子弟，建家塾，立书院，房屋十间，可容生徒50余人，与衡阳石鼓书院规模相当，名为“竹林书院”。某年夏，官员范某路过，对其族长说：“竹林七贤独有向秀耳，非一姓也。不若易‘爱莲’二字较稳。”向氏族人遂更名为“爱莲书院”。“书院”经营完善，以至士人赞誉：“吾衡诸望族不无义学，而家塾之宏敞未有逾于此者。”不独向氏子弟就学其中，“而他姓之负笈者亦闻风而至”。[②]向氏书院更名之事，既可见周敦颐《爱莲说》的影响，又反映其超越家族界限的倾向。

道光以降，家族书院并未随国势而衰落。浙江湖州菱湖镇王姓中下层官绅捐献房屋、地产，创办龙湖书院，后人称为“菱湖王氏书院”。[③]在经济发达的无锡，除有官方助建的东林书院、二泉书院和城南书院外，也不乏绅商兴建义学、社学之举。嘉道以降，无锡著名的家族书院有建于嘉庆初年的秦氏书塾、华氏书塾，建于道光年间的孙氏书塾、侯氏书塾，建于同治年间的杨氏书塾、华氏书塾、季氏书塾、过氏书塾（两所）等。[④]这并非无锡家族书院的全豹，却在江南地区具有代表性。

经办族学并不容易，名宦朱珪记获冈章氏积川书塾云：该书塾于乾隆四十三年（1778）春始建，“越三年落成，费白金五千两有赢，非天假之缘，未易致此”。[⑤]朱珪权位显要，却有如此感慨，何况一般学者！

---

① 赵青藜：《倪氏紫山书院记》，倪友先等纂修《（安徽泾县）新紫山倪氏七甲支谱》，《中国家谱资料选编·教育卷》，第345页。

② 盛世：《爱莲书院记》，向姚琴纂修《（湖南衡山）吉里向氏七修族谱》，见《中国家谱资料选编·教育卷》，第159页。

③ 《菱湖王氏书院记》，见王荣泰纂修《（浙江湖州）菱湖王氏支谱》，《中国家谱资料选编·教育卷》，第8页。

④ 《家塾》，《光绪无锡金匮县志》卷六“学校”，《中国地方志集成·江苏府县志（24）》，江苏古籍出版社1991年版，第108页。

⑤ 朱珪：《积川书塾记》，《知足斋文集》卷二，《续修四库全书》影印嘉庆刊本，第10页。

其实，一些家塾都是历经数代才具规模，如江苏如皋黄青溪家的江村书塾。自其高祖“创建斯室”，其曾祖、祖、父承之，而时加修葺。黄青溪“少时读书其中，甚乐也”。入其室“如与古人相进退揖让，而面稽其可否”。[①]因之，经营虽不容易，但略具条件的士大夫仍把义学置于善举之首。王昶少时，屡听父亲谈到设义田以赡族人之事。他服官20年之后，终于修成祠堂，又想置义田以成父志。但王昶颇感力不从心，遂先设族塾，以田若干亩供祭祀及入学子弟衣食之用。他相信子弟“八岁入塾，二十三岁出塾，十五年中日闻先生之教，日诵诗、书、礼、乐之训，其于仁、义道德，孝悌忠信之旨，必稍有所解。且习以规言矩步，即有嚣凌亢暴、放肆佻达之徒，磨礲渐革，变气质，移性情，上之可几君子，而下亦不至小人之归，则有益于人 才者甚大”。[②]子弟获得功名固然很好，否则知书明理，陶冶性情，也能成才。故汪喜孙致书任江宁布政使的座师唐鉴云：“义田不如义学，义仓不如义田。傥如治下淮、扬二部，劝捐义学、义田，教养之法兼施，使愚民重士而轻商。既富而后教，三代仁政，未尝不可行于今日。”[③]他们认为，义学直接教化宗族子弟，较之义田、义仓更显重要。

清代“族之有家庙者十之六七，而其所谓家塾者，十无二三”。[④]族学非每族皆备，有些族学也兼收姻亲子弟，如著名的常州庄氏。其姻亲子弟赵翼、刘逢禄等人早年均在庄氏家塾习读经史，而著名学者洪亮吉就没有如此幸运。他的姨母嫁给庄氏，姨父只是贡生，而其“从昆弟十余人，皆前后擢高第”。“亮吉七岁时，孺人（其姨母——引注）常携至家，时孺人五子，均在塾中。盈尺之壁，皆凿楹而贮书；胜衣之童，知盤辟而雅拜，亮吉见而慕之。”[⑤]洪亮吉没有在庄氏族学读书，却在外祖母家读了四年书。后来，友人为他绘制了《南楼课读图》，其自述云：

---

① 吴德旋：《江村书塾记》，《初月楼文钞》卷六，《清代诗文集汇编》第486册，第9页。

② 王昶：《祠塾规条自序》，《春融堂集》卷三十七，第9页。

③ 汪喜孙：《上唐镜海先生书》，《汪喜孙著作集》中，第515页。

④ 陈儒棻：《张氏敦本家塾记》，张原炜纂修《（浙江鄞州）行春张氏宗谱》，见《中国家谱资料选编·教育卷》，第482页。

⑤ 洪亮吉：《从母庄孺人墓表》，《洪亮吉集》第1册，第356页。

> 主人六岁孤，从母育于外家，虽间出从塾师读，然《毛诗》《鲁论》《尔雅》《孟子》，实皆母太宜人所亲授也。又极为外王母龚孺人钟爱，以楼后庑居之，时给其缺乏。图中后楼二楹，正瞰云渡。太宜人坐纺床中，旁列矮几一，密排丹墨，主人即读书其侧……课读暇，即蘸墨习书其上，以为常。前后凡四年，岁乙亥，舅氏始以塾满遣归。①

这样的经历自然增强了姻亲子弟的感情依恋，成为家学传衍的便捷途径。在外家学习的刘逢禄、宋翔凤均传承、发展了庄氏今文经学，对清学格局的转变产生了深远影响。

太平天国战火之后，同治至光绪年间，族学呈恢复、发展之势。建德周氏就在显宦周馥的支持下重建村学。周馥记云："我族学堂不知建于何年，按旧谱翰公序载：乾隆四十六年合族集议于西首学堂侧添置朝堂……咸丰初年遭兵燹，片瓦无存。族人言村之下首不可无关栏，而予亦念族之子弟无肄业处，遂竭力捐资复建之，改其门向东，大厅三楹，左右房二间，墙之南书房三大间，庖湢咸具，规模较旧加大，用银至三千余两之多。"②重建的周氏族学规模空前，乡村罕有。同光年间，小规模的族塾也纷纷建立，如浙江东部四明山附近的李氏兄弟，"于宗祠之左内斋外门，次第偕作，割田五十亩以充脩膳膏火之费"，建成李氏族塾。③但许多族学仍是延续、维持，稍加修葺。

20世纪初年废科举、兴学堂之后，兴办族学不再如火如荼，而其重要性并未消失。一些族学成为新式学堂的基础，如吴县沈氏书院在咸同之际毁于战火，光绪初年得以重建。清末废除科举后，族人便尝试"改革书院，建设学校"。④嘉道显宦陶澍家的族学变化在近代具有典型意义。

① 洪亮吉：《平生游历图序》，《洪亮吉集》第3册，第1074页。

② 周馥：《重建本村学堂记》，周馥等纂修《安徽建德县纸阬山周氏宗谱》卷三，宣统三年刊本，第7页。

③ 董沛：《善教堂义塾记》，《正谊堂文集》卷九，清光绪刻本，第10页。

④ 《乡先贤沈公兴学记》，《明清以来苏州社会史碑刻集》，苏州大学出版社1998年版，第345页。

据载：

> 自文毅公慨捐廉俸，置膏火卷田于全县，置考试会田于全族，以嘉惠士林。又创建伯舍义塾于资水之滨，捐置田租，延师课读，岁以为常，用意甚盛，收效甚宏，实为族校之权舆矣。清季讲新学，停科举，设学堂，族人入学者渐众。洎民国后，政府注重初级小学，定为国民教育，遂有提拨各族之祠产祭田以充学校经费之举。族人见私塾被禁，学校不能处所，而有怵于子弟之失教，就学之不易，及祠产祭田之虚被提拨也，于是族学校之立，乃沨沨有兴。

民初，安化陶氏的家族学校遍布资江一带，达九所之多，还不算外县的陶氏族学。[①]民初安化的国民学校多在族学基础上改建而成，显示了族学与近代教育的密切联系。

与此同时，近代新办学堂也多带有家族性。一些著名的族学，如武进盛宣怀家族的人范书院、无锡荣德生家族的豁然洞读书处都从族学转变为新式学堂，体现了新旧融合的特征。光绪年间，曾任上海澄衷学堂监督的陈瑞海也在家乡创办了一所陈氏思本学堂，于光绪三十三年（1907）告成。“凡费白金五千饼，堂中器物之费又二千饼。岁延教习三人，学额六十人，皆陈氏之子弟，不足则招他姓补之。而量收其学费，族之子弟减焉，极贫者免焉。不收费不足以持久，不减且免不足以睦族而恤贫，盖其慎也。”[②]思本学堂是清末新政期间绅商办学的典型，具有浓厚的族学色彩。

家族藏书

族学与书香氛围相辅相成。家族藏书不仅是文化品位的体现，而且为家族子弟读书治学提供了基本条件。清代不乏著名的藏书楼，如范氏天一

---

① 《族校志》，陶思曾总修《（湖南安化）陶氏七修族谱》，《中国家谱资料选编·教育卷》，第411页。

② 王荣商：《陈氏思本学堂记》，《容膝轩文集》卷一，光绪刊本，第20页。

阁、毛氏汲古阁。这些藏书楼外人不易进入，故有人批评天一阁“竞竞保守，而不获一善读者编辑垂于世，虽有书与无书等”。[①]与之相比，学者藏书主要供阅读、研究之用，这在唐、宋时期已不罕见，清代尤多。清前中期，江南地区出现了一些富于藏书的著名学者，如余姚黄宗羲、鄞县全祖望、秀水朱尊彝等。

乾嘉汉学家卢文弨、杭世骏、孙星衍等人均富于藏书。在他们看来，藏书为治学之必需，也是家族兴旺的文化命脉。正如刘宝树所云：“尝试论之，凡觇士大夫家之盛衰，在所藏书。其盛也，高车驷马，良田华屋，不足为子孙计长久，惟所藏之书，俾之耳濡目染，可以承先，可以启后；其衰也，朝弃一田，夕弃一宅，惟所藏书断断不肯弃，则其气未凋，其家声必可以复振，至于忍弃其书而不顾，乃为微乎其微者。”[②]这道出了传统士人嗜好藏书的心理。

与私人藏书的封闭性不同，家族藏书不仅为家族子弟所共享，甚至对外族子弟一视同仁。家族藏书的场所或在私宅，或在祠堂，或在族塾。宗祠藏书，古已有之。刘毓崧云：古代宗庙有石室，而“古人之石室，不独用以藏主，抑且用以藏书。故太史公作《史记》，细石室金匮之书”。但明清以来，宗祠藏书已不多见。孙星衍曾将家中3000部藏书捐赠宗祠，以便族中子弟“循序诵习”。与刘宝楠早年同学、后为姻亲的高邮胡氏也有难得的宗祠藏书。胡氏数代“辟精舍于宗祠，以先世所蓄善本与祭器并藏其内。爰自序夙昔所闻于父兄师友者，以训诫后人”。刘毓崧受约为之作记，并期望“胡氏之书目必广播于艺林，近则接迹于阳湖之孙，远则追踪于鄞县之范。斯弓冶箕裘之泽，历久弥昌，而不仅以蒙业保家为美矣！”[③]

附属于族学的藏书直接为家族子弟提供了阅读便利。王昶的家塾藏书

① 朱珔：《甘氏津逮楼藏书目录序》，《小万卷斋文稿》卷九，第11页。

② 刘宝树：《悼家藏书毁于火文》，《娱景堂集》卷中，《宝应刘氏集》，广陵书社2006年版，第76—77页。

③ 刘毓崧：《胡氏宗祠藏书记》，《通义堂文集》卷九，民国刘氏求恕斋丛书本，第23—26页。

规模宏大，有书“四万卷，金石文字一千余卷”。[①]据说，王氏藏书卷端皆有印识，其文云：“二万卷，书可贵。一千通，金石备。购且藏，剧劳勚。愿后人，勤讲肄。敷文章，明义理。习典故，兼游艺。时整齐，勿废坠。如不材，敢卖弃。是非人，犬豕类。屏出族，加鞭箠。”[②]其珍视藏书于此可见。安徽泾县黄田朱氏以诗书传家，嘉道年间出了翰林院侍讲、国史馆总纂朱琦（兰坡）昆仲后，藏书更富。朱琦“精研许、郑”，于“内府图籍外间所罕见者，辄录副本。又性好表章遗逸，宏奖士类。四方著述，未经刊本者，多求审定。先世培风阁藏书最富，而其万卷楼所得秘本尤多。于是博采本朝说经之文，核其是非，勘其异同，分类编录，名曰《国朝说经文钞》”。[③]洪亮吉在嘉庆初年序云：

> 培风阁者，黄田朱氏藏书之所也。朱氏旧自婺源徙泾，在宋为徽国文公近支，家有赐书。历世以来，并善搜藏。至静斋、兰坡两太史昆仲，裒辑益富。因仿秘阁之例，以经、史、子、集，列作四厨分贮焉，今培风阁左右庋置者是矣……士大夫善贮书者，其广搜博采，亦几可埒秘阁。今朱氏不特善贮书，自两太史外，群从子弟能读书好古者，又不下数十人。夫善读书者，久必能各专一门，他日能各用其所长，分经、史、子、集四厨，各校其一……将见区分当而雠校精，又非江左浙右诸藏书家所可同日语矣。[④]

一般家族藏书不过二三千部，而培风阁藏书“凡三万三千卷有奇”，其松竹轩又藏有“别种暨重出复本七千卷”。此外，朱氏族人各家自藏者合计“可得十万卷”。[⑤]朱琦自云：“余在都门喜购书，因取宋人称朱昂

---

① 王昶：《祠塾规条自序》，《春融堂集》卷三十七，第9页。

② 吴振棫：《养吉斋丛录》卷之七，中华书局2005年版，第419页。

③ 桂文灿：《经学博采录》卷一，第4页。

④ 洪亮吉：《藏书记》，朱琦纂修《张香都朱氏支谱》卷三十二，道光五年刻本，第30页。

⑤ 朱琦：《培风阁藏书目录序》，《小万卷斋文稿》卷九，第13页。

语，颜寓室曰小万卷斋。”[①]正如洪亮吉所说，朱氏将藏书与治学结合起来，非一般藏书家可比。藏书便于研经考史，为朱氏诗书传家的基础。

条件较好的族学也有藏书。江苏丹徒的倪远甫承先世之教，为家族建立了宗祠，又在宗祠之左侧创办家塾，亲定条规21则。“先教以《孝经》《论》《孟》，次及历史大纲与书数艺术，然后牖以日用知识，俾其高下咸有成就。”“因分其所藏一部分，为学塾所必需者一万一千余卷，藏之家塾，依四部之例综为一目。”[②]但有的家族藏书只能量力缓进，如任兆麟的族塾规定“藏书籍：经、史、子、集，所以资博雅也。族有通才，原当练达古今，通贯典籍。逐年以经费所余随时收置，即著司事收藏，愿究心者听其取阅”。[③]

家族藏书一般规模不大，而便于子弟阅览、治学。绍兴孙氏诗书传家，嘉道年间有孙逵者，“读书春山家塾，以高才生饩于庠”，“好聚书”。其子孙钦“能绍厥箕裘，又从而廓充附益之。经则《十三经注疏》而外，凡足以发明经义者咸汇焉。史自二十四而外，凡足以补史所不逮者咸聚焉。至于诸子百家，汗牛充栋，则择其言有关于圣贤、切于世教者，综录之。古今诸大家别集、总集，则取其为宇宙间必不可少之文，为经史与子相辅而行之，大集按其时代而类列之”。孙钦“一一手自校定，黄墨精谨”，朋友名藏书楼为“津逮”。[④]事实上，因藏书丰富而学有所成者并不罕见，如惠栋早年读尽吴用仪的璜川书屋藏书，李洛兆的藏书不仅为自己治学所需，而且方便了塾师之子周仪暐研经读史。其不著名者，如光绪年间，吴中凌宝树、宝枢兄弟均未中举，而其父“通博好聚书”。凌氏兄弟的同邑朋友沈咏韶家，有江曲书庄，“为沈君曾祖翠岭翁所筑，尝校刊《昭代丛书》者也”。凌宝枢得“尽发所藏书，尤留心舆地”，补辑太康三年《地记》、王隐《晋书·地道记》等书。王先谦任江苏学政时，

① 朱琦：《小万卷斋后记》，《小万卷斋文稿》卷十六，第12页。

② 刘世珩：《丹徒倪氏家塾藏书记》，《中国家谱资料选编·教育卷》，第343页。

③ 任兆麟：《任氏家塾规条十则》，《有竹居集》卷十三，《清代诗文集汇编》第484册，第507页。

④ 胡光文：《津逮楼藏书记》，孙循诚纂修《（浙江绍兴）阳川孙氏宗谱》，《中国家谱资料选编·教育卷》，第416页。

命凌氏考证《水经注》的吴疆域，作“世表”“年表”“地名考”各1卷，考订清水、淇水沿革。[①]故清末谭献指出：“古贤大夫凿楹藏书以遗子孙，所以有家学也。”[②]家族藏书与族学相得益彰，对家学的繁衍具有深远的意义。

族学的经学课程

族学以识字、修身和科举为基本目标，贯穿了儒家的道德教化。清代学养深厚者多主张族学不应局限于蒙学和科举时文，而应重视经学。朱珔认为，“学宜本之于经，然后发为文辞，不至饰虚”。故族中子弟，“果能实事求是，邃经术，蔚然鸿才，是则建塾之本意也”。[③]俞樾指出，一些家塾所教多是“应举之学、八比之文、八韵之诗”。而暨阳寿氏为振兴家族，“乃创建寿氏劝学堂义塾，广置书籍，延访明师，课子弟以经史词章，即诗文杂著，罔有不备，而其尤重在治经。美哉！斯举乎，可谓知本矣！”[④]有的家族也将读经列为祖训：“读书以明理，不专为科第计，而科第即由此出……夫贫富虽有不齐，经书不可不读。”[⑤]一些族学的经学课程占有相当位置。

一方面，族学虽有蒙学馆、经学馆之别，但并非泾渭分明。蒙学侧重于识字、习字和算术，程度稍高者也读经、作文；经馆则主要习读儒经。如李善兰家族的义学：“贫而不能从学者，宗祠之中设一章句馆，教导蒙童；设一经学馆，造就成人。”[⑥]李氏经学馆是为无力从师者而设，便于贫寒子弟研经读史。清代专门的经学馆不多，许多族学是蒙学、经学兼授，只是教学阶段各有侧重。汉学家孙诒让之父孙衣言于光绪初年建立

① 《凌敏之、密之家传》，《明清以来苏州社会史碑刻集》，第192—193页。

② 谭献：《桐城方氏七世遗书叙》，《谭献集》上册，浙江古籍出版社2012年版，第134页。

③ 朱珔：《王氏柳溪家塾碑记》，《小万卷斋文稿》卷十八，第11页。

④ 俞樾：《寿氏劝学堂义塾记》，《春在堂杂文》六编卷一，第4页。

⑤ 《祖训》，饶玉清纂修《（安徽）淳源饶氏重修族谱》，《中国家谱资料选编·家规族约卷》上，第163页。

⑥ 《义田》，李治纂修《苞溪李氏家乘》卷一，第2页。

“诒善祠塾”，族塾设在祠堂旁，有藏书五六千册。“延请经师、蒙师各一人”，以课族中子弟，兼收外族子弟。蒙学先教认字，至学生6岁时，教以“四书”，逐字逐句详细讲解。然后读朱熹的《章句集注》，“再接读‘五经’，先《礼记》，次《诗》，次《左传》，次《尚书》，最后读《易经》”。塾中经师所授课目，则“分经学、史学、诸子、舆地、掌故、历算、词章、制艺、习书凡九门”。[①]

有人回忆：清末私塾课程包括“读杂书”“读经书”“写字”和“作文”四项。杂书是十余种蒙学读物，如《三字经》《百家姓》《千字文》《三字幼仪》《五言鉴》《龙文鞭影》《史鉴节要》《王氏蒙求》《李氏蒙求》《幼学琼林》《诗品》《增广贤文》《五言杂字》《四言杂字》等。杂书读完了，第二步便是读经书。“经书从“四书”读起”，以至“五经”。《春秋》三传中，“《左传》是必读的。读经中，又以“四书”最为重要”。“《孝经》，也是必定要读的。”[②]显然，在比较完备的族学中，蒙学和经学是儿童学习的两个阶段，并不是绝对分开。资质或家境较差的儿童，所受儒学教育限于“四书”，多不能达到“五经”程度。

另一方面，一些书香之家或家境宽裕者，多以科名为读书目标。儒经是清代科考的重要内容，自然也是族学的主要功课。清代湘潭李氏家塾规定：塾师“一课举业，一课点读”。“子弟既读小学、四书，方可送入塾中，从点读师授经完篇之后，始从举业师习时艺、诗赋，毋庸躐等。”“每月三八日作四书文一篇，试帖诗一首……一六日，下午请师讲四书经书各一授，皆要掩卷复讲。十日作赋一篇，经解一道，古今体诗一首，或作策一道，论一篇亦可。”[③]可见，李氏家塾不限于蒙学教育，而是以科考为目标，且重视习读经书。乾嘉年间，浙江姑熟吴氏有家塾曰“读书堂”，为吴巨源、吴昆来兄弟读书之所，其父“多延老师宿儒

① 孙延钊：《孙衣言孙诒让父子年谱》，上海社会科学院出版社2003年版，第131页。

② 李铁夫：《私塾回忆》，《中华文史资料文库》（文化教育编）第17卷，中国文史出版社1996年版，第28页。

③ 《劝捐义学引》，李人泽纂修《湘潭龙船巷李氏六修族谱》，《中国家谱资料选编·教育卷》，第182页。

以经学课诸子”，故吴氏兄弟“学业皆成，文章悉本经术”。其经学既包括“四书五经”，又涉猎《尔雅》《春秋》三传及宋儒诸子。[①]光绪年间，苏州陆氏的族学规定：“每月约课两期，一期作赋一首、试帖一首。”“一期作经文一篇，经解一篇，其余策问题目亦备，不作者听。如不作经解者加作经文一篇。”[②]宜兴陈氏设立义学，期望族中贫寒子弟皆入学，“庶几文章华国，诗礼传家，先世之簪缨可勿替尔”。又规定“塾师宜请三位，一训蒙，一教经，一诲作诗文”。[③]这当是清代中晚期基层教育的常见情形。

族学教育的步骤不尽相同，各家读书次第也有出入。浙江镇海方氏“帅范堂”（族学名称）规定：“塾中初学，其书以《三字经》《弟子职》《夏小正》《鉴略》《孝经》、朱子《小学》为善，次则《千字文》《百家姓》《神童诗》等。”“至此数种后，即应令读四子书。”“此后‘五经’，先《诗》，次《书》，次《易》，次《左传》，次《礼记》。或将业商者，不复研经，则四子书之外，如《孝经》、朱子《小学》《幼学琼林》俱不可不读。”[④]富于藏书的丹徒倪氏家塾规定：“学课授《孝经》《论》《孟》，次及‘五经’、历史及应用书算，以启迪普通学识为宗旨。”[⑤]族学的经学教育大体遵循先“四书”而后“五经”的步骤进行，与官办书院相同。

族学教学一般都非常严格。瑞安孙氏的诒善祠塾规定的临法帖、读经、史、古文、时文等均相当严格。经书虽不必都背诵，但必须字字得

---

① 关己山：《读书堂记》，吴健邦等纂修《（浙江）姑熟吴氏宗谱》，《中国家谱资料选编·诗文卷》中，第653页。

② 《会课规条》，陆锦晭等纂修《（江苏苏州）陆氏葑门支谱》，《中国家谱资料选编·教育卷》，第381页。

③ 《义塾规条》，陈荷莲主修《（江苏宜兴）陈氏宗谱》，《中国家谱资料选编·教育卷》，第394页。

④ 《义塾规则》，江五民等纂修《镇海柏墅方氏恭房支谱》，《中国家谱资料选编·教育卷》，第109页。

⑤ 《倪氏家塾条规》，倪思九主修《（江苏丹徒）丹徒倪氏族谱》，《中国家谱资料选编·教育卷》，第342页。

解，每年须读完二三部经书，以至融会贯通。[①]菱湖王氏家塾在每月初一至初五日，族中督课者到塾听学生背诵、讲解所学课程。15岁以上还要写大楷一张，16岁以上加临小楷100字。已经开笔者，要作诗文一次。对于每个学生的成绩，督课者均予以记录，并对成绩提高者颁奖，对成绩下降者示罚。[②]尽管如此，入学子弟非十年寒窗，不可能读通“五经”。有人回忆清末的族塾经历：读完一二年蒙学课程后，接着便读四书五经，“一般是四书和《诗经》同时诵读，以后再读《春秋》《左氏传》和《礼记》，最后是《书经》和《周易》。这些古书，字难认，佶屈聱牙，念和背都非常吃力，所以那时有句歌谣：‘经书念到完，屁股烂半边（挨打）。’”[③]

儿童读经确实不易，加之年龄混杂，增加了施教难度。因此，除了严格督教之外，有的塾师也讲求因材施教。他们将读书门径分为上、中、下三等，每等所读之书均有经、史、集及书法练习。比如读经，“上等读法”包括“十三经”及《说文解字》等书，“下等读法”则主要读《礼记》《仪礼》《尔雅》《左氏春秋》，《尚书》“读今坊间本。《毛诗》即用朱子集注亦可”，其他则非必读经书。[④]虽然能实行“上等读法”者为数不多，但也说明清代士人确实非宋、明那样“束书不观”，显示了清代经学繁荣的基础。

族学读经重视朱子注解，也包括清人注解，并无清晰的汉宋畛域。有的家训认为：“三纲五常之理，散见于‘小学’‘四书’‘五经’，性命之原，具于《性理》，古今得失，备于《通鉴》。故童时当先读‘小学’，次‘四书’，次‘五经’，以立主敬存诚之基。《性理》《通鉴》

---

① 孙延钊：《孙衣言孙诒让父子年谱》，第177页。

② 《菱湖王氏支谱·家塾章程》，光绪二十年刊本，参见《中国的家法族规》，上海社会科学院出版社1998年版，第82页。

③ 王益如：《济南的私塾和我的经历》，《中华文史资料文库》（文化教育编）第17卷，第37页。

④ 《读书门径》，吴孝熙纂修《（湖南湘潭）花石吴氏六修族谱》，《中国家谱资料选编·教育卷》，第198—200页。

及长读之，一以广闻见、知本原，一以考典故，知事理。”[1]这类教学凸显理学，适应了科举考试的需要。与此同时，不少族学的经学课程也汲取了清代今、古文家的经注经解，尤其侧重于古文经学。在《春秋》三传中，《左传》多为必修课程。

族学课程涉及经、史、子、集，其“策问”题目颇能表明教学情形。龚自珍的文集收有“家塾策问”二则。其一主要考文字训诂之学，如“说者曰：《尔雅》《广雅》，义书也，《声类》，音书也。然则歧而为三；抑治《说文》而经纬备举也？”“六书之目，有体有用。孰为四体，孰为二用，能了然胸口欤？”“唐人说经，著者孔、贾、陆三家，其于小学之理，谓不及近儒可也。曰茫乎未之闻，然欤不欤？”[2]这类题目强调小学训练，也可见清代小学繁荣的根源。其二考经、子、史书的辨伪，如云：“古籍在册府者，真者三四，伪者六七，其灼然伪，如东晋《书》古文，王肃《家语》，夫人而知之矣。此外尚有何书，能疏证之欤？诸子伪者益多，真书老、庄、列、管、韩非、荀、墨、孙、吴而外，不难一一偻指，能扬扢之欤？”[3]清代汉学正是在古籍辨伪的趋向中发展起来，这类考题也反映了汉学兴起的历程。综上可见，族学的教学内容与清中叶以后重视汉学的书院（如著名的诂经精舍、学海堂等）并无大异。族学既受汉学潮流的影响，又是清代汉学的基础。

清代学者几乎均有族学或私塾读书的经历，汉学名家庄存与、钱大昕等人无不如此。与此同时，清代生员的出路狭窄，除了少数中举、成为“五贡”（副贡、岁贡、恩贡、拔贡、优贡）者可能入仕之外，绝大多数都得自谋生路。清末士人回忆：“秀才寒士居多，或处家馆，或设蒙学，授徒以自给。或出游幕，或兼经商。”[4]实际上，生员能游幕、经商者并不多，大多只能舌耕为生。清代学者大多早年、甚至中晚年都担任塾师，如余萧客、焦循、张惠言兄弟、刘宝楠、刘文淇等。同时，富于藏书的族

---

① 《家训十条》，颜秉隋等纂修《（甘肃兰州）金城颜氏家谱》，《中国家谱资料选编·家规族约卷》上，第36页。

② 龚自珍：《家塾策问一》，《龚自珍全集》，上海古籍出版社1999年版，第120页。

③ 龚自珍：《家塾策问二》，《龚自珍全集》，第121—122页。

④ 钟毓龙：《科场回忆录》，浙江古籍出版社1987年版，第51页。

学也为他们提供了较好的治学条件。比如，余萧客的同邑“朱奂藏书甲吴中，（萧客——引注）馆之滋兰堂，因得博览，手一编常终夜不寝，遂患目”。[①]族学成为下层士人谋生的途径，也是培育经师的摇篮。

晚清一些名人留下了在族学读经、治经的记录。如胡适的父亲胡传少时在家族茶庄做学徒。在长辈的鼓励、帮助下，胡传专心读书，曾执教于族人胡贞守（字春晖）创办的“醉经轩”，其友曹诚瑾记云：

> 轩之宾师名传，字铁花者，以岁进士之经生，作台东州之州牧。当其未出隆中之日，不肯滥收门下之人，义利勘破关头，不课子弟以科名之学，子史为之注脚。惟励工夫于经济之文……铁花君之未仕而设教，与文中子之不仕而设教，同一醉夫经也。[②]

胡传是否心醉六经，尚待考实。在后人的印象中，他是爱国地方官，醉心于传统学术。胡适幼年而孤，没有在醉经轩读书。但胡适幼年的启蒙读物不是三、百、千，而是胡传编写的四字韵文《学为人诗》和《原学》，然后是《诗律文钞》。接着再读儒经，依次是《孝经》、朱子《小学》《论语》《孟子》《大学》《中庸》《诗经》《书经》《易经》《礼记》。[③]胡适的经学功课没有完成，却深受传统文化熏陶，后来留学西洋，仍然推重清代汉学，阐发其科学精神和方法。族学的经学教育一直延续到科举废除之后。族学向新式学校转变也是一个渐进过程。20世纪30年代，私塾、族学仍未退出历史舞台。20世纪较有国学根底的文化人、学者和教师，绝大数曾在族学、私塾就读。

劝学措施

奖励读书是近世宗族的基本价值取向，各族财力参差，具体办法不

① 《列传六·余萧客》，曹允源、李根源纂修《民国吴县志》卷六十八上，《中国地方志集成·江苏府县志辑（12）》，第156页。

② 曹诚瑾：《醉经轩记》，胡祥木纂修《上川明经胡氏宗谱》上卷之下，第24—25页。

③ 胡适：《四十自述》，见《胡适文集》（1），北京大学出版社1998年版，第45—47页。

尽相同。晚清吴县陈氏义庄经费充裕，“凡子弟贫不能从师者，每年予学费钱六千，每月朔望均令至庄察课，优者有奖”。其后，陈氏家塾又设有经塾、蒙塾两斋，以教族中子弟。[①]镇海方氏《义塾规则》云：“本堂设立义塾，为族内无力延师者陶教子弟。其师由本堂聘请，修金即由本堂送奉。凡来就学者，概无须出赀。其有雅意敬师，自愿少酬者，听。”“塾中有才质迈众，学可造就，而其家或无力卒业者，本堂自当另行筹酌，助给书资。其自能措办者，不为例。”“无力之家，或并笔墨书纸等不能自具，先行告明登册，本堂备给。”[②]族学资助贫寒子弟，也兼收家境优裕者。兴化任氏家塾规定，家塾不徒为贫寒子弟而设，“有余之家子弟才俊，亦准入塾同学，但经费有限，相规为善，亦当相助为理，脯修听伊自办，其无力者量给膏火”。[③]在清代家规族法中，劝学条例不胜列举。

宋、元以来，科举成就关乎家族兴衰，由农而儒是耕读之家的理想。一些宗族对子弟求学、科考多有奖励措施。参加科考费用不菲，清前中期应试本地生员一般需银约10两，赴省试、会试花费更多。许多寒士无力应考，不得不放弃科考。因之，历代绅商资助族人读书、科考之事屡见不鲜。如曾任户部主事的胡培翚鉴于家乡应试科举者寥寥，“与合邑绅士劝捐，得银五千两”。遂请在府县立案，“其银发典生息，每科以息银分给应试者旅费，一切规条刻于石以垂久远”。[④]

个人资助的范围毕竟有限，而宗族的励学机制更显重要。这在社会稳定的清中期尤为普遍。乾隆年间，湘潭泉冲王氏规定：“入塾：给钱五千文。应小试：给考费二两。列前茅，给银五两。入泮：奖银五十两。纳饩及出贡，给银十两。拔贡：奖银五十两。应乡试：给银四两。中乡试，奖银一百两。应会试：给路费五十两。中会试，奖银二百两。点词林：奖

---

① 俞樾：《吴县陈氏义庄记》，《春在堂杂文》六编卷一，第27页。

② 《义塾规则》，江五民等纂修《镇海柏墅方氏恭房支谱》，《中国家谱资料选编·教育卷》，第108—109页。

③ 任兆麟：《任氏家塾规则十条》，《有竹居集》卷十三，《清代诗文集汇编》第484册，第507页。

④ 《道光徽州府志》卷三之一，《中国地方志集成·安徽府县志辑（48）》，第247页。

银三百两。”[①]有的家族设立了专奖科举的学田。杨龟山后人之一贡川杨氏，雍正年间有介山翁者，幼习儒业，曾应试不售，转而习医，并任杨氏族长。“见诸生有贫不能赴科者，恻然念之。乃即前世所遗膏火之田别为条例，常岁均给诸生，使之励志读书。至乡举之年，则专给赴科之士，其不赴科之士概不与焉！遂更其名为杨氏科举之田。族人咸以为宜，遵而行之。”[②]

晚清士人的职业日趋多元，但科举正途仍然备受推重。道咸年间，常熟邹钰等人建立的隆志堂义庄有义田1000多亩，并设祠堂、义塾。收入除赈恤鳏寡孤独外，主要开支是资助族中子弟读书：“远居者每年给束脩银三两，听便从师。七岁起至十六岁止。如仍有志功名，从师肄业者，每年给银六两，至二十二岁止。领银而不从师者，停给。如应童子试、县试，给考费银一两，府试二两，院试三两，入泮加给十两，岁科试各给三两，乡试十两，中试加给二十两，会试给银四十两，中试加给三十两。”[③]余姚符氏给生员和五贡生每岁学谷四担，同时该族“每岁正月八日设立文会，诸生童齐集，先诣庙祈文昌帝君，随即入祠祭祖，行礼后，请先辈命题，一文一诗，申末完卷。其卷交值年董事收掌，请高明者批阅”，然后发给考费。又“每月宗祠设立文会，定期十一日。诸生童各宜齐集。其赀费值年董事付发，其文亦交值年董事，请高明者批阅”。[④]这些措施对苦读寒士无疑有所帮助。

一些名门望族的劝学措施更为有力。晚清合肥李氏的奖励办法是：“族人入学者给喜钱二十千，武生减半。五途正贡给银二十两，举人给银五十两，进士给银一百两，武甲乙科各减半，会试给路费钱二十千，武

① 《湘潭泉冲王氏教育志》，王振育纂修《（湖南湘潭）湘潭泉冲王氏五修族谱》，《中国家谱资料选编·教育卷》，第26页。

② 王元启：《贡川杨氏科举田记》，《祇平居士集》卷二十二，《续修四库全书》影印嘉庆十七年刊本，第5页。

③ 《常熟邹氏隆志堂义庄条规》，《明清以来苏州社会史碑刻集》，第232页。

④ 《余姚天华符氏学规》，符美南修《余姚天华符氏族谱》，《中国家谱资料选编·教育卷》，第465页。

减半。”[①]吴县潘氏为清代科举望族，奖励子弟入学、应考的条例非常详细。同治七年的《松鳞庄增定规条》云：

> 每仲月朔日，各支总带领本支学徒赴庄，分别试以背诵、写字、作文，优者加奖……（考费）今定县、府正场各给五百文，每复一次及考性理三百文。院试正场五百文，考经、古性理三百文，岁科试正场、复试与小试同……其入泮补廪及乡、会试仍如旧规。赴北闱者倍支，留京应试者，乡、会俱减半，五贡视乡举十之六，抡元大魁倍送。此项仍不论有力无力，一概支送。[②]

潘氏在乾隆以后成进士、举人者数十人，显然与其劝学机制并非无关。清末废科举、兴学校，宗族的奖励目标转向学堂学生。潘氏续修族谱也对子弟进入初、高等小学、中学、大学和出洋留学制定了奖励规条。

奖励措施增强了重学风气。李兆洛记昭文归氏父子设祀田、学田事云：宋代“范氏义庄条例，于嫁娶丧葬皆有津助，而于子孙读书之事不及焉”，“归氏此举实可以补文正公之阙，而为后世法”。[③]较之宋代，清代宗族助学机制确实明显发展、完善了。据说，有的家族“自是以来，族无目不识丁之子，应试者得借其资，游胶庠者实受其赐，凡皆立有义学之明效也”。[④]

综上所述，清代族学的功能远不限于蒙学教育，而是寄托了广大士民诗书传家的期望，程度不同地蕴含了学术传衍。族学是一些家庭由农而儒的关键环节，虽然经学教育参差不齐，却是大多数士子从学的必经阶段。

---

① 《李氏宗祠条规》，《合肥李氏宗谱》（民国十四年第五修本）卷二，见《中华族谱集成》李氏谱卷第15册，巴蜀书社1995年版，第18页。

② 潘遵祁：《松鳞庄增定规条》，潘遵祁等纂修《大阜潘氏支谱》卷二十一，《清代民国名人家谱选刊续编》第13册，第21—22页。

③ 李兆洛：《昭文归氏书田记》，《养一斋文集》卷十一，道光年间刊本，第32—34页。

④ 《义学源流》，李庆成纂修《（湖南浏阳）李氏五修族谱》，《中国家谱资料选编·教育卷》，第175—176页。

一些有志于科考者，不仅得到家族的奖励，而且也在族学接受了经学训练。与此同时，族学也是失意士人退隐民间的栖身之所，为其读书治学提供了条件。这些散布于广大乡村乃至崇山峻岭中的族学，成为清代经学生根发芽、蓬勃生长的土壤，实际上也是汉学繁盛的基础。

三　汉学家的宗族观念及活动

清代士人生长于宗族社会，自幼受宗族观念的熏染。儒学与宗族观念互相渗透，往往难分泾渭。目前虽有论著提到汉学家的宗族活动，[①]但其宗族观念仍有待系统研究。王昶云："君子之学，为仁而已矣。仁者，人也，亲亲为大。亲亲而仁民，仁民而爱物。凡鳏寡孤独、颠连而无告者，皆宗子之职所不得辞。况一本之亲，出于祖宗同气者欤！"[②]清代士人是维护宗族机制的主导者，各族的修谱、祭祀、经管族产等活动莫不由士绅率领。他们的学术倾向虽有异同，社会地位不等，而文稿、笔记都有参与或支持宗族活动的记录，以下侧重考察清代汉学群体。

阐释宗法的社会功能

秦汉以降，西周宗法成为儒家礼治主义的理想模式，《周礼》及《礼记》则是这种理想的经典表述。清代汉学家擅长考释古礼，阐述礼意，古代宗法亦成为清前中期的学术主题。他们的著述流露出对古代宗法的美化和向往，甚者主张恢复宗法制。

清初汉学未兴，而晚明心性之学逐渐被士人扬弃。学者的社会关怀明显增强，治平之策进入了著述的视野。清初三大思想家顾炎武、黄宗羲、王夫之均论及古代宗族社会。为何宋、明以来国力衰微，远逊汉、唐，乃至亡于外族？他们不像一些人那样侈谈恢复封建。顾炎武认为，郡县代封建是历史的必然，"虽圣人起，亦将变而为郡县"。在他看来，"寓封建

---

① 周启荣简述了汉学家钱大昕、卢文弨、王昶、汪中、章学诚等人参与的宗族活动，见Kai-wing Chow, *The Rise of Confucian Ritualism in Late Imperial China: Ethics, Classics, and Lineage Discourse*, Stanford University Press, 1994, pp.215-221.

② 王昶：《陆氏义庄碑记》，《春融堂集》卷四十八，第3页。

之意于郡县之中，而天下治矣”，“郡县之失，其专在上”。纠郡县之弊的办法是：“尊令长之秩，而予之以生财、治人之权。罢监司之任，设世官之奖，行辟属之法。所谓寓封建之意于郡县之中。”[①]他反感中央集权和专制，而重视培育以宗族为枢纽的地方自治机制。

清初，遍布全国的宗族遭受重创，却不难恢复，设置“世官”，行“生财、治人之权”，自然比复封建、井田之类的空想更为现实。因之，顾炎武一方面认为，君主不能独治天下，而宗族自治是减省刑罚、辅助国政之法：“古之王者不忍以刑穷天下之民也，是故一家之中，父兄治之；一族之间，宗子治之。其有不善之萌，莫不自化于闺门之内；而犹有不帅教者，然后归之士师。然则人君所治者约矣……是故宗法立而刑清。天下之宗子各治其族，以辅人君之治，罔攸兼于庶狱，而民不自犯于有司。”[②]另一方面，他肯定三代宗法、礼制的治国安民作用：“先王之于民，其生也为之九族之纪，大宗、小宗之属以联之；其死也为之疏衰之服，哭泣、殡葬、虞附之节以送之；其远也为之庙食之制、禘尝之礼、鼎俎、笾豆之物以荐之……故民德厚而礼俗成，上下安而暴慝不作。”[③]他指出，三代以下，统治者只知对人民征赋、役使，而缺少厚生正德之务，因而暴乱、动荡不断。

顾炎武进而认为，强宗为立国的基础：“呜呼！自治道愈下而国无强宗，无强宗是以无立国，无立国是以内溃外畔，而卒至于亡。然则宗法之存，非所以扶人纪而张国势者乎？”自唐代士族社会解体之后，一旦天下有变，“人主无可仗之大臣，国人无可依之巨室”，必然相率奔窜，以求苟免。鉴于周代宗法制已不可恢复，他认为，“欲藉士大夫之势以立其国者，其在重氏族哉，其在重氏族哉！”[④]他实际上将宗族视为寓封建之意于郡县的实行途径。这类关于三代社会的想像，仍然基于宗族聚合族众的作用，肯定宗法和礼制的治国效果，虽然未必切合历史实际，却彰显了强

① 顾炎武：《郡县论一》，《亭林文集》卷一，第7页。

② 顾炎武：《爱百姓故刑罚中》，顾炎武著、黄汝成集释《日知录集释》卷六，《续修四库全书》影印道光刊本，第13页。

③ 顾炎武：《华阴王氏宗祠记》，《亭林文集》卷五，第12—13页。

④ 顾炎武：《裴村记》，《亭林文集》卷五，第1—3页。

宗立国的意义。

鄞县万氏兄弟曾师事黄宗羲，但亡国之痛主要是父辈的记忆，他们不像顾炎武那样直接从国家兴亡来认识古代宗法，而侧重于考释礼制本源及关乎现实社会的礼学。万斯大著《学礼质疑》2卷，考辨三代的历法、祭法和宗法。书中十余篇为考释古代宗法，讨论大、小宗之法及祭礼、氏族、立后、修谱诸问题。其中七篇后来编为《宗法论》刊行，《万氏宗谱》也将四篇收入卷一。他追溯周代宗法的本源："宗法何昉乎？古之时，诸侯之適长为世子，嗣为诸侯。其支庶之后，族类繁多，惧其散而无统也，因制为大宗、小宗之法。"他向慕、肯定古代宗法，认为"族人宗小宗，而群诸子之小宗相率而宗于大宗。《经》云：'尊祖故敬宗，敬宗故收族。'……先王之宗法，所以为尽善而无遗也"。[①]周代宗法可以分别诸侯嫡、庶，可以收聚族人，故对统合诸侯、士、庶"尽善而无遗"。如此"完美"的制度能否再现于后世？万斯大认为，"古之时，人心淳茂，各安其分，毋或自越，故宗法之行也"。后世人各自私，强凌众暴，坏法乱纪者众，宗法渐失其初。"迨后封建亡，而其制遂不可问矣！于乎势因时异，封建之易为郡县，势也，亦时也；宗子之变为族长，势也，亦时也。然则宗法不可复乎？曰维封建。"[②]他认为只有恢复封建之后，宗法制才能重现，这当然已不可能。

周代宗法建立在"裂土分封"的基础上，强化了以周王为君统的政治秩序。那时所谓大宗、小宗之分，主要是确定大夫、士的等级秩序，而下层庶民不在其列。然而，清代学者考释宗法的主旨是师法其意，为现实宗族社会提供借鉴和学理依据。故他们没有在乎周代宗法侧重于大夫、士阶层的局限性，而是将庶民纳入其中；也没有过重古代宗子的嫡、庶之分，而是抽象地阐发其聚合族众的效果。万斯大青睐于大宗、小宗之法，将其引入宗族机制。他依古代大、小宗之法梳理万氏世系，作《宗子图》，认识到"古法高、曾、祖、祢而上，惟祭始祖，诸祖亲尽则递迁。今则世世从祀，无迁祖矣。古法惟宗子（兼大小宗）得祭高、曾、祖、祢，惟大宗

① 万斯大：《宗法一》，《宗法论》，《续修四库全书》影印道光刊本，第1、3页。

② 万斯大：《宗法六·氏族》，《宗法论》，第22页。

得祭始祖，今则支子均事，无人不祭矣”。他认为，万氏依古法得立大宗，而族属鲜少，无宗法可行。“诸凡祀事岂能如古然！而其意不可不明，其名不可不存也。”[①]万斯大赞赏古代宗法，又基于古代宗法、祭礼不能再现的实际，期望子孙领悟其意，以小宗之法运用于万氏宗谱。他晚年徙居杭州，“别子为祖”，也为子孙重定、精简祭礼提供了依据。

万斯大之子万经也关心家族事务，厘定宗族祭仪。他认为恢复宗法已不可能，但可师法其意，故云：“虽大宗、小宗之制不可逾越，先府君尝详为辨说。但近世宗法废驰，吾家族属伶仃，势复难行。况先府君以守墓挈经来杭，实为始迁一脉。倘日后子姓蕃衍，即以宗法绳之，倒亦相符。故经自癸亥先府君逝世，甲子年即设为始祖及高、曾、祖、考五代位版奉祀。阅今四十余载，实遵先府君之训也。”[②]万斯大作为迁杭始祖，别立一宗，成为此处万姓子孙的大宗。于是，古代宗法在后世社会变迁中得以调整和体现。

鼎革之世的顾炎武等人向慕宗法制，期望强宗立国。而乾嘉“盛世”的汉学家更重视礼制秩序，侧重从学术上详考宗法源流及礼制。被人称为通儒的程瑶田精研古礼，对古代宗法多有考释，且撰“宗法表”，依据儒经，考辨郑玄的注解，阐明大宗、小宗之法。他注意到周代宗法与君统的区别和关联：

> 宗法载《大传》及《丧服小记》，列其节目，明其指归。有大宗、小宗之名，有迁与不迁之别，又为之通宗道之穷，究立宗之始。此所谓宗法也。宗法者，大夫、士别于天子、诸侯者也。公子不得祢先君，公孙不得祖诸侯矣。使无宗法，则支分派衍无所统，诸侯将无以治其国，天子将无以治其天下。故宗法者，为大夫、士立之，以上承天子、诸侯而治其家者也。[③]

---

① 万斯大：《宗子图》，万承式等纂修《濠梁万氏宗谱》内集卷一，乾隆三十七年辨志堂刻本，第25页。

② 万经：《钱塘万氏辨志堂祀规·祠堂》，《濠梁万氏宗谱》内集卷十三，第32页。

③ 程瑶田：《宗法述》，《通艺录·宗法小记》，《丛书集成续编》第10册，第606页。

在程瑶田的观念中，宗法是大夫、士的礼制规范，不能等同于周代政治秩序，却是天子、诸侯治国的社会基础。故“宗之道，兄道也。大夫、士之家，以兄统弟，而弟事兄之道也”。[①]显然，宗法的重心不是确定以子继父的家庭关系，而是规定以兄统弟，由宗子统率诸庶弟及族人。惟其如此，宗法才能实现敬宗收族。程瑶田的诠释带有后世家族制度色彩，凸显了宗法的社会功能。

在以古为尚的风气中，汉学家不仅考释宗法，而且阐发其现实意义，后者往往是其学术重心。他们重视阐发宗法聚合族众的作用。陈寿祺具体言之：

> 其法有大宗、小宗，宗子统族人于外，宗妇统族妇于内。冠昏必以告。死虽殇，必丧以成人……异居而同财，有余则归之宗，不足则资之宗。族人只事宗子，不敢以富贵入宗子之门，不敢以富贵加于父兄。宗族子弟归器、衣服、裘裘、车马，必献其上而后敢服用。其次别之以昭穆，缀之以饮食，其贤否易辨，其好恶易齐。习焉而安于长幼尊卑之序，孝悌退让之风。故举而措之国与天下，如身使臂，臂使指，如网在纲，如弓在檠。其政不怒而威，其教不劳而治也。[②]

这种理想化的宗法社会不能再现，许多学者、包括陈寿祺对此也有所认识。古代宗法是清代宗族社会的本源，汉学家对其倍加青睐、详加考释，试图重释、凸显其敬宗收族之义，为宗族活动提供儒学依据。钱大昕云：

> 古者卿大夫立宗，宗子必世其禄，故有收族之谊。冠昏丧祭必请于宗子而行之。大功以上无异财，亦无贫富之殊……自宗法不行，士大夫无以收其族。昭穆既远，视为路人，《角弓》之反频闻，《葛

① 程瑶田：《宗法表补义》，《通艺录·宗法小记》，《丛书集成续编》第10册，第613页。

② 陈寿祺：《安溪李氏续修族谱序》，《左海文集》卷六，第63—64页。

藟》之芘安望。即有敦本好礼，能施惠于三族者，一时虽赖以济，而不能经画可久之计，论者不无遗憾焉。[①]

所以，他赞赏人们踵行范氏举措，创设义庄，以达收族之效。洪亮吉也期望宗族发挥睦姻任恤的功能，而不只是纂修族谱：“予惟古者宗法之行，则举宗无饥寒无告之人，而不肖者不敢轻为匪僻。自其废也，而吏治、民风之病悉由之。”[②]他寄望于发挥宗族的社会功能，以改善下层民众的贫穷、涣散状况。

以族治国的设想

随着清中叶社会趋于稳定，宗族机制得到恢复、发展，清廷加强了对基层社会的治理和控制。雍正初年推行保甲制的同时，从雍正四年（1726）至乾隆年间，逐渐在宗族繁盛地区广东、江西、福建等省推行族正制，最初主要用于防范盗贼和宗族械斗。族正由宗族选举产生，再经州、县“查验确是”，是在原有族长之外新设的机构，地位略高于族长，其职能一般包括宣讲《圣谕广训》，管理族田、族产，维护地方治安等。[③]族正介于保甲和族长之间，意在弥补保甲制的不足，遏制宗族势力的膨胀。族正制在清中期一些地区推行，有的延续至晚清，对治理乡村不无作用。但随着社会危机加深，族正已不能弥补保甲与宗族之间的缝隙，有些族正不得其人，变得形同虚设，乾隆帝甚至担心充当族正的绅衿土豪包庇奸人，挟嫌妄举。道光十年（1830），有御史上奏江西办理会匪案的积弊。次年，清廷谕令江西巡抚“通饬各属，切实选举公正族长、绅士，教诲族众，如有为匪不法，即行捆送究惩”，或“密禀官司严拿”。[④]这

① 钱大昕：《陆氏义庄记》，《潜研堂文集》卷二十，《嘉定钱大昕全集》第9册，第319页。

② 洪亮吉：《重修戈氏族谱序》，《中国家谱资料选编·序跋卷》下，第540页。

③ 详见常建华：《宋以后宗族的形成及地域比较》，人民出版社2013年版，第11至14章及第344—350页。

④ 《宣宗成皇帝实录》卷一八四，《清实录》第35册，中华书局1986年影印本，第909页。

事实上赋予族长、绅士以更大的行政、司法权，族正制则无形消亡了。乡村社会的治理仍然是困扰官绅的难题。

因此，如何防范社会危机，成为19世纪有识之士的重要议题。乾嘉之际，张惠言注意到：保甲人员多为强悍好事者，而读书谨厚之士不能为，庄农殷实之户不敢为，导致保甲制糜费、扰民，却无益于地方治安。故他提出以乡绅董事代替原有保甲："不若乡设一局，以绅衿一人总理，士夫数人辅之，谓之董事。牌头无常人，轮日充当，谓之值牌。"董事为民间自举，不为官役，"官府官吏虽欲扰之，不可得矣"。他设想由乡董处理乡民事务，如治安、救济、生老病死等等。如果同牌十家子弟中，"有不孝、不弟、酗酒、打降、窝娼、窝赌、淫邪、偷盗者，同牌之家告之董事、总理，总理、董事先行劝诫，果不可化诲，即令保长报县究治"。[①]后来，其弟张琦阐述了相同看法，指出保甲制有"二难"、"四不便"和"三无益"，只是"重困吾民，而为胥吏开其利孔也"。[②]显然，原有保甲制非但涣散不力，而且成为官吏扰民苛派的工具。保甲成为基层政权与乡民隔阂、冲突的关键，自然成为众矢之的。

张惠言的乡董制不同于宗族组织，但其自行推举、处理乡民事务的功能与宗族几乎相同。张氏兄弟重视宗族的教化功能，如张惠言论祠堂云："夫聚百世之主于一堂，而合子孙之属以事之，使俱生其水原木本之思，而因进之以敬宗收族之教，于以惇化善俗，莫善于此。"[③]他注重发挥绅衿的社会作用，却只是从宗族外部改良基层组织。事实上，中国农村的问题，不仅是官民矛盾，而且体现在士绅与庶民之间的隔阂、疏离。洪亮吉指出：士大夫的作用关系到人心风俗，"治天下之有法，必自士大夫之各修其家法始"。他赞赏丹阳荆氏那样修定谱系，家法严明，"善恶有别，贵贱有等"。他认为，家法严明，则不肖子弟无所容身。如果推广于一州一邑及全国，则"可无莠民矣"。"吾故曰：家法之详，国法之所以简

① 张惠言：《与金先生论保甲事例书》，《茗柯文补编》卷上，商务印书馆《四部丛刊》影印道光刊本，第24—35页。

② 张琦：《答陆劭文论保甲书》，《宛邻集》卷三，光绪年间盛氏刻常州先哲遗书本，第8—10页。

③ 张惠言：《嘉善陈氏祠堂记》，《茗柯文四编》，第11页。

也。”[①]他重视家规族法治理乡村社会的作用。其后，龚自珍、冯桂芬提出改良宗族组织，从宗族内部聚合族众，消弥乱源。

鉴于古代“天子有宗，卿大夫公侯有宗，惟庶人不足与有宗”的状况，龚自珍提出设“农宗”以“定民生”、治天下。具体办法是将士、农纳入宗法范畴，区别长子与余子的责任，“余子不尊长子则不悌，长子不赡余子则不义”。如“百亩之农，有男子二，甲为大宗，乙为小宗”。“小宗有男子二，甲为小宗，乙为群宗。”群宗之外为“闲民”。于是，乡民分为大宗、小宗、群宗，各有田亩数不等，闲民无田，可为佃家。全族均以大宗为中心，以期“宗能收族，族能敬宗”。“农宗”设想受西周宗法制启发，重心是“专隆大宗，以士庶而为强干弱枝之谋”，实现“正天下之大分，分定而心安”。这种治平之策带有鲜明的空想性，却体现了统合士庶族众，安定天下的期望，得到陈奂等人的肯定，甚至被认为符合柳宗元《封建论》“先有下而渐有上之义”。[②]

嘉道士人治理乡村的设想，在改良思想家冯桂芬（1809—1874）那里产生了回响。冯氏治汉学，而关注晚清变局，所著《校邠庐抗议》等书广涉社会、政治改革。他主张裁撤冗官，认为“治天下者宜合治，亦宜分治”。自隋文帝废三老、啬夫、亭长之职，于是有甲长、保长之设，然皆视为具文。咸丰军兴以来，各省团练设团董、总董，反比保甲有效。故他提出“折衷周、汉之法”，乡民“满百家公举一副董，满千家公举一正董”。任职者“皆以诸生以下为限，不为官，不立署，不设仪仗，以本地土神祠为公所。民有争讼，副董会里中耆老，于神前环而听其辞，副董折中公论而断焉。理曲者责之罚之。不服，则送正董，会同两造族正公听如前。又不服，送巡检，罪至五刑送县”。[③]冯桂芬的乡董制带有自治色彩，较之张惠言更借重于宗族，与顾炎武由“宗子”来解决族众纠纷、治安的设想相似。

冯桂芬研究过古代宗法，对万斯大、钱大昕有关大、小宗的考释持

① 洪亮吉：《玶塘荆氏族谱序》，《洪亮吉集》第1册，第216—217页。

② 龚自珍：《农宗》，《龚自珍全集》，第49—51页。

③ 冯桂芬：《复乡职议》，《校邠庐抗议》卷上，光绪十年刊本，第12—14页。

有异议，[①]却同样重视宗族治乡的作用。他推崇“三代圣人之法”，赞赏“圣人宗以族得民之法之善”。[②]与万斯大不同，冯桂芬恢复宗法的设想不是基于理想化的“封建制”，而是针对咸同变局，他认为：

> 三代之法，井田、封建，一废不可复，后人颇有议复之者。窃以为复井田、封建，不如复宗法。宗法者，佐国家养民、教民之原本也。天下之乱民，非生而为乱民也，不养不教有以致之。牧令有养教之责，所谓养，不能解衣推食；所谓教，不能家至户到。尊而不亲，广而不切。父兄亲矣、切矣，或无父无兄，或父兄不才，民于是乎失所依。惟立为宗子以养之、教之，则牧令所不能治者，宗子能治之，牧令远而宗子近也；父兄所不能教者，宗子能教之，父兄多从宽，而宗子可从严也。宗法实能弥乎牧令、父兄之隙者也。[③]

可见，冯氏所谓“复宗法”，并不是恢复西周宗法制，毋须以井田、封建为基础。他主张立宗子以教养族众，弥补政府和士庶间的空隙，发挥宗族的社会整合功能。在他看来，能得三代宗法遗意的重要举措是义田、义庄。《仪礼·传》所谓“异宫（居）而同财，有余则归之宗，不足则资之宗”，“此古宗法也”。[④]故他认为，西汉迁徙大姓、魏晋立图谱、唐朝重门第，都不是复宗法。唯独宋代范仲淹创设义庄、又令长子没而必立孙承重二事，颇得宗法遗意，自可因势利导，加以推广。其具体设想是，各地每姓均设义庄，“为荐飨合食治事之地”，其中分设养老室、恤嫠室、育婴室、读书室、养疴室，以解决族人的困难，并设“严教室”，以教“不肖子弟”。后者的责任由宗子承担，为此他主张树立宗子的威信，“宗子死，族人为之服齐衰三月，其母妻死亦然，以重其事”。[⑤]

宗族救贫之法依靠民间力量，与近代西方政府的社会救济，虽然目标

① 冯桂芬:《宗法论》,《显志堂稿》卷一,光绪二年校邠庐刊本,第1页。
② 冯桂芬:《校邠庐抗议自序》,《校邠庐抗议》卷首,第3页。
③ 冯桂芬:《复宗法议》,《校邠庐抗议》卷下,第15页。
④ 冯桂芬:《汪氏耕荫义庄记》,《显志堂稿》卷四,第1页。
⑤ 冯桂芬:《复宗法议》,《校邠庐抗议》卷下,第15—16页。

基本一致，却体现了社会发展程度的差异。为了推广救济措施，冯桂芬认为，西方国家设立的“养贫、教贫二局”符合中国古代救贫之法，为“所谓礼失而求诸野者”。“以三代圣人之法言之，宗族有不足资之之法，州党有相赒相救之谊，国家有赈穷恤贫之令”，故没有“乞人”一词。他指出：今江、浙等省宗族颇有善堂、义学、义庄之设，而他省未见推行。因此，各省郡县官府也应兴办善堂，以帮助无力兴办善堂、义庄的宗族。这些官办善堂一如宗族义庄，择绅士负责管理，由族正总管教养之事。[①]他寄望于政府力量和绅士作用取长补短，广济贫民。

在中国的广大农村，体现王权的保甲和统合乡民的宗族已经长期存在，两者虽经权力博弈，却无法互相取代。历史的经验表明，在专制体制下，一味地强化基层政权有弊无益。故龚自珍、冯桂芬等人都侧重从改良、强化宗族机制方面运思。然而，冯桂芬的根本目标并不完全是以宗法取代保甲，而是既聚合士庶族众，又协调宗族和官府。他指出：“保甲为经，宗族为纬。一经一纬，参稽互考。常则社仓易于醵资，变则团练易于合力。论者谓三代以上之民聚，三代以下之民散。散者聚之，必先聚之于家，然后可聚之于国。宗法为先者，聚之于家也；保甲为后者，聚之于国也。”在他看来，如果进行这些改良，则盗贼、邪教、械斗均可消除，而保甲、社仓、团练诸事，均可推行。[②]此外，他也认为，纂修族谱以敬宗收族，也会帮助宗法得到有效恢复。他试图借用古代宗法的外壳，改良宗族组织，从而消弥乱源，避免出现太平天国那样的社会震荡。

清中叶以降，社会危机已经是“山雨欲来风满楼”，而作为基层政权的保甲制涣散无力，甚至为虎作伥，加剧社会矛盾。因之，龚自珍、冯桂芬等人都试图改良宗族机制，发挥宗族的作用。晚清团练制度具有明显的宗族色彩，而恰恰是团练而非绿营兵成为平息农民起义的主力。这也说明，“复宗法议”虽带有空想性，却有其合理性，不失为关注、熟悉社会底层者的思想探索。

在晚清，宗法及相关礼制仍然是士人关注的焦点。贺长龄、魏源编

① 冯桂芬：《收贫民议》，《校邠庐抗议》卷下，第10—11页。

② 冯桂芬：《复宗法议》，《校邠庐抗议》卷下，第16—17页。

纂的《皇朝经世文编》卷五十八、五十九“礼政”，辑录了清前中期顾炎武、朱轼、陆世仪、张履祥、阎若璩、蔡新、秦蕙田、惠士奇、陈宏谋、纪昀、钱大昕、纪大奎、方苞、张海珊、龚自珍、魏源等20多人讨论宗法、家族、立嗣等问题的文章。其具体见解不尽相同，有的囿于学理讨论，有的则流露出对宗法的赞美，体现了寓宗法之意于家族礼制的基本倾向。冯桂芬的见解也在维新志士谭嗣同那里得到了印证。谭认为，“封建可废，宗法不可废……变而通之，无封建之世，宗法曷尝不可治天下哉？”在他看来，“天下祸乱相寻，不知所届，由亲亲之谊薄，散无友纪，而宗法不行于今也”。但他没有像冯氏那样构想“保甲为经，宗族为纬”的制度，只是强调宗法“一寄于谱牒”。[①]他于光绪二十年（1894）主持修纂谭氏族谱，阐明寓宗法于谱牒之意。

从顾炎武到龚自珍，重建宗法的见解都没有引起官方注意，而且也实效不大。究其原因，盖如宋学家方苞所云，古代同财共居，近世贫富族人相视如路人。故吴、楚、闽、越等地乡村虽然聚族而居，“而宗法无一能行”。[②]戊戌前夕，清廷曾令京官评议《校邠庐抗议》，其签注意见大体如黄绍箕所云，该书有可行者，有不可行者，而“复宗法议”则“恐少实效，似可缓行”。[③]清廷将宗族势力限制在执行王权、教化乡民的范围，许多学者则较多地思考了国与族的关联。在清末救亡图存的背景下，国家主义蓬勃兴起，似有取代家族主义之势。但终民国之世，士大夫并没有否定宗法或家族的意义。较为典型的说法是：家族主义与国家主义并行不悖，“家族主义所以合一族之小群，国家主义所以合一国之大群”，“是故文明诸国，虽国家主义异常发达，而亲族一法必特著于民法之中”。[④]清末民初的一些学者、包括汉学家仍对宗族的社会功能深信不疑，礼学家

① 谭嗣同：《〈浏阳谭氏谱〉叙例》，《谭嗣同全集》上册，中华书局1981年版，第44—52页。

② 方苞：《仁和汤氏义田记》，《望溪先生文集》卷十四，《续修四库全书》影印咸丰元年刊本，第11页。

③ 中国第一历史档案馆编：《清廷签议〈校邠庐抗议〉档案汇编》第3册，线装书局2008年版，第1307页。

④ 王隆奇等：《续修宗谱跋》，《中国家谱资料选编·序跋卷》下，第865页。

曹元弼云：

> 一家如一身，一宗如一家，一国如一宗，天下如一国，相爱相敬，相生相养，相保相救，故寇贼奸宄无自起，而蛮夷猾夏有与御。降及衰季，犹有七姓从王，九宗迎翼，《周礼》“九两”“宗，以族得民”，其效如此……康熙以来，至于道光之初，其世家大族，述修祖德，培植子弟之效，至于今未变，岂非保世滋大，与国同体者乎！[①]

在他看来，清中叶的社会稳定与士大夫强宗固族的努力不无关系。清末民初，列强侵逼，国势衰微，不少人注意到合族群的重要性。与曹氏思想相似的陈宝琛有感于清末“民德日薄”，也认为“不爱其家而能爱其国者，亦未之有也。爱其家则有收族之义焉，爱其国则有合群之道焉……合群必本于收族，不易之理也”。[②]

清末民初，士大夫还没有感觉到宗族社会渐趋衰落，一些政治家也是如此。清末状元、实业家张謇云：“古今人民进化之阶，其主义无不由家族、国家推衍而至……西人恒言，有家族思想，而后有邦国思想。”[③]蔡元培针对宗法无用的观点，认为“齐家为治国之事，未有家族不健全而能富强其国者”。[④]革命家孙中山也说：“积民族之亲，则一人类之非敌也；积家族之亲，则一国一民族之非敌也。”他认为，亲亲之事可“树天下一家之基”，为“民族主义”的基础。[⑤]在20世纪上半叶，这类言论仍然是中国政界和绅商群体的主流。

参与宗族活动

祠堂、族田和族谱不是古代宗法制的简单再现，而是敬宗收族的手

① 曹元弼：《丁世重修族谱序》，《复礼堂文集》卷八，1917年刊本，第11页。
② 陈宝琛：《会城杜氏增修族谱序》，《中国家谱资料选编·序跋卷》下，第912页。
③ 张謇：《乌拉成氏族谱叙》，《中国家谱资料选编·序跋卷》下，第884页。
④ 蔡元培：《黄冈林家大湾林氏宗谱序》，《中国家谱资料选编·序跋卷》下，第945页
⑤ 孙中山：《五修詹氏族谱序》，《中国家谱资料选编·序跋卷》下，第922页。

段，也是士人践履宗族观念的途径。钱大昕、王昶、王鸣盛、赵翼、章学诚、孙星衍、凌廷堪、祁韵士、张惠言、陈寿祺、俞樾、黄式三等汉学家都对建祠、修谱不乏论述，且积极参与、支持。正如赵翼所云："凡人不可不敦本也，敦本之道，莫先于建祠；又不可不睦族也，睦族之道，莫先于叙谱。"[①]王昶服官后，为族中建立祠堂、族学，又创修支谱，稽考旧谱，其自序云：其先人数十世次、姓名皆可考，"与《史记》《新唐书》《通志》诸书皆合，可幸也。撰世谱讫，复稽旧谱，文繁人众，不便检阅，乃专录本支为世谱前录，以贻后人，且寄水木源本之思"。[②]他们或者直接主持建祠、修谱，或者为修谱出资、作序，或出谋划策。

广东番禺人庄有恭于乾隆四年（1739）中状元，与常州庄氏在血缘上本已疏远，但与同朝为官的庄存与家族互相认同。乾隆二十六年（1761），时任浙江巡抚的庄有恭为常州庄氏重修族谱作序，叙其同姓交谊云：庄柱成进士后，得以相识并交往。庄柱之子存与、培因"以试诣京兆，时相往还，勖以孝弟忠信之行，契合无间，遂兄事余，余以弟呼之"。他认为，"族谱之义有五善焉：本祖德也，亲同姓也，训子孙也，睦故旧也，又其大焉者，则报国恩也"。[③]身为显宦的庄有恭不仅欣然为庄氏族谱作序，而且强调庄氏受朝廷厚恩，当"报国家天高地厚之大德"。

庄存与重视纂修族谱，其父庄柱曾主持重修族谱，未竟而逝。庄存与感慨不已，认为"族大世远，其不可以不谱也。亦若五口之家，不可一日而不可淅米而撷蔬也。然而力绌者不能为，力赢者亦复不能为。历岁滋久，成编阙如"。鉴于此，他主张庄氏"自今以往，每分之人各具素纸记其亲分之名字履历、男女嫁娶，生卒年月，三年合成一编，三十年然后梓而颁之，庶无旷而不修，阙而不具之憾乎！"[④]按照庄存与的设想，族人三年汇总一次亲属履历生卒，30年重修一次族谱，自然不会有遗漏，重修族谱也会变得容易了。在庄存与等人的努力下，庄氏族谱几经修订，一直

① 赵翼：《新修杨氏谱序》，《中国家谱资料选编·序跋卷》下，第579页。

② 王昶：《世谱前录小序》，《春融堂集》卷三十七，第10—11页。

③ 庄有恭：《乾隆辛巳修谱庄序》，《毗陵庄氏族谱》第一部卷首，2008年庄氏自印版，中国国家图书馆藏（以下简称2008年版），第41、32页。

④ 庄存与：《养恬公谱序》，《毗陵庄氏族谱》第一部卷首，2008年版，第34页。

延续到民国时期。

清代北方世家大族少于江南。乾隆年间，直隶献县纪昀家及稍后山西寿阳祁氏都是倾向汉学的著名家族。寿阳祁氏自十四世祁文瀚始，四世五进士，蔚为科举名门，而且又多学术成就。祁文瀚为康熙进士，官知县。其子祁韵士，乾隆四十三年（1778）进士，任翰林院编修等职。遣戍伊犁后，创编《蒙古王公表传》《藩部要略》《伊犁总统事略》等书。其五子祁寯藻，号春圃，嘉庆进士，官至军机大臣、礼部尚书。寯藻之弟祁宿藻，道光进士，官江南布政使。寯藻之子祁世长，咸丰进士，官礼部侍郎。祁韵士、祁寯藻父子编刊《祁氏世谱》，祁韵士且云："三代以降，九两五宗之法久废，士大夫家所赖以敦本睦族、不失先王之遗意者，惟有叙谱一事而已……欲借斯谱之成，相与序昭穆，别长幼，俾吾族之父父、子子、兄兄、弟弟，肃然兴起其尊祖敬宗之心，而求以合乎先王敦本睦族之意，斯则韵士之所厚勖也。"[①]可见，祁韵士纂修族谱的主旨仍是敦本睦族，与清代学者的主流观念并无二致。清代学者的文集几无例外地都有族谱序文，反映了清人修谱风气，也可见士大夫纂修族谱的主张（详后）。

汉学家也积极参与建祠、祭祀等宗族活动。王鸣盛肯定祠堂的价值："三代以上，世官世禄，故有宗法，自命士以上，皆立家庙；唐宋以来，无此制矣。古今异宜，不可执古以论今也。然而，亲亲、尊祖、敬宗之道，合族以食，序以昭穆之遗意，则犹有可追者，于是乎祠堂兴焉。《记》曰：'礼以义起'，其祠堂之谓与！"[②]他认为，祠堂是古代家庙的替代物，体现了儒家的礼学主旨。他所谓"礼以义起"，大致是说宗法、家庙衰落后，祠堂成为敬宗收族的新途径，参与者比家庙更为广泛，却不悖儒家礼制。他支持建祠，其妹婿钱大昕同样如此。

当时钱氏并非大族，迁居当地已近300年，"阅八九世，成丁者垂及

① 祁韵士：《祁氏世谱引》，祁韵士等纂《祁氏世谱》，见《清代民国名人家谱选刊续编》第35册，第70页。

② 王鸣盛：《洞庭角里沈氏支祠碑记》，见陈鸿森辑《王鸣盛西庄遗文辑存剩稿》，载《古籍整理研究学刊》2014年第1期。

百人，或稽田，或读书，皆安分量力，不轻去其乡”。[①]直到钱大昕的祖父钱王炯才编纂族谱，至其父钱桂发始建祠堂。钱大昕记其祖云：“府君事父母至孝，兄早殁，抚孤侄使成立。创修宗谱，断自迁嘉定之祖为始，而不附会贵胄，盖其慎也。”[②]其后人继承传统，于敬宗收族之事多所尽力。钱桂发“又创议立宗祠于外冈之西，每岁春秋，合族荐享，仪节略依朱子《家礼》，年已及耄，犹率子弟行礼无倦容”。[③]钱大昕记云：

> 祠本宗庙之祭，秦、汉以降，神祇群祀通称焉。故祠于坛，谓之祠坛；祠于城，谓之祠城；祠于堂，谓之祠堂。典祠之官曰祠官，太常有祠曹，其仪式则曰祠令。祠者祭之名，而非祭之所……三代以后，仕者不世禄，大宗不能收族而宗法废，虽贵为大夫，犹祭于寝。于是有祠堂之设，以祀其先祖，俾族姓不忘其所自出，犹有宗法之遗意焉。……（钱氏）康熙中，始议春秋合族人祠于先茔，祠毕馂其余于主祭者之家，而祠堂犹未建立。岁辛巳，先君子谋于族父兄长者，卜地于外冈之西，练祁之阳，为堂三楹，门三楹，缭以周垣，秋霜春露，祇荐时事，几筵载设，登降有所。[④]

据钱大昕考证，古代“祠”为“祭之名，而非祭之所”，故没有祠堂，同样可以祭祀，如家祭、墓祭之类。不过，钱氏祠堂终于建成了，规模不大，而“相勉以孝弟”的宗旨得到了体现。钱大昕早年深受家族文化的熏陶，从钱王炯、钱桂发到钱大昕，其敬宗睦族的观念可谓一脉相承。

---

① 钱大昕:《盛泾先茔之碣》,《潜研堂文集》卷四十九,《嘉定钱大昕全集》第9册,第817页。

② 钱大昕:《先大父赠奉政大夫府君家传》,《潜研堂文集》卷五十,《嘉定钱大昕全集》第9册,第821页。

③ 钱大昕:《先考赠中宪大夫府君家传》,《潜研堂文集》卷五十,《嘉定钱大昕全集》第9册,第823页。

④ 钱大昕:《钱氏祠堂记》,《潜研堂文集》卷二十一,《嘉定钱大昕全集》第9册,第328—329页。

会稽章氏号称“族大支繁，人才辈出。其以忠孝节义著者，简册详之，功名事业显者，金石著之”。[①]至章学诚之世，章氏从道墟迁居府城已有百年。但会稽章氏并非名门望族，清代以功名而显者为数寥寥。章学诚的父亲叔伯兄弟十人，“自童幼时随父兄省墓墟中”，[②]而其父长期宦游湖北，参与宗族活动不多。章学诚随父多年，对族中“先畴旧德，鲜能道之”。乾隆三十七、八年间，他“家京师，暂归乡邑。至墟里，省祠墓，且访先人旧所交游，多零落矣”。[③]乾隆四十年（1775），37岁的章学诚“初与于宗人春社，宗人以衣冠会者凡若干人”。乾隆四十三年（1778），他成进士，族人对其重视程度自然增加，但因在外游幕、修志20年乃归，而故人落落仅存。[④]

尽管如此，章学诚仍关心宗族事务。章氏于嘉庆元年（1796）修葺家庙，学诚记云：其“事有纲纪，礼有秩序，远近观者皆谓得宜”；“当庙成告祭，适宗老有疾，命余摄主献酬。祀毕班晏，因与宗人论旧谱荒不易辑，诸门各处所知及其先世遗闻轶事抑其次也”。[⑤]章氏曾于康熙中编修族谱，却已散佚，族人保存者不多。章学诚对重修族谱多所建言，反对将血缘疏远者编入族谱。他针对“乡曲有求附余宗谱者”指出：“彼自作谱，乃择余宗谱中旁支有注后裔失考、及出继为他姓者，冒称子姓归宗……（其）叙余家先世事，乃较章氏本支尤为详明，盖熟读宗谱故也。此事近日犹可辨别，久之迁于他处，必有误联之弊。”[⑥]他主张对这种“归宗”联谱的情形严加甄别，避免滥收“族人”。事实上，章氏没有统谱，仅编纂了“智九公分祠支谱”。而章学诚撰写的多篇先人传记，记录

① 章学诚：《效川公八十寿序》，《会稽偁山章氏智九公分祠支谱》卷六，光绪二十年刊本，第48页。

② 章学诚：《仲贤公允吉公孟育公三代像记》，《会稽偁山章氏智九公分祠支谱》卷五，第29页。

③ 章学诚：《元则公文师公二代合传》，《会稽偁山章氏智九公分祠支谱》卷五，第47页。

④ 章学诚：《效川公八十寿序》，《会稽偁山章氏智九公分祠支谱》卷六，第48页。

⑤ 章学诚：《元则公文师公二代合传》，《会稽偁山章氏智九公分祠支谱》卷五，第47页。

⑥ 章学诚：《宜兴陈氏宗谱书后》，《校雠通义》外篇，《章氏遗书》卷十三，第53页。

其“遗闻轶事”，嘉言懿行，均收入族谱之内。

章学诚对宗族祭祀也不乏己见。比如，他不赞成辈份晚近的庶母牌位列入祠堂受祀，认为：“庶母不得入祠，明庶母止得自临所生，而非可统其族众者也。”“但身为支庶所出，而所生不得列于宗祠，人情亦所难安。是以吾乡巨族多于祠内别构庶母享室，凡庶出之子孙皆得入祀，亦礼之合义者也。”故章氏先祖礼四公辈陈、顾二庶母入祀旁龛，乃“所谓以尊临卑，自无不可。若艮字行辈以下妾母入龛，龛内尚有尊辈木主，则是以卑渎尊，于义不合。族人不得援此以为例也”。[①]这是章学诚的个人见解，但该文收入章氏族谱，显然得到族人重视。

据阳湖孙氏后人称，其族为吴国将领孙武之后，孙星衍为孙武七十五世孙，但世系已不可考，此说或有攀附之嫌。不过，阳湖孙氏在明清时期仍属仕宦之族。“凡两朝以来，析圭爵者四人，都督指挥使者五人，三公二人，加公孤者三人，入词馆者四人，内外庶司不可胜数。当宋、元、明鼎革及靖难之际，守节遂志，无一人身仕两朝者。而直臣循政卓卓可纪，见于史传不一而足。”[②]乾隆年间，孙氏相对衰微。然而，善于治生的孙星衍充当了振兴家族的关键人物。

乾隆五十二年（1787），孙星衍成一甲第二名进士，授翰林院编修。乾隆六十年（1795），授山东兖沂曹济道，次年署山东按察使，继署山东河道。其后，孙星衍对宗族事务的热情不减。嘉庆三年（1798），孙氏丁母忧，侨居金陵孙氏祠屋。祠有古松五棵，名五松园，乃加修葺、添建，著述其中。他署山东河道时，因漕工漫溢应赔坝工银九万两。不得已于嘉庆八年（1803）再出，署山东登莱青道，补山东粮道。其间奏请将漕粮余米改放兵糈，以裨国计民生。他所提建立伏博士之议实行后，又提出复孔子封爵、科场试士兼用注疏，以崇经学，可谓不乏建树。

嘉庆十三年（1808），山东粮道孙星衍告假省亲，拟建孙子祠。时任刑部侍郎王昶原为孙武“七十五世孙，以外家为姓，亦孙子之裔”，与

① 章学诚：《实斋公书对山公庶母不入祠堂辨后》，《会稽偁山章氏智九公分祠支谱》卷六，第66—67页。

② 孙星衍：《孙氏谱记序》，《孙氏谱记》卷首，第3页。

孙氏有同宗之宜，也支持建孙子祠。[1]于是，由孙星衍主持，又得到翰林院庶吉士孙原湘、孙尔准，高唐州知州孙良炳等孙子后裔的支持，并得苏州、吴县等府县地方官的同意，孙氏族人在苏州虎邱山东麓重建孙子祠，包括正堂两层房屋十多间，“西水阁三间，从房、露台、郎屋十余间，池塘、山阁、前后院悉具，沿河向东租房十间，向南楼房、酒楼十二间”，占地四亩二分多。[2]随后，孙星衍又受父命撰《孙氏谱记》，作于嘉庆十四年（1809）七月的自序云：

> 星衍生晚，值族衰之后，收罗宗器书籍不可多得。吾父好书，又以敬宗收族为念，乃购得文介公殿试卷，及祖先手泽器物藏于家。又为忠臣无后者，立忠愍、烈愍诸祠，捐田备祀事，修理大宗祠，以古彝器书籍椟藏，为子孙永保之计。命星衍辑旧谱故实及本支世表，志其大概，依唐《艺文志》所载《孙氏谱记》以为书名。一卷曰世系表，二卷曰官伐记世袭录，三卷、四卷曰祠墓记，五卷、六卷、七卷、八卷、九卷曰碑传录。附录家状一册。[3]

孙星衍是清代士大夫参与家族活动的典型。许多家族衰微之时，修祠习谱活动相对低落。一旦族中出现了显宦名人，则会自觉或不自觉地肩负起复兴宗族的使命。

封疆大吏阮元不像一些人那样好为族谱撰序，但支持本族活动。阮氏自明末由淮安迁扬州，以武功显世。阮玉堂为康熙朝武进士，雍正元年（1723）任三等侍卫，乾隆十三年曾任河南卫辉营参将，康熙三十九年（1700）曾纂修阮氏族谱。阮玉堂生四子，其四子阮承信，号湘圃，没有参加武试，不乐仕进，终老于乡里。阮玉堂仅有一孙，即阮承信之子阮元。在父亲的推动下，官运亨通的阮元三次为阮氏新修族谱撰序。第一次是乾隆五十九年、六十年间（1794—1795），阮元督学山东，比阮元年长

① 孙星衍：《曾孙星衍撰虎邱立吴将孙子祠堂碑记》，《孙氏谱记》卷三，第28页。
② 孙星衍：《吴将孙子祠》，《孙氏谱记》卷三，第27页。
③ 孙星衍：《孙氏谱记序》，《孙氏谱记》卷首，第3页。

四岁的堂叔阮鸿“携旧《谱》来，乃相与商定，增为十二表”。23年后，两广总督阮元再次为阮氏新修族谱撰序，并云“自古以来，读书之家，未有不以敬宗聚族为首务者”。至道光二十六年（1846），年已83岁的阮元以薪俸资助重刊《扬州阮氏族谱》，第三次为族谱撰序。[①]这些序文未收入《揅经室集》，却足已显示其宗族观念。

嘉庆初年，阮元巡抚浙江时，在其父阮承信的推动下，还积极支持了一些宗族活动，其自记云：

> 府君聚同族谋曰：“我阮氏明季自淮安迁扬州，聚族于城北之公道桥，甲科世衍，世系日繁。今无祭祠，非礼也。”乃独捐俸购地，建阮氏宗祠于公道桥镇之南，购田为祭产，俾族姓春秋祀焉。更延名师在祠侧设塾教族中子弟能读书者。又于太府君雷塘墓侧，建墓庐十余楹。

其后，阮承信又提到，《大清会典》载品官皆有家庙，阮氏仅有族祠而无家庙，于礼不宜。至嘉庆十年（1805），阮元入都接受“京察”，谕旨谓“汝有守有为，清俭持躬”。其父以此为荣，并提出：“顾俭于躬，勿俭于先祖，其遵《会典》，立阮氏家庙，吾将敬奉祀事。”于是，阮元“卜地于扬州府旧城文选楼北兴仁街，即隋曹宪文选巷故址”，建成家庙，“祭服祭器咸备”。[②]这些家族事务由阮元的父亲和族叔父阮鸿具体负责，但阮元也撰写了前辈家传，并收入个人文集。

嘉道以降，清代士人参与宗族活动的热情未减。朱珔（1769—1850）非汉学名家，而重视敬宗收族。他以朝官身份，创修朱氏族谱，并集资6700两白银，扩建祠堂，设“敦睦堂”，自记云：

---

① 参阅王章涛：《阮元轶文考释两篇》，《扬州学派研究论文选》，广陵书社2013年版，第1—7页。

② 阮元：《诰封光禄大夫户部左侍郎显考湘圃府君显妣一品夫人林夫人行状》，《揅经室二集》卷一，第30—33页。

> 古者宗以族得民，而孝友睦姻任恤之教，领自司徒，将使敦厚其俗，礼让兴而嚣凌息，风行于乡里，效用著乎国家。传曰："尊祖故敬宗，敬宗故收族，收族故宗庙严。"然则族之不睦，祖之恫也……（我族祠）颜曰"敦睦"，窃重有感矣！……天下之理，顺而推则治，逆而施则漓。吾由同父昆弟，以及从父昆弟，渐推诸高曾之系，至于亲属竭，分虽远，犹之近耳。若畛域太明，袒免缌麻，遽类秦越，势必逞尔故习，施之于期功……噫！敦睦之意衰，弊乃莫知所极。登斯堂也，顾名而思义，当如清夜闻钟，发人深省。[①]

这反映了朱琦敦亲睦族的愿望和努力，也是清代上层士人的一个缩影，尽管其实际效果不如预期。

汪喜孙幼年孤贫，于三族轶事所知甚少，而成年后对考订祖先事迹十分尽力。他说："吾家自五世祖迁扬州近二百年，死丧流亡者，几及十之六七。喜孙恸门祚之衰薄，悼我生之不辰，羸病经年，恐遂弗起，力疾叙录迁扬以后世系，为《谱》若干卷。"[②]他作《汪氏学行记》，记载先人五世以来的学行事迹，又考订宋以后的汪氏系世，将五世以来的事迹编为《孤儿编》。一些资料记载，汪氏由歙迁扬的始祖是汪中的曾祖汪镐京，而喜孙对此存疑。因为在清初诗文、《徽州志》中，涉及汪镐京者，"从无一字言快士公在扬州"，故他认为，汪镐京是死后葬于扬州，其长子号博亭公者有诗记其新迁之居，当为汪氏迁扬州始祖。[③]汪镐京生于明崇祯七年（1634），一生未仕，人称为"黄山老布衣"，擅长篆刻，卒于康熙四十年（1701）。汪喜孙撰文表彰其文字学造诣："论篆刻，自朱、河、文、赵，以溯秦汉，汪洋窈眇，终日不倦……成《红术轩山水篆刻册》四卷，桐城张文端公序刻之。""尝谓小学之亡，由于篆变为隶，偏旁紊乱，六义浸失。惟刻印之文，根柢篆籀，犹为今世所用，辑所篆印为《红术轩印范》一卷。又谓字书自《说文》以后，纷然杂出，集古今文字，依

① 朱琦：《敦睦堂记》，朱琦纂修《张香都朱氏支谱》卷三十二，第5—6页。
② 汪喜孙：《孤儿编·徽州古唐汪氏迁扬以后家谱叙》，《汪喜孙著作集》中，第590页。
③ 汪喜孙：《古唐汪氏迁扬始祖辨》，《汪喜孙著作集》中，第591—592页。

四声次序，为《文字原》二十五卷，并刊行于世。”[①]汪镐京潜心稽古之学，在汪喜孙看来：“快士先生生当顺治、康熙年间，文教初兴，虽以顾亭林之韵学，尚不能深信《说文》，今快士先生之言如是，则其学识为何如？许印林曰：‘段王之学，萌芽于兹，譬诸经学之有臧玉林氏也’。信然。”[②]喜孙对祖先学术极为珍视，虽在仕途，“仍不敢忘亲之本”。曾致信朋友云：“惟近以祠墓失修，祭祀不与，族人无后，松柏为薪，忍性动心，有誓墓之愿。”[③]

一般学者对宗族的关心不逊于仕宦之家。任兆麟云：“维道光建元辛巳，余偕族子宗延（己亥举人，宁海训导）、族孙文化（邑廪生）等重修宗谱成，复倡议于本仁堂立大宗祠，以奠系世，盖实推先祖之意以及始祖而为之也。”[④]黄式三的父亲黄兴梧只是秀才，处于由农而儒的转变阶段。黄式三性至孝，家族观念深厚。时人记云：“先生盖古之诚孝人也。昆弟相见，白首怡怡。又以余力修辑黄氏家谱，敬宗合族，其推于诚孝有如此。”[⑤]俞樾感慨：“嗟乎！以一父母之子而支分派别，遂至旷若途人。然则家可以无谱乎？谱可以不修乎？”[⑥]因此，俞樾对晚清修谱活动积极支持，应约撰写了大量谱序。此外，沈炳震、陈澧、孙诒让等人均积极参与纂修家谱，并为他人族谱作序。

当然，也有学者对宗族势力心存疑虑，如讲求经世致用的李兆洛（1769—1841）。武进李氏原本姓王，其先祖于明嘉靖年间育于舅家李氏，遂改姓，李兆洛为七世孙。李氏非名门望族，人丁不旺。李兆洛云：“吾家素门，又丁不造，易王而李，于今九世矣……而见丁不满三十人，

---

① 汪喜孙：《先高祖逸事》，《汪喜孙著作集》中，第597—598页。

② 汪喜孙：《文字原跋》，《汪喜孙著作集》中，第600页。

③ 汪喜孙：《汪熹孙致陈奂》，《流翰仰瞻：陈硕甫友朋书札》，上海古籍出版社2012年版，第243页。

④ 任兆麟：《任氏大宗祠碑记》，《有竹居集》卷十，《清代诗文集汇编》第484册，第438页。

⑤ 施补华：《定海黄先生传》，《续碑传集》卷七十三，《近代中国史料丛刊》初编，第九十九辑，第989册，第19页。

⑥ 俞樾：《崧城俞氏谱序》，《春在堂杂文》六编卷八，第36页。

可不谓衰乎!”[①]李兆洛成进士后，官安徽凤台知县，热衷于学术事业，而对宗族活动谨言慎行，也对大肆扩张族田不无担忧。他指出：

> 自范文正置义庄，当时以为美谈，至今慕而访之者几遍天下，其害亦遂不可胜言。甚至议禁议毁，大吏形之奏牍，此岂文正所计及哉！作始也小，其将毕也必巨。法立弊生，势固然也……夫垂裕之道，贻之以德，不闻以财。贫穷鳏寡，自有睦姻任恤之教在，欲以祖宗而尽养其子孙，虽帝王不能。置产愈多，觊觎愈起，开争端，滋狱讼，是教以参商也。利源既广，鸱张必生，恃族大财多，横暴乡里……是教以犯上作乱也。[②]

李兆洛注意到家族机制的弊端，告诫子弟引以为鉴，强调以家教而非族产维系族众。他所述现象和担忧并非捕风捉影，《红楼梦》中那种缺少文化根基的家族在清代并非少见，其腐蚀国家和社会的作用也是不容忽视的。

清代许多宗族祭祀规模宏大，奢靡铺张，李兆洛就此批评道：“盖闻先王之制礼也，非虚加其文而已。本乎情以推之，权乎义以正之”，天子祭祖不过上推四世，而士庶则不过二世，“今士庶家宗祠动辄数十世，族之繁者，木主几无所容。及其祭也，几筵不分，浆酒错列，子孙拜跪，冒然无等。以是为敬，亵莫甚矣！以是为诚，伪莫甚矣！”[③]他认为，宗祠祭祀不应超过五世：“疏其所当疏，乃能亲其所当亲。断其所不得不断，乃能不断其所不得断，一由乎天理之自然已耳。”[④]他认为，祭祀祖宗和修谱，均应缘情制礼，亲疏有则，不能虚张声势。

李兆洛与长兄建修祠堂，祀奉始分祖和高、曾、祖、祢。又作《祠堂记》，本程、朱诸子的祠堂祭礼，“通以经意，略条其大者，俾子孙守

① 李兆洛：《李氏家牒序》，《李氏家牒》，《清代民国名人家谱选刊》第17册，第18页。
② 李兆洛：《祠堂记》，《李氏家牒》，《清代民国名人家谱选刊》第17册，第73—74页。
③ 李兆洛：《孟岸金氏族谱序》，《养一斋文集》卷四，道光年间刊本，第23—24页。
④ 李兆洛：《魏氏分谱序》，《养一斋文集续编》卷一，道光年间刊本，第17页。

之”。他认为：“今世宗祠，无复亲疏限断，徒侈源流之远，以相夸耀。而本末之序紊，厚薄之施乱，诚妄之心杂矣。”他赞成小宗之法，而他不是长子，因而遗言自己死后，“吾子吾孙则别祀吾于私室，而共祀吾之曾祖、祖、考于此祠，此古人继别继祢之义，乃宗法之可通行者”。他又规定：“凡四时之祭，止及四亲，惟冬至则先一日祭始分祖及祧主，祭毕复祭夹室之主……祠田若干亩，岁收所入以供祠祭及墓祭之用，稍存其余以为每岁修葺祠屋、培植坟墓之费。祠屋不许改造、充拓，祠田不许增置。”[①]这说明他赞成小宗祭礼，也对铺张祭礼、奢侈风气深以为非。

清代汉学家虽对族产、祭祀等事看法不尽相同，但宗族观念根深蒂固，大多积极参与宗族活动，为敬宗收族尽力。这些活动没有背离清朝礼制，却是学者走出书斋，进入社会角色的体现。他们既是专门学者，而绝大数人又是一方乡绅，晚年归田里居，除了讲学、授徒之外，多关注、参与了宗族事务，自觉或不自觉地成为聚合族众、传衍宗族观念的主导者。清代学者参与的宗族活动中，修纂族谱是最普遍的方式，而汉学家对此亦多有见解。

汉学家论族谱

中国谱牒、世系资料十分丰富，源远流长。《周礼》云“小史掌邦国之志，奠系世，辨昭穆”。[②]东汉王符的《潜夫论》有“志氏姓”，西晋杜预的《春秋释例》也有“世族谱”。六朝以降，族望渐崇，家传浸著，但唐代族谱仍限于世家大族，一般士庶之家尚不多见。正如司马光所云：“隋、唐以来，世家大族莫不有谱，盖所以彰世系，序昭穆，别远近，明亲疏，敦崇一本之义也。然必由其先世之有显者而谱始著，后嗣之有贤者而谱始传”。[③]两宋以降，私家修谱渐盛，士大夫关于族谱的论说明显增多。欧阳修、苏洵的谱法也成为后世修谱的基本范式。至清代，族谱在官方文献中没有地位，而纂修族谱进入了鼎盛时期，几乎族各有谱。清代汉

① 李兆洛：《祠堂记》，《李氏家牒》，《清代民国名人家谱选刊》第17册，第70—73页。

② 《周礼·春官宗伯第三》，《十三经》上册，第450页。

③ 司马光：《李氏七修族谱旧序》，《中国家谱资料选编·序跋卷》上，第23页。

学家围绕族谱积弊和谱法等问题各抒所见，讨论较之前代明显丰富而深入了。梁启超曾经指出："清代当承平时，诸姓之谱，恒聘学者为之修订，学者亦喜自订其家之谱。观各名家集中，殆无一不有'某氏族谱序'等文，可见也。"①汉学家的族谱论有的与家规族训大致相同，有的则呈现浓厚的学术色彩，这里仅略述大概。②

首先，汉学家重视族谱的教化功能。族谱乃宗法之遗，虽不像周代宗法那样以血缘关系来确定社会秩序，却可以一定程度上敬宗收族，施行人伦教化。理学家朱熹云："谱牒之作尚矣。盖自宗法废而族分，缌服穷而亲尽，世之人始有视同族如途人者，此理势之必然也。嗟夫！谱牒之作，乃古人寓宗法遗意于文字之间，使观之者接于目而触于心。盖自有不能忘情者，岂徒然哉！"③这方面，清代汉学家大体沿袭前说，而表述不尽相同。有的认为，族谱是替代古代宗法而生，功能相同，能像宗法一样统宗收族。赵翼说："古者宗法行而后有大宗……后世宗法之不讲，而子姓昆弟其不等于途人者，几希矣。仁人孝子恻然有动于中，而思所以维之也，谱牒之学于以兴焉。"④程瑶田赞美古代的宗法制，但认识到宗法不能再现，因而重视族谱的替代作用："族谱之作也，上治祖祢，下治子孙，旁治昆弟，使散无友纪、不能立宗法以统之者，而皆笔之于书……吾故曰：族谱之作，与宗法相为表里者也。"⑤周代宗法是一定社会发展阶段的产物，难以再现于后代。乾嘉学者青睐于族谱替代宗法的功能，显然带有浓厚的理想化色彩。但他们以族谱来践行敬宗收族，则具有现实可行性。在他们看来，族谱记录世系、支派，把视为路人的族众联系起来，故能达到追祖辨宗、敬宗收族的效果。

族谱的人伦教化一直是士人论说的主题。钱大昕期望人们认识纂修

---

① 梁启超：《中国近三百年学术史》，《饮冰室合集》专集之七十五，第336页。

② 这方面的较详论述，可见拙文《清代汉学家的族谱论》，载《安徽大学学报》（哲学社会科学版）2017年第1期。

③ 朱熹：《徐氏宗谱序》，《中国家谱资料选编·序跋卷》（上），第71页。

④ 赵翼：《陈氏重修宗谱序》，《中国家谱资料选编·序跋卷》（下），第577页。

⑤ 程瑶田：《嘉定石氏重修族谱叙》，《通艺录·宗法小记》，《丛书集成续编》第10册，第607页。

族谱的本意："盖谱之作，犹有古人收族之遗意。谱存，则长幼亲疏之属，皆将观于谱，而油然生孝弟之心。故非作谱之难，知所以作谱者之难也。"[①]胡承珙也认为，族谱的功用不仅在于奠世系、辨昭穆，而且由此"敬宗收族，使人油然生其孝弟之心"。故他赞赏有的家族以"忠直、笃实、读书、谨礼为家法"。[②]他们认为，序亲疏长幼而生亲亲之情，便有孝悌睦族的效果。

与此同时，族谱有劝善惩诫之效。赵翼说："谱也者，正所以追本穷源而数典不忘其祖。即收族以统其宗，使人晓然于纲纪伦常之大，而肫然相保，翕然相亲。亦且善相劝，过相规，有事则同力相助，虽迁徙流移，不至易地而相移弃也。"[③]顾栋高认为，族谱"一以序昭穆，一以昭劝惩。迄今读苏氏族谱亭记，凛然怀不知耻之惧，使人人各立谱法以劝诫族之人"。[④]清末孙诒让仍认为，"谱牒之体，原于《世本》。上以维宗法之穷，下以儆族谊之薄"。[⑤]晚清列强侵逼，国势衰微，纂修族谱也被一些学者看作合群、救亡的可取途径。无论是敬宗收族，还是人伦教化，或是合群救亡，族谱均成为聚合族众的纽带。这些说法客观上为修谱提供了学理依据，也揭示了纂修族谱的本意和社会功能。

其次，汉学家彰显了族谱的史学特质，有的明显地将族谱史学化。钱大昕认为"古人谱牒之学，与国史相表里"。[⑥]他勾勒了谱牒由官史流为私史的历程，认为周代至唐，谱牒是官史的一部分，而五代以后私家修谱盛行，谱牒不再列为官史。故纪昀等纂《四库全书总目》提要云："旧有谱牒一门，然自唐以后，谱学殆绝。玉牒既不颁于外，家乘亦不上于官，徒存虚目，故从删焉。"[⑦]清代谱牒只是私家著述，与官史本无关系。然

① 钱大昕：《周氏族谱序》，《潜研堂文集》卷二十六，《嘉定钱大昕全集》第9册，第430页。

② 胡承珙：《邵氏续修家谱序》，《求是堂文集》卷四，道光十七年刊本，第15—16页。

③ 赵翼：《新修杨氏谱序》，《中国家谱资料选编·序跋卷》下，第579页。

④ 顾栋高：《强氏族谱叙》，《中国家谱资料选编·序跋卷》上，第521—522页。

⑤ 孙诒让：《上田戴氏族谱叙》，《籀庼遗文》卷上，1926年刊本，第19页。

⑥ 钱大昕：《吴兴闵氏家乘序》，《潜研堂文集》卷二十六，《嘉定钱大昕全集》第9册，第428页。

⑦ 《史部总叙》，《钦定四库全书总目》上册，第611页。

而，清代实证学风逐渐由经学而史学、而诸子学，乃至延伸于谱牒之学。在此背景下，汉学家对纂修族谱的积弊进行了深刻反思，进而对族谱的史学特征、编纂原则详加阐述，以恢复族谱在史学中的重要性。谱牒、家乘虽然没有收录在《四库全书》等官方文献中，但汉学家仍将谱牒学纳入史学范畴，赋予和国史相似的重要性。王昶说："家有谱牒，犹国有《史记》。"[①]龚自珍分而言之：家谱"则史表之遗也；广而为家乘，则史传之遗也"。[②]

谱牒既属史学范畴，则当力求真实，遵循实事求是的原则。对此，清代史家论述的重心略有差异。邵晋涵、章学诚等人立足汉学，不满意宋人所修史书，对欧阳修、郑樵有关氏族的记载也有批评，但仍重视私修族谱的史料价值。邵晋涵比较官修史书与私修族谱的短长，认为"私修之谱，亦有胜于官书者，各据见闻，整齐行列，不攀援贵胄以为华，不胶合远郡以为广，质而实，信而可征，成一家言，斯其善也"。[③]而体例精核的私家之谱"未始不列于著作之林，而世家之谱更有裨于掌故"。[④]显然，与一些学者崇信官史而贬低家谱不同，邵晋涵有条件地肯定私修族谱的史料价值。

章学诚主要从修志、修史角度讨论谱牒，体现了鲜明的汉学立场，而其主要贡献是在方志中添列"氏族志"，以裨益于"天下大计"。故他重视彰显族谱的史权意义，认为州、县志不载氏族，势必导致"家自为书，人自为说"。章氏所修方志均列有"氏族"一目。他为毕沅创修《湖北通志》时，录诸府、县之土著族姓为《望族表》，凡族有进士二人及京官四品、外官三品、武职二品者，皆得列表。所载世系也以甲第仕宦之人为主，上详始祖，下列子孙，旁及其分派之人。其《和州志》《永清县志》均有"氏族表""士族表"之目。章氏"氏族表"以科第、官品为准，偏重上层士族。与之相比，龚自珍编纂的徽州府氏族志，则既重视大宗之

① 王昶：《李氏家谱序》，《春融堂集》卷三十七，第4页。

② 龚自珍：《怀宁王氏族谱序》，《龚自珍全集》，第230页。

③ 邵晋涵：《余姚景桥鲁氏宗谱序》，《中国家谱资料选编·序跋卷》上，第512页。

④ 邵晋涵：《涞水方氏族谱序（代作）》，《南江文钞》卷六，《续修四库全书》影印道光十二年刊本，第8页。

史，又兼顾“立言名道”者及有意义的史迹，记载了官员、学者之家。

那么，史志中如何使用族谱资料？邵晋涵倾向于方志直接采用族谱：“今四方州县修志，恒苦于文献无征。诚令家修其谱，生卒、迁徙、位秩具于书，祠宇、冢墓具于书，碑铭、行状、传赞具于书，遗闻轶事、嘉言懿行具于书，事必核实，语无舛漏，则备一家之文献，合而为一方之文献，推而广之，天下之文献足征矣。”[①]考核详实、资料丰富的家谱自然可为方志、国史采用，只是仍需史家甄别、选择。与此不同，钱大昕、洪亮吉虽肯定族谱的史料价值，却更谨慎地对待族谱入史。钱大昕注意到，随着宋、元以后民间谱牒的普及，私家之谱不乏支离附会、背离事实者。私修家谱虽有史料价值，但族谱毕竟与史书不同。因此，一些学者注意到两者笔法的异同，主张审慎甄别，去伪存真。

其三，汉学家讨论了谱法与宗法的关系问题。谱法如何蕴含宗法，以往学者认识不一，清代汉学家也有分歧。冯桂芬曾云：“予尝谓井田、封建一废不可复，而宗法未必不可复。诚得欧、苏之意而通之，人人有宗，即人人有大、小宗。自尊祖敬宗，驯至庶民安，财用足，百志成，礼俗刑，比隆三代不难，岂仅如李唐图谱矜耀门第云尔哉！”[②]他认为得欧、苏之意而纂修族谱，便可一定程度上“复宗法”。但谱法牵涉问题甚多，“欧、苏之意”也不是容易领悟和落实的。

西周宗法制区分嫡、庶，落实于小宗拱卫大宗，大宗统率族姓。但周代以降，以皇室为大宗的宗法制已不复存在，后世也无周代那样的大宗、小宗。士大夫所谓大宗，实际上是小宗法中之大宗。秦、汉以降，向慕、提倡大宗法者代不乏人，而多流于理想层面，在统宗收族和纂修族谱中缺少可行性。北宋欧阳修、苏洵其实都是以小宗之法修谱。乾嘉学者王芑孙谓欧、苏谱法“隐以先王收族敬宗之意寓乎其间，传信传疑，可久可大，其又简而赅，约而能博者也”。[③]较之对欧阳修等宋人著史的批评，汉学家对欧、苏谱法多予肯定。或许在他们看法，修史非宋人所长，修谱

① 邵晋涵：《沈氏重修家谱序》，《中国家谱资料选编·序跋卷》下，第564页。

② 冯桂芬：《无锡吴氏族谱序》，《显志堂稿》卷二，第32页。

③ 王芑孙：《洞庭严氏族谱序》，《惕甫未定稿》卷四，第30页。

则不能回避宋儒经验。乾嘉时期，人口迅速增长，一些小宗族也逐渐恢复元气，汉学家更明确地主张以小宗修谱。刘台拱指出，古代有大宗，近世只有大族，没有大宗。故用大宗之法，合全族之人而修谱并不恰当："古者，有百世不毁之庙，而后有百世不迁之宗……今之大族，非世禄之家也；今之祠堂，非三庙之制也。所谓宗子者，与族人杂居齐齿，贸然无别也。宗子自祭其祖，祢族之人未有与焉，齐衰三月之服，则废已久矣……所谓大宗收族者也，岂不远哉？"故他主张采取苏洵的小宗谱法，自谱其族，"而别为大宗谱法，以俟后之能行者"。[①]他重视创修支谱，反对追求名义上的全谱、合谱，注重达到长者爱幼、富者恤贫的睦族实效。卢文弨、钱大昕的见解与此大体相同。践行小宗之法，重视创修支谱，而反对合谱，这是汉学家谈论谱法的主流看法。

在摒弃攀附、实事求是的原则下，族谱的繁简问题自然不难解决。有据可详、无稽阙略成为汉学家修谱的基本主张。李兆洛云："夫事从其约则易，循要于实则悫而鲜失。若各就其身之所逮事，所逮闻，谨录而藏之，详其所见闻，不知则阙，于辨宗尊祖之道亦无谬焉。"[②]清末史学家王先谦倡导以严谨的态度纂修族谱："疑者阙之，无妄援也。信者书之，无遗漏也。"[③]缪荃孙也赞扬《东兴缪氏宗谱》的编纂者"善于阙疑"。[④]这些主张体现了严谨、实证的学术态度，与论者的汉学素养不无关联。

不过，在上述主流声音外，少数学者虽倾向于汉学，却于修谱的具体见解略有差异。他们贬低欧、苏谱法，否定修谱贵简，而侧重于追溯远祖以体现"一本"观念。在他们看来，"一本"观念是敦宗睦族的有效途径。纪昀对此曾有生动描述："譬之如水，千支万派，各分流而注海，一溯其源，则某水出某地，某地某水从某水而分，某地某水从某水而又分，千支万派，一水也；譬之如木，千花万实，虽隶首不能纪其数，而递求其

① 刘台拱：《左氏支谱序》，《刘端临先生文集》，《宝应刘氏集》，第14页。

② 李兆洛：《李氏家牒序》，《李氏家牒》，《清代民国名人家谱选刊》第17册，第18页。

③ 王先谦：《序王氏续修支谱》，《中国家谱资料选编·序跋卷》下，第737页。

④ 缪荃孙：《东兴缪氏重修宗谱序》，缪楷等纂修《东兴缪氏宗谱》卷首，宣统元年木活字本，第2－3页。

本，则由花实得蒂，由蒂得条，由条得支，由支得干，由干得根，千花万实，一木也。”[①]他肯定创修支谱，却认为欧、苏谱法过于简略：“其大旨主于简明，以救前代泛滥之失。而过于疏略，文献无征焉！是又拘泥断限，矫枉过直者矣。”[②]纪昀从敦宗睦族的角度强调世系详明，广聚族众。这种看法得到章学诚的赞同，他认为“欧、苏文名最甚，然于史裁无所解也。谱学之传已失久矣，后人撰辑家谱，例以义起，但能熟于史法，变而通之，无不可也。而耳食者动引欧、苏谱例，真无谓也”。[③]尽管如此，他仍然认为，修谱虽详，却不能违背实事求是的原则。他事实上也反对将血缘疏远者滥入其章氏族谱，章氏仅编纂了分祠支谱，而无统谱。这些做法说明，章学诚虽有“一本”思想，却不是以大宗之法修谱，只是从史料价值立论，重视追本溯源。

总之，清代汉学家的族谱论一方面继承传统，阐扬了族谱敬宗收族和人伦教化的功能；另一方面彰显了族谱的史学性，关于其编纂原则和方法的讨论，较之前人及一般族谱所及更显详细而深入。他们的具体见解不尽相同，却大抵没有拘泥于宗法或“一本”观念，而注重实事求是，繁简得当，力摒攀附。这种倾向体现了汉学思维向谱牒学的渗透，也反映清代士人的族谱学重心由人伦教化、敬宗收族而向历史学转变。

---

① 纪昀：《渠阳王氏世系考序》，《纪文达公遗集》卷八，《续修四库全书》影印嘉庆刊本，第28—29页。

② 纪昀：《棠樾鲍氏宣忠堂支谱序》，《纪文达公遗集》卷八，第32页。

③ 章学诚：《家谱杂议》，参见《潘光旦文集》第八卷，北京大学出版社2000年版，第366页。

第二章

汉学之家的家教

“三代而下，教详于家。”中国家教传统源远流长，家训、家范之富，举世无双。古代家教的主要内容是人伦礼义、修齐治平，而读书勉学也是主题之一。家训之祖《颜氏家训》“勉学第八”云：“夫明六经之指，涉百家之书，纵不能增益德行，敦厉风俗，犹为一艺，得以自资……谚云：‘积财千万，不如薄伎在身。’伎之易习而可贵者，无过读书也。”[①]士大夫之家尤其重视读书勉学，诗书传家。家教不仅是塑造家风的根本因素，而且与家学的形成、传衍密切相关。

清代士人重视家教，积淀了丰富的家教素材。《清代朱卷集成》所载有关科举人物的履历，“庭训”一栏仅有四分之一空缺，[②]足见家教的普遍性。从地域来看，儒学深厚、望族密集的苏州、常州、松江三府中，以家训闻名者便有十多家。[③]清代一些显宦名儒均有家教文本传世。清前中期，理学人物如张履祥、陆陇其、蔡世远、汤斌、孙奇逢、魏象枢、张英、张廷玉、陈宏谋等人均有家教传世。地位不显者如吕良留、傅山、张习孔、颜光敏、陈梦雷、傅超、蒋伊、钟于序、杜克勤、吴翟、王心训、

---

① 《颜氏家训集解》，中华书局1993年版，第157页。

② 顾廷龙主编《清代朱卷集成》（台北，成文出版社1992年版）收集清代会试卷、乡试卷、贡卷三类朱卷8000余种，便于研究清代士人的家族、学术背景。有论者统计了1634份会试卷，其中包含各类庭训记录者1188份，无庭训记录者446份（林上洪：《清代科举人物师承研究》，华中师范大学出版社2013年版，第84页）。庭训记录一定程度上反映了清代士人的家教、家学情形。

③ 蒋明宏等：《明清江南家族教育》，知识产权出版社2013年版，第38—40页。

黄涛、李海观、孟超然、方东树等人也留下了家训、家诫、家典和家规。汤金钊更强调祖训应在“每日清晨与《感应篇》《阴骘文》同虔诵一遍，玩味之下，阐而释之，俾诸幼子童孙读是训者，便于讲解云耳”[①]。晚清之世，潘德舆有《示儿长语》、何桂珍有《何文贞公千字文》、胡达源（胡林翼之父）有《弟子箴言》、贺瑞麟有《女儿经》等流播士林，而“中兴名臣”曾国藩的《曾文正公家训》更是风靡一时，至今影响不衰。中国历代家教文本推陈出新，可谓汗牛充栋。[②]

比较而言，清代汉学人物的家教资料似乎明显逊色。宋学家方东树攻击汉学家沉迷考据，“弃本贵末，违戾诋诬，于圣人躬行求仁，修齐治平之教，一切抹杀”，结果“反之身己心行，推之民人家国，了无益处，徒使人狂惑失守，不得所用”。[③]这当然是偏激之辞，但汉学家给人的印象是少谈修齐治平，缺少内圣功夫，家教思想在经史著作的掩盖下，暗淡无光。其实，清代汉学家发扬了重教传统。龚自珍认为，教子孙“有二术焉，曰家法，曰家训。家法，有形者也。家训，无形者也。家法，如王者之有条教号令；家训，如王者之有条教号令之意。家训，以训子孙的贤而智者；家法，以齐子孙之愚不肖者”。[④]仅就文字资料而言，循吏汪辉祖（1731—1807）勤政而不废读书，长于考史，晚年病中“日读《颜氏家训》《袁氏世范》，与儿辈讲求持身涉世之方，或揭其理、或证以事”，[⑤]于乾隆五十九年（1794）编成《双节堂庸训》6卷。焦循的《里堂家训》侧重治学经验，对治生、修身也有详细论述。汉学名臣潘世恩也有《潘文恭公遗训》。晚清汉学家郑珍有《母教录》1卷，庄受祺有《维摩室遗训》4卷。此外，郭庆藩之父郭昆焘的《云卧山庄家训》2卷、赵炳麟

① 汤金钊注《望贤府君圆窗属戒图训》，汤金钊等纂修《夏孝汤氏家谱》不分卷，道光四年刊本，无页码。

② 有关传统家教的论著甚多，如王瑜的《明清士绅家训研究（1368—1840）》（华中师范大学博士学位论文，2007）对士绅家训列述较详，但对清代汉学家的家教、家训，目前尚乏专论。

③ 方东树：《汉学商兑》，《汉学师承记（外二种）》，第235、276页。

④ 龚自珍：《怀宁王氏族谱序》，《龚自珍全集》，第230页。

⑤ 汪辉祖：《双节堂庸训·自序》，《汪龙庄先生遗书》，光绪刊本，第1页。

之父赵润生的《庭训录》也因子孙成就而引人注目。清代丰富的族谱、碑志、传记资料也记录了汉学家的“家训”“家教”。它们或详或略，对于家学的形成和传承发挥了作用。本章主要基于族谱、回忆资料，梳理汉学家的家教内容，进而揭示家教对于建立汉学家族的意义。

一　道德修身

《大学》云：“自天子以至于庶人，壹是皆以修身为本。”[①]“格物致知”“正心诚意”是修身的起点，但就“中人”以下而言，这些内圣功夫有点虚玄莫及。内圣追求不能撇开日用伦常，故清初大儒王夫之等人强调“道不离器”，凸显了内圣功夫的社会性，修身的范畴更为宽广，更切近社会生活。清末民国的刘禺生说：“春秋所以重世家，六朝所以重门第，唐、宋以来，重家学、家训，不仅教其读书，实教其为人，此洒扫应对进退之外，而教以六艺之遗意也。”[②]孔子将修身置诸首要，然后才是六艺，这成为儒家的根本理念。修身是历代家教、家训的主题，清代汉学家也不例外。

清代“武进之言世族者推庄氏”。[③]据载，古代有四支庄姓人迁入常州。最兴旺者为元末至正年间、由金坛入赘武进大名乡望族蒋氏的庄秀九，人称“毗陵庄氏”。庄秀九有一子二孙，长孙庄斌，次孙庄敬。明清时期，庄斌一支出现了庄起元、庄存与等名宦、名儒，而其由耕而读的关键人物是秀九的曾孙庄襗。庄起元所撰传记云：秀九“四传而有鹤溪参政公，九传而有予起元、廷臣兄弟同第”。[④]庄襗，号鹤溪，明弘治进士，历任宝坻知县，户部主事，官至山东参政，方刚正直，因得罪宦官刘谨而罢官。庄襗生子四人，命名为整、齐、严、肃。庄襗留给四子的财产微不足道，但其精神遗产丰厚可贵。庄氏现存家教资料始于庄襗，其遗嘱云：

① 朱熹：《大学章句》，宋元人注《四书五经》上册，中国书店1985年版，第1页。

② 刘禺生：《世载堂杂忆》，第3页。

③ 张惠言：《济南知府庄君传》，《茗柯文编》二编，卷下，上海商务印书馆《四部丛刊》影印同治八年刊本，第12页。

④ 庄起元：《毗陵始祖秀九公传》，《漆园卮言》文部，《四库全书存目丛书》集部第184册，齐鲁书社1997年版，第520页。

予虽忝科第，方居官也，贪贿之心绝无，天人共鉴。及居家也，谋利之心又拙，乡邦共知。以故薄田不过数亩，敝庐不过数椽……凡吾子若孙当思汝父汝祖创业之艰难，各尽所成之力。毋听妇言以争些微之气，毋逞小忿以伤骨肉之情，毋好争讼而为吏胥之利，毋包揽钱粮而取倾覆之祸，毋恃勇斗狠而招刑宪之加。酒色，戕身之斧斤也。博弈，丧家之媒孽也。游庠校者，必检身力学，务底有成。业畎亩者，必勤耕慎获，务期于有秋……勉勉循循，各相砥砺，使人人见者，必称曰：庄氏有礼义之教，而出是贤子贤孙，庶免无赖子弟之诮，则汝父汝祖今日所遗房产之薄，安知异日不致于丰厚哉。[①]

庄襗的遗嘱具体而微，无论读书务农，均勖以勤勉，教以礼义。这些训诫潜移默化地润泽子孙。庄齐的曾孙庄起元、庄廷臣为同祖兄弟，均为万历三十八年（1610）进士。庄起元官太仆寺少卿，庄廷臣官至湖广左布政使。明末以后，庄氏子孙迅速繁衍，科名蝉联，成为江南望族，庄起元、庄廷臣也极重家风家教。庄廷臣任道台，分守郧阳时，正值阉宦魏忠贤专权。有官吏议建魏氏生祠，廷臣反对，被迫辞官。魏氏覆亡后，廷臣才得复职。庄起元是庄氏第一位正式留下家训者，彰显了道德修身的主题。其家训首为“立身四条”，强调修身立志：

夫人一身非小，并天地为三才。一念非微，通鬼神无二理，其要在先定志。孔子有观志之训，孟子有尚志之言，固知终身之底绩，起于一念之发端。彼颓靡不振者，诚无足比数，即使智能料事，材堪立业，而学问不根于身心性命之微，经济不范于修齐治平之道，终非圣贤豪杰之极轨也。当知富贵不在爵禄，而自有至富至贵者存。生死不在躯壳，而自有不生不死者存。

显然，道德立身是做人之本，而富贵爵禄次之，甚至生命的价值都不

① 庄襗:《鹤溪公遗嘱》,《毗陵庄氏族谱》第二部卷七, 2008年版, 第101页。

及道德理念。其"禔躬四箴"则具体言之："生死之际，大矣……士君子当思七尺之躯终归有尽，倘临大节而隐忍苟活，腼颜天壤之间，何如名标青史，令万古精光炳炳，不可淹灭耶。""取与之介，严矣。万钟非巨，一箪非细，顾其道义何如耳。""去就之间，肃矣……士君子当特立独行，招不来，麾不去。神龙变化，不受鱼饵。威凤翱翔，不入鸟笼。非立身行己之标的耶。""语默之机，微矣……士君子当沉机静蓄观变，需时昌言，而利溥不言。"在追求圣贤的目标中，孰能无过？庄起元认为"修身之道在能改过"。此外，庄起元所录"警语"云："遇大变处大节，言人之所不敢言，为人之所不肯为，学者有此骨干，有此气岸，才不愧读圣贤书，做豪杰事。如其不然，庸庸碌碌，虚过一生矣。"[①]其家教内容具体而详，渗透了宋明儒家的思想特征。

庄廷臣之孙庄绛的家训内容也较丰富，凸显士人的精神追求。其首句便是："立心忠厚是大根本，然临事时，又不可不细心斟酌。事无大小，须从难处做起，偷安承便误了多少人。""人生只为衣食二字，忙忙过了一生，不知古今多少豪杰，俱从饥寒困苦成就。""精气神，人生至宝。无论读书登仕籍，此奋发有为，即玩家适情，亦必健旺，方能领略，全在少年时撙节。"[②]庄绛元配陆氏，性极温淑，姿容端好，不幸26岁病卒。继配董氏，为通政司右参议之女，两岁丧父，极贤淑。她为庄家留下了唯一的女教文字《董太夫人家训》，其中亦云："人要有志气，有骨节。没志气皆因贪快活，没骨节只为爱便宜。没志气是饥寒胚子，没骨节是穷贱根苗。"[③]从这些家训可见，庄氏虽求仕进，但踏实向学，以道德修身为根本。

到了庄存与，庄氏家教得到进一步强化。庄存与"治家严而有法，不苟言笑，于世俗声华玩好之属，澹然无所嗜。性清介，严取予，谨然诺，饮食衣服刻苦自持……教子孙持家范，勿令稍染时趋，接物中正平易，人亦无敢干以私者。家居宇舍精洁，器物整齐，书籍时亲检点，勿使

① 庄起元：《鹤坡公家训》，《毗陵庄氏族谱》第二部卷七，2008年版，第101—105页。

② 庄绛：《丹吉公家训》，《毗陵庄氏族谱》第二部卷七，2008年版，第109页。

③ 《董太夫人家训》，《毗陵庄氏族谱》第二部卷七，2008年版，第113页。

稍有参错”。[①]庄氏是典型的书香士族，家教谨严，使其子孙沐浴于儒家的道德教化，并一定程度落实在处世行事之中。据庄氏《族谱》载，庄存与的曾孙庄缤澍及其子庄仪韶，还有庄氏多人均在太平天国战争中自杀、死难，这或许折射出庄氏“遇大变处大节”的家教传统。

宝应刘氏崛起于乾嘉汉学界，以尊德性和道问学并重。刘台拱的修身功夫得到扬州汉学群体以及翁方纲等宋学家的一致赞誉，可谓渊源有自。刘台拱的父亲刘世謩（1725—1801），字仿魏，号蓼野，贡生，屡试秋闱不举，循例注选儒学训导。至乾隆四十五年（1780），才得以任常州靖江县训导，六年后归里。刘世謩“平生学问以朱子为宗”，又书“敬以修身，俭以养德，言不崇华，交不遗旧”四语于座右以自警。后来汪中说，“刘君真不愧此四语！”[②]刘台拱记云：

> 府君为教，先行义而后文辞，与诸生姁姁家人语，有善奖进之，有过匡饬之，有争讼平之，有急难保护安全之。当官莅事，以公心行直道，不立异，亦不苟同。其有所执持，必平心易气，和颜巽辞，不为岳岳争。同官感其诚恳，卒皆委曲听从，无乖剌者。[③]

刘世謩以勤于政务、俭养廉耻为教子主题。台拱任丹徒教谕17年，长期接受其父的精心教诲。他勤于职守，每月必考课，认为教官不常接士子，则术业无从闻知。他与诸生以廉耻气节相敦勉，暇则诵习古训，亲为讲画，颇能取法程、朱。丹徒境内饥荒，台拱受命办理赈济事宜，慨然表示：“校官无事，可自效于国，此我职也。”[④]此时，刘世謩致书：“吾儿知贫富有数，想必听其自然。居官居家，唯有节衣缩食，以身帅之而已。”“劳苦不足道，但为国为民，必有所处，方不徒劳。不然，则所省

---

① 臧庸：《礼部侍郎庄公小传》，《碑传集补》卷三，《近代中国史料丛刊》初编，第一百辑，第991册，第9页。

② 刘文兴：《刘端临先生年谱》，见《扬州学派年谱合刊》上册，广陵书社2008年版，第196页。

③ 刘台拱：《先府君行述》，《刘氏遗书》卷八，光绪十五年广雅书局刊本，第27页。

④ 阮元：《刘端临先生墓表》，《揅经室二集》卷二，第28页。

者，不及于下，不归于上，乃所切齿痛心，至死不忘者也。”[①]任教谕期间，台拱还捐俸修理校舍，百姓感之至深。

台拱的长子源岷出生后，刘世謩在宝应家中教育两岁的孙子，并致书台拱：“源岷识字百余，并能辨别偏旁之异同，看来天分甚好，将来可以读书，更教之立品、俭用，便是祖遗家法。若家计之多寡，固不可不打算，亦不必过于打算。”[②]刘世謩重视“立品、俭用”等祖遗家法，晚年被举为孝廉方正，坚辞不受。他以朱子“凡遇名利，退一步便安稳”一语告诫台拱，期望他教子孙读朱子《小学》，将修身置诸科名之上。刘世謩云：“如今看得子弟聪明，可以读书，更要早日教他立品好义，徒能文取科第，不是上乘，恐非先贞修公之望于子孙者。贞修所以为吾乡第一人，只是义利之界限认得真，守得定耳。”[③]贞修先生即刘台拱的六世祖刘永澄，成进士后，以砥励名节、究心理学而名重一时，卒后被刘宗周私谥为“贞修先生”。[④]刘氏子孙在人格上受其感召，成为乾嘉时期德业双修的著名家族。

汉学名家如此，其他学者也有类似情形。汪辉祖（1731—1807），字龙庄，浙江萧山人。“少孤，继母王、生母徐教之成立。习法家言，佐州县幕，持正不阿，为时所称。”乾隆年间，他久为幕宾、县令，“治事廉平……每决狱，纵民观听”，有惠政，归里后闭户读书。“举孝廉方正，固辞免。”[⑤]汪辉祖不只是“循吏”，又邃于史学。他晚年每日读《颜世家训》《袁世家范》，与儿辈讲求持身涉世之方。他自谦为“庸人庸言”，所撰《双节堂庸训》为清代家教名篇。该书包括“述先”“律己”“治家”“应世”“蕃后”“述师述友”6卷。卷二“律己”专述道德修身，包括“尽心”“人须实做”“人从根本上做起”“做人先立志”“须耐困境”“作事要认真”“作事要有恒”“事必期于有成”“要顾廉耻”“贵慎小节”“当爱名”“勿好胜”“财色两关尤当著力”“贫

① 刘文兴：《刘端临先生年谱》，《扬州学派年谱合刊》上册，第212—213页。
② 刘文兴：《刘端临先生年谱》，《扬州学派年谱合刊》上册，第228页。
③ 刘文兴：《刘端临先生年谱》，《扬州学派年谱合刊》上册，第234页。
④ 刘文兴：《宝应刘楚桢先生年谱》，《扬州学派年谱合刊》下册，第699页。
⑤ 《循吏二·汪辉祖》，《清史稿》列传二百六十四，第43册，第13029—13030页。

贱当厉气节”“居官当凛法纪”“宦归尤当避嫌”等条目。全书将儒家修身之学，落实、细化于日常生活。洪亮吉说：辉祖一生，“在家为孝子，入幕为名流，服官为循吏，归里后又为醇儒，律身应物则实心实政。乌乎！君亦可为完人矣！”[①]汪辉祖或许不是完人，而注重道德修身的家教主题则在清代广为流播，具有典型性。

内圣功夫不离乎日用生活，勤俭立身、处世谨慎成为这方面的主题。许多士大夫的族规、家训均有“择交游”一项。钱大昕家本非名门望族，却发扬了祖、父辈的家教传统，尤重勤俭、知足、笃学、慎交等主题：

> 孟子戒言利，言利必争利，争利则虽悖义亦不顾矣……父子之不和，由于有嫡庶；昆弟之不和，由于有家产；贫家无妾媵，安有爱憎之偏；无积蓄，安有争竞之祸？故曰：富不如贫……败家者必奢、必淫、必贪。救奢以俭，救淫以正，救贪以廉。又云：奢淫之人，其性非好贪也，浪费而不知节，债多而无可偿，则不期贪而贪矣……保家之道曰俭、曰勤；保身之道曰谦、曰慎……去其自大之心，而专力于学，一旦成名，何患彼之不敬畏我乎……与朋友交，必求直谅多闻者。直谅不易得，得多闻之人，亦可以增长见闻，扩充学识矣。否则，群居终日，言不及义，博弈饮酒，无所不为，多一友即多一累。[②]

士大夫对这些格言并不陌生，但实践起来却不容易。钱大昕的道德教化也与学术研究结合起来。他在考证中对此做了进一步诠释，如关于“俭”字，他指出：“啬于己不啬于人，谓之俭。啬于人不啬于己，谓之吝。啬于人并啬于己，谓之爱。俭者，君子之德也。爱与吝，小人之事也……奢者富不足，俭者贫有余；奢者心常贫，俭者心常富。”[③]他关于

① 洪亮吉：《赐进士出身敕授文林郎晋封奉直大夫湖南宁远县知县加三级萧山汪君墓志铭》，《洪亮吉集》第3册，第1164页。

② 钱东壁、钱东塾：《钱竹汀先生行述》，《嘉定钱大昕全集》第1册，第29—30页。

③ 钱大昕：《俭》，《十驾斋养新录》卷十八，《嘉定钱大昕全集》第7册，第486页。

“文人勿相轻”的考释也很有现实针对性：“杜子美诗所以高出千古者，‘不薄今人爱古人也’。王、杨、卢、骆之体，子美能为而不屑为；然犹护惜之，不欲人訾议。”[①]他注意到，司马昭曾告诫臣下“为长官当清，当慎，当勤，修此三者，何患不治？”司马昭没有忠臣品质，但其为官之道仍不乏价值，故钱氏认为，“昭虽篡弑之贼，其言不可以人废。今人谓清、慎、勤三字出于吕氏《官箴》，由未读裴松之《三国志注》也”。[②]事实上，清代许多官宦学者，都以清、慎、勤三字为仕途准则。

焦循生长在儒者之家，其祖母卞氏幼年家境富裕，“惟知作诗及画”。焦循的嫡母谢氏及亲友长辈多通诗文，有儒雅好学之风，“世世以忠厚退让为法”。焦循幼时，其父焦葱承祖田八九百亩，因为乐善好施，又遇饥荒，遂向人借贷，到期只好卖田偿还。其父“卒之前年，自筵之，知数将尽，启笥取人所负之券毁之火，负于人者偿之。曰：‘不欲令子孙失忠厚之道’”。焦葱仗义疏财，又喜以格言教子，内容多是为学做人之道，如云：

> 人与我争名则自敛其矜，人与我争利则自戒其贪，不矜不贪，人曷争乎！人有求于我者，必我有所余也。人有忌乎我者，亦必我有所余也。分所余以给人之求，敛所余以消人之忌，胸中自然坦荡矣！[③]

这样的处世心态不仅能让个人生活得心安理得，而且恂恂然有儒家君子之风。焦循发扬家风，其理想人格与父辈的处世风范息息相通。他曾引程瑶田著述的观点，告诫子孙如何践履儒家修身之道：

> 一要无俗儒气。君子行礼，不求变俗。俗亦礼也，如其礼有明文而显悖之，村夫、野叟、妇人、女子行之不以为怪，业已习之儒而

① 钱大昕：《文人勿相轻》，《十驾斋养新录》卷十八，《嘉定钱大昕全集》第7册，第502—503页。

② 钱大昕：《清慎勤》，《十驾斋养新录》卷十八，《嘉定钱大昕全集》第7册，第497页。

③ 焦循：《先考事略》，《雕菰集》卷二十三，第3—7页。

同而合之，是谓俗儒。俗儒者，鄙俚无识也；一要无腐儒气。知有圣贤而不能得圣贤之趣，欲学君子而未尝闻君子之道，是谓腐儒。腐儒者，迂疏无能也；一要无寒儒气。缩手噎气，咬指摇足，恶之而无可恶，怜之而不足怜，是谓寒儒。寒儒者，筋骸不束也；一要无名士气。少年稍知弄笔，往往有不虞之誉，然学问无穷……乃栩栩得意，白眼看人，是为名士气。名士者，目空一切也；一要无才子气。作诗填词，一味尖刻，出言轻薄，制行无检……后生小子，天性稍不淳厚，闻才子之名，最易陷溺，岂不危哉，可不慎哉！①

焦循的家教也涉及勤俭主题。他说："读书之士，至以鲜衣美履夸耀于人，是惑也。至曰'在外应酬，不得不如此'，益可笑。士以课徒为业，何用应酬。"②焦循的一位朋友因获官员奖掖，补廪膳生，获得很好的馆席，岁入较前增至五六倍，但不数年即以负债失信于人，自缢身亡。焦循以此告诫子孙："盖始而入少，日用节啬，得不乏。既而入稍增，不自持。食用既侈，往来酬应遂盛，至于以身殉之。子弟不可不以此为戒。"③焦循的《里堂家训》内容丰富，切近日常生活，深受近代学者重视。

晚清瑞安孙氏以仕宦名重一时，也极重修身和气节。孙锵鸣云："家学之重自昔然矣！顾元方之有群，慈明之有彧，考亭以是叹嗣守之难。然则所谓家学者，非名位、文章之谓也，盖必求志行之无忝焉。"他将道德、志行看得比名位、文章更重要，认为"名位诚无足道，即文章亦以人重，人不以文章重也"。④他的家教也取资于理学，教导子孙多读宋儒修身之书，也告诫儿子孙诒泽、女婿宋恕"总须耐苦、耐气、耐穷，方能磨炼出本事来。天下事断无一举便大得意者"。⑤孙衣言、孙锵鸣兄弟一度

① 焦循：《里堂家训》卷上，《续修四库全书》影印上海图书馆藏稿本，第6页。

② 焦循：《里堂家训》卷上，第1—2页。

③ 焦循：《里堂家训》卷上，第5页。

④ 孙锵鸣：《怡云楼诗文集序》，《孙锵鸣集》（上），上海社会科学院出版社2003年版，第35—36页。

⑤ 孙锵鸣：《谕孙诒泽书二》，《孙锵鸣集》（上），第301—302页。

奔波于仕途，但不恋栈官位，归田后致力于乡邦学术文化事业。其子侄孙诒让学术上超越父辈，而鄙薄名位、讲求志行的风范一脉相承。惟其如此，诒让多次放弃了入仕机会，沉潜于学术，成为清代汉学的殿军。

湘阴郭氏兄弟功名不等，却都是湘军干才，学术思想上互相影响。郭崑焘不以显仕为乐，生性“澹泊俭约，安命乐天，不甚以功名富贵为念”。[①]又极重家教，其子“庆藩童蒙，日就塾师课，向晦，入则训以应对、进退之节，或愆于仪，申戒不稍假”。后来郭崑焘在外公务，“虑庆藩蹈于非彝，公假作家书，随时随事反复训饬，使自知当务之急。言约旨丰，体用赅备，庆藩虽幼稚，奉书未尝不涔涔下也”。[②]郭氏家训涉及修身、科举、交友及为官诸方面，其论修身云：“读书非徒工词章，取科第而已，将以穷理尽性、尽圣贤之道，而免为流俗之归也。变化气质，是儒者第一层功夫……处处闲存，时时省察，然后为真读书人，然后可以穷不失义，达不离道。”郭氏将内圣功夫置诸科名之上，尤重理学修养。在郭崑焘看来，寒士以科举为衣食之资，而郭氏子弟饱暖有余，可以奉亲读书，闭门暗修，不必在乎科举得失，应温习宋儒之书，“忧德之不修，学之不进”。[③]

郭庆藩为官浙江后，郭崑焘就养其官邸，寄情山水，好为诗作。又以“居官十五则”教子，除重谈古人“清、慎、勤”的官箴外，又指出：“一有自私自利之心，则国计民生之相待，愧负者多矣。君子之居官，上顾吾君，下顾吾民，中亦顾吾身。”他所谓“顾吾身者”，“非第善保宠、荣利禄而已”，而且“不得薄待其身，以堕于一切苟且之行”。或许鉴于郭氏为著名官宦之家，而庆藩又非机巧善变之人，郭崑焘还强调：“勤能养拙，俭可养廉，二者各相济而交相成。勤以任事，则神不外驰，而世俗之纷华莫能相扰矣；俭以持身，则心常澹定，而暇逸之征逐非所耽矣。”如能勤、俭，“上者充之，可以有为；次者循之，亦不失为有

① 郭庆藩等：《先府君郭公行述》，《郭崑焘集郭嵩焘集·云卧山庄诗集卷末》，岳麓书社2011版，第193页。

② 郭庆藩：《云卧山庄家训后序》，《郭崑焘集郭嵩焘集·云卧山庄家训卷下》，第221页。

③ 郭崑焘：《示儿子庆藩帖》，《郭崑焘集郭嵩焘集·云卧山庄家训卷下》，第208页。

守”。[①]就其具体内容来看，郭崑焘于破除私心反复叮咛：“凡可以自快其私欲者，非独恻隐、慈爱、是非、羞恶、辞让之心可尽归于泯灭，即祸福利害，亦非其所暇计，所谓小人而无忌惮者也。”“汝初入仕途……处处为公家计久远，嫌怨所不宜避。”[②]这种家教对郭庆藩保持学者本色，脱离官场习气应该是有所帮助的。进而言之，清代许多学者以修身立德为首要，在“盛世”及衰世的政治风云中，不同程度地表现出“富贵不能淫，贫贱不能移，威武不能屈”的气节，大体与家教熏陶不无关系。

二 家庭伦理

中国古代是伦理型社会，浩如烟海的家规族训无不置重家庭伦理，彰显忠、孝、节、义等道德规范，汉学家族也不例外。比如，兴化《任氏家范》共有十条，包括“崇孝行”“笃友恭”“睦宗族”“厚姻党”“教子孙”“严内行”“崇礼义”“守耕读”“远讼狱”“戒荒暴”等。[③]显然，家庭伦理占有首要地位。晚清著名的官宦之家，而后来不乏著名学者的建德周氏，“家规十八条”之首便是“重孝弟”：“子弟在庭帏之内，首重孝亲敬长。即一族之中，尊卑有分，长幼有序，吊庆往来宜尽礼节，期会不可失，称呼不可乱，行路不可争，起坐不可僭，即遇族人之亲戚，俱应彬彬有礼。”[④]在宗族发达的徽州，孝道成为子孙恪守的族规、家法，胡适的家谱规定：“凡派下子孙，有不孝于其父母、祖父母者革出，毋许入祠。”而孝子牌坊也占了当地牌坊的相当比重，“歙县棠樾牌坊群七座牌坊中，就有两座是孝子坊”。[⑤]这类情形在汉学世家中也不罕见。

庄起元的家训列有“忠君”“孝亲”“宜家”“友悌”“睦姻”“教

① 郭崑焘：《论居官十五则示儿子庆藩》，《郭崑焘集郭崙焘集·云卧山庄家训卷上》，第203—206页。

② 郭崑焘：《示儿子庆藩帖》，《郭崑焘集郭崙焘集·云卧山庄家训卷下》，第214—215页。

③ 《任氏家范》，任兆麟《有竹居集》卷十三，《清代诗文集汇编》第484册，第505页。

④ 《家规十八条》，周馥等纂修《安徽建德县纸阬山周氏宗谱》卷二，第10页。

⑤ 赵华富：《徽州宗族族规家法》，收入《徽州宗族论集》，人民出版社2011年版，第180页。

子”“择交”“御下”“治生”诸目，与历代齐家之道无异，而关于孝悌的诠释尤显平实。曾子谓“孝有三：大孝尊亲，其次弗辱，其下能养”。庄氏认为，所谓“尊亲”，并非一定有禄位显荣。下层士人行为端正，“身享多福，亲有令名”也是孝亲。“能养者，必养心志。”物力不足者，“不惜力而先意承欢”，也不失为孝。关于夫妇之道，“纳采之初，务择名门，勿贪财货。合卺之后，常思宜室，勿至睽离”。必须“夫正乎外，妻正乎内，庶无夺嫡，小无加大，入其家而秩叙之象寂然不哗，雍睦之风怡然无戾，斯庶几矣”。所谓“友悌”，则是“为兄者友爱有加，为弟者恭敬必至，勿信邪昵而伤残同胞，勿听妇言而疏远骨肉”。[①]

庄起元之子庄恒于闺训阐述详明，认为“妇人之道有三：一曰孝敬以事姑舅。二曰贞顺以从夫子。三曰宽厚以御奴婢”。对于姑舅应做到“饮食必荐，衣服必洁，冬温夏凊，晨省昏定，必慎必诚，以报其本”。妻子与丈夫荣辱与共，对夫“必敬必戒，小心翼翼”。对于奴婢太严太纵均不可，当“慈以畜之，厚以临之”，使“宽和之道彰”。[②]庄氏的人伦规范立足于三纲五伦，成为践行传统道德的典型，这与传统社会结构和庄氏的士族地位是分不开的。在清末改革潮流中，庄氏有些家教已不合时宜。一方面，庄氏认同某些改良旧俗的规定，如肯定“女子缠足，明奉厉禁，尤当懔遵”。但另一方面，它仍强调中西风俗之异，认为“男子处世之道，不外忠信笃敬，女子处世之道，不外德言容功”。故对清末男女平等说大不谓然，指责“平等自由之说，苟无法律、教育以济之，亦断不可行之于家庭”。[③]可见，作为著名士族，庄氏对清末社会变迁的反应是相当迟缓的。

乾嘉年间，钱大昕重视阐述儒家的道德主题，认为：“道不外乎五伦也。唯道不外乎五伦，故曰‘道不远人’。”[④]“人之所以异于禽兽者，

---

① 庄起元：《鹤坡公家训》，《毗陵庄氏族谱》第二部卷七，2008年版，第102页。

② 庄恒：《声鹤公家训》，《毗陵庄氏族谱》第二部卷七，2008年版，第107页。

③ 见《家政改良十则》、《续订家规四条》，《毗陵庄氏族谱》第二部卷七，2008年版，第117—118页。

④ 钱大昕：《道》，《十驾斋养新录》卷十八，《嘉定钱大昕全集》第7册，第482页。

以其有五伦也。唯人皆有孝悌之心，故其性无不善。”[①]焦循《里堂家训》于修身、治学、齐家并重，强调：“弟子入孝出弟，即次以谨而信，诫子弟之要也。能言便深戒其虚诳，[illegible]生诚实之根在此。言不忠信，行不笃敬，不可行于州里。不可行于州里，则欲不贫乏失所也，难矣！”[②]汪辉祖将家庭伦理具体化、细化，强调“一家之中，天合人合，气味不同，刚克柔克，性情亦异，惟受尊长约束，方能画一”。子女对父母必须孝顺，而顺从尤其重要，“盖孝无形而顺有迹”，“不孝由于不顺，罪莫大焉”。由孝道推之，兄友弟敬也是不能缺少的治家规范。[③]他也认为，“齐家须从妇人起”，“化男子易，化女于难。至女子皆化，则男子之率教可知”。因之，他非常重视女教，培育贤母。[④]

人伦教化虽然成为许多家族的祖训、家规，但践行不是易事。章学诚感叹：“夫孝友以敦伦，勤俭以起家，老生鄙为常谈久矣，而能者卒鲜。天下至行，非有奇特，而高明多不屑焉。”[⑤]这是因儒家伦理教化与社会差距有感而发。但社会生活中也不乏切实践行者，比如以孝行著称的江都汪氏。

在家庭的熏陶下，汪中一生的言行、思想均受孝道的制约。他的曾祖汪镐京卒后迁葬于扬州，育有三子，长子良溥，次子良沛，三子良泽。汪良泽也有子三人，惟次子汪一元有子汪中。汪良溥之子一崧以孝行著称。16岁时，一崧侍病母衣不解带，“夜半磨利刀，斋戒质于鬼神”，割臂肉疗亲，三年后病卒。[⑥]几十年后，汪一元遭父丧，数日水浆不入口；逢母丧，哀毁几至灭性，至患咯血之症，经年而卒。一崧、一元均受旌于朝，入祀孝子祠，称为“汪氏两孝子”。这种家风对幼年的汪中、汪喜孙无疑有所影响。后人记曰：“初，孝子之卒也，中七岁耳，少长以孝闻；

① 钱大昕：《五伦》，《十驾斋养新录》卷十八，《嘉定钱大昕全集》第7册，第483页。

② 焦循：《里堂家训》卷上，第14页。

③ 汪辉祖：《双节堂庸训》卷三，《汪龙庄先生遗书》，第1—2页。

④ 汪辉祖：《双节堂庸训》卷三，《汪龙庄先生遗书》，第4页。

⑤ 章学诚：《元则公文师公二代合传》，《会稽偁山章氏智九公分祠支谱》卷五，第49页。

⑥ 汪喜孙：《孝子汪君家传》，《汪喜孙著作集》中，第611页。

中之卒也，喜孙亦幼，比长，亦以孝闻。”[①]汪氏以孝行闻名，嫁入汪家的媳妇也是如此。汪中的母亲苦于“足疾”，汪中的继配、汪喜孙的生母朱夫人“以口吮之，五味皆备，病亟，割股以疗之”。[②]道光二十一年（1841）“旌于朝，入祀扬州节孝祠”。[③]此类孝行，无论是乡里村民，还是书香之家，都不多见。孝道是儒家的道德规范，但走向极端时则可能悖离理性，成为晚辈的精神重负。事实上，汪中虽是孝子，却不赞成愚孝行为。

三　刻苦攻读

中国传统的职业观念大抵是“耕读为上，商贾次之，工技又次之”。所谓耕读传家，又包含“万般皆下品，唯有读书高”的价值倾向。这自然与“士为四民之首”的社会结构相关。稍有儒学根柢之家，莫不以刻苦攻读为教，清代汉学之家更是如此。

鄞县万泰自幼有志于文学，擅长书法和五七言诗，崇祯九年（1636）举人。三次会试不第，以授馆为业，被南方士人推为“甬上万子”。明亡后，万泰“恸哭不欲生，以母在，未敢死”。他告诫诸子：“吾家世受国恩，义同休戚。今日之穷，分也。汝辈不读书则堕家声，读书而徒志功名，堕家声，正在此也。”万泰终岁读书，“作字精楷，即家书未尝潦草，人多宝之，至有悬购摹仿者”。所著诗文有《续骚堂稿》若干卷及《怀剡诗》《粤草》，“悒郁以终”。[④]万泰的诗文名为“续骚”，与屈原的亡国之痛产生了共鸣。万泰娶妻闻氏，生子8人，诸子皆有志于学，而斯选、斯大、斯同尤有成就。因家道艰难，万泰晚年仍外出谋生，60岁客死他乡。他的家信常常挂念诸子读书之事，告诫刻苦攻读，珍惜良师益友：

---

① 张履：《汪孝子墓表》，《汪喜孙著作集》下，第888页。

② 汪喜孙：《汪氏母行记》，《汪喜孙著作集》中，第613页。

③ 汪保和等：《孟慈府君行述》，《汪喜孙著作集》下，第1268页。

④ 万斯大辑：《世传六·十二世》，《濠梁万氏宗谱》内集卷七，第2—3页。

> 闻汝等近日读书颇懈，吾心甚为戚然。如此家道，如此人情，今年幸得亲近贤师友，稍有进步。从此精进，尚可比数于人。乃今又甘心暴弃，有始无终，是自绝于正人君子，岂有长进乎？大凡贫人，贵自树立，使其人读书，亲近正人君子。即使布衣弊履，自是不失门户。倘自安下流，为正人所摈弃，终身沦落下贱，岂不可痛！吾今处此极苦境界，惟望汝等自知振拔。[①]

对于诸子当读何书及注意事项，万泰也有详细叮嘱，对尚未成家立业的六子斯大、七子斯备、八子斯同及丧母的孙子尤其惦念：

> 儿辈在家自相师友，最是好事。古书“五经”而外，宜归本于八大家。至于《通鉴》尤不可不看。读书人不知古今，与聋瞆等耳。会考立社，但须集同志十许人，以《四书》为面会，以经为窗会。闻汝等聚集多人，如同闹市。此无益有损，万万不宜。只杜门静坐，时取同心之言以相资益。读书在是，做人亦在是。以文会友，以友辅仁，所谓友者，非徒以其文而已也……远在天末，所望汝等刻苦勉励，不堕家声，慰我老怀耳。六儿婚期果定否？倘已赘入陆门，还须归家读书。人生惟赘婿最难做，须加倍谨慎谦和，无令人傲慢也。七儿在李家相安否，虽较之诸兄稍为得所，然天资不济，学力宜勤，万万不可偷安自弃。八儿有志，吾亦甚怜之，在家读书，当与诸兄互相砥砺，但要虚心平气，方有长进。[②]

万泰精心督教、养育诸子，虽然也有获取功名、重振家门的愿望，但显然没有满足于此，而以砥砺学行、不堕家声为教。钱林的《文献征存录》谓其子“多知名于世”，对其事迹、著述多有记载。[③]万斯大治经精于《春秋》、三礼，著有《学春秋随笔》《学礼质疑》《仪礼商》等。万

① 《昌一府君训子家书》，《濠梁万氏宗谱》内集卷十三“祖训录”，第8页。
② 《昌一府君训子家书》，《濠梁万氏宗谱》内集卷十三“祖训录”，第9页。
③ 钱林：《万泰》，《文献征存录》卷一，第25页。

斯同，生而异敏，读书过目不忘。“年十四五，取家藏书遍读之，皆得其大意。从黄宗羲得闻蕺山刘氏之学，以慎独为主……未尝为时文，专意古学，博通诸史，尤熟于明代掌故”。康熙年间，举博学鸿词科，辞不就。斯同与修《明史》，自著有《历代史表》60卷及《纪元汇考》《庙制图考》《儒林宗派》等。[①]此外，万斯备、万斯年之子万言、万斯大之子万经等，均学有成就。这与万泰重视学术的家教是分不开的。

常州庄氏是清代著名的科举望族，对子弟的学业要求十分严格。庄起元对于子孙“离经辨志，勉以笃学力行。出入起居，时加淬厉，而待师之礼，尤宜忠敬”。[②]庄恒的家训集中于子弟教育：

> 方今弟子童心未尽琢削，可与兴善，亦易为非。若不豫加严正，奚能培本而敦行，刮垢而磨光乎？用是耳提面命，书必研其要，文必求其美，无因循而废绩，无苟且以图成。日就月将，相观益善，领承之下，变化气质……为祖父者日望汝钦承师教，收敛性情，潜心经史，早奋天衢……余尝见士大夫多以白衣起为公卿，而宦家子弟多不肯向学，以有所藉也。可见士大夫当教子弟勤学，力图向进，不应溺爱请托，使有所恃，以捐厥志……特述四条以为诸孙训：一曰苦志，二曰积学，三曰虚心，四曰禀命。夫志不苦则功不进，予向为诸生时，青灯夜读，有一番刻励功夫，研精书史，决不肯悠游岁月，虚度光阴。[③]

董夫人更是以身作则、课子苦读的典型。其子庄大椿回忆：“椿八九岁时，中翰公馆于宛平王相国处。家中请先生课读，至二鼓方许进内。太夫人率两姊及俾女共一室仿棉。见必问所读何书，曾读熟否，不熟则令灯下复读，背出方睡。清早则唤起进书室，习以为常，不见其苦，亦不知其

---

① 阮元：《万斯大传》，《儒林传稿》卷二，第23—26页。

② 庄起元：《鹤坡公家训》，《毗陵庄氏族谱》第二部卷七，2008年版，第103页。

③ 庄恒：《声鹤公家训》，《毗陵庄氏族谱》第二部卷七，2008年版，第106—107页。

好处也。”[①]庄氏注重科名，也讲习弟子求学规范，这在庄述祖的学术上也有体现。他著《弟子职集解》，对此进行了深入解析。

甘泉焦氏功名不显，却是好学重教之家。焦循自幼至老，一直将读书治学置诸首要。他酷好买书，19岁时购得汲古阁本《十三经注疏》。焦循兄弟分家后，有田数十亩。乾隆五十一年（1786），因为饥荒，加之其田“为乡猾所勒，得银价仅十数金”，逢书商售《通志堂经解》，需30金。焦循乃与妻子商量，将其金簪卖得银12金，合计共有27金，问书商，书商同意让价出售。焦循说：“余以田去而获书，虽受欺于猾，而尚有以对祖父。且喜妇贤，能成余之志。是夕餐麦屑粥，相对殊自怿也。”后来又购得《学易记》《读易私言》《周易辑问》等书。[②]焦循贫不改志，而科举不顺，至嘉庆六年（1801）39岁才中举人。次年会试又下第，其后不再入京会试。他致书王引之云：“循自壬年出都后，一游于越，即以母疾遂训蒙里中，兼之患水湿之疾，闭门不出者近三年矣！《周易》为先祖父世业，此三年中专理此经。”[③]焦循中举以后，闭户著书十余年，卒为《易》学大家。或许有感于自己的学术经历和成就，他肯定儒家有教无类的思想，提出循序渐进的教学方法，其家训云：

> 家之不幸，莫如不肯教子弟。教子弟读书不可不专，不可不严。人于他事，或有不能，至读书，未有不能者。不必问资质之清浊，只以读书一途导之、驱之，未有不能者也。其读书不成者，皆教之不专不严之咎也。幼时先使之识字。即愚，一日识四字不难也。自六岁至十二岁，可识万字矣。至此便为之解说字义，分析平仄。徐徐使习时文、使习诗、使习书法，此三者少有可观，庶可入学，入学庶可训蒙，谋食此根本也。根本立则必使之知经学、史学及典章制度、六书九数、天文地理，以渐而博洽贯通。

---

① 庄大椿：《纪述家事训言》，《毗陵庄氏族谱》第二部卷七，2008年版，第115页。

② 焦循：《修葺通志堂经解后序》，《雕菰集》卷十六，第10页。

③ 焦循：《与王引之书》，《昭代经师手简》二篇。

焦循的家教讲求实效，不务虚名，处世低调。他感慨士人家教的不良现象："生一子必曰资质蠢，不能读书，一可恨也；既入学，便以为已成，不复穷究经史，二可恨也；生质稍可读书，便以虚名夸饰于人，不使实有进益，三可恨也；府、县试稍能前列，岁科间列高等，便自诩名士，四可恨也；夤缘奔走，以求仕路，不顾生计，不实力读书，五可恨也。"[①]焦循好学善教，其子焦廷琥发扬家学，寿命不长而学有成就，显然不是偶然的。

汪辉祖少年孤苦，在母亲督教下刻苦攻读，年17补博士弟子员。因屡困乡试，家计困窘，遂入州县幕，掌书记，渐习刑名。他仿董仲舒以《春秋》决狱之法，时以《礼经》参会律条，平治疑狱。于乾隆三十三年（1768）中举人，四十年（1775）成进士。任知县后，勤于政务而不废读书，有史地著述多种。汪辉祖的家训云："子弟非甚不才，不可不业儒。治儒业日讲古先道理，自能爱惜名义，不致流为败类。命运亨通，能由科第入仕固为美善。即命运否塞，藉翰墨糊口，其途尚广，其品尚重。故治儒业者，不特为从宦之阶，亦资治生之术。""不特此也，文字之传可千古，而藏镪不过数世；文字之行可天下，而藏镪不过省、郡；文字之声价，公卿至为折节，而藏镪虽多，止能雄于乡里；文字之感孚，子孙且蒙余荫，而藏镪既尽，无以庇其后人。故君子之泽，以业儒为尚。"[②]基于这种价值取向，读书励志也成为其家教主题。汪辉祖生有五子，长子继坊为乾隆举人，候补直隶州州同；次子为福建某县典史；四子继培为嘉庆十年（1805）进士，吏部文选司主事；三子、五子为国子监生。[③]大体实现了汪氏子孙"不可不业儒"的期望。

李兆洛的父亲久困场屋，以诸生终，却极重家庭教育。于"子女无长幼，书、数、纺织、针黹日有所课。童奴小婢，洒扫奔走之暇，亦皆课之……居恒自课，某刻理家事，某刻读书，某刻作字，非入城及疾病

① 焦循：《里堂家训》卷上，第2页。

② 汪辉祖：《双节堂庸训》卷五，《汪龙庄先生遗书》，第9页。

③ 洪亮吉：《赐进士出身敕授文林郎晋封奉直大夫湖南宁远县知县加三级萧山汪君墓志铭》，《洪亮吉集》第3册，第1164页。

不辍”。至李兆洛兄弟娶妻后，其父教云：“读书进取，当及少壮时，尔等虽授室，然吾气力幸尚可支，不欲以家事分尔等心。”李兆洛成进士，改翰林院庶吉士之后，其父又提醒道：“无以是为遂。汝知吾祖父以来，读书勤苦乎？将食祖父之福，抑将隳祖父之绪，俱视汝矣。”[①]李兆洛虽然入仕，却一直心向学术，成为一代学术名家，或许与家教也有一定关系。

事实上，许多宗族均以刻苦读书作为传家格言，强调：“学问为知识之库，乃无穷之宝，治平大事非有高深学问勿能成功，而学问又自练习中得来……三育并进，五伦为先，尤先谦诚接受人家之教训，勤勉探求理中之奥妙，庶有进步以成大器，然后修齐治平之道可求。”[②]有的指出：“读书以明理，不专为科第计，而科第即由此出，巨姓大族科第联绵，远以黼黻国家，近以光荣闾里，未有不从读书中来者……夫贫富虽有不济，经书不可不读，则一丰享者，易于从事，延师课子，固宜急急。”[③]这或许是许多士子或耕读之家，孜孜不倦、皓首穷经的注脚。姑且不论科名、学问成就的大小，书香传家却是中国文化的命脉所在，也是传统社会治理和稳定的基石。这种精神传统即使在瞬息万变的当代，也仍然不失其价值。

四　置重学术

在传统社会，读书与科举并行不悖。甚至可以说，多数人读书是为了科名，但也不尽然。桐城张氏数代显宦，张英父子也以家教留名。张英强调“读书养心”，涵养德性，且认为“读书者不贱，不专为场屋进退

① 李兆洛：《先府君行述》，《李氏家牒》，《清代民国名人家谱选刊》第17册，第26—28页。

② 《四修家训》，《中湘石潭刘氏四修族谱》（民国三十六年刻本）卷一，见《中华族谱集成》刘氏谱卷第17册，第5页。

③ 饶玉清纂修：《（安徽）淳源饶氏重修族谱·祖训》，《中国家谱资料选编·家规族约卷》（上），第163页。

而言也”。[①]与之相比，一些汉学家在淡化科举目标时，凸显了学术传承的意义。虽然有的汉学家并无显赫功名，甚至久困场屋，却在学术上卓有成就。

毛奇龄（1623—1716）被阮元、焦循等人视为清代汉学的开创者，康熙帝称其父毛秉镜“教子著义方之训，传家裕堂构之遗”。[②]因资料所限，毛氏家教的具体情形已不可考。毛奇龄为康熙十八年（1679）博学鸿儒科进士，官翰林院检讨，著述丰富。其兄多无功名，而有学问，如毛万龄为顺治朝拔贡，廷试第一，任知县、教谕等职；毛锡龄隐居不仕，著《六经辨误》20卷；毛慧龄也隐居不仕，好黄老之学。[③]这些可见，毛秉镜教子有方之说，并非虚语。

清初胡渭功名不过增广生，而笃志经义，尤精舆地之学，著《禹贡锥指》，详述古代地理沿革；又有《易图明辨》，谓河图、洛书、无极、太极之说皆为宋学，而非孔学；曾与阎若璩同助徐乾学修《大清一统志》。他成为清代汉学复兴的推动者，晚年被康熙帝授“耆年笃学”之匾。胡氏本非大门盛族，晚清以后衰微无闻，但胡渭对儿孙辈的学术熏陶仍依稀可见。胡渭的侄子胡会恩幼从受业，后以进士第二人及第，授编修，官至刑部尚书。据胡会恩奏云：“臣叔胡渭系臣受业之师，潜心经学二十年……中使传旨云，渭所教出者人才如此，其学固可知也。”[④]胡会恩工诗，著有《清芬堂存稿》《赓飏集》等。胡渭之子功名止于贡生，其孙彦颖、彦升则为进士。胡彦颖官翰林院编修，著《北窗偶谈》等，后因年羹尧案牵连，遣戍边疆11年。胡彦升成进士后，官主事、县令，晚年杜门著书，有

---

① 张英、张廷玉：《父子宰相家训·聪训斋语》，安徽大学出版2015年版，第36、41页。

② 《诰敕》，毛黼亭纂修《萧山毛氏宗谱》第1册，道光二十六年刊本，上海图书馆藏电子版，第53页。

③ 《世系》，毛黼亭纂修《萧山毛氏宗谱》第7册，第16—18页。

④ 胡会恩：《锥指纪恩》，胡文经等纂修《德清城关胡氏家谱》，清芬堂2002年铅印本，第202页。

《律乐表微》《春秋正解》《四书集说》等。[①]胡渭教授子孙的具体情形不详，当时学者称胡渭“河汾业盛传三世，夹祭功高在六经”，[②]反映了胡氏的学术熏陶。

常州庄氏为科举望族，但不以科名为唯一目的。庄起元强调：“读诗书者，不止取科第，而务希圣贤。”[③]庄氏极重研习经典，勤于著述。在庄存与之前，庄氏学术成就体现在诗文辞赋方面。“西庄”的庄起蒙与弟起元、从弟廷臣合著《诗经导窾》。庄起元著《漆园卮言》17卷，收录诗、赋和文章，在明代庄氏学者中具有代表性。第十世庄冋生，顺治进士，官翰林院检讨。擅长书画，所画骏马曾得皇帝赏赐，著有《长安春草》《澹庵集》等。其弟朝生，亦为顺治进士，翰林院检讨，与尤侗、宋实颖等人游。其弟嵋生，博学工诗词，著有《拙尊堂诗稿》。庄嵋生之子绍平，康熙五十九年（1720）举人，任乾安宫教习期满，奉旨“以知县即用”，抽签得湖北襄阳府宜城知县。[④]绍平刻苦好学，有经学造诣，但无经学著作，以文学传家。他曾在家塾授徒，庄存与、庄培因幼时曾从受学。其子勇成，科场不顺，以诸生终。擅长诗文，著有《杜诗解》等。勇成的族兄弟庄令舆，康熙进士，官翰林院编修，曾任浙江乡试主考，归籍后，授徒为业，著有《双松晚翠楼诗集》。

“东庄”庄廷臣之子履丰和鼎铉曾合撰《古音骈字续编》。鼎铉之子庄绛，幼颖异，因遭兵燹，家道中落。平生肆力于古学，参订经史，尤明于国家掌故。有子五人：庄楷（原配陆氏生）、庄柽、庄敦厚、庄大椿、庄柱，均为继配董氏生，皆学有所成。庄柱，字书石，号南村，雍正五年（1727）进士。“六年三月，内用大兴县知县。十二年十月，内奉旨补授

① 据《皇赠文林郎国子监生东樵胡先生墓志铭》，胡渭有孙数人：“彦颖，翰林院编修；彦勋，山东临淄令；彦辅，贵州青平令；彦升，由额外主事改授山东定陶令；彦平、彦冲早卒；彦蔼、彦博、彦韬皆诸生。”《清史稿》列传二百六十八《胡渭传》云胡彦升为胡渭子，当误。见胡文经等纂修《德清城关胡氏家谱》，第198—200页。

② 见胡文经：《东樵胡渭墓志铭重立志》，《德清城关胡氏家谱》，第189页。

③ 庄起元：《鹤坡公家训》，《毗陵庄氏族谱》第二部卷七，2008年版，第101页。

④ 秦国经主编：《清代官员履历档案全编》第16册，华东师范大学出版社1997年版，第17页。

浙江温州府知府。”官方评语是：“人甚明白，似有良心，大有可望成人之才。”[①]庄柱知大兴县七年，廉洁爱民，“每论地方利弊，兴革所宜，洞悉周至，无不见之实事”。知温州府期间，平反冤狱，诘正宿讼。遇风潮灾害，遂议陈四事，寓赈于工，全活百姓无数。乾隆四年（1739），授浙江海防兵备道。“迄三载，须发尽白，疾作，请解任。大吏勉留之，不可。”后“家居十数载，敦本睦族，为乡人矜式”。[②]平生力学笃行，善书法，好作诗。庄柱不留文稿，而经术湛深，文笔沉深，影响后人。其妻“通书史，识量过人”，家教严格。其子存与、培因兄弟鼎甲，均任职翰林院，迅速提升了庄氏的学术地位。从庄存与开始，庄氏的经学著作增多。乾隆初年，庄存与两试春闱不售，归购《数理精蕴》一书，覃思推算，至得眩晕病。平生于世俗声华、玩好之属，澹然无所嗜好，惟喜购书，堆几盈架，所至必携以自随。尝云：“室中以他物陈设，何如拥书万卷以备实用为有益耶？”[③]据不完全统计，自明到清，常州庄氏有作品传世者90多人，留有著述近400部。而明清时期的庄氏女性也有22部诗词作品集问世。[④]庄氏科举功名与学术成就可谓相辅相成。

钱大昕学源多途，包括清初顾炎武之学、吴县惠氏经学、浙东史学乃至宋代学术，而家学渊源同样不可忽视。大昕早年擅诗文，而考据学基础与祖、父的学术熏陶分不开，而现有研究对此鲜有注意。大昕的祖辈并非书香门第，其祖钱王炯生而颖敏，好读书，是钱氏由农而儒的关键人物。大昕记云：祖父“谓读书必先识字，故于四声清浊，辨别精审，不为方音所囿。其教子弟‘五经’句读，字之偏旁，音之平仄，无少讹溷。士大夫有难字疑义，从府君取决，皆得其意以去……（大昕）比五岁，亲授以经书，稍暇，即与讲论前代故事，详悉指示，俾记忆勿忘乃止，如是者殆十

① 秦国经主编：《清代官员履历档案全编》第1册，第228页。

② 彭启丰：《中宪大夫浙江海防兵备道庄君墓志铭》，《芝庭文稿》卷五，《四库未收书辑刊》第九辑，第23册，北京出版社2000年版，第24—26页。

③ 庄勇成：《少宗伯养恬兄传》，《毗陵庄氏族谱》卷三十“家传二”，光绪元年刊本，第29—30页。

④ 庄小虎：《庄存与家族史考述》，《常州工学院学报》2003年第5期。

年”。[①]故钱氏后人认为，大昕研究“小学自此始”。[②]钱王炯长于音韵文字之学，强调“读书必先识字”，这与乾隆初年的学术潮流完全契合。据顾颉刚等考证，钱王炯著有《字学海珠》（家刻本）3卷、《苏州府志辨正》3卷及《星命琐言》《太学各本参考》《振铎》等。[③]

大昕之父钱桂发少承庭训，以读书立品为务，以诸生终。“经学宗许、郑，声韵之学尤勾稽缜密，书法近董其昌，不轻下笔。”[④]钱桂发具有汉学造诣，但学术上无大发展，而其为人处世和学术兴趣熏染了子孙。大昕记云：府君“平生衣服饮食皆俭朴，尤厌新奇玩好之饰。尝言：‘士大夫居乡不能转移风气，已可愧矣！况可为风气转移邪！’……授徒二十年，遇少年质美者，必教以兼通古学，勿蹈科举空疏之陋。独称族孙塘可与道古，后果以经术知名”。[⑤]钱桂发不以科名为目标，而重视古学，尤好诗赋，著有《小山诗钞》《诗文选》《养新堂诗文稿》《洪氏正韵辨误》等。[⑥]大昕记云：“当是时，举业家多不习诗，生徒或私作韵语，则父师相诟病，以为妨于制义也。府君独喜教不孝为诗，示以唐人安章宅句之法；又谓诗文非空疏无学者所能为。贷钱为不孝购书，恣其翻阅。”后来大昕以献赋而获钦赐举人。不数年，朝廷规定乡、会试皆试诗。于是，大家都佩服桂发有先见之明，“且善教子也”。[⑦]显然，大昕早年的诗赋才华并非无源之水，其小学专长也与祖父的熏陶不无关系。

甘泉焦氏以学术传家，也是置重学问的典型。焦循之父焦葱只是太学

---

① 钱大昕：《先大父赠奉政大夫府君家传》，《潜研堂文集》卷五十，《嘉定钱大昕全集》第9册，第820—821页。

② 钱东壁、钱东塾：《钱竹汀先生行述》，《嘉定钱大昕全集》第1册，第2页。

③ 顾颉刚、陈盘：《钱大昕及其家族的著述》，《中山大学图书馆周刊》第5卷，第5、6期，第8页。1928年。

④ 《望仙桥乡志·钱桂发》，《中国地方志集成·乡镇志专集（3）》，上海书店1992年版，第848页。

⑤ 钱大昕：《先考赠中宪大夫府君家传》，《潜研堂文集》卷五十，《嘉定钱大昕全集》第9册，第822—823页。

⑥ 顾颉刚、陈盘：《钱大昕及其家族的著述》，《中山大学图书馆周刊》第5卷，第5、6期，第8—9页。1928年。

⑦ 钱大昕：《先考小山府君行述》，《潜研堂文集》卷五十，《嘉定钱大昕全集》第9册，第826页。

生，而置重学问。“戒循务穷经谊，毋蹈俗学，幸科第哗世取宠，失国家取士求贤至意。”[①]其教子云：“昨闻谈科名者，有敲门砖之说，谓‘不必根柢经术，但求涂饰有司耳目，便可骗得’。余为之骇甚。试思朝廷设科，非翰林不入内阁，所期望士人者何如？乃以骗为名，不愿子孙之效之也。”[②]焦循6岁随父读《毛诗》，识音韵。11岁随族父焦轼习《说文》六书之学。而此时，他也从父亲那里获得了《易经》知识。焦循为生员时，开始摒弃他学而专研儒经，接受汉学训练。乾隆四十五年（1780）入安定书院，用心研究《毛诗》。至五十年（1785）丁父忧，焦循中断举业，“乃遍求说《易》之书阅之，于所疑皆无所发明。嘉庆九年甲子，授徒家塾”，从此专精《易》学。[③]最后撰成《易》学三书，发展了家学。他继承家教传统，将齐家、治学心得编为《里堂家训》上下卷，而下卷几乎全为治学之谈。焦循善属文，肯定科举时文的重要性，却告诫子弟，学问为文章之本：

> 不学则文无本，不文则学不宣。余十二三岁读三苏文，即解为论序。见东坡文范增、晁错诸论，思拟而效。苦于不谙史事，乃阅《汉书》《三国志》，递及《南北史》《唐书》《五代史记》……故非博通经史四部，遍览九流百家，未易言文。吾生平无物不习，非务杂也，实为属文起见。若徒讲关键之法，侈口于起伏，钩勒字句之间，以公家泛应之词自诩作者，如是为文，何取于文耶？[④]

《里堂家训》阐述了焦循的经学主张，比如强调兼容汉宋；告诫子弟“学经之法，不可以注为经，不可以疏为注”。“学者熟复经之本文，引申而比例之”；他也批评学者沉迷考据的风气，主张“学经者博览众说，而自得其性灵”。总之，他根本上反对墨守旧说，而凸显经学创新的价

① 王昶：《国子监生焦君墓表》，《春融堂集》卷六十，第17页。
② 焦循：《先考事略》，《雕菰集》卷二十三，第4页。
③ 焦循：《易通释自序》，《雕菰集》卷十六，第12—13页。
④ 焦循：《里堂家训》卷下，第6页。

值，故云“圣贤之学，以日新为要”。[①]这些治学经验既是针对乾嘉学术积弊有感而发，又是其精研学术的自然心得。焦循治学有博通之长，却兼重学术专精与学术修养，并将治学心得融入家教之中，指出：

> 天下之道，同归而殊涂，一致而百虑。一人有一人之能，不得以己之能傲人之不能也。一事有一事之体，不得以此之体混彼之体也。以学问言之，经自不同于史，史自不同于子，子、史又自不同于诗、赋。以经而论，《易》自不同于《诗》，《诗》自不同于《礼》，《礼》自不同于《春秋》……凡事无不然。惟一事各还一事之体，缘其体而精之。不妨一人专精一事，养由基之射，王良之御，田河之经，司马子长之史，相如之赋是也。以一人兼之，亦必各如其体，而不相杂，乃为真博真通。[②]

这是焦循治学的写照，也是他对子孙的期望。他赴浙江学政阮元幕中襄校文事时，便带14岁的儿子焦廷琥同行，言传身教。在阮元幕中，焦循与李锐、汪莱切磋天算之学，被称为“谈天三友”。他认为：天下之学，“既深且博，又有规矩绳墨以定其是非者，惟天文历算耳。其意深奥难明，而其条理度数又出于自然，不容臆造。然此学惟性质沉厚者能为之，虚浮妄动之人不能入也。于此学能明，天下无难明之学矣”。[③]在焦循的影响下，廷琥习闻算学、天文，有志攀登崎岖的学术道路。廷琥19岁成为廪生后，不事科举时文，随父亲闭户读书。既是父亲的学术助手，又传承家学，并在《礼》学、历算诸学中有所建树，著《地圆说》《益古演段开方补》等篇。后者成书过程典型地反映了焦氏家学传承。焦循著《天元一释》《开方通释》后，于嘉庆二十三年（1818）冬告诉廷琥：“汝岁杪无事，可列《益古演段》六十四问，用正负开方法推而算之。”随后，他以同名相加，异名相消，用超、用变之法，为廷琥详细演示。廷琥乃知以秦

---

① 焦循：《里堂家训》卷下，第1—3页。

② 焦循：《里堂家训》卷下，第5页。

③ 焦循：《里堂家训》卷下，第1页。

氏之法读李氏之书，命策推算，一一符合六十四问，每问皆详画其式。焦循喜曰："得此而演段可以读矣。"即命名为《益古演段开方补》。[①]焦廷琥生育三子，依焦循之命取名为授易、授书、授诗，蕴含传承、发展家学的愿望。不幸廷琥体弱多病，英年早逝，其三子也因此学无大成。

《里堂家训》为焦循治学、齐家的总结。后来刘师培云：里堂著书数十种，多已刊入《皇清经解》，而《里堂家训》未见刻本。该书"立言平实，多近于宋儒语录。然论学数则，精语甚多，与先生所著《论语通释》及《述难》说、《格物解》诸篇互相发明，所谓言为世则者也"。[②]这是恰如其分的评价。

晚清湘阴郭氏的读书治学之道更是具体而微。郭崑焘虽肯定时文和科名为读书中事，但强调"学问识解之既大且远"者。如此，"即不得科第，而吾之所以为学者，犹足自立以传于后，无待假科第为重轻，夫然后人与科名并为可贵"。"科名者，外至之荣；学问者，切身之务。不求其切身而营营于外，追求之弗获，又愤而决绝之，非为学之正也。"[③]其分论读书之法云：

一为"沉潜涵泳，探索义理"。读书须如古人之默识，"使神闲心定以求有得"。"读书非徒工词章，取科第而已，将以穷理尽性、尽圣贤之道，而免为流俗之归也。"二是循序渐进。"读书当自首至尾，次第读去，彻始彻终，使全书了然于心，庶为有益。"古今书籍，汗牛充栋，但"就所应读者，循序渐进，铢积寸累，果能一一融会，即已终身受应不尽"。[④]"读书不必贪多，但期有恒，则日积月累、温故知新，自有无穷之益。"[⑤]三则持之以恒。读书"固非可恃一二日之功以希捷获也。书有

---

① 闵尔昌：《焦里堂先生年谱》，《扬州学派年谱合刊》上册，第350页。

② 刘师培：《跋焦里堂家训》，《左盦题跋》，《刘申叔先生遗书》第62册，第9页。

③ 郭崑焘：《示儿子庆藩帖》，《郭崑焘集郭嵩焘集·云卧山庄家训卷下》，第210—211页。

④ 郭崑焘：《论读书五则示儿辈》，《郭崑焘集郭嵩焘集·云卧山庄家训卷上》，第199—200页。

⑤ 郭崑焘：《示儿子庆藩帖》，《郭崑焘集郭嵩焘集·云卧山庄家训卷下》，第210页。

未熟者，更读之又重读之；义有未明者，更思之又重思之”。[①]四应“多读古人之书，并博览史鉴，与古贤相晤对，而详究往迹之始末，以观其会通。如有所疑，可随时札记”。[②]

郭氏家教体现了重学术而抑辞章的倾向，是影响郭庆藩转治汉学的重要因素。郭氏读书之法大体是古代士人的老生常谈，但在士风日趋苟且、学风习于浮躁的清末，仍具有鲜明的教育意义。在此家教中，郭庆藩虽无科举功名，却学养深厚，著述多种，为一代学术名家。

五 谆谆母教

“孟母三迁”是人们耳熟能详的故事，彰显了母教对于子女成材的意义。清代母教较前代并不逊色，清人文集中收录的“寒窗课子图”之类，无不深情地叙述了士大夫接受母教的情形。其内容不仅包括立品修身，而且学术蕴含丰富，甚至影响现代学人。

清初儒臣徐乾学兄弟显赫一时，又以母教之严闻于士林。据载：“昆山三徐之太夫人，顾亭林女弟也，世称其教子极严，课诵恒至半夜不辍。三徐既贵，每奉命握文柄，太夫人必以‘矢慎矢公，甄擢寒畯’为勖。太夫人未六十，立斋已登九列，持节秦中，所识拔多知名士，健庵以编修总裁北闱，果亭以编修典试浙江，皆母教也。”[③]清中期数代显宦的桐城张氏，也以母教闻名。张英官翰林时甚贫，有人送千金。张英不受，将其事告诉妻子姚氏。姚曰：“贫家或馈十金五金，童仆皆喜相告。今无故得千金，人问所从来，能无惭乎？”后来，张英升官，家境渐丰，而姚氏不改勤俭家风。其子张廷玉继入翰林，值南书房，康熙帝尝对左右说：“张廷玉兄弟，母教之有素，不独父训也！”[④]

传统社会讲求婚姻门当户对，但其本意并非近人理解的嫌贫爱富，而主要是士族讲求书香门第。有的宗训云：“凡议婚当审门户相对，不可贪

① 郭崑焘：《论读书五则示儿辈》，《郭崑焘集郭崙焘集·云卧山庄家训卷上》，第200页。

② 郭崑焘：《示儿子庆藩帖》，《郭崑焘集郭崙焘集·云卧山庄家训卷下》，第217页。

③ 徐珂编撰：《昆山三徐受母教》，《清稗类钞》第2册，中华书局1984年版，第580页。

④ 《列女传一·张英妻姚》，《清史稿》列传二百九十五，第46册，第14022页。

财重奁。司马温公曰：议婚尤当察其婿与妇之性行及家法何如，勿苟慕其富贵。妇者，家之所由盛衰也。”[①]这种观念在儒者之家相当深入。有论者考察《清代朱卷集成》所载卷主祖父和外祖父的功名身份，注意到科举人物的婚姻具有明显的门当户对特征，进士与进士、举人与举人、生员与生员、太学生与太学生、国学生与国学生、布衣与布衣、官宦与官宦家庭之间联姻的情形最多。[②]清代汉学世家也不例外，江南望族常州庄氏尤重门户，也彰显了母教的重要性。

庄氏重视女教渊源，与名门显宦结成盘根错节的姻娅关系，使之成为庄氏维持门第的社会资源。庄起元的家训云：“《诗》首《关雎》，《礼》严《内则》，上承宗庙，下启云礽，所系重矣。纳采之初，务择名门，勿贪财货……盖名门旧族，多知礼法，市井富豪，不谙大体也。二者得失，宜蚤辨矣。”[③]庄绛亦云：“旧家子弟，虽极寒苦，不可与市井为婚姻，彼所谓温饱，俱从刻薄计算中得来，一丝一粟其初心竟有不可闻者。若家事充裕，犹图体面，亦未免沐猴而冠，一致败落，手足皆见，不可复问矣。”“择婿固当，择妇尤不可草草。承先启后，所系匪轻，须看其祖父家教、女子性情，不在富贵。”[④]不以财富论婚，却重视门当户对和家教、家风，这种婚姻策略影响了庄氏后人。常州庄氏与当地望族唐氏、刘氏、钱氏、吴氏等数代姻娅不绝。比如：第五世庄齐的长女嫁给了当地著名学者唐顺之，[⑤]而庄齐之孙庄以临又娶了唐氏之女。其第八世庄起元、庄廷臣以后，每代均有与名门显宦通婚的记录。

庄氏重视人丁繁衍。庄绛家训云：“凡果必有仁，树木种传皆由于此。以此训仁字，确不可易。须知天地间流行，全恃此一字，男大不娶，女大不嫁，不仁孰甚。且雍闭其性，不令生育，此为逆天之民。”[⑥]像许

---

① 《宗训》，王世灴等纂修《蛟川王氏宗谱》卷首，光绪七年刊本，第3页。

② 林上洪：《清代科举人物师承研究》，第368页。

③ 庄起元：《鹤坡公家训》，《毗陵庄氏族谱》第二部卷七，2008年版，第102页。

④ 庄绛：《丹吉公家训》，《毗陵庄氏族谱》第二部卷七，2008年版，第108、109页。

⑤ 唐顺之，明嘉靖八年（1529）会试会元，殿试为二甲第一名进士，选翰林院庶吉士，调兵部主事，官至都察院右佥都御史巡抚凤阳。

⑥ 庄绛：《丹吉公家训》，《毗陵庄氏族谱》第二部卷七，2008年版，第109页。

多官宦家庭一样，庄氏男子续弦成为惯例，纳妾也不罕见。多子与重教的追求在庄氏家训中并行不悖。庄绛生育五子，其继配董夫人堪称“教五子，名俱扬”。她生于书香门第，幼年丧父，家道中落，但知书达礼，颇有见识。其子回忆：“太夫人好看书，闲则看《纲鉴》及《纪事本末》《古今传记》，遇忠孝节烈处，未尝不兴慕叹息。忆幼时乘凉，每夜必说古事一两则与听，论古今成败，辄有断识。”她还时常阅读丈夫所作诗文稿，有时指出其中瑕疵，备其采纳。长子庄楷少时曾写“艳体诗”，董夫人见之，诫之曰“坏心术诗不可做”，其子庄大椿幼时学作闺阁诗数首，则训诫云：“吾家文友作此种词，以致绝嗣。汝为此，欲长进耶？”[①]此种家教自然使庄氏子孙的文词兴趣纳入正轨，专注于科考和儒学。

董夫人的家训内容丰富，包括“勤俭节省，早起晏眠，做家之法。存心忠厚，礼制周旋，做人之法，二者不可阙一也”等等，她详述教子女之法：

> 大儿子不可不认真教训，底下兄弟皆要学他样子。哥子好处，弟未必肯学。哥子不好处，便与酷似。且弟见兄如此，渠便有得解说，哥子亦无颜禁约得他，便一齐都坏了。吾子四人稍能知书者，实因大儿子先通之故也。
>
> 女子在家，不可不使当家知甘苦，如写算之类，亦要略知一二。吃苦惯了，后来到人家便不贪逸乐，贫能耐，富能守……妇人家切不可自大，妯娌中各人娘家贫贱富贵虽各不同，然我既为其兄弟妻小，妯娌便是我兄弟，有何高下。[②]

庄绛的幼子庄柱培育了庄存与和庄培因二人。董夫人的家训也被庄氏载诸族谱，影响后世。其家训已超越个人母教的范畴，成为江南望族的家教标本。

寒门士子多幼年早孤，或者父亲长期在外谋生，母教的重要性更为

① 庄大椿：《纪述家事训言》，《毗陵庄氏族谱》第二部卷七，2008年版，第116页。

② 《董太夫人家训》，《毗陵庄氏族谱》第二部卷七，2008年版，第113—115页。

明显。洪亮吉6岁丧父，贫无所依，随母亲及姊弟寄居外家。而外家也不宽裕，其母只得率诸女勤作女红自给，每天半夜之后才就寝。他在私塾读书，每日夕归，其母“蒋太宜令之背诵，必为泣而正焉”。[①]洪亮吉的《机声灯影图》《南楼忆旧诗》记录了这段艰辛岁月。他题朋友的“雪窗课读图”也描绘了早年母教情形：

堂中一寸书，门外三尺雪。孤儿读未完，慈母心若结。朝行课读书，暮行课读书。孤儿业甫成，慈母年先徂。衰亲无百龄，积雪不逾月。所以人子心，常思事亲日。感君与我孤露同，六岁七岁称孤童。贫家无师读不得，卒业皆在纱帷中……我家屋比君家破，雪朵尽从头上堕。君家门向左，我家门向右。我家雪比君家厚，彻夜有光飞甍牖。可怜迟暮犹耽读，只惜春晖杳难续。每值穷冬风雪辰，摊书时向茅檐哭。吁嗟乎！今年之雪非去年，今日之景非从前。安得衰亲常存雪不化，儿宁读书终老茅檐下。[②]

洪亮吉母子情深，其学业成就也一定程度上得益于母教。在古代医疗、生活条件下，父亲早逝的家庭十分常见，于是母教履行了士人家教的基本功能。而母教过程中积淀的深厚情感，又往往成为士人追求功名、学问的精神源泉。

汪辉祖幼年丧父，继母王、生母徐教之成立，世称汪氏两节母。洪亮吉记云：“王、徐两太宜人勤纺绩、黏楮镪自给，夜尝达旦。太宜人泣而训之曰：‘儿不学，必不可为人，使汝父无后，吾二人生不如死。’于是太宜人泣，君亦泣，以为常。君性开敏，七岁始就外傅，夜辄能背诵日所诵书。”[③]汪辉祖少时经受严格的母教，“少尚志节而老愈厉”，“性至孝，痛父早殁，两母孤苦抚己成立，故守身之义懔懔自防，终其身罔敢陨

① 吕培等编：《洪北江先生年谱》，《北京图书馆藏珍本年谱丛刊》第116册，第362页。

② 洪亮吉：《法祭酒雪窗课读图》，《洪亮吉集》第2册，第852页。

③ 洪亮吉：《赐进士出身敕授文林郎晋封奉直大夫湖南宁远县知县加三级萧山汪君墓志铭》，《洪亮吉集》第3册，第1161页。

越”[①]。他总结家教经验云：“家有严君，父母之谓也。自母主于慈，而严归于父矣。其实，子与母最近，子之所为，母无不知，遇事训诲，母教尤易。若母为护短，父安能尽知？至少成习惯，父始惩之于后，其势常有所不及。慈母多格，男有所恃也。故教子之法，父严不如母严。”[②]他重释“严父慈母”的说法，无疑有一定道理，幼年而孤者尤其如此。

常州张氏数代以母教闻名。张惠言的父、祖辈均为县学生。曾祖张采，武进县学生。祖父张金第，字政諴，天津郡庠生。“倜党好学，通六艺诸子之书、天文术数、剑骑之说。家贫，屡困童子试。”后北游，入天津商籍。不久得病，卒于京师，年仅35岁。[③]张金第娶妻白氏，其父亦为庠生，诗书传家。当时他们有子三人：思楷11岁，蟾宾9岁，瑞斗6岁。两女稍大，年12岁、13岁。丈夫早逝，白夫人肩负了教养子女的责任。族谱载三子“经书皆孺人口授”。[④]其孙张惠言记云：

> 孺人率二女纺织以为食，而课三子读书，口授《四子》《毛诗》，为之讲解，有疑义，取笔记，俟伯叔父至者就质焉。或谓孺人：“家至贫，令儿习他业，可以糊口。今使之读，读未成，饿死矣。”孺人曰：“自吾翁而上，五世为文儒，吾夫继之，至吾子而泽斩，吾不可以见吾翁。”卒命之学。文复府君有弟曰衍黄，老矣，教授于家，怜诸孙，恒诲之。尝语孺人曰：“而子可教，吾欲严督之，念其枵腹，不忍也。”孺人谢曰：“翁幸督之，枵腹何病焉？”及孺人所以教，言行出入，罔间。三子皆以文行有声。

白氏卒于乾隆二十四年（1759），享年64岁。为了儒学传家，白氏的

① 缪荃孙：《循良传稿·汪辉祖传》，《北京大学图书馆馆藏稿本丛书》第二十二册，天津古籍出版社1991年版，第475、478页。

② 汪辉祖：《双节堂庸训》卷五，《汪龙庄先生遗书》，第4页。

③ 张惠言：《先祖妣事略》，《茗柯文二编》卷下，上海商务印书馆《四部丛刊》影印同治八年刊本，第21页。

④ 《大南门世表·金第》，《张氏宗谱》卷三十三，常州城南书院藏版，第17页。

生活情形确如知县旌表所云“纯孝苦节”。[①]其三子无大功名，却以儒学传家，授徒为业。

张惠言的父母重复了祖辈的生活艰辛。其父张蟾宾（1727—1763），字步青，一字云墀。[②]幼时贫穷，而兄弟均以儒学相励，卒补府学生，考取廪膳生，在乡村授徒，因病卒于里。据其友云，蟾宾“好学深思，不事穿凿。善为诗及制举文，操纸笔立就。性沈挚，寡欲少言，尤不喜说人过。与人交，不设城府，久而能敬……笃于孝友，平生未尝与人迕，人亦未尝迕君。或问之，曰‘天壤间何处可使性气？’其为人如此”。[③]著有《张云墀诗集》《南游日草》《沅南诗话》等。惠言之母姜氏，为武进县学增广生姜本维之女，19岁嫁蟾宾为妻，10年中生两男两女，殇其二。她29岁时，丈夫病卒。当时，其女观书8岁，子惠言4岁，4月后生遗腹子翊（张琦）。惠言全家靠母亲及姐姐“作女工以给”，冬无棉衣，夏无蚊帐，经常喝米糠粥度日。惠言5岁时，其母日夜哭泣数十天。一天，“忽蒙被昼卧。惠言戏床下，以为母倦哭而寝也。须臾，族母至，乃知（母）引带自经，幸而得苏”。[④]惠言五六岁时，开始从母亲读书识字。

惠言9岁后，随伯父思楷至城中与堂兄一起读书，但伯父也家境困难。他四年后回家，受母命教弟弟读书，自记云：“先妣与姊课针黹，常数线为节。每晨起，尽三十线，然后作炊。夜则燃一灯，先妣与姊相对坐，惠言兄弟持书依其侧，针声与读声相和也。漏四下，惠言姊弟各寝，先妣乃就寝。”故他说，“先妣之艰难困苦，一如白太孺人时。所以教惠言等者，人以为与白太孺人无不合也”。[⑤]姜氏卒于乾隆五十九年（1794），“苦节三十一年，钦旌建坊”[⑥]。同治名臣曾国藩云：“张氏之先，两世贤母，抚孤课读，一日不能再食，举家习为故

① 张惠言:《先祖妣事略》,《茗柯文二编》卷下,第21—22页。
② 《大南门世表·蟾宾》,《张氏宗谱》卷三十三,第22页。
③ 张惠言:《先府君行实》,《茗柯文二编》卷下,第20页。
④ 张惠言:《先妣事略》,《茗柯文二编》卷下,第24页。
⑤ 张惠言:《先妣事略》,《茗柯文二编》卷下,第23页。
⑥ 《大南门世表·蟾宾》,《张氏宗谱》卷三十三,第22页。

常。孝友艰苦，远近叹慕。”[①]

刻苦攻读之后，张惠言成进士，入翰林，而不幸病逝时，其子成孙才14岁，家贫如昔。有人劝成孙习贾以为生，而其母吴氏曰：“吾家十数世食贫矣，然皆业儒。隳祖业不可自吾子始。”成孙终于学业有成，续完父著。张氏数代寒儒，父、祖早逝，家境贫困，准诸常理，子孙改习他业便于生计。而张氏母教皆以业儒为尚，不为贫困所屈，俨然张氏书香传家的精神支柱。其后，张琦之妻汤瑶卿也在丈夫外出谋生时承担了母教之责，把四个女儿培养成才，使女多男少的张家在趋于衰落时，保持了儒门气象，也使张氏母教传统延绵数代不衰。

类似事迹在清代汉学群体中不一而足，如甘泉焦氏及凌廷堪家莫不如此。焦循回忆嫡母谢氏云：“循三岁，谢孺人抚育之……孺人教以书数，口授《毛诗》及古孝弟忠信故事。多置纸笔令临写字。每至两外祖家，或两外祖至吾家，孺人令循出所书字呈于两公，或当时作对句。两公率抚摩以为笑乐。”[②]而其生母殷氏家教更严：“爱护子孙若珍宝，惟读书督之最严，槚楚挞扑不恤。”[③]凌廷堪少长习贾，常为人所骗。母王氏乃使从事于学，又告诫他：“然学非蕲为博士子弟之谓也，必通经立行，为古之儒焉。且独学无友，则孤陋寡闻，吾有汝兄侍养，汝其游四方就师友以成之。”在母亲的鼓励下，凌廷堪外出求学，终有所成。故阮元云：“次仲生东海僻陋之乡，非太孺人勖之以游，则郁郁与驵侩老矣，乌能显名于天下哉！”[④]凌氏博通经史，尤精三礼及推步之学。后受翁方纲指点，成为进士。[⑤]

嘉道以降，刘宝楠再次典型地彰显了母教的意义。刘母乔氏，宝应人，生长于书香世家，为康熙进士、翰林院侍读学士乔莱玄孙女，“县学

---

① 曾国藩：《序》，《茗柯文编》卷首，第2页。

② 焦循：《先妣谢孺人传》，《雕菰集》卷二十三，第9页。

③ 焦循：《先妣殷孺人事略》，《雕菰集》卷二十三，第12页。

④ 阮元：《凌母王太孺人寿诗序》，《揅经室三集》卷五，上海商务印书馆《四部丛刊》影印初刻本，第3页。

⑤ 徐珂编撰：《凌廷堪成进士》，《清稗类钞》第2册，第666页。

生讳光宗女，县学生讳绍庭胞妹，讳绍先胞姊”。[1]她少秉家学，阅书史能解大义。19岁嫁入刘家，严格督教宝树、宝楠兄弟，使之刻苦向学。其子记云：“宝树生数岁，教以识字，口授《毛诗》。比入塾，戒勿与群儿戏，为文待府君阅毕，必亲阅，有进益，乃喜。”其夫刘履恂病卒于京师时，宝楠才5岁，乔氏“授读如前。少长就傅，督晚课，膏油不继，惟灶上置一灯，命读书数十过，迨釜鬵而油已竭矣”。曾告诫其子：“吾日旰不得食，不以为饥；岁莫不得衣，不以为寒。汝曹勤读书，我虽苦不怨。”宝楠受扬州知府的赏识后，其母告诫说：“读书之外，不可与闻公事，亦不可言及家况。名公大人所以爱惜汝者，望汝成远器耳。若髫年早失名节，何以副名公大人之望耶？”刘母对“宗族子侄及异姓侄辈，每见必训以读书守身，有过则反复劝戒，至有感激泣下者”。“然性常谦下，处娣姒以让，待诸妇以礼，宗戚有急难，力苟可尽必拯之，遇人屈抑，必伸之。”“平生不私蓄一钱，惟以古女史自励。”[2]

刘母督教儿子刻苦求学，注重立身品行。宝楠说：“先妣督教宝楠兄弟，自立身行己至一话一言，朝夕检诲，反复不倦，庭帏之内，若严师然。”宝楠12岁时，受从父台拱之命入家塾读书。一日，台拱将朋友所赠的一幅书画送给宝楠。回家后，宝楠以实情相告，而其母不信。不久，台拱的老仆吴春来刘家，经询问，与宝楠所说的一样，其母仍未信。某天见到台拱，问之。“语合，乃已。”[3]其母曾作《示子》诗：“我爱白莲花，不以污泥滓。我爱青松枝，不以雪霜死。世态异炎凉，草木全其始。如何戴帽饧，见热不能起。蓬质岂以麻，其质能自强。相彼芃兰枝，柔靡随风扬。根株俱委顿，践踏良堪伤。质性不自立，谁能相扶将。”刘母注重以高洁、坚强的品格教子。宝楠后来称其“检束极严，而慈爱亦甚挚，读《示子》诗，不觉泪涔涔下”。[4]

刘母望子成龙，兼任严父之责。宝楠的诗作回忆：“五岁授儿

① 顾廷龙主编：《清代朱卷集成》第11册，第153页。
② 刘宝树：《先妣乔太孺人行述》，《娱景堂集》卷中，《宝应刘氏集》，第79—80页。
③ 刘宝楠：《书先妣乔太孺人轶事》，《念楼集》卷六，《宝应刘氏集》，第266页。
④ 刘宝楠编：《清芬集》卷四，道光十九年世德堂刊本，第10—11页。

《诗》，七岁授儿《礼》。杖儿痛母心，暗室常挥涕。曰若立修名，我愿速就死。死与汝父言，汝死尚有子。儿今名不成，母病剧不起。儿终负母恩，隐恨何时已？”[①]诗文洋溢了对母亲的感恩之情，但其母去逝时，刘氏兄弟尚无功名，颇为自责。道光二十年（1840），刘宝楠成进士，“本房总批”云：“学宗许、郑，文法班、刘。十年面壁之功，九转成丹之候。揭晓后，知生髫龄失怙，能读父书，弱岁知名，聿遵母训，文坛宿学，艺苑经师，洵为日下无双。不但江东独步，从此出膺民社，文章、政事，于生有厚望焉。”[②]刘宝楠遵循母教的经历在当时士人中广为流传。

晚清受益于母教的汉学家仍然不少。郑珍（1806—1864），贵州遵义人，字子尹，研精经史，晚年治许、郑之学益精，三礼六书，洞悉渊微，于《仪礼》17篇皆有发明，代表了汉学在边远地区的发展。溯其学源，郑珍虽得到贵州学政程恩泽的指点、奖掖，但更得益于家学和外家之学。“既墨守家学以治经，所为文章实能贯串考据、义理、词章而一之，于忠孝节烈尤睠睠。”[③]郑珍的祖父为县学生员，其父郑文清以布衣终，父、祖皆通医术。郑珍的母亲黎氏，为曾任山东长山知县黎安理第三女，幼受家学熏陶，通晓诗书，25岁嫁同县郑家，生三子二女。郑珍的父、祖卒后，家道中落。因家贫，黎氏令长子郑珍就傅读书，其余诸子力田，督教甚肃。

黎氏“教诸子，近笃实，无华俗”。[④]自塾馆归家的郑珍，常在农活之余受母命读书，郑珍曾“以无读处”对答。其母曰：“书何处不可读？或树下，或檐下，皆可。必须明窗几净、又无一事才开得口、用得心，汝无此福。真读书亦不如此。”[⑤]郑珍克苦向学，贫不改志。因邻里环境恶劣，郑母携儿女迁居娘家附近。郑珍遂随嘉庆进士、舅父黎恂（黎庶昌的叔父）读书。他14岁考秀才落榜，非常懊丧，十日不去私塾。其母又教

① 刘宝楠:《纪哀》,《念楼集》卷一,《宝应刘氏集》,第129页。

② 顾廷龙主编:《清代朱卷集成》第11册,第156页。

③ 陈夔龙:《遵义郑征君遗著序》,《卷首》,《郑珍全集》(一),上海古籍出版社2012年版,第4页。

④ 莫友芝:《郑母黎孺人墓志铭》,《郑珍全集》(六),第632页。

⑤ 郑珍:《母教录》,《郑珍全集》(六),第617页。

导："汝再懊十日，不成便与汝一秀才？却早虚过十日也！"[①]在母教督促下，郑珍读书常至通宵达旦，衣不解带，日读数万言。他从舅父读书近十年，颇知舅氏之学。"复以先生之教转授邑人，风雅由之浸盛。"[②]舅父见郑珍聪慧过人，以女妻之。

黎氏尝曰："人虽贫，礼不可不富；礼不富，是为真贫。"[③]她接人待物好讲礼义，也支持郑珍研习礼学。道光十二年（1832），有书贩带来礼书数种，需银三两。郑珍想买而苦于无资。其母得知后，令郑珍先设法购下，如夏收后仍无法还清书费，可将自己陪嫁首饰变卖偿还。[④]道光十七年（1837），郑珍终于中举。一生坚持刻苦治学，成就卓著，蔚为西南名儒。其母卒后，郑珍悲痛异常，编刻《母教录》1卷，综述母教言行68条，多涉勤俭好学、宽恕待人之理。

郑珍之女郑淑昭，幼承家学，通晓文字训诂之学，能作诗。23岁嫁遵义赵廷璜，生育三子一女。而廷璜多年在外任知县，淑昭在家课子读书。三子皆中举人，其中长子赵怡成进士。后来，赵怡将母教编为《慈教碎语》，记其母关于修身、居家、交友、处世的教诲。郑淑昭践行班昭的女教传统，也实现了郑氏家学的传衍。

江阴缪荃孙（1844—1919），光绪进士，曾任职翰林院，编撰《碑传集》等书，为晚清著名目录学家、校勘学家。咸丰初年，缪氏一族在太平天国战争中遭受重创，死难甚众。此时荃孙尚幼，其父从军于金陵大营，其母瞿氏承担起教子之责。缪荃孙于光绪十四年（1888）满怀深情地写道：

> 予四五岁，吾母授以千文及唐、宋人小诗。六岁就塾，塾中童子二十余，唔咿杂沓，罕能成诵。归，吾母必令重读，音有讹，句有误，正之维谨。予时甚以为苦，而反乐趋塾。窗北设竹榻，予坐一小椅子，陈书榻上。吾母坐于榻，手针黹而督予读，日以为常……吾母

① 郑珍：《母教录》，《郑珍全集》（六），第619页。

② 郑珍：《息影山房诗钞序》，《巢经巢文集·巢经巢逸文》，《郑珍全集》（六），第602页。

③ 《列女一》，《清史稿》卷五百八，第46册，第14028页。

④ 郑珍：《母教录》，《郑珍全集》（六），第623页。

之殁，至今三十四年矣。岁月日以远，音容日以渺，所忆所闻者，止此而已。罔极之恩，毕生莫报，敬述梗概，以诏后人。[①]

这或许是缪家经历战火之后，仍然书香不绝，并出现著名学者的重要因素。此外，汪中、汪喜孙父子，顾九苞、顾凤毛父子，余萧客、郑虎文、黄景仁、阮元、刘文淇等汉学家少时均受益于母教。母教不仅为其孤苦的幼年争得珍贵的学习机会，而且是其成才、治学征途上的精神力量。刘毓崧记为官廉正的王霞九之母教云：王氏“既入翰林，屡主文衡，重朴学而尚廉隅，士气为之一振。改官台谏……必以直道自持，公论佥以为秉正无私……而溯其源本，则青灯课读之日，太夫人早导以趋向必端，此岂仅以富贵期子者所可同日而语哉！”[②]

综上，清代学者之家大多蕴藏着深厚的家教传统。其家教言行有的经后人整理、刊印，而更多的是零零星星地留在学者文集、回忆和族谱中，湮没无闻。家教是家族兴盛不可忽视的精神源泉，也是稳定、扩大士人社会的重要因素。一些家族由农而儒或世代书香，均多可从家教传统中找到答案，而其经济环境或科举成就往往只是精神传统的社会化结果。许多汉学家锲而不舍的治学精神和卓越成就，也一定程度上与家教分不开。可以说，学者家教是衔接家族社会与清代汉学的关键环节，理应成为学术史研究的范畴。而此种文化富矿，仍有待于后人深入发掘、认识和提炼，使之成为当代学术文化建设的资源。

① 缪荃孙：《先母瞿恭人事略》，缪荃孙纂辑《兰陵缪氏世谱》，见《清代民国名人家谱选刊》第45册，第42—45页。

② 刘毓崧：《王母刘太夫人青灯课儿图序》，《通义堂文集》卷九，第14页。

第三章

理学传家与汉学名家

理学是清代官学。康熙帝延续清初“右文之治”，尊崇理学，肯定熊赐履所谓“讲明正学，非六经、《语》《孟》之书不读，非濂、洛、关、闽之学不讲”。[①]此时朱子入祀孔庙大成殿，位次孔门十哲。乾隆年间，随着汉学兴起，一些学者疏离程、朱，避谈心性。即便如此，理学的意义仍不可小觑。一方面，宋学是清代汉学的源头之一。章学诚指出：“今人有薄朱氏之学者，即朱氏之数传而后起者也。”他勾勒了朱学数传而至顾炎武、阎若璩的历程。[②]清末皮锡瑞也提到，“国朝治汉学者，考据一家，校勘一家，目录一家，金石一家，辑搜古书一家，皆由宋儒启之。”[③]另一方面，汉学兴盛之时，宋学的影响仍不容忽视。钱穆立足于宋学，谓清代“汉学诸家之高下浅深，亦往往视其所得于宋学之高下浅深以为判”。[④]当代论者指出：“乾嘉考据学兴盛，理学的学术地位边缘化。但程朱理学所张扬的纲常伦纪，不仅为士人所效法，而且影响于城乡普通百姓。”[⑤]他们注意到汉、宋关联和理学影响。然而，理学如何渗透、影响于清代汉学？这方面还有待于具体梳理。其实，在一些家学脉络中，理学的作用不乏鲜明体现。汉学家族如常州庄氏、高邮王氏、宝应刘

---

① 《圣祖仁皇帝实录》卷二十二，《清实录》第4册，中华书局1986年版，第309页。

② 章学诚：《朱陆》，《文史通义校注》上册，中华书局1994年版，第264页。

③ 皮锡瑞：《皮鹿门学长南学会第七次讲义》，《皮锡瑞集》（一），岳麓书社2012年版，第374页。

④ 钱穆：《中国近三百年学术史》上册，第1页。

⑤ 龚书铎：《绪论》，《清代理学史》上卷，广东教育出版社2007年版，第2页。

氏皆传承理学，而陈寿祺、张惠言、焦循、皮锡瑞等人早年或父祖辈也受理学熏陶。[①]这种学源对塑造其汉学特色具有不可忽视的意义。

一　科举功名的基石

多年来，关于科举与社会流动性的讨论一直见仁见智，或是或非。该问题或许不是非此即彼，而与论域相关。从长时段来看，科举促进了社会流动，但一般家庭由农而儒、而仕，则需要几代人的积累。对于乡村农家或耕读之家而言，获得进士的机率实在太低。在许多家庭，祖、父辈的功名长期停留于秀才、贡生，甚至以塾师终老，难以显示社会流动。但在几代人的铺垫之后，这些下层儒者的子孙中举人、成进士的机会明显增加，从而显示出社会流动性。明清时期，除了极少数皇亲贵族，皇朝稳定时期的社会流动性主要依赖于科举入仕。

士人获得科名的因素不一，而首先当熟悉时文，即所谓“八股文”。同时，应试士子还必须经受学术陶冶，尤其是儒学训练。这在重视理学和经学的清朝表现得尤其鲜明。乾隆三年（1738），朝廷再次谕令科考重视经义，而贬抑艺文：

> 士人以品行为先，学问以经义为重。故士之自立也，先道德而后文章；国家之取士也，黜浮华而崇实学……治一经必深一经之蕴，以此发为文辞，自然醇正典雅。若因陋就简，只记诵陈腐时文百余篇，以为弋取科名之具，则士之学已荒，而士之品已卑矣。[②]

以经试士的政策得到地方官响应。乾隆四年（1739）三月，陕西学政嵩寿奏，生童考试“请于四书经义外，摘录本经四五行，令生童作经义一段，定其优劣。童生有能背诵五经，兼通讲贯者，量行取进”。同时，山

① 一般而言，理学、宋学的内涵大致相同，而理学外延较为宽泛。本章从汉、宋关系而论时谓之宋学，从儒学传统或宋、明学术而论时称为理学，不像近世学者那样寓含褒贬意义。

② 《高宗纯皇帝实录》卷七九，《清实录》第10册，第243—244页。

东学政徐铎奏，拔贡考试，应注重通经致用。经礼部议，以后“应请于考优拔时，将御纂诸经中，摘取先儒异同之说，令其条分缕晰，作经解一篇解部”。这些建议均得朝廷采纳。[①]清代士人科举顺利与否，无疑与其儒学基础及倾向关系很大。

从顺治到雍正，朝廷尊崇理学，一些理学之家也因之取得了辉煌的科举成就，如桐城张氏、[②]诸城刘氏、[③]长洲彭氏、[④]桐城方氏、漳浦蔡氏等。乾隆年间，汉学渐兴，宋学不再独踞庙堂。不过，宋儒经注仍然是士子读经、科考和入仕的必备书目。理学传统仍对汉学家获取科名发挥着重要作用，也成为汉学衍生的有利条件。

四代进士：高邮王氏

清朝四代进士者并不罕见，而同时以汉学名家者则不多，高邮王氏便是这样一个实例。王念孙先世以儒学传家，其八世祖王应祥治《尚书》，其子开运为高邮州儒学生员，隐居食贫，能传家学，也以治《尚书》闻名，是为王念孙之高祖。王氏第十世祖式耜，字圣野，号宇泰，“貌修伟长髯，端重方严，行步皆中规矩。与人平恕，随处恻隐，性聪颖。读书目数行下，少时即自刻苦，尝曰：‘儒者之学，居敬穷理，此吾事矣’”。康熙十七年（1678），王式耜中江南乡试副榜贡生，以授徒终老于家，从学者百余人。他早承家学，兼习《易》《诗》《礼》《春秋》。又摒弃心学空谈，好读濂、洛、关、闽诸儒之书，所著《四子书》“期于不失程朱

①　《高宗纯皇帝实录》卷八八，《清实录》第10册，第362—363页。

②　康熙六年（1667），张英成进士后，桐城张氏科第连翩，子孙成进士者10多人，举人、秀才100多人。张英官礼部尚书、大学士，其子侄中张廷瓒、张廷玉、张廷璐、张廷瑑、张廷珩等人均于康熙、雍正年间成进士，作翰林。张廷玉官至极品，卒后配享太庙，其子侄辈又有多人成进士，入翰林。张氏科甲之盛在清中期罕有其匹。

③　清代山东诸城刘统勋家族科甲联翩，先后有进士11人，举人30多人，刘统勋、刘墉、刘镮之（刘堪之子、刘墉之侄）祖孙三代为乾嘉名臣，官至极品，死后分谥为文正、文清、文恭。

④　江苏长洲彭氏以理学传家，清代共有进士14人，举人20多人。彭定求为康熙十五年（1676）状元，其堂弟彭宁求为康熙二十一年（1682）探花。彭定求之孙彭启丰（号芝庭）于雍正五年（1727）状元及第，启丰之子彭绍升则在成进士后，潜心理学（侧重陆、王）、佛学，为乾隆间著名居士，著述丰富。

之旨”，《尚书讲义》“融训诂入语气中”，手批《太极通书》《西铭正蒙》等书，“推寻图书表里经纬之说”。[①]王式耜的理学缺少新意，却彰明内圣功夫，“以身心体认为真知，以幽独不欺为实践”。当时，江南士人大多竞声华、急功名，王式耜独以为忧，谓“将来必有受其弊者”。

王式耜的次子曾禄（1672—1743），自初学句读，即受之于庭训。为诸生时，考试常居第一。雍正元年（1723），高邮州学选为拔贡生。曾禄与其兄曾祐“晨出就馆，晚归敝庐。数椽中儿女喧闹，无驻足处，则相与徙倚败檐下，出日间所讲贯相订正。自遗经奥义、先儒微言，旁及古今时势人物，推究成败，考镜得失，穷幽极渺，搜奇剔新，以期洽理餍心”。其教人一遵家法，以义理浸溉心胸，然后试之于文，以验其所得。[②]他“精研四子书，理学湛深，气语和粹，为一时名儒”。[③]著有《评点朱子或问》《朱子语类精华》，又有《诗义通解》，均未付梓，而于理学多有心得。比如，其子安国问程、朱解仁字之异同，曾禄曰：“孔子固以仁为生理矣。《中庸》言‘仁者，人也’。《孟子》言‘仁，人心也。人皆有不忍人之心。先王有不忍人之心，斯有不忍人之政’……盖仁之本原，至于天地万物，本吾一体，而每易间于形气之私，于是有克己之学，有强恕之方，以扩充其不忍人之心。则程子以公言仁，实于为仁之事为近。”显然，他对仁的阐释，既贯通孔孟和宋儒的心性之学，又关切修身功夫和人事。故王安国云：其父以此躬行心得教诸子，“是以穷年进修，日有孳孳，无复富贵贫贱之见得动于中，所以承先王父之教，而宏此家风者，益深以远矣。”曾禄晚年撰《王氏家训》，已有初稿，病中仍在修改。[④]

高邮王氏并不是一个庞大的家族，而数代儒学传家，以道德、学问自励，由《尚书》学转重理学，形成了致知穷理、勤奋好学的传统。理学

① 《嘉庆高邮州志》卷之十上“文苑”，《中国地方志集成·江苏府县志（46）》，第42—43页。

② 王安国等：《古堂府君行述》，《高邮王氏六叶传状碑志集》卷二，《高邮王氏遗书》，1925刊本，第1—2页。

③ 《嘉庆高邮州志》卷之十上“文苑”，《中国地方志集成·江苏府县志（46）》，第55页。

④ 王安国等：《古堂府君行述》，《高邮王氏六叶传状碑志集》卷二，第3—10页。

传家契合了康雍时期的学术趋向，也成为王氏获得科名的基础。王安国（1694—1757），字书城，号春圃。生而端颖，7岁随父读经，19岁补博士弟子员第一名，从此潜心理学。康熙五十六年（1717）中江南乡试举人，雍正二年（1724）一甲第二名进士，授翰林院编修。其后，充《大清一统志》《八旗志书》纂修官，福建乡试正考官，次年迁国子监司业。“其教国子也，严月课，抑营竞，进诸生讲濂、洛、关、闽之学，不沾沾讲义。尝曰：‘学当识之于心，见之行事，讲习讨论求其是耳。著书垂训当出之老师宿儒，非学者所急也。’”[①]雍正十二年（1734）九月，出任广东肇高学政，途中迁侍读学士，抵任后又任都察院佥都御使。旧制院门森严，“安国曰：‘人之欲实在心，苟无欲，虽日启门何患。’乃设西斋，日延见诸生，教以读书立品之要。贫者赡以膏火，使壹志于学。时士气不振，安国见诸生，令长揖不拜，导之重廉耻，长气节”。[②]其官署内设明伦学舍，每次考校优秀子弟三四十人在此学习，安国暇日则与之朝夕讲学，犹如塾师。乾隆元年（1736），奉旨留任学政三年。雍乾之际，曾上《疏浚海口折》，陈述七条理由，认为“疏浚海口实为治河第一要务”。[③]

乾隆五年（1740）十一月，王安国奉旨以本官管广东巡抚事。因其督学时“志行清洁，见诸有司，不少假辞色。及闻抚粤，诸素不廉者各自危，或早解组去。而穷乡僻壤之民，无不交相额庆。六年春，抵任，乃与属下官吏约：宥往咎，予自新，除积弊，禁侵渔，杜馈遗，锄奸恶，释冤囚，劝农兴学，吏治一新”。[④]乾隆八年（1743），升兵部尚书，十一年（1746）迁礼部尚书。鉴于内外官员簿书烦琐，无暇顾及农桑之事，上《省簿书以课农桑折》。在部十年，禁止增加淫祀，上自朝会祭祀，下迄

① 汪由敦：《光禄大夫经筵讲官吏部尚书谥文肃王公安国墓志铭》，《高邮王氏六叶传状碑志集》卷一，第10页。

② 《嘉庆高邮州志》卷之十上“列传”，《中国地方志集成·江苏府县志（46）》，第39页。

③ 王安国：《疏浚海口折》，《王文肃公遗文》，《高邮王氏遗书》，1925年版，第1—2页。

④ 王念孙：《春圃府君行状》，《高邮王氏六叶传状碑志集》卷三，第4页。

贡举学校，凡定例可遵者实力奉行，有当更正者则与同官具奏或自为陈奏。乾隆十二年（1747），奉命充《大清会典》馆正总裁，博综古今，斟酌体要，越十年而成《钦定大清会典》百卷。同时，《钦定大清通礼》50卷亦编成。安国精研古礼，尤邃于《周官》《小戴礼记》诸书。乾隆二十二年（1757）卒于京邸，谥文肃。

王安国重操行，常以古人自期。“甫释褐，座师大学士高安朱文端语之曰：‘学人通籍后，留得本来面目为难’。安国奉为模楷……居家孝友，三族之贫者多蒙其惠。”[①]他为学专宗朱子，曾为宝应学者王懋竑的《朱子年谱》作序，谓“朱子集濂、洛之大成，以上溯孔、孟，于是道之晦者复明，如日再中矣”。[②]平时以理学教士，曾欲编《四子书大全》，谓“《朱子集注章句》约而精，无可议者。其余门弟子所汇《语类》《文集》诸书详矣，而多未醇。有明以后说书者愈繁，而理愈晦。今欲兼综朱子师弟问答之语，裒其粹精，以附注后，更折取众说，一衷以朱子解经之意，严为去取，庶条绪不纷，义归一是”。病中深以未竟其业为憾。[③]

王安国一生奔忙于仕途，学术建树不大，而重视以理学修身。为官以俭约自处，虽官至尚书，而衣服器用不改于旧。生平淡泊寡交，闲暇则如诸生一样闭门读书。原配、继配皆先卒，年过不惑后，再继配钱塘徐氏。乾隆九年（1744）三月十三日，徐夫人生子念孙。而念孙3岁丧母，家少僮仆，父子同睡同起十余年。他常随父上朝堂，在舆中食早餐，在官署案边学句读，六七岁随父读诸经，“都下有神童之目”。[④]据王引之回忆：“先祖退朝，则为言立身敦品之道，证以前言往行，家父一一识之。”[⑤]念孙8岁学为制艺，10岁读十三经，旁涉《史记》《资治通鉴》。

此时，理学仍高踞庙堂，而汉学已在江南悄然兴起，并且渐受朝廷

① 《嘉庆高邮州志》卷之十上“列传”，《中国地方志集成·江苏府县志（46）》，第42页。

② 王安国：《朱子年谱序》，《朱熹年谱》卷首，中华书局1998年版，第1页。

③ 王念孙：《春圃府君行状》，《高邮王氏六叶传状碑志集》卷三，第8页。

④ 阮元：《王石臞先生墓志铭》，《揅经室续集》卷二下，第1页。

⑤ 王引之：《光禄公寿辰征文启事》，《王伯申文集补编》卷上，北平来熏阁书店1935年刊本，第7页。

重视。乾隆二十年（1755），汉学名家戴震“避仇入都”，因精于三礼、六书、九数、声音训诂诸学，为京师士大夫所重。王鸣盛、钱大昕、朱筠、纪昀、卢文弨“皆折节定交”。[①]次年，戴震馆于王安国家。13岁的念孙师从戴震，为稽古之学。不过，戴震没有画定念孙的学术畛域。他问于师曰：“弟子将何学而可？”戴震沉思久之，曰：“君之才竟无所不可也。”[②]不料一年后，王安国病卒。念孙扶柩回里，师从深通理学的翰林院侍讲夏廷芝。[③]王念孙受汉、宋之学的双重熏陶，少年而有老成之风，为文理法精熟。乾隆二十五年（1760）以童生应州试，名列第二，补州学生员。三十年（1765），皇帝第四次南巡，念孙以大臣子迎銮，献颂册，钦赐举人。四十年（1775）成进士，旋改翰林院庶吉士。

王念孙学优而仕，曾以“学问、人品、政事三者同条共贯”教晚辈学者臧庸。[④]既重修身治学，又关心政事。居官事上，皆直道而行，人称能以实学、实心而行实政者，其论政涉及吏治、河道、漕粮等实务，且洋溢着激浊扬清的正气。嘉庆二年（1797），王念孙任吏科掌印给事中。四年（1799）正月初三，乾隆帝卒，嘉庆帝亲政。四日，免去和珅的军机大臣和九门提督之职，令其与福长安一心办理太上皇丧事。初五日，特旨召见王念孙等大臣，并下诏求言：“凡九卿科道，有奏事之责者，于用人行政，一切事宜，皆得封章密奏，俾民意得以上闻，庶事不致失理。诸臣务须宅心虚公，将用人行政，兴利除弊，有裨实政者，各抒诚悃，据实敷陈，佐朕不逮，用副集思广益至意。”[⑤]随后科道诸臣列款弹劾和珅，而正月初八日王念孙的奏折尤为卓著得力。其第一条提出，欲平息教民滋事，当先“除内贼以肃朝宁”。大学士和珅深受皇恩，位居台辅，而不思鞠躬尽瘁，惟知纳赂营私，鬻货揽权，以致官吏贪酷成风，激

① 王昶：《戴东原先生墓志铭》，《春融堂集》卷五十五，第8页。

② 王引之：《光禄公寿辰征文启事》，《王伯申文集补编》卷上，第8页。

③ 案，夏氏著有《河图精蕴》一书，为精于理学者。见《嘉庆高邮州志》卷十一“书目”，《中国地方志集成·江苏府县志（46）》，第11页。

④ 臧庸：《与王怀祖观察书》，《拜经堂文集》卷三，《续修四库全书》第1491册，第578页。

⑤ 《仁宗睿皇帝实录》卷三七，《清实录》第28册，中华书局1986年影印本，第416页。

民生变。“和珅之罪，不减于教匪。内贼不除，外贼不可得而灭也。臣闻帝尧之世亦有共欢，及至虞舜在位，咸就诛殛。就此言之，大行太上皇帝在天之灵固有待于皇上之睿断也。”[①]奏折援据经义，为严惩和珅提供了合乎情理的依据。嘉庆帝览奏称善，即日“革大学士和珅、户部尚书福长安职，下狱治罪”。[②]其后，王念孙任直隶永定河道，讲求河工，整顿吏治，杜绝扣饷之风。但积弊重重，事倍功半，治河设想未能实行。嘉庆八年（1803）底署山东运河道，在山东任职六载，廉洁自律，抉剔弊薮。至十四年（1909），复任永定河道，不久以六品衔休致。就养京邸，闭门谢客，每日著书自娱。

王念孙是传承王氏德性修养、发展家学的关键。他转治汉学，却没有完全摒弃理学传统，并注重讲求内圣功夫。一生保持学者本色，性喜俭约，衣食器皿之属，不求美丽，但求给用而已。凡所撰著，多由自己勤勉考校，晚年手足偏枯，足不能出户，仍目览手记，孜孜不已。尝笑而言：“人生各有所乐兮，余独著述以为常。”[③]平生不信佛、道，凡祀典所无者，皆不谒其庙，常称述汤斌禁毁五通神及其父驳立龙神庙。

自乾隆四十五年（1780）任京职后，念孙未携家眷，数十年块然独居，不蓄妾媵，不征逐酒食游戏。夫人吴氏久居原籍，克勤克俭，善理家政，惟恐家事拖累丈夫的公事和治学，治家秩序井然。王氏夫妇育有二子，长引之，次敬之。有女三人。教之以敦品读书、谨身节用为要。敬之，字宽甫，生于乾隆四十三年（1778），高邮州学增贡生，官县令，有四子，著有《三十六湖渔唱》《宜略识字斋杂著》《小言集》等。[④]

王引之，字伯申，号曼卿，5岁从师读书，10岁随父读《童蒙须知》、朱子《小学》及明代吕坤的《小儿语》。朱子《小学》共六篇，内篇为《立教》《明伦》《敬身》《稽古》，外篇有《嘉言》《善行》，

① 王念孙：《敬陈剿贼事宜折》，《王石臞先生遗文》卷一，《高邮王氏遗书》，1925年版，第1—2页。

② 《仁宗睿皇帝实录》卷三七，《清实录》第28册，第418页。

③ 王引之等：《石臞府君行状》，《高邮王氏六叶传状碑志集》卷四，第14页。

④ 《光绪再续高邮州志》卷六“艺文志·书目”，《中国地方志集成·江苏府县志（47）》，第55—57页。

全书强调明伦敬身，皆宋儒养正之功，教人之本。引之幼年如同父、祖一样，深受理学熏陶。“幼承家学，精研古义，能观会通。”[①]年17岁，补博士弟子员，次年入国子监读书。青年时期沉潜古训而不废举业。乾隆六十年（1795），中顺天乡试举人，答卷被考官评为“理法精纯，根柢深厚”，“为绩学士”。嘉庆四年（1799）春，引之成一甲第三名进士，授翰林院编修。主考官为大兴朱珪，副主考为阮元，皆为汉学名臣。时人以祖孙鼎甲，三代词林，传为科名佳话。王念孙告诫云：“文学之臣，绩学宜勤，持躬宜慎，当以汝大父为法，庶几有所遵循。”[②]

嘉庆十二年（1808）五月，王引之服阕入都，补右春坊右庶子。七月署日讲起居注官，八月外任河南学政。期间与署理河南巡抚阮元商议，以经术讽劝诸生，捐俸购置《十三经注疏》百余部，分存于学宫、书院，以便诸生抄读。中州字音近古，作韵语多不协律，乃手订《诗韵》一册，令诸生学习。嘉庆十九年（1814），他视学山东，谕旨令“以实心整饬士习”，并命密查该省官吏劣迹及吏治情形具实上奏。他遂整肃科场弊端，申严五童互结法。时值天理教首领被杀之后，山东多教民，他作《阐训化愚论》《见利思害说》以教士民，奉旨刊行。王引之以学问优异而受嘉庆帝垂青。二十三年（1818）擢礼部左侍郎。道光二年（1822）转任吏部、刑部，十年（1830）改礼部尚书。服官40年，以清、慎、勤为居官之道，而以慎为主。道光十四年（1834）六月，卒于工部尚书任。

王引之有四子，诸子“甫有知识，即以朱子《小学》及《养正遗规》示之”，[③]在传承汉学的同时讲求理学修养。其长子寿昌，道光元年（1821）二品荫生，官户部主事，广西按察使；次子彦和，官广西玉林直隶知州，为清军效力途中以劳瘁死；三子寿朋早殁；四子寿同，幼时得家学渊源，道光二十四年（1844）进士，历官刑部福建司郎中，出为贵州黎平知府。他平日留意于一切经世之书，道光三十年（1850）任湖北汉黄

① 《道光续增高邮州志》第三册“人物志·列传”，《中国地方志集成·江苏府县志（46）》，第4页。

② 王引之等：《石臞府君行状》，《高邮王氏六叶传状碑志集》卷四，第15页。

③ 王寿昌等：《伯申府君行状》，《高邮王氏六叶传状碑志集》卷五，第20页。

德道台，下车伊始，兴利除弊，“教民立区田法以兴农利”。咸丰元年（1851），寿同署湖北按察使。次年赴武昌襄办军务，同年十二月四日，太平军攻陷武昌时死难，寿同之次子恩晋亦随遇难。①

王氏父子长于音韵训诂之学，又深受理学熏陶，汉学成就和德性修身浑然一体。与王氏为世交的龚自珍认为，引之“以事亲为读书，以读书为事亲”。②后人论王氏的为学做人云：

> 高邮王氏，祖孙父子笃志传经，为清朝儒门之冠。其立朝亦卓有声绩，不坠家风。文肃公安国，清操冠时……公子石臞观察念孙，仕谏垣时，以弹和相著声望。公孙文简公引之，则履道广深，风鉴明远，明刑典礼，独持大纲。盖三世清氈，百年乔木，体用兼备，读书之收效宜然。彼刘歆、戴圣辈抗颜大师，望实俱陨，恐仍是缘饰经术，泽古不深耳。③

自王安国到王寿同，王氏四世进士，从理学而转治汉学，卓有成就。龚自珍诗云：“一脉灵长四叶貂，谈经门祚郁岧峣。儒林几见传苗裔？此福高邮冠本朝。”④王氏讲求学问、人品、政事“同条共贯”，理学修养一脉相承。像许多理学世家一样，王氏将尊德性置诸首要。王念孙指出：“昔者先王之教士也，始以六德，继以六行，终以六艺。儒者之自命也，太上立德，其次立功，其次立言……故曰德成而上，艺成而下；行成而先，文成而后，然后可以有为于天下也。”⑤王氏的理学及修身主题始终占有重要位置，与其功名、学问相得益彰。

---

① 王锡恩等：《子兰府君行状》，《高邮王氏六叶传状碑志集》卷六，第13页。

② 龚自珍：《工部尚书高邮王文简公墓表铭》，《龚自珍全集》，第148页。

③ 葛虚存编：《高邮王氏》，《清代名人轶事》，《近代中国史料丛刊》三编，第四辑，第40册，第185页。

④ 龚自珍：《己亥杂诗》，《龚自珍全集》，第523页。

⑤ 王念孙：《士先器识而后文艺论》，《王石臞文集补编》，北平来熏阁书店刊本，第7—8页。

科举望族：常州庄氏

明末以后，常州庄氏成为江南科举望族。其“世科第牌坊”首建于康熙二十七年（1688），其后屡经增修。庄氏被褒者共104人，起自明代庄檡，“前六人是明朝人，其余九十八人皆为清代人”。[①]至嘉庆朝，庄氏有“父子卿贰，两代兄弟词林，又继之以兄弟鼎甲，而三世八进士，同榜三进士，一科四贤书”之“佳话”。[②]据其后人统计，“从万历年间第八世到光绪年间第二十世，284年间，代代甲乙榜上有名，共出状元1名（庄培因，第十二世）、榜眼1名（庄存与，第十二世）、传胪1名（庄应会，第九世），进士34名，举人82名，贡生49名。特别是康熙、乾隆年间的第十二世和第十三世，出举人、进士达30多人”。庄氏弟子宦迹遍布天下，上至朝廷，下至县令，历任京堂二、卿贰二、翰詹11、省府县级官员以百计数。[③]常州庄氏11名翰詹集中于康、雍、乾时期，包括顺治朝的庄同生、庄朝生（均为第十世），康熙朝的庄令舆（第十二世）、庄楷（第十一世），雍正朝的庄柱（第十一世），乾隆朝的庄存与、庄培因（第十二世），乾隆朝的庄承籛、庄通敏（第十三世），嘉庆朝的庄诜男（第十六世），道光朝的庄受祺（第十七世）。[④]这是庄氏进入最高学术殿堂，了解清学主流的重要途径，尤其是庄柱一家。

庄柱为雍正五年（1727）进士，会试本拟为状元，却被雍正帝调置二甲。庄柱及其兄庄楷均入翰林。兄弟五人有三进士，一举人，一副榜，当时有联语云：“几乎状元及第，也算五子登科。”[⑤]《庄氏族谱》强调“忠孝传家”，又将科举成就归功于“风水宝地”。但实际上与庄氏熟悉作为科考内容的义理之学密不可分。明末至清初，庄氏除擅长诗文外，还以理学传家。明末天启年间，庄起元之母死后得皇帝“诰命”，称为

① 《世科第牌坊》，《毗陵庄氏族谱》第二部卷六，2008年版，第76页。
② 刘跃云：《嘉庆辛酉修谱刘序》，《毗陵庄氏族谱》卷首，光绪元年刊本，5页。
③ 庄小虎：《庄存与家族史考述》，《常州工学院学报》2003年第5期。
④ 《毗陵庄氏族谱》第二部卷六“功名”，2008年版，第74页。
⑤ 《毗陵庄氏族谱》第二部卷六“荣耀类”，2008年版，第83页。

“理学门风”。[①]庄起元的家训也推重理学：“吾夫子删正六籍，师表万世。”“紫阳的解，道学自修，曾氏真传，庸知近仁。”“义理不透，何益身心。”[②]庄氏形成了讲求义理的儒学传统。庄柱“天资颖悟，勤学不倦……尤好朱子《小学》，一言一动，皆遵之”。[③]其子庄存与“幼禀庭训，习朱子《小学》《近思录》。长益沉潜经义，诵诗读书，惟以知人论世为准。故所造洪博深邃，莫测其涯涘”。[④]

庄氏的理学传统契合了康、雍朝的学术正统，有利于科举仕途。乾隆十年（1745），庄存与成一甲二名进士，授编修，但史学欠佳。十三年（1748）朝考《汉书》，庄存与仅列二等之末。皇帝令其“闭户读书，留心经学”。至十六年（1751）五月，仍授编修。其族弟庄勇成云：“兄笃志好学，而疏于酬应。迄入都就职，不甚当掌院意，散馆名次不前，与钱殿撰维城同拟散补外任。汪文端公由敦深知兄务实学，钱亦才敏绝人，亟言于上，二人乃并得留馆三年。”[⑤]庄存与免于外任，得以久居翰林，沉潜学术。乾隆十七年（1752），大考翰詹，《拟董仲舒天人册第三篇》。庄存与“素精董氏《春秋》，且于原文‘册曰’以下四条，一字不遗，上大嘉叹，即擢侍讲”。[⑥]

庄存与为中枢近臣，熟悉乾隆帝对学术的喜好和需要。这对家人获取科名并非毫无意义。其弟庄培因素负才华，据说存与中榜眼时，培因和以诗云：“他年令弟魁天下，始信人间有宋祁”。[⑦]可见，他对科举功名相当自信。乾隆十九年（1754），庄培因入闱殿试。乾隆帝策问云：“先儒

① 《南京户部湖广清吏司员外郎庄起元父母诰命》，《毗陵庄氏族谱》第二部卷五，2008年版，第7页。

② 庄起元：《鹤坡公家训》，《毗陵庄氏族谱》第二部卷七，2008年版，第105页。

③ 庄铭鼎：《南村公传》，《毗陵庄氏族谱》卷二十九“家传一”，光绪元年刊本，第61页。

④ 臧庸：《礼部侍郎庄公小传》，《碑传集补》卷三，《近代中国史料丛刊》初编，第一百辑，第991册，第9页。

⑤ 庄勇成：《少宗伯养恬兄传》，《毗陵庄氏族谱》卷三十“家传二”，光绪元年刊本，第30页。

⑥ 刘逢禄：《记外王父庄宗伯公甲子次场墨卷后》，《刘礼部集》卷十，第8—9页。

⑦ 《贡考举略》，《毗陵庄氏族谱》第二部卷十四“毗陵耆旧各种笔记”，2008年版，第644页。

曰：天即理也。董仲舒以为善言天者，必有验于人。又谓道之大，原出于天。天不变，道亦不变……人无一日不在理道中，本无理道之可名。自宋诸儒出，于是有道学之称。然其时尊德性、道问学，已讥其分途。而标榜名目，随声附和者，遂借以为立名之地，而大道愈晦。今欲使先圣先贤之微言大义昭如日星，学者宜何所致力欤？”[①]这类试题虽立异于宋儒，但要求对理学以及董仲舒的天人之学有较深造诣。庄培因对朝廷的儒学倾向并不陌生，其“殿试对策”云：“窃有慕于贾谊、董仲舒之策，陆贽之奏议，其所敷陈，皆能切于事情，合于理道。”[②]乾隆帝看了他的答卷说：“此卷通晓事理，甚得政体，不宜作状头耶。”遂置为一甲第一。[③]

庄培因中状元固然与才学分不开，但不能说与庄存与的点拨毫无关系。庄氏兄弟学术相似，均有慕于贾谊、董仲舒一类“明体达用”之学，注重义理，并有经世关怀。庄培因工书法，官翰林院修撰，二十三年（1758）升侍讲学士，旋任福建学政。“其为政，以端士习、敦教化为亟务”[④]。被乾隆帝评为“伶俐”。[⑤]乾隆二十四年（1759）六月，培因奔父丧归里，抚棺哀号，一恸而绝，卒年仅37岁，学术上未有大成。

其后，庄氏理学延绵不绝。庄存与之孙贵甲记云：其父逢原少时“日奉大父庭训，该综艺文，手录‘五经’及《左》《国》《史》《汉》……尤喜《小学》及宋五子书，与仲父朝夕讨论，每忘寝食”。而庄逢原对子女亦“时以儒先格言及先人遗言为教，大旨不外笃孝弟、厚人伦，立志守身，严君子小人之辨，以力于正学”。[⑥]在家学陶冶中，庄存与三子，一为举人，二人进士，延续了科名的辉煌。庄培因之子庄述祖幼年受伯父的

---

① 《高宗纯皇帝实录》卷四六一，《清实录》第14册，中华书局1986年影印本，第988—989页。

② 庄培因：《殿试对策》，《虚一斋集》卷五，光绪九年刊本，第20页。

③ 庄勇成：《学士仲淯弟传》，《毗陵庄氏族谱》卷三十“家传二”，光绪元年刊本，第41页。

④ 彭启丰：《翰林院侍讲学士庄本淳婿墓志铭》，《毗陵庄氏族谱》第三部卷十六，2008年版，第61页。

⑤ 秦国经主编：《清代官员履历档案全编》第1册，第635页。

⑥ 庄贵甲等：《先考汇川府君行述》，《毗陵庄氏族谱》第二部卷十四，2008年版，第542、544页。

学术熏陶，也为乾隆进士，并成为传衍家学的著名学者。

庄氏科举成就植根于深厚的家族文化，而理学传承不可忽视。乾嘉汉学兴盛之时，形成了超越宋学的势头，但纵观有清一代的科举望族，仍然多立基于理学。除庄氏、王氏之外，那些科名昌盛的汉学家族如曲阜孔氏、绩溪胡氏、瑞安孙氏等，大抵都有深厚的理学造诣。从历史的经验来看，科名顺利者未必学有成就，而科名仍然是跻身士林、获得良好治学环境的重要途径。故赵翼一面赞赏孙星衍著《仓颉篇》《尔雅正俗字考》《水经疏》等书；一面提醒孙氏："第传世与应举究属两途，谓宜趁此韶年，尚当兼治举业，了此场屋一事，然后毕力于著述，来日方长，正未晚也。俗见诚无当于高明，正以爱慕之深，不觉一吐其浅陋耳。"[①]显然，一般"俗见"仍将科举视为必经之途。后来孙星衍中榜眼，入翰林，成为著名汉学家和扶持汉学的名宦，很大程度上得益于科举成就。科名是延续学术传承、孕育学术世家的有利条件。就此而言，理学传家对汉学世家及其学术繁衍显然具有意义。

二　宋学与今文经学

儒学不乏思辨性，但流派不同，义理色彩各异。皮锡瑞曾说："治经必宗汉学，而汉学亦有辨。前汉今文说，专明大义微言；后汉杂古文，多详章句训诂。章句训诂不能尽餍学者之心，于是宋儒起而言义理。此汉、宋之经学所以分也。"[②]这里揭示了今文经学的义理色彩及汉、宋之学的互补性。今文经学何以在嘉道年间迅速兴起？如果撇开社会变迁不说，这恰好体现了清代汉学衍变的内在理路。清代汉、宋之学由对立而走向调和、兼采，正是嘉道今文经学由隐而显的历程。在古文经学日过中天之后，随着士人的学术反思和调整，今文经学"在士人寻求义理的需要中应运而兴"。[③]清代今文学的渊源不囿于先秦儒学和"前汉今文说"，并且

① 赵翼：《赵翼致孙星衍》，《小莽苍苍斋藏清代学者书札（修订本）》（上），人民文学出版社2014年版，第129页。

② 皮锡瑞：《经学历史》，第89—90页。

③ 详见拙著《嘉庆以来汉学传统的衍变与传承》，第89页及第二章。

包括被一些古文家排斥的宋学。清初理学风行朝野，士大夫不自觉地浸润其间。即使到乾嘉汉学兴盛之时，一些学者虽重考据却也不废义理，其中不难发现宋学的影子，嘉道以降尤其如此。下文以几位著名今文家为例略作申述。

不分汉、宋的庄存与

庄存与的治学特色与仕宦经历不无关系。他久居翰林，一生主要官职是礼部侍郎。儒家讲求礼法并行，这在庄存与的言行中表露无遗。二十一年（1756），他任直隶学政，上疏改良科考制度，应考生员均须礼部注册，以杜绝冒名顶替。翌年春，庄存与在顺天学政任严肃考场纪律，满、蒙童生因不能传递挟带而闹场，他因此被御史汤世昌参劾革职。数日后，乾隆帝谕："庄存与于考试生童闹场一案，既不参奏于前，及朕面召询问，又不据实陈奏，是以将伊革职。但各生童喧闹，究因该学政办理尚属严密，不能传递之故……庄存与著带革职，仍留内阁学士之任"，并严惩闹场生员。[①]

庄氏严肃士风与完善礼制相统一，都归宿于"纲纪法度"。后人谓其好学不倦，"至老不衰，证今考古，探颐索隐，卒为礼乐名臣"。[②]其孙庄绶甲云："先大父之治经也，最先致力于《礼》。"撰《周官记》5卷，《周官说》2卷。"一则择其要者释之，一则合二《礼》以见大义……先大父治礼本郑氏学，又遍览晋、唐、宋、明以来说礼之书，择善而从，为郑氏拾遗补阙。"[③]庄存与的《周礼》研究与做"礼乐名臣"的追求有一定关系，且有现实关怀。后来经世学者李兆洛认为，其《周官记》《周官说》"能探制作之本，明天道以合人事"。"有志于治者，由其说通其变，举而措之，如视诸掌，非徒经生讲解之资而已也。治经者知读书所以致用，必有观其会通而不泥于迹者。"[④]他注意到庄氏经学的经

① 《清高宗纯皇帝实录》卷五五七，《清实录》第16册，中华书局1986影印本，第52页。

② 庄勇成：《少宗伯养恬兄传》，《毗陵庄氏族谱》卷三十"家传二"，光绪元年刊本，第30页。

③ 庄绶甲：《周官记跋》，《周官记》卷后，《味经斋遗书》，第1—2页。

④ 李兆洛：《庄方耕先生〈周官记〉序》，《养一斋文集》卷二，第16—17页。

世价值，引为同调。但庄氏学术重心是《春秋》学，侧重于《公羊传》蕴涵的圣人之道。这既有其现实的政治背景，又有自身的学术渊源。

乾隆朝前期，理学停滞不前，汉学家解经新义迭出，莫衷一是，朝廷则试图折中经学各派，统一诸经义疏。乾隆二十三年（1758）春，庄存与条奏“科场事宜”多项，如酌减乡试官卷名额，重定各省录取名额，“严禁考官代士子豫拟经题”，“取士经旨，悉遵用先儒传注”等。这份条奏显示了一定的保守性，提倡“悉遵用先儒传注”也是不现实的。不过，朝中有大学士认为“应如所请，私心自用及泥俗讲者，概不录”。这些均得乾隆帝认可。[①]同年八月，由群臣奉旨编定、名为“御纂”的《春秋直解》成，乾隆帝序称：“中古之书，莫大于《春秋》。推其教，不越乎属辞比事，而原夫成书之始，即游、夏不能赞一辞。”圣祖钦定《传说汇纂》，“熔范群言，去取精当，麟经之微言大义，炳若日星。朕服习有年，绍闻志切。近因辑《易》《诗》二书竣事，命在馆诸臣条系是经，具解以进，一以《汇纂》为指南，意在息诸说之纷歧以翼传，融诸传之同异以尊经，庶几辞简而事明”。[②]这已表明了朝廷的学术大旨，以及主导士人治经方向的意图。

如何“息诸说之纷歧”，“融诸传之同异”？庄存与的取径之一是兼容宋学，作《尚书既见》等篇，平息自阎若璩《古文尚书疏证》以来的排宋潮流，在汉学大盛的局面中为宋学争取一席之地。

西汉初年，90余岁的伏生口授《尚书》29篇，用隶书写出，称为《今文尚书》。后鲁恭王坏孔子古宅，欲改为宫殿，不意得篆书写成的竹简《尚书》，经孔安国校读，比《今文尚书》多16篇，是为《古文尚书》，后又亡佚。东汉初，经学家杜林得漆书《古文尚书》一卷，经贾逵、马融、郑玄等人传注，遂大行于世。东晋时，豫章内史梅赜又献《古文尚书》25篇和孔安国的《尚书传》，此本与《今文尚书》混合流传后世，列于学官。宋代吴棫、朱熹曾对《尚书》后出篇目有所怀疑，但未予明确辨证。其后，元代吴澄、明代梅鷟对《古文尚书》有所考证，指出东晋25篇

① 《清高宗纯皇帝实录》卷五五八，《清实录》第16册，第72—73页。

② 《清高宗纯皇帝实录》卷五六八，《清实录》，第16册，第211—212页。

的一些作伪痕迹。清初经师阎若璩作《古文尚书疏证》，旁征博引，列述128条证据，考订梅赜所献《古文尚书》为伪作。于是，程、朱理学的重要依据之一、《尚书·大禹谟》中的“人心惟危，道心惟危，惟精惟一，允执厥中”的“心传”已不足为据，实际上冲击了宋学。此后，汉学家多尊信其说，对《古文尚书》进行辨伪考证的著作接踵而现，惠栋、戴震、江声、王鸣盛、孙星衍等人从不同角度补充、完善了阎若璩的见解。而宋学家对此大不谓然，如翁方纲说：“《古文尚书》诚不无可疑处，然义皆醇正，列于学官久矣！即如其中一二偶见他书者，安得从而议之？今日读《尚书》者，竟以驳《古文》为事矣，皆阎氏此书树之帜也。”[①]《古文尚书》之争成为汉、宋学者交锋的焦点。

对此纷争，有言官学臣主张重定《尚书》篇目，颁行天下，考官命题，学僮讽书，不得参杂伪《古文尚书》。庄存与早年也研习阎若璩等人的《尚书》学，但认为，“辨古籍真伪，为术浅且近者也；且天下学僮尽明之矣，魁硕当弗复言。古籍坠湮十之八，颇藉伪书存者十之二。帝胄天孙，不能旁览杂氏，惟赖幼习五经之简，长以通于治天下”。他于是作《尚书既见》若干卷，钩稽《古文尚书》，阐述其古圣治国之法。“数数称《禹谟》《虺诰》《伊训》，而晋代剟拾百一之罪，功罪且互见。”庄存与“是书颇为承学者诟病，而古文竟获仍学官不废”。[②]庄氏《尚书》学与乾隆间的汉学主流不合，其维护《古文尚书》的态度表明了偏重皇朝的文化秩序，而将考辨古籍真伪置诸次要，客观上巩固了宋学的基础。

不过，庄存与没有像宋学家那样拘泥于性理之谈，言行“未尝以理学自鸣”，所著《四书说》有时也与朱子有出入，只是不像戴震那样排斥宋学。故后来推崇者谓该书“精实处且胜《孟子字义疏证》”，[③]甚者认为：“其学不分别汉、宋，极深研几，参究天人之际，凿实陈指先王制作原本。晚益邃密，精融理象，油然大适于三代圣人之心。”[④]庄氏经学是

① 翁方纲：《愚谷文存序》，《复初斋文集》卷三，光绪三年刊本，第14页。

② 龚自珍：《资政大夫礼部侍郎武进庄公神道碑铭》，《龚自珍全集》，第141—142页。

③ 谭献：《谭献日记》，中华书局2013年版，第221页。

④ 蒋彤：《庄存与传》，《丹棱文钞》卷三，《清代诗文集汇编》，第615册，第652页。

否契合“三代圣人之心”，这仍然是可以讨论的，而其学术上贯通群经，无分汉、宋的基本倾向则是毋庸置疑的。

与此同时，庄存与试图寻找兼容汉、宋的学术途径。这方面，既为汉学，又重义理的董氏今文学成为较佳取径。就官学来看，乾隆帝看似于《春秋》三传持平而论，实则对董氏学独有青睐。比如，三十九年（1774）经筵讲《论语·雍也》“仁者先难后获”一句，“御论”曰：“问仁于孔子者多矣”，而以告颜渊“克己复礼，实为仁之最切要，即所对樊迟者，亦岂外于是哉！盖先难者何？克己也；后获者何？复礼也。”“董仲舒正谊明道之论，略为近之”。[①]乾隆帝期望像董仲舒那样统一士人思想。其殿试策问云：“顾四库之藏，浩如烟海，必权衡有定，去取乃精。昔董仲舒请罢黜百家，专崇孔氏，陶弘景则一事不知，引为深耻。今将广收博采，而传注时多曲说，稗官不免诬词。异学混儒、墨之谈，伪体滥齐、梁之艳，于人心世教未见有裨……多士下帷有日，宜以知人论世为先务，其各区陈醇驳，以征稽古之功。”[②]所谓“区陈醇驳”，虽未详述界线，却强调学术有裨于“人心世教”，其思想导向不难分辨。在“大一统”的政治格局下，所谓“异学”“伪体”都当摒弃不取，而带有谶讳色彩的董氏今文学更能适应“治国安邦”的需要。这些正是庄氏今文经学兴起的政治背景。

在学术渊源上，庄存与早年就有今文学和宋学造诣。他读书注重博观约取，“于汉则宗仰江都，兼取子正、平子；于宋则取裁五子……盖自幼耳濡目染，秉承庭训……自署斋中屏联云：‘玩经文，存大体，理义悦心；若已问，作耳闻，圣贤在坐。’其居敬穷理功夫，于此大概可见”。[③]显然，他早年究心于董仲舒的今文学及宋学，与一般汉学家不同。当时，理学停滞不前，缺少义理的古文经学又不能适应朝廷的需要，故较佳途径是像董仲舒那样阐发“《春秋》大义”。

① 《高宗纯皇帝实录》卷九五二，《清实录》第20册，中华书局1986影印本，第905页。

② 《高宗纯皇帝实录》卷九八一，《清实录》第21册，中华书局1986年影印本，第96—97页。

③ 庄勇成：《少宗伯养恬兄传》，《毗陵庄氏族谱》卷三十“家传二”，光绪元年刊本，第29—30页。

自汉代以降，《春秋》学著作汗牛充栋，而董仲舒、何休的今文学都长于阐述义理。庄存与不同于董氏《春秋繁露》自著篇章，“为《春秋》作义”，也不同于众多注疏体著作，随经释义，而是以辞释义。他一再强调“《春秋》非记事之史，不书多于书”，故其《春秋》学不在于考据史实、文字，而是发掘那些或隐或显的“微言大义”。庄存与尊崇公羊，阐述董、何，不属于乾嘉汉学的主流，当时难得一般汉学家认同，却得到朝廷重臣朱珪的肯定。朱氏评论庄存与的《春秋正辞》，“义例一宗公羊，起应实述何氏，事亦兼资《左氏》，义或拾补《穀梁》。条列其目，属比其词，若网在纲，如机省括，义周旨密，博辨宏通。近日说经之文，此为卓绝，用以诏兹来哲，庶几得所折衷，由是抉经，心执圣权，则偏惑乖方之诮，吾知免矣”。[①]这番溢美之辞虽然基于庄氏经学的影响，但主要是看到了庄氏经学的工具价值。

清末皮锡瑞指出：“《春秋》有大义，有微言。所谓大义者，诛讨乱贼，以戒后世是也；所谓微言者，改立法制，以致太平是也……孔子惧弑君弑父而作《春秋》，《春秋》成而乱臣贼子惧，是《春秋》大义。天子之事，知我罪我，其义窃取，是《春秋》微言。大义显而易见，微言隐而难明。”[②]准此而论，庄存与的《春秋》学侧重于“大义”，尤其是维护国家统一和君主权威的“大一统”理论。而他阐释这些“大义”时，又非常自然地融入了宋学。

《春秋正辞》以区分类例来阐发义旨。全书包括“正奉天辞”“正天子辞”“正内辞”“正二伯辞”“正诸夏辞”“正外辞”“正禁暴辞”“正诛乱辞”“正传疑辞”等九类。[③]庄存与接续汉代公羊学，如“建五始”“宗文王”多沿袭董仲舒、何休的解释，几无新意，即使重要的“大一统”理论也相类似。何谓“大一统”？庄存与的解释是：“天无二日，民无二王，郊社宗庙，尊无二上。治非王则革，学非圣则黜。”这并

① 朱珪：《春秋正辞序》，《春秋正辞》卷首，《味经斋遗书》，第1—2页。

② 皮锡瑞：《春秋》，《经学通论》（四），中华书局1954年版，第1—2页。

③ 庄存与：《春秋正辞叙目》，《春秋正辞》卷首，第1—2页。

非庄氏的发现，而是综合前人众说。[①]庄氏肯定“大一统”为《春秋》“大义”，旨在维护统治秩序和帝王权威，适应了乾隆帝及其时代的需要。

正如宋学家一样，庄存与重视从儒经中阐发纲常伦理。《易经》的阴阳、乾坤之说为历代儒家阐释“三纲”教条提供了理论依据，庄存与也不例外。他说：“君立乎上，震而动也。臣立乎下，巽而伏也。父子如之。夫立乎阼，妇立于房中，皆不可易也。夫妇之道，受之以久，不可以易。”[②]又说：“天下之理，莫大乎三纲。君为臣纲，君以易知，臣以简能；父为子纲，作述之谓也；夫为妻纲，天子之与后、日之与月、天之与地也，父之与母也。”[③]在他看来，三纲之中，首为君臣大义。这种思想主题亦贯穿于其《春秋》学。

《春秋正辞》于宋、元儒家二程、胡安国、赵汸诸家之学均有所汲取，带有明显的宋学色彩。书中对自然灾害的附会讥刺远不如董仲舒多，而较着意阐释儒家的礼仪人伦。他释“隐公元年春王正月”一条何以“不书即位”云：“《春秋》之志，天伦重矣，父命尊矣。让国诚，则循天理、承父命。不诚矣，虽行即位之事，若无事焉。是以不书即位也。君位，国之本也。南面者无君国之心，北面者有二君之志，位又焉在矣！十年无正，隐不自正，国以无正也。元年有正，正隐之宜为正，而不自为正，不可一日而不之正也。”[④]于是，庄存与从此条“不书即位”而记“元年有正”的区别中，发现了国君应遵从天理、父命而不像隐公那样仅“摄”君位的“微言大义”，从而凸显儒家的纲常伦理。

他释“弑”“杀”“篡”“讨”“战”等“诛乱辞”时更彰显了三纲“大义”，如指出：“《春秋》，天子之事也。罪其君父，所以正本也。故曰：‘为人君父而不通于《春秋》之义者，必蒙首恶之名。为人臣子而不通于《春秋》之义者，必陷篡弑之诛、死罪之名’”。[⑤]《春秋》如何讨伐“乱臣贼子”？“《春秋》之讨贼也，正名而已矣，我无加损焉！名

① 庄存与：《春秋正辞》卷一，第1页。
② 庄存与：《彖象论》，《味经斋遗书》，第14页。
③ 庄存与：《系辞传论》，《味经斋遗书》，第3页。
④ 庄存与：《春秋正辞》卷三，第4页。
⑤ 庄存与：《春秋正辞》卷十，第10—11页。

穷于不可正，加一辞焉，而弑君之贼，无所容于天地万世。故曰：法可穷，《春秋》之义则不穷。”[①]这方面，他也多采程、朱之说，如述“审天命废兴”引程子语：“人理灭矣，天运乖矣，阴阳失序，岁功不成矣，故不具四时。”[②]

在后世今文家看来，“诛讨乱贼”是《春秋》“大义”，而“改制立法”，行“天子之事”，则是“微言”。孔子“有德无位”，可称“素王”，故“发为文章，以垂后世”，示后世以改制之意。于是，《春秋》包含“通三统”的社会变易观和“张三世”等改制立法的主旨。庄存与讲求《春秋》义理，而对这些“微言”缺少关注。《春秋正辞》等书涉及的“微言”，基本上综合孔子、董仲舒、刘向、何休的解释，缺少己见，有的词句甚至较之董、何更为简略。他没有像孔广森那样把孔子塑造为“素王”，也没有对孔子“托鲁为王”的思想进行阐释。这与他不厌其烦地阐述“建五始”“大一统”诸条目形成了鲜明对照。总之，庄存与没有关注先圣的“改制立法”，而青睐于“大一统”理论，重视维护现有的统治秩序和人伦道德。

庄氏今文经学汲取宋学，注重纲常伦理，带有一定的保守性，但适应了士人对乾嘉汉学的反思和调整。乾嘉年间，一些宋学家指出阎若璩考证的缺失，仍然从宋学寻找学术出路；庄存与寻求义理之学，却没有归宿于宋学。他治学“博通六艺，善于别择”，经学门户观念不深，不分汉、宋，重今文而兼治古文，虽然所述偏重“大义”而缺少“微言”，但今文经学的义理性，适应了嘉道年间的学术逻辑和社会需要。正如后来刘逢禄所说：“圣人之道，备乎五经，而《春秋》者，五经之管钥也。先汉师儒略皆亡阙，唯《诗》毛氏、《礼》郑氏、《易》虞氏有义例可说，而拨乱反正，莫近《春秋》，董、何之言，受命如向，然则求观圣人之志，七十子之所传，舍是奚适焉？”[③]庄氏今文学在乾隆朝的学术界影响有限，但通过家学传衍，至晚清蓬勃发展。后来皮锡瑞云：庄氏“乃推今《春秋

---

① 庄存与：《春秋正辞》卷十，第17页。
② 庄存与：《春秋正辞》卷一，第8页。
③ 刘逢禄：《春秋公羊释例序》，《刘礼部集》卷三，第22页。

公羊》义并及诸经，刘逢禄、宋翔凤、龚自珍、魏源继之，而三家《尚书》、三家《诗》，皆能绍承绝学。凌曙、陈立师弟，陈寿祺、乔枞父子，各以心得著为专书。二千年之坠绪得以复明。十四博士之师传，不至中绝，其有功于圣经甚大，实亦由《公羊春秋》渐通《诗》《书》《易》《礼》之今文义也”。[①]这里勾勒了庄氏今文学流播之一斑。

龚、魏的宋学渊源

人们熟知的龚、魏之学也有宋学渊源。龚自珍的学术源出多途，既是接受庄氏今文学的再传弟子，又受宋学熏陶。他的伯祖父龚敬身，乾隆三十四年（1769）进士，曾任主事、郎中，出任云南楚雄知府等职。与弟澡身、禔身、理身、治身相爱善。“禔身亦以举人官内阁……在都同官同居，如左右手。”[②]龚丽正为禔身次子，出嗣伯父敬身。丽正为嘉庆元年（1796）进士，由礼部祠祭司郎中出为徽州府知府。成为段玉裁女婿后，又“以懋堂为师，能传其学”。[③]曾为广西乡试主考，外任苏松太道台。晚年主讲苏州紫阳书院，以“先识器，后文艺”教诸生。著有《国语韦昭注疏》20卷，详核精博。

龚自珍幼时受其父龚丽正及祖辈的宋学熏陶，又从外祖父段玉裁习文字训诂之学。嘉庆十七年（1812），龚丽正出任徽州知府，自珍随往。段氏于次年致书自珍云：“徽州有可师之程易田先生，其可友者，不知凡几也。如此好师友，好资质，而不锐意读古书，岂有待耶？……博闻强记，多识蓄德，努力为名儒，为名臣，勿愿为名士。何谓有用之书？经史是也。”[④]段玉裁寄望外孙在皖南汉学氛围中，发挥师友、资质之长，潜心经史。这番教导的意义是不可忽视的。龚自珍主张六经皆史，此说并不直接源于章学诚等人。章太炎认为，龚自珍附经于史的做法，“亦由其外

① 皮锡瑞：《论刘逢禄魏源之解尚书多臆说不可据》，《经学通论》（一），第97—98页。

② 段玉裁：《中宪大夫云南分巡迤南兵备道龚公神道碑铭》，《经韵楼集》卷九，《续修四库全书》影印嘉庆十九年刊本，第7－10页。

③ 李元度：《戴东原先生事略·段玉裁、龚丽正》，《国朝先正事略》卷三十五，第16页。

④ 段玉裁：《与外孙龚自珍札》，《经韵楼集》卷九，第15页。

祖段氏‘二十一经’之说，尊史为经，相与推移也”。[①]因为段氏主张在十三经之外，加入《大戴记》《国语》《史记》《汉书》《资治通鉴》《说文解字》《周髀算经》《九章算术》，为“二十一经”（详见本章下节）。这实质上蕴含淡化六经的倾向，章太炎的说法不为无据。

然而，龚自珍嗜好文词，涉猎博杂，不可能沿袭乾嘉诸老的旧辙。在师从刘逢禄之前，他就对考据学表现出明显不满。他认为江藩所著《国朝汉学师承记》“名目有十不安”，似乎反感以“汉学”来指称清代经学，实则批评汉学“琐碎饾饤”、排斥义理的偏向。所以，他对江藩以训诂和性理分别汉、宋深以为非：“若以汉与宋为对峙，尤非大方之言。汉人何尝不谈性道”？“宋人何尝不谈名物训诂”？他反对江藩那样凸显汉、宋对峙，而认同汉、宋调和：“本朝别有绝特之士，涵咏白文，创获于经，非汉非宋，亦惟其是而已矣，方且为门户之见者所摈。”[②]他试图创获于经，寻找“非汉非宋”的学术出路。

这种学术取向使龚氏如常州学者一样，不自觉地皈依今文经。他早年的《明良论》《乙丙之际箸议》已表现出通经致用色彩，其中针砭时政及改革主张已援引了今文学。如议论人才问题时说：“吾闻深于《春秋》者，其论史也曰：书契以降，世有三等，三等之世，皆观其才；才之差，治世为一等，乱世为一等，衰世为一等。”[③]这时，他主要借用“衰世”一说，批评以“文”、以“名”、以“声音笑貌”“戮”才的社会现实，对今文经学还停留在闻之、好之的层次，研究不深。而其转治今文经的机缘是，嘉庆二十四年（1819）因会试滞留京师，遇到了刘逢禄。他的心情颇似久旱逢甘露，其诗云：“昨日相逢刘礼部，高言大句快无加；从君烧尽虫鱼学，甘作东京卖饼家（就刘申受问公羊家言）。”[④]该诗生动地记录了他转崇今文经学的场景。至道光二年（1822），龚自珍应庄绶甲之

① 《章太炎先生论订书》，支伟成《清代朴学大师列传》卷首，第3页。
② 龚自珍：《与江子屏笺》，《龚自珍全集》，第347页。
③ 龚自珍：《乙丙之际箸议第九》，《龚自珍全集》，第6页。
④ 龚自珍：《杂诗，己卯自春徂夏，在京师作，得十有四首》，《龚自珍全集》，第441页。

请，为庄存与作“神道碑”[①]，阐述了庄氏今文学的创见。

晚清有的人视龚自珍为文士而非学者，这不无依据，但其《六经正名》诸篇也不乏经学价值。较之常州学者，龚自珍不仅融论学与议政于一体，而且打通儒经的“微言大义”。他立足于《春秋》学，而不囿于《春秋》，不仅重点阐发公羊“三世”说，且将其推而广之，贯通“五经”。他说：“三世，非徒《春秋》法也。《洪范》八政配三世，八政又各有三世。愿问八政配三世？曰：食货者，据乱而作。祀也，司徒、司寇、司空也，治升平之事。宾师乃文致太平之事，孔子之法，箕子之法也。”[②]他从“五经”发掘“三世”说，表现了对政事的关心及对“太平世”的期望。龚自珍的思想贡献远比学术成就重要，不失为经学义理化过程的重要步骤，这也恰恰是龚氏超越乾嘉汉学家的“绝特”之处。此后，士人讲求“微言大义”的领域也由偏重《公羊传》而扩大到《诗》《书》、三礼和《论语》等经。

魏源早年治学广涉经、史、诸子，而注重义理和经世致用。“15岁，补县学弟子员，始究心阳明之学，好读史。”[③]魏源家贫，长期由伯父魏辅邦教育，辅邦肄业岳麓书院，与山长罗典交好。嘉庆十七年（1812），19岁的魏源到岳麓书院学习，开始直接受湖湘理学的熏陶。在那里，他对朱子《近思录》颇感兴趣，与朋友的信札中，常引朱子词语以自励修身。当时的湖湘理学正如整个宋学一样，理论上停滞不前，难开生面。与此同时，苏、皖汉学在兴盛百年之后，渐渐向周边地区扩散。流风所及，湖南士人出现了兼采汉、宋的潮流。

嘉庆十九年（1814），魏源入都，从刘逢禄学习《公羊春秋》，于是转重西汉今文经，在偏重考据的古文经学外另辟蹊径。他重视《公羊传》的“三世”“三统”说，汲取刘逢禄的观点，阐发董、何之学。刘、

---

① 龚自珍云：“嘉庆戊寅，庄君绶甲馆予家，一夕，为予言其祖事行之美，且曰碑文未具。是夕绶甲梦见公者再，若有所托状。明日，绶甲以为请。越己卯之京师，识公之外孙宋翔凤，翔凤则为予推测公志如此。越壬午岁不尽三日，始屏弃人事，总群言而删举此大者以报。”见《龚自珍全集》，第143页。

② 龚自珍：《五经大义始终答问一》，《龚自珍全集》，第46页。

③ 魏耆：《邵阳魏府君事略》，《魏源集》下册，第847页。

魏学术密切相关，这从后人误将刘逢禄的《春秋论》编入《魏源集》可见一斑。[①]但与刘逢禄侧重阐发何休的《公羊》学稍异，魏源重视阐发《春秋》董氏学。而且，魏源进一步彰显了今文经倾向。他著《书古微》，“所以发明西汉《尚书》今、古文之微言大谊，而东汉辟马、郑古文之凿空无师传也”。[②]他考证东汉杜林所得漆书《古文尚书》不可信，因而为之作注的马融、郑玄之说便无意义。这与阎若璩的《古文尚书疏证》证伪东晋晚出的《古文尚书》一样，都是通过考辨来摧毁正统学术的根基。清季一些古文家攻击魏源，视其书为无稽之谈。其实，魏源的经学方法与乾嘉汉学如出一辙。清代对《古文尚书》的众多争议，根本上不纯属古书真伪问题，而是隐含着思想信仰的分歧。阎若璩考证东晋晚出的《古文尚书》为伪，则宋学的一些依据不能成立；魏源考证东汉的《古文尚书》为伪，则乾嘉古文经学的一些著作失去了价值。故在嘉道年间，一些汉、宋学家如庄存与、翁方纲、阮元、夏炘等人明知《古文尚书》之伪，却不主张废弃。夏炘说：“古文之伪，在乎来历之暗昧，筋脉之缓弛，文气之散漫，而非谓古昔之格言正论不借是以存之也。”[③]为了学术秩序和人心风尚，他们均维护《古文尚书》。魏氏《书古微》明确尊今文，斥古文，已不像庄氏那样兼容今、古，对乾嘉古文经学的冲击是不言而喻的。

魏源阐发今文经，却也汲取了宋学。如朱子认为：《毛诗》的“诗序之作”，本无明文可考，郑玄则相信《诗》《序》本自合为一编，毛公分而置诸篇之首。“今考其首句，则已有不得诗人之本意，而肆为妄说者矣。”皮锡瑞指出：朱子驳《毛序》有特见。“《序》所云刺某君，多无明文可据。”“今依朱子之说推之，则《序》所云刺某某者，多有可

---

① 近年已有多位论者指出，《魏源集》中《公羊春秋论》（上、下篇）作者非魏源，而是刘逢禄。该文曾经魏源修改存稿，《古微堂文稿》的编者或收藏者误将刘氏此文当做魏源作品。《魏源集》又依据《古微堂文稿》收录该文，以至以讹传讹。相关考证可见刘兰肖的《〈魏源集·公羊春秋论〉作者补正》（载《近代史研究》2003年第4期）。案，魏源《古微堂集》无《公羊春秋论》，见国学扶轮社宣统元年影印本。

② 魏源：《书古微序》，《魏源集》上册，第109页。

③ 夏炘：《古文尚书不可废说》，《景紫堂文集》卷三，同治元年《景紫堂全书》本，第5页。

疑。”魏源研究《诗经》时，汲取朱子的见解，否定《毛诗序》，从而皈依于齐、鲁、韩《三家诗》。故皮锡瑞认为，魏源此处多本朱子之说。[①]

魏源推崇今文经，排斥古文经学，批评乾嘉学者的烦琐考据，而发掘适应社会需要的“微言大义”。如果说，常州庄氏及刘逢禄、宋翔凤讲求的“微言大义”重在彰显王权的理论依据，寻找维护现有秩序的良方；那么，魏源及龚自珍则在“三世”“三统”说中寻求社会变革的理论，要“贯经术、政事、文章于一”。[②]龚、魏讲求儒经的义理，发扬儒家的经世传统，与常州今文家的学术倾向并无大异。但他们身处道咸之世，又久为江南幕宾，所论经世实务广涉河防、漕运、筹鹾，乃至提出“师夷长技以制夷”，其实际内容远远超越了刘逢禄的礼学范畴。

皮锡瑞与宋学

皮锡瑞是清末由宋学转治今文学的典型人物。他功名止于举人，除了短期游幕外，一生专事于讲学和学术研究。他早年受宋学熏染，自称“性淡泊，规行矩步，颇近宋学，亦尝观五子书。其时少年气盛，思有所建白，披亭林、船山议论，参考历代史事，以为不当沿宋、明之弊法，舍汉、唐之宏观”。[③]他走出宋学、转治汉学后，门户观念不深，于清代汉、宋之学的积弊均有所认识：“今之谈汉学者，草木虫鱼，支离破碎；谈宋学者，良知性理，虚无渺茫。所学不同，而其无益于时，亦同浴而讥裸裎耳，岂独《老》《庄》而误国乎？”[④]那么，如何纠正汉、宋二学的偏弊？

皮锡瑞认为汉、宋二学本来同源，主张对其取长补短：“平心而论，汉学未尝不讲义理，宋学未尝不讲训诂，同是师法孔子，何必入室操

① 皮锡瑞：《论朱子不信毛序亦有特见魏源多本其说》，《经学通论》（二），第28—29页。

② 魏源：《刘礼部遗书序》，《魏源集》上册，第242页。

③ 皮锡瑞：《师伏堂未刊日记》“戊戌年四月初七”，《湖南历史资料》1959年第1期，湖南人民出版社，第116页。

④ 皮锡瑞：《鉴古斋日记评》卷二，《皮锡瑞集》（一），第533页。

戈？”[①]针对汉学家排宋之风，他反对任意诟病道学：“今人一见人讲道学，即以假道学诋之。道学真假，但观其见利如何。人能不为利动，便是真道学。”[②]对于清人所谓赵宋亡于道学的说法，他认为周亡不能归咎于孔、孟，则宋亡也不能归咎于程、朱。其学皆“有益于世道人心，非只以其人可师法。义理之学，足以培植人才，断不至败坏人材。才俊之士，尤当先以义理之学教之”。[③]他进而提出纠正汉、宋积弊的具体途径：“讲汉学者，要通微言大义，方有实用，破碎支离、不成片断者无用。讲宋学者，要能身体力行，方有实用，空谈性命，不求实践者无用。”[④]他立足于调和、兼采汉、宋，而经学取径则是兼容考据和义理的今文经学。他认为“六经”是孔子晚年为遗教后世而作，读经应当讲求微言大义，而不囿于门户。“国朝经学复盛，乾嘉以后，治今文者尤能窥见圣经微旨。”[⑤]因之，他从早年治经不分今、古文，而逐渐偏重今文，认为：“孔子所定六经，皆有微言大义，自东汉专讲章句训诂，而微言大义置不论，今文十四博士师传中绝，圣经宗旨暗忽不章。”[⑥]

《春秋》学是皮氏学术中心之一。在他看来，《左传》是史，于《春秋》微言大义实少发明，不必与《春秋》强合为一，反致信传疑经。[⑦]而《春秋》是经不是史，重义不重事。虽仅一万八千余字，均是“借事明义，必借以明义者则书之，不必借以明义者则削之”。[⑧]对于汉儒，他不像有的今文家那样崇拜何休，而于董仲舒推崇备至，认为“《春秋》之学，孟子之后，亦当以董子之学为最醇矣！”而“存三统”之说，已见于董子书，并不始于何休。[⑨]董氏《春秋繁露》中的“黜周王鲁乃《春秋》微言大义”。“《公羊》三科九旨确是圣门微言，乃俗儒不信，反信左氏

① 皮锡瑞：《皮鹿门学长南学会第二次讲义》，《皮锡瑞集》（一），第353页。
② 皮锡瑞：《皮鹿门学长南学会第三次讲义》，《皮锡瑞集》（一），第359页。
③ 皮锡瑞：《皮鹿门学长南学会第四次讲义》，《皮锡瑞集》（一），第363页。
④ 皮锡瑞：《皮鹿门学长南学会第二次讲义》，《皮锡瑞集》（一），第353页。
⑤ 皮锡瑞：《经学通论序》，《经学通论》，第1—2页。
⑥ 皮锡瑞：《经学通论》（二），第48页。
⑦ 皮锡瑞：《经学通论》（四），第49页。
⑧ 皮锡瑞：《师伏堂春秋讲义》上卷，《皮锡瑞集》（一），第400页。
⑨ 皮锡瑞：《经学通论》（四），第4页。

家经承旧史、史承赴告之言。一似圣人作书，若今人钞录成文，全无义例。”[①]这些看法大体沿袭了常州今文学派的说法，尚无特别之处。

但是，较之前辈今文家，皮锡瑞旗帜鲜明地批评东汉及魏、晋经师，而青睐于宋儒经说。他认为：“宋五子于《春秋》无专书，而说《春秋》皆有特见……《春秋》始误于杜预，而极谬于刘知几，当以宋五子之说正之，其说与《孟子》《公羊》之旨合。”因此，他一一勾勒宋儒经说与《公羊传》的契合之处，比如周子云“《春秋》正王道，明大法”，非即“素王改制”之旨乎？邵子云“《春秋》者，孔子之刑书”，非即“贬天子，退诸侯，讨大夫，以达王事之旨乎”？如此等等，皆可见宋五子与孔子不谋而合。[②]这些阐释未必完全准确，却足见其今文经学的宋学烙印。

皮锡瑞对程、朱的经说尤其重视，他指出：“《春秋》大义在诛讨乱贼，微言在改立法制。《孟子》之言与《公羊》合，朱子之注深得《孟子》之旨。”[③]程子曰：“夫子当周之季，以圣人不复作也，顺天应时之治不复有也，于是作《春秋》，为百王不易之大法也……后世以史视《春秋》，谓褒贬善恶而已，至于经世大法，则不知也。”他认为：程子“明言以史视《春秋》之误，尽扫杜预以后诸儒之谬见，可谓千古特识！”程子又云：“《春秋》大率所书，事同则辞同，后人因谓之例。然有事同辞异者，盖各有义，非可例拘也。”皮锡瑞认为，“程子说《春秋》之例，明通之极”。[④]他既讲《春秋》的“微言大义”，又援引宋学来加以阐发，恰好成为非汉非宋的体现。

因此，皮锡瑞于经学，尤其强调会通孔、孟、程、朱的性理之学。他主江西经训书院时，曾征刻朱子藏书13种，宏扬宋学。其伦理观念也可见宋学的影子，如他述《春秋》云：

> 乾上坤下，而天道立；君尊臣卑，而人极建。此义行乎古今之

① 皮锡瑞：《春秋黜周王鲁解》，《经训书院自课文》卷二，光绪十九年师伏堂刊本，第25、27页。

② 皮锡瑞：《经学通论》（四），第68—69页。

③ 皮锡瑞：《经学通论》（四），第1—2页。

④ 皮锡瑞：《师伏堂春秋讲义》上卷，《皮锡瑞集》（一），第427—433页。

正，而彝伦之所以叙，世教之所以不泯，百王法度之所以相承者也。《春秋》一经，总摄万事，而大本始于尊王。圣人盖谓：尊卑不著，则人纪不建，而天理熄矣，尚何万事之有？尊卑之义立，而后是是非非，昭明而不舛。此《春秋》所由作乎！[①]

他高谈天理、君尊臣卑的言论与宋学家如出一辙，与戴震、汪中等排斥宋学的乾嘉学者已不可同日而语。这种转变固然与时代潮流相关，却不能否定其宋学渊源的潜在作用。总之，皮锡瑞主张兼采汉、宋，立足于从正面来阐发而非批判宋学。

皮锡瑞的《今文尚书考证》《尚书大传疏证》《驳五经异义疏证》《六艺论疏证》《王制笺》等不失为清代今文学的重要著作。其《尚书》学援引宋学不如《春秋》学明显，但重视义理的倾向未变。他就《尚书》指出："二十九篇，篇篇有义。""如《尧典》见为君之义"，"《皋陶谟》见为臣之义"，"《汤誓》见禅让变为征诛，吊民伐罪之义。"[②]故其《尚书》研究虽详于考释文字，却又蕴含义理阐述。古文家王先谦也承认皮氏《今文尚书考证》"条理今文，详密精审，兼诸大儒之长，而去其蔽"。[③]

皮氏经学不作艰深之论，侧重取其与时代情势相合者，阐明"微言大义"。清末以来对其褒贬不一，推崇者有之，章太炎等古文家则贬之甚严。其实，皮锡瑞不以学术门户论是非，虽推崇今文学，却对刘逢禄、魏源等人的学术观点不乏异议。他贬抑古文经，有时却也肯定古文家的看法。此外，其《经学历史》一书，篇幅简略，勾勒历代经学衍变，阐述治经必宗汉学的主旨，体现了今文学立场。清末民初一些古文家对该书颇有微辞，但它比江藩的《国朝汉学师承》显得平实、公允。书中一些见解影响后世，王国维、钱穆关于清代学术史的一些论述也可溯源于此。

综上，宋学与今文经学的关系虽然复杂，但就清学主流来看，则宋学

① 皮锡瑞：《师伏堂春秋讲义》下卷，《皮锡瑞集》（一），第478页。

② 皮锡瑞：《经学通论》（一），第74—75页。

③ 王先谦：《序》，皮锡瑞《今文尚书考证》卷首，中华书局1989年版，第2页。

对今文经学的衍生和发展不无推助之功。宋学与今文学“微言大义”的具体内容不尽相同，而学术路径本质相通。从庄存与到皮锡瑞等人的学术特色可见，宋学的陶冶既训练了经师们讲求义理的思维习惯，又是其今文学的学术资源。在清代今文家中，除了戴望等个别人明斥宋学外，绝大数学者均调和、援引宋学。常州庄氏、龚、魏、皮锡瑞如此，陈寿祺、邵懿辰等也不例外。

三　理学传承与汉、宋调融

乾隆年间，在汉、宋对峙的态势下仍有兼采汉、宋的潜流。江永、钱大昕、王念孙、刘台拱等汉学家都不明斥宋学，翁方纲、程晋芳、姚鼐等宋学家则兼考经史，汲取了汉学方法。至嘉道以后，汉、宋调和或兼采渐成潮流。一些具有理学传统的汉学之家为此推波助澜，宝应刘氏、闽县陈氏可谓典型，此外高邮王氏、今文家宋翔凤等人也相类似。

高邮王氏由理学转治汉学的过程中，王念孙师从戴震，治音韵训诂之学，但并不像戴震那样排斥理学。王引之于嘉庆二年（1797）撰成《经义述闻》初稿，总结其父治经之道是“诸说并列，则求其是，字有假借，则改其读，盖孰于汉学之门户，而不囿于汉学之藩篱者也”。[①]所谓“不囿于汉学之藩篱”，实已显露出调和汉、宋的苗头。这表明了王氏超越汉学畛域的愿望，也折射出汉、宋由对峙转趋调和之势。他们的见解对扬州学者焦循、刘宝楠等人产生过影响。不过，从王氏学术本身来看，其汲取宋学的成分仍不明显。

刘氏《论语》学

宝应位处江淮间，并非清代学术文化中心。明清时期，全国书院星罗棋布时，宝应“自明以来独无书院”，直到嘉庆初年，知县才设法建立“画川书院”，以为诸生读书之所。不久即致颓败，道光初年一度重建，[②]却远不及江南的一些州、县书院。乾嘉年间，宝应刘氏转向汉学，

① 王引之：《序》，《经义述闻》卷首，道光七年王氏刊本，第1—2页。

② 《书院》，《重修宝应县志》卷三，道光二十年刊本，第9页。

《论语》学成就引人注目，应该说这与其理学渊源密切相关。

宝应刘氏自明宣德、正统间由苏州迁宝应。其五世祖刘继善（1548—1627），万历三十年（1602）岁贡生，授镇江府儒学训导。[①]他是刘氏由耕而读的关键人物，生平列于《刘氏家谱》“家传”之首。其后人刘宝楠认为：“宝应道学自公始，操修纯洁，践履笃实，不尚奇异，不喜标榜。”[②]明末刘氏名重士林的人物是继善的长子、六世祖刘永澄（1576—1612），字静之，号练江。8岁就外读书，好读文天祥的《正气歌》《衣带赞》，“慕其为人，设位朝夕拜。私语群儿曰：丈夫当如是也”。他是万历二十九年（1601）进士，官顺天府儒学教授，“以兴起人才为任……北方学者咸称为淮南夫子焉”。三十一年（1603），迁国子监学正。次年与服阕补官的刘宗周相见，“一见即称莫逆”。[③]刘宗周云：“淮南刘子练江，与予同成进士，侃侃立朝，以砥名节为己任。予昔官行人时，疏荐其贤，弗果大用。”[④]三十四年（1606），刘永澄至无锡东林书院拜访顾宪成，师事之。三十六年（1608），补户部主事，随后丁忧归里，37岁病卒。卒前迁兵部职方司主事，未履任。死后入祀乡贤祠、无锡道南祠。[⑤]

刘永澄究心濂、洛、关、闽之学，讲求内圣功夫，强调“穷理正心”，认为孔儒恕道惟赖伊、洛诸儒的阐释，“而后之学者遂得袭其绪余，以求进于道”。[⑥]他重“邪正之辨”，关心国事民瘼，认为“天下”乃“人主与天下公共之器”，著《离骚经纂注》《练江集》等，得明末清初众儒推尊。方志称其“敦行孝友”，“读书攻苦，究心理学”。“勋名行谊，表著一时。”[⑦]刘宗周等私谥之为“贞修先生”。刘永澄

① 刘源昆编：《刘氏家谱》卷一，道光三十年刊本，第1页。案：该谱原稿六卷，仅存一卷，藏江苏宝应县图书馆，此据中国国家图书馆北海分馆藏复印本。

② 刘宝楠编：《清芬集》卷一，第2页。

③ 刘颖编：《刘职方公年谱》，《北京图书馆藏珍本年谱丛刊》第57册，第516—522页。

④ 刘宗周：《刘氏谱略序》，《刘氏家谱》卷首，第1页。

⑤ 刘源昆编：《刘氏家谱》卷一，第1页。

⑥ 刘永澄：《恕斋说》，《清芬集》卷六，第15页。

⑦ 崔华、张万寿编纂：（康熙）《扬州府志》卷二十四，《四库全书存目丛书》史部215册，齐鲁书社1996年版，第53页。

曾编纂《刘氏谱略》，“作世系统纪，并大传、内传、外传及谱论凡五篇，计四千余言，藏之家祠”。[①]宝应刘氏自此有谱可稽，其理学传统也延续不断。而《论语》作为理学最重要的经典，也逐渐发展为刘氏学术中心。

刘永澄之子刘心学（1598—1672），14岁补诸生，19岁为县学廪生。秉承家学遗风，“身心性命之旨悉了悟无所疑”。[②]明亡后，闭户在家25年，于康熙七年（1668）撰成《四朝大政录》，记明末政事，明于“君子小人之辨”，可补正史之不足。其后，刘氏由耕而读者增多，成为宝应引人注目的士人群体。刘心学之子刘以任，“县学生，逡逡恭让，受侮不校，乡里推为长者”。于“疏戚远宗，咸有恩礼”。刘以任的次子刘中从（1662—1735），康熙四十七年（1708）举人，候补内阁中书，改选石埭县儒学教谕，有子家晟、家昇二人。刘家昇（1694—1732），康熙甲午科乡试（五十三年，1714）副贡生，“有淳德美行、过人之才”，卒年仅40岁。[③]家昇有四子，世谦、世诜、世谠、世謩。刘世诜，附贡生，生子六人，长子刘履恂，即刘宝树、刘宝楠之父。刘世謩，字仿魏，号蓼野，廪贡生，原配朱氏生子二，台拱、台鼎；继配钟氏，太学生钟光燕之女，生子三，台斗、台垣、台奎。[④]

刘永澄砥励名节，成为宝应刘氏历久弥新的精神偶像和历史记忆。刘氏后人赞其“人伦冠冕，行成圭璧，志洁冰霜。绍闽、洛之传，行洙泗之教”。[⑤]从学术渊源上看，刘氏积淀了深厚的理学传统。康雍年间，士人治学渐趋实证，一些学者推崇程、朱而又重视考据方法，后世学者谓之“不分汉、宋”。当时士人门户观念不深，但学术上摒弃空疏、追求实证，逐渐转重汉儒经说和考证之学。刘氏学者融入汉学潮流，而显示了兼采汉、宋的优长。

刘台拱为刘永澄的六世孙，其母朱氏，为县学生朱泽代之女，理学家

① 刘颖编《刘职方公年谱》，《北京图书馆藏珍本年谱丛刊》第57册，第518页。
② 刘宗周：《刘氏谱略序》，《刘氏家谱》卷首，第2页。
③ 刘台拱：《先府君行述》，《刘氏遗书》卷八，第25—26页。
④ 刘源昆编：《刘氏家谱》卷一，第22、24页。
⑤ 刘宝楠：《清芬集征文启》，《念楼集》卷六，《宝应刘氏集》，第273页。

朱泽沄从女。台拱6岁丧母，深受其父刘世謩的理学熏陶。世謩屡试秋闱不第，曾任江苏靖江县学训导，“生平笃孝，学问以朱子为宗。嘉庆元年举孝廉方正，辞不就”。[①]台拱记云：

> （府君）好读书，至老不倦，而尤深于朱子之学，沈潜玩味，反复省察微言要义，皆精诵而力行之。谓《小学》最切于日用，以之律己，亦以之诲人。于明推薛、胡二家，其他以为不尽合于朱子，概弗措意。台拱尝从容请曰：“大人体道有年，盍著一书以明所自得？”府君曰：“以明道，则古人备矣；以徼名，则去道已远，又何取焉？”晚年尤好《读书录》。但以谓随手札记之书，或不免繁复，乃剟取其精切者。[②]

刘世謩嗜读朱熹《小学》，阅读明代理学家薛瑄的《读书录》也非常细致，而不喜著书，好作批注。他重视传衍家学，补扬州府学生后，受知于江苏学政庄有恭，遂将六世祖刘永澄的遗书呈庄有恭。庄氏读之，嗟叹良久，以刘永澄的学行加以勉励，世謩遂请以刘永澄入祀无锡道南祠。该祠为明万历年间顾宪成、高攀龙等人所立，是祭祀东林书院创始人宋代杨时及其弟子的专祠，实为东林学脉的象征。得到允准后，世謩“至无锡，奉主入祠，郡县耆儒与搢绅先生皆会，相与释奠，讲学而罢”。[③]他重视理学传承，晚年仍孜孜不倦地读朱子《小学》及清代理学著述，且致书台拱云：

> 行年七十，制具送老。晨夕背诵《小学》，一字不遗。陆清献云：“欲为圣贤，必读《小学》；欲保身家，必读《小学》。人而不为《小学》，其犹正墙而立欤？”近来愈觉此书之有味也。旧有吴

① 《人物志·列传下·刘世謩》《民国宝应县志》卷十二，《中国地方志集成·江苏府县志辑（49）》，第186页。

② 刘台拱：《先府君行述》，《刘氏遗书》卷八，第29页。

③ 刘台拱：《先府君行述》，《刘氏遗书》卷八，第26页。

注、高注，近见陈纵《本义注》甚佳，可觅一本细阅，他时将吴、高二注寄汝，为作一注，留示孙曾辈，以当世宝，老人亦借以为夜行烛也。

前寄到陆桴亭先生《思辨录》。前辈于理学有心得处，讲经济有致用处，可深味也。陈榕门中堂所集《遗规》各种，皆居身、居家、居官之格言。可知今古贤士大夫，必自日用切近处作起。二书俱不可不读。翁老矣，夜行秉烛，所照几何，愿汝勉之。[①]

受此家教，刘台拱积淀了深厚的理学修养。他8岁就塾读书，十分勤奋。入家塾，终日端坐，不离几席。9岁作《颜子颂》，斐然成章，观者称为神童。年10岁，“心慕理学，尝于其居设宋五子位，朝夕礼之，出入里闬，目不旁睐，时有小朱子之目”。[②]故其后人云：“吾家藏《读书札记》，即蓼野先生读本，其中去取，率以紫阳为宗。端临先生盖素奉庭训而能克肖者，十岁时，即已卓尔有所立也。”[③]台拱15岁读先辈王懋竑、朱泽沄遗书，“欣然有得，始研宋程、朱之学，以圣贤之道自绳，而于文辞弗屑也”。[④]16岁补县学生员，而嗜好朱子之学。“院试前夕，漏数刻不寐，家人疑其温习经义。就视之，《朱子语类》也。”乾隆三十六年（1771），台拱21岁中江南乡试举人，与伯父世诜同举于乡。旋应礼部试，入都前，“乡人燕集，优伶难进。君凝然湛定，终席不少移”。[⑤]此次会试，台拱独用古注的答卷为大学士朱珪赏识，将被呈荐时，却因一字之疵落选。其时，刘世謩任靖江县学训导，但家大子多，生计不易，长子台拱遂留京授徒谋生。值开四库馆，台拱多识学者名流，与朱筠、邵晋涵等人相识。而与同郡任大椿、王念孙“为昆弟交，相约稽经考古，旦夕讲贯，务求底于至是而后安”。[⑥]与这些名流相比，台拱年龄较小，而每发

① 刘文兴：《刘端临先生年谱》，见《扬州学派年谱合刊》上册，第223页。
② 阮元：《刘端临先生墓表》，《揅经室二集》卷二，第27页。
③ 刘文兴：《刘端临先生年谱》，见《扬州学派年谱合刊》上册，第199页。
④ 朱彬：《刘端临行状》，《游道堂集》卷三，《清代诗文集汇编》第437册，第629页。
⑤ 段玉裁：《刘端临先生家传》，原载《清芬外集》，见《宝应刘氏集》，第34页。
⑥ 朱彬：《刘端临行状》，《游道堂集》卷三，《清代诗文集汇编》第437册，第630页。

一议论，诸先生多折服。台拱在京多年，足迹不至显贵之门，屡次会试皆不第。乾隆四十九年（1784），大挑二等以教职用，次年授丹徒县训导。

乾隆末年，汉学方兴未艾，台拱置身其间，好古而能求是，取重考据学。通晓天文、律吕、六书、九数、声韵诸学，穷究群经，又好收集金石文字。王念孙曾致书台拱云："先生湛深经术，卓识精思，万非时辈所能企及，幸即笔之于书，勿过为矜慎也。"①王氏的规劝真实地反映了其治学特色。台拱好校勘经、子之书，而不轻易著述。像许多汉学家一样，他对礼乐的本质不乏见解，认为各代礼乐"事殊异文"，"然事殊而同归于敬，文异而同归于爱。盖礼乐之情，主于敬爱"。他不仅认识到礼乐的情感本质，且注重其社会作用。谓"礼者，道德之品节，仁义之等杀。循礼，则斯四者无过不及之偏"。②他取《仪礼》17篇，除《丧服》外，各绘图纸，与丹徒诸生习礼容，以发明先王制礼作乐之精意。所撰《经传小记》多为考释三礼心得，受世人重视。段玉裁致函友人称："潜心三礼，吾不如端临。"③在经、子考释中，他以三礼校注群书，如释《荀子·劝学篇》"君子生非异也"："台拱案，'生'，《大戴礼》作'性'。"《荀子》"禽兽群焉"："台拱案，'群焉'当从《大戴礼》作'群居'。"④此类注释准确明了，不乏价值。

小学是经学的基本功夫，乾嘉汉学家多精此学。不喜著书的刘台拱没有小学专著，却撰有《转注假借说》等篇，阐释文字学见解。他校书不下千卷，而著作很少，且多属校书的批注，如《论语骈枝》《经传小记》《国语补校》《荀子补注》《淮南子补校》《方言补校》等。这些签注旁征博引，发前人所未发，甚至订正前代大儒郑玄、孔安国的注释。王念孙认为，台拱"于汉、宋诸儒之说，不专一家，而唯是之求，精思所到，如与古作者晤言一室，而知其意指所在"，与阎若璩、戴震、程瑶田等人的学识"盖相伯仲"，其考证儒经可补郑、贾之缺。⑤刘台拱以考释文字、

① 刘文兴：《刘端临先生年谱》，见《扬州学派年谱合刊》上册，第216页。

② 刘台拱：《经传小记》，《刘氏遗书》卷二，第20、11页。

③ 《两世乡贤录事实册》，《刘端临先生遗书》卷首，道光十四年刊本，第16页。

④ 刘台拱：《荀子补注》，《刘氏遗书》卷四，第1页。

⑤ 王念孙：《序》，《刘氏遗书》卷首，第1—2页。

校勘伪谬见长，似乎不涉义理之学。这与刘氏理学传家及其早年的学术重点无疑存在明显差距。汪喜孙说，台拱传承家学，“以《论语》《礼经》为孔氏微言大义所在，用力最深”，但“随手札记之稿，无言性天道者，未发之蕴不可得而闻也”。[①]事实上，台拱虽少谈论性与天道，而对宋学的领悟已融入于考释经传之中。他治经不分今、古文，也无明显的汉、宋畛域。“其考证名物，研精理义，未尝离而二之。传注有未确，虽自古经师相传之训诂，亦不为苟同，于汉、宋诸儒绝无依傍门户之见。所遇鸿生巨儒有矜气者，概弗与辨，以故名满天下而无忌嫉之者。”[②]这不失为对其治学、为人的准确评论。

刘台拱重视汉儒经解，但对汉、宋宗师郑玄、朱熹的注疏既多所采纳，又有所辨正。如关于《礼记》“父不主庶子之丧，则孙以杖即位可也”一句，台拱“案，父不主庶子之丧，则其孙自主之矣！故以杖即位可也。而郑氏以为祖不厌孙云者，非其义也”。[③]他注意区分父亲对于嫡、庶子之丧的不同礼制，根据“父主嫡子之丧”的规定，否定郑氏泛言“祖不厌孙”之说，实则认同元代陈澔的注解。乾嘉汉学家一般尊崇荀子，而对宋学的源头思孟学派不甚重视。刘台拱既立足汉学，却又汲取了宋学。他注《荀子·非十二子》的“案往旧造说，谓之五行”一句指出：杨倞注“五行、五常，仁、义、礼、智、信是也”。“台拱案：杨注非也。仁、义、礼、智、信，人道之大纲，先圣之遗教，儒者之所世守也。虽荀子亦不能舍是以为言，何得以非二子哉？”[④]他重视儒学的仁、义、礼、智、信学说，视之为儒学的普遍传统，认为荀子不会在这方面非议子思、孟轲，故以杨注为非。台拱不谈调和汉、宋，却兼容宋学。故宋学家翁方纲评论：“宝应刘生学广而气醇，吾尝谓今世后进之士考订《礼经》者，必于生属焉……吾所属望于生者，则欲考其篇目章句而已。”[⑤]翁氏批评一些汉学家评议礼制、误解朱子，赞赏台拱那样从

① 汪喜孙：《刘端临先生遗书书后》，《刘氏遗书》卷末，第3页。

② 朱彬：《刘端临行状》，《游道堂集》卷三，《清代诗文集汇编》第437册，第630页。

③ 刘台拱：《经传小记》，《刘氏遗书》卷二，第18页。

④ 刘台拱：《荀子补注》，《刘氏遗书》卷四，第5页。

⑤ 翁方纲：《送刘端林归宝应序》，《复初斋文集》卷十二，第7页。

事考据而不悖宋学。

台拱幼年丧母，事亲至孝，他每年必迎养双亲于丹徒学署。父病后，辞官归里，日侍汤药，昼夜不倦。事继母钟氏与亲母同，数十日衣不解带。逮父、继母殁后，居丧蔬食、外出就寝达五载，岁时不忘斋戒祭祀，孝行流传乡里。其“躬行实践，以孝名天下，当代名德至以曾、闵拟之”。[①]王昶说：“汪君中，通经邃史，笃于学，志于古，为予所弗如……训导宝应刘台拱有曾、闵之孝，给事中王念孙及其子国子监生引之有《苍》《雅》之学，暨君有扬、马之文。时谓之‘四士三美’，宜矣！”[②]台拱的修身功夫无疑与长期的理学涵养分不开。他爱护宗亲，督教诸弟虽严，却总是和颜悦色。“诸弟严敬之，无不感其恩谊。”在他的督教下，三弟台斗成进士。从侄刘宝楠、从侄孙刘巩“少孤贫”，台拱皆“抚而教之，遂克成立”。[③]连遭父母大故后，台拱一病不起。卒后经王引之等人上奏，朝廷允准，刘世谟、刘台拱入祀乡贤祠。

刘台拱共祖父的堂兄刘履恂（1738—1795），字迪九，号云陔。18岁为府学附生，勤于学问，补廪膳生。“幼习诗，长乃博览经史、百家之说。其说经，皆元本经文，实事求是。其诗根柢《文选》，尝自题其卷云：‘工部自言《文选》熟，金针全度不留余。’盖自道所得也。”乾隆五十一年（1786），年已49岁的刘履恂中江南乡试举人。主考为大兴朱珪，《论语》题为“过位升堂”。他多次会试不第，长期以授徒为生，“跋涉千里，北至燕、齐，西逾汝、颍，所至尊礼，从学者众”。六十年（1795），再赴会试，又下第，大挑二等，即用儒学教谕，改国子监典簿，旋即病逝于京。[④]履恂原配生二子，均早逝，继配乔氏生三子：宝树、宝琳、宝楠。

刘履恂的治学风格与刘台拱相似，其《秋槎杂记》内篇说经，考释儒经；外篇为杂论、传记、诗文。内篇收入阮元的《皇清经解》，于道光

① 汪喜孙：《刘端临先生遗书书后》，《刘氏遗书》卷末，第3页。

② 王昶：《四士说》，《春融堂集》卷三十五，第14页。

③ 《两世乡贤录事实册》，《刘端临先生遗书》卷首，第14页。

④ 刘宝楠等：《皇朝登仕郎国子监典簿显考刘君行状》，《念楼集》卷八，《宝应刘氏集》，第297—299页。

元年（1821）刊行。刘文淇谓其治学“幼习《毛诗》，长乃博览经史百家之说，其说经多以经注经，折衷一是。其诗溯源《骚》《选》，质雅冲和”。[①]《秋槎杂记》侧重考释古代礼制、礼仪，对周代祭礼、婚礼、射礼等不乏己见。同时，稿中多以“五经”记载考释《论语》《孟子》，如云：“‘在国曰市井之臣’。案《士相见礼》：凡自称于君宅者，‘在邦则曰市井之臣，在野则曰茅草之臣，庶人则曰刺草之臣’。注：宅，谓致仕者……或在国中，或在野。当作此训。”[②]此类考释有裨于理解儒经文字，却长期湮没无闻。履恂病卒30年之后，“天下读先生之书者，始渐知先生之学。其根柢之深，涵养之粹，尤令人感叹于无穷也”。[③]

刘履恂之子宝树、宝楠传承家学，发展了刘氏《论语》学。刘宝树（1777—1839），字幼度，号鹤汀，为刘履恂第三子。应县试时，试卷本被弃置一旁。县令李心安搜阅废卷，发现宝树文才不俗，要求正常批阅。“试竣，榜发第一，由是知名乡里”，嘉庆十二年（1807）中举人。因事入京师，访夕照寺老僧，得其父“停柩处，设位而祭，哀动左右，寺中人无不叹息”。[④]十六年（1811），同郡李周南约同赴礼部试，宝树以母亲生病而不赴试。不久，其母病卒，得奉母终天。

刘宝树所著《经义说略》，多考释“五经”及《论》《孟》文字，实事求是，语多精粹。如训释《周易·否卦》的“六二：‘包承，小人吉；大人否，亨’”一句：“案，‘吉’当作‘喜’，古篆文‘吉’‘喜’二字相似……此文当作‘小人喜也’。《易》为君子谋，不为小人谋，故言利贞，不言利不贞。言贞吉，不言不贞吉；言利御寇，不言利为寇也。上九‘先否后喜’，以否、喜对言可见。”又如《尚书·洪范》中有“五福”之说：“一曰寿，二曰富，三曰康宁，四曰攸好德，五曰考终命。”

---

① 刘文淇：《刘迪九先生墓表》，刘履恂《秋槎杂记》卷首，《四库未收书辑刊》第四辑，第9册，第524页。

② 刘履恂：《秋槎杂记》，《四库未收书辑刊》第四辑，第9册，第542页。

③ 刘文淇：《刘迪九先生墓表》，《秋槎杂记》卷首，《四库未收书辑刊》第四辑，第9册，第525页。

④ 刘宝楠：《皇清修职郎安徽五河县学教谕刘先生行状》，《念楼集》卷八，《宝应刘氏集》，第302页。

宝树引《毛诗》郑注、《左传》解扬之语等，认为“物以果实熟为成，人以德业就为成，赴义捐生以成其志，谓之考，故解扬临刑而曰‘获考’。下文‘终命’谓终其正命，以见考非老寿之谓也。盖赴义捐生者，虽不寿，不得谓之凶短折；偷生忘义者，虽寿不得谓之考终命”。这些考释不苟同前说，蕴含一定义理，其儒家修身理念表露无遗。

他于《论语》不乏精辟见解，一些考释超越前贤。如释“贤贤易色”一语云：“贤人之贤，而改容以礼，与下竭力、致身、言信，同一小小观人之法”，“若谓‘易色’为易其好色之心，便与下其力、其身与言不协。”他避开了宋学的伦理教条，而显示出浓厚的礼学色彩，流露出汉学家的思想倾向。有些训释更贴近孔学本真，如对“人之过也，各于其党，观过，斯知仁矣”一句，前人多以“仁者以恻隐为诚，过在于容非”释之，他说：

> 愚谓此处“仁”字指心德之全言，不指恻隐之端言。此下“过”字指无心之失言，不指容人之非言。观过知仁，犹言观过斯知真仁。夫子曰：“某也幸，苟有过人必知之。”……古之圣贤，必有不得已之过，如日月之食，更也皆仰，方是真仁。而谨愿终身，无瑕可指，以邀乡曲之誉者，则乡原也。夫子称“回不贰过”，又称“回也，其心三月不违仁”，益知人有无心之失，而改之方是真仁，无一毫杂念。[①]

这些阐释丰富了仁德的范畴，而且使圣贤形象更贴近于真实生活。刘宝树可谓好学勤思、不乏独见的学者，其史论亦可见一斑。如认为，“吴季子能让国，世皆称其贤，而不知季子之让，亦犹陈仲子之廉，不可为训也”。“是故让而有益于国，则让，泰伯、虞仲是也；让而无损于国，则亦让，伯夷、叔齐是也；让而篡乱相循，后悔无及，宋宣公、吴季子是

① 以上引文均见刘宝树：《经义说略》，《娱景堂集》卷上，《宝应刘氏集》，第56—67页。

也。”[①]同样，他对后人称颂的唐代名臣狄仁杰、宋代抗金将领李纲均有微辞，认为“大臣之去留，系乎国家之存亡，非可苟焉而已矣”。北宋末年，如果李纲不去，足以御敌。高宗即位后，以李纲为相，揆之孝道，当迎还二帝。如金人不从，则不惜一战。“然则前之李纲不当去而去，后之李纲当去而不去，无先觉之智、见机之哲也。后人徒震其名，谬矣。”[②]他对春秋时期贤大夫子罕、向戌的评论也有独到见解：“向戌非子罕比也。子罕攻玉而反其人，执朴以分谤，可谓贤矣。向戌以弭兵为名，而阴图厚利。子罕斥其非而黜其赏，有古大臣风。向戌容悦其君，媚夫人而杀太子，此奸臣也，浪得名耳。”[③]他的史评置重道德品行，褒贬鲜明，深合于《春秋》大义。其史论洋溢着爱国情怀，又不以成败论英雄，对于刘姓汉王朝也不例外。其诗云：“汉王君臣皆尚谲，淮阴兵合楚歌发。三匝谁招灵壁魂，十万难收睢水骨。吁嗟呼！沛公岂非暴，项羽岂非仁。项羽分羹终不忍，汉王良狗烹功臣。”[④]这些史学独见，大致凸显出儒家的道德主义色彩。

宝树中举后，多次会试不第，经史著述不多，拟著《春秋人表》，未成。他一生默默无闻，任教谕之余，如同刘履恂、刘台拱一样，好读书，而不轻易著述。其《六十自寿》云：“半生羁旅半生愁，赢得漂零六十秋。过眼鸡虫争得失，几家弓冶续箕裘。怕吟《感遇》诗成谶，若复求官老亦羞。寄语吾家诸弟侄，旅筵觞咏自添筹。”[⑤]该诗概述了作者漂泊困顿的一生，也寄望于弟侄们淡泊名利、接续家学。三年后，刘宝树自知不起，自订《娱景堂集》手稿三卷。刘文淇说：宝树生前“绝口不谈经史；身没之后，余得读君遗集，乃知其于经史之学至为深邃”。“说经之文，不主故常，要能实事求是。”[⑥]宝树不以经学名，遗稿也是由其弟宝楠整理刊行。

① 刘宝树：《吴季札论》，《娱景堂集》卷中，《宝应刘氏集》，第71页。
② 刘宝树：《李纲论》，《娱景堂集》卷中，《宝应刘氏集》，第72—73页。
③ 刘宝树：《记春秋人表评语十六则》，《娱景堂集》卷中，《宝应刘氏集》，第83页。
④ 刘宝树：《鹤汀诗钞·霸王城》，《娱景堂集》卷下，《宝应刘氏集》，第95页。
⑤ 刘宝树：《六十自寿》，《娱景堂集》卷下，《宝应刘氏集》，第99页。
⑥ 刘文淇：《娱景堂集叙》，《宝应刘氏集》，第51页。

刘宝楠是宝应刘氏的学术高峰，于经学初治毛氏《诗》、郑氏《礼》。他侨居扬州时，刘宝树的朋友孙彦之正撰《四书说苑》，而宝楠亦甫撰《毛诗详注》。日夕过从，互质所得。不久，孙著脱稿，而宝楠出入京城，著书未成，自叹不如孙君勤勉。他早年还想撰《郑氏释经例》，后皆辍业。事实上，他放弃研究《毛诗》、郑《礼》并非治学不“勤勉”，而是学术重心他移。道光八年（1828）以后，他已专注于《论语正义》。

关于他注疏此书的缘起，一般依据刘恭冕所撰《论语正义·后叙》所云：道光八年，刘宝楠应省试，与仪征刘文淇、江都梅植之、泾县包慎言、丹徒柳兴恩、句容陈立“始为约，各治一经，加以疏证”。宝楠“发策得《论语》，自是屏弃他务，专精致思”。[①]陈立也回忆：道光戊子（八年）秋，“立随刘孟瞻、梅蕴生两师，刘楚桢、包孟开两先生赴乡闱，孟瞻师、楚桢先生病十三经旧疏多踳驳，欲仿江氏、孙氏《尚书》，邵氏、郝氏《尔雅》，焦氏《孟子》，别作义疏。孟瞻师任《左氏》，楚桢先生任《论语》，而以《公羊》属立”。[②]这大体佐证了刘恭冕的说法。其后，《清史稿》《清史列传》皆沿此说。不过，刘宝楠开始研究《论语》的时间可能更早。刘文淇的《江淮泛宅图序》，提到10余年前与宝楠相约疏证《左传》《论语》之事：

> 楚桢尝与余约各治一经，楚桢占《论语》，余占《左传》。以《论语》皇疏多涉清玄，邢疏更鄙陋无足观，而何氏《集解》亦采择未备。《左传》贾、服旧说，为杜氏所干没者不少，唐人又阿杜注而攻贾、服，皆为鲜当，因各为二书疏证。盖为是约十余年，而未成书，过从时，尝以是为歉。顾楚桢奔走长途，浮家南北，又身羸多疾，其作辍也有故……且楚桢编辑《论语》之余，已成《宝应图经》《汉石例》各若干卷，博而有要，好古者已传抄其书。余则《左传》

① 刘恭冕：《后叙》，《论语正义》，《诸子集成》（1），上海书店1986年影印本，第434页。

② 陈立：《叙》，《论语正义》卷首，《续修四库全书》影印南京图书馆藏本，第1—2页。

之外别无事事，犹时作时辍，此则重余落荒之惧者也。[①]

日本学者小泽文四郎将此文写作时间系于道光十二年（1832）冬。[②]故陈鸿森认为，二刘有志于重疏二经，当在道光八年（1828）以前，即嘉庆末年。“及道光五年焦氏《孟子正义》梓行，二刘深有所触，故八年秋试不第后，复申前约，用坚其志耳”。且道光八年相约分疏各经之人，仅刘宝楠、刘文淇、梅植之、陈立四人，并无包慎言、柳兴恩二人。[③]因此，大体可以肯定，刘宝楠早年受刘台拱等人影响，谙熟《论语》，这是《论语正义》的家学渊源。道光八年，二刘即使重约著书，也决非仓促决定，只是延续了以前的学术兴趣。刘恭冕说：其祖刘履恂的《秋槎杂记》，叔祖刘台拱的《论语骈枝》《经传小记》，伯父刘宝树的《经义说略》都已融入《论语正义》中，[④]该书凝聚了刘氏三代人的心血，可谓渊源有自。

刘宝楠晚年簿书繁琐，《论语正义》为未完之作。是书前17卷署有“宝应刘宝楠学”，其后则署“恭冕述”[⑤]。显然，该书后6篇及《论语序》共7卷由恭冕续补，并对全书加以修订，即流传后世的《论语正义》24卷。关于此书学术创获，因研究者的学术视角不同，看法可能不尽一致。《清史列传》云：

其最有功经训者，如谓有子言礼之用章，是发明《中庸》之说；夫子五十知天命，是知天生德于予之义；告子、游、子夏问孝，是言士之孝；乘桴浮海，是指今高丽地；兴于诗、立于礼、成于乐，民可使由之，不可使知之，是夫子教门弟子之法；文王既没，文不在兹

① 刘文淇：《刘楚桢江淮泛宅图序》，《青溪旧屋文集》卷四，光绪九年刊本，第8—9页。

② （日）小泽文四郎：《仪征刘孟瞻年谱》，《北京图书馆藏珍本年谱丛刊》第143册，第38—39页。

③ 陈鸿森：《刘氏〈论语正义〉成书考》，台北，《中研院历史语言研究所集刊》第六十五本，第三分，第484—486页，1994年。

④ 刘恭冕：《论语正义·凡例》，《诸子集成》（1），第2页。

⑤ 见刘宝楠、刘恭冕著：《论语正义》，《续修四库全书》影印南京图书馆藏本。

乎，是指所得之简策；言樊迟从游于舞雩之下，问崇德修慝辨惑，是鲁行雩祭、樊迟举雩祭之词；以问朋友切切偲偲、兄弟怡怡，是言朋友责善，兄弟不可责善；谓伯鱼为《周南》《召南》，是谓伯鱼受室后示以闺门之戒；四海困穷，是指洪水之灾，尧举舜敷治之。凡此皆先圣贤之旨，沉霾二千余载，一旦始发其蕴。①

这是该书阐释义理之一斑，而全书考证文字的创见更为丰富。刘宝楠认为："汉儒训释圣言，以求圣道，虽未必身体力行，其期于明道，则一也。先贤朱子，本训诂之学，力求圣道，本非歧而二之。""朱子之学，其诂《诗》也，本宗汉儒旧说，《吕氏读诗记》所载是也……要未尝弃训诂而不讲也。"②他认为，汉学期于明道，宋儒也未尝不要训诂，所谓汉、宋之分并不像有些人想像的那样严格。

《论语正义》取材丰富，博采众长。对前人经解力求审慎选择，实事求是，有些经解则博稽异同，诸说并存。是书有关文字的考证、疏释，足以成为清代考据学名作。《论语正义》对前人注疏的取舍偏重两头，即汉、魏时期和清代，而对宋、元、明人著述的引用较略。书中重视汲取汉、唐旧注，如汉代郑玄、马融等人的《论语》注，而于曹魏时期何晏等人的《论语集解》引用尤多。之所以如此，据刘恭冕云："注用《集解》者，所以存魏、晋人著录之旧，而郑君遗著，悉载疏内。至引申经文，实事求是，不专一家。故于注义之备者，则据注以释经。"郑玄《论语注》久佚，部分注解融入何晏的《论语集解》中。此外，清代惠栋、陈鳣、臧庸、宋翔凤均有郑玄《论语注》辑本，"于《集解》外，征引颇多，虽拾残补阙，联缀之迹，非其本真，而舍是则无可依据"，故亦悉予录载。③《论语正义》置重郑玄注解，汉学倾向不言而喻。

《论语正义》"复汉唐之古"，却遵循了实事求是的原则。汉、唐注疏如有不确，仍予以辨正。如其中《论语·乡党》有关"侍食于君，

① 《刘宝楠、子恭冕》，《清史列传》卷六十九《儒林传》下二，第18册，第5649页。

② 刘宝楠：《味雪斋文钞序》，《念楼集》卷六，《宝应刘氏集》，第258页。

③ 刘恭冕：《论语正义·凡例》，《诸子集成》(1)，第1页。

君祭，先饭”之礼云：“《玉藻》所记者，则见客于君者也，常礼则臣不祭，故士相见但言君祭也。客礼则臣亦得祭，故《玉藻》言命之祭然后祭也。二者不同。郑注、贾疏强合之，非也。”[①]显然，郑注、贾疏也非完全可信。故是书博采清人研究成果，包括版本、校注和文字训释，既有经古文家的校注，也有今文家的见解。刘宝楠撰此书，完全依焦循著《孟子正义》之法，“先为长编得数十巨册，次乃荟萃而折衷之。不为专己之学，亦不欲分汉、宋门户之见，凡以发挥圣道，证明典礼，期于实事求是而已”。[②]刘氏父子重视汲取清人考据成果，但如有不确之处，即使是学界权威，也不盲从。如《论语·乡党》“必有寝衣，长一身有半”的解释，宝楠认为“许、郑义得之”，“王引之《经义述闻》解寝衣亦误”。[③]类似考辨，书中不一而足。

《论语正义》是以皇侃、邢昺之疏为基础的“疏义之作”。所谓“疏义”，不只是疏解、训诂文字，还包括疏释经义，注意思想见解。比如，刘宝楠对妇女贞节礼制的看法与汪中不同，但接受其有关孝道的新见解。汪中认为：三、九皆为虚数，所谓“三年无改于父之道”的根本“为其为道也”，而非孝道规范。他肯定“汪说是也”。[④]相反，朱熹注此章云：“父在，子不得自专，而志则可知。父没，然后其行可见。故观此足以知其人之善恶。然又必能三年无改于父之道，乃见其孝。不然，则所行虽善，亦不得为孝矣。”[⑤]朱子以沿袭父道作为孝道的准绳，而于善恶内容不予深究。对此，宝楠引《礼记·坊记》孔子“君子弛其亲之过而敬其美”一语为证，认为“弛过敬美，正是择善而从……若父之道有所未善，而相承不变，世济其恶，又安足贵乎？”[⑥]他摒弃了朱注，实则蕴含新的义理之学。

仅从引书数量而言，《论语正义》涉及宋人的著作40多种，多为文

---

① 刘宝楠：《论语正义》，《诸子集成》（1），第230页。
② 刘恭冕：《后叙》，《论语正义》，《诸子集成》（1），第434页。
③ 刘宝楠：《论语正义》，《诸子集成》（1），第214页。
④ 刘宝楠：《论语正义》，《诸子集成》（1），第15页。
⑤ 朱熹：《论语章句集注》，宋元人注《四书五经》上册，第3页。
⑥ 刘宝楠：《论语正义》，《诸子集成》（1），第16页。

字、音韵之书，有关儒经的著作有朱熹的《四书集注》《朱子语类》《朱子或问》，张栻《论语解》、真德秀《四书集编》、金履祥《论语集注考证》、蔡节《论语集说》、邢昺的《论语注疏》等10多种。其中又以引朱熹、张栻的著作较多（全书共引朱熹书达50多次，引张栻的书15次）。这与全书引书总数多达400余种，引清人著作多达200余种比较起来显然很少。故研究者一般置重其汉学色彩，而对其宋学因素看法不一。有的认为该书仅引用了一点宋人校注资料，并没有摄入宋学义理。笔者认为，《论语正义》的主色虽是汉学，但也通过不同途径汲取了宋学：

其一，直接援引宋儒经注，尤其是朱熹、张栻的注解。如释《论语·公冶长》的“邦有道，则知；邦无道，则愚”云：“有道无道，不知在何时。《朱子集注》以有道属文公，无道属成公。”[①]他基本上以此为依据进行注释。《论语·子路》“子曰：善人教民七年，亦可以即戎矣”一句，“正义曰：《朱子集注》云：‘教民者，教之以孝弟忠信之行，务农讲武之法。’吴氏嘉宾说，‘七年，谓其久也。凡以数为约者，皆取诸奇。若一、若三、若五、若七、若九。九者，数之究也’”。[②]这里，刘宝楠对“教”的解释完全接受了《朱子集注》，相关时间则采纳清代宋学家吴嘉宾的说法。

又如《论语·季氏》“孔子曰：君子有三戒：少之时，血气未定，戒之在色；及其壮也，血气方刚，戒之在斗；及其老也，血气既衰，戒之在得”，对此，刘宝楠援引张栻的注解来阐释：“人有血气，则役于血气。血气有始终盛衰之不同，则其所役，亦随而异。夫血气未定，则动而好色；血气方刚，则锐而好斗；血气既衰，则歉而志得。凡民皆然，为其所役者也。于此而知戒，则义理存。义理存，则不为其所役矣。”[③]显然，他引用宋儒解释，而且肯定以“存义理”来坚守“三戒”的修身信条。书中援引宋儒训诂，有时也肯定宋儒训诂中的义理内涵。

其二，引用清代宋学家的解释，间接地接受了宋学。乾隆年间，一

① 刘宝楠：《论语正义》，《诸子集成》（1），第106页。
② 刘宝楠：《论语正义》，《诸子集成》（1），第299页。
③ 刘宝楠：《论语正义》，《诸子集成》（1），第359页。

些汉学家明显排斥宋学家的经解、经注，甚至撰有专论进行辨驳，或在论著中将宋学摒弃于学统之外。但汉学家调和、汲取宋学的潜流始终存在，嘉道以后且成为潮流，《论语正义》即是典型体现。其中引用李光地、夏炘、吴嘉宾等宋学家的注解不少。如释《论语·子罕》谓孔子“固天纵之将圣，又多能也”：“纵者，《朱子集注》云‘肆也，言不为限量也。’李氏光地《论语札记》说‘圣固是天纵，多能亦是天纵。子贡此言，可谓智足知圣。故夫子舍子贡之言，而但言大宰知我。明知我多能也。多能是鄙事，君子且不贵，况圣人乎？盖避圣之名而示人以学圣之方也’。”[①]这种阐释新意不多，基本沿袭宋儒旧说。

因之，《论语正义》既崇汉学，又有宋学色彩。如刘宝楠赞同李光地等人以孟子性善论释孔学，而排斥荀子的性恶论。李光地《论语札记》释《论语·阳货》“性相近也，习相远也”一句云：“案夫子此言，惟孟子能畅其说。其曰性善，即相近之说也。其曰或相倍蓰而无算，其所以陷溺其心者然也，则习相远之说也……惟其相近，是以谓之善。惟其善，是以相近。似未可言孔孟之指殊也。盖孔孟所言者，皆人性耳。”他认为，李光地等人的阐释可谓“精审，足以发明孔孟言性之旨。其他家言性，若荀子性恶，是就当时之人性皆不善。此有激之论，不为典要”。[②]他虽尊荀，却不像一些汉学家那样接受其性恶说，而重视思孟学派的人性论。同时，刘氏也援引宋学家凸显儒家纲常主题的注解。《论语·宪问》载“陈成子弑简公，孔子沐浴而朝，告于哀公”之事，他就此指出：“吴氏嘉宾说谓‘《春秋》绝笔于获麟，即以是年夏有陈恒执君弒君之事，当时无一人敢正其罪，故弗忍更书之’。其说未为无理矣！鲁三家与齐陈氏情事相同，故不可夫子之请。然鲁君臣衅隙虽深，终不敢一加刃于其君，未始非夫子之清议有以维持之也。”[③]他在此间接地融入了宋学主旨。

其三，《论语正义》兼采今、古文家的注释，援引今文家说时不自觉地带有宋学烙印。清代今文家研究《论语》多取训诂、校勘之途，而

① 刘宝楠：《论语正义》，《诸子集成》（1），第178页。
② 刘宝楠：《论语正义》，《诸子集成》（1），第367页。
③ 刘宝楠：《论语正义》，《诸子集成》（1），第318页。

学理上汲取宋学，宋翔凤、刘逢禄尤为典型。《论语·为政》有“温故知新”说，宝楠引刘逢禄《论语述何》的解释：“故，古也。《六经》皆述古昔、称先王者也。知新，谓通其大义，以斟酌后世之制作。汉初经师皆是也。”[①]他一定程度上认同今文家的说法，没有将“知新”局限于典制，而注重儒经“大义”。又，《论语》首章“有朋自远方来，不亦乐乎”，刘氏引宋翔凤《朴学斋札记》云：“定公五年，鲁自大夫以下，皆僭离于正道，故孔子不仕，退而修诗书礼乐。弟子弥众，至自远方，莫不受业焉……朋即指弟子。”“按宋说是也。”[②]这里宋学色彩似不明显，主要是沿用宋氏注释。不过，他肯定孔子因鲁之士大夫“僭离于正道”而不仕，则蕴含了德治主义取向。又如，《论语·学而》有“贤贤易色”一语，刘氏引宋翔凤《朴学斋札记》云：“三代之学，皆明人伦。贤贤易色，明夫妇之伦也。”[③]这类阐释显然带有宋学倾向，而书中每每可见。

因而，《论语正义》虽然偏重考释文字，却也蕴含义理阐述，表明著者的思想主张。如考释《论语》“学而”篇的“节用而爱人，使民以时”一句云：“国以民为本者，注以爱人，人指民言……武王问于太公曰：‘治国之道若何？’太公对曰：‘治国之道，爱民而已。’曰：‘爱民若何？’曰：‘利之而勿害，成之勿败，生之勿杀，与之勿夺，乐之勿苦，喜之勿怒，此治国之道。’……是皆言治国者当爱民也。”[④]他以传统的民本思想注释“爱人”，发扬了儒学传统，又体现了作者的思想主张。

刘宝楠认为训诂与心性不可分离，其援宋入汉也不限于文字校注。《论语正义》多简要点明章句主旨，蕴含不同程度的义理阐述，可谓兼容汉宋，博采众长。戴望谓是书“益以宋人之长义”并不是没有依据的。梁启超综论清代学术时，将其列为清代“新疏”类著作，视为清人研究十三经的代表作，皆“博通精萃，前无古人”。“类皆撷取一代经说之菁华，

---

① 刘宝楠：《论语正义》，《诸子集成》（1），第30页。
② 刘宝楠：《论语正义》，《诸子集成》（1），第2页。
③ 刘宝楠：《论语正义》，《诸子集成》（1），第11页。
④ 刘宝楠：《论语正义》，《诸子集成》（1），第10页。

加以别择结撰，殆可谓集大成。”[①]这是恰当评论。但在今人看来，《论语正义》有的引文过于庞杂，读起来或有不便。

刘宝楠重视家学传衍，曾于道光年间编辑《清芬集》，考稽宝应刘氏十二世以来的诗文，编为10卷，成刘氏一家之书，以供后人阅览。宝楠有三子，长恭笏、次恭冕、三子恭絇。恭笏，后更名恭璧，增监生，出嗣宝楠的从兄管，兼嗣从兄宝图。恭冕出嗣宝楠的从兄荣闰，兼嗣本生。恭絇嗣胞兄宝树，兼嗣本生。宝楠“尝谓兄弟之子犹子，己之子亦犹兄弟之子”。[②]而其学术传人仍为次子恭冕，其晚年著述多由恭冕续补、整理。

恭冕幼时受学于其父，17岁随父游宦，锐志读书，聆听教诲，陈质经义，不与闻政事，逐渐奠定了小学和经学根底。他所撰《隰则有泮解》《古有四声论》《汉人避讳考》等均别出新解，发前人所未发，足见小学功底深厚。刘宝楠知元氏县时，于县城西北王村发现了古碑《汉延熹封龙山碑》，命恭冕考释碑文。他遂作《汉延熹封龙山碑考》一文，考辨该碑的出处和文字，留下有价值的资料。刘宝楠曾于道光三年（1823）撰成《宝应图经》6卷，一直未能付梓，晚年又忙于政事。故于道光二十八年（1848）嘱女婿王兴三复写一部，又命恭冕校核文字。恭冕校核完稿后，撰《宝应图经书后》，记其缘起及全书梗概。

恭冕治汉学而不囿于文字考证，其为数不多的论文表现出一定的义理色彩。他传承儒家思想，甚至不无宋学义理。如他认为：“盖古之所谓才本兼德言。故《易传》以人配天地，谓之‘三才’……才兼有德，未有无德而可称为才者。”“有德者未必有才，有才者必非无德，故夫子言才难不言德难也。”[③]此说看起来凸显了“才”的重要性，实际上强调了“德”作为“才”的必要条件。这既受《论语》《孟子》的影响，也是针对晚清士风有感而发。恭冕始终不排斥宋学，晚年曾致书刘寿曾：“近儒喜斥宋儒先天、后天之说，然《易·系辞》言乾为西北之卦，而《先天

① 梁启超：《清代学术概论》，《饮冰室合集》专集之三十四，第37页。

② 刘文兴：《刘楚桢先生年谱》，《扬州学派年谱合刊》下册，第732页。

③ 刘恭冕：《才难说》，《广经室文钞》，《宝应刘氏集》，第558页。

图》谓‘乾南坤北’。盖西北之说，中国小地球也。乾南坤北，则合大地球为之。似先天之说不诬。族弟佛青极然。”[①]此虽一家之言，却可见对宋学的态度。

恭冕中年以后的重要贡献是续完父著《论语正义》，立足于兼采汉、宋。他自撰于光绪初年的《论语正义补》也是如此，而汲取相关考释更为广泛。刘恭冕治学崇尚实事求是，对前人不准确的疏释，即使是汉、宋宗师，也不盲从。如《大学》云：“见贤而不能举，举而不能先，命也。”郑玄注“命”当为“慢”，朱熹《大学章句》从之。刘恭冕说：郑、朱之解不确。“愚以为‘命’当读本字。盖古者举贤，皆乡大夫主之，而由举以洊升诸朝，未必止是一人……《大学》此文言‘命’，即孔、孟之旨，若改‘命’为‘慢’，则字体迥不相似，无因致误。”[②]这类考证超越汉、宋宗师，显然具有学术价值。

咸同年间，今文经学蓬勃发展。刘恭冕与今文学者戴望、陈立等人交往密切，也涉及今文经学。《清史稿》谓其“晚年治《公羊春秋》，发明新周之义，辟何劭公之谬说，同时通儒皆韪之”。[③]此说不为无据，但可再加考稽。他重视孔儒的微言大义，却没有完全接受今文家言。他早年发现何休《公羊传注》引《论语》的文字甚多，遂搜集何氏《春秋公羊解诂》及其《左传膏肓》《穀梁废疾》所引《论语》诸文，略加引伸，于同治十二年（1873）撰成《何休注训论语述》1卷。其自序云：

> 恭冕往读《春秋公羊传注》，引《论语》文甚夥，乃知何君深耆此经。或意欲作注，未及成书。蔚宗作史，据传闻载之，有此篇题尔。愚因剌取《公羊注》，并何君《膏肓》《废疾》所引《论语》诸文，皆次录之，略加引伸，以存梗概。[④]

---

① 刘恭冕：《与刘恭甫书》，参见刘师培《跋刘叔俛与刘恭甫书》，《左盦题跋》，《刘申叔先生遗书》第62册，第31页。

② 刘恭冕：《大学命字说》，《广经室文钞》，《宝应刘氏集》，第557页。

③ 《儒林三》，《清史稿》卷四百八十二，第43册，第13291页。

④ 刘恭冕：《何休注训论语述·自叙》，《丛书集成续编》第36册，第323页。

该篇共辑录何休三书引用《论语》者53条，并为其中23条附加案语。其中有的援引刘逢禄、宋翔凤和戴望之说，汲取了嘉道以来的今文学见解。《公羊传》成公十五年“王者欲一乎天下，曷为以外内之辞言之？言自近者始也”。对此，何休云“明当先正京师，乃正诸夏。诸夏正，乃正夷狄，以渐治之”。刘逢禄云“《春秋》大一统，必自近者始”。恭冕认同何休、刘逢禄等人的说法，并引《论语》进行诠释。[①]但他对何休、刘逢禄、宋翔凤等人的注解，有取有舍。他不完全赞同何休的注训，如释《春秋》记桓公“八年春正月己卯烝”，何休引《论语》“孔子曰吾不与祭”以证士礼，刘逢禄、戴望皆沿用何注。他认为，《论语》此句“明谓孔子仕为大夫，得使人摄祭也”，而何注非《论语》本意。[②]

与此同时，刘恭冕也重视古文家的见解。同治初年，他与传承古文经学的刘毓崧讨论撰《毛诗释例》，[③]同光之际还致信刘毓崧之子寿曾：“冕于《春秋》欲昌明左氏，辨汉人左氏不传《春秋》之诬（拟为文十篇），现撰文四篇，俟后钞出求教（一辨卫蒯聩、辄父子争国事，一辨王壬秋《庄子》中有公羊说之误，一论何劭公用纬说《公羊春秋》之误，一论公羊家微言之辨。”[④]这种倾向虽与言说对象为《左传》传家的仪征刘氏相关，但也非虚语。如他评论伍员伐楚复仇之事，认为一些人以为伍员为报父仇伐楚，掘平王之墓是奇孝行为，但实则“悖义害教，有大谬不然者”。他指出：《公羊传》称赞伍员，而“《左氏》说，‘君命，天也。’是不可复雠”。陈寿祺的《五经异义疏证》云：“子胥之事，虽父不受诛，以臣雠君，不可为训。何休《公羊注》：‘《孝经》曰：资于事父以事君，而敬同。本取事父之敬以事君，而父以无罪为君所杀，诸侯之

① 刘恭冕：《何休注训论语述》，《丛书集成续编》第36册，第327页。

② 刘恭冕：《何休注训论语述》，《丛书集成续编》第36册，第325页。

③ 见刘毓崧：《与刘叔俛书》，《通义堂文集》卷二，第39—42页。

④ 刘恭冕：《刘恭冕致刘寿曾》（第二通），《小莽苍苍斋藏清代学者书札（修订本）》（下），第803—805页。案，编者将此信排在刘恭冕六通书札之首，从内容来看，此信当排在第二。因排在第二者提到“陈卓人先生《论语疏序》尚未脱稿，请便中催之”（见同书第806页），可见写该信时陈立（字卓人，卒于同治八年即1869年）仍在世，应按时间排列第一。书札次序皆为笔者所加。

君与王者异，于义得去。君臣已绝，故可也。’此亦曲说，不如《左氏》之义为正。”恭冕就此指出：“此则周、秦、汉人以伍员复仇为然者，皆《公羊》家义也。”他注重君臣大义，不以伍员复仇为然，甚至认为：“吴之亡，孰亡之？员亡之也。”[①]在他看来，伍员既悖君臣大义于楚，又“不忠无行”于吴，不当为士大夫表率。这基本上立足于古文家立场，摒弃了何休等人的见解。

嘉道以降，一些学者注重博通，治学领域也超越了“五经”或十三经范畴，而具体主张不尽相同。嘉庆十七年（1812），段玉裁曾提出突破十三经范围，在十三经之外，加入《大戴记》《国语》《史记》《汉书》《资治通鉴》《说文解字》《周髀算经》《九章算术》，总为“二十一经”。[②]此说体现了段氏治学重心，也反映嘉庆以降一些学者有感于经学领域狭窄，试图扩展汉学范畴。恭冕注重博通，也赞同扩展儒经的主张。咸丰四年（1854），他针对段氏书目提出了不同见解：

> 广经室者，家君授恭冕兄弟读书之所，既以所闻思述前业，而旁及百氏，凡周、秦、汉人所述遗文逸礼，皆尝深究其旨趣，略涉其章句，欲撰为一编，以附学官群经之后。而因请于家君为书以榜之，复私为之记曰：今世治经者，言十三经，尚矣……冕谓讳书杂出附会，不足拟经，《史》《汉》《通鉴》又别自为史，不比《国语》之与《左氏传》相辅以行也。冕则取《国语》《大戴礼》《周髀算经》《九章算术》《说文解字》，而益以《逸周书》《荀子》入焉。

像段玉裁一样，恭冕重视小学、算学书，二人的主要分歧是如何对待三部史书。恭冕认为，三史既然“别自为史”，不必作为经。他汲取汪中、刘宝楠等人的见解，认为“荀卿之学，出于孔氏，而尤功于诸经”。先秦时期，孟、荀并称，司马迁《史记》也以孟、荀合传，故《荀子》当列为经。除《荀子》《逸周书》之外，恭冕也认为《管子》《吕氏春秋》

① 刘恭冕：《伍员论》，《广经室文钞》，《宝应刘氏集》，第559—561页。

② 段玉裁：《十经斋记》，《经韵楼集》卷九，第38—39页。

《贾子》等书“皆足以羽翼群经，启资来哲”。[①]此说重视周秦诸子，同样反映乾嘉以降的汉学扩展之势，只是立论的角度与段氏稍异。

恭冕将读书心得编为《广经室文钞》，初刊于同治末年，光绪十五年（1889）有广雅书局重刊本。是书篇幅不多，桂文灿认为“语多精粹”，而恭冕“少传家学，年未及壮，博涉群书，贯串经史，可谓首出之士矣”。[②]除《论语正义》之外，恭冕晚年拟撰《古文通假释》，博稽经传、《史记》《汉书》、钟鼎碑文诗及唐、宋人音义，依今韵编次，先列本字本义，次列通用之字，而不录六朝妄造俗字，书未成。欲撰《礼记正义》，自以年迈，嘱族弟刘岳云为之，未见成书。

刘恭冕的从弟刘岳云（1849—1917），字佛卿，号震庵。师从成孺、刘恭冕，后又向吴嘉善、李善兰等人问学。光绪十二年（1886）进士，授户部云南司主事，迁江西司员外郎，四川司郎中。曾短期执掌四川尊经书院，清末知绍兴府三月，“举经济特科不就”。[③]刘岳云早年读王懋竑、朱泽沄的书，注重宋学修身主题。“以立身行己为重，常引子夏‘贤贤易色’一章而释之曰：能尽伦，未学可谓之学；不能尽伦，虽学亦谓之未学。自勉勉人。”[④]刘岳云于训诂、典制、名物、天算、舆地之学均有研究。与他经历相似的民国学者唐文治云：“（岳云）讲求经学，一以实事求是为宗旨，屹然不为世风所挠。因礼之云亡，于是有《礼经通释》之作；因孝道之晦蒙，于是有《孝通》之录。”他参与了修订《论语正义》，治学“无门户之见”，尝言“汉学之要在典章制度，而非仅训诂字句。宋儒所讲即圣人微言大义，而非若阔论空谈”。[⑤]据其《族兄叔俛事略》，恭冕曾想著《礼记正义》一书，自以年迈，时时勖免岳云：“弟年

① 以上引文均见刘恭冕：《广经室记》，《广经室文钞》，《宝应刘氏集》，第575—577页。

② 桂文灿：《经学博采录》卷五，第236页。

③ 《选举志·科贡表·刘岳云》，《民国宝应县志》卷七，《中国地方志集成·江苏府县志辑（49）》，第111页。

④ 章梫：《家传》，《刘岳云传志》，民国年间刊本（无页码），中国国家图书馆北海分馆藏。

⑤ 唐文治：《神道碑》，《刘岳云传志》，民国年间刊本（无页码），中国国家图书馆北海分馆藏。

力富强，又开敏轶同辈，盍治之？”但他假馆四方，无暇专治此书，感慨云：“兄未病时，犹谆谆相属，此可悲矣！”[①]刘岳云学兼中西，又留意经世致用，著述丰富，其文集《食旧德斋杂著》2卷，涉及考释礼制、典制，不乏见己。此外有《群经地理今释》《矿政辑略》《微积分述》《测圆海镜通释》《五经算术疏义》《格物中法》等。

宝应刘氏并非显宦望族，仅刘宝楠久任知县，刘岳云官至知府，其他多属教谕、训导等下层士人。乾隆年间，朝廷对下层学官品级有所提高。“康雍以前，各省府教授系从九品，学正、教谕、训导均系未入流。自高宗登极，一日，念及学校之官，所以训迪多士，厕居流外，则与杂职无殊，谕吏部议奏，赏给品极。遂议教授加为正七品，学正、教谕加为正八品，训导加为从八品，升转仍照旧例。”[②]尽管如此，宝应刘氏与常州庄氏、高邮王氏的显赫地位不可同日而语。刘氏学者融入汉学潮流，而门户观念不深，直接或间接地汲取了宋学，以不同途径兼采汉、宋，其《论语》学已有明显体现。

学术史家张舜徽指出：“扬州学者中，特别是宝应一县的学者，在清代二百几十年中，一直有着理学的传统。自王懋竑以至成蓉镜，都能躬行实践，为人端谨，对个人的品德要求很高，也从来不以理学二字相标榜。其中如刘台拱、朱彬、刘宝楠，都是学行兼优的人。不尚口说，但务躬行，养成了笃实不欺的学风。”[③]作为中下层士人，他们传承儒学，却不像清初的庙堂理学，享有阐释道统的崇高地位；不像身居高位者侈谈宋学论题，而注重在敦勉践行上汲取和体现宋学修养。这种取向与刘氏的思想传统，即刘永澄、朱泽沄以来的理学熏陶显然相关。他们学术上兼容并采，而重立品敦行，在清代下层学者中具有代表性。

① 刘文兴：《刘楚桢先生年谱》，《扬州学派年谱合刊》下册，第708页。

② 陈康祺：《高宗加崇学官品极》，《郎潜纪闻初笔二笔三笔》下册，中华书局1984年版，第713页。

③ 张舜徽：《张舜徽集·清儒学记》，第318页。

尊德性而道问学的陈寿祺

闽县陈氏也是受理学浸润而又兼采汉、宋者。清初，陈氏族人迁居府城泉州。传至陈寿祺的高祖，名式璜，称文侯君。式璜与次子应瑞始由泉州迁福州，因无官禄，“先世事率不及知”。寿祺认为，福州陈氏族谱，“当断自是始”。陈应瑞，字克哲，称植园君，皆为“处士”。应瑞有三子：长子起龙；次子国材；三子国器。其次子、三子皆无嗣。寿祺感慨云：“曾太父生子三，独我太父长有后，盖祚绪之难若是也。嗟乎！陈氏之由厚山而累迁者一，兵燹之厄再罹，凶礼之祸三遘，孤弱之危，其流离琐尾，逃死四方……而厚山由四世以下，福州由六世以上，遂皆渺然无可复稽。呜呼！是亦来者之不幸也。”[①]

寿祺的祖父陈起龙“少贫，无以养，屡废儒业，卒不挫其志”。由耕而读，县学生，一生教授乡里。“训子孙曰：忠厚以培元气，澹泊以守家风。学必究九经，文必师先正。”晚年“每为家人言弱岁读书蹇困状，辄欷嘘不自胜也”。寿祺说：非其祖“发愤自振，又以其余庇枝叶，则寿祺等无以至今日”。[②]寿祺之父鹤书（1745—1810），为福州府学诸生，食廪膳，“累不举乡试。久之，补岁贡生，教授乡里，主讲仙游、龙岩、邵武、泉州、漳州、上杭书院，皆有经法，弟子多举科名者……恂恂端谨，守身如玉，质直无他肠。与人交，不逆诈，人亦服其忠信。有诗集数卷，冲雅如其人。家故贫，资授徒以给”。其妻昼夜做女红补家用，但生活艰难，夫妻经常忍受饥寒，常在忧惧疾苦之中。[③]

寿祺幼聪慧，5岁读书，易于成诵，举止端重，6岁师从乡贤周立岩。周氏为“梅社七子”之一，友人多为一方名士。客人来访时，周立岩常随手从架上拿书，让客人测试寿祺，他总是对答如流。寿祺9岁从祖父起龙受业，读群经。15岁补县学生员，考试常居第一。少喜辞章，“淹贯群籍，一览辄解。文藻博丽，有六朝三唐风格”。[④]他自知学识尚浅，遂以

① 陈寿祺：《家谱序》，《左海文集》卷六，第22—23页。
② 陈寿祺：《先祖行实》，《左海文集》卷十，第23—25页。
③ 陈寿祺：《先考行实》，《左海文集》卷十，第26—27页。
④ 阮元：《隐屏山人陈编修传》，《揅经室续集》卷二下，第10页。

弟子礼见同县学者孟超然。孟氏为乾隆二十五年（1760）进士，曾选庶吉士，改兵部主事、吏部郎中，主广西乡试，任四川学政。为人廉政不阿，遇事有礼。42岁即以亲老请归，主鳌峰书院。孟超然治宋学，又云："谈性命则先儒之书已详，不如归诸实践；博见闻则将衰之年无及，不如反诸身心。"著《丧礼辑略》，以正闽俗丧葬之失。有诗文集12卷，还曾辑录《孟子》《周易》《朱子粹语》等书，训子孙有《家诫录》2卷。[①]"寿祺年十七，从（孟）先生游十年"，[②]孟氏以国士待之。乾隆五十四年（1789）恩科，寿祺中福建乡试第二名举人。是年，又闻教于泉州府学教授王东溟，至嘉庆三年（1798）又从学于乡贤林敬庐。"寿祺感之终身，勿敢忘。二君子之居于乡，咸所谓老成典型，能以道德掖后进者也。"寿祺与同人倡为通经复古之学，按时群集课业，名曰"殖榭"。每集必请林敬庐到会，"先生至则道德之容，睟然盎然，听其言温而庄，莫不肃肃起敬。居无何，同人强半通籍于朝或乞归矣，而畴昔殖榭故事，遂无复言者"。[③]陈寿祺早年深受宋学尤其是德性之学的熏陶。

嘉庆四年（1799），陈寿祺进京会试，试卷初为分房考官所遏，座师阮元向主考大学士朱珪力荐。阮元记云："会试闱中，其卷为人所遏，元言于朱文正公曰：'师欲得如博学鸿词科之名士乎？闽某卷经策是也。'遏者犹摘其《四书》文中语。元曰：'此语出《白虎通》。'于是文正公由后场力拔出之。"[④]寿祺会试中式第二十名进士，殿试为二甲第六十九名，改翰林院庶吉士。与同年张惠言、王引之、鲍桂星等为友，负时誉。嘉庆六年（1801），散馆，将改部，朱珪奏留，特授翰林院编修。寿祺早年心向宋儒，专心科举，成进士后转治汉学。后来他致段玉裁书云：

> 寿祺生质驽钝，闻道已晚，少为科举词章之业，蚤窃科名。既觉其非，乃始从事于经，而乡党渊源，罕言许、郑之学。再上公车，

① 李元度：《孟瓶庵先生事略》，《国朝先正事略》卷三十一，第16—17页。
② 陈寿祺：《孟氏八录跋》，《左海文集》卷七，第30—31页。
③ 陈寿祺：《赠林丈敬庐序》，《左海文集》卷六，第28页。
④ 阮元：《隐屏山人陈编修传》，《揅经室续集》卷二下，第10页。

> 然后见当世大雅宏达所讨论，而得其门。屈指海内通儒，发聋振聩之功，莫过于执事与钱竹汀詹事、王怀祖河使、程易畴孝廉数君子。[①]

陈寿祺认为："治文词而不原本经术，通史学而不究当世之务，则其言不足以立。"[②]他由辞章转治汉学后，成就卓著，但在汉、宋对峙中，他不像一些人那样排斥宋学，且在教士修身方面彰显了宋学的价值。故其弟子林昌彝谓乃师没有"界域汉、宋"，而"闳览精识，赅贯本末，无是同非异之见"。[③]寿祺晚年主鳌峰书院，以经术课士，重视气节和德性修养，将"尊德性"与"道问学"并重，强调科举取士应"考其德行道艺"，"以艺而蕲进乎道"。[④]其实，他在教学中更置重"尊德性"，曾告诫诸生：

> 士学古立身，必先重廉耻而敦礼让，廉耻重而后有气节，礼让敦而后有法度，文艺科名，抑其末也。利欲夺则廉耻丧，傲慢长则礼让亡。不知重廉耻乃所以自贵，敦礼让乃所以自尊。自贵自尊，皆为己之学，非为人也……愿与诸生相切劘，励廉隅，习名教，以求无弃于君子儒而已。[⑤]

他作《义利辨》《知耻说》《科举论》三文告诫学生，认为"学者之于义利，辨之不可不早辨也……义之所存，虽害不恤；义所不存，虽利不谋"。[⑥]又指出："人之所以为人，恃有耻心而已矣！""士始于有耻，而后终于无其耻。""士不先务知耻而可与适道者，未之有也。然则学者如之何而法圣人也？曰尚志，尚志则知耻。"[⑦]这些论述阐发了儒家的修身主题，既接续于宋、明儒学，又是针对嘉道士风有感而发。

① 陈寿祺：《答段懋堂先生书》，《左海文集》卷四，第48页。
② 见宋恕：《国朝先辈文话举是》，《宋恕集》上册，第233页。
③ 林昌彝：《陈恭甫先生传》，《小石渠文集》卷四，清光绪刊本，第2页。
④ 陈寿祺：《广东乡试录后序》，《左海文集》卷一，第25页。
⑤ 陈寿祺：《示鳌峰书院诸生》，《左海文集》卷三，第18页。
⑥ 陈寿祺：《义利说》，《左海文集》卷三，第20－21页。
⑦ 陈寿祺：《知耻说》，《左海文集》卷三，第26－28页。

清廷纂修《四库全书》时，乾隆帝已降旨："明季诸人书集，词意抵触本朝者，自当在销毁之列。"而"若刘宗周、黄道周立朝守正，风节凛然，其奏议慷慨极言，忠荩溢于简牍，卒以之殉国，不愧一代完人"。[①]为了树立刘、黄那样的忠君典范，清廷肯定了许多殉明而死的忠臣。《四库全书》也收录了黄氏《榕坛问业》18卷，其提要云："其大旨以致知、明善为宗，大约左袒考亭，而益加骏厉。书内所论凡天文、地志、经史、百家之说，无不随问阐发，不尽作性命空谈。盖由其博洽精研，靡所不究，故能有叩必竭，响应不穷……先儒语录每以陈因迂腐，为博学之士所轻。道周此编，可以一雪斯诮矣。"[②]

朝廷的态度为重释明清之际士人的道德和学问提供了空间。道光四年（1824），陈寿祺偕绅士呈请督、抚将黄道周从祀孔庙。其呈状彰显了忠臣道德和理学造诣："明儒漳浦黄道周，行完忠孝，学贯天人……其德业在梁溪、考亭之间，其志节在文山、青阳之列。"自阳明心学流播后，"宗周自浙，道周自闽，匡而直之，粹然一出于正"。道周讲学以主敬为归，"以格物致知为的"。"发明圣学，卫道宗经，规模博大，功力宏深，而大指要与宗周相近。"故宜与刘宗周并列孔庙从祀。[③]道光五年（1825），陈寿祺为闽浙总督赵文恪、福建巡抚孙文靖代拟奏折，再申这一主张。奏折并引用上谕，强调其治学"以格物知致为第一要义。盖宗周以诚意为主，而归功于慎独，能阐王守仁之绪言，而救其流弊；道周以致知为宗，而止宿于至善，确守朱熹之道脉，而独溯宗传"。[④]这里注意到刘宗周、黄道周的学术差异，以及黄氏更深厚的理学蕴含。十余年之后，他还辑校了黄道周的遗集刊行，并编纂年谱。这些学术活动说明，陈寿祺在"尊德性"方面重视阐扬宋学。

尽管如此，他始终在学问上立足于汉学。段玉裁精于文字训诂之学，但至嘉庆年间，他认识到文字校勘不能无涉义理，自谦"喜言训诂考核，

① 《乾隆四十一年十一月十七日奉上谕》，《钦定四库全书总目》上册，卷首，第5页。

② 《榕坛问业十八卷》，《钦定四库全书总目·儒家类三》上册，第1231页。

③ 陈寿祺：《请以明儒黄石斋先生从祀孔庙状》，《左海文集》卷一，第29—30页。

④ 陈寿祺：《闽浙总督赵福建巡抚孙奏为请以明儒从祀文庙折》，《左海文集》卷一，第32页。

寻其枝叶，略其本根，老大无成，追悔已晚”。[①]他不能如其师戴震那样建立有别于宋学的思想体系，但中年以后也不排斥宋学，多次在序文、书信中肯定朱子之学。然更有进者，随着嘉庆年间汉学积弊渐显，翁方纲等宋学家一再公开批评汉学，指斥戴震等人排斥宋学及偏重小学。嘉庆十五年（1810），翁氏又订正段玉裁的《周礼汉读考》及阮元的经学论著，认为：“治经之道，最宜慎者阙疑也，其最不宜蹈者改字也……郑君注释时，间或有所订正，实亦出于不得已也。今金坛段氏，乃为之发例，一曰读若，二曰读为、读曰，三曰当为。不知郑君昔时果森然起例若斯？抑郑未有例而段氏代为举例欤？……愚意奉劝善为学者，当博考古今诸家，而一以勿畔程、朱为职志。”[②]翁氏将校订稿寄示陈寿祺等人。寿祺虽然主张兼采汉、宋，而对诋毁汉学不以为然，故针锋相对地致书翁氏：

> 治经之道，当实事求是，不可党同妒真。汉儒学近古，其家法出七十子之徒。宋后学者好非古，其臆断在千百载之下，故不能不舍彼而取此，而亦非尽废之也。其有存古可资者，何尝不兼取参订。以为薄宋后之书，辄并其善者而不旁涉，又岂通儒之见哉？夫说经以义理为主，固也。然未有形声训诂不明，名物象数不究，而谓能尽通义理者也。何则？义理寓于形声训诂与名物象数而不遗者也。言形声训诂与名物象数舍汉学何由？然非心知其意，博综源流，未足以与此。[③]

这已鲜明地表明了陈寿祺的汉学立场。至嘉庆十九年（1814），他致信段玉裁：“往读先生所考定《尚书》《毛诗》《仪礼》《周礼》《说文》音韵诸部，惊叹悦服，以为贾、郑复出。所以发人神智，扶掖来学无穷。今天下治经，殚研小学，具有汉儒师法，非执事孰为先启其钥邪？曩有浅人，自负雠校，而不通声音文字之元，妄下雌黄，诋娸尊著，寿祺

① 段玉裁：《博陵尹师所赐朱子小学恭跋》，《经韵楼集》卷八，14页。

② 翁方纲：《书金坛段氏汉读考》，《复初斋文集》卷十六，第9—11页。

③ 陈寿祺：《答翁覃谿学士书》，《左海文集》卷四，第27页。

尝争之。”[①]他为段、阮等人的汉学论著辩护，推崇段、王之学。对于翁、段、陈之间的学术交涉，后人不乏评议。即使清末对陈氏经学评价不高的谭献也认为，寿祺“与翁覃溪一书最明快。此类妄人非关其口不可也！”[②]

陈寿祺早年熏染于宋学，中年转治汉学，治经学上溯伏生，下至许、郑，辑校了汉伏胜撰、郑玄注的《尚书大传》，阐明今文经遗书，成《尚书大传定本》。他认为：“凡古文《易》《书》《诗》《礼》《论语》《孝经》所以传，悉由今文为之先驱，今文所无辄废……向微伏生，则唐、虞、三代典谟诰命之经，烟销灰灭，万古长夜……而伏生《大传》，条撰大义，因经属旨，其文辞尔雅深厚，最近大小戴《记》、七十子之徒所说，非汉诸儒传训之所能及也。”[③]他没有否定、排斥古文经，但推尊今文经的倾向已相当明显。

有人将陈寿祺列入“吴派”。实际上，他学术上汲取了惠栋的观点，却远不如受孟超然、阮元等人影响之大，甚至他与段玉裁及高邮王氏的学术关联也更显重要。他兼容汉、宋的学术特色对其子陈乔枞修身、治学均有意义。当然，他在理学之邦和众多汉学家中脱颖而出，成为嘉道年间的汉学重镇，又与陈乔枞续成父志、发扬家学分不开。

四　理学的潜在影响

清代有的汉学世家不像常州庄氏、善化皮氏那样由理学转治今文经学，而带有正统汉学家的特征，但他们直接或间接地传承了理学，使之成为塑造学术特色和成就的重要因素。

焦循汉学的理学潜流

甘泉焦循传衍家学，以《易》学和《孟子正义》而成为嘉庆朝的汉学

① 陈寿祺：《答段懋堂先生书》，《左海文集》卷四，第48页。

② 谭献：《谭献日记》，第192页。

③ 陈寿祺：《尚书大传定本序》，陈寿祺辑校《尚书大传（附叙录辨伪）》，《丛书集成新编》第106册，第342—343页。

名家。人们注意到焦循治经不取宋人经说，侧重汉学。他撰《申戴》等文阐扬戴震的义理之学，赞誉其《孟子字义疏证》《原善》最为精善，戴氏为“自得之义理，非讲学家《西铭》《太极》之义理也”。[①]显然，焦循尊汉抑宋，赞赏戴震那样凸显学术的思想蕴含。正因此，如同汪中一样，他被阮元称为“善读书，博闻强记，识力精卓，于学无所不通”，当“名之为通儒”。[②]“通儒”在扬州汉学群体中并不罕见，就其主要特征而言，大体上注重博通、通识，将思想性贯通于考据研究之中。但是，这些“通儒”的思想倾向各有差异，焦循与汪中对宋学的态度就迥然有别。

章太炎评论焦循《易通释》，“取诸卦爻中文字声类相比者，从其方部，触类而长，所到冰释；或以天元术通之。虽陈义屈奇，诡更师法，亦足以名其家”。[③]所谓“陈义屈奇，诡更师法”其实表明焦循治《易》不拘汉学，而寻求《易》学义理的路径。故今人评论云：焦循“依据他的‘旁通’‘相错’‘时行’的易学原理，编织了一套表现为象数形式的逻辑类比推理的思想构架，并将自己的道德理想尽数纳入构架之中，在乾嘉学界取得了异乎寻常的成功”。[④]焦循何以能在惠栋之后，另辟蹊径，发展了清代《易》学?应该说，这与焦氏学术的渊源和构成也有关联。

焦循幼年即究心于理学，入家塾时，其父“佩士先生授以《太极》《西铭》《正蒙》及《周濂溪全书》”，而他19岁、20岁时“专力于此”。“甘泉姚雨田先生授徒于县学崇圣祠，阐说《太极》《西铭》之理”，焦循亦“往听之”。[⑤]他最富创见的《易》学也是从宋学入门，自述治《易》，“弱冠以前，第执赵宋人说。二十岁从事于王弼、韩康伯注。二十五岁后进而求诸汉、魏，研究于郑、马、荀、虞诸家者，凡十五年。年四十一始屏众说，一空己见，专以《十翼》与上下两经，思其参互融合、脉络纬度，凡五年”。[⑥]可见，焦循的《易》学经历了由宋学而上

① 焦循：《申戴》，《雕菰集》卷七，第1页。
② 阮元：《通儒扬州焦君传》，《揅经室二集》卷四，第39、45页。
③ 章太炎：《经学》，《章太炎全集·蓟汉雅言札记》第二辑，第155页。
④ 陈居渊：《焦循阮元评传》（下），南京大学出版社2011年版，第327页。
⑤ 闵尔昌编：《焦里堂先生年谱》，《扬州学派年谱合刊》上册，第322页。
⑥ 焦循：《告先圣先师文》，《雕菰集》卷二十四，第1页。

溯汉、唐，乃至自创新说的过程，而早年的学术积淀不应忽视。或者说，理学成为焦循汉学领域中的一种潜流，发挥了一定作用。

《论语》和《孟子》作为孔孟的思想结晶，是宋儒最为推崇的儒家经典，也是宋、明士人反复吟诵的读本。在理学熏陶中，焦循“传家教，弱冠即好《孟子》书，立志为《正义》。以学他经，辍而不为”，[①]而终于在逝世前撰成了《孟子正义》。他自认为对孔子忠恕之道有着深刻的领悟：“孔子言‘吾道一以贯之’，曾子曰‘忠恕而已矣’。然则一贯者，忠恕也。”而后世九流之学，经师门户之争，朱、陆、阳明之学，“其始缘于不恕，不能舍己克己，善与人同，终遂自小其道，近于异端”。[②]因此，他肯定程、朱理学的价值，并且不完全排斥陆、王。嘉庆二年（1797），焦循授徒村中，有以朱、陆、阳明之学请益者。他说：“数百年来，人宗紫阳。自阳明表彰陆氏，而良知之学复与朱子相敌。迩年讲汉儒之学者，又以朱、陆、王并斥，而归诸佛、老。余谓紫阳之学，所以教天下之君子；阳明之学，所以教天下之小人。紫阳之学，所以用之于太平宽裕，足以为良相；阳明之学，用之于仓猝苟且，足以成大功。”他认为，朱子、阳明之学各有价值，后人治其学者，“无容互訾矣”。[③]

针对当时一些学者标榜考据，排斥义理，焦循在致孙星衍等人的书札中反复批评考据学，并且载诸《家训》。他反对“唯汉是好”，排斥宋学，指出：“近世考据之家，唯汉儒是师，宋、元说经，弃之如粪土，亦非也。”[④]不仅如此，他对一些人标榜汉学，却于宋学明斥暗纳的态度也非常反感。“学者，学孔子者也。学汉人之学者，以汉人能述孔子也。”“惟汉是求，而不求其是，于是拘于传注，往往扞格于经文。是所述者，汉儒也，非孔子也。而究之汉人之言，亦晦而不能明……且夫唐、宋以后之人，亦述孔子者也。持汉学者，或屏之不使犯诸目，则唐、宋人之述孔子，讵无一足征者乎？学者或知其言之足征而取之，又必深讳其姓

① 焦循：《孟子正义·孟子篇叙》，《诸子集成》（1），第7页。

② 焦循：《一以贯之解》，《雕菰集》卷九，第8页。

③ 焦循：《良知论》，《雕菰集》卷八，第20页。

④ 焦循：《里堂家训》卷下，第4页。

名，以其为唐、宋以后之人，若称其名遂有碍乎其为汉学者也。噫，吾惑矣！”[①]他虽是汉学名家，却主张兼采宋学。应该说，这与早年的理学熏陶不无关系。

焦循主张超越门户观念，强调“经学之道，亦因乎时”，“古学未兴，道在存其学；古学大兴，道在求其通”。[②]一方面，他批评一些学者标榜考据，而主张经学当讲求义理。当时，袁枚等人倡导诗文“抒写性灵”，影响很大。或许是受此启发，焦循也提出：“学经者，博览众说，而自得其性灵，上也；执于一家而私之，以废百家，唯陈言之先入，而不能自出其性灵，下也。”[③]他视性灵为经学精髓，看似语意模糊，实则表明注重儒经的义理之学。另一方面，他又主张“宋之义理，仍当以孔之义理衡之，未容以宋之义理即定为孔子之义理也”。[④]焦循的某些思想创见接续于戴震、汪中，却对宋、明理学较为宽容，表现出超越汉、宋畛域的倾向，而其终极目标是回归孔儒本真。

继焦循《孟子正义》之后，刘宝楠父子著《论语正义》，学术方法大体一致。并且，焦循的学术见解直接启发刘宝楠等人。比如，《论语》“攻乎异端，斯害也已”一句，历来是儒家攻击杨、墨、佛、老的依据。而在儒学内部，程、朱与陆、王互相指为异端的纷争也没有停止。焦循认为：“攻，犹摩也。”“他山之石，可以攻玉也。他者，异也；攻者，硙切磨错之也……异端，犹云两端。攻而摩之，以用其中而已。”“异端之云，第谓说之不同耳。”“《韩诗外传》云‘别殊类，使不相害。序异端，使不相悖’。此即发明《论语》之义。盖异端者，各为一端，彼此互异，惟执持不能通则悖，悖则害矣。有以攻治之，所谓序异端也。‘斯害也已’，谓使不相悖也。彼此硙切磨错，使紊乱害于道者，悉顺而和焉。”[⑤]他认为，孔子不过是要改变学者各执一端的态度，犹如《礼记》

① 焦循：《述难四》，《雕菰集》卷七，第14—15页。
② 焦循：《与刘端临教谕书》，《雕菰集》卷十三，第25页。
③ 焦循：《里堂家训》卷下，第2页。
④ 焦循：《寄朱休承学士书》，《雕菰集》卷十三，第10页。
⑤ 焦循：《攻乎异端解上》，《雕菰集》卷九，第11页。

所云“夫言岂一端而已，夫各有所当也”。[①]他晚年注《论语》时再述此意，指出“盖异端者，各为一端，彼此互异”，并不专指杨、墨、老、庄，“儒者执一不能通”，也是“竞设异端”。[②]这类训释与前人“攻其异端，使吾道明，则异端之害人者自止”之说显然不同，表明了宽容、调和不同学派的态度，也是对统治者独尊某家某派、钳制思想的委婉批评。刘宝楠认为：“焦氏此说，谓攻治异端，而不为举一废百之道，则善与人同，而害自止。二说与《集解》不同，而焦说尤有至理，故并著之。”[③]其学术认同不言而喻。

焦循的学术主张也在阮元的言行中产生了回响。焦、阮二人因姻亲和主宾关系，一直交往密切。阮元与族姊夫焦循“少同游，长同学。元以服官愧荒所学，焦君乃独致其心与力于学”。[④]封疆大吏阮元事实上不可能全力投入学术研究，焦循的学术造诣明显高出一筹。一般论阮元的学术来源，多着眼于高邮王氏。然而，焦循的一些学术论题和观点启发了阮元也在情理之中。焦著《孟子正义》《论语通释》等书对儒家的性、理、仁、一贯忠恕等主题进行了阐述，后来阮元作《论语论仁论》《孟子论仁论》《性命古训》等篇，大致与此不无关联。

焦循、阮元在也博通学术、调和汉宋方面产生了共鸣。阮元自述“少为学，自宋人始；由宋而求唐，求晋魏，求汉，乃愈得其实”。[⑤]他转治汉学后，不乏训诂考据之作，而比焦循更明确地主张兼采汉、宋，认为：“两汉名教得儒经之功，宋、明讲学得师道之益，皆于周、孔之道得其分合，未可偏讥而互诮也。”[⑥]他于嘉庆初年作《曾子十篇注》，阐述孔、曾的博学、难易、忠恕之微言，与《孝经》《中庸》相表里，自言：“近人考证经史小学之书则愈精，发明圣贤言行之书甚少，否则专以攻驳程、

① 焦循：《攻乎异端解下》，《雕菰集》卷九，第14页。

② 焦循：《论语补疏》卷上，《丛书集成三编》第13册，第5—7页。

③ 刘宝楠：《论语正义》，《诸子集成》(1)，第33页。

④ 阮元：《江都焦氏雕菰楼易学序》，《易章句》卷首，第2页。

⑤ 阮元：《西湖诂经精舍记》，《揅经室二集》卷七，第15页。

⑥ 阮元：《国史儒林传序》，《揅经室一集》卷二，上海商务印书馆《四部丛刊》影印初刻本，第2页。

朱为事，于颜、曾纯笃之学未之深究，兹《注释》五卷，不敢存昔人门户之见，而实以济近时流派之偏也。”[1]阮元救“流派之偏”的言行是相当丰富的。他主导学术风气，调融汉、宋，其《皇清经解》不仅收入今、古文经学著作，也包括带有宋学色彩的论著。相反，戴震力斥宋学的《孟子字义疏证》则不予收录。他主编的《儒林传稿》兼收汉、宋学者传记，其幕府也是兼容汉、宋学者的场所。他开办的几所书院如浙江诂经精舍、广州学海堂都体现了调和汉、宋的取向。这些行为适应了嘉庆朝并重汉、宋的文治政策，也放大了焦循等人兼容汉、宋的声音。

从理学到汉学的湘阴郭氏

湘阴郭氏是晚清转向汉学之家，而其汉学成就折射出理学的潜在影响。郭嵩焘早年受理学陶冶，也是理学经世派的主角，中年以后转而研究《礼记》《庄子》，汲取了汉学方法和思想，显露出汉学倾向。他于咸丰二年（1852）始读王夫之的《礼记章句》，“有疑则标识简端，乃益求之注疏，讨论其源流得失，积久而疑愈多，于是求之《仪礼》《周官》经，推测其立言之旨”。[2]他从“训释字词”“离析章句”“搁置典籍文句”等方面检讨郑玄等人的《礼》学。至光绪二年（1876）八月，撰成《礼记质疑》49卷。[3]该书主要针对郑注孔（颖达）疏立言，但超越汉、宋门户，平心衡量，兼采诸家义疏，也明显汲取了汉学方法。比较而言，郭氏的汉学趋向更鲜明地体现在思想认同。

郭嵩焘像乾嘉汉学家一样崇礼、考礼，又汲取乾嘉以来的汉学主旨，以礼学沟通汉学和宋学。“亲亲为仁”，由仁生义，因义制礼，这是儒家礼学的主题，也是郭嵩焘阐释礼学的基本思路。他指出：“礼兼仁与义行之”，“仁义交相为用以成礼……礼者，所以达仁义之施而立人道之准者也。”[4]在他看来，仁、义本有轩轾，仁更具有本原性质。“人心之爱敬

① 张鉴等撰：《阮元年谱》，中华书局1995年版，第18页。
② 郭嵩焘：《礼记质疑自序》，《礼记质疑》，岳麓书社1992年版，第1页。
③ 参见《郭嵩焘日记》第3卷，湖南人民出版社1982年版，第57页。
④ 郭嵩焘：《礼记质疑》，第268页。

因事而生，圣人制为礼以达之，故凡礼之行皆本于仁。”[①]他肯定郑玄、阮元等汉学家以“相人偶”释“仁”，也援引《说文》“仁，亲也。从二人”的解释，[②]凸显了仁的相亲、相敬之意，注重仁的社会性。

郭嵩焘的一些看法与戴震、汪中等汉学家并无二致。如同戴震，他肯定人欲的合理性。《礼记》有“君子乐得其道，小人乐得其欲”的说法。郑玄注：“道，谓仁义也。欲，谓邪辟也。”实际上将“道”与“欲”二分、对立起来。郭氏不同意郑注，而认为“君子、小人，以位言之”。“合天下而皆得所欲，此乐之所以为乐也。以道制欲，则乐行而民向方矣。”[③]他既肯定人欲的合理性，又强调“以道制欲”。同时，他肯定“情”的重要性，认为性与情密切相关，情出于性：“生人之大用，性与情而已，二者同物。情者性之发也，爱敬之理根于性而发之为情。”[④]那么，如何以性、道节制情、欲？儒家构建了以三纲五伦为核心的礼教规范，宋儒进一步充实其哲学根据，张扬以理灭情。在郭嵩焘看来，“圣人制礼，达人事之变而使各致其情”。[⑤]“礼者治人情者也，非能绝远人情以为礼者也。”[⑥]礼不是“绝远人情”，而是“致其情”“治人情”。

缘情制礼的思想体现在郭氏关于婚、丧、祭及相见诸礼的评述中。与宋学家夏炘等人偏重丧服的“尊尊之义”不同，他更重视服制蕴涵的“亲亲之情”。他注释服制云：“主丧者大功，自尽其亲亲之谊，以终丧为之节；主丧者朋友，本非亲属，而于死者有相维系之情，以毕丧事为之节：皆仁之至、义之尽也，而一准乎人之情为之。”[⑦]在亲友关系中，服制不同，但都力求达情。他认为，亲亲之情不仅是服制的根本，而且是社会礼仪的基础。《礼记》所云“大夫、士相见，虽贵贱不敌”，敬者先拜。他

① 郭嵩焘：《礼记质疑》，第609页。
② 郭嵩焘：《礼记质疑》，第627页。
③ 郭嵩焘：《礼记质疑》，第478页。
④ 郭嵩焘：《礼记质疑》，第464页。
⑤ 郭嵩焘：《礼记质疑》，第216页。
⑥ 郭嵩焘：《礼记质疑》，第263页。
⑦ 郭嵩焘：《礼记质疑》，第408页。

认为这是“达人所以交相为敬之情，其义美矣！”[①]乾嘉汉学家在排斥宋学的取向中阐发缘情制礼，并在晚清宋学群体中产生了回响，而郭嵩焘即为其中典型。因此，陈澧、潘祖荫、李鸿章及后来学者对郭氏礼学均予推许，认为他“括历代制度之大，得诸家训诂之通，卓然为礼学大师。”[②]总的来看，郭嵩焘晚年也非纯粹的汉学家，其《礼》学显示了汉学趋向，但仍具有兼采汉、宋的思想特征。

郭嵩焘的胞弟郭崑焘也浸润于理学，19岁结识罗泽南、刘蓉等理学家，“一见倾服”，而罗、刘二人亦谓崑焘为“此吾畏友也”，“乃深相结契”。[③]其子郭庆藩幼禀庭训，传承家学，却在成年后转治汉学，长于《说文》研究。庆藩之子郭振镛云：“先大父及先从祖父兵侍公博通六艺，于圣人微言奥谊，深探而扩言之。先大夫既习闻家学，益研求精密，尤专鄦书。以为唐、宋以来小学日衰，学者莫得六书之旨。而转注一书，尤懵然莫衷一是，乃创为三例，以求鄦书取例之意。”[④]据此，郭嵩焘、郭崑焘学术上仍侧重“圣人微言奥谊”，郭庆藩则转重小学，著《说文经字考辨证》《说文答问疏证补谊》《说文经字正谊》等小学三书，而著名的考据之作是《庄子集释》，此外有《淮南鸿烈解训纂》等。高邮王氏和擅长庄子学的王先谦是郭庆藩的学术榜样。他曾致函王先谦：“国朝经学集诸大儒之成，而高邮王氏父子之外，其能有本源而得其全体者，公其首屈一指乎？”[⑤]其汉学倾向不言而喻。郭氏《庄子集释》博采前人注疏，除多引郭象的《庄子注》、成玄英的《庄子疏》及《史记》《汉书》《昭明文选》外，清代汉学家卢文弨、高邮王氏、俞樾等人的注释也多采纳。故该书与王先谦的《庄子集解》一样，发扬乾嘉学风，长于疏证文字。

但是，转治汉学的郭庆潘又带有理学的遗传。《庄子集释》援引郭嵩

① 郭嵩焘：《礼记质疑》，第39页。

② 柳定生：《郭嵩焘传》，李定一、包遵彭、吴相湘编《中国近代史论集》第二辑，第八册，台北，正中书局1970年版，第84页。

③ 郭庆藩：《郭崑焘行述》，光绪八年刊本，第2页。

④ 郭振镛：《郭庆藩行述》，湖南图书馆藏清光绪刻本，第9页。

⑤ 郭庆藩：《致城南山长王益吾》，《郭庆藩书札》，湖南图书馆藏稿本，无页码。

焘的注解一百多条，其中大抵以儒解庄，一些见解带有鲜明的理学色彩。比如，自张载、王夫之以降，“气”是理学的重要论题，郭庆藩也关注于此。《庄子·养生主》云“指穷于为薪，火传也，不知其尽也”。俞樾认为郭注“未得其义”，却未予新解。郭庆藩释云：

> 家世父曰：薪尽而火传，有不尽者存也。太虚来往之气，人得之以生，犹薪之传火也。其来也无与拒，其去也无与留，极乎薪而止矣。而薪自火也，火自传也，取以为无尽也。执薪以求火，执火以求传，奚当哉！[①]

郭嵩焘以“气”释生命的繁衍及薪尽火传，此说也为郭庆藩采纳。[②]其实，他自己对气论也不无心得。《庄子·逍遥游》云：“若夫乘天地之正，而御六气之辩，以游无穷者，彼且恶乎待哉！”关于“六气”，郭庆藩认为沈括、王应麟、全祖望的解释皆不透彻，而提出二说以备参考。一是《洪范》所云“雨、旸、燠、寒、风、时为六气也”。他指出：“雨，木也；旸，金也；燠，火也；寒，水也；风，土也；是为五气。五气得时，是为五行之和气，合之则为六气。气有和有乖，乖则变也，变则宜有以御之，故曰‘御六气之变’。”他提出“六气”的另一说，即好、怒、恶、喜、哀、乐“六情”，此说源于《汉书·翼奉传》。[③]这类诠释没有直接援引宋、明儒家之说，却可见理学的影子。而在《庄子集释》中，郭庆藩于气论独有青睐，本身就折射出理学的间接影响。

此外，郭嵩焘的堂侄郭立山发扬家学，精于考释三礼，转向汉学，却仍有理学基础，乃至论者称其“笃守程、朱之学，宗师韩、欧之文，饰巾待期，杜门却扫，穿穴经史。撰述探圣道之源，正谊明伦。操守有昔贤之雅，学如不及，穷且益坚”。[④]这些评价大体反映其修身治学兼采汉、宋

① 郭庆藩：《庄子集释》，《诸子集成》（3），上海书店1986年影印本，第60页。

② 关于郭嵩焘融合儒、道的庄子学，详见拙文《郭嵩焘的庄子学阐微》，载《人文杂志》2017年第10期。

③ 郭庆藩：《庄子集释》，《诸子集成》（3），第10—11页。

④ 黄光焘：《湖南学派论略》，第18页。

的特征。

综上所述，清代汉学家人数众多，影响深巨，一些著名的宋学家如翁方纲、程晋芳、曾国藩、郭嵩焘等人兼采汉学，甚至晚年转重汉学。与此同时，宋学仍以不同形式渗透于汉学。仅从学者个人经历来看，宋学的作用可能不甚清晰。但从汉学家族形成、衍变的较长时段观察，则宋学的意义就比较明显了。这些潜存于汉学世家的理学传统，或者助益其科名成就，为汉学传衍创造了有利条件；或者对其学术内容（如今文经学）和学术倾向（如调融汉、宋）具有意义。清代汉学世家的成就虽未必完全“视其所得于宋学之高下浅深以为判”，但宋学对繁荣汉学的意义亦不可忽视。进而言之，即使在汉、宋对峙的乾嘉时期，家学视域中的汉、宋之学也非泾渭分明，一些典型的汉学之家仍不同形式地传承理学。于此，人们也可进一步认识清代汉、宋关系的复杂性及家学传承的意义。

第四章

家法观念与汉学承变

师法、家法曾是中国学术史上的重要理念。家法一词在清代广泛使用，而就学术史上看，清初学者的家法意识还比较淡薄。乾隆年间汉学大兴，经师推尊汉儒，家法观念随之凸显了。犹如龚自珍所谓“经有家法夙所重，诗无达诂独不用”。[①]清代学者不时论及汉儒家法，流露出对家法的信仰和坚守。那么，他们如何理解、诠释经学家法，又怎样运用于考经证史，家法观念与汉学世家有何关联？探讨这些问题当有裨于认识清代汉学的思想理念，揭示家学传衍的底蕴。

一　家法观念考辨

家法随汉学而兴，考察清儒的家法观念，仍需要对汉儒家法略加回顾。清末以来，皮锡瑞、钱穆、周予同、徐复观、张舜徽等人均论及汉儒家法。近年论者对此多所注意，并续有阐释，有的问题已有共识，有的则言人人殊，仍待研究。与此同时，虽有论著提到清代汉学家法，却缺少深入系统的梳理。学术史家对清代汉学家法少有研究，以致目前关于其源流、内容和思想实质仍模糊不清，甚至以讹传讹。

家法的本源

清人关于汉儒师法、家法的讨论并不始于后人关注的皮锡瑞。乾嘉汉

① 龚自珍:《已亥杂诗》,《龚自珍全集》, 第515页。

学兴盛之时，一些著名经师都对此有所论述。晚清汉学相对衰落，而家法仍然是士大夫的学术话语。清代好谈家法者既有古文经学家如王鸣盛、钱大昕、孙星衍、江藩，也有今文家陈寿祺、戴望、皮锡瑞，还有一些经学倾向不明者如章学诚、蒋湘南等。因学术基础和语境不同，其家法内涵多有差异，关于汉儒家法的阐释也是如此。这里追本溯源，以相关问题为中心，首先对清人关于汉儒家法的言论略加梳理，以为剖析清代家法观念的参照。

清人注意到古代师法、家法与王官的关系，有的认为其起源于学官。嘉道年间的蒋湘南云：

> 师法、家法皆本于古之官法。古者设官必有师……师者，即其官之长，以所掌之法传人者也。有官必有法，有法必有学，有学必有业。凡在官之执业者，皆学于其长，奉之为师，而习其法。而古之官人也，又以世传……周官三百六十，多以氏名，如冯相氏、保章氏之类，皆世官也。学于官者谓之师法，世其官者谓之家法……王迹既息，天子失官，《易》《书》《诗》《礼》《乐》《春秋》之法散著于人，不尽坠地。孔子讲明而修之，儒生之师法仍本在官之师法。其门弟子所传必有微言大义，恃乎口授，不徒著于简策者。①

蒋氏推衍古学出于王官论，将师法、家法溯源于先秦，涉及范围较广，后来有学者接受此说。不过，此说证据不足，疑点较多。质言之，学官之法与经学师法不能等同。师法一词在先秦典籍中罕见记载，《荀子·儒效》提到“有师法者，人之大宝也；无师法者，人之大殃也”。但又云“人有师有法，而知则速通，勇则速威”。《荀子·修身》亦云：“故非礼，是无法也。非师，是无师也。不是师法，而好自用，譬

① 蒋湘南：《经师家法说》，《七经楼文钞》卷一，《续修四库全书》影印同治八年刊本，第8—9页。

之是犹以盲辨色，以聋辨声也。”[①]《荀子》中的师与法是并列关系，故有论者认为：荀子之所谓“法”，是指“制度“礼义”而言，师与法“不是内容上的关系”。汉儒“把师所说的赋予以法的权威性，这完全是新的观念”。师法的提出和确立，不会早于设置博士弟子员之前。[②]显然，汉代师法与先秦文献所载不同，将“师法”追溯至先秦王官不免牵强。

尽管如此，汉代师法却与官学相关，因为它起源于经学博士。清人胡秉虔说，“博士之官，昉于周末，而莫盛于汉之西京。初设官时，不过取通古今、备顾问而已。自武帝罢黜百家，专置五经，于是博士之选严，而博士之品日益尊……盖博士之设，所以崇师法也”。[③]胡氏所说大体不差。战国末年到汉初，博士只是官名，官位不高。任职者学术驳杂，备顾问而已。汉武帝专置五经博士，遂有经学专职。随后，武帝又为博士官置弟子数十员，而且博士弟子员与时俱增。西汉经师的著述只能书之竹帛，士子得之甚难，训诂句读均由经师口授，文字不敢稍有出入，遂有师法之说。而汉宣帝已增立五经博士至12人，每经不限一人，而是数家并立，每家各有师法。检索《史记》和前后《汉书》正文可见，《史记》没有“师法”、“家法”的记载。班固《汉书》也没有提到“家法”，却有9处记载了“师法”。[④]

---

① 王先谦：《荀子集解》，《诸子集成》（2），上海书店1986年影印本，第91、20页。

② 徐复观：《中国经学史的基础》，《徐复观论经学史二种》，上海书店出版社2002年版，第75页。

③ 胡秉虔：《汉西京博士考·序》，《丛书集成新编》第99册，第663页。

④ 班固：《汉书》，中华书局1962年版。

《汉书》所载经学师法

相关人物	记载	出处
魏相	相明《易经》，有师法，好观汉故事及便宜章奏，以为古今异制，方今务在奉行故事而已。	《魏相传》，《汉书》卷七十四。
翼奉	上以奉为郎中，召问奉……奉对曰："师法用辰不用日。辰为客，时为主人。"	《翼奉传》，《汉书》卷七十五。
李寻	治《尚书》，与张孺、郑宽中同师。宽中等守师法教授，寻独好《洪范》灾异。	《李寻传》，《汉书》卷七十五。
李寻	上以问黄门侍郎杨雄、李寻。寻对曰："《洪范》所谓鼓妖者也。师法以为人君不聪，为众所惑，空名得进，则有声无形，不知所从生。"	《五行志》，《汉书》卷二十七中之下。
张禹	（萧望之）奏禹经学精习，有师法，可试事……久之，试为博士。	《张禹传》，《汉书》卷八十一。
孟喜	上闻喜改师法，遂不用喜。	《儒林传》，《汉书》卷八十八。
张山拊	（张山拊的弟子张）无故善修章句，为广陵太傅，守小夏侯说文。（秦）恭增师法至百万言，为城阳内史。	《儒林传》，《汉书》卷八十八。
胡毋生	（胡毋生弟子）唯嬴公守学不失师法，为昭帝谏大夫，授东海孟卿、鲁眭孟。	《儒林传》，《汉书》卷八十八。
公孙禄	（王莽召左将军公孙禄来与议）禄曰："……国师嘉信公颠倒五经，毁师法，令学士疑惑。"	《王莽传》，《汉书》卷九十九下。

以上人物皆为昭、宣、元、成四帝时的经师，但他们所谓师法的内容也涉及天文、历法。元帝以后，士大夫可以经术得公卿之位，朝廷则以是否守师法来评骘经师。从《汉书》可见，师法经朝廷认可，并被提倡。有些经师如孟喜等人"改师法"，则不得官方认可。正如汉初经学一样，西汉末年流行的师法也带有官方色彩。但东汉以后，家法一词逐渐流行，这也反映在范晔的《后汉书》中。

《后汉书》所载经学师法、家法

相关人物	记载	出处
汉光武帝	及光武中兴，爱好经术……于是立五经博士，各以家法教授，《易》有施、孟、梁丘、京氏，《尚书》欧阳、大小夏侯，《诗》齐、鲁、韩，《礼》大小戴，《春秋》严、颜，凡十四博士，太常差次总领焉。	《儒林列传》，《后汉书》卷七十九上。
汉质帝刘缵	（本初元年）令郡国举明经，年五十以上，七十以下诣太学。自大将军至六百石，皆遣子受业……又千石、六百石、四府掾属、三署郎、四姓小侯先能通经者，各令随家法。	《孝顺孝冲孝质帝纪》,《后汉书》卷六。
卓茂	茂，元帝时学于长安，事博士江生，习《诗》《礼》及历算，究极师法，称为通儒。	《卓茂传》，《后汉书》卷二十五。
鲁恭	其后拜为《鲁诗》博士，由是家法学者日盛。迁侍中，数召讌见，问以得失。	《鲁恭传》，《后汉书》卷二十五。
鲁丕	丕因上疏曰：“……法异者，令各自说师法，博观其义。”	《鲁恭传》，《后汉书》卷二十五。
吴良	（苍）上疏荐良曰：“……齐国吴良，资质敦固……又治《尚书》，学通师法，经任博士，行中表仪，宜备宿卫，以辅圣政。”	《吴良传》，《后汉书》卷二十七。
杨统	统作《家法章句》及《内谶二卷解说》，位至光禄大夫，为国三老。	《杨统》,《后汉书》卷三十上。
郑玄	论曰……郑玄括囊大典，网罗方髗，删裁繁诬，刊改漏失，自是学者略知所归……（王父豫章君）传授生徒，并专以郑氏家法云。	《郑玄传》，《后汉书》卷三十五。
徐防	（防）上疏曰：“……伏见太学试博士弟子，皆以意说，不修家法……臣以为博士及甲乙策试，宜从其家章句，开五十难以试之……”诏书下公卿，皆从防言。	《徐防传》，《后汉书》卷四十四。

续表

相关人物	记载	出处
左雄	（左雄上言）“请自今孝廉年不满四十，不得察举，皆先诣公府，诸生试家法，文吏课笺奏，副之端门，练其虚实，以观异能，以美风俗……”“帝从之”。	《左雄传》，《后汉书》卷六十一。
蔡伦	（元初）四年，帝以经传之文多不正定，乃选通儒谒者刘珍及博士良史诣东观，各雠校汉家法，令伦监典其事。	《宦者列传》，《后汉书》卷七十八。
张玄	（张玄）少习颜氏《春秋》，兼通数家法。	《儒林列传》，《后汉书》卷七十九下。

《后汉书》正文（不包括后人注释），除《律历志》有2处提到历学师法外，有关经学师法、家法的记载12处，其中师法仅3处，家法则有9处。[①]《汉书》《后汉书》均为一代正史，其用词频率反映出语言的流播情形。故王鸣盛云：“汉人说经重师法……又称家法，谓守其一家之法，即师法也……盖前汉多言师法，而后汉多言家法。不改师法，则能修家法矣。”[②]阮元也说：“夫汉人治经，首重家法。家法亦称师法，前汉多言师法，后汉多言家法。”[③]他们认为师法、家法大致相同，只是前、后汉的说法不同。

光武中兴后，经学大盛，经学博士增至14人。博士弟子则由汉武帝时50人增至东汉数千、甚至几万人。一位经师授徒常达数百，甚至更多。东汉初年经有数家，家有数说，章句纷歧，于是家法之说流行起来。故乾嘉士人认为：“大抵前汉多言师法，而后汉多言家法，有所师乃能

① 范晔：《后汉书》，中华书局1965年版。

② 王鸣盛：《师法》，《十七史商榷》卷二十七，《续修四库全书》影印乾隆刻本，第4—5页。

③ 阮元：《王西庄先生全集序》，《揅经室二集》卷七，第13页。

成一家之言。师法者溯其源，家法者衍其流也。”[①]他们视家法为原有师法繁衍而成的新“师法”。至清末，皮锡瑞引申云：“前汉重师法，后汉重家法。先有师法，而后能成一家之言。师法者，溯其源；家法者，衍其流也。师法、家法所以分者：如《易》有施、孟、梁丘之学，是师法。施家有张、彭之学，孟有翟、孟、白之学，梁丘有士孙、邓、衡之学，是家法。家法从师法分出。”[②]皮氏不仅注意师法、家法的源流关系，而且提示其内涵仍有区别，蕴含前后汉经师的观念差异。

家法何时取代师法而成主流话语？这一问题迄今仍无定论。钱穆说：“直捷言之，则‘家法’即‘章句’也。汉儒经传有章句，其事亦晚起，盖在昭、宣以下……五经博士置自武帝，而博士分家起于宣帝，则诸经章句之完成，亦当在宣帝之后矣。”[③]据此，则家法是昭、宣以后，随着“章句”，即儒经章节、文字之学而凸显出来的。在相关史籍中，西汉末年尚无家法的记载。至少王莽之时，公孙禄对国师的指责仍用“颠倒五经，毁师法”之语。而至刘秀建立东汉时，家法之说已经出现。或许，家法一词是在刘秀定都洛阳后流行起来的，而具体年份难以确考了。

清代以来，关于汉儒家法内涵的认识不一，各有侧重。阮元在诂经精舍的门生胡缙总结云：

> 汉儒家法，大略有三：一曰守师说。如《易》有施、孟、梁丘、费、高，《书》有伏、孔，《诗》有毛、齐、鲁、韩，《礼》有二戴、庆氏，《春秋》有左、公、穀，其间文字异同，章句错互，各守师传，不相沿袭……一曰通小学。汉儒课学僮，必先讽籀书九千字，以得其旨意声形。授《尔雅》十七篇，以究其训诂转借……汉儒研六经从文字入，研文字从声形入，莫不考镜于姬卜，准则于籀斯。虽

① 赵春沂：《两汉经师家法考》，《诂经精舍文集》卷十一，《丛书集成新编》第59册，第213页。

② 皮锡瑞：《经学历史》，第136页。

③ 钱穆：《两汉博士家法考》，《两汉经学今古文平议》，第190—191页。

> 师承各殊，而涂轨实一，是之为通小学。一曰明天人之理。《易》家天学，则如孟喜明卦气，京房言纳甲飞伏，郑君阐爻辰，虞翻推消息。《书》家如伏生，则以《洪范》言天。《诗》家如翼奉，则以五际言天。《春秋》家如董仲舒，则以《公羊》言天。刘向则以《穀梁》言天，刘歆则以《左氏》言天……贾、郑、何、郑诸家，尤精是学。[①]

这是胡缙的理解，虽不无道理，却不够准确。守师说固然是汉儒家法，但通小学、明天人之理则未必完全适用于两汉经师。明天人之理的汉儒只是少数，而通小学则反映了清代学者的自身长处，并非汉儒治学的必然特征。钱穆强调“家法即章句”，而“有章句即有家学矣。《易》有施、孟、梁丘三家章句，故云有三家之学。费、高两家治《易》，皆无章句。两家亦未尝立于学官。为博士立学官，成家学者，乃著章句以授弟子”。[②]章句之学涉及儒经的文本、注疏，自然是汉儒家法的重要内容。但汉儒家法不限于此，还包括篇卷、经说的异同。在古文经学盛行后，家法异同隐含了今、古文之别。从西汉末年刘歆与太常博士们争立《毛诗》《古文尚书》《逸礼》《左氏春秋》，直到东汉末年郑玄与何休争论《左氏传》《公羊传》的优劣，两汉共发生四次经今、古文之争，汉儒家法观念之强与这种背景显然相关。故周予同认为：“他们对经今古文的信仰虽各持一端，但是他们都非常注重家法。所以今文学家守今文学的门户，古文学家守古文学的门户。”直到郑玄兼治今、古文，“混乱一切古、今文的家法，而自创一家之言”。[③]

在经说纷歧的局面中，厘定章句，提倡家法，便于经学传授，建立学术规范和文化秩序。西汉石渠阁会议，东汉白虎观会议，都体现了朝廷重视师法、倡导家法的取向。不过，汉朝对不守家法者未予追究，

① 胡缙：《两汉经师家法考》，《诂经精舍文集》卷十一，《丛书集成新编》第59册，第213页。

② 钱穆：《两汉博士家法考》，《两汉经学今古文平议》，第190—191页。

③ 周予同：《经今古文学》，《周予同经学史论著选集》（增订本），第15页。

而学者自为家法的情形已不可避免。东汉章帝白虎观议奏之后，以章句为家法的传统也呈衰落之势。正如论者所云：汉代思想型的儒者不讲师法，“在博士统绪中，他们有时重视，有时并不重视；有时讲，有时不讲。其特别加以重视的，多半是把它当作排挤、统制的武器来加以应用，这在东汉更为明显”。[①]

东汉末年，何休已不讲章句，并且讥贬好讲章句者。与何休对垒的郑玄更是汇集今、古文经说，超越前人家法。“于《易》初治京氏，又传马融之学，而以费氏为宗。《书》因贾、马训传，为之注解……于《诗》兼治《韩诗》，又后笺申明毛义……通为三礼……《春秋》尝治《公羊》，后通《左氏》。”[②]对此，清代誉之者如孙星衍等人称，“汉儒传经之功，惟郑康成尤集其大成”，“十二经注，康成独综其全，不止身通六艺”。[③]但批评者如今文家李兆洛、皮锡瑞等人则谓其不守家法。平心而论，经学繁衍之后，严守家法无疑会增加经学的封闭性。东汉以后，家法日益繁杂，其实不利于经学发展。而郑玄超越家法，兼治今、古文，适应了经学发展的需要。

清代汉学复兴，家法一词随之流行起来。清代汉学不同于两汉经学，清儒所谓家法也与汉儒家法不尽相同。首先，汉代家法是在经有数家、家有数说的纷繁局面中，朝野士大夫用以确定儒家经、传、章句及师说的异同，带有学术规范性，而清代家法意识是学者在究心经学、推尊汉学趋向中的学术自觉。其次，清代家法只是清儒主张的治学宗旨、途径和方法，不像汉代家法直接关涉官学，并作为经师任职的依据，故清代家法没有直接的利益牵连，主要是经学观念。清儒关于家法的具体说法也多有

① 徐复观：《中国经学史的基础》，《徐复观论经学史二种》，第76页。

② 邵保初：《两汉经师家法考》，《诂经精舍文集》卷十一，《丛书集成新编》第59册，第215页。

③ 孙星衍：《增立郑氏博士议》，《平津馆文稿》卷上，《孙渊如先生全集》，上海商务印书馆《四部丛刊》影印嘉庆刊本，第4页。

出入，就其主流来看，仍可从古文经学和今文经学两大流派来分析。[①]

古文家之家法

清人谈论家法的语境和重心各不相同。在今文经学兴起之前，好谈家法的经师有惠栋、王鸣盛、钱大昕等人，论者谓其“好博尊古，两京壁垒；笃守家法，罔或越轨；清学全盛，此其嚆矢”。[②]后来江藩云：“汉儒解经皆有师法，如郑之笺《诗》则宗毛为主，许著《说文解字》则博采通人，至于小大信而有证，即其中今人所视为极迂且曲之义亦必确有所授，不同臆造。宋儒不然，凡事皆决于理，理有不合，即舍古训而妄出以己意。”[③]他立足于汉学，重视由训诂而求义理，认为汉儒治经有师承，言而有据，故有家法；宋儒则反是，讲义理而舍古训，故无家法。江藩的看法未必符合宋学实情，却代表了清代古文经学家的基本认识。对于汉、宋两大经学系统，他们推崇汉学，贬抑宋学，在家法上独尊汉儒经说和解经方法，旨在针对宋学而建立汉学壁垒，但尚未凸显今、古文经学的差异。

就彰显汉学家法的重要性而言，吴县惠氏可谓典型。惠有声、惠周惕、惠士奇、惠栋四世治经，成就卓著。康熙末年，惠氏家学已受朝廷注意，敕命称惠周惕“令德践修，义方夙著。诗书启后，用彰式穀之风；弓冶传家，克作教忠之则”。[④]所谓“弓冶传家”，即谓其家学传承。惠士奇中年沉浮官场，兼治经史，晚年尤邃经学，著述丰富。其《易》学杂释

① 罗福惠认为，清代学者“一种是从古文经学派与今文经学派的区别讲家法……古文经学以小学治经可以称之古文家法；而今文经学重经义阐释可以称之为今文家法，常州今文学派则被称为常州家法。一种是从考据学意义上讲家法，认为只有古文经学才有家法，主要有吴、皖两派……其要义或如章太炎所总结的六事：一曰审名实，二曰重佐证，三曰戒牵妄，四曰守凡例，五曰断情感，六曰汰华辞”（见其《江南经学家的学派家法与地缘》，《鄂州大学学报》2006年第5期）。该文注意到今、古文经学家法的差异，但清代汉学家法的丰富蕴涵仍有待深入研究。

② 支伟成：《清代朴学大师列传·叙传》，第360页。

③ 江藩：《汉宋门户异同第十五》，《经解入门》卷三，光绪二十年上海文林书局刊本，第5页。案，当代有人提出《经解入门》非江藩所著，因为书中涉及江氏之后的汉学家。笔者认为，从学术观念上看，该书主体部分应为江藩所撰，而清季学者有所增补。

④ 惠善旌等纂修：《惠氏宗谱》卷首“恩纶”，第2页。

卦爻，专宗汉学，以象为主。说《春秋》以礼为纲，而纬以史事，言必据典，论必持平。惠士奇生有七子，而以惠栋最能发扬家学。

惠栋“夙承门风，笃志稽古，凡经籍史传，诸子百家，下逮名物记载，无不博通强识”。“然其一生精力之所萃，则尤在考订经义。于两汉撰著诸家，确然有所折衷，必疏通证明而后已。”乾隆十五年（1750），诏荐海内经明修行之士。惠栋被荐，“君未与，而处之淡然，不为荣利动，杜门益著书。为人刻苦摩厉，不习靡曼雕琢之词以逐时尚。与之谈经义，则周文汉典，靡不综贯。远近人士号为读书种子”。“既乃教授生徒，所得馆谷辄购书籍，日事编摩，造次颠沛，未尝释手。”子二人，承绪、承附、承萼。[①]惠栋沉潜经学数十年，为复兴汉学之关键。他认为：“孔子殁后，至东汉末，其间八百年，经师授受，咸有家法。故两汉诸儒，多识古音。传至魏、晋，俗师失读，人用其私。”[②]其独尊汉学的倾向已有鲜明体现。当时钱大昕指出：“今士大夫多尊崇汉学，实出先生绪论。”[③]近人章太炎概论清学云：清初汉学尚未成立，惠“士奇《礼说》已近汉学，至栋则纯为汉学，凡属汉人语尽采之，非汉人语则尽不采，故汉学实起于苏州惠氏”。[④]在楬橥汉学，固守家法方面，惠栋确实与清初学者迥然不同。梁启超称其“以博闻强记为入门，以尊古守家法为究竟”。[⑤]因此，他的家法观念也最为后来论者注意。[⑥]

惠氏的学术中心在于《易》。惠栋《易汉学自序》云：“栋曾王父

① 彭启丰：《惠征士家传》，惠善旌等纂修《惠氏宗谱》卷四，第1—2页。

② 惠栋：《韵补序（代）》，《松崖文钞》卷一，光绪二十五年刘氏聚学轩刊本，第11页。

③ 钱大昕：《古文尚书考序》，《潜研堂文集》卷二十四，《嘉定钱大昕全集》第9册，第368—369页。

④ 章太炎：《清代学术之系统》，《章太炎全集·演讲集上》第二辑，第427页。

⑤ 梁启超：《清代学术概论》，《饮冰室合集》专集之三十四，第23页。

⑥ 陈祖武等学者注意到，惠栋之所以复兴汉代易学，是因其“近于《周易》本来面貌，且有师法家法传承”。见其《乾嘉学派研究》，河北人民出版2005年版，第96页。陈居渊提到惠栋的家法观念，认为其“重新强调汉儒家法，亦重视贯通诸家家法”。见氏著《惠栋：标帜汉学的吴派宗师》，载姜广辉主编《中国经学思想史》第四卷（上），中国社会科学出版社2010年版，第273—284页。但论者对清代其他人的家法观念甚少涉及，而系统论述更属阙如。

朴庵先生，尝闵汉《易》之不存也，取李氏《易解》所载者，参众说而为之传。天、崇之际，遭乱散佚，以其说口授王父。王父授之先君子，先君子于是成《易说》六卷。又尝欲别撰汉经师说《易》之源流，而未暇也。栋趋庭之际，习闻余论，左右采获，成书七卷。”[①]在惠栋看来，他对汉学家法的领悟恰恰与家学传承分不开。他自云：“自先曾王父朴庵公以古义训子弟，至栋四世咸通汉学，以汉犹近古，去圣未远也……唯《周易》一经，汉学全非。十五年前曾取资州李氏《易解》反复研求，恍然悟洁静精微之旨，子游《礼运》、子思《中庸》，纯是《易》理，乃知师法家传，渊源有自。”[②]本来“汉学全非”的《周易》学，经过惠氏数代人的反复研求，至惠栋终于悟出了师法渊源，以至理直气壮地以“易汉学”倡导学界。

惠栋《易》学意在接续先秦孔儒，虽重视辑考汉儒《易》说，但不限于考稽、编排汉儒旧说，故不能像有的论者那样仅以辑佚家视之。《四库全书总目提要》评惠著《易例》云：“栋于诸经深窥古义，其所据摭，大抵老师宿儒专门授受之微旨，一字一句具有渊源。”[③]显然，惠栋领悟的家法不限于文字训诂，并且试图探索先秦儒经“微旨”。近人张尔田论云：

> 有考据学，有汉学。正音读，通训诂，考制度，辨名物，此考据学也。守师说，明家法，实事求是，以蕲契夫先圣之微言，七十子后学之大义，此汉学也……而求其真有符夫汉学之实者，则吾必首推定宇惠先生……何也？则以汉儒之师说，汉儒治学之家法，至先生而始明也。[④]

他认为考据学与汉学不同，后者既重考据，又讲求义理和家法。惠

① 惠栋：《易汉学自序》，《易汉学》卷首，《丛书集成新编》第17册，第42页。

② 惠栋：《上制军尹元长先生书》，《松崖文钞》卷一，第17页。

③ 纪昀等纂：《钦定四库全书总目》上册，第68页。

④ 张尔田：《松崖读书记序》，见王欣夫《蛾术轩箧存善本书录》下册，上海古籍出版社2002年版，第1319页。

栋汉学不止于考据文字、辨别章句，并且主观上追求先圣“微言大义”，而其内涵与排斥宋儒《易》学等后世经说分不开。其《易汉学》《九经古义》《周易述》《明堂大道录》《古文尚书考》等书阐明汉儒经说，贯穿了尊汉抑宋的家法观念。与惠氏学思不同的刘逢禄也认为，乾嘉学者“竞守汉师家法，若元和惠栋氏之于《易》，歙金榜氏之于《礼》，其善学者也”。[①]这里所谓汉师家法，大致是遵循汉儒经解，而排斥宋儒注释。

惠栋重视厘清汉儒的经义训诂，排斥宋学，却非皈依一家经说，其融通汉儒经说的路径与郑玄并无根本不同。如《易汉学》，书凡八卷，所考汉儒孟喜、虞翻、京房、郑玄、荀爽等人《易》注，疏通汉、魏、晋诸家《易》说，末一卷则发明汉《易》之理，以辨正宋儒《河图》《洛书》，先天、太极之说。其《周易述》以荀爽、虞翻的《易》学为主，融会郑玄、干宝诸说，阐明象数《易》学。显然，惠栋既重汉儒《易》学家法，又基于此而融会诸说，自为注疏。

综上可见，惠栋家法观念的基本特点，一是独尊两汉经学；二是考据儒经文字异同，而又兼治义理；三是不囿一家经说，而融通汉儒诸说。惠栋倡导汉学，也期望惠氏家法相传不断，他说：

> 汉人通经有家法，故有五经师。训诂之学，皆师所口授，其后乃著竹帛。所以汉经师之说，立于学官，与经并行。五经出于屋壁，多古字古言，非经师不能辨。经之义存乎训，识字审音，乃知其义。是故古训不可改也，经师不可废也。余家四世传经，咸通古义，守专室，呻稿简，日有省也，月有得也，岁有记也。顾念诸儿尚幼，日久失其读，有不殖将落之忧。因述家学，作《九经古义》一书。吾子孙其世传之，毋隳名家韵也。[②]

惠栋重视家法，对家学滋养感受深刻，而担心其家传的经学不能传之

① 刘逢禄：《自序》，《春秋公羊经何氏释例》，《续修四库全书》影印嘉庆刊本，第4页。

② 惠栋：《九经古义·九经古义述首》，见《丛书集成新编》第10册，第163页。

后代。其《左传》研究也表达了相同愿望，曾自序云：

> 栋曾王父朴庵先生幼通《左氏春秋》，至耄不衰，常因杜氏之未备者，作补注一卷，传序相授，于今四世矣！窃谓《春秋》三传，《左氏》先著竹帛，名为古学，故所载古文为多……栋少习是书，长闻庭训，每谓杜氏解经，颇多违误。因刺取经传，附以先世遗闻，广为补注六卷，用以博异说，祛俗议……其中于古今文之同异者尤悉焉。传之子孙，俾知四世之业勿替引之云耳。[①]

所谓“博异说，祛俗议”显然蕴含了家法观念。实际上，惠氏学术传人多具有明显的家法意识。臧庸曾称誉惠氏弟子江声：“如先生笃信好古、墨守汉儒家法者，盖仅见也。”[②]在惠栋学术圈中，好谈家法者还有王鸣盛、钱大昕、江藩等人。

传衍惠栋汉学的王鸣盛被后世看作“精研经学，一以汉人为师，许、郑尤所墨所”的学者。[③]鸣盛“为诸生，事长洲沈德潜受诗，后又从惠栋问经义，遂通古学”。[④]他少入词馆，擅长诗文，而沉潜于经学之后，极重家法。检索王氏所撰《尚书后案》《蛾术编》《西庄始存稿》和《十七史商榷》四书，其中“家法”一词竟有81处之多，除了几处不涉学术外，绝大多数都是谈论汉学家法。他与惠栋“讲经义，知训诂必以汉儒为宗，服膺《尚书》。探索久之，乃信东晋之古文固伪，而马、郑所注实孔壁之古文也。东晋所献之《大誓》固伪，而唐儒所斥为伪《太誓》者实非伪也。古文之真伪辨，而《尚书》二十九篇灿然具在，知所从事矣”。[⑤]他所谓汉学家法，首先是经学宗汉儒，而排斥魏晋以后经说，尤其是宋学。

王鸣盛“尝言汉人说经，必守家法，亦云师法。自唐贞观撰诸经义

① 惠栋：《春秋左传补注自序》，《松崖文钞》卷一，第8页。

② 臧庸：《与江叔云处士书》，《拜经堂文集》卷三，《续修四库全书》第1491册，第540页。

③ 李元度：《王西庄先生事略》，《国朝先正事略》卷三十四，第31页。

④ 钱林：《任启运附王鸣盛、曹仁虎、赵文哲、吴泰来》，《文献征存录》卷四，第56页。

⑤ 钱大昕：《西沚先生墓志铭》，《续王氏世谱》卷六，1925年铅印本，第6页。

疏，而家法亡，宋元丰以新经义取士，而汉学殆绝。今好古之儒，皆知崇注疏矣！然注疏惟《诗》、三礼及《公羊传》犹是汉人家法，它经注疏则出于魏晋人，未为醇备。故所撰《尚书后案》专宗郑康成，郑注亡逸者，采马、王补之。孔传虽伪，其训诂犹有传授，非尽向壁虚造，间亦取焉。经营二十余年，自谓存古之功与惠氏《周易述》相埒”。[①]他否定唐以后的儒经注疏，而独尊汉学。他在乾隆四十九年（1784）具体言之：“学问之道，首识字，次穷经……而字学、经学则必定其所宗。文字宜宗许叔重，经义宜宗郑康成。此金科玉条，断然不可改移者也……夫说经之必有所专主，此汉经师之所谓家法。予撰《十七史商榷》暨《蛾术编》已备著其说矣。”[②]他楬橥汉学家法，尤其重视以许、郑为象征的经学方法和经说，且断言：“古者舍五经之外无所谓学，不违失师道谓家法也。”[③]而“许氏引师说，尊之如经……其重家法如此”。[④]他视许慎为守师说、也是守家法的典范，对郑玄更是推崇备至，自称“余说经以先师汉郑氏为宗”，[⑤]曾以二卷篇幅考证郑玄的事迹、著述、世系、师友、学术传授、轶事、碑碣、崇祀等。[⑥]自云“《尚书后案》何为作也？所以发挥郑氏康成一家之学也”。[⑦]可见，郑玄是其学术偶像，也是其家法观念的象征。

正如郑玄一样，王鸣盛虽讲家法，却非固守师说，而是兼采众家，折衷一是。他说：“汉儒说经，各有家法。一人专一经，一经专一师。郑则兼通众经，会合众师，择善而从，不守家法。”[⑧]郑玄“《毛诗笺》既参用《鲁诗》，则于他经亦皆会通众家，不拘一师。大儒而必守家法，

① 王元增纂修：《二十四世·鸣盛》，《续王氏世谱》卷五，第1—2页。

② 王鸣盛：《序》，褚寅亮《仪礼管见》卷首，《续修四库全书》影印乾隆刻本，第1—2页。

③ 王鸣盛：《三十而立》，《蛾术编》卷八十一，《续修四库全书》影印道光二十一年刊本，第4页。

④ 王鸣盛：《许氏引师说尊之如经》，《蛾术编》卷十七，第1—2页。

⑤ 王鸣盛：《郑康成》，《蛾术编》卷五十八，第1页。

⑥ 见王鸣盛：《蛾术编》卷五十八至卷五十九。

⑦ 王鸣盛：《自序》，《尚书后案》卷首，《续修四库全书》影印乾隆四十五年刊本，第1页。

⑧ 王鸣盛：《光被》，《蛾术编》卷四，第8页。

则学散；末流而妄效大儒，则学乱”。[①]他认为“大儒”与“末流”的治学门径不同，“大儒”不必拘泥前人家法，而“末流”不能不守家法。换言之，士人最初治经时，必先守家法，宗主一家之说。一旦成为大儒，则当注重综合创新。这大概是王氏所谓家法的夫子自道。他师从惠栋，却未沿袭惠氏经学。他虽肯定惠栋阐述汉《易》之功，但说：“《周易述》增改经字颇多……（履卦）增‘利贞’二字……惠误据而增。《系辞》‘作《易》者其知盗乎’？‘作’改‘为’，‘死期将至’，‘期’改‘其’。此二条《集解》石经元板皆与今本同，惠改亦非[②]”。他并非一味认同惠氏经解，并且也没有囿于郑学。他序褚寅亮的《仪礼管见》云：

> （褚）先生盖尝说《周易》，于郑注外兼取孟喜、京房、荀爽、虞翻诸家，于《春秋左氏传》则取贾逵、服虔，于《公羊传》则取何休，皆与郑氏不尽合也，其专主于郑者惟《礼》学焉。可知先生之公听并观，其墨守家法与择善而从，仍两不相悖也。凡此数者，余皆与先生有同志。若《尚书》、《毛诗》，则余惟力遵郑义，而先生亦许可之。德不孤，必有邻。[③]

王鸣盛认同于褚寅亮宗郑学而兼采众长的倾向，其《尚书》学也是在梳理汉儒诸家经学之上提出已见。既讲家法，又不囿于一家经说，归于择善而从。阮元谓其“斤斤守古，不背厥宗”，而涵濡既久，“守古之法，无守古之迹，浸浸乎周、秦、汉、魏之间，又足为私心自用者关其口而夺其气，则才学之卓绝所以矩范后来者，岂浅末之可窥测哉！”[④]王鸣盛由文人而转为经师，以汉学家法倡导学界，却无泥古之迹，虽未必能规范后人，但对乾嘉经学的影响是不言而喻的。

钱大昕肯定“汉儒说经，遵守家法，训诂传笺，不失先民之旨”，

---

① 王鸣盛：《郑康成说经会通众家不拘一师》，《蛾术编》卷五，第10页。

② 王鸣盛：《惠氏易》，《蛾术编》卷三，第21页。

③ 王鸣盛：《序》，褚寅亮《仪礼管见》卷首，第2页。

④ 阮元：《王西庄先生全集序》，《揅经室二集》卷七，第14页。

而批评宋儒“师心自用”，不守家法。[①]他推重顾炎武、阎若璩、惠士奇、臧琳等人以训诂之学治经，侧重从训诂谈汉学家法：“夫穷经者必通训诂，训诂明而后知义理之趣……汉之经师，其训诂皆有家法，以其去圣人未远。魏、晋而降，儒生好异求新，注解日多，而经益晦。”[②]“诂训必依汉儒，以其去古未远，家法相承，七十子之大义犹有存者，异于后人之不知而作也。三代以前，文字、声音与训诂相通，汉儒犹能识之。”[③]钱大昕所谓训诂，当然不限于文字考证。然而，较之惠栋、王鸣盛谈论家法时广涉章句、经解，力排唐、宋经学略有不同，钱大昕强调从文字、音韵来解经，尊崇汉儒训诂。这反映了汉学壁垒建立之后，一些学者的家法观念由经说转重小学。戴震及其弟子段玉裁、高邮王氏则为代表这一趋向之翘楚。

江藩曾从余萧客、江声受业，为惠栋的再传弟子，被称为“学有师法”。[④]他说：“治经首重家法，家法不明即为俗学，故《汉书·儒林传》诸经师必详所出，不明者不录。国朝诸老亦然，余所以有《汉学师承》之作，初学切宜确守。”[⑤]他梳理清代汉学师承，彰显了家法的重要性，但对家法的理解比较狭窄。在他看来，“家法，即《左雄传》注所谓儒有一家之学，故称家法是也。其大旨在守师说，如《易》有施、孟、梁丘、费、高是也；《书》有伏、孔，伏之传下有欧阳、大、小夏侯；《诗》有毛与齐、鲁、韩；《礼》有二戴、庆氏；《春秋》有左、公、穀，其间文字异同，章句互错，各守师传，不相沿袭……可以见经学之衍别，可以知授受之异同，可以知众儒之实据，可以存古义于相承”。[⑥]长于考史的沈钦韩也主要从“一家之学”及经文异同来谈家

① 钱大昕：《经籍籑诂序》，《潜研堂文集》卷二十四，《嘉定钱大昕全集》第9册，第377页。

② 钱大昕：《左氏传古注辑存序》，《潜研堂文集》卷二十四，《嘉定钱大昕全集》第9册，第371页。

③ 钱大昕：《臧玉琳经义杂识序》，《潜研堂文集》卷二十四，《嘉定钱大昕全集》第9册，第375页。

④ 洪亮吉：《北江诗话》卷四，《洪亮吉集》第5册，第2286页。

⑤ 江藩：《经解入门凡例》，《经解入门》卷首，第1页。

⑥ 江藩：《说经必先明家法第二十七》，《经解入门》卷四，第18页。

法。他述汪喜孙的“受经图”云：“有专经则有家法，后焉者以授某，则先焉者受于某，故五经之道殊塗同归。其通儒大师，缀于著籍，区别于九野，徽识如六军，要以严同异之辨，极好乐之专而已。”故他认为，汪氏家世传业，如同汉之经学传衍。①他们重视传承师说，从一个侧面折射出家法的丰富内涵。

综观之，乾嘉古文家谈汉学家法，本质上是通过诠释汉代经学而重新确立经学宗旨和学术途径，其言论重心或意在与宋儒立异，自建学术壁垒，或侧重小学方法，或注重经说师承，而汉儒许、郑大致是其学术偶像。臧庸致函王鸣盛云：“研究经学必以汉儒为宗，汉儒之中尤必折中于郑氏。”②江藩也说：“何谓汉学？许、郑诸儒之学也。何谓宋学？程、朱诸儒之学也。”③这类言论在惠栋、王鸣盛的学术圈中每每可见，故有论者认为，清代士人以许、郑从祀孔庙的诉求，具有“重建学统”的意义。④与此同时，祭祀许、郑其实也与清代士人的经学家法、学术理念相关，对此略加考察当有助于辨析家法观念。

在由虚返实的学术潮流中，清初朝野曾重议孔庙祀典。朱彝尊、陆陇其主张恢复明代罢黜的郑玄从祀孔庙。雍正继位后，谕令朝官再议此事。乾隆朝汉学勃兴后，惠栋、王鸣盛、钱大昕、王昶、卢见曾、孙星衍、阮元以及嘉庆以降的陈鳣、任兆麟、洪颐煊、郑珍等人都推尊许、郑，主张其从祀孔庙。事实上，清廷在雍正二年（1724）恢复了郑玄从祀孔庙之制，许慎则直到光绪初年才获准从祀。尽管如此，因为许、郑与汉学的密切关联，一些书院或地方祀典中，许、郑从祀孔子者并不罕见。

---

① 沈钦韩：《受经图说》，《幼学堂文稿》卷一，第27—28页。

② 臧庸：《上王凤喈光禄书》，《拜经堂文集》卷三，《续修四库全书》第1491册，第539页。

③ 江藩：《汉宋门户异同第十五》，《经解入门》卷三，第5页。

④ 张寿安论述了清代以许、郑从祀孔庙的历程，认为具有“重建学统”的意义，这当然有一定道理（见吕妙芬主编《明清思想与文化》，世界图书出版公司北京公司2015年版，第186—242页）。而值得注意的是，清人批评许、郑之学，反对许、郑从祀孔庙者也不少。换言之，以许、郑为偶像的“学统”仍属清代学术的局部，基本属于古文家的主张，而今文家预期的“学统”与此仍多差异。

乾隆末年，阮元督学山东，曾祀郑玄；嘉庆初年督学及巡抚浙江时，创办杭州诂经精舍，以遵守家法教导诸生。王鸣盛的好友王昶、孙星衍先后主持诂经精舍，教授诸生30多人。诸生请祀郑玄于舍中，而孙星衍提出，许慎传三代文字，有功于儒经，宜许、郑并祀。许、郑为汉学宗师，学问精博，被他们视为汉儒家法的象征。正如孙星衍所云："汉代诸儒，承秦绝学之后，传授经文经义，去古不远，皆亲得七十子之传。若伏生、郑康成，其功在经学绝续之际，较七十子为难，又迥在唐、宋诸儒之上。"[①]这是阮元、孙星衍等人在诂经精舍祭祀许、郑的思想底蕴。

许、郑博通经学，但许慎非经学博士，所撰《五经异义》已经失传，后来也不像孔门弟子及宋、明儒家那样曾从祀孔庙。许、郑得以比肩而祀，折射出小学地位的提升。乾嘉士人认为，"夫文字者，经义之本，王政之始。士子读书，必讲求于形声故训，而义理出焉"。若非许著《说文解字》，"后之从事经术者，于声音、文字、训诂之学何由以明，安得比于小道目之！"[②]"是《说文》之功，实不在周公作《尔雅》下。"[③]而郑玄更是"囊括六艺，屏斥俗儒，范模正旨，诚百代之儒宗，千秋之绝业也"。[④]在东汉今、古文之争中，郑玄不守一家师说，主治古文经而兼采今文经。既驳许慎的《五经异义》，又攻击何休的《公羊》《穀梁》之学，不囿于前人经说，著书数百万言。"可谓集经义之大成"，而"立言之功，则世隆也"。而恢复从祀，"诚万世之公论也"。[⑤]

阮元等人选编的《诂经精舍文集》收录诸生经史文赋习作，包括邵

① 孙星衍：《咨请会奏置立伏郑博士稿》，《岱南阁集》卷一，《孙渊如先生全集》，第2页。

② 陈鳣：《拟请汉儒许慎从祀议》，《简庄文钞》卷六，光绪十四年刊本，第3—4页。

③ 陶定山：《诂经精舍崇祀许郑两先师记》，《诂经精舍文集》卷三，《丛书集成新编》第59册，第148页。

④ 洪颐煊：《郑康成不应罢从祀议》，《筠轩文钞》卷一，邃雅斋丛书1934年影印原刻本，第16页。

⑤ 任兆麟：《论复郑康成从祀》，《有竹居集》卷六，《清代诗文集汇编》第484册，第373页。

保初、陶定山、陆尧春、钱福林四人的《诂经精舍崇祀许郑两先师记》和邵保初、胡晋、赵春沂、洪震煊四人的《两汉经师家法考》（分别见卷三、卷十一），记录了精舍的教学内容，也体现了精舍师生的家法观念。他们认为："夫家法明，则流派著，可以知经学之衍别，可以知经文之异同，可以知众儒之授受，可以存周秦之古谊。汉学之盛，盛于家法也。"①有的则云："由兹家法，阐厥微言，以故用日少而蓄德多，称文迩而见义远……故家法精，汉学明；家法弃，汉学废。谨授受，研六经，家法不失，孔书乃明。"②这些文字折射出精舍师生推崇家法的氛围。与此同时，他们又将许、郑之学与家法联系起来，认为许、郑"精研六籍，集百家之成，而又各自守其师法，不为苟同"。许、郑说经虽异，"此正师说相承，汉经师之家法"。③而两篇习作同时被选的邵保初认为：郑玄"囊括大典"，网罗众家。"考先儒经训而集其大成，虽仲尼之门，不能过也。""故郑玄之学不尽传于后，然其遗说间出于他书。好古之士，保残守缺，诚能捃摭绪言，远宗古义，则将由高密之门墙，窥昌平之津畔也已。"④他们将许、郑视为经学家法的典范，而郑玄兼采众家、自创经说的学术门径也得到肯定。嘉道年间，郑玄依然是多数士人的学术偶像。在京师，士人多次雅集以祭祀、纪念郑玄。

事实上，一些有思想的汉学家并不以拘泥师说为家法。戴震曾言："大国手门下，不出大国手；二国手、三国手门下，教得出大国手。"⑤章太炎就此指出："盖前者依师以为墙壁，后者勤于自求故也。然东原之门，即有王、段、孔三子，所得乃似过其师者。盖东原但

① 赵春沂：《两汉经师家法考》，《诂经精舍文集》卷十一，《丛书集成新编》第59册，第213页。

② 胡缙：《两汉经师家法考》，《诂经精舍文集》卷十一，《丛书集成新编》第59册，第214页。

③ 陆尧春：《诂经精舍崇祀许郑两先师记》，《诂经精舍文集》卷三，《丛书集成新编》第59册，第148页。

④ 邵保初：《两汉经师家法考》，《诂经精舍文集》卷十一，《丛书集成新编》第59册，第215页。

⑤ 段玉裁：《戴东原先生年谱》，《北京图书馆藏珍本年谱丛刊》第104册，第669页。

开门径，未遽以美富示人。”[①]戴氏之意，或许因弟子们碍于名师的权威和师法尊严，难有学术创造，故并不要求弟子严守师说。而章太炎认为，“大国手”戴震门下仍有著名学者，而经学更为精深。朱珪则称戴震、段玉裁“二人竟如古之师弟子，得孔门汉代之家法也”。[②]总之，他们所谓师法、家法侧重于以小学为基础的治经方法和朴实学风，而不像江藩、沈钦韩等人重视拘守师说。随着嘉道今文经学的兴起，家法观念又有所更新。

今文家之家法

彰显家法的江藩好说师承，云：“古者传经多以口相授，故异者滋多。东汉白虎观讲五经同异后，许慎著《五经异义》，郑康成有《驳异义》，此即辨异同之所自始也。习经者当知其同，尤不可不辨其异。约举其例，厥有数端：曰文异，曰义异，曰篇异。”[③]师承授受不同，必然产生文字、义理和篇章的差异。无论经师们对此是否看重，它们都是客观事实。乾隆年间，一些古文家推崇许、郑之学，推重小学方法，大体也认同郑玄兼治今、古文经的路向。但嘉道今文家需要重释家法，从而确立今文经学的正统性。针对古文家的小学嗜好和专长，今文家宋翔凤认为：“汉之经师，咸有家法。唯有小学，义在博通。”[④]在他看来，小学偏重博通，与经学家法不同。与此同时，他还彰显今、古文经的差异，指出：“西京之世，自朝廷至乡党，文章议论罔不为今文家说。惟司马迁作《史记》，用孔安国《书古文》说及《春秋左氏传》，然其大体，一依今文家法。”至西汉末年，刘歆始“尊古文，独至王莽柄政，遂用其说”。[⑤]经学家法的正统性，于此不言而喻。随着今文经学流播渐广，不治今文者也谈今、古文之分。校勘名家顾广圻好谈师法，在其师江声卒后，颇感困顿

① 章太炎：《菿汉闲话》，《章太炎全集·太炎文录续编》第一辑，第100页。
② 段玉裁：《戴东原先生年谱》，《北京图书馆藏珍本年谱丛刊》第104册，第610页。
③ 江藩：《群经辨异第三》，《经解入门》卷一，第6页。
④ 宋翔凤：《小尔雅训纂序》，《朴学斋文录》卷二，第10页。
⑤ 宋翔凤：《汉学今文古文考》，《朴学斋文录》卷三，第9页。

荒落，“自惧师法之失”。[①]他所云“师法”主要是今、古文经之分，今文家李兆洛撰顾氏墓志云：君“尝论经学云：汉人治经最重师法，古文、今文，其说各异，混而一之，则轇轕不胜矣！”[②]以区分今、古文经学为“师法”，这不仅是顾广圻的看法，而且是李兆洛的主张。

因之，嘉道以降，倾向今文经者对于兼治今、古文的郑玄不乏批评。李兆洛指出：“今之所谓汉学者，独奉一康成氏焉耳。而不知康成氏者，汉学之大贼也。西汉经师，大抵各为一说，不能相通。就其不相通，而各适于道也。此正圣人微言大义，殊途同归之所存也。康成兼治众家，而必求通之。于是望文穿凿，惟凭私臆，以为两全，徒成两败。此正徐防所谓轻侮道术者也。”[③]这与前述吴中学者的家法观念形成对照，旗帜鲜明地否定了古文学家法。

道光进士迮鹤寿曾在诂经精舍师事王鸣盛，却有志发挥今文家的微言大义，著《齐诗翼氏学》4卷。他对王氏盲崇郑学不以为然，认为“专家法，盖指专守一家之说而言，若康成之会通三传，即非家法。乃先生云专门家法，则当三传并存，窃所不解”。[④]他作《蛾术编》案语云：

> 郑康成为汉代大儒，自古迄今，苟有耳目，谁不知之……郑氏之学，人人师之，其有以为不然者，盖亦罕矣。先生生平专守郑氏一家之言，可谓能得所师。所著《尚书后案》三十卷，搜罗宏富，辨证详明，洵为郑氏功臣。然先生往往自称独守郑氏家法，于古今一切训诂，一切议论，与郑合者则然之，略有异同则黜之，必欲强天下之人悉归于郑学而后可……先生辄谓恪守家法。夫郑学之的确不磨者，固宜守之。若其支离未当者，而亦守之，亦安贵此家法哉！[⑤]

---

① 顾广圻：《题江艮庭先师遗札册后》，《思适斋集》卷十五，《续修四库全书》影印道光刊本，第24页。

② 李兆洛：《顾君墓志铭》，《思适斋集》卷首，第2页。

③ 李兆洛：《序》，张金吾《两汉五经博士考》卷首，《丛书集成新编》第30册，第268页。

④ 王鸣盛：《左氏论断多谬》，《蛾术编》卷七“迮鹤寿案语”，第10页。

⑤ 王鸣盛：《郑康成》，《蛾术编》卷五十八“迮鹤寿案语”，第1—2页。

迮鹤寿认为，“天下之人”不必尽守郑氏家法，实则对古文家的家法主张提出了挑战。后来皮锡瑞、廖平也持相似看法，对郑学有所批评（详后）。

今文家并非完全排斥郑学，或者专守西汉一家之学。上述言论主要表明，一些经师家法观念的重心已由区分汉、宋及侧重小学方法转向区分今、古文经，这是今文家别开生面的捷径。刘逢禄说：

> 经之有师传者，惟《礼·丧服》有子夏氏，《春秋》有公羊氏而已。汉人治经，首辨家法，然《易》施、孟、梁丘，《书》欧阳、大小夏侯，《诗》齐、鲁、韩，师说今皆散佚，十亡二三。世之言经者，于先汉则古《诗》毛氏、于后汉则今《易》虞氏，文辞稍为完具。然毛公详训诂而略微言，虞翻精象变而罕大义。求其知类通达，微显阐幽，则公羊氏在先汉有董仲舒氏，后汉有何劭公氏，子夏传有郑康成氏而已。[①]

在他看来，汉儒师说散佚不存，而今文经学，尤其是《公羊》学较好地传承了家法，自然是经学正宗。他彰显今文学家法，从而为走出偏重考据的古文经学，构建适应社会需要的经学系统寻找理论依据。

侧重今文经的陈寿祺肯定“汉代经师，恪守家法，专门命氏，显于儒林”。[②]他虽认为汉代今、古文家法殊途同归，但他谈论家法的主旨仍是区分今、古文，故云：“汉儒传注，有古学、今学之分，必先考其家法，然后异同可辨。”[③]这里所谓“先考其家法”，即区分今、古文经学。故清末今文家廖平认为：“陈氏父子诗、书遗说，虽未经排纂，颇伤繁冗，然独取‘今文’，力追西汉，魏晋以来，无此识力。”[④]廖平重视区别今、古，其《今古学考》专论两汉今、古文经学之异，赞同

① 刘逢禄：《春秋公羊解诂笺序》，《刘礼部集》卷三，第28页。

② 陈寿祺：《上仪征阮夫子请定经郛义例书》，《左海文集》卷四，第3页。

③ 陈寿祺：《经郛条例》，《左海文集》卷四，第15页。

④ 廖平：《知圣篇》，《中国现代学术经典·廖平蒙文通卷》，河北教育出版社1996年版，第160页。

“独取今文”。以至批评廖平的钱穆认为：“晚清言两汉经学，每好分别今古家法，张皇过甚，流衍多失。”①其实陈氏父子侧重今文，却不是“独取今文”，对古文经也有涉猎。不过，知“古学、今学之分”确实是清代今文家的家法观念。

他们研究今文经的具体途径不尽相同。陈寿祺认为：汉代以后，“去古日远，师法日微，训诂不明。而九经之文字意旨浸以不得其解。凌迟至于有宋，极矣！寿祺束发受经，稍长有知，即颇疑篇中语词。依注家所释，按之本文，往往有前后不能相通，彼此不能相应者……比年精力蚤衰，善病废学，益末由湛思探索，观其会通”。②他自叹不能写出《经传释词》一类著作，却有志于校释经传的文字异同。他辑考汉、唐以降有关伏胜《尚书大传》的文字，辨别真伪，以复原书之旧，并重定传文，成《尚书大传定本》3卷。又辑考齐、鲁、韩三家诗佚文遗说，却未成书。

陈寿祺去世前托付其子乔枞云：“吾四十归田，生平无他嗜，惟以书为性命，疲于文字之役，纂述匆匆未尽就，尔好汉学，治经知师法，他日能成吾志，九原无憾矣！”③他所谓“知师法”的基本内涵是区分今、古文经，侧重辑校经传遗文，考稽文字异同。乔枞继承父志，续成父业《三家诗遗说考》，博稽汉代以降（尤其是两汉和清代学者）有关三家诗遗说，对其文字异同、渊源和归属详加考辨。乾隆年间，范家相的《三家诗拾遗》为清人该领域的重要成果，但没有对佚文遗说的归属进行明确划分，只是笼统地归入三家诗。因此，陈寿祺认为一些人的《诗经》学不明家法。陈氏父子则注重梳理三家诗遗说的鲁、齐、韩归属，比勘文字异同，稽考源流。同时，陈乔枞也纠正相关文献的讹误。比如，他考《鲁诗》“人而无止，不死胡俟”一句，录刘向《列女传》所载“《诗》曰‘人而无礼，不死胡俟’”：“乔枞谨案：此‘礼’字当是‘止’之误，

① 钱穆：《两汉博士家法考》，《两汉经学今古文平议》，第153页。

② 陈寿祺：《答王伯申侍郎书》，《左海文集》卷四下，第6页。

③ 谢章铤：《左海后人朴园陈先生墓志铭》，《赌棋山庄文集》卷七，光绪年间刻本，第5页。

宜改正。”[①]于是，他通过比勘文字，指出刘向记录《鲁诗》的讹误。对于强调女德规范的古文家刘向来说，礼教当然非常重要，但这并非《诗经》原意。这类见解在陈氏著述中不一而足（详见本章第二节）。

道光末年，陈乔枞自序《齐诗翼氏学疏证》：“汉儒说经，最重家学。”文景之际，言《诗》者有鲁、齐、韩三家，并立学官。三家之学，“皆家世传业，守其师法”。[②]然而，流传后世者仅有《毛诗》，三家诗反而衰绝。他辑考三家诗的佚文佚说，梳理汉代经学的授受源流，也彰显了今文经学的家法。与陈氏类似的今文家还有褚寅亮、凌曙、陈立、柳兴恩等人，他们注重考证今、古文经传的文字，疏证其源流。他们讲家法，而与偏重微言大义的常州庄氏及龚自珍、魏源等人路径不同。

嘉道年间，一些今文家讲求微言大义，其具体内容虽有差异，而“三统”“三世”说大抵是其家法的核心。孔广森的今文学之所以难得“微言大义派”认同，很大程度上也缘于此。孔广森究心于唐以前的儒经笺疏，自称“乃知治经贵有家法，向之凿空臆说如此类者悉痛自删汰，而于《春秋》壹守《公羊》师说”。[③]他认为《左氏》之事详，《公羊》之义长。《春秋》重义不重事，故《公羊》传尤不可废。他有家法观念而不墨守，认为何休《春秋公羊解诂》体大思精，但时有承讹率臆之失，唯赵汸释《公羊》最为近正。乃旁通诸家训释，兼采《左氏》、《穀梁》，择善而从，于乾隆四十八年（1783）撰成《公羊春秋经传通义》12卷。

该书重视校诂文字，广集汉唐注释，考证何休《解诂》的得失，阐发孔子“微言大义”。“三世”之说，旧云传闻之世为隐、桓、庄、闵、僖，所闻之世为文、宣、成、襄，所见之世为昭、定、哀。广森采颜安乐之说，谓襄公、昭公宜同为一世，故断自孔子生后即为所见之世。其最要者则是汲取戴震阐发情理关系的思想，摒弃《公羊传》的“非常

---

① 陈乔枞：《鲁诗遗说考》卷一（一之三），《三家诗遗说考·鲁诗遗说考》，《续修四库全书》影印清刻本，第9页。

② 陈乔枞：《齐诗翼氏学疏证自叙》，《齐诗翼氏学疏证》卷首，第1页。

③ 孔广森：《经学卮言》卷六，见《顨轩孔氏所著书》，嘉庆年间刊本，第19页。

异义可怪之论”。他参照荀崧的看法，否定何氏“三科九旨”，淡化了“三世”“三统”说，以尊、亲、贤来阐发《春秋》主旨：“天道者，一曰时，二曰月，三曰日；王法者，一曰讥，二曰贬，三曰绝；人情者，一曰尊，二曰亲，三曰贤。此三科九旨既布，而壹裁以内外之异例，远近之异辞，错综酌剂，相须成体。凡传《春秋》者三家，粤唯公羊氏有是说焉。”[①]他赞成公羊学的“素王说”，也关注孔子“治天下之法”，但对“三科九旨”另有新解。该书为清代第一部全面研究《公羊传》的著作，但在后来今文学家刘逢禄看来，孔广森不取“三世”说，乃不明“三科九旨”，而“无三科九旨，则无《公羊》；无《公羊》，则无《春秋》，尚奚微言之与有！”[②]治《公羊》学的陈立也认为：孔广森“专治《公羊》，为汉学家专门之学。然三科九旨，语稍立异，非复劭公之家法矣！”[③]魏源、皮锡瑞等人也持类似看法。梁启超也说，“戴震弟子孔广森始著《公羊通义》，然不明家法，治今文学者不宗之”。庄存与则为“今文学启蒙大师”，专求“微言大义”。[④]晚清今文家认为，孔广森所释“三科九旨”不是《春秋》学家法，而庄氏的今文学才是正宗家法。

庄存与阐释《公羊传》及董氏之学，注重分析类例，以辞释义，其三篇《春秋》学论著阐明家法，而所涉范畴极广。其《春秋举例》1卷，从技术角度指出《春秋》属辞比事的十条规则，比如“贵贱不嫌同号，美恶不嫌同辞”；“不待贬绝而罪恶见者，不贬绝以见罪恶也”；“贬绝然后罪恶见者，贬绝以见罪恶也”；“择其重者而讥焉”等。[⑤]这些“规则”有裨于理解《春秋》的“微言大义”，但未必确凿有据，一般学者较难把握。其《春秋要指》1卷又总结出22条《春秋》“书法”，实则更宽泛地阐明家法，指示今文经学的途径，使学者知今、古

---

① 孔广森：《公羊春秋经传通义叙》，《公羊春秋经传通义》卷十二，《顨轩孔氏所著书》第一种，第1页，

② 刘逢禄：《春秋论下》，《刘礼部集》卷三，19—20页。

③ 陈立：《上刘孟瞻先生书》，参见刘师培《跋陈卓人上刘孟瞻先生书》，《左盦题跋》，《刘申叔先生遗书》第62册，第28页。

④ 梁启超：《清代学术概论》，《饮冰室合集》专集之三十四，第54页。

⑤ 庄存与：《春秋举例》，《味经斋遗书》，第1—4页。

文经学之别。其中云：

> 《春秋》详内略外，详尊略卑，详重略轻，详近略远，详大略小，详变略常，详正略否。
>
> 《春秋》之义，不可书则辟之，不忍书则隐之，不足书则去之，不胜书则省之。辞有据正，则不当书者，皆书其可书，以见其所不可书。辞有诡正而书者，皆隐其所大不忍，辟其所大不可，而后目其所常不忍、常不可也。辞若可去可省而书者，常人之所轻，圣人之所重。
>
> 《春秋》非记事之史，不书多于书，以所不书知所书，以所书知所不书……
>
> 《春秋》辞异则指异。事异则辞同，则以事见之。事不见则文以起之，嫌者使异，不嫌使同……
>
> 《春秋》志天事，必以尊严之辞承之。志灾异，皆以前后事求之。异不在大，于事有明证乃志之。征之不明则不存也，人莫之省则不见也，患其亵之也。志分土，近者详，远者略，见经世之志。然九洲之域，四裔之防具矣。梁山、沙麓，皆河之记也。河宗、岱宗，以三望著之。星表北斗，次表大辰，其他则凡之矣……
>
> 《春秋》之辞，于所尊则致其严，于所亲则致其爱，于所哀则致其戚，于所痛则致其重，于所善则致其喜，于所贤则致其美，于所危则致其忧，于所贱则致其辨，于所恶则致其尤，于所诛则致其法，于所矜则致疑，莫不见乎辞。①

这些“义例”显得烦琐、复杂化，但对理解《春秋》义旨大有帮助。此外，庄氏《春秋正辞》发掘的“微言大义”，包括“建五始”“宗文王”“大一统”“通三统”“备四时”“正日月”“审天命废兴”“察五行祥异”“张三世”“俟后圣”等论题。在庄存与那里，这些内容均可视

① 庄存与:《春秋要指》,《味经斋遗书》,第1—5页。

为《春秋》家法。其主旨既有维护王权和“大一统”的理论，又有蕴含变易、改革因素的“三统”“三世”说，但后来今文家并未一一继承，而是有所选择。

从刘逢禄、宋翔凤到魏源、戴望、康有为等人，他们主要以“三统”“三世”说阐明今文家法。如同庄存与，他们推重董仲舒、何休一脉的《公羊》学。刘逢禄称魏源“治经好求微言大义，由《董子书》以信《公羊春秋》，由《春秋》以信西汉今文家法……皆足干城大道，张皇幽眇，申先师败绩失据之谤，箴后汉好异矫诬之疾”。[①]这其实也描述了刘、宋等人的今文学轨迹。刘逢禄主要从公羊学来论今文家法，而不同于庄存与无分轻重地罗列数十义例。其《春秋公羊经何氏释例》将“张三世例”“通三统例”列为首卷阐释，重心鲜明可见。他指出：

> 《春秋》缘礼义以致太平，用乾坤之义以述殷道，用夏时之等以观夏道。等之不著，义将安放？故分十二世以为三等，有见三世，有闻四世，有传闻五世。于所见微其词，于所闻痛其祸，于所传闻杀其恩。由是辨内外之治，明王化之渐，施详略之文。鲁愈微而《春秋》之化益广，内诸夏不言鄙疆是也；世愈乱而《春秋》之文益治，讥二名、西狩获麟是也。[②]

刘氏遵循以辞释义的公羊学路数，也汲取庄述祖研究《夏小正》的见解，将“三统”“三世”说蕴含的进化、变易观进行了更为贯通的阐述。《春秋》既然有微言大义，则其他儒经皆为孔子所作，当然也不例外，这几乎是今文家的学术信念。因之，刘逢禄的《论语述何》也以今文家法阐发《论语》，尤重发掘其“三世”“三统”说。

宋翔凤不仅阐明今文家法的正统性，而且也以公羊学阐释《论语》。其《论语说义》释孔子“言礼之本”云：“孔子于《春秋》张三世，至所见世而可致太平，于是明礼之本，使先王之礼乐可行于今。遂贬霸术以明

① 刘逢禄：《诗古微序》，《刘礼部集》卷九，第6页。

② 刘逢禄：《张三世例弟一》，《春秋公羊经何氏释例》卷一，第4页。

其器小。”[①]这种近乎牵强的诠释体现了《春秋》家法与《论语》学的融合。他又撰《论语师法表》，将《古论语》《齐论语》《鲁论语》及马融、郑玄等人的注解比较编排，以明不同文本的源流，并云：“以上五家皆各自名家，《论语》不立博士，故诸家授受之次，不能详焉。”[②]他没有详述《论语》的授受传衍，却有其师法所在，“三统”“三世”说仍是其主旨之一。

宋翔凤的弟子戴望推衍刘、宋之绪，以《公羊》义例释《论语》，阐释“齐学所遗，邵公所传”，成《论语注》20卷，被晚清学者称为“通知西汉经师家法”。[③]戴望（1837—1873），字子高，德清诸生。“少即不乐仕进，稍长，目微眚，性僻，益与世忤。”曾从宋翔凤治今文经，援今文学作《论语注》，“用宋先生及刘申受礼部说为多”。[④]其实，戴望的“家法”也主要是“三统”“三世”说。故释《论语·为政》“多闻阙疑，慎言其余，则寡尤。多见阙殆，慎行其余，则寡悔”云：“多闻谓所传闻世、所闻世也。”“多见，谓所见世也。”他释同篇“殷因于夏礼，所损益，可知也；周因于殷礼，所损益，可知也”亦云：“此明通三统之义，故举夏、殷、周而不及虞，《春秋》于三正皆书王是也。”[⑤]戴氏以公羊家法诠释《论语》，多有附会，正如钱穆所说：“是子高之意，仍欲遵西汉博士章句家法治《论语》，而特墨守齐学一途，此其牵强附会，未能尽当于《论语》原旨，可不烦举证而知也。”[⑥]他肯定戴氏的西汉家法，但惋惜其墨守齐学。同时，戴望传承宋翔凤的今文经学，却不像宋翔凤那样兼容宋学，而是力排宋学，立异于兼采宋学的今文学主流。尽管如此，后人也不难了解戴望的家法内涵。章太炎认为，戴望是“柳下、少连之侪”，对清末湘、粤今文学产生了影响：“望不求仕，而其学流传于湖南、岭广间，至使浮竞之士，延缘绪言，以成《新学伪经》

① 宋翔凤：《论语说义》卷二，《皇清经解续编》，光绪十四年南菁书院刊本，第19页。
② 宋翔凤：《论语师法表》，《丛书集成续编》第15册，第641页。
③ 刘师培：《戴望传》，《谪麐堂遗集》卷首，第1页。
④ 谭献：《亡友传》，《谭献集》上册，第252页。
⑤ 戴望：《戴氏注论语小疏》，第58、62页。
⑥ 钱穆：《中国近三百年学术史》下册，第554页。

之说。”[①]

清末今文家皮锡瑞极重家法，这是其1903年在湖南师范馆讲授经学的重点，乃至当代论者称其讲稿为“经学家法讲义”。[②]他稍后撰著的《经学历史》《经学通论》也贯穿了彰显今文学家法的主旨。他点明“汉人治经各守家法”，而首先强调：“治经必宗汉学，而汉学亦有辨。前汉今文说，专明大义微言；后汉杂古文，多详章句训诂。”[③]显然，他所谓家法，重在区分今、古文经学，讲求今文家的微言大义。在他看来，“汉时传今文者，有师授，有家法；传古文者，无师授，无家法”。[④]区分今、古文是两汉经学的家法所在，“而郑（玄）采今、古文，不复分别，使两汉家法亡不可考，则亦不能无失。故经学至郑君一变”，“郑学出而汉学衰，王肃出而郑学亦衰”。[⑤]

皮锡瑞并不完全排斥古文经，这方面与陈寿祺父子并无大异。他的《今文尚书考证》30卷为一生学术重心，与陈乔枞《今文尚书经说考》疏证体例基本相同。但他不赞同陈氏将郑玄的《尚书注》完全纳入今文经，而重视经文歧异及授受源流，书中论师法云：“先汉经师，必由口授。文字多寡，不免参差。派别三家，经有异本。师法虽无大异，传习不必全符。”[⑥]与此同时，皮锡瑞较之陈氏父子更重通经致用，阐发儒经的微言大义。他指出：何休“三科九旨者，新周、故宋、以《春秋》当新王，此一科三旨也；所见异辞，所闻异辞，所传闻异辞，二科六旨也；内其国而外诸夏，内诸夏而外夷狄，是三科九旨也。宋氏之注《春秋》说三科者，一曰张三世，二曰存三统，三曰异外内，是三科也……其说亦无大异，而三科之议，已见董子之书”。[⑦]可见，皮锡瑞像多数今文家一样，视“三

① 章太炎：《说林上》，《章太炎全集·太炎文录初编》第一辑，第117页。

② 详见吴仰湘、姚茂军：《皮锡瑞〈经学家法讲义〉稿本的内容及其价值》，《湖南大学学报》2008年第2期。

③ 皮锡瑞：《经学历史》，第89页。

④ 皮锡瑞：《论以传附经始于费直》，《经学通论》（一），第26页。

⑤ 皮锡瑞：《经学历史》，第149、155页。

⑥ 皮锡瑞：《凡例》，《今文尚书考证》卷首，第7页。

⑦ 皮锡瑞：《论存三统明见董子书并不始于何休》，《经学通论》（四），第6页。

统、三世”说为《春秋》学家法，并基于此而融会汉、宋。因为他关心现实社会的“改立法制”，故尤其青睐“三世”说，认为“三科惟张三世之义，明见于《公羊传》”。[①]这些论述体现了皮锡瑞的经学家法及晚清今文学的传承。

家法的学术余波

清代汉学家虽有家法观念，但不像汉儒那样牢固，且关涉官学，而是与学术流变密切相关。当汉学兴起之时，在尊汉抑宋、自建壁垒的氛围中，古文家倡导的家法注重区分汉、宋，侧重小学方法或经说师承。嘉道以降，今文家为了别开生面，重视区分今、古文，以“三统”“三世”说为今文学的核心，从而拉近经学与社会需要的距离，但其家法观念仍有相通之处。首先，古文家强调治经必通小学，重考据；今文家则注重区分今、古文章句，讲求微言大义。但有的古文家也讲求义理之学，一些今文家也不同程度地从事考据、训诂，只是重心各异。因此，今、古文家的家法观念虽基于不同的儒经文本，但在考据或义理学方面只有程度差异。

其次，家法包括传承师说，如刘师培所谓“家法者，即师说之谓也”。[②]故他讥讽晚清公羊家阐发的何休家法，“亦非博士家法也”。[③]不过，刘师培的理解可能过于狭窄。其实无论今文家，还是古文家，均非恪守师说，排斥其他学术资源。继乾嘉古文家之后，晚清肯定郑玄家法者仍是主流。如调和、兼采汉宋的陈澧认为，何休“墨守之学，有宗主而无不同”。许慎“异义之学，有不同而无宗主。惟郑氏家法，兼其所长，无偏无弊也”。[④]故他赞誉郑氏“家法至善，传之百世而无弊。又于纬候

---

① 皮锡瑞：《论异外内之义与张三世相通》，《经学通论》（四），第8页。

② 刘师培：《南北学派不同论》，《刘申叔先生遗书》第15册，第3页。

③ 刘师培：《书魏默深古微堂集后》，《左盦集》卷三，《刘申叔先生遗书》第38册，第17页。

④ 陈澧：《郑学》，《东塾读书记》卷十五，光绪初年刊本，第2页。

之书，历数律令之学，莫不贯综，是亦所谓集大成者也”。[①]孙诒让研究《周礼》亦云：“今疏亦唯以寻绎经文、博稽众家为主。注有牾违，辄为匡纠，凡所发正数十百事。匪敢破坏家法，于康成不曲从杜、郑之意，或无悖尔。”[②]他认为不曲从前人注疏，正是康成家法。这些看法显示了清代汉学家法的弹性。

因此，江藩、张之洞等人总结清代学术时，认为汉学的开创者顾炎武、毛奇龄、朱彝尊、胡渭、阎若璩等人，乾嘉汉学世家如武进臧氏、吴县惠氏、武进庄氏、嘉定钱氏、曲阜孔氏、绩溪胡氏、高邮王氏、阳湖洪氏、闽县陈氏、甘泉焦氏、宝应刘氏、朱氏、仪征刘氏等，以及其他学者如秦蕙田、戴震、段玉裁、卢文弨、王鸣盛、王昶、程瑶田、邵晋涵、凌曙、龚自珍、张穆、魏源、陈立、邹汉勋、郑珍等人，均为“笃守汉人家法，实事求是，义据深通者”。[③]这份名单并非准确无遗，却可见家法外延的宽泛性。

清代家法观念实际上不囿于经学，而是广泛流播于其他学术领域。考据史学作为汉学的延伸，借用经学方法和观念也就顺理成章了。章学诚论校雠史籍云：

> 二曰家法宜辨。校雠之学，与著录相为表里。校雠类例不清，著录终无原委。旧例以二十一家之言同列正史，其实类例不清。马迁乃通史也，梁武通史，郑樵《通志》之类属之。班固断代专门之书也，华、谢、范、沈诸家属之。陈《志》分国之书也，《十六国春秋》《九国志》之类属之。南、北史断取数代之书也，欧、薛五代诸史属

① 陈澧：《郑氏全书序》，《东塾集》卷三，光绪十八年菊坡精舍刊本，第9页。近年有论者分析了陈澧独尊郑玄的原因：“陈澧处于汉、宋学派竞争激烈的时代，更注重的是郑玄在学术上的融会贯通。陈澧认定郑玄不但注经融合今、古文，而且间有义理的发挥，在这一点上，无论许慎还是何休都不及郑玄。”见王惠荣：《陈澧思想研究》，中国社会科学出版社2008年版，第85页。

② 孙诒让：《周礼正义·凡例》，《周礼正义》卷首，《续修四库全书》影印民国二十年刊本，第2页。

③ 张之洞：《国朝著述诸家姓名略》，《张之洞全集》第12册，河北人民出版社1998年版，第9976—9978页。

之。《晋书》《唐书》集众官修之书也，宋、辽、金、元诸史属之。家法分明，庶几条理可贯，而究史学者，可以溯流矣！[①]

章氏此处所谓家法，是指校雠古籍、编纂史书的体例和方法，含义宽泛。家法也是章氏史论、史评的重要标准，如他认为通史有二长，“一曰具剪裁，二曰立家法”。[②]谱牒之学被汉学家纳入史学范畴，故钱大昕也称誉唐代诸臣奉敕修《氏族志》，“能修其家法”。[③]

钱穆曾谓：清代经师强调“训诂明而后义理明”，却将义理转搁一旁。“他们又要追溯两汉博士家法，专为两汉博士重立门户，于是变成经学独立，渐与儒学无关”[④]。此处所谓“儒学”，即是宋明理学。换言之，清代汉学家为了自建壁垒，与宋学划清界线，因而重视家法。此说有一定道理，但是，清代讲家法者既有汉学家，也不乏宋学家。仅以《清史稿》为例，其中虽无清晰的“家法”概念，但以“家法”一词记载了汉、宋学者（下表带*号者为宋学人物，其他为汉学家）。

《清史稿》所载经学家法

相关人物	记载	出处
李光地 *	光地贻（弟李光坡）以诗曰：“后生茂起须家法，我老栖迟望子传。”	《列传二百六十七·儒林一·李光坡》
王安国 *	论曰……安国博辨群书，好学深思，自为家法。	《列传九十一·王安国》
蔡新 *	（蔡）新学以求仁为宗，以不动心为要……高宗以新究心根柢，宗世远家法，深敬礼之。	《列传九十三·蔡新》

① 章学诚：《论修史籍考要略》，《校雠通义》外篇，《章氏遗书》卷十三，第34—35页。

② 章学诚：《释通》，《文史通义校注》上册，第375页。

③ 钱大昕：《吴兴闵氏家乘序》，《潜研堂文集》卷二十六，《嘉定钱大昕全集》第9册，第428页。

④ 钱穆：《中国儒学与文化传统》，《中国学术通议》，第80—81页。

续表

相关人物	记载	出处
阮元	在浙江立诂经精舍，祀许慎、郑康成，选高材肄业；在粤立学海堂亦如之，并延揽通儒：造士有家法，人才蔚起。	《列传一百五十一·阮元》
曾国藩 *	（国藩）天性好文，治之终身不厌，有家法而不囿于一师。其论学兼综汉、宋，以谓先王治世之道，经纬万端，一贯之以礼。	《列传一百九十二·曾国藩》
朱一新 *	一新博及群书，洞知两汉及宋、明儒家法，务通经以致用。诸生有聪颖尚新奇者，必导而反诸笃实正大，语具所著《无邪堂答问》中。	《列传二百三十二·朱一新》
汉代经师	东汉以后，学徒数万，章句渐疏……司马、班、范，皆以儒林立传，叙述经师家法，授受秩然……终明之世，学案百出，而经训家法，寂然无闻。揆之《周礼》，有师无儒，空疏甚矣！	《列传二百六十七·儒林一》
李颙 *	以昌明关学为己任。有馈遗者，虽十反不受。或曰："交道接礼，孟子不却。"颙曰："我辈百不能学孟子，即此一事不守孟子家法，正自无害。"	《列传二百六十七·儒林一·李颙》
党成 *	其辨朱陆异同："……二家皆欲扶世教，崇天理，去私欲，其秉心似无大异者。而实究其学，则博文约礼者，孔、颜之家法，屡见于《论语》，朱子得其正矣。"	《列传二百六十七·儒林一·党成》
童能灵 *	好学，守程、朱家法，不失尺寸。	《列传二百六十七·儒林一·童能灵》
褚寅亮	从事《礼经》几三十年，墨守家法，专主郑学。	《列传二百六十八·儒林二·褚寅亮》

续表

相关人物	记载	出处
王鸣盛	尝言："汉人说经必守家法，自唐贞观撰《诸经义疏》而家法亡，宋元丰以新经学取士而汉学殆绝。今好古之儒皆知崇注疏矣，然注疏惟《诗》《三礼》及《公羊传》犹是汉人家法，他经注则出魏、晋人，未为醇备。"	《列传二百六十八·儒林二·王鸣盛》
金榜	榜治《礼》最尊康成，尝援郑志答赵商云"不信亦非，悉信亦非"，曰："斯言也，敢以为治经之大法。故郑义所未衷者必纠之，于郑氏家法不敢诬也。"	《列传二百六十八·儒林二·金榜》
汪家禧	文多说经，粹然有家法。	《列传二百六十八·儒林二·汪家禧》
王聘珍	治经确守后郑之学……又曰："近代校雠，不知家法，王肃本点窜此经，私定《孔子家语》，反据肃本改易经文。"	《列传二百六十八·儒林二·王聘珍》
马瑞辰	（马宗梿……子瑞辰）撰《毛诗传笺通释》三十二卷，以（齐、鲁、韩）三家辨其异同，以全经明其义例……笃守家法，义据通深。	《列传二百六十九·儒林三·马宗梿》
陈寿祺	寿祺归后，阮元延课诂经精舍生徒。元纂群经古义为《经郛》，寿祺为撰条例，明所以原本训辞、会通典礼、存家法而析异同之意……子乔枞……自元和惠氏、高邮王氏外，惟乔枞能修世业，张大其家法。	《列传二百六十九·儒林三·陈寿祺》
包世臣	（凌曙）问所当治业于泾包世臣，世臣曰："治经必守家法，专法一家，以立其基，则诸家渐通。"	《列传二百六十九·儒林三·凌曙》

续表

相关人物	记载	出处
刘逢禄	其为学务通大义，不专章句。由董生《春秋》窥六艺家法，由六艺求观圣人之志。	《列传二百六十九·儒林三·刘逢禄》
宋翔凤	翔凤通训诂名物，志在西汉家法，微言大义，得庄氏之真传。	《列传二百六十九·儒林三·宋翔凤》
戴望	著《论语注》二十卷，用公羊家法演逢禄《论语述何》之微言。	《列传二百六十九·儒林三·戴望》
林伯桐	伯桐于诸经无不通，尤深于《毛诗》，谓传笺不同者，大抵毛义为长……为《毛诗》学者，当分别观之，庶几不失家法。	《列传二百六十九·儒林三·林伯桐》
俞樾	生平专意著述，先后著书，卷帙繁富，而《群经平议》《诸子平议》《古书疑义举例》三书，尤能确守家法，有功经籍。其治经以高邮王念孙、引之父子为宗。	《列传二百六十九·儒林三·俞樾》
孙诒让	初读《汉学师承记》及《皇清经解》，渐窥通儒治经、史、小学家法。	《列传二百六十九·儒林三·孙诒让》

可见，清代汉学家是谈论家法的主体，而宗宋学者也讲家法。此外，辞赋文学家也有家法之说。如清初文人施闰章之“祖鸿猷，以儒学著。子姓传业江南，言家法者推施氏”。[①]桐城派宗师之一姚鼐云：“鼐于文艺……犹欲谨守家法，拒斥妄谬，冀世有英异之才，可因之承一线未绝之绪，倔然以兴。”[②]桐城派后学体现、实现了姚鼐的期望，彰显了文章“家法”。姚鼐的弟子曾国藩阐扬桐城家法，也赏识门生

① 《列传二百七十一·文苑一·施闰章》，《清史稿》卷四百八十六，第44册，第13328页。

② 姚鼐：《与刘海峰先生》，《姚惜抱先生尺牍》卷一，《桐城派名家文集》(13)，安徽教育出版社2014年版，第275页。

张裕钊的文章，“益告以文事利病及唐、宋以来家法，学乃大进”。[1]鲁一同之子鲁蕡，诸生，“文有家法”。[2]书画世家也讲求传承家法。一些子承父业的医家，也有家法观念。如著名医家陆懋修“先世以儒显，皆通医。懋修为诸生，世其学……研精《素问》，著《内经运气病释》。后益博通汉以后书，恪守仲景家法，于有清一代医家，悉举其得失”。[3]可见，宋学人物以家法谈论儒学传承，文学家、书法家、画家、医家也借用该词，以彰显学术传承和规范。《清史稿》之外，相关记载在清代文集、诗词、传记作品中每每可见，不胜枚举。道光年间，汪喜孙致陈奂信云：“近以科名不足重人，学问亦是空谈，教二、三两儿以孝弟忠信，尚守家法。”[4]如此，家法也是家教的规范。

宋学人物的家法虽然涉及经学，但主旨阐发性理，辨明道统，与汉学家法差异较大。追本溯源，家法是治经的宗旨和方法，在清代也主要是汉学的基本理念，但随着家法概念的泛化，其内涵更加复杂难辨。“家法”逐渐从具体的学术传统而转变为抽象的理论规范，凸显出自建学统、贬评他人的工具性。王鸣盛不认同戴震关于“光被四表”的解释，谓戴说未引郑注，“于汉儒所谓家法竟不识为何物。岂惟戴震，今天下无人不说经，无一人知家法也”。[5]这种偏激之词无疑隐含着不同汉学脉络的学术和思想歧异。正如古文家榻橥家法以排斥宋、明理学一样，今文家讲家法也蕴含排斥古文经学的意味。魏源认为，“夫西汉经师，承七十子微言大义……范阴阳，矩圣学，规皇极，斐然与三代同风，而东京亦未有闻焉”。[6]但在周中孚看来，南宋王应麟、清代杭世骏等人著书均有家法，而清代毛奇龄、全祖望、吴鼎、唐鉴等人均无家法，今文家“魏

① 《列传二百七十三·文苑三·张裕钊》，《清史稿》卷四百八十六，第44册，第13442页。

② 《列传二百七十三·文苑三·鲁一同》，《清史稿》卷四百八十六，第44册，第13432页。

③ 《列传二百八十九·艺术一·陆懋修》，《清史稿》卷五百二，第46册，第13881页。

④ 汪喜孙：《汪熹孙致陈奂》，《流翰仰瞻：陈硕甫友朋书札》，第234页。

⑤ 王鸣盛：《光被》，《蛾术编》卷四，第10页。

⑥ 魏源：《两汉经师今古文家法考叙》，《魏源集》上册，第151页。

源本文人，学无师授，故昧于汉人家法”，其《诗古微》即如此。[①]其中门户观念不言而喻。

随着晚清学术调融，以及今文经学和经世思潮的发展，加之西学东渐的深入，注重学术畛域和传统的家法必然受到前所未有的冲击。光绪年间，著名经师俞樾的言论颇能折射出这种困境。他认为，诂经精舍的宗旨在于摒弃俗学，传承古诂，现在诸生“说经之文，多宗古训，即诗赋亦古体居多，非欲求异时流，盖不敢失许、郑两先师之家法”。[②]在他的观念中，“时流”与许、郑家法其实多有矛盾。事实上，清末汉学家法的危机日趋明显。一方面，晚清一些人的家法内涵日益抽象而模糊。张星鉴屡应秋闱不中，以诸生终。他以游幕为生，曾撰《国朝经学名儒记》一卷，记汉学家的里居、仕宦及撰述之目。该编接续江藩的《国朝汉学师承记》，收录人物更多而较简略。因为方东树、龚自珍等人对“汉学”多有批评，故张星鉴以“经学”为书名，所述限于古文家和今文家。张星鉴坚守汉学，排斥宋学，被人视为知家法者，其友记云：“暇日与君论汉学家法，则今文、古文划然分明，盖得于陈先生硕甫为多。”《国朝经学名儒记》“即汉人所谓家法也”。[③]陈倬也说：张星鉴“学守师承，说经一以汉儒为法”。[④]他们所谓张星鉴知家法，主要是指在汉、宋调和中坚守汉学立场，排斥宋学，而对家法的具体内涵并无确解。又如，谭献既说臧琳的《经义杂记》“治经以郑注、《释文》为宗，最得师法之正”；[⑤]又说陈寿祺“留心汉学，亦有志之士，而家法不正”。[⑥]实则谭氏崇奉庄存与一系的今文经学，于经学家法并无阐述。可见，家法成为一些人论学品人的说词，而具体内容言人人殊。

另一方面，谈论家法者未必真有家法。今文家廖平也好谈家法，注重区分今、古文经，指出：“或以今、古为新派。曰：此两汉经师之旧

① 周中孚：《郑堂读书记》卷二，《续修四库全书》影印民国刊本，第32页。

② 俞樾：《诂经精舍四集序》，《春在堂杂文》六编卷七，第2页。

③ 费延厘：《序》，《国朝经学名儒记》卷首，光绪年间刊本，第1页。

④ 陈倬：《仰萧楼文集序》，《仰萧楼文集》卷首，第1页。

⑤ 谭献：《谭献日记》，第42页。

⑥ 谭献：《谭献日记》，第192页。

法也。”他批评郑玄混乱今、古文经，而赞赏陈寿祺、陈立那样“以今古分别礼说”。又作《今古学考》，与郑玄混合今、古相反，创为今、古二派，“将其所误合处，悉为分出”，“以复西京之旧”。[①]这种区分今、古的路向与陈寿祺、陈立的考证派颇为相似，但廖平并非严谨的考据家。他着迷于今文家的变易学说，好作臆断，治学多变，以致有“愈变愈离奇，牵强附会，不知所云”[②]的讥评。至少，廖平可谓知家法而不守家法的奇特人物。清末康有为“喜以经术作政论”，发挥公羊家的“三统”“三世”说，彰显了今文经学的工具价值，而学术上多牵强附会。其弟子梁启超云：康有为治《公羊》、今文经，与廖平“所治同，而所以治之者不同”。前人皆言“例”，康氏“则言义”。“故藏往而知来。以改制言《春秋》，以三世言《春秋》者，自南海始也。”[③]康氏带有政治目的“家法”，与乾嘉学者所云已不可同日而语了。

在此局面中，一些正统汉学家尤其是古文家起而维护家法。吴中学者陈奂以研究《毛诗》著称，也重视家法。其及门弟子陈倬、张星鉴、戴望等均为同光学者，往来书信多谈经学家法。陈倬认为：“窃谓汉儒之学，至嘉道而大明，后贤恪守师承，自可宗风不坠。乃今之学者，辄思突过前人，于是驰骛渊博，取径遂流于杂。一倡百和，群然效之，岌乎殆哉！今之时又汉学将衰之候也。”[④]陈倬深感汉学将衰之势，且归咎于不守家法。这种看法虽然不无偏颇，却非空穴来风。清末章梫甚至认为，乾嘉时期“治汉学者，率以为务求其是，不守家法，所以似伏、孔而非伏、孔，似许、郑而非许、郑，总之可谓东京之学”。故他于学术，“欲以清源流，核名实，尚家法，黜游谈为先务”。[⑤]他们对清代汉学家法的估价各

① 廖平：《今古学考》，参见《中国现代学术经典·廖平蒙文通卷》，第46、58页。

② 范文澜：《中国经学史的演变》，《中国哲学》第1辑，生活·读书·新知三联书店1976年版，第76页。

③ 梁启超：《论中国学术思想变迁之大势》，《饮冰室合集》文集之七，第99页。

④ 陈倬：《陈倬致张星鉴》，《小莽苍苍斋藏清代学者书札（修订本）》（下），第818—819页。

⑤ 章梫：《复王子庄先生书》，《一山文存》卷七，《近代中国史料丛刊》初编，第33辑，第329册，第322、324页。

不相同，也未必准确，但维护家法的信念在晚清颇具代表性，只是其实效不能高估了。

因治学路数和认识角度的差异，晚清学者关于家法的评论已难有共识。俞樾早年学宋翔凤治《公羊传》，中年读高邮王氏书，晚年侧重古文经学。他不无自谦地说："仆于经学全无师法，于诗文亦未克成家，徒以不知妄作，岁久益多，流播人间，旁及海外。"[①]俞氏弟子章太炎亦谓乃师"为学无常师，左右采获，深疾守家法违实录者"。[②]不过，缪荃孙认为，俞樾治经"以高邮王氏为宗，其大要在正句读，审字义，通古文假借，由经以及诸子，皆循此法"。所著"谨守家法不苟如此"。[③]俞樾既传承高邮王氏的小学方法及经、子之学，又基于古文经学而兼采今文，学无常师。论者的重心不同，看法也就横岭侧峰了。

既然家法变得如此复杂多元，那么其负面效果必然日益显露。至清末民初，一些学者言论中的家法含义也逐渐由褒而贬了。章太炎认为："汉世儒者，墨守一先生之说，须以发策决科，此专持家法者也。"在他看来，学者治经，"既贵其通，亦贵其别"。"夫古义无征，而新说未凿者，无妨于疏中特下己意，乃不为家法所困。陈硕甫之疏《毛》，惠定宇之述《易》，皆因执守师传，以故拘挛少味，仆窃以为过矣。"[④]显然，章氏如其师俞樾一样，无意固守汉学家法。但梁启超认为，章炳麟"谨守家法之结习甚深，故门户之见，时不能免。如治小学排斥钟鼎文、龟甲文，治经学排斥'今文派'，其言常不免过当"。[⑤]显然，清末一些富于思想创见的今、古文家已不视家法为优良学术传统。刘承干序礼学家张锡恭的著述则一言概之："本朝经学昌明，言礼学者知宗郑君，然确守家法，无一言出入者甚鲜。"[⑥]其言下之意，经学昌明未必确守家法。这些

---

① 俞樾：《致金武祥》，《俞樾函札辑证》（上），第132页。

② 章太炎：《俞先生传》，《章太炎全集·太炎文录初编》第一辑，第217页。

③ 缪荃孙：《俞先生行状》，《艺风堂文续集》卷二，《续修四库全书》影印民国刊本，第6页。

④ 章太炎：《与刘光汉书》，《章太炎全集·太炎文录初编》第一辑，第147—148页。

⑤ 梁启超：《清代学术概论》，《饮冰室合集》专集之三十四，第70页。

⑥ 刘承干：《序》，张锡恭《丧服郑氏学》卷首，1918年刘氏求恕斋丛书本，第1页。

言论显露出清末以降淡化家法观念的苗头。

清末学者的家法观念大体趋于多元和淡化。如果借用词人的说法，清代汉学“家法”实际上处于“有无之境”，惟有学问精深者善于把握、运用。侧重宋学的朱一新曾云：“家法者，专经之门径；宗旨者，求道之门径。”“宋学之有宗旨，犹汉学之有家法。拘于家法者非，然不知家法不可以治经。”[①]知家法而不拘于家法，大体代表了清代汉学家的主流观念。清末孙宝瑄就此指出：“所谓家法者，即师说也。其始也，不能不由斯入。其终也，守一先生之言而不化，犹非治经之上者也。故吾尝谓，无论何事，皆先专后化，不易之言也。”[②]孙氏非经学专家，以“师说”来理解家法有失狭窄，但“先专后化”说与王鸣盛等人的看法大致相同，也总结了清代学者践行家法的有效途径。

二　家学传承

在两汉经学史上，家法的践履主要依托于家学。胡培翚说：“汉人重家法，故其时传经之儒，若虞氏之《周易》，欧阳氏之《尚书》，韩氏、韦氏之《诗》，徐生之《礼》，贾生之《左传》，江公之《穀梁传》，子孙世业相承，近者二三传，远者七八传。魏晋而后，此风稍降。”[③]清代一些学者讲家法，实为专主一家之学，因而常从学术传承、尤其是家学而论家法，如蒋湘南云：

> 师法不过师弟相传，家法则以家学为师法……凡弟子之学其家学者，亦称此某家之法云尔。西汉专称师法，而无家法之名……东汉乃专称家法矣。大抵师说虽多，而名家者少……名家而后能自成一家之法。即无子孙传其家法，亦以家法名。[④]

---

① 朱一新：《评明儒学案质疑》，《无邪堂答问》，中华书局2000年版，第13—14页。

② 孙宝瑄：《忘山庐日记》上册，上海人民出版社2015年版，第200页。

③ 胡培翚：《汪氏家学集序》，《研六室文钞》卷六，道光十七年刊本，第17页。

④ 蒋湘南：《经师家法说》，《七经楼文钞》卷一，第9—10页。

稍后，经学史家周予同在宽泛的意义上对家学、家法进行了界定：“西汉言‘家’，东汉始称‘家法’。‘家’有二义。《汉书》言诸《易》家说，皆祖田何、杨叔、丁将军，又言‘施家有张、彭之学’，这是一义；又有‘家世传业’的‘家’，如桥仁的《礼》、欧阳氏的《书》，这是又一义。”[①]所谓“二义”，前者是带有官学色彩的“家法”，后者则指世传其业的家学。综观之，汉代家法多落实于家学，清代经师的家法更为宽泛，其践履途径也有赖于家学。清代以来，一些学者讲家法大抵是就家学传衍而论。余嘉锡指出：

> 家者合父子师弟言之，父传之子，师传之弟，则谓之家法。六艺诸子皆同，故学有家法。称述师说者，即附之一家之中……其学虽出于前人，而更张义例，别有发明者，则自名为一家之学。如《儒林传》中某以某经授某，某又授某，由是有某某之学也。其间有成家者，有不能成家者。[②]

可见，他认为家法包括学术上师弟、父子相传，外延比较宽泛。皮锡瑞论清代经师之所以“绍承汉学”者，在于两方面：“一曰传家法”，“一曰守专门”。就前者来说，“如惠氏祖孙父子，江、戴、段师弟，无论矣……钱大昕有弟大昭，从子塘、坫、东垣、绎、侗。段玉裁有婿龚丽正，外孙自珍……他如阳湖庄氏《公羊》之学，传于刘逢禄、龚自珍、宋翔凤；陈寿祺《今文尚书》、三家《诗》之学，传子乔枞；皆渊源有自者”。[③]皮氏罗列了家法相承的重要家族，提示了家法与家学传衍密切关联。

清代汉学世家彰显了家法意识。顾广圻有感于惠氏四代传衍经学，认为家学是最纯正的经学脉络：“夫惠氏四世著述固悬国门，然常行四

① 周予同：《有关中国经学史的几个问题》，《周予同经学史论著选集》（增订本），第703页。

② 余嘉锡：《四库提要辨证》卷十一，中华书局1980年版，第608页。

③ 皮锡瑞：《经学历史》，第320页。

方，多遇谈经之辈，则真知灼见转鲜。其人或捋撦以为同焉，或掎摭以为异焉，而皆不足与于此事者也。然则修而明之，舍贤子孙其谁与归？”[①]惠氏如此，常州庄氏、高邮王氏、闽县陈氏之学也不例外。清末谭献认为，“庄氏家学精于惠、大于王矣”。[②]谭氏的评价表明自身的学术倾向，却非过誉之词。惠氏世传《易》学，尊汉斥宋，而拘泥于汉儒经学，创见有限；高邮王氏偏重小学，学传不久，而庄氏典型地体现了家学的传承和发展。

庄氏今文学脉络

常州庄氏彰显了家学传承的意义。常州今文学从兴起到流播全国，历时百余年，而家学一脉相承，始终为其枢纽。庄氏学术几经变化，而侧重今文经、讲求微言大义的特色不变。这体现了庄氏家法的主要内涵，也是庄氏学术自成流派、影响深远的重要因素。

庄存与、孔广森同时研究《春秋》，且孔广森出名更早，故有论者认为庄存与汲取了孔氏之学。笔者认为，他们学术上主要是庄存与影响了孔广森，而非相反。孔广森早年师从戴震、姚鼐，而庄存与为乾隆三十六年（1771）会试副总裁，庶吉士教习。孔广森为是年恩科进士，翰林院庶吉士，故庄、孔有师生之谊。孔广森进入翰林院之前，庄存与已精于董氏之学，并入值上书房，以“经术傅成亲王”，究心于《公羊传》。孔广森的著述也引用了庄氏经说，如释“文公十年”“楚子、蔡侯次于屈貉”一条云：“座主庄侍郎为广森说此经曰：‘屈貉之役，《左氏》以为陈侯、郑伯在焉，而又有宋公后至，圈子逃归。《春秋》一切不书，主书蔡侯者，甚恶蔡也。蔡，同姓之长，而世役于楚，自绝诸夏……（蔡庄侯）独与同恶相济，同气相求，不再传而亦有弑父之祸……若蔡庄侯者，所谓用夷变夏者也。’广森三复斯言，诚《春秋》之微旨”。[③]可见，孔广森的公羊学汲取了庄存与的见解。至少，孔广森由沉迷于戴震的音韵学、算学和姚

① 顾广圻：《惠松崖先生四世画像记》，《思适斋集》卷五，第14页。

② 谭献：《谭献日记》，第7页。

③ 孔广森：《公羊春秋经传通义》卷五，《顨轩孔氏所著书》第一种，第18页。

鼐的辞章学而转向公羊学，应当受了庄存与的启发，但庄氏学术的传衍主要不在门生弟子。

庄存与之所以成为清代今文学宗师，既与嘉道以降的社会、学术变迁分不开，又得益于枝繁叶茂的家族文化。庄存与发展了早年的董、何今文学嗜好，对于“春秋大义”及经世取向不无心得。但在乾隆年间，汉学名家卢文弨、戴震、纪昀、朱筠、钱大昕等人云集京师，江南士人争治名物训诂，古文经学笼罩学界。故时人了解庄氏经学者不多，著述也是其卒后多年才刊印，其学术影响甚至不及晚辈学者孔广森。董士锡曾谓：“本朝经学盛于宋、元、明，非以其多，以其精也。乾隆间为之者，《易》则惠栋、张惠言，《书》则孙星衍，《诗》则戴震，《礼》则江永、金榜，《春秋》则孔广森，小学则戴震、段玉裁、王念孙，皆灿然成书，著于一代。而其时庄先生存与以侍郎官于朝，未尝以经学自鸣，成书又不刊板行世，世是以无闻焉……不知者以为乾隆间经学之别流，而知者以为乾隆间经学之巨汇也。”[①]然而，庄氏家学脉络使庄存与的今文学倾向由隐而显，由弱而强。

庄存与有三子：长子逢源，乾隆三十年（1765）举人，全椒县教谕。平生勤于学问，老而弥笃，手录庄存与经义数十卷，终日探索，寒暑不辍。“卧床犹撰《周易训解》，皆扶力手书，旋作旋改，不惮再三，盖性所嗜也。说经不设汉宋儒见，各取其言之当者而会通之，一以经文为质。”[②]他著有《易说》3卷及《春秋说》《诗郑笺正谬》《春秋三传补正》等。次子通敏，乾隆三十七年（1772）进士，历官至詹事府左春坊左中允，工词作；三子选辰，乾隆四十三年（1778）进士，授内阁中书，著有《史考》若干卷，仿朱彝尊的《经义考》，考列分12篇目，博采诸家，详其存佚，书末申述己意，编纂止于唐末。

庄培因早逝，其独子庄述祖成为传衍家学的关键环节。他直承家学，而且将庄氏今文经学传授于刘逢禄、宋翔凤，使之发展壮大。这是

① 董士锡：《庄氏易说序》，《齐物论斋文集》卷一，道光二十年刊本，第8页。

② 庄贵甲等：《先考汇川府君行述》，《毗陵庄氏族谱》第二部卷十四，2008年版，第544页。

庄存与较之夭逝的孔广森更为彰显的社会因素。早孤的庄述祖受经学于伯父，而力学自守。“其英俊勤学似父，而浑融沉默得奉教于养恬。及长，痛其父之早亡，诗古文随手散轶，斤斤扯拾断楮残墨，宝若拱璧，汇成《虚一斋集》六卷付梓。”[①]乾隆四十二年（1777），庄述祖中江南乡试举人，逾三年成进士，归班铨选。久之，选知山东昌乐县，旋调潍县。五年间，整饬吏治，刑狱得中，豪猾敛迹。“前官交仓库有缺，辄撙节以补之，大吏则恭敬以事之。时时以老母为念，不敢矫激以贻忧也。”[②]“尤培奖士林，邑人韩公复守濂洛之说，意气傲岸，先生礼敬如父执。”[③]亦尝以经义断事，勘碱地，指路旁草问何名，从者曰“马帚”。述祖感叹：“此于经名荓，《夏正》荓秀记时。凡沙土草荓者宜禾，何谓碱！众皆服。”[④]

庄述祖早年的今文学倾向尚不明显，于《春秋》三传皆有研究。何休曾作《春秋左氏膏肓》《穀梁废疾》《公羊墨守》，郑玄乃作《针膏肓》《起废疾》《发墨守》以辩驳，但郑书皆不传。庄述祖“于各经疏所引，广为搜辑”，《针膏肓》得28条，《起废疾》得38条，《发墨守》得5条。后来，丁杰抄得庄书，于乾隆四十五年（1780）转赠卢文弨。卢氏喜曰：“两君任其劳，余获其逸。设不远涉，乌从见此乎？”[⑤]可见，庄述祖早年没有独尊《公羊传》，像大多数汉学家一样，推重许慎、郑玄之学，甚至还收集过郑玄攻驳何休的逸稿。后来，庄述祖究心家学，渐主今文，并影响了刘逢禄、宋翔凤等人。

庄存与所著《尚书说》偶尔提到《尚书》今、古文的差异，但无明显的今文学倾向，还曾为《古文尚书》辩护。其后，庄述祖著《尚书今古文考证》7卷，沿袭家学路径，兼采江声、王鸣盛、段玉裁、孙星衍等人

---

① 庄勇成：《学士仲淯弟传》，《毗陵庄氏族谱》卷三十“家传三”，光绪元年刊本，第43页。

② 汪喜孙：《庄葆琛述祖家传》，《汪喜孙著作集》中，第831页。

③ 宋翔凤：《庄珍艺先生行状》，《朴学斋文录》卷四，第26页。

④ 李兆洛：《珍艺先生传》，《养一斋文集》卷十五，第7页。

⑤ 卢文弨：《题针膏肓起废疾发墨守》，《抱经堂文集》卷七，《续修四库全书》影印乾隆六十年刻本，第5—6页。

的《尚书》今、古文考证，又以《吕氏春秋》《史记》、汉石经、《说文解字》及郑玄、孔颖达等著为注文，勾稽文字异同，参考古籀义例，今文学色彩也不明显，却是传衍庄氏《尚书》学的重要环节。此外，庄有可撰《尚书经文集注》，刘逢禄著《尚书今古文集解》《书序述闻》，宋翔凤著《尚书略说》《尚书谱》，均不同程度地传衍家学。

庄述祖治学偏重考证，义理阐述比较薄弱，而极重修身，认为“学所以淑其身心，毋徒以是为父师之教，而口耳受之也”。其自警及教子的座右铭有云：“女之不学，谓女父无以教。学而不好，而行不修，实乃身之忧。忧之何如，曰惟为仁。”“操之何如，事兹克复，天理浑然……择之何如，致知格物。内外动静，凛此四勿。”[①]可见，庄述祖将宋儒修身条目置诸座右。乾嘉之际，庄述祖刚直不阿的秉性也提升了庄氏学术声望。乾隆四十五年（1780），庄述祖成进士，“相国阿桂公以先生故人子，欲罗致之。避嫌不往谒。时和相用事，阿公之门下士稍稍去，亦以是疑先生。殿试卷已拟进呈，后卒置十卷后，引见归班铨选”。[②]此事不仅让阿桂失望，而且招致其政敌和珅的忌恨，庄述祖只得回家“奉母以居”。十年后，庄述祖终于获选知县，“分签掣山东青州府昌乐县知县缺”[③]。乾隆五十九年（1794），“岁大计，（述祖）以卓异荐引见，奉旨交军机处记名。同时记名者，必候和珅门，叩头桥前，独先生与云南知州屠君绅不往。屠君以知州升通判，实则降一阶，先生记名签为和珅所撤。今上亲政，章京有知其事者，始补入，而先生已乞终养矣……盖非淡于荣进，恐以奔竞之习丧所守也”。[④]在和珅与阿桂的争斗中，不愿趋承迎逢的庄述祖仕途不顺。

庄述祖归里著书16年，足迹不至州府，不以书简通当路，不与乡人酒食之会。然遇灾荒赈恤之事，则不遗余力。偶尔与朋友书信往来，如与孙星衍讨论《尚书》典制，与钱维乔讨论文字考辨，与张惠言、臧庸等人论

① 庄述祖：《座右铭》，《珍艺宧文钞》卷五，《续修四库全书》影印清刊本，第43页。

② 宋翔凤：《庄珍艺先生行状》，《朴学斋文录》卷四，第25页。

③ 秦国经主编：《清代官员履历档案全编》第22册，第553页。

④ 宋翔凤：《庄珍艺先生行状》，《朴学斋文录》卷四，第26—27页。

学。有后生以学问就正，则谆谆诲诱。其从子庄绶甲，外甥刘逢禄、宋翔凤，张惠言之子张成孙均从治学。庄述祖著述宏富，治学旁及《逸周书》《尚书大传》《史记》《白虎通义》，于舛句讹字、佚文脱简，皆为疏通考证。除前述著作外，尚有《毛诗考证》《五经小学述》《穀梁考异》《古文甲乙编》等，总计著述40余种，近百卷。

庄存与的族孙庄有可（1744—1822），原名献可，字大久，诸生，比庄述祖还年长几岁。少时多诗作，后弃去，注《周礼》，得庄存与赞赏。庄有可曾客居京师十年，一生淡泊名利，惟儒经寝食与共，以授徒讲学为业，与左辅、张惠言、恽敬等人游。左辅记曰：

> 先生幼沈粹内朗，喜读书，无歧好。父自昭先生邃于学，先生恪守庭训，而所进辄过所期。迨长，益取诸经传，精研义理，参考礼制，句栉字比，求其异同损益之故，使如轨辙之合，浩然无滞于心。然后核诸儒之书，正其是非，而自为之说。首撰《周官指掌》一书，族祖侍郎养恬先生见之，大加嗟赏。自言诸经中，《春秋》功力最挚。

他赞叹《春秋》“义理无穷”，综合汉、宋诸家之说，自求心得。其季子庄诜男，嘉庆七年（1802）进士，改庶吉士，散馆，候选知县。嘉庆十七年（1812）六月，选授陕西大荔县知县，改补河南漳德府临漳县知县缺。后授南召知县，擢怀庆通判，有政声。庄有可晚年就养于庄诜男知县署，专心治学，晨夕一编，不废故业，著《春秋注解》《春秋字数义》《春秋天道义》《春秋人伦义》《周易集说》《礼记集说》等，凡40余种，约400余卷。庄有可也考证《古文尚书》《诗经》和《周礼》诸书，立足于汉学而兼采汉、宋，信今文而不废古文，是扩张今文学的汉学家。其姑丈钱伯坰书其楹榜云：“著书成一代作者，求志将终身隐焉。”左辅认为，此“盖实录也”。[①]

① 以上引文均见左辅《郡庠生庄大久先生传》，《续碑传集》卷七十二，《近代中国史料丛刊》初编，第九十九辑，第989册，第1页。

庄存与之孙庄绶甲（1774—1829），字卿珊。承父祖之学，精于文字训诂，并涉猎《尚书》，考据《公羊传》，治经有条理。“尤为从父述祖所爱重，凡所著述，常与上下议论而资其佽焉。”[①]庄绶甲交游广泛，宏扬家学，将祖父的著述15种编为《味经斋遗书》，陆续刊刻。后人评论：“道光八年，存与孙绶甲刻所著《易说》若干卷行世，然后人知存与深于《周礼》《春秋》《天官》、历律、五行之学。”[②]李兆洛论其学术云：“君兄弟三人，从兄弟复若干人，皆能守其家学。而君尤力学，得师法，好深湛之思。宗伯公经术渊茂，诸经皆有撰述，深造自得，不分别汉、宋，必融通圣奥，归诸至当，而君从父珍艺先生尽传其业……君既负敏达之资，思兼综素业，通汇条流。”[③]庄绶甲娶刘逢禄的从女为妻，延续了庄、刘姻娅。李兆洛曾述庄存与、庄述祖、庄绶甲三代人的学术印象：

> 庄氏学者，少宗伯养恬先生启之，犹子大令葆琛先生赓之者也。宗伯如泰山洪河，经纬大地，而龙虎出没，风云自从；大令如蓬莱阆风，变现意外，而跬步真实，不堕幻虚，盖有积精致神之诣焉。继又得交宗伯之孙卿珊，始得尽窥所著述者。伏而读，仰而思，累月日乃晓然有会于读经之法与读书之法。[④]

简言之，庄存与博学而不专一家；庄述祖专精而不乏新解；庄绶甲则是传播庄氏学术的关键人物。庄绶甲卒时，庄存与的著作仅刊行三种，而传播庄氏学术的作用不可低估。[⑤]庄绶甲有志著述，但仅有两种遗著，

① 张维骧：《庄绶甲》，《清代毗陵名人小传稿》卷六，《近代中国史料丛刊》续编，第十三辑，第121册，第23页。

② 张维骧：《庄存与》，《清代毗陵名人小传稿》卷四，《近代中国史料丛刊》续编，第十三辑，第121册，第8页。

③ 李兆洛：《附监生考取州吏目庄君行状》，《养一斋文集》卷十四，第40页。

④ 李兆洛：《庄珍艺先生遗书序》，《养一斋文集》卷三，第4页。

⑤ 比如，应庄绶甲之请，龚自珍作了《资政大夫礼部侍郎武进庄公神道碑铭》；道光初年，庄绶甲汇刻《味经斋遗书》，又请汉学名宦阮元撰《庄方耕宗伯经说序》，冠之卷首。阮元对庄氏学术推重有加，并将《春秋正辞》收入《皇清经解》。

即《尚书考异》《释书名》。所撰古文几百篇，亦丛残不成篇帙。推崇庄氏学术的谭献云：《尚书考异》“大旨谓有夏书亡，《虞书》二十八篇而外，佚篇不出于孔门。文字去取，不甚勇敢。谓段茂堂之拘《说文》、孙伯渊之信《史记》，皆不为定论。大都得之珍艺先生为多”。[①]庄述祖、庄绶甲都是传承、宏扬家学者，今文经学一脉相承，但于“微言大义”没有明显发展。刘逢禄、宋翔凤则不仅立足今文家立场，发展了庄氏《春秋学》，彰显了讲求“微言大义”的色彩。

刘逢禄出自常州著名的武进刘氏。明清时期，刘氏中进士者20余人，举人、生贡等100多人，逢禄的祖父刘纶（1711—1773）于乾隆元年（1736）以廪生举博学鸿词，试第一，授编修，预修《世宗实录》，官至吏部尚书、工部尚书，授文渊阁大学士。刘纶为官清廉尽责，文章师法六朝，根柢汉、魏。有三子：长子刘图南，举人，官至南宁府知府。次子刘跃云，乾隆三十一年（1766）进士，视学江西，有清名。累迁至礼部侍郎，“高宗意向用，以忤和珅，主会试，坐浮言，黜。仁宗召起，老矣，终不竟其用”。[②]乾隆后期，刘跃云的仕途经历与庄氏不无相同之处。三子刘昭扬为乾隆四十九年（1784）南巡时召试举人，授内阁中书，为庄存与女婿。

刘纶、庄存与同朝为官，庄、刘二族在三个世纪的联姻中，学术上相互影响。据艾尔曼统计，从明末到刘逢禄，庄、刘二族之间有11次重要的嫁娶关系，而刘纶、刘召扬时期尤显频繁。[③]庄存与之次女配刘纶的幼子刘召扬。刘逢禄为刘召扬的第三子，字申受，嘉庆十九年（1814）进士，入翰林，散馆，改用礼部，旋补仪制司主事。刘逢禄传承外家之学，其母幼时曾从祖父庄柱习《毛诗》《小戴记》《论》《孟》《小学》《近思录》《女诫》诸书，又喜读唐、晋人书。“中年学为诗，无闺阁粉脂气。”逢禄少时，聪颖好学，每当晚课毕，或塾师岁时解馆，其母即亲

① 谭献：《谭献日记》，第144页。

② 《列传八十九·刘纶》，《清史稿》卷三百二，第35册，第10462—10463页。

③ （美）艾尔曼：《经学、政治和宗族——中国帝国晚期常州今文学派研究》，江苏人民出版社1998年版，第43页。

授以《楚辞》《文选》及唐、宋人诗文，曰："家学不可废也。"[①]刘逢禄读书时，其母"必举所闻于外王父侍郎庄公，以纠俗师之谬说"。逢禄11岁时，初谒外公。庄存与"叩以所业，应对如响。叹曰：此外孙必能传吾学"。逢禄"尝读《汉书·董仲舒传》而慕之，乃求得《春秋繁露》，知为七十子相传大义，遂发愤研《公羊何氏解故》，不数月尽通其条例"。[②]逢禄著《毛诗声衍》，请舅父审阅。庄述祖复信云："吾甥识高思深，若得成书，必能信今传后，拭目俟之。"[③]外家的学术熏陶成为刘逢禄发展庄氏今文学的学术源泉。

刘逢禄19岁时，庄述祖自山东归里，遂从舅父治《尚书》及《夏小正》。其子刘承宽记云："从舅庄先生述祖自济南乞养归，与语群经家法，大称善……府君复从受夏时等例，及六书古籀之学，尽得其传，学益进。"[④]刘逢禄也自称"从舅氏庄先生治经，始知两汉古文今文流别"。[⑤]在庄述祖的指点下，他传承庄氏经学而有所发展。此时，刘逢禄所著仍侧重集解文字，但在发扬家学的追求中，今文经学观念逐渐增强，自云："《尚书今古文集解》何为而作也？所以述舅氏庄先生一家之学，且为诸子授读之本也。"嘉庆初，"余始从问《尚书》今古文家法，及二十八叙议，析疑赏奇，每发神解……爰推舅氏未竟之志，缀为是编"。其例凡五：一曰正文字，二曰征古义，三曰祛门户，四曰崇正义，五曰述师说。[⑥]

刘著《书序述闻》也多引庄存与尤其是庄述祖的疏解。比如，关于《尚书》记武丁何以独书"高宗"的说法，庄述祖注意到："百篇之序，《商书》十四篇，自帝告至于微子，惟成汤称谥，武丁称谥、称宗，夫太

---

① 刘逢禄：《先妣事略》，《刘礼部集》卷十，第25—26页。

② 戴望：《故礼部仪制司主事刘先生行状》，《谪麐堂遗集》文卷一，第18—19页。

③ 庄述祖：《与刘甥申甫书》，《珍艺宧文钞》卷六，第23页。

④ 刘承宽：《先府君行述》，《刘礼部集》附录，第1页。

⑤ 刘逢禄：《跋杜礼部所藏汉石经后》，《刘礼部集》卷九，第20页。

⑥ 刘逢禄：《尚书今古文集解自序》，《尚书今古文集解》卷首，光绪十四年《皇清经解续编》本，第1—2页。

甲、太戊皆不以宗名篇，曷为武丁独书高宗？”[1]刘逢禄对此加以考释，进一步阐发了庄述祖的见解。李兆洛云：“礼侍公兼通五经，各有论述，著《春秋正辞》，涵濡圣真，执权至道，取资三传，通会群儒。君乃研精《公羊》，探源董生，发挥何氏，成《释例》三十篇，以微言大义刺讥褒讳挹损之，文辞洞然。推及属辞比事之道，又成《笺说》《答难》《决狱》等，凡十一书，自汉以来未尝有也”。[2]这里概括了刘逢禄与庄氏的学术关联及变化。他不违家法，而又阐发、深化了庄氏今文学。

宋翔凤之父宋简，20岁娶庄培因之女为妻，曾从妻兄庄述祖学古文词，能作篆隶书画，乾隆五十五年（1790）进士，曾在云南、贵州、山东等地任知县，居官“清廉有守”。署通判时，曾有犯事者“以多金关说，简罚以充书院膏火，即定谳。自是无敢以贿赂尝者”。[3]宋翔凤治学经历与刘逢禄颇相类似，幼年时，其母庄氏“辄自课翔凤读《孟子》《毛诗》《礼记》，半由口授。教五女皆能识字，诵古书”。[4]翔凤少时随母省亲，曾留常州随舅父庄述祖学习。庄“教以读书稽古之道，家法绪论，得闻其略”。[5]庄述祖晚年复翔凤书云：“窃谓《连山》亡而有《夏小正》，《归藏》亡而有仓颉古文。今就许氏偏旁条例，以干支别为叙次，亦始一终亥，名曰《黄帝归藏甲乙经》，记字正读……未知能竟其业否。如精力不继而中辍，尚望吾甥与卿珊续成之。”[6]受此激励，宋翔凤传承、阐述其学，尝对人说：“《说文》始一而终亥，即古之《归藏》也。”此说并非无懈可击，故章太炎讥评：“其义瑰玮，而文特华妙，与治朴学者异术，故文士尤利之。”[7]这虽然包含古文家对今文学的成见，却反映宋翔凤传播家学的情形。事实上，宋氏发展了庄氏今文学，

---

① 刘逢禄：《书序述闻》，光绪十四年《皇清经解续编》本，第12页。

② 李兆洛：《礼部刘君传》，《养一斋文集》卷十六，第2页。

③ 《列传七·宋简》，曹允源、李根源纂修《民国吴县志》卷六十八下，《中国地方志集成·江苏府县志辑（12）》，第168页。

④ 宋翔凤：《先母遗墨记》，《朴学斋文录》卷三，第36页。

⑤ 宋翔凤：《庄珍艺先生行状》，《朴学斋文录》卷四，第27页。

⑥ 庄述祖：《答宋甥于庭书》，《珍艺宧文钞》卷六，第24页。

⑦ 章太炎：《訄书重订本·清儒》，《章太炎全集》第一辑，第157页。

对晚清学术影响巨大。

嘉庆二十五年（1820），宋翔凤中举人，大挑授泰州州学正，后改安徽旌德县训导。晚年保举为知县，分发湖南任职，以才干受知于上司，以州牧休致。咸丰九年（1859），重宴鹿鸣，加知府衔。龚自珍有诗云："玉立身长宋广文，长洲重到忽思君。遥怜屈贾英灵地，朴学奇材张一军。"[①]后人谓宋翔凤"通训诂名物，志在西汉家法，微言大义，得庄氏之真传"。[②]确实，庄氏学术在刘、宋的传衍、发展中，今文家法逐渐明晰，成为自建壁垒的今文学派。

王氏父子的学术关联

高邮王氏的文字训诂学冠绝一时，影响后世，这座学术丰碑的建立不是一人之功。王念孙早年作诗宗汉、魏、六朝，经训则重许、郑之学。王念孙生而清羸，面庞瘦削，自号石臞。石臞又写作石渠，两者谐音。而石渠阁为西汉皇室藏书处，为汉儒讲论五经之所。故有论者云："念孙崇尚汉学，博通五经，因以石渠自号焉。"[③]可见，王念孙具有发扬汉学的自觉。王氏之学体现了汉儒以家名学、家世其学的风格，其核心不在儒家某经，而是考据学方法。

王念孙自觉地寄望于家学传承。乾隆五十一年（1786），王引之应顺天乡试落第，即于次年返居高邮里中，从事于声音、文字、训诂之学，于《尔雅》《说文》《方言》《音学五书》日夕研求。四年后，复入都，以所得质疑于其父。王念孙喜曰："是可以传吾学矣！"由是父子授受一庭，无间寒暑。[④]王念孙教以古韵廿一部之分合，《说文》谐声之义例，《尔雅》《方言》及汉代经师诂训之本原。引之读书专心致志，常至半夜不辍。治学未尝外求师，而一本于父训。尝语人曰："吾之学，于百家未暇治，独治经；吾治经，于大道不敢承，独好小学。夫三代之语言，与今

① 龚自珍：《己亥杂诗》，《龚自珍全集》，第522页。

② 《宋翔凤》，《清史列传》卷六十九《儒林传》下二，第18册，第5607页。

③ 薛正兴：《王念孙王引之评传》，南京大学出版社2008年版，第29页。

④ 王寿昌等：《伯申府君行状》，《高邮王氏六叶传状碑志集》卷五，第2页。

之语言，如燕、越之相与也；吾治小学，吾为之舌人焉。其大归曰：用小学说经，用小学校经而已矣。”[①]王引之传承家学，由音韵训诂而明经达道，熔小学、校勘、经学于一炉，24岁撰《春秋名字解诂》2卷，考释《春秋》所见人物名字，又据《说文》比附名字音义，以观声音训诂之会通。

王引之早年专心科举，随后置身官场，仕途畅达，但学术成就斐然，其中子承父业的重要性是不言而喻的。汤金钊为之撰墓志云：“通儒之子，克承家学。声音文字，诂经精确。绳其祖武，洊为正卿。嘉猷入告，忠爱笃诚。屡掌文衡，得人为盛。经术造士，士习以正。大臣规画，昭垂信史。名山著述，足传千祀。”[②]这颇能概括其治学、仕宦生涯。王寿昌等云：其父“退食之余，侍先大父即以考订为承欢之具。先大父所著《广雅疏证》末卷，即命府君为疏。《读书杂志》十种亦多列府君之说，而府君《经义述闻》及《经传释词》亦谨载先大父说”。[③]王氏父子学术上难分泾渭，研究领域和方法完全一致，其主导者无疑是王念孙，而著作署名与立说的情形较为复杂，尤其是署名王引之的几部专著。

嘉庆二年（1797），王引之据平日趋庭所闻，成《经义述闻》初稿。七年（1802），他充武英殿正总裁，奉旨主持修订《康熙字典》。王念孙为之校数册以为法式，以后撰稿亦加审阅。至十年（1805）冬，校刻《康熙字典》毕，校正原书错讹字目达2588条，多出自王氏父子之手，经修订后编为《字典考证》12卷，分条注明，各附案语。《经义述闻》更典型地体现了王氏父子间的学术关联。“述闻”者，述所闻于父也。引之自序云：

> （家）大人曰：“诂训之指，存乎声音，字之声同音近者，经传往往假借，学者以声求义，破其假借之字，而读以本字，则涣然冰

① 龚自珍：《工部尚书高邮王文简公墓表铭》，《龚自珍全集》，第147—148页。

② 汤金钊：《光禄大夫经筵讲官工部尚书加二级谥文简伯申王公墓志铭》，《高邮王氏六叶传状碑志集》卷一，第21页。

③ 王寿昌等：《伯申府君行状》，《高邮王氏六叶传状碑志集》卷五，第19页。

> 释……大人又曰："说经者，期于得经意而已。前人传注不皆合于经，则择其合经者从之。其皆不合，则以己意逆经意，而参之他经，证以成训。虽别为之说，亦无不可"……引之过庭之日，谨录所闻于大人者，以为圭臬，日积月累，遂成卷帙。既又由大人之说，触类推之，而见古人之诂训，有后人所未能发明者，亦有必当补正者，其字之假借，有必当改读者。不揆愚陋，辄取一隅之见，附于卷中，命曰《经义述闻》，以志义方之训。[①]

是书几经修订，增补为32卷，多次刊刻。凡所说《周易》《尚书》《毛诗》《周官》《仪礼》、大小戴《礼记》、春秋三传、《国语》《尔雅》皆依类编次，附以《通说》。《经义述闻》旁征曲喻，融会贯通，训释群经、字书凡2000余条，并总结经文和注疏出现错讹、伪误的12条通则，条理秩然。论者对二人的研究成果所占比重的看法不一。[②]王引之的四子寿同认为："名述闻者，善则归亲之义。其中凡光禄公说十之三，先文简公说十之七。"[③]总之，是书视为父子合著并无不可。

《经义述闻》体现了王氏汉学风格，重视因声求义，不为凿空之谈，不为墨守之见，于清代汉学家惠、戴之说也有订正。阮元认为是书所释完全契合古书本义，于"古儒所误解者，无不旁征曲喻而得其本义之所在。使古圣贤见之，必解颐曰：吾言固如是，数千年误解之今得明矣"。[④]道

---

① 王引之：《序》，《经义述闻》卷首，第1—2页。又见《王文简公文集》卷三，罗振玉辑《高邮王氏遗书》1925年版，第4页。

② 1930年代刘盼遂认为，《述闻》一书实为王念孙所著，王引之但"略入己说"而名为己作。陈鸿森详考相关文献及王氏父子事历，认为《述闻》中称"引之谨案"者"诚不能无疑"，王念孙"颇以己说托名王引之"。不仅如此，王引之的《字典考证》"亦当出王念孙所为"，关于《春秋名字解诂》，"其时友朋间固以此书为王念孙所著"。见陈鸿森《〈经传释词〉作者疑义》，载《中华文史论丛》总第48辑，上海古籍出版社1991年版，第29—35页。

③ 王寿同：《拟复龚定庵书》，《龚自珍全集》，第149页，注②。案，王寿同此信是对龚自珍所撰《工部尚书高邮王文简公墓表铭》的纠正。当代有人统计，《经义述闻》共有大小条目2045条，去除"备注"中父子共有之论和不注撰者的19条，王念孙说者有686条，占总数的33.9%，王引之论者有1340条，占总数的66.1%，这基本支持了王寿同的说法。见刘建臻《清代扬州学派经学研究》第103页，扬州大学2003年博士学位论文。

④ 阮元：《王伯申经义述闻序》，《揅经室一集》卷五，第14页。

咸年间，浙江名儒周中孚曾论是书短长：

> 非专守一家，无少出入，如何邵公之墨守，反见伐于康成也。顾其于近儒惠定宇、戴东原诸公之说，引古义以驳正之未始不可，而于毛、郑《诗》、《礼》传注，亦凭文字假借之义辨其非，是恐启后学蔑古注而逞新说之弊……有《九经古义》之精核而更加详明，有《经义杂记》之详明而更加精核。当与《潜研堂文集·答问》数卷，方轨并驾，未知其孰先孰后矣！[①]

可见，周中孚认为《经义述闻》的详明、精核胜于惠栋、臧琳所著，当与钱大昕的《答问》诸篇无分轩轾，而对其驳正毛、郑传注不以为然。但在后人看来，这并非短处，而恰恰是其重要价值所在。

嘉庆末年，汉学愈益精深，而王氏《经传释词》为其重要标志。自汉以来，说经者崇尚雅训，偏重实义，而于虚词略而不究，甚者强以实义注释，导致文意扞格，经意不明。王引之自乾隆五十五年（1790）入京，随父治经，始取《尚书》研习，见古人以实义注释发句、助句之词，心存疑惑，而不敢定论。又认为经传中的助语之文皆可“比例而知，触类长之”。见其父论《毛诗》“终风且暴”，《礼记》“此若义也”诸条，发明意旨，焕然冰释，于是得到启发，触类旁通。自九经、三传及周、秦、西汉之书，凡助语之文，莫不遍为搜讨，分字编次，成《经传释词》10卷，所释凡160字。前人所未及者补之，误解者正之，其易晓者则略而不论。初稿成于嘉庆三年（1798），几经修订后于二十四年（1819）刊行。

该书所举每一字先说用法，后引书证明，并辨证不同用法，所释大体精确无误。《经传释词》是研究古代文言虚词的重要著作，有助于研读古籍，阐释经义，与《经义述闻》相辅相承。关于王念孙对《经传释词》的贡献，有学者排比王引之在乾嘉之际的事历和《尔雅疏证》《读书杂志》等书，认为该书也应多出王念孙所为，“王氏假托其子著耳”。[②]人们对

① 周中孚：《郑堂读书记》卷二，第25页。

② 陈鸿森：《〈经传释词〉作者疑义》，载《中华文史论丛》总第48辑，第35—74页。

此看法可能不同，但说明王氏父子确实学术上浑然一体，难分彼此。换言之，王氏学术成就充分体现了家学传承的重要性。

王氏的文字训诂学不自觉地运用了归纳法，契合近代科学方法，其训诂、校勘学成就也超过了惠栋和戴震。清末汉学家孙诒让认为：“乾嘉大师，唯王氏父子郅为精博，凡举一谊，皆确凿不刊。其余诸家，得失间出，然其稽核异同，启发隐滞，咸足饷遗来学，沾溉不穷。”[①]胡适认为清儒的文字学、训诂学、校勘学、考订学主要运用了归纳法，具有科学精神。[②]王氏考证学著作成为一代典范，为晚清学者开启了学术新途，对后世学术产生了巨大影响。

高邮王氏将乾嘉汉学推向了精深的境界，后人多比之于长洲惠氏。惠、王两家均治经学，长于考据，家世其学，但学术主题和观念仍多差异。惠氏长于《易》学，解经唯汉是好；而王氏博及群经，崇尚实事求是，精于文字、音韵、训诂之学。王念孙于儒经之外，兼考子、史，扩大了乾嘉汉学的范畴。他们长于考据，而淡显文辞之学。王引之有言：“文章之源，出于经训。故六经者，文章之祖也，其次则先秦诸子、两汉遗书，皆无意为文，而极天下之文之盛。”[③]这又说明，王氏之学不只是独尊经学，对先秦、两汉子书也非常重视。

王引之的第四子寿同能传家学，幼时常侍祖父旁，听其讲经，习声音训诂之学。引之见而喜曰：“吾有子克承吾父志矣。”[④]咸丰二年（1852），太平军攻陷武昌，寿同死难。陈康祺云：

> 文简季子忠介公寿同侍御，称其于韵学能契祖庭不宣之蕴，于小学、经学能补庭训未及之端。分辖汉黄，粤寇至，力战阵亡，仲子恩晋随殉，褒旌庙食，恤典极隆。一家父子兄弟，忠孝堂堂，树节奇

---

① 孙诒让：《自序》，《札迻》，中华书局1989年版，第4页。

② 胡适：《清代学者的治学方法》，《胡适文集》（2），第288页。

③ 王引之：《萧山王晚闻先生文集序》，《王文简公文集》卷三，第11页。

④ 陈奂：《中宪大夫赐进士出身湖北分巡汉黄德道赐祭葬子兰王公墓志铭》，《高邮王氏六叶传状碑志集》卷一，第23页。

伟，盖又不第仍世朴学之传，为足力振门绪也。[①]

王寿同能传父、祖之学，却罹难未成，后人惜之。陈奂为王念孙作80寿联云："代推小学有达人，天假大儒以长日。"[②]他表彰王氏的小学成就，赞赏学术传衍。然而，当国势衰落、社会动荡之际，王氏家学因子孙遭受劫难而中绝。这类现象在晚清并非独一无二，实际上成为某些学术家族命运的象征。

陈乔枞继志述学

陈寿祺是福建由宋学转向汉学的标志，而其学术成就得益于了承父业，完善家学。其子陈乔枞居官有声，而治学比"居官"更有成就，且以学者而非循吏载诸史册。陈寿祺具有传衍家学的自觉。道光十一年（1831），他答王引之的书信，已推介乔枞的经学：

> 枞儿年少，妄喜治经，穿穴注疏，颇有心得。《东夹西夹考》一篇，主焦里堂说，以为东堂东向，西堂西向，东西序之端折而为南墉。而谓东夹、西夹，即东西堂，无室之名，夹室乃门夹之室，仍辨焦氏之解夹室为误。其义似创而殊确。既而见凌仲子、胡竹村皆尝驳难焦氏，且承来札下询。寿祺老矣，不复能研思博考，窃念《礼经》中所言宫室之地，必有相印证者，因命枞儿重钩稽之……庶几两世执经，咸承师法。[③]

陈寿祺对儿子学术上的扶持于此可见。三年之后，寿祺病逝，著述多未成手稿。乔枞继志述事，"咸承师法"，其学术领域、方法及观念完全传承家学。每当簿书之隙，他便抽绎旧闻，辑考经传遗文，日积月累，逐渐勒为定本，续成、完善了父著。

① 陈康祺：《高邮王氏传家忠孝》，《郎潜纪闻初笔二笔三笔》下册，第400页。

② 陈奂：《师友渊源记》，第7页。

③ 陈寿祺：《答王伯申尚书书》，《左海文集》卷五，第71—73页。

陈氏父子的经学重心是《诗经》。汉代传《诗经》者四家，鲁、齐、韩三家并立于学官，但后来仅存古文经《毛诗》。魏、晋易代，屡经兵燹，学官失业。曹魏时期，《齐诗》已经亡佚，《鲁诗》亦已衰微，仅在江东地区略有残存。《韩诗》流传较久，隋唐时期仍有存书，而世所不用，课士不取，也无人研究。两宋之际，《韩诗》不再流传，仅有《外传》10篇存世。南宋王应麟始辑考三家诗，网罗遗佚，撰《诗考》1卷。所辑《齐诗》《鲁诗》仅寥寥数条，而《韩诗》所辑较多。是书尚不完备，却开辑考三家诗之先河。

清初至乾嘉时期，惠栋、余萧客已涉及三家诗佚文。乾隆间，范家相的《三家诗拾遗》为该领域的重要成果。此外，冯登府、阮元、马国翰等人都曾在嘉道年间辑考三家诗，而陈氏父子所撰最为完备。陈寿祺说："两汉《毛诗》未列于学，凡马、班、范三史所载，及汉百家著述所引，皆鲁、齐、韩《诗》，异者见异，同者见同，绪论所存，悉宜补缀，不宜取此而弃彼也。"[①]他拟稽考西汉流行的今文经《齐诗》《鲁诗》《韩诗》遗文，编定体例，着手辑录，惜未能成书。乔枞继承父志，先后著《鲁诗遗说考》6卷、《齐诗遗说考》4卷和《韩诗遗说考》5卷。《鲁诗》为三家中较早流传者，乔枞最先辑考是书遗说，于道光十八年（1838）自序云：

> 乔枞幼承庭训，稍长治《三家诗》，先大夫因出所撰《三家诗遗说》，命卒其业……乔枞敬承先志，次第补辑，成《鲁诗遗说考》六卷。其齐、韩二家，采缀粗就，尚当细加稽核，别为篇帙。然距先大夫弃养之日于今五年，每抚昔时所授遗篇，手泽犹存，音容已邈，掩卷怆然，不胜风木之感！[②]

其后，他又续成《齐诗遗说考》《韩诗遗说考》。三书每卷之下又分数篇，实际篇幅达数十卷，可谓卷帙浩繁。今存《三家诗遗说考》署名陈

① 陈寿祺：《三家诗遗说考自序》，《三家诗遗说考》卷首，第1页。
② 陈乔枞：《鲁诗遗说考自叙》，《三家诗遗说考·鲁诗遗说考》卷首，第2—3页。

寿祺撰、陈乔枞述（见《续修四库全书》本），但从案语可知，是书多由乔枞辑考而成。近年已有论著涉及陈氏父子辑考三家诗问题，但该书学术倾向和蕴含仍可再加发掘。

《三家诗遗说考》讲求家法，取材广泛，博稽遗学，自先秦典籍以至六朝文献，无不条分缕析，以正前人讹误，较之王应麟、范家相多有创见。比如，陈乔枞认为："申公《诗》说出于荀子，荀书中说《诗》者，大都为《鲁诗》故训传所本，今故缀之列于《鲁诗》，原其所自始也。"[①]他考释文字也时有思想内涵。比如，他释《诗》"我生之初尚无造"一句云："乔枞谨案，'《毛诗训》：造，为、伪'。伪亦为也。《荀子》云：'性恶也，善，伪也。''伪'字皆'为'字之假借。"[②]这种解释有别于宋学，大抵受清儒调和孟子、荀子人性论的思想影响。于是，荀子的人性论获得了新解。他重视辑考《齐诗》佚文，认为"班固《汉书》多用《齐诗》，如《地理志》引'子之营兮'……固之从祖班伯，受《齐诗》于师丹，盖传其家学也"。[③]他梳理班固的家学渊源，详考《汉书》中的《齐诗》遗说，也将董仲舒《春秋繁露》、桓宽《盐铁论》有关《诗》说均归入《齐诗》。

当然，论者对三家诗遗说的归属不无出入。阮元晚年撰《三家诗补遗》，主要辑考《鲁诗》遗说，《齐诗》《韩诗》比重极小，并且将陈氏纳入《齐诗》的一些文字改入《鲁诗》。此种修订也是一家之言，但清末叶德辉获得阮氏手稿后，对阮著十分推重。他认为清前中期辑考三家诗遗说者，"惟陈（乔枞）钩稽子、史，各述师承，最为治经家所推重"。阮元的《三家诗补遗》"偶取陈书校之。如陈书叙录《齐诗》，据《儒林传》……以班固入《齐诗》"，而阮元则入《鲁诗》。叶德辉看来，"凡不知为某家者，皆当括于《鲁诗》，以《鲁诗》为初祖故也"。[④]阮元的"补遗"与陈氏取舍不尽相同，却是继陈氏而作，实受其《三家诗遗说

① 陈乔枞：《鲁诗遗说考》卷一，《三家诗遗说考·鲁诗遗说考》，第3页。

② 陈乔枞：《鲁诗遗说考》卷二（二之一），《三家诗遗说考·鲁诗遗说考》，第6页。

③ 陈乔枞：《齐诗遗说考》卷一（一之一），《三家诗遗说考·鲁诗遗说考》，第3页。

④ 叶德辉：《阮氏三家诗补遗序》，阮元《三家诗补遗》卷首，《续修四库全书》影印清刊本，第1—2页。

考》的影响。叶氏的评论为晚清学者重视，清人亦多将《汉书》有关《诗经》的文字归入《鲁诗》。不过，叶德辉的看法难为定论。清代汉学家重视汉儒经学的传授源流，梳理师承派别。三家诗均已佚失，历代相关佚文遗说自然难以准确地归入某家。陈乔枞执着于家法观念，试图分梳最为棘手的三家诗遗说，这无疑是一大学术难题。换言之，其《三家诗遗说考》的不足，恰恰是讲求家法的体现。这与叶德辉倡导的家法观念并不矛盾，只是具体做法略有不同。

陈乔枞虽重《齐诗》，但也重视辑考《鲁诗》遗说。他认为，"《史记·叙传》自言讲业齐、鲁之都，子长宜习《鲁诗》……且子长时惟《鲁诗》立博士，故《史记》所引《诗》，皆鲁说也"。[①]因为司马迁曾从孔安国受业，习《鲁诗》，故他从家法相传的规律肯定《史记》所引皆为《鲁诗》。他虽将《汉书》诗说归入《齐诗》，但又指出："班固撰《白虎通义》多采《鲁诗》说，其以鲁为主者，以当时会议诸儒如鲁恭、魏应皆习《鲁诗》，而承制问难，又出于魏应，所以本书称《诗传》皆鲁故也。"[②]与此同时，陈乔枞辑考《齐诗》遗说时，每每指出三家诗的文字之同，如云："萧萧兔罝"一句，"《齐诗》之解与《鲁诗》意同"。[③]又如释"大车"，"乔枞谨案，公羊家为齐学礼家，与《齐诗》同一师传。何休此注是释公羊师说，其以'大车'为大夫之车，与《毛诗传》合，足见此《诗》齐亦与毛同义"。[④]大体而言，其《三家诗遗说考》力求持平之论，《齐诗遗说考》虽不免增溢不当之处，而叶氏"凡不知为某家者，皆当括于《鲁诗》"的说法也显得偏颇。清末研究三家诗的王先谦对陈氏著作有恰当评价，认为"穷经之士讨论三家遗说者，不一其人，而侯官陈氏最为详洽"。[⑤]陈氏《三家诗遗说考》对阮元、王先谦的著述均有影响，其辑佚成果也收入王先谦的

① 陈乔枞：《鲁诗遗说考》卷一（一之一），《三家诗遗说考·鲁诗遗说考》，第1页。
② 陈乔枞：《鲁诗遗说考》卷一（一之一），《三家诗遗说考·鲁诗遗说考》，第14页。
③ 陈乔枞：《齐诗遗说考》卷一（一之一），《三家诗遗说考·齐诗遗说考》，第17页。
④ 陈乔枞：《齐诗遗说考》卷一（一之三），《三家诗遗说考·齐诗遗说考》，第2页。
⑤ 王先谦：《诗三家义集疏序例》，《诗三家义集疏》卷首，1915年虚受堂刻本，第5页。

《诗三家义集疏》。

陈乔枞的《诗》学不限于辑考遗文，有时也涉及《诗》意。如他考释“凯风自南”“莫慰母心”云：“《后汉书·姜肱传》‘肱性笃孝，事继母恪勤，感凯风之义，兄弟同被而寝，不入房室以慰母心’。《诗》之有益人伦如此，孔子所谓‘《诗》可以兴，可以观者’，此类是也。”[①]这类考释，凸显《诗》学的教化内涵。他述《诗经》的思想主旨云：

> 《诗》之有鲁、齐、韩、毛，犹《春秋》之有公、榖、邹、夹也……然则《诗》之与《春秋》，固相为维持世道也。子夏序《诗》言：“国史明乎得失之迹，伤人伦之废，哀刑政之苛。吟咏情性，以讽其上。达于事变，而怀其旧俗者也。”今观《外传》之文，记夫子之绪论与《春秋》杂说，或引《诗》以证事，或引事以明《诗》，使为法者彰显，为戒者著明。虽非专于解经之作，要其触类引伸，断章取义，皆有合于圣门商、赐言《诗》之意也。况夫微言大义，往往而有。[②]

他重视三家诗的“微言大义”，尤其是维持世道人心之旨。故续成父著《三家诗遗说考》之后，又于道光二十年（1840）以后撰成《齐诗翼氏学疏证》2卷、《诗纬集证》4卷等，进一步考释《齐诗》。汉儒翼奉好律历、阴阳之占，其《齐诗》学也充斥了这类文字。陈乔枞认为：“齐诗之学，宗旨有三：曰四始，曰五际，曰六情，皆以明天地阴阳终始之理，考人事盛衰得失之原，言王道治乱安危之故。”[③]这三大宗旨均属翼氏学的主题，他对此多所阐发。《汉书·翼奉传》云：“《诗》之为学，情性而已。五性不相害，六情更兴废。观性以历，观情以律。”对此，乔枞释云：“人为阴阳之精，情性者，人所禀天地阴阳之气也。观性

① 陈乔枞：《鲁诗遗说考》卷一（一之二），《三家诗遗说考·鲁诗遗说考》，第15页。

② 陈乔枞：《韩诗遗说考自序》，《三家诗遗说考·韩诗遗说考》卷首，第1—3页。

③ 陈乔枞：《齐诗翼氏学疏证自叙》，《齐诗翼氏学疏证》卷首，第2页。

以历，历居阳而治阴。观情以律，律居阴而治阳。历律迭相治也，其间不容发。此圣人所以统天地之心，著善恶之归，明吉凶之分，通人道之正也。”[①]这类阐释汲取了汉儒的义理之学。但综观之，陈氏《诗》学的义理阐述仍较薄弱。

东汉经师郑玄兼治今、古，曾著《毛诗笺注》。陈寿祺主鳌峰书院时，曾以“《毛诗》郑笺改字说”课士，认为郑玄笺《诗》，多本之鲁、齐、韩三家。三家诗亡佚后，已不能尽考，然举一反三，足以征信。乔枞习闻父说，述其所闻，又搜讨群书，博采臧琳、惠栋、段玉裁诸家之学，参互考证，“申明郑君之说”，于道光九年（1829）撰成《毛诗郑笺改字说》4卷，稽考郑玄以三家诗改易《毛诗》之字或毛、郑异文120条。每条先列郑玄笺文，然后加以辨析，溯其渊源。书中既考三家诗遗文，又凸显了郑玄虽治《毛诗》，却援引三家诗的事实。换言之，他们从《毛诗郑笺》发掘了三家诗的历史价值和影响。此外，陈乔枞撰有《诗经四家异文考证》，专述齐、鲁、韩、毛四家诗的文字差异。该书以今本次第，详举四家异文，以按语进行疏释，稽考四家诗中同言而异字、同字而异音者，并试图窥见古人文字、声音、训诂、通假之源。凡近儒所讨论、有资校勘者，无不参互稽核，时有发明。清末江翰撰《诗经四家异文考补》，于陈著有所补充。

陈氏父子偏重考据学方法，乔枞辑考《诗经》遗说也“本非定立一宗旨者”，或者说并未申明今文学信仰，《三家诗遗说》虽引用《毛诗》为旁证，但其今文经倾向依然可见。如关于《诗》“琴瑟在御”之说，他引何休《公羊解诂》的文字，认为“据此所称《鲁诗》传，是邵公习《鲁诗》之确证”。[②]又如他转录《汉书》有关刘歆传记：“歆欲建立《左氏春秋》及《毛诗》《逸礼》《古文尚书》皆立于学官。哀帝令歆与五经博士讲论其义，诸博士或不肯置对。歆因移书太常博士，责让之，其言甚切，诸儒皆怨恨……歆由是忤执政大臣，为众儒所讪，惧诛求出，

① 陈乔枞：《齐诗翼氏学疏证》卷上，第1页。

② 陈乔枞：《鲁诗遗说考》卷二（二之一），《三家诗遗说考·鲁诗遗说考》，第19页。

历三郡守。”[①]这种平实记述贬评了刘歆争立古文经博士事，可谓蕴含了《春秋》笔法。陈氏父子的研究彰显了齐、鲁、韩三家诗的地位，加强了晚清今文经学阵营。后来对陈著多有补正的皮锡瑞说：“乾嘉崇尚今文，《齐诗》久亡，孤学复振。采辑三家诗者甚夥，陈乔枞《鲁齐韩诗遗说考》尤备，然止能搜求断简，未能解释全经。”[②]这从一个侧面反映了其著述的价值和不足。

陈氏学术的另一领域是《尚书》研究，更鲜明地体现了今文家倾向。乔枞谓其父“伤古、今之淆乱，闵今学之沦亡，撰伏生《尚书大传定本》”。实则他自己“闵今学之沦亡”更甚。他认为，凡古文《易》《诗》《书》《礼》《论语》《孝经》，悉借今文以传，乃自撰《今文尚书经说考》34卷。自称是书“凡所采摭经史传注及诸子百家之说，实事以求是，必溯师承沿流以讨源，务随家法，而参详考校，则亦有取于马、郑之传注，为之旁证而引伸之。前后屡更寒暑，而后卒业焉，庶求无负昔日趋庭之训焉耳”。[③]他所追随的家法，仍然立基于区分今古文经，不负趋庭之训。

陈氏父子学术一脉相承，研究领域不无扩展，但学术倾向无大变化。正如史传所载：“乔枞撰述多准寿祺遗训。”[④]他们置重今文经，但不排斥古文经；他们侧重辑考今文经的文字异同，于微言大义阐述尚少。论者多将清代今文经学分为“微言大义派”和“考证派”，前者以庄存与、刘逢禄、宋翔凤、魏源、龚自珍、康有为为代表；后者以孔广森、陈寿祺、陈乔枞、凌曙、陈立、戴望、王闿运为代表，二者义理色彩不同。“考证派”较侧重于文字校勘，较少阐述经学宗旨和义理。故在后人看来，他们不像“微言大义派”那样旗帜鲜明地排斥异己，家法意识较淡薄。但事实上，“考证派”的今文经倾向和宗旨不难梳理，其家法意识也有所表现。陈氏子成父业，辑考儒经成就斐然，著作多收入阮元的《皇清经解》。

① 陈乔枞：《鲁诗遗说考·叙录》，《三家诗遗说考·鲁诗遗说考》，第7—8页。

② 皮锡瑞：《论诗比他经尤难明其难明者有八》，《经学通论》（二），第2页。

③ 陈乔枞：《今文尚书经说考自序》，《今文尚书经说考》，《续修四库全书》影印本，第2—4页。

④ 《陈寿祺》，《清史列传》卷六十九《儒林传》下二，第18册，第5579页。

三 家学衍变

清代汉学世家多有家法意识，甚至以恪守家法相标榜。然而，遵循家法与发展家学并不矛盾。家学既注重传承，又有赖于推陈出新。其因袭与变革情形各异，而因革兼备几乎是家学传衍的常态。清代汉学家不仅没有固守汉儒家法，而且也不完全是父子因袭。好谈家法的惠栋以复兴汉学为旗帜，却未囿于古训和前人注疏。嘉道以降，士人治经多重博通，汉学家法更非一成不变。黄以周云：

> 抱残守阙，汉博士之功也；分门别户，又汉博士之陋也。宣帝忧之，遂开石渠，以为不讲家法，无以明其宗旨；专守家法，又恐戾乎群经。于是令其法异者，各陈师说，博观其义，临决称制，以定一尊……夫西京之初，经分数家，东京以来，家分数说。一严其守，愈守愈精；一求其通，愈通愈密。诸博士，其守之精者也。戴、许二书，其通者也。[①]

在黄以周的诠释中，汉学既非不守家法，又非拘泥家法，而是执两用中，“守”“通”兼备。故俞樾认为黄氏《礼书通故》“不墨守一家之学，综贯群经，博采众论，实事求是，惟善是从……视秦氏《五礼通考》博或不及，精则过之”。[②]“守”“通”家法而又博采、求是，这是黄氏的经学主张，也是其家学传承和发展的特色。这在清代汉学世家中并非罕见。

庄述祖“独辟天地”

庄氏今文学也是在传承与衍变中逐渐形成。章太炎说：“今文之学，不专在常州。其庄、刘、宋、戴（宋之弟子）诸家，执守今文，深闭固拒，而附会之词亦众，则常州之家法也。”[③]常州庄氏家法相传，形成排

① 黄以周：《叙目》，《礼书通故》卷五十，光绪十九年刊本，第9—10页。

② 俞樾：《序》，《礼书通故》卷首，第1—2页。

③ 《章太炎先生论订书》，支伟成《清代朴学大师列传》卷首，第3页。

斥古文经学的倾向，但其中经历了一个发展过程。李兆洛认为，庄存与“博通六艺，高朗阔达，于圣人微言奥义，能深探而扩言之”。庄述祖“益研求精密，于世儒所忽不经意者，蹈间覃思，独辟天地”。[①]谭献也认为，庄述祖“不欲为一先生之言，故于相承师说微有异同。此与宗伯方耕先生大略相近。庄氏家学之所以为大也”。[②]显然，庄述祖在传承家法的同时，又试图“独辟天地”，扩大家学。

其表现之一是小学。庄述祖成进士后，“乃求所以窥古人之学。莫得其阶，不能自已，始从事于汉人所谓小学家者。先治许氏《说文解字》，稍稍识所附古文，以为此李斯未改三代之制以前，《仓》《籀》遗文留什一于千百者也，欲究心焉”。[③]他曾代王念孙作《任子田小学钩沉序》，认为《仓颉》所存文字已非秦篆之旧，“许氏之功尤在存古文于既绝之后，而不必尽举以绳汉后晚出之书”。[④]他认识到六书之义，转注、谐声最繁，而无定说，遂用《尔雅》例编《说文转注》20卷。他用《广韵》之例，博考三代、秦汉有韵之文，编《说文谐声考》，以发明《说文》学。宋翔凤提到，当时王念孙的《广雅疏证》、段玉裁的《说文正义》“每采先生之说，叹为精到”。

庄述祖寻求声音文字之原，却不像有的汉学家那样奉《说文解字》为圭臬，而是试图复先秦之古，勾稽籀文系统。他撰《说文古籀疏证》（原名《古文甲乙编》），“得许氏始作偏傍条例，以序文字始于一，终于十，日十二辰，此六书之条例所从出，合于《尔雅》岁阳岁名以明十二支藏遁之法，有《归藏》之义焉……故《归藏》，黄帝《易》也，古籀条例皆由此出。凡许书所存及见于款识者，分别部居，各就条理。晚年常为口号曰：‘惯看模粘字，专攻穿凿文’”。[⑤]汉以后，钟鼎古器日益增多，一些先秦古字为许慎未见。庄述祖就《说文解字》偏旁条例，以干支为次

① 李兆洛：《珍艺先生传》，《养一斋文集》卷十五，第7页。

② 谭献：《谭献日记》，第10页。

③ 庄述祖：《夏小正经传考释序二》，《珍艺宧文钞》卷五，第3页。

④ 庄述祖：《任子田小学钩沉序（代王怀祖侍御作）》，《珍艺宧文钞》卷五，第23页。

⑤ 宋翔凤：《庄珍艺先生行状》，《朴学斋文录》卷四，第27—28页。

序，先古文，后小篆，一一探其本原，试图为小学另启新途。其具体见解未必得到经学家一致认同，却开清末以先秦古字补正《说文》之先河。事实上，小学特长也推助庄述祖转重今文经学。

其次，庄述祖深通《春秋》三传，由早年今文学倾向不明，逐渐走向怀疑古文经，如他指陈刘歆窜改古文经之事，其《书校定逸周书世俘后》云：

> 谨按，《世俘》文颇阙略，成帝时诏校书，刘向等以为周史记，传《尚书》家言。值汉中微，王莽专权，向子歆作聪明以乱旧章，自谓古文毕发，扬雄见之于符命，欲以媚伪新，诬当世。而古文之藏于秘府者，一时不能尽通，杂取他书充数……更由此而推，刘歆所欲立学之《书》十六篇，未必皆出于孔壁，而古文之臧秘府者，应毁于新莽之时，不待至永嘉之乱矣。歆之颠倒五经，其弊可胜言哉！[①]

这类看法为后来刘逢禄、魏源、康有为等人全面否定古文经开辟了思想空间。庄述祖也考证了今、古文《尚书》的文字异同，从文字学角度质疑《左传》《古文尚书》，而其《夏小正》研究已显示鲜明的今文学色彩。

乾嘉之际，庄述祖在山东任知县，曾将所撰《夏小正说义》《音义》呈示在山东任道台的孙星衍，得其赞赏。孙氏遂取其考证之长，合诸家异文，于嘉庆三年（1798）刊刻《夏小正》2卷，收入《岱南阁丛书》。此书缘于庄述祖的《说文》学专长，部分书稿成于乾隆末年，后屡经修改，不断完善。他说："偶忆《夏小正》'纳卵蒜'，'卵'字与古文'民'字相近，'蒜'即《说文》'算''数'字之讹。由以知'纳民算'，即《周官礼》《司民》之'献民数'是也……于是尽取《夏小正》中经文厘正之，以为《夏时明堂阴阳经》，又为之说义，数易寒暑。"[②]他曾申明

① 庄述祖：《书校定逸周书世俘后》，《珍艺宧文钞》卷五，第31—32页。

② 庄述祖：《夏小正经传考释序二》，《珍艺宧文钞》卷五，第3页。

作《夏小正经传考释》的主旨：

> 伏而思之，《春秋》之义，以《三传》而明，而《三传》之中，又以《公羊》家法为可说。其所以可得而说者，实以董大中综其大义，胡毋生析其条例，后进遵守，不失家法。至何邵公作《解诂》，悉隐括就绳墨，而后《春秋》非常异义可怪之论，皆得其正。凡学《春秋》者，莫不知《公羊》家诚非《穀梁》所能及，况《左氏》本不传《春秋》者哉？……《夏时》亦孔子所正，《夏时》之取夏四时之书，犹《春秋》之取鲁史也。圣人之旨，于是乎在。其以大正、小正、王事科为三等，盖出于游、夏之徒，高、赤之等，两汉时犹有能言之者。[①]

他认为《夏时》如同《春秋》，均传圣人之旨，可以观三代之道、天地之德。《夏时》之大正、小正、王事三等之例，犹如《公羊传》“三科”之义。《易》之卦，《春秋》之义，《夏时》之等，均蕴含先圣的微言大义。他试图以公羊学思维来认识、解释五经，从而扩大了庄氏的今文学领域，增强了庄氏的今文学倾向。

刘、宋今文学的发展

刘逢禄、宋翔凤则完全走向今文经学，并凸显出义理色彩。关于这方面，学术界已有不少研究，这里不再赘述。大体说来，庄存与的今、古文经学门径尚非泾渭分明，讲求的“微言大义”侧重于“大一统”理论。庄述祖逐渐主张今文经学，而义理阐发尚嫌不足。到了刘、宋及其弟子，今文经学则已成为学术信仰。他们对今文经学的“微言大义”已有贯通的阐述，其重心也转向了适应社会变易和改革需要的“三统”“三世”说。相比庄存与青睐于“帝王之学”，刘、宋的通经致用更加关注社会问题。而刘、宋对今文学的这些发展，恰恰是在不悖家法的脉络中推进的。

① 庄述祖：《夏小正经传考释序三》，《珍艺宧文钞》卷五，第5—6页。

较之庄述祖早年兼尊《春秋》三传，刘逢禄一开始就独崇《公羊传》。嘉庆元年（1796），年仅20岁的刘逢禄撰成《申穀梁废疾》2卷，认为《春秋》的"微言大义"皆由公羊氏传承，"穀梁子不传建五始、通三统、张三世、异内外诸大旨，盖其始即夫子所云'中人以下，不可语上'者。而其日月之例、灾变之说、进退予夺之法，多有出入，固无足怪。玩经文，存典礼，足为公羊氏拾遗补阙，十不得二三焉。其辞同而不推其类焉者，又何足算也。兼之经本错迕，俗师附益，起应失旨，条例乖舛，信如何氏所名《废疾》有不可强起者"。[①]他对《穀梁传》评价不高，但仍视为传经之书，而《左传》则被从儒经中剔除。嘉庆十七年（1812），他据何休的《春秋左氏膏肓》而成《申左氏膏肓》，自序云：

> 左氏以良史之材，博闻多识，本未尝求附于《春秋》之义，后人增设条例，推衍事迹，强以为传《春秋》，冀以夺公羊博士之师法。名为尊之，实则诬之，《左氏》不任咎也……事固有离之则双美，合之则两伤者，余欲以《春秋》归之《春秋》，《左氏》归之《左氏》，而删其书法、凡例及论断之谬于大义（如君子曰之类），孤章断句之依附经文者，冀以存《左氏》之本真。[②]

在刘逢禄看来，《春秋》的"微言大义"皆由公羊氏传承，《左传》本与《春秋》无关，只是古代史书，自然也谈不到传经述孔之事。他中年以后撰《春秋公羊经何氏释例》《春秋公羊何氏解诂笺》等书，自称"向治《春秋》今文之学，有志发挥成一家言"。[③]庄存与虽尊董、何，实际上对何氏之学阐发薄弱。刘逢禄则彰显了何休公羊学，使今文经学大进一步。他贬评《毛诗》《虞易》，说"毛公详训故而略微言，虞翻精象变而罕大义，求其知类通达，微显阐幽，则公羊氏在先汉有董仲舒氏，后汉有何邵公氏"。"晋、唐以来之非何氏者，皆不得其门、不升其堂者

---

① 刘逢禄：《申穀梁废疾序》，《刘礼部集》卷三，第24页。

② 刘逢禄：《申左氏膏肓序》，《刘礼部集》卷三，第26页。

③ 刘逢禄：《诗古微序》，《刘礼部集》卷九，第6页。

也。”[①]到了刘逢禄这里，《春秋》学的考据研究，已完全退居次要，而讲求微言大义成为主题。

因之，他撰文驳钱大昕的《春秋论》，指出其所谓“《春秋》之法，直书其事，使善恶无所隐而已”的看法是“以《春秋》无书法也”。在他看来，“史家正统之例，则实本《春秋》通三统之义”。钱氏以为《左传》胜《公羊》，他认为这是不知《春秋》。“《左氏》详于事而《春秋》重义不重事，《左氏》不言例而《春秋》有例无达例。惟其不重事，故存十一于千百，所不书多于所书；惟其无达例，故有贵贱不嫌同号、美恶不嫌同词，以为待贬绝不待贬绝之分，以寓一见不累见之义。”[②]总之，《春秋》重义例，含义理，不能仅以事求之，也不能以一例求之，只有《公羊传》能述其微旨。

庄存与的《春秋正辞》和刘逢禄的《春秋公羊经何氏释例》，均注意阐发“义例”。故有的学者认为，庄、刘著作颇相类似。但是，刘逢禄显然更重视其“张三世”“通三统”及“王鲁例”思想。在他看来，赵汸、崔子方乃至孔广森等治《公羊》，“惟无其张三世、通三统之义以贯之，故其例此通而彼碍，左支而右绌”。[③]刘逢禄正是在寻求家法的理念中，发展了庄氏之学。后世对其学术褒贬不一，对其“张三世”“通三统”说的评价也有分歧。然而，恰恰是因为这些发展，庄氏今文学才走向清代汉学的中心，成为晚清变法、改革思想的源泉。

刘逢禄也较之前辈而彰显了今文经的社会价值。他认为，“经世，先王之志。圣人议而勿辨，其言弥微，其旨弥显”。[④]故发掘《春秋》的经世微旨，才是经学正途。他肯定孟子“《春秋》者，天子之事”的论述，从“通三统”阐发治国之法：“天下无久而不弊之道，穷则必变，变则必返其本，然后圣王之道与天地相终始。”比如，针对日趋浇漓的士风，他从《春秋》获得的启示是使“文”从“质”，即使国家制度、礼仪规范

① 刘逢禄：《春秋公羊解诂笺序》，《刘礼部集》卷三，第28页。

② 刘逢禄：《春秋论上》，《刘礼部集》卷三，第17—18页。

③ 刘逢禄：《春秋论下》，《刘礼部集》卷三，第19页。

④ 刘逢禄：《释九旨例上》，《刘礼部集》卷四，第7页。

等“治道”适应社会的变化，指出“《春秋》因变文而从质，受命以奉天地，首建五始”。[①]而变文从质的践履途径是统治者及士大夫的表率作用。所谓“《春秋》欲攘蛮荆，先正诸夏；欲正诸夏，先正京师；欲正士庶，先正大夫；欲正大夫，先正诸侯；欲正诸侯，先正天子、京师”。[②]这些具有现实针对性的言说，意在讽时议政，思想境界与庄存与的“大一统”言论已不可同日而语。

刘逢禄注重阐述《春秋》“三世”说，认为“于所见微其辞，于所闻痛其祸，于所传闻杀其恩，此一义也。于所传闻世，见拨乱始治；于所闻世，见治廪廪进升平；于所见世，见治太平，此又一义也。由是辨内外之治，明王化之渐，施详略之文，鲁愈微而《春秋》之化益广，世愈乱而《春秋》之文益治”。[③]那么，如何“辨内外之治，明王化之渐”？刘逢禄不乏实践事例。他任职礼部时，越南使臣不满本国被清朝敕称“外夷”，建议改为“外藩”。刘逢禄根据《周礼》“九服”的划分，指出“夷服”位于王畿七千里之外，而“藩服”位于王畿九千里之外，“是藩远而夷近”。他又据《说文解字》，“羌、狄、蛮、貊字皆从物旁，惟夷字从大从弓。考东方大人之国，夷俗仁，仁者寿，有东方不死之国，故孔子欲居之”。且“舜，东夷之人；文王，西夷之人”。他劝越南使者“无得以此为疑”。越南使者“遂无词而退”。故史载刘氏“在礼部十二年，恒以经义决疑事，为众所钦服，类如此”。[④]

董仲舒曾以《春秋》断狱，后来应劭编成《公羊董仲舒释狱》，收录232个以经义断狱的案例。董氏《春秋繁露》云：“《春秋》之听狱也，必本其事而原其志。志邪者不待成，首恶者罪特重。本直者其论轻。”此即《盐铁论》所云：《春秋》“论心定罪。志善而违于法者免，志恶而合于法者诛”。[⑤]这体现了儒家伦理在国家法律中的渗透，与近代法律无疑差距较大。然而，汉代以《春秋》决狱者甚多，《史记》《汉书》均有记

① 刘逢禄：《释三科例中》，《刘礼部集》卷四，第4页。
② 刘逢禄：《释九旨例下》，《刘礼部集》卷四，第16页。
③ 刘逢禄：《释三科例上》，《刘礼部集》卷四，第1页。
④ 《刘逢禄》，《清史列传》卷六十九《儒林传》下二，第18册，第5605页。
⑤ 苏舆：《春秋繁露义证》，中华书局1992年版，第92页。

载。刘逢禄赞赏董仲舒以经义决狱，并在行动中效法。比如，他曾运用《春秋》义例解决家庭继承权问题和有关丧礼的争议。“其在官，凡同列有疑不能决者，为引经义别白之，已而公卿亦多就问，所疑无不据经决事，有董相风。”[①]同时，刘逢禄也重视礼义规范，阐明法与礼的表里关系，他说：“盖礼者，刑之精华也。失乎礼即入乎刑，无中立之道，故刑者，礼之科条也。”[②]他把“礼”作为“刑”之本原，置于重要位置。他撰《春秋公羊议礼》《议礼决狱》等篇，彰显了经学的政治和社会价值。总之，刘逢禄发展了庄氏《春秋》学，初步建立了今文学派的理论框架。

宋翔凤也是发展庄氏经学的重要环节。宋氏学源较广，中年后又向段玉裁问学，兼通训诂，后人谓其“门庭宽大，既宗郑学，复不肯轻议程、朱”。[③]这也是有所依据的，但宋氏学术根基仍然是今文经学。嘉庆初年，他撰《经问》一书，云：“故圣人之言曰微言，传记所述曰大义……是则象、数之说，无非《易》也；古文、今文，无非《书》也；齐、鲁、韩、毛，无非《诗》也；公羊、穀梁、左氏，无非《春秋》也……要而论之，微言之存非一事可该，大义所著非一端足竟。”[④]这种包容性与庄存与、庄述祖一脉相承，而宋翔凤更重微言大义。他撰《拟太常博士答刘歆书》，排斥古文经。他推崇《公羊传》，也重视董仲舒、何休的公羊学和西汉家法。如释《春秋》“元年春王周正月”云：

> 《春秋》之五始，与《易》之四德同例。《易》有四德，则六十四卦得发挥旁通之情见。《春秋》有五始，则二百四十年褒善贬恶之义明，不可以寻常之文习其读也。或难曰：子所言之义，皆今文家言说，左氏者恐不然。答曰：左氏之书，史之文也，于《春秋》之义，盖阙而不言，故博士以为不传《春秋》。学者求其义，舍今文家末由也……自汉以来，左氏与今文辨论纷然，各立门户。博士守师法

---

① 李兆洛：《礼部刘君传》，《养一斋文集》卷十六，第2页。

② 刘逢禄：《律意轻重例弟十》，《春秋公羊经何氏释例》卷五，第14页。

③ 谭献：《谭献日记》，第24页。

④ 宋翔凤：《经问自序》，《朴学斋文录》卷二，第6—7页。

者既不能辩明，好左氏者又不能求合，且惟恐不异俗说，师心之用，而微言大义晦矣！[①]

可见，宋翔凤虽缺少公羊学专著，而《春秋》家法与刘逢禄并无不同，其主旨贯穿于经学评论。如他释“郑伯克段于鄢”：“案，公羊、穀梁并以克为杀。《公羊传》传曰：杀之。则曷为谓之克？大郑伯之恶也……《左氏》所载，存史之文，非《春秋》之正义也……郑庄公之人，其奸心诈术，兼而有之。段有偶国之势，遂处心积虑而杀之。”[②]故宋氏认为，“克”即是杀，《春秋》书“克”段是为了彰显郑伯之恶，而《左传》所载非《春秋》之义。

宋翔凤阐述今文经的微言大义，发展了庄存与融会宋学和今文学的倾向。他治《公羊传》，却像宋儒一样重四书，撰《论语说义》《大学古义说》等书，认为《论语》即是今文学，传孔子的微言大义。《论语》的“不言”，就是《春秋》的“不书”，两者义蕴相通，都包含为君、为臣之道。他指出：“《论语说》曰：‘子夏六十四人，共撰仲尼微言，以当素王。微言者，性与天道之言也。此二十篇，寻其条理，求其旨趣，而太平之治，素王之业备焉。”[③]在他看来，“今文家传《春秋》《论语》，为得圣人之意。今文家者，博士之所传，自七十子之徒递相授受，至汉时而不绝，如《王制》《孟子》之书所言制度，罔不合一”。[④]他也认为，古、齐、鲁三家《论语》中，《齐论》记孔子素王事，其中《问王》《知道》多述微言大义，而被张禹所删，故当从现存《论语》中加以勾稽。与刘逢禄侧重“讥贬绝”“三统”“三世”说主题不同，宋翔凤的今文学重视四书的“仁政”“德治”之谈，也涉及“性”“天道”一类论题。宋翔凤重视以何休等人的观点阐释《论语》，而摒弃古文家经说。这类学术主题较之庄存与、庄述祖也显然发展了。

① 宋翔凤：《元年春王周正月》，《过庭录》卷九，中华书局1986年版，第148—149页。
② 宋翔凤：《郑伯克段于鄢》，《过庭录》卷九，第150页。
③ 宋翔凤：《论语说义序》，《论语说义》卷首，《皇清经解续编》卷三百八十九，第1页。
④ 宋翔凤：《论语说义一》，《皇清经解续编》卷三百八十九，第3页。

综上，家法是家学传承的基础，但并非遵循家法者，学术重心和观点因袭不变。常州庄氏学脉相承，又好谈家法，而自庄述祖、刘、宋以后，其今文学倾向逐渐鲜明，义理色彩也有所增强。惟其如此，庄氏今文学拓展了领域，完成了理论构建。这是观察清代汉学变化的一个窗口，对于剖析清代家学的承变具有参照意义。进而言之，学术领域之“家法”，本不是束缚治学的教条，也与学术更新没有矛盾。家法是清代汉学家族的根本观念之一，而其包容性、时代性又给后世学者以深刻启示。

第五章

士人交游与家学的衍生

清代家学的衍生和传播植根于社会、文化土壤。孔子云："益者三友，损者三友。友直，友谅，友多闻，益矣。友便辟，友善柔，友便佞，损矣。"[①]儒家重视交友，其学术史意义仍待进一步认识。古代学术传播的途径狭窄，而士人交游及姻娅的意义不可低估。在实证学风的浸润下，清代学者不像宋、明士人嗜好讲学。纪昀认为："讲学者聚党分朋，往往祸延宗社……盖讲学必辨是非，辨是非必及时政，其事与权势相连，故其患大。"[②]在讲学受限的时代，学术流播更依赖于士人交游。同时，家族姻娅对学人圈的形成也有意义。清代以家族为中心的社会网络错综交织，籍贯、师承、同年、姻娅等均可让一些家族成为世交。它们具有地域性，却不以地域为限。清初文人叶梦珠云："交际之礼，始乎情，成乎势，而滥觞于文。"[③]此处所谓"文"，不妨扩大言之，包括士人读书、治学、撰文、著述及出版等多种"文事"。近年论者对清代有的学人圈比较关注，[④]而对许多家族学人圈及其与学术的关联仍缺少研究。本章以江南的钱大昕、江北的高邮王氏、宝应刘氏为例，考察其交游、姻娅活动，进而揭示其对于家学衍生和流播的意义。

---

① 《论语·季氏》，宋元人注《四书五经》上册，第70页。

② 纪昀等：《集部总叙》，纪昀等纂《钦定四库全书总目》下册，第1971页。

③ 叶梦珠：《阅世编》，第211页。

④ 学者近年对常州庄氏的姻娅、交游多有论及，如（美）艾尔曼的《经学、政治和宗族——中华帝国晚清常州今文经学派研究》，本章不赘述。

一　高邮王氏之学的建立

高邮王氏数代儒宦，而王念孙、王引之又学问精深，得享高寿，交游范围广涉学界名流。除扬州学人外，还包括朱筠、翁方纲等显宦，小学名家段玉裁、桂馥，校勘名家卢文弨、顾广圻，以及著名学者孙星衍、王绍兰、焦循、陈寿祺等，俨然乾嘉学界的中心。民国初年，罗振玉辑印《昭代经师手简》，所收均为乾嘉学者致王氏父子的信札。其初编收入12位学者致王念孙的书札26通，“其人皆儒林之彦，其事皆商量学术。言皆驯雅，有裨来学”[①]。二编收入16位学者致王引之的书札43通，“亦皆讨论学术，无及它事者”。[②]王氏来往书札集中于学术主题，近年有论者注意其价值，[③]而这不过是王氏学术交游之一斑。王氏最突出的学术成就在于小学，故下文侧重讨论其交游与小学的关联。

乾嘉时期，高邮王氏从学术边缘走向中心，这与其精深的学问和社会资源都密切相关。阮元云：王念孙“先生性方正，居官廉直，不受请托，自少至老，澹然以著述自娱。处世接物，善善恶恶，皆出于诚。喜怒必形于色，人有一善一长，道之不已。生平学问之友，久而不渝。早年居乡，与李君惇、贾君田祖、汪君中、刘君台拱、程君瑶田，以古学相示，极一时之盛”。[④]王引之亦谓其父“生平学问之交，皆始终不渝，久而弥笃。同志之士，以著述请教者，府君皆逐一签商，直言无隐。其遗书未及改正者，必为去其小疵，以成大醇焉”。[⑤]王念孙好交学友，成人之美，以道德、文章享誉学界。与此同时，交游对王氏之学的建立和流播也不无意义。

① 罗振玉：《序目》，《昭代经师手简》初编。

② 罗振玉：《序目》，《昭代经师手简》二编。

③ 陈居渊的《汉学更新运动研究——清代学术新论》列述了王氏所收书札的时间及主题，也论及乾嘉时期书札之盛的原因（凤凰出版社2013年版，第78—85页）。王氏之外，清代学者所存书札尚多，广泛地记录了士人的生活、交游和论学，其丰富蕴含仍有待深入发掘。

④ 阮元：《王石臞先生墓志铭》，《揅经室续集》卷二下，第5页。

⑤ 王引之等：《石臞府君行状》，《高邮王氏六叶传状碑志集》卷四，第13页。

早年学友

王念孙早年学术的源头之一是理学，其二是以两汉经学为中心的“古学”。前者为家学相传，后者则与师友分不开。乾隆二十二年（1757），王安国病卒后，念孙扶柩回里，从同邑名儒夏廷芝读书。夏氏为高邮州名门，其父夏绵庄为乡里老儒，而诸子多得科名，任编修、学政等职。夏廷芝曾任翰林院编修、侍讲，山西、湖北学政，著有《周易纂注》《河图精蕴》等，精于理学。念孙随夏师笃志为学，童年而有老成之风。他补生员后，与同邑而年长的儒生李惇、贾田祖成为好友，一起谈论古义，切磋治学心得。

贾田祖（1714—1777），字稻孙，号礼耕。其先世为北平人，十四世祖随明成祖赴“靖难之役”，官高邮指挥司佥事，子孙袭官，遂为高邮人。其祖良璧，举人。父兆凤，翰林院检讨。田祖少读经史，13岁入州学，补博士弟子员。尤好《左氏春秋》，少喜为诗，至老不厌，所作凡3000余首。不信释、老、神怪、阴阳拘忌及宋以后禅学。“矜立名节，猛志疾邪，少所容贷。及其所善，穷乡末学，一节之美，终身咨诵，不可弭忘。与同里李惇、王念孙为友，三人皆善饮。酒酣，君则钩析经疑，间以诗歌，往牒旧闻，泛演旁出，嘲嚎风生，戏而不谑。”[①]较之贾、李二友，王念孙的科举道路较为坦荡。乾隆三十年（1765），他被钦赐举人，四十年（1775）成进士，旋改翰林院庶吉士。是年十月杪，他乞假回里，谢绝人事，独居高邮湖西祖茔祠畔之湖滨精舍，专精学问四载有余，常至废寝忘食。老友贾田祖、李惇偶尔来访，吟诗记聚会之乐。乾隆四十一年（1776）寒冬，贾田祖、李惇同访王念孙。贾氏诗云：

君志不在隐，所志在著书。
著书匪爱名，迷津导群愚。
……
京东许重叔，只手为匡扶。

① 汪中：《大清故高邮州学生贾君之铭并序》，《新编汪中集》，第476页。

其文万有余，音义垂典谟。
世久复破坏，绍述起二徐。
掇拾岂不勤，不能淹瑕瑜。
历今又千载，踵陋承其诬。
君通六书秘，反复生嗟吁。
……
纷纷里巷间，旧交等晨星。
君义薄霄汉，不用金石铭。
李君笃学人，未老称典型。
此世少此辈，与我皆忘形。

该诗并无特别意境，却记录了王念孙治学的环境、志向和研究《说文》的情形，也体现了三人金石般的友谊。乾隆四十二年（1777）春，贾田祖抱病在家，而汪中将远行，李惇、王念孙、汪中特来探望。贾田祖又作诗记之：

苔荒草漫半亩宫，不知户外春已浓。
支离一疾肝肺攻，要脚驽缓成疲隆。
锥子颖脱心丝空，绳床莫疗蒙头慵。
汪子何来省龙钟，李王联袂其音跫。
……
相语作达灯烛红，耳官失职悲不聪。
高谈但闻声沨沨，心许不假言辞通。[①]

衰病失聪的贾田祖听不清朋友们谈话，但他们心灵相通，通宵畅谈。贾氏穷老而志不衰，此次聚会不久，同年五月往泰州应试，病一宿而卒，李惇为之料理后事。贾氏的经学集中于《左传》，著有《春秋左氏通释》

① 以上引文均见贾田祖：《贾稻孙集》卷四，《四库未收书辑刊》第十辑，第28册，第612—613页。

《容瓠轩诗钞》等刊行。而其倡导古学、排斥宋学的倾向，对王念孙从理学转向汉学当有所推动。

李惇（1734—1784），字成裕，号孝臣，江苏高邮人。其祖父乐善好施，“多所周贷，家故富赡，固是遂贫”。[①]李惇幼年聪颖，7岁即知解经，有神童之目，善属对，工巧出人意外。9岁入义学，读经史，过目不忘。13岁而孤，事母以孝闻。既长，博及群书，治诸经通敏，于《诗经》《春秋》造诣尤深，作《解义》数十条，义并精审。平生不信鬼神诸说，于宋以后愚诬之学，拒之尤力。晚好历算，读梅文鼎书，通天文、算术、象数之学。乾隆年间，汉学大兴，惠栋、戴震，各为宗师。扬州汉学则王念孙、贾田祖、李惇“实倡其始”，刘台拱、汪中、任大椿、顾九苞“起而应之，相继而起者，未有已也”。[②]

李惇身材矮小，貌质朴，嗜酒，善谐笑，而内行淳厚，以品行为立身定命之本。“与人交往，恂恂退让。己所不为，不责以人。己所知，不与人争。其所亲善，死生贫富，不以易其心。”[③]大约乾隆二十九年（1764）后，李惇与王念孙成为讲求古学的好友。王氏于道光六年（1826）序李惇的《群经识小》云：

> 余自壮年有志于许、郑之学，考文字，辨声音，非唐以前书不敢读也。逡巡里下，同志者卒鲜。惟进士与余有声气之应，晨夕过从，无间风雨，市酒一杯，园蔬数器，抵掌而谈，莫非古义。有所疑则相问难，有所得则相告语。闻者或讪笑之，而进士与余不因之而少沮也……盖进士好学深思，必求其是，不惑于晚近之说，而亦不株守前人……是宜传之百世，使家有其书，人知其说，则晚近凿空之论、谫陋之学，无自而囿学者之耳目，而旧说之间有未当者，亦得去非从是，而不至为成见所拘矣。[④]

① 《嘉庆高邮州志》卷之十上“列传”，《中国地方志集成·江苏府县志（46）》，第49页。
② 焦循：《李孝臣先生传》，《雕菰集》卷二十一，第8—9页。
③ 汪中：《大清故候选知县李君之铭并序》，《新编汪中集》，第480页。
④ 王念孙：《群经识小序》，《王石臞先生遗文》卷二，第3—4页。

李惇、贾田祖、汪中都推崇顾炎武的经学，而侧重点不尽相同。贾田祖遵循“经学即理学”的路径，汪中青睐于顾氏经世之学，而李惇、王念孙重视其音韵、文字之学。与王氏《广雅疏证》专于音韵、文字学不同，李惇的《群经识小》考诸经古义200余则，注重从音韵、文字考释经文，故对顾炎武《日知录》等书的经义、文字进行了考释和补正。李惇治学的宗旨确实是“去非从是”，而尊汉抑宋的倾向鲜明可见。书中辨正宋儒旧说尤多，如对宋儒《易》学的《河图》《洛书》说进行了辨正，对宋儒解经的“臆说”多所考辨。

因李惇久困诸生籍，乾隆四十二年（1777），江苏学政谢墉拟选为拔贡。临行前夕，恰逢挚友贾田祖殁，遂不入试，为亲营棺敛，送归其家。谢墉闻之感叹：“李生以博学名，而敦行复乃尔，诚今之古人也。”浙江学政彭元瑞闻知此事，招入幕中，使课其子。此事在江南士人中流播很广，以致李斗的《扬州画舫录》称：李“生平重气节，学者称为醇儒。其师贾稻孙卒于泰州。时学使谢少宰行拔贡事，重孝臣之学，将取之。李经纪稻孙之丧，不往试。时人大重之，后成进士”。[①]除了将贾田祖误作李惇之师外，李斗所记皆为纪实。

乾隆四十四年（1779），李惇中举人，翌年成进士，注选知县。受聘主暨阳书院，以经学教诸生，四十九年（1784）病卒。其未刊著述有《左传通释》《尚书古文说》《浑天图说》。据载还撰有《明堂考辨》《考工车制考》《历代官制考》《小墨庄骈体文诗集》等稿。[②]这些交往对王氏治学不无裨益，如王引之的《经义述闻》即引李惇之说。李惇的经学在乾隆年间缺少光辉，但不失为推动高邮王氏乃至扬州学术由宋学转向汉学的积极因素。

《说文》学朋友

王念孙少时沉潜于古学，深知“训诂声音明而小学明，小学明而经

① 李斗：《扬州画舫录》，中华书局1960年版，第69页。

② 《光绪再续高邮州志》卷六“艺文志·书目”，《中国地方志集成·江苏府县志（47）》，第53—55页。

学明”。乾隆三十一年（1766），他入都会试，得读江永《古韵标准》，遂以己意重加编次，分古韵为二十一部。刘盼遂云：“段若膺《六书音均表》创于丁亥，成于庚寅，较先生书晚数年，而先生羞为雷同，后竟不出己作。”[①]这当是实情，且在其治学生涯中绝非仅有。三十四年（1769）春，王念孙再赴会试，在京谒朱筠之门，与谈六书精义。是年冬，与李文藻遇于京师，嘱李为购毛刻北宋本《说文解字》，适书贾老韦有此书，售高价。他正当下第之时，囊中羞涩，遂借钱购买。立志归里后研究字学，作书四种，以配顾炎武音学五书。

四次会试皆下第，王念孙乃于三十七年（1772）冬杪入安徽学政朱筠幕。次年正月，他为朱筠校勘小徐本《说文解字》，此事可从今存王氏《说文解字校勘记》（见《续修四库全书》第212册）得到证实。但朱筠的《说文解字叙》对此只字未提。刘盼遂认为，该序为王念孙所作。[②]查朱氏该序原文云：三十八年（1773）“春，用先举许君《说文解字》旧本，重刻周布，俾诸生人人讽之，庶知为文自识字始。惜未及以徐锴《系传》及他善本详校。第令及门宛平徐瀚检正刻工之讹错，又令取十三经正文，分别本书载与不载者，附著卷末，标曰《文字十三经异同》。略可见古人文字承用之意，知者当自得之。爰叙之曰：汉汝南召陵许君慎……”[③]此处省略号以下数页为考述《说文解字》形成及有关文字的训诂，与王念孙的文章风格完全一致。故笔者认为，刘盼遂的说法显然持之有据。在朱筠看来，幕宾的考校成果毋需注明，而王念孙也无意分享其名。这大概是清代主宾间“文事”的常见情形。尽管如此，在朱筠幕中，王念孙与汪中、刘台拱、朱彬、任大椿、程瑶田等人聚会或书札往还，得切磋之益。三十八年（1773）春夏间，念孙曾归里，夏天复来朱筠学

① 刘盼遂：《高邮王氏父子年谱》，《丛书集成三编》第85册，第776页。

② 刘盼遂：《高邮王氏父子年谱》，《丛书集成三编》第85册，第776页。

③ 朱筠：《说文解字叙》，《笥河文集》卷五，《续修四库全书》影印嘉庆二十年刻本，第1—7页。

署，与汪中等人校《大唐开元礼》和《大戴礼记》的《曾子》10篇。[①]同年冬，朱筠去职回京，念孙随住京南朱氏椒花吟舫，半年内撰成《说文考异》2卷，后佚。

王昶说：朱筠“海涵山负，天下承学之士，趋风附景……好宏奖后进，有一技之长，誉之唯恐不及，掖之唯恐不至”。如大理寺卿陆锡熊、吏部主事程晋芳、礼部郎中任大椿皆其所取士。而黄景仁、洪亮吉辈皆北面称弟子。[②]王念孙与朱筠的交游比黄、洪等人短暂一些。三十八年（1773）以后，王念孙显示了明显的独立性。这或许因其很快成了进士，而更主要的是，王、朱二人性格差异较大。王念孙喜欢平静的治学环境，难以适应朱氏椒花吟舫那种高朋满座、饮酒畅谈的生活。

乾隆四十年（1775），王念孙成进士后，治学渐受士人重视，翁方纲、桂馥在信中赞其精于《说文》，桂馥后来还抄录其所校《说文》190余条，视为研究准则。四十五年（1780），王念孙回京，同该年恩科进士一起，重入庶吉士馆。旋充“四库馆”篆隶校对官，多识学者名流。同年九月，友人程瑶田在京寓发病，想请名医裴鹤峰疹治，不易得。次日，念孙过访瑶田寓，谓之云：“信哉！裴君良医也。今日当过余，盍就见之。”瑶田遂同念孙回寓，请裴鹤峰察脉。裴君说：“无病也，先生之脉异也。”[③]

王念孙熟悉《水经注》《禹贡锥指》《河防一览》诸书，究心于治河之策，于古今利弊，无不通究，撰《导河议》上下篇。“四库馆”奉旨纂修《河源纪略》，他为主纂官之一，撰其“辨伪”一门，博考群书，辨正讹误，凡6卷。乾隆五十二年（1787）夏秋间，作《輶轩使者绝代语释别国方言疏证补》1卷，但中止未完。五十三年（1788），补陕西道监察御史，旋转任山西道监察御史等职。是时，他在京首晤段玉裁，相与考订古音。任职御史满四年后，例当出任知府，因为学术故，请辞更利仕途

① 案，王念孙、汪中校勘《曾子》事详见汪中的《大戴礼记正误》，此文篇尾题云：“乾隆昭阳大荒落辜月大兴朱筠、高邮王念孙、江都汪中校于安徽学政署中。”《新编汪中集》，第80页。

② 王昶：《翰林院编修朱君墓表》，《春融堂集》卷六十，第2页。

③ 刘盼遂：《高邮王氏父子年谱》，《丛书集成三编》第85册，第779页。

的外任，仍供京职。乾嘉之际，与同值谏垣的陈昌齐、长于《说文》的陈鳣旨趣相投，公事之暇，常一起切磋古音古义，对二陈学术见解亦加采纳。

陈昌齐（1743—1820），广东海康人，少有神童之目，乾隆三十六年（1771）进士，散馆授编修。历充三通馆纂修、四库馆纂修，典试湖北，充会试同考官。五十五年（1790）升授河南道监察御使，嘉庆元年（1796）补兵科给事中，六年内补授刑科给事中。[①]他与王念孙的仕途几乎相同，学术上也多相似，均精考据，博极群书。"戴震至京师，见辄心折。所校《水经注》，昌齐指其讹舛处，以限于官书，未能更正，时以为恨。邵晋涵著《尔雅正义》。成，质之昌齐，为驳正三十余条。"[②]陈氏著述有《吕氏春秋正误》《淮南子考证》《测天约术》《赐书堂集》等书，未刻者有《大戴礼记正误》《老子正误》《天学胜说》等。晚年应两广总督阮元聘，任《广东通志》总纂，兼掌粤秀书院。

王念孙早年曾研究《尔雅》《说文》《方言》诸书，作《说文考异》2卷，获知段玉裁的《说文解字读》已近完成，乃放弃《说文》研究。戴震撰《方言疏证》，念孙遂循声求义，作《方言疏证补》，仅疏补20余条而止。同时，邵晋涵的《尔雅正义》亦已告成。而曹魏时张揖所著《广雅》一书解释词义，博极群书，异义繁复，又讹脱甚多，尚无研究。鉴于诸书之作，遂力避蹈袭，别启新途，于五十三年（1788）八月始撰《广雅疏证》，日以三字为率，寒暑不断。[③]

---

① 秦国经主编：《清代官员履历档案全编》第2册，第438页。

② 缪荃孙：《循良传稿·陈昌齐传》，《北京大学图书馆馆藏稿本丛书》第二十二册，第483页。

③ 关于王念孙始著《广雅疏证》的时间，刘盼遂《高邮王氏父子年谱》云：乾隆五十二年（1787）"八月始作《广雅疏证》，期以十年为之"（《丛书集成三编》第85册，第780页）。案：刘盼遂此处关于《广雅疏证》始作时间似有误。王引之等《石臞府君行状》云："年四十五，补陕西道监察御史。"（《高邮王氏六叶传状碑志集》卷四，第4页）罗振玉辑《高邮王氏遗书》亦云："及官御史时，治事之余，必注释《广雅》，日以三字为率，寒暑无间，十年而书成。"（《高邮王氏六叶传状碑志集》卷四，第13页）王念孙官御使始于乾隆五十三年（1788），所谓"十年为之"只是大略言之。其《与刘端临书》（第一书）也说明始著《广雅疏证》当在五十三年。

王、陈切磋学术的情形，后来在王念孙的序文有所反映：陈“先生为余词馆先辈，后又同值谏垣，公事之暇，屡以古义相告。语其学旁推交通之中，加以正讹纠谬，每发一论，皆得古人之意义，而动合自然。故余所著《广雅疏证》《淮南内篇杂志》，辄引先生之说以为楷式”。[①]据说，王引之年轻时“博学负气，不肯下人。念孙患之，令谒昌齐，论《大戴礼》，往返十余，遂屈”。[②]于此不难发现，王氏父子对陈昌齐小学造诣非常推重，学术上也得切磋之益。

陈鳣（1753—1817），字仲鱼，年轻于王念孙，酷嗜书籍，经史百家，无不综览，尝辑马融、郑玄诸家《论语》逸注，为《论语古训》10卷。曾就学于诂经精舍，被阮元称为“浙西诸生中经学最深者”。陈鳣亦精许、郑之学，为钱大昕、卢见曾等人推重。王念孙、陈鳣的交往始于乾隆五十四年（1789）。陈鳣于嘉庆四年（1799）十月云：“忆初入京师，与给谏王怀祖先生交最深。时先生方著《广雅疏证》，而鳣亦撰《说文正义》，每相见时，必剖析字形，稽求声义，娓娓忘倦。或数日不见，必手札往来，且千百言。后鳣将南归……越十年，再至京师，适先生击权贵，名振公卿。时权贵已伏诛，而先生杜门谢客，独鳣往谒，则亟出见，曰：‘余待子已久矣。《广雅疏证》二十卷，发愤垂成，惟后二卷命子引之足成之。今付刻甫完，特以初印本持赠，子其为我校阅焉。’”[③]王、陈交谊非同寻常，而学术上相互帮助也是不言而喻的。

在京师，陈鳣因王念孙而结识段玉裁，段氏于嘉庆十二年（1807）云：“壬子、癸丑间，余始侨居苏之阊门外，钱辛楣詹事主讲紫阳书院，得时时过从讨论。而仲鱼十余年间为人作计，常往来扬、镇、常、苏数郡间，每岁亦必相见数回，见则各言所学，互相赏奇析疑，朋友之至乐也。”[④]段、陈在苏南的交谊大概类似王、陈在京的交往。

清代小学每以王、段并称。金坛段玉裁于乾隆二十五年（1760）举于

---

① 王念孙：《陈观楼先生文集序》，《王石臞先生遗文》卷二，第2页。

② 曾钊：《陈观楼先生传》，《面城楼集钞》卷四，光绪十二年学海堂丛刊本，第14页。

③ 陈鳣：《广雅疏证跋》，《简庄文钞》卷三，第6页。

④ 段玉裁：《简庄缀文叙》，《经韵楼集补编》卷上，第13页。

江南，寻充景山教习，授四川巫山县知县。王、段都曾师从戴震，有同门之谊，又同治文字训诂之学。段氏晚年居苏州，闭户著书。乾隆五十四年（1789）仲秋，二人在京师首次晤谈，相见恨晚。王著《广雅疏证》时，也常与段氏交流。段玉裁致刘台拱书札云：“王怀祖先生来信，欲作《广雅疏证》，索弟所考订，俟徐复之。《读诗记》内，有一条载董氏说‘能不我慉’，与《说文》合，祈抄示之。”[①]可见，王氏著书过程中，朋友的帮助是不可或缺的。段玉裁读到《广雅疏证》手稿后，爱不释手，于五十六年（1791）八月作《广雅疏证序》，对该书推崇备至：

> 小学有形、有音、有义，三者互相求，举一可得其二。有古形，有今形，有古音，有今音，有古义，有今义，六者互相求，举一可得其五……圣人之制字，有义而后有音，有音而后有形。学者之考字，因形以得其音，因音以得其义……治经莫重乎得义，得义莫切于得音。三代小学之书多不传，今之存者形书《说文》为之首……《尔雅》《方言》《释名》《广雅》者，转注假借之条目也。义主于形，是为转注。义主于音，是为假借……怀祖氏能以三者互求，以六者互求，尤能以古音得经义，盖天下一人而已矣！[②]

另一方面，王念孙亦致书刘台拱：“若膺先生在都时，快谈一切，窃恨相见之晚。其所著《尚书考异》，发前人所未发，有功经学甚巨，与《说文解字读》《六书音均表》，皆不朽之业也。”[③]王、段为学术知音，而又互相勉励。但正如论者所云，二人虽均博学多识，而段氏学术不如王氏醇正。对此，段玉裁的往来书札多有流露。嘉庆九年（1804），王念孙正在京外办理河工政务，撰著不断。段氏致信云：“弟七十余耳，乃昏眊如八九十者，不能读书。唯恨此前三年为人作嫁衣，而不自作，致此

① 段玉裁：《与刘端临第二书》，《经韵楼集补编》卷下，第2页。
② 段玉裁：《王怀祖广雅注序》，《经韵楼集》卷八，第3页。
③ 王念孙：《与刘端临书》（第二书），《王石臞先生遗文》卷四，第9页。

时拙著不能成矣，所谓一个错也。”[①]几年后，段著《说文解字注》将成书，又请王作序：“弟落魄无似，时观理学之书。《说文注》近日可成，乞为作一序。近来后进无知，咸以谓弟之学，窃取诸执事者，非大序不足以著鄙人所得也，引领望之。”[②]段、王同为戴震弟子，同治小学，但段氏地位不高。他在世之时，即有人（如翁方纲）对其治学、为人提出批评，甚至有人疑其窃取他人成果。王念孙序其书曰：

吾友段氏若膺，于古音之条理，察之精，剖之密，尝为《六书音均表》，立十七部以综核之。因是为《说文解字读》一书，形声读若，一以十七部之远近分合求之，而声音之道大明。于许氏之说正义借义，知其典要，观其会通，而引经与今本异者，不以本字废借字，不以借字易本字，揆诸经义，例以本书，有相合无相害也，而训诂之道大明……余交若膺久，知若膺深，而又皆从事于小学，故敢举其荦荦大者，以告缀学之士云。[③]

王、段有学术同好，相互切磋、推重，当然谈不上“窃取”之事。《说文解字注》在刊刻过程中，因经费不足，王念孙还“惠以四十金”，以致段氏感激不已。[④]据陈奂云，段氏卒后，王念孙感慨“天下遂无读书之人”，[⑤]并为撰墓志铭。不过，或许因二人晚年的社会地位悬殊，现存不多的书信中很少谈及学术之外的事。

段、王两家为世交，段玉裁对王引之的小学赞誉不已，曾于乾隆六十年（1795）致书刘台拱：“训诂之学，都门无有好于王伯申者。陈仲鱼之新刊《论语古训》已成，弟之《说文》亦写刻本二卷。”[⑥]他担心自己衰病而不能完成《说文解字注》，曾致信谈到：“《说文注》恐难成，意欲

① 段玉裁：《与王怀祖第一书》，《经韵楼集补编》卷下，第17页。
② 段玉裁：《与王怀祖书三》，《经韵楼集补编》卷下，第18页。
③ 王念孙：《段若膺说文解字读序》，《王石臞先生遗文》卷二，第7页。
④ 段玉裁：《与王怀祖书五》，《经韵楼集补编》卷下，第19页。
⑤ 见于省吾：《经韵楼集补编序》，《经韵楼集补编》卷首，第1页。
⑥ 段玉裁：《与刘端临第十三书》，《经韵楼集补编》卷下，第8页。

请王伯申终其事，未识能允许否。”[①]他学术上信任、推重王引之，也曾致函商量，但“伯申杳无回书”。[②]王引之仕途忙碌，自撰之书也多得其父帮助，当然无暇续成段著。事实上，段玉裁抱病撰成了此书。

王氏父子与汪中、朱彬

贾田祖、李惇卒后，王念孙的扬州老友主要是刘台拱、汪中和朱彬。关于王、刘交游，下文将详述，此处仅述王氏与汪、朱之间的学术交往。王念孙、汪中于乾隆三十七年（1772）冬定交于朱筠幕中。他后来致汪喜孙书云：“尊甫与念孙定交于笥河先生幕府，在壬辰之冬。贾稻孙先生与尊甫交在癸巳之秋，亦在笥河先生幕府。”[③]可见，王、汪定交后，汪中才认识了王念孙的早年学友贾田祖、李惇。

王念孙生于显宦之家，幼受理学熏陶，长于小学；汪中幼时贫寒，才高气傲，个性鲜明，但这些差异没有妨碍其成为好友。汪中的小学造诣深厚，曾校定《尔雅》，并列郭《注》异文，以志古本异同，所校出邵晋涵《尔雅正义》之外者43条。邵书刊行后，汪中不再专研《尔雅》。[④]他与王念孙交好后，“以小学相切劘。尝因形以求其音，因音以求其义，研究《尔雅》《说文》，作《尔雅补注》《说文求端》”。[⑤]王、汪切磋小学的具体情形已不可知，但至乾隆五十五年（1790），王念孙致书刘台拱，推重汪中“才、学、识三者，皆能过人，在我辈中且当首诎一指也”。[⑥]

汪中的学术观点对王氏治学不无影响。汪中尊荀，也曾考校《荀子》。在王著《读书杂志》中，《荀子杂志》汲取了不少汪氏见解。比如，汪中认为，《儒效篇》中的“材”当作“朴”，“其流长矣，其温厚矣”的“温”当读为“蕴”。《非相篇》“欲观圣王之迹，则于其灿然者矣，后王是也”，汪云“《史记》引‘法后王’，盖如赋诗之断章耳。此

---

① 段玉裁：《与刘端临第二十七书》，《经韵楼集补编》卷下，第15页。
② 段玉裁：《与刘端临第二十九书》，《经韵楼集补编》卷下，第16页。
③ 王念孙：《与汪喜孙书三》，《王石臞文集补编》，第23—24页。
④ 汪喜孙：《尔雅正误跋》，《汪喜孙著作集》中，第655页。
⑤ 汪喜孙：《小学跋》，《汪喜孙著作集》中，第656页。
⑥ 王念孙：《与刘端临书》（第二书），《王石臞先生遗文》卷四，第9页。

句承其误，名为解《荀子》，而实汩之"。《儒效篇》"至氾而汎，至怀而坏"。杨《注》曰："氾，水名，音祀。"汪云："氾当作氾，音汎……氾、汎；怀，坏，以音成义，《注》非。"《富国篇》"故百技所成，所以养一人也"。杨《注》曰："一人，君上也。"汪云："此言一人之身，而百工之所为备耳，《注》非。"[①]此类考释见解，每每可见，均已融入《荀子杂志》中。

王引之的著作也是如此。《经义述闻》考《大戴礼》"道远日益云"，引用汪中考证："'乱言弗殖'五句，一气相承，无容插入'道远日益云'五字。此五字当在上文'两问则不行其难者'下，'云'当作'矣'，此承上之词也。言君子疑则不言，未问则不言，两问则不行其难者。如此，则道远日益矣。《荀子·大略篇》：'君子疑则不言，未问则不言，道远日益矣。'语皆本于曾子，以是明之。"此说得王氏父子赞同，并云"陈氏观楼说略同"。[②]戴震曾认为：《尚书·尧典》"光被四表"之"光"当是"横"字转写为"桄"之误，"'光'当作'横'，本与下句为对举"。"横被，广被也。"针对这一权威观点，汪中认为：郑玄的《古文尚书》注有"尧德光耀，及四海之外"等语，"其非横字明矣"。《汉书·宣帝纪》甘露二年有"陛下圣德，充塞天地，光被四表"。故他认为："古音横、黄同声，黄从芡，古'光'字，则又不必易'光'为'横'也。"[③]在此基础上，王引之进一步研究，发现"光、桄、横古同声而通用，非转写讹脱而为光也，三字皆充广之义"，无烦是此而非彼也。[④]王引之补正戴震的说法，当受到汪中的启发。

汪中推重王氏之学，希望儿子辈传承学术情谊。乾隆五十九年（1794）六月，他致书王念孙云："端临生子已二岁。视其眉宇，真是英物，伯申不可及矣！中之子亦颇可教。若三家子弟再同讲习，斯盛事

① 王念孙：《读书杂志》，参见《汪氏学行记》卷四，《汪喜孙著作集》下，第971—977页。

② 王引之：《道远日益云》，《经义述闻》卷十一，第33页。

③ 汪中：《致刘端临书之四》，《新编汪中集》，第435页。

④ 王引之：《光被四表》，《经义述闻》卷三，第2—4页。

也。”[①]后来三家之子以王引之（伯申）成就最大，汪喜孙次之。汪中收阅王引之所撰《尚书古义》后，为书楹帖：“清节王阳仍令子，《说文》许慎有功臣”，于其“《尚书》训诂，极奖励”。据汪喜孙云：“盖先君论次当代通儒姓氏仅八人，而王氏有二焉。”[②]引之也曾与喜孙交流治学，曾致书云：“奉来教知先生（汪中——引注）所著《述学》《春秋述义》而外，尚有《知新记》《广陵通典》二书。迄将拙稿寄还，谨当增改一二语再为奉教。”[③]不过，第二代的学术切磋已不如前辈了。

乾隆五十九年（1794）十一月，汪中病卒于杭州。次年，王念孙致书台拱：“正月底，即闻容甫凶耗，悲不能已。二十年性情学术之交，遂成永诀，痛哉！……惟文章一事，需急为收拾。念孙京邸仅存文十篇（《讲学释义》《左氏春秋释疑》《居丧释服解义》《石鼓文证》《请祀故乐仪书院山长沈公议》《广陵对》《泰伯庙铭》《黄鹤楼铭》《高邮贾君传》《李君铭》）……远客燕邸，不获为之整顿，得先生身任其事，俾不朽之文悬诸日月，生死所共慰也。编录已毕，祈将附帙见寄，以便参酌付梓。幸甚幸甚！”[④]得刘台拱、王念孙等人相助，汪中的著述得以刊刻行世。

嘉道年间，高邮王氏和宝应朱氏门第相当，王念孙、朱彬晚年多居京城，成为暮年好友。宝应朱氏是清初的理学世家，与高邮王氏有着大致相同的学术渊源。当时，朱氏没有王安国那样的显赫官位，而理学成就更为显著。清初朱泽沄的理学著作是宝应士大夫耳熟能详的学术遗产，在全国也有一定影响。

朱彬（1753—1834），字武曹，号郁甫。幼颖异，11岁丧母，少承学于父兄，只有一二位亲近好友。王念孙、朱彬早年交往不多，其媒介是朱彬的表兄刘台拱。后来，王、朱曾数次见面。朱彬中举后，转治汉学，与王氏的学术交流增多了。嘉庆三年（1798），朱彬再赴礼部试，仍下第。他“尝居京师，足不履贵人门，惟与王观察石臞、邵学士二云、范光禄叔

---

① 汪中：《与王念孙书》，《昭代经师手简》初篇。
② 王喜孙：《容甫先生年谱》，《汪喜孙著作集》下，第1144页。
③ 王引之：《与汪喜孙书》，《王伯申文集补编》上卷，第17页。
④ 王念孙：《与刘端临书》（第四书），《王石臞先生遗文》卷四，第10—11页。

度三先生以文章道义相爱重”。[①]他与王氏父子多年切劘，深通训诂、文字、声韵诸学，长于疏释经传。嘉庆八年（1803），王念孙被授主事衔，奉命巡察水利事宜。其间，悉心考察京畿，列举畿辅水利章程，提出欲治直隶水，当先治南北两运河之减河。朱彬则致信鼓励王氏撰治水之书："前闻奉命巡视直隶河道，栗乾易水以南，必有治河方略，当勒为一书，以垂永久。"[②]嘉庆十年（1805），王念孙外任山东运河道，朱彬又致书云："彬来京忽忽半载，杜门却扫，求一谈论之处不可得。回忆戊午、己未间，彬寓杨梅斜街，与先生乔梓朝夕过从，质难请益，惘然如梦。"[③]书信又告知刘台拱逝世之事，朋友之情溢于字里行间。

朱彬治家有方，其长子朱士彦，字休承，号咏斋。嘉庆七年（1802）一甲第三名进士，授翰林院编修，历任工部、兵部尚书，道光十八年（1838）卒于吏部尚书位，谥文定。嘉道年间，朱士彦屡任校士之责，政绩主要见于治理河防。据载，他"遇国计民生所关，悉心筹画，陈谟入告。道光四年冬，高家堰掣通过水，疏进河防五策。上遣使勘之，次第如其言。初，公居翰林，充国史馆纂修，手成《河渠》一书，故公于河、淮最熟，帝亦任之专"。[④]朱彬晚年颐养于诸子任所，以学问自娱。但对士彦衡文、赈济，朱彬也时加关切，常告诫其衡文不要使士子稍有屈抑。遇地方灾歉捐赈，他往往踊跃为首倡。

道光年间，王引之、朱士彦同朝为官。朱彬晚年境况与王念孙几乎一样，而朱彬堂弟朱联奎又是王念孙的女婿。于是，王、朱二老的学术交往密切起来。朱彬的考经之作随时请王氏过目，年届耄耋的王念孙则常由王引之代笔回复。道光二年（1822），年近70的朱彬撰成《经传考证》8卷，分别考释《周易》《尚书》《毛诗》《礼记》、春秋三传、《论语》《孝经》及《孟子》诸书文字。他将书稿寄呈，请王念孙校正、作序。

① 朱为弼：《赠吏部尚书郁甫朱公墓志铭》，《蕉声馆文集》卷八，咸丰二年刊本，第23页。

② 朱彬：《与王念孙书》，《昭代经师手简》初篇。

③ 朱彬：《与王念孙书》，《昭代经师手简》初篇。

④ 季芝昌：《宝应文定朱公神道碑》，《续碑传集》卷十，《近代中国史料丛刊》初编，第九十九辑，第982册，第14—15页。

王氏回信云："承惠手书并赐读《经义考证》（即《经传考证》——引注），斟酌古训，左宜右有，平心审择，惟期有当于经，迥非求古而不求是者所可同日语也，佩服之至。承命撰序一首，言之不文，殊不足以述通人之意旨，但以志向往之诚耳。附上献疑诸条，一隅之见，未知是否，并希教正。"[①]

其后，朱彬又致书王念孙："彬在皖城二年，日日尘世中，与深山穷谷无异。《经传考证》续得若干条，谨缮写成帙，乞先生诲正。彬于三月买舟旋里，故乡风景大不如前。键户翻书之外，一无所事。唯梦想杖履追陪，邈不可得，未尝不念之而神往也。"[②]朱彬对王氏学术的依重于此可见。王念孙回信云："夏间得奉手书……并快读大著诸条，辨章旧闻，实事求是。凡有所见，皆由三复经文而得，诚非墨守者所可同日语也。敬佩之至，间有鄙见不同之处，窃附签若干条以质所疑，未知是否，仍希教正。"他信中又告知自己衰病不堪，"《经义述闻》增补未竟，《汉书杂志》容再寄呈，秋冬间可付梓矣"。[③]他为《经传考证》作序，称是书文字考证"皆揆之文义而安，求之古训而合，采汉、唐、宋诸儒之所长，而化其凿空之病与拘牵之习。盖非置前人之说而不之用，乃师前人之说，而善用之者也。至其援据之确，搜讨之精，非用力之深且久者不能有是。是可谓传注之功臣矣！"[④]王氏序言虽不无溢美之嫌，却也反映了该书的学术价值。

《经传考证》不乏创见，有些考释发前人所未发，如王念孙称赞的《释大》一篇。他自己曾作《释大》篇，归纳不同字含"大"之义，揭示声义相通之理，后人视此篇为得失并存。而朱彬诠释了"大"字的虚词用法，谓："《尚书》中凡言大者，皆辞也。辞者，可有可无之谓。"他认为《尚书》中"无大字，皆可通。不但此也，丕亦训大"。"至毋、无、罔、弗、勿等字，可以为无，可以为有，解经者不知为词助，泥于一字之

① 王念孙：《复朱郁甫书》，《王石臞文集补编》，第22页

② 朱彬：《与王念孙书》，《昭代经师手简》初篇。

③ 王念孙：《与朱郁甫书》，《王石臞文集补编》，第21页

④ 王念孙：《经传考证序》，《经传考证》卷首，《四库未收书辑刊》第四辑，第9册，第452页。

义，辄如治丝而棼。知其为辞，则经之可通者十六七矣。”[①]这种训释，对于解读儒经不无价值。朱彬凸显了虚词对于解经的重要性，并旁引博证进行了归纳，与王氏的研究路径相同。当然，他所释虚词比王引之少，尚不系统。《经传考证》援引详确，辨订精当，被阮元收入《皇清经解》。

朱彬晚年学问趋于专精，而更加谦虚。鉴于早年的学友刘台拱、汪中均重礼学，他继《经传考证》之后，以唐孔颖达《礼记正义》为基础，自50岁起，取《尔雅》《说文》《玉篇》《广雅》等小学书之故训，又取《北堂书钞》《通典》《太平御览》诸类书之涉及是书者，及魏晋以降诸儒之注疏、训诂，旁证以清初至乾嘉诸家之书数十种，尤重视汲取王氏父子的考证成果，于道光十二年（1832）、年近80岁撰成《礼记训纂》49卷。他曾将该书10册手稿呈送王氏父子，并致书云：“先生为海内儒宗，谨以写成一部呈教。望先生读书之暇，赐以览观，为之存其是而去其非。”[②]此时王念孙已是风烛残年，仍然抱病阅读此书，并回信称：是书“实事以求是，洵为酌古准今之作，有功经学甚巨，钦佩奚如。不揣固昧，间有献疑者数处，遵命录呈，未知是否，仍希先生裁酌。《述闻》中管蠡之见，殊不足存，而乃见采于通儒，愧何如之”。据辑录该信的刘“盼遂按：零有一笺，疑系为朱武曹《礼记训纂》题辞原稿”。原笺云：“道光十一年正月某日，高邮王念孙读于京师西江米巷之寿藤书屋，谨附签二十八，寄求武曹先生教正。时年八十有八。”[③]可见，王念孙的“献疑”处并非“数处”，而是28条。此外，王引之也曾校订《礼记训纂》，后来朱彬次子朱士达又对全书予以校订，刘文淇和王念孙次子王敬之续完了全部校订工作。该书也成为王、朱二家切磋学术的一个象征。林则徐在道光二十二年（1842）序云：

> （朱）先生承其乡先进王氏懋竑经法，又与刘端临台拱、王石臞

---

① 朱彬：《释大》，《经传考证》，《四库未收书辑刊》第四辑，第9册，第474—476页。

② 朱彬：《与王念孙书》，《昭代经师手简》初篇。

③ 王念孙：《与朱武曹书》，《王石臞文集补编》，第22页。

念孙、伯申引之父子切劘有年，析疑辨难，奥窔日辟，故编中采此四家之说最多……其附以己意者，皆援据精确，发前人所未发，不薄今而爱古，不别户而分门，引掖来学之功，岂浅鲜哉！[①]

针对唐、宋旧疏“昧于声音训诂”，该书侧重训诂音韵，文字精简，便于后学阅读。朱彬推崇郑注，重视汲取乡贤著述，并阐述己意，如释《曲礼上》“夫为人子者，三赐不及车马”一句云：“王氏引之曰：‘郑言三命不受车马之赐，非也。赐，犹予也。谓为人子者，不敢以车马予人也。言三赐者，约言之为三耳。犹《论语》言三仕、三巳、三以天下让也……’彬案：《坊记》曰：‘父母在，馈献不及车马。’是其明证。”[②]这里补证了王引之的见解，全书主要纂集前人训释，堪称实事求是、酌古准今，而学术风格与刘台拱、王氏父子完全相同。

《礼记训纂》具有鲜明的汉学特征，但也不排斥宋学，尤重朱子注解。比如，该书首句“曲礼曰：毋不敬，俨若思，安定辞，安民哉”，朱彬全引朱子之语：“朱子曰：‘毋不敬，是统言主宰处。俨若思，敬者之貌。安定辞，敬者之言。安民，敬者之效’。”朱彬仅补充音训：“毋，音无。俨，鱼检反。”[③]说此句训释带有宋学主敬派倾向，恐怕也并非夸张。该书49篇，“唯《大学》《中庸》不加训释，仍依郑注，列经文于次，以还四十九篇之旧焉”。[④]读此书《大学》《中庸》二篇原稿，所谓“仍依郑注”不过是关于篇名及个别文字的简注。个中原因，或许是朱熹的《大学章句集注》《中庸章句集注》对此已有详解。宋元以来，朱熹的《集注》位列官颁四书五经之首，久为士人诵读。朱彬对二篇不加训释，名为推崇郑注，实亦尊崇朱注。

《礼记训纂》的刊行，与朱彬的次子士达分不开。朱士达，嘉庆二十二年（1817）进士，分发广东即用知县，升四川、陕西按察使、湖北

① 林则徐：《序》，《礼记训纂》卷首，宜禄堂咸丰刊本，第1—2页。

② 朱彬：《礼记训纂》卷一，第8页。

③ 朱彬：《礼记训纂》卷一，第1页。

④ 朱彬：《礼记训纂序》，《礼记训纂》卷首，第3页。

布政使等职。道光二十七年（1847），以原品致仕。[①]朱士达归田后，曾对《礼记训纂》详细校定，并请刘文淇及王念孙次子王敬之过目。咸丰初年，朱士达及其子孙又对原书加以校理。士达之独子朱念祖“读《礼》之余，爰检原版，悉心补葺”。[②]念祖聪颖好学，但英年早逝，学问未有大成。《礼记训纂》于咸丰初年付梓，书末署有“士彦、士达、士廉同校字”的题签，[③]可谓凝聚了朱氏父子多人心血。

朱彬的侄子朱士端能传家学。朱士端，字铨甫，道光元年（1821）举人，官安徽广德州训导。其父朱毓楷著《读书解义》，究心于《曾子》及许、郑、朱子之学。士端少受业于从父朱彬，在京师时，曾从王念孙治小学。曾以二徐本《说文》互勘，斠正后儒删改之失，又以钟鼎彝器文字，证明许慎所列古籀，不乏创见。曾录王氏《说文》学见解，并云：“王宽夫先生言：‘家大人石臞先生曾注《说文》，因段氏书成，未卒业，并以稿付之。后先生见段注妄改许书，不觉甚悔。’余从父郁甫先生手录《说文古韵》，凡标注王云者，即先生也。”[④]这体现了王、朱二家学术交往的延续。此外，朱士端与刘宝楠、刘恭冕父子交往多年，曾与恭冕讨论乡贤祀典之事。他考证经子史书的心得收为《强识编》4卷，小学著作有《说文校定本》《说文谐声举要》，这些著述也体现了王氏学术的流播情形。

学术影响之一斑

嘉道年间，王引之是扬州学人圈的中心人物，其学术影响可谓首屈一指。王氏著作成为汉学家研究、讨论的平台，具有鲜明的典范意义。《经传释词》出版后，惠安孙经世著《经传释词补》1卷，保山吴树声有《经传释词续》5卷，都是修正、延续王氏的研究。罗振玉说：“当嘉道之际，江、戴、汪、钱诸先生既先谢，茂堂、石臞、易畴三先生虽健在，然

① 缪荃孙：《循良传稿·朱士达传》，《北京大学图书馆馆藏稿本丛书》第二十二册，第505—507页。

② 朱念祖：《识》，《礼记训纂》卷末。

③ 朱彬：《礼记训纂》卷四十九，第4页。

④ 朱士端：《石臞先生注说文轶语》，《王石臞文集补编》，第28页。

已笃老。文简巍然为海内大师，寰内学者之所拱向。虽阮文达公以座主之尊，而语及学术，亦但有逊服而已。”[①]从王氏往来书信可见，嘉道之际王引之的学术影响确实较阮元为大。比如道光初年，浙江巡抚阮元在诂经精舍崇祀郑玄时，浙江学者王绍兰于道光四年（1824）致书王引之：

> 三礼郑注之误，于《礼记》得八百八十一条，于《仪礼》得八百三十九条，《周官》尚未卒业，计亦不相上下。郑公大儒，何以疏略至此？大氐好用纬书，是其一蔽；好据汉法解周制，是其二蔽；好改经文以就己说，是其三蔽。今采集时贤驳郑之说，其中亦有吹毛索瘢者，然所言有理，似亦不妨并存，以成郑志……其说是，亦郑公所乐从。其说非，于郑公亦何所损？此之谓蚍蜉撼大树耳。[②]

王绍兰虽然也尊郑学，却与阮元等人重塑郑玄偶像的做法有所区别。他向王引之陈述己见，既是因其同好小学，又体现了对王氏学术地位的依重。

王引之调和汉、宋的学术倾向影响了时人。乾嘉之际，士大夫开始反思汉学积弊，《四库全书总目提要》评论惠栋“其长在古，其短亦在于泥古”。[③]王引之传播、扩大了这种声音。乾隆六十年（1795），王引之致书焦循云：“惠定宇先生考古虽勤，而识不高、心不细，见异于今者则从之，大都不论是非。如说《周礼》邱封之度，颠倒甚矣！它人无此谬也。来书言之，足使株守汉学而不求是者爽然自失。”[④]他明确表示对汉学宗师人物的不满。这固然与其经学渊源、学术路数相关，却也基于王氏显要的学术地位。嘉庆二年（1797），王引之提出应“孰于汉学之门户，而不囿于汉学之藩篱”，[⑤]表明高邮王氏已有调和汉、宋的倾向。焦循是起而响应的代表人物，他于嘉庆十年（1805）致书王引之：“东吴惠氏为

① 罗振玉：《序目》，《昭代经师手简》二篇。
② 王绍兰：《与王引之书》，《昭代经师手简》二篇。
③ 纪昀等纂：《钦定四库全书总目》卷二十九，上册，第380页。
④ 王引之：《与焦里堂先生书》，《王文简公文集》卷四，第1页。
⑤ 王引之：《序》，《经义述闻》卷首，第1页。

近代名儒，其《周易述》一书，循最不满之。大约其学拘于汉之经师，而不复穷究圣人之经。譬之管夷吾，名曰尊周，实奉霸耳。大作（《经义述闻》——引注）出，可以洗俗师之习矣！”[①]焦循治学本来兼义理，反对“唯汉是好”，也在批评惠氏拘守汉学方面，与王引之声应气求。久居扬州的凌廷堪也像王、焦等人一样，在乾隆末年指斥“浮慕”汉学的弊端，批评一些人“不明千古学术之源流，而但以讥弹宋儒为能事”。[②]

乾隆五十一年（1786），阮元曾以后学身份在京拜访王念孙，自述“先生之学精微广博。语元，元略能知其意，先生遂乐以为教。元之稍知声音、文字训诂者，得于先生也”。[③]他评论乾嘉学术云：“我朝小学训诂，远迈前代。至乾嘉间，惠氏定宇、戴氏东原大明之。高邮王文肃公以清正立朝，以经义教子，故哲嗣怀祖先生家学特为精博，又过于惠、戴二家。”[④]因此，阮元“以《广雅疏证》《经义述闻》《经传释词》及《史记、汉书杂志》内旁通经训者采入《皇清经解》，以广其传”。[⑤]像王氏调和汉宋一样，阮元撰于嘉庆十七年（1812）的《国史儒林传序》云：“是故两汉名教，得儒经之功；宋明讲学，得师道之益，皆于周孔之道，得其分合，未可偏讥而互诮也……且我朝诸儒，好古敏求，各造其域，不立门户，不相党伐，束身践行，暗然自修。呜呼！周鲁师儒之道，我皇上继列圣而昌明之，可谓兼古昔所不能兼者矣！”[⑥]阮元在诠释“诸儒”和“皇上”的儒学观念时，扩大了调和汉、宋的声音。他在浙江、广东等地倡兴文教的举措均体现了兼容汉、宋的特色。

王氏之学受乾嘉学者推重，影响后世。后来严斥汉学的方东树也认为：汉学家重音韵训诂之学，考儒经的古义。“按以此义求之，近人说经，无过高邮王氏。《经义述闻》实足令郑、朱俯首，自汉唐以来，未有

① 焦循：《与王引之书》，《昭代经师手简》二篇。
② 凌廷堪：《与胡敬仲书》，《校礼堂文集》，中华书局1998年版，第206页。
③ 阮元：《王石臞先生墓志铭》，《揅经室续集》卷二下，第4—5页。
④ 阮元：《王伯申经义述闻序》，《揅经室一集》卷五，第14页。
⑤ 王引之等：《石臞府君行状》，《高邮王氏六叶传状碑志集》卷四，第14页。
⑥ 阮元：《国史儒林传序》，《揅经室一集》卷二，第2—3页。

其比也。”[①]这些评论可见，王氏之学实为清代汉学精深化的标志。至晚清，王念孙偏重文字训诂的治学方法和经子兼治的学术领域对浙江学者俞樾、孙诒让、章太炎产生了直接影响。尤其是俞樾于咸丰八年（1858）罢官后，潜居苏州，不仅对王氏考据学方法推崇备至，而且治学领域接续、完善了王氏之学。他仿《经义述闻》而撰《群经平议》，仿《读书杂志》而撰《诸子平议》。章太炎认为：“治《群经》，不如《述闻》，谛《诸子》乃与《杂志》抗衡。”[②]与俞樾齐名的孙诒让也推崇王氏之学，其《古籀拾遗》便是仿王念孙的《汉隶拾遗》而作，重在“发疑正读”。而孙著“《札迻》者，方物王念孙《读书杂志》……书少于《诸子平议》。校雠之勤，倍《诸子平议》”。[③]至于师从俞樾、孙诒让的章太炎，治经方法亦从小学入手，学术路径与王、俞、孙如出一辙。即使至民国以降，王氏学术仍然余音不绝，倍受推重。

二　钱大昕的学术圈

乾嘉年间，钱大昕、王鸣盛、王昶等人的交游圈是继吴县惠氏之后，江南最重要的学者群体，其学术领域也由偏重经学而扩展到经史兼治，或转重史学，其中关键人物无疑首推钱大昕。

少时师友

嘉定钱大昕幼受家学熏陶，嗜读经史，注重立品修身，科举成就逾越前辈。乾隆七年（1742），他15岁取秀才，有神童之目。时江苏学政刘藻说：“吾视学一载，所得士惟王生鸣盛及钱生某两人耳。”王鸣盛“于侪辈少许可”，见大昕之文，“极口称赞”。鸣盛之父王尔达“亦目为国士，遂有婚姻之约”。大昕18岁馆于县东南纪王庙顾氏，顾家多藏书，案头有《资治通鉴》及不全二十一史，得晨夕披览，“遂斐然有述作之

① 方东树：《汉学商兑》，《汉学师承记（外二种）》，第343页。

② 章太炎：《俞先生传》，《章太炎全集·太炎文录初编》第一辑第217页。

③ 章太炎：《孙诒让传》，《章太炎全集·太炎文录初编》第一辑，第219页。

意，读书所得，著为札记”。“殚心经学，自此始。”[①]御史王峻擅史地之学，此时任苏州紫阳书院院长。他向该院学生王昶、王鸣盛询问本地人才，王鸣盛推荐了未婚妹婿钱大昕。王峻告之巡抚，檄召至院，试《周礼》《文献通考》两论。大昕下笔千言，悉中典要，被惊为奇才。

于是，从乾隆十四年（1749）始，钱大昕就读于紫阳书院，博览群籍，综贯六艺，课试常居第一。王峻对他期许甚厚，赞不绝口，教之读书当自经史始，故大昕云：“予年二十有二，来学紫阳书院，受业于虞山王艮斋先生。先生诲以读书当自经史始，谓予尚可与道古，所以期望策厉之者甚厚。予之从事史学，由先生进之也。”[②]钱大昕与王昶、曹仁虎、王鸣盛为同窗好友，砥砺古学，均擅诗文。乾隆十五年（1750）冬，大昕如约娶王鸣盛之妹王顺媖。是时，他仍为一介寒士，只能“赘居”王家。

此时，苏州是江南学术中心，名家荟萃，只有常州可与相提并论，而苏州的经济条件和人文环境又稍胜一筹。吴中地区是清代汉学的大本营，也是士人交游论学的中心。从康熙末年到乾隆前期，吴县惠氏无疑是士人交游的枢纽。惠栋及其弟子沈彤、余萧客、江声等人形成著名的汉学圈，乃至钱大昕、王鸣盛等青年才俊均以向惠氏请益为荣。肄业紫阳书院期间，大昕曾往谒惠栋，与论《易》义。与李果、赵虹、惠栋、沈彤、许廷鑅、顾诒禄等吴中老宿为忘年交，学识益进，扬名于大江南北。他始以辞章名，既乃研精经史，考辨审实，造诣精深。又推而广之，错综贯串，发古人所未发，其论宋儒《易》学曰：“汉唐以前，儒家与方士均未有言先天图者，宋初方士始言之，而儒家尊信其说，欲取以驾乎文王、孔子之上，毋乃好奇而诬圣人乎！”[③]这些看法与惠栋的观点相同，反映了惠氏学术熏陶的烙印。大昕推崇汉学，但治学领域和途径很快超越了惠氏，从历算学、金石学到史学，均卓有成就，非惠氏学术传人所能及。乾隆十六年（1751），著名诗人沈德潜主紫阳书院，大昕从之游。沈氏诗作受乾隆

---

① 钱东壁、钱东塾：《钱竹汀先生行述》，《嘉定钱大昕全集》第1册，第3页。

② 钱大昕：《汉书正误序》，《潜研堂文集》卷二十四，《嘉定钱大昕全集》第9册，第381页。

③ 钱大昕：《答问一》，《潜研堂文集》卷四，《嘉定钱大昕全集》第9册，第54页。

帝赏识，编有《吴中七子诗选》，大昕列居其一。是年，乾隆帝南巡，大昕被召献赋，赐举人，以内阁中书补用。

官场交往

乾隆十七年（1752）三月，钱大昕入京，进内阁票签房办事。每三天入值一天，公暇则与同年褚寅亮、吴烺讲求历算之学，几乎废寝忘食。于"古《九章算术》，迄中西历法，无不了如指掌。其是非疑似，人不能明断当否者，皆确有定见"。[①]十九年（1754）春会试，赐进士出身，出庄培因榜。旋改翰林院庶吉士，被会试考官誉为古学第一人。同年进士有纪昀、王鸣盛、王昶、朱筠等，皆为一时汲古才俊。

此时，钱大昕究心中西历法。以御制《数理精蕴》兼综中西法之妙，遂悉心探核，并以此观史，精通从《三统历》至《授时历》的测算之法，考定诸史朔闰。他以绩学闻名京师，侍郎秦蕙田辑《五礼通考》及后来奉诏修《音韵述微》，皆请相助。是时，他结识了初至京师的戴震，其自编年谱载："无锡秦文恭公邀予商定《五礼通考》。休宁戴东原初入都，造居士寓，谈竟日，叹其学精博。明日言于文恭公，公即欣然与居士同车出，亲访之，因为延誉，自是知名海内。"[②]据此，初入京城的戴震在学问上得到钱大昕推重，因之受到秦蕙田礼遇。大昕于戴震有伯乐之识，学术上相互影响，得切磋之益。他听戴震说，其师江永治历算学不亚于宣城梅文鼎，但读了江氏《翼梅》后，大不谓然，乃致书戴震：

> 顷下榻味经先生邸，始得尽观所谓《冀梅》者。其论岁实、论定气，大率祖欧逻巴之说而引而伸之，其意颇不满于宣城，而吾益以知宣城之识之高，何也？宣城能用西学，江氏则为西人所用而已。及观其冬至权度，益哑然失笑。夫岁之古强而今弱也，汉以前四分而

① 罗士琳续补：《钱大昕》，《畴人传》卷四十九，《文选楼丛书》1911年重印嘉庆四年刊本，第4页。

② 钱庆曾校注：《钱辛楣先生年谱·竹汀居士年谱》，《嘉定钱大昕全集》第1册，第13页。

> 有余，汉以后四分而不足……西人之术，止实测于今，不复远稽于古。然其所谓平岁实者，亦复累有更易，则固非以为永远可守之岁实也……当今学通天人者莫如足下，而独推江无异辞，岂少习于江而特为之延誉耶？抑更有说以解仆之惑耶？[①]

他既批评江永一味阐扬西学，也不认同戴震盲崇江氏。这对戴震的震动是不言而喻的，甚至影响到戴震对江永师从关系的认同。后来编纂《畴人传》的阮元也肯定钱氏见解，谓其“天算之学，所得甚深，实能兼中西之长，通古今之奥。故上自《三统》四分，下讫《授时》《大统》诸家之术，并深究本原，各有论说”。[③]阮元也对江永过崇西学，以西学驳梅文鼎的作法不以为然，认为：“慎修专力西学，推崇甚至，故于西人作法本原，发挥殆无遗蕴。然守一家之言以推崇之，故并获其所短。《恒气注术辨》专申西说以难梅氏，盖犹不足为定论也。”[③]这几乎成为乾嘉士人关于中西历法的基本认识。

江、戴与钱、阮之间关于西方历法的分歧应该比较复杂。江永曾从学于梅文鼎，但不认同梅氏的“西学中源”说，而倾向于直接阐述西方天文学，乃至给人“为西人所用”的印象。江永对中西历法的态度不无可议，但并非没有心得。同时研究西方天算学的江声认为：“西法则能据今以知后，故足贵尔。声言西法唯言日食者，举其最明着之一端言之，非谓西法之精专在是也。”[④]钱、阮反思江永历算学的局限有其学理依据，体现了力避盲崇的学术精神。但他们会通中西历法，不为“西人所用”又适应了清廷的需要。此后相当长时期内，钱、阮的观点广为士人接受，而江永、江声等人的见解相对湮没了。这固然与清廷的文化政策相关，却也折射出钱大昕在乾隆中期的学术影响力。

---

① 钱大昕：《与戴东原书》，《潜研堂文集》卷三十三，《嘉定钱大昕全集》第9册，第565—567页。

② 阮元：《三统术衍序》，《三统术衍》卷首，《丛书集成三编》第29册，第1页。

③ 阮元：《江永》，《畴人传》卷四十二，第3页。

④ 江声：《江声致孙星衍》，《小莽苍苍斋藏清代学者书札（修订本）》（上），第114页。

钱大昕又据班固《汉书·艺文志》，阐述刘歆《三统历》之旨，辨正《艺文志》之讹，撰《三统术衍》及《三统术钤》共4卷。后来，其族子钱塘跋云：《三统历》“得先生追而述之，于数千载之余，遂可以人人通知历术而无难，而后之欲明《春秋》与《汉书》者，必皆考正于是焉，其为功岂徒在于子骏而已乎！”[①]钱塘认为，该书学术价值不限于了解《三统历》本身，并且有裨于治史，这并非夸张其辞。尚书何国宗世业天文，久领钦天监事，精于推步，与大昕论梅文鼎之学及明季利玛窦、汤若望、罗雅谷的日离、月离、五星诸表，而何国宗自愧不如。在与钦天监官员的接触中，大昕也认识到中西历法的相通性及各自长短，认为中西“此心同，此理同，此数同也。欧罗巴之巧，非能胜乎中土，特以父子师弟世世相授，故久而转精。而中土之善于数者，儒家辄訾为小技。舍《九章》而演《先天》，支离附会，无益实用。畴人子弟，世其官不世其巧，问以立法之原，漫不能置对，乌得不为所胜乎！”[②]中国天文历法“世其官不世其巧”的感慨确实触及到官学的积弊，不仅表现了钱氏对西方历法的赞赏、肯定及会通，而且流露出对家学的期望。后来，他寄望钱塘研究天文历算学。

在一段时间内，钱大昕仍然置身官场。乾隆二十一年（1756），他奉命与纪昀助修《热河志》，次年授翰林院编修。公事之暇，每天以读经史为常，又好搜集金石碑版，间往琉璃厂书市，购得汉唐石刻二三百种，晨夕校勘，佐以史事，为之跋尾，考证金石文字自此始。其后三十年中，游历所至，寻得断碑残刻，必拂尘审读，或手自推拓，将心得编为《金石文跋尾》25卷，所论多出翁方纲、毕沅诸家之外。二十三年（1758），钱大昕擢右春坊右赞善，充武英殿纂修官。他于历代官制损益，地理沿革以及辽金国语、蒙古世系，皆了如指掌。二十四年（1759），奉命充《续文献通考》纂修官，分修《田赋》《户口》《王礼》三考，协修《起居注》。同年秋，迁翰林院侍读，冬署日讲起居注官。二十八年（1763）春，其父钱桂发及弟大昭俱来京师，而大昭留京应试。三十年（1765），大昕为浙

① 钱塘：《跋》，《三统术钤》，《丛书集成三编》第29册，第15页。

② 钱大昕：《赠谈阶平序》，《潜研堂文集》卷二十三，《嘉定钱大昕全集》第9册，第362页。

江乡试副考官，但因主考生病，校阅之事，均由他担任。选得陆飞等94人为举人，而邵晋涵、潘庭筠、翟均廉等为其中杰出之士。

任京官期间，钱大昕仕途平顺，学识大进，但乾隆三十二年（1767）春发生了一场变故。他在京得伤寒几死，经治疗痊愈，而妻子王顺媖于六月病逝，年仅40岁。顺媖"生而明慧"，"读书不多"，随大昕居京师，"性俭朴，布衣蔬食，处之泊如"。大昕30岁后尚无子女，顺媖屡劝其置妾，"久之，乃纳浦氏"。[①]后浦氏生东壁、东塾二子。大昕幼本多病，加以伉俪之戚，遂有归田之志，是年十月得旨准假，告病还乡。这场大病使他较早地反省了仕途得失，而更加专注于学术。此时，在老家的大昭已有妻室，旧宅局促。大昕遂于三十三年（1768）在嘉定城中购置新屋，将书斋命名为"潜研堂"。"杜门谢客，取诸史次第读之，参阅他书及碑版文字，辨其异同得失，考证廿二史自此始。"

乾隆三十八年（1773），钱大昕入值上书房，同年冬升詹事府少詹事。是时，朝廷诏修《四库全书》，他手钞《易稽览图》《宝刻类编》收藏，并作序。三十九年（1774）七月，充河南乡试正考官，旋任广东学政，申严月课，教士以通经博古为尚。考试生童，都亲自定其等级，"四书义虽可观，而经义违谬者抑置下等……由是诸郡闻风而化，童子皆知读全经矣"。[②]次年夏，丁父忧归。服阕，念老母年已80，乃告病不复出。

人伦师表

钱大昕丁忧之后，主动退出仕途，专心治学，这或许是基于对个人兴趣和官场状况的清醒认识。他虽然也为皇帝献赋和诗，但不能像毕沅那样长袖善舞。乾隆帝好为朝纲独断，在盛世的光环下，清朝的机体正被和珅一类佞臣悄悄地侵蚀。是继续在腐朽的官场分享利益，还是潜心于自己擅长并且酷爱的学术研究，钱大昕不难作出选择。官场的龌龊、虚伪与儒家的德性追求根本对立，而他显然倾向于后者。阮元论其功业时，将"人伦

① 钱大昕：《亡妻王恭人行述》，《潜研堂文集》卷五十，《嘉定钱大昕全集》第9册，第830页。

② 钱东壁、钱东塾：《钱竹汀先生行述》，《嘉定钱大昕全集》第1册，第7—8页。

师表”和“深入道德性情之理”置诸首要：

> 先生讲学上书房，归里甚早，人伦师表，履蹈粹然，此人所难能一也。先生深入道德性情之理，持论必执其中，实事必求其是，此人所难能二也。先生潜研经学，传注疏义，无不洞彻原委，此人所难能三也。先生于正史、杂史，无不讨寻，订千年未正之讹，此人所难能四也。先生精通天算，《三统》上下，无不推而明之，此人所难能五也。先生校正地志，于天下古今沿革分合，无不考而明之，此人所难能六也。先生于六书音韵，观其会通，得古人声音文字之本，此人所难能七也。先生于金石无不编录，于官制史事，考核尤精，此人所难能八也。先生诗古文词，及其早岁，久已主盟坛坫，冠冕馆阁，此人所难能九也。合此九难，求之百载，归之嘉定，孰不云然！[①]

阮元列举“人所难能”的九个方面，彰显了钱氏学术的博大精深，却不是仅从学术而论。乾隆时期，考据学日益精深，专门化倾向更加明显；同时，当一些人沉迷于考经证史之后，儒家德性之学、辞章之学不免淡化了。钱大昕则是既道问学，又尊德性的一代宗师。惟其如此，他自觉地早早归田，潜心于学术。这也是他超越同时许多经师、学者的重要因素。

乾隆四十三年（1778）夏，钱大昕受两江总督高晋之聘为南京钟山书院院长，自云：“居士雅不喜为人师，而家居贫约，不无借束修以供甘旨。江宁去家不远，岁时便于定省，乃勉应之。五月到院，与诸生讲论古学，以通经读史为先。”[②]书院课试之暇，与袁枚、严长明等为文酒之会。上元谈泰善算术，于四十四年（1779）从大昕游，研习古今推步异同。孙星衍在三十九年（1774）已入钟山书院就读，与洪亮吉、杨芳灿、黄景仁以文学相齐，此时亦从大昕受业，治考据之学，深受器重。四十四年冬，钱、孙等人同游茅山，寻访碑刻。孙星衍于五十一年（1786）中江

① 阮元：《十驾斋养新录序》，《嘉定钱大昕全集》第7册，第1—2页。

② 钱庆曾校注：《钱辛楣先生年谱·竹汀居士年谱》，《嘉定钱大昕全集》第1册，第28页。

南乡试举人，次年成一甲第二名进士，成一时学术名流。

钱大昕在母卒后守制不出。居忧期间，足不出户，沉潜治学，撰成《廿二史考异》100卷。但该书没有及时刊行，而是经多年修订后，刊于嘉庆初年。四十八年（1783）腊月，大昕守制期满，地方官劝其入都供职。因身体渐衰，两眼视物模糊，已无复出之志。乾隆帝于四十九年（1784）第六次南巡。钱大昕赶往淮上迎驾，途中忽发风痹之疾，两足不能行动。未至行宫而返，自以为将一病不起。幸经治疗后，于次年春康复，受聘主讲松江娄东书院。五十二年（1787），受浙江鄞县知县钱维乔之聘，赴宁波主修《鄞县志》。修志期间，钱大昕查阅了天一阁藏书楼，编成《天一阁碑目》2卷。又考证自郑玄至戴震古今学人生卒，编为《疑年录》4卷，由弟子吴修续补后，于嘉庆二十三年（1818）刊行。后经多人续补，最后增补为《疑年录汇编》16卷，于民国年间刊行。

苏州藏书丰富，人文荟萃，而紫阳书院更为江南文人渊薮，院长蒋元益于五十三年（1788）冬卒。江苏巡抚闵鄂元博访舆论，认为只有大昕能副此职，遂以“品粹学优，居乡端谨，堪为诸生表率”入奏，得旨允准。于是，在阔别紫阳书院38年之后，钱大昕于乾隆五十四年（1789）正月应聘主紫阳书院讲席，奋然以振兴文教为己任。他教士虽崇汉学，却重宋儒内圣功夫，视朱熹为孔孟真传，谓“孔孟已远，吾将安归？卓哉紫阳！百世之师。主敬立诚，穷理致知。由博返约，大醇无疵”。[①]他与诸生讲经史性命之旨，谕以毋慕虚名，而崇尚实学。当时，汪志伊为苏州知府，与大昕交谊深厚。有暇则过访书院，相与讨论宋儒名理，格致、诚正之功。

惠士奇卒于乾隆六年（1741），惠栋又于乾隆二十三年（1758）刚过花甲之年病逝，吴中地区学术上已经群龙无首。乾隆末年，钱大昕主紫阳书院之后，久居苏州，成为继惠栋之后吴中地区的学术领袖，而影响力殆又过之。

钱氏众多学友中，尤其值得一提的是考史名家王鸣盛和王昶。大昕、鸣盛为“总角交”，又是郎舅姻亲，晚年均居住苏州。王鸣盛，字凤喈，

① 钱大昕：《朱文公三世像赞》，《潜研堂文集》卷十七，《嘉定钱大昕全集》第9册，第263页。

一字礼堂，晚号西沚居士。幼年奇慧，17岁补诸生。岁科屡试名列前茅，有才名。江苏巡抚陈大受招入苏州紫阳书院肄业。在吴门，他与王昶、吴泰来、赵文哲等人唱和。又与惠栋等人讲论经义，知训诂当以汉儒为宗，辨《古文尚书》之伪。大昕自云与鸣盛"幼同学，长同官，及归田，衡宇相望，奇文疑义，质难无虚日。予驽缓，西沚数镞励之，始克树立。平生道义之交无逾西沚，常以异姓轼、辙相况"。[①]钱、王二人有许多相同之处，均博闻强记，嗜好考史。他们是坦诚论学的诤友，学术上多得切磋之益。大昕因才学出众而成为王家女婿，二人为同年进士，交往之密切不言而喻。

王鸣盛仕途顺畅。成进士后，六年之内官至内阁学士兼礼部侍郎。乾隆二十四年（1759），王典福建乡试，钱则典山东乡试。大昕送别诗云："玉尺频烦大匠持，八闽迢递使车驰。目空已尽骊黄种，手植都成桃李枝。朝望欧阳真学士，文坛孟县老宗师。仙霞岭上新秋色，天遣留题绝妙词。"鸣盛的答诗云："平常无一日不见，今朝分袂邮亭前。半年小别万里路，回首国门翻惘然。"[②]二人赠答表现出非常情谊，但二诗境界略有不同。钱氏憧憬着取士为师的志业，而王氏似乎并无此志向。不过，二人"回首国门"时，都不免有"惘然"之感，其归田的心境并无二致。

王鸣盛在典福建乡试后，被御史参劾，左迁光禄寺卿。[③]乾隆五十二

① 钱大昕：《西沚先生墓志铭》，《续王氏世谱》卷六，第6页。

② 王鸣盛：《闽峤集·别晓征》、钱大昕《送礼堂学士典试福建》，《西庄始存稿》卷十三，《续修四库全书》影印乾隆三十年刊本，第1页。

③ 关于王鸣盛被劾事，一般说法是"驰驿不谨"。钱大昕所撰《墓志铭》云：乾隆二十四年（1759），王鸣盛"充福建正考官，未蒇事即有内阁学士兼礼部侍郎之命。还都召对，天语甚温。未几，御史论其驰驿不谨，部议降二级，明年授光禄寺卿"（《西沚先生墓志铭》，《续王氏世谱》卷六，第6页）。此后，人们多持此说，如李元度亦云：王鸣盛典福建乡试，"还朝，坐滥用驿马，左迁光禄寺卿。寻丁内艰归，遂不复出"（李元度：《王西庄先生事略》，《续王氏世谱》卷六，第5页）。但据方志记载，王鸣盛被劾的真正原因是宠妾欺妻，弹劾王氏者为湘潭罗典。时罗典任监察御史、鸿胪寺少卿，两充会试同考官，河南乡试考官，"有鉴衡之誉。提学王鸣盛宠妾，其妻以年家谊诉典。典隐其事，假滥用夫马劾之。鸣盛文学有盛名，坐降官，江南朝官皆不直典。典不自安，乞归。高宗语诸大臣尝称典诚朴，或告以上方向用，曷少留。典曰：'请而中辍，是作伪也。'遂以母老请终养。及归，主讲岳麓"（《二罗列传》，原载《湘潭县志》，见罗山寿纂修《湘潭鼓磉洲罗氏九修族谱》卷末之一"传志"，1948年刊本，第23页）。

年（1787），丁母忧去职。服阕后以父年高，不赴补，家居三十年，与钱大昕、王昶等为文酒之会。钱、王“有过必规，有疑互质”。[①]此外，王鸣盛之弟王鸣韶澹泊荣利，久为诸生，好为诗、古文，兼工书画。钱大昕督学广东时，招鸣韶至署，“酬唱往复无间昏旦，遇岩洞奇秀，辄邀同游”。[②]两家可谓亲密无间，其乐融融。

钱、王二人同擅史学，而处世行事略有不同。王鸣盛晚年日以经史诗文自娱，“声气益广，望益高。而楗户读书，绝不与当事酬接。家本寒素，尝借卖文自给，余一介不取也”。[③]钱大昕潜心学问而兼主书院，交接应酬自然比鸣盛多。王氏著书好为“商榷”，于前贤见解多有驳议，而大昕立论更为谨慎。乾隆五十二年（1787），王著《十七史商榷》刻有样本时，钱大昕特致书索观，并劝其谨慎立言，不要訾毁前人：

> 得手教，以所撰述于昆山顾氏、秀水朱氏、德清胡氏、长洲何氏间有驳正，恐观者以诋诃前哲为咎。愚以为学问乃千秋事，订讹规过，非以訾毁前人，实以嘉惠后学。但议论须平允，词气须谦和，一事之失，无妨全体之善，不可效宋儒所云“一有差失，则余无足观”耳……去其一非，成其百是，古人可作，当乐有诤友，不乐有佞臣也。且其言而诚误耶，吾虽不言，后必有言之者，虽欲掩之，恶得而掩之！所虑者，古人本不误，而吾从而误驳之，此则无损于古人，而适以成吾之妄……《十七史商榷》闻已刊成，或有讹字，且未便刷印，乞将样本寄下。[④]

王鸣盛是否采纳钱大昕的意见？从以后的交往情形看大体没有。赵翼的36卷《廿二史劄记》成书后，钱大昕欣然撰序，认为其“记诵之博，义例之精，议论之和平，识见之宏远，洵儒者有体有用之学，可坐而言，起

① 钱大昕：《西沚先生墓志铭》，《续王氏世谱》卷六，第7页。

② 《二十四世·鸣韶》，《续王氏世谱》卷四，第3页。

③ 李元度：《王西庄先生事略》，《国朝先正事略》卷三十四，第30页。

④ 钱大昕：《答王西庄书》，《潜研堂文集》卷三十五，《嘉定钱大昕全集》第9册，第603—604页。

而行者也”。[①]王著《十七史商榷》100卷，主于校勘文本，补正讹脱，考证事迹，于舆地、职官、典章、名物考证尤详，史学价值自然很高。但没有钱序，王氏自序其书。同样，钱著《廿二史考异》也没有请王作序。此虽小事，却与钱、王二人的数十年交情及学术同好不太协调，或许是因为钱大昕对鸣盛好为驳正的学术风格有所保留。

钱、王二人都从经学转重考校正史，几乎成为清代史学考据的象征。阮元序王氏著述云：“先生自归田后，以经术文章发海内者数十年。大江南北，承学之士，知究心经术者，实奉先生与竹汀少詹为归焉！”[②]足见钱、王晚年对江南学术界的影响。清末谭献认为，钱、王二人均以经生而能用力于史，《廿二史考异》和《十七史商榷》足以并美。而钱著“体例尤严。论著述，则钱托体高；论启发，则王为功多”。[③]王著不乏卓见，而钱著“征实，尤不为泛滥之词”。至于钱著《十驾斋养新录》则“不溢一词，远在《蛾术编》之上”。[④]这代表了清代士人的基本看法。与此同时，段玉裁尤其服膺钱氏学术风格：

> 先生始以辞章鸣一时，既乃研精经史，因文见道……若先生于儒者应有之艺，无弗习，无弗精。其学固一轨于正，不参以老、佛，功利之言；其文尤非好为古文、以自雄壇坫者比也。中有所见，随意抒写，而皆经史之精液。其理明，故语无鹘突；其气和，故貌不矜张；其书味深，故条鬯而无好尽之失，法古而无摹仿之痕，辨论而无叫嚣攘袂之习。[⑤]

段玉裁对钱著“因文见道”的深度，且论学“貌不矜张”的学品推崇

---

① 钱大昕：《廿二史劄记序》，《廿二史劄记》卷首，《续修四库全书》影印嘉庆刊本，第1页。

② 阮元：《王西庄先生全集序》，《揅经室二集》卷七，第13页。

③ 谭献：《谭献日记》，第142页。

④ 谭献：《谭献日记》，第193、54页。

⑤ 段玉裁：《潜研堂文集序》，《潜研堂文集》卷首，《嘉定钱大昕全集》第9册，第1—2页。

备至。与学问同样精博者如汪中、王鸣盛、章学诚相比，钱大昕学术上严谨、平和与为人处世的谨慎相得益彰，实为“人伦师表”一语的注脚。

在钱氏学友中，青浦王昶也是不可忽视的人物。王昶，字德甫，号述庵，一字兰泉，与王鸣盛同族。年18，应学政试，以第一人入学。乾隆十三年（1748）三月，王昶拜访陈祖范，五月见惠栋，自是潜心经术，讲求声音训诂之学。十四年（1749），入紫阳书院，与王鸣盛、钱大昕等人吟诗唱和，号为“吴中七子”。十九（1754）年，与钱、王同科进士。后任刑部主事，随朝中大臣征缅甸、四川，以军功擢大理寺卿、江西按察使、云南布政使等职，官至刑部右侍郎，直到五十八年（1793）休致。

王昶官京师时，颇有文名，与朱筠互主文坛，遂有“南王北朱”之说，士子执业请益者，络绎不绝。时人钱泳认为，王昶“谦恭下士，著作等身。闻人有一才一艺者，即录其姓名籍贯，细书小折，盛以锦囊，各分门类。每与人坐谈，一闻佳士，辄从锦囊中取出补之。自古怜才爱士之诚，未有如先生者也”。[①]后人李元度则谓：“自来文学与武功，文章与政事，判然两途。至于汉、宋互异，朱、陆殊科，治朴学者以词赋为虚华，论性天者讥训故为繁碎……莫能相通，而得其一皆卒以名世。惟公邃于经，健于文，富于诗词，精于考证，达于政事韬略，研穷于性理……不名一家，可谓通儒也。”[②]显然，其博学之长与钱大昕亦相类似。

大昕、王昶同好金石学，得切磋之益。王昶宦游所至，留心访求文字。自三代至辽、金，共收集1500通，著《金石萃编》160卷。大昕与二王名位相近，经历相似，学术趣旨也基本相同。自称“其交最久而莫逆于心者，则今大理寺卿王公昶也。所居相距不百里，尝扁舟往访，升堂拜母，修子姓礼”。[③]王昶归田后，钱、王“聚首之欢，不啻同官京华时也。吴中文酒晏会，延公及两王公为领袖，时有江南三老之目”。[④]王昶

① 钱泳：《兰泉司寇》，《履园丛话》上，第149页。

② 李元度：《王兰泉侍郎事略》，《国朝先正事略》卷二十，第4页。

③ 钱大昕：《封资政大夫大理寺卿加十四级王公神道碑》，《潜研堂文集》卷四十一，《嘉定钱大昕全集》第9册，第699页。

④ 钱庆曾：《钱辛楣先生年谱·竹汀居士年谱续编》，《嘉定钱大昕全集》第1册，第40页。

广交游，据说与同好金石学的孙星衍同宗，因王昶原为孙武“七十五世孙，以外家为姓，亦孙子之裔”。故与孙氏有同宗之宜，曾支持建孙子祠。[①]此外，钱氏子弟钱侗也列名王昶的弟子，为之校勘《金石萃编》等书。[②]

钱大昕的交游远不止此，如阳湖洪亮吉、高邮王氏父子等均交往论学，其交游几乎囊括乾嘉之际的学界名流。王昶称其“归田三十年，历主钟山、娄东、紫阳三书院，而在紫阳至十六年之久，门下士积二千余人，其为台阁、侍从，发名成业者不胜计”。[③]钱氏善于诱掖后学，其弟子门生皆精研古学。钱东壁云：“府君一生无疾言遽色，无私喜盛怒，不轻许可，不滥交游。力学敦品之士，不惜奖借而诱进之，虽其人至终身偃蹇坎轲，而称赏未尝去口。四方贤士大夫，下逮受业生徒，咸就讲席，折中辨论文史。”如卢文弨、袁枚、赵翼、孙星衍、段玉裁、周锡瓒、张燕昌、梁玉绳、陈诗庭、黄丕烈、何元锡、钮树玉、夏文焘、费士玑、徐颋、张彦曾、袁廷梼、戈宙襄、李向、顾广圻、吴嘉泰、沈宇、李福、王兆辰、孙延等人，“或叩问疑义，或商论诗文，或持示古本书籍，或鉴别旧拓碑帖、钟鼎款识，以及法书名画”，“无不穷源竟委，相与上下其论议，至人各得其意以去”。[④]后人谓其弟子卓越者如李锐之算术、夏文焘之舆地、钮玉树之《说文》、费士玑之经术、张燕昌之金石、陈稽亭之史学，“几千年之绝学，萃于诸公，而一折衷于讲席”。其他如顾莼、顾广圻、李福、陈钟麟、陶樑、徐颋、潘世恩、潘世璜、蔡云、董国华等，“不专名一家，皆当时之杰出者”。[⑤]

如果说钱家后人所列的名单不无夸张，那么徐世昌《清儒学案》开列的“潜研弟子”中，其著名者也有钮玉树、邵晋涵、孙星衍、谈泰、吴东发、任兆麟、李锐、朱骏声、瞿中溶、李赓芸、李文藻、蔡云、陈诗庭

① 孙星衍：《曾孙星衍撰虎邱立吴将孙子祠堂碑记》，《孙氏谱记》卷三，第28页。

② 严荣：《述庵先生年谱》（下），《续修四库全书》影印嘉庆刊本，第23页。

③ 王昶：《詹事府少詹事钱君墓志铭》，《春融堂集》卷五十五，第14页。

④ 钱东壁、钱东塾：《钱竹汀先生行述》，《嘉定钱大昕全集》第1册，第16页。

⑤ 钱庆曾：《钱辛楣先生年谱·竹汀居士年谱续编》，《嘉定钱大昕全集》第1册，第39页。

等。他们有的完全是钱氏学术的传承和发展，如钮玉树之于小学，孙星衍之于金石学，李锐之于算学。如李锐跋《三统术钤》云：

> 忆自辛亥之冬，锐肄业紫阳书院，从先生受算学。先生始教以三角、八线、小轮、椭圆诸法。复引而进之于古，手是书见授而诲之曰："数为六艺之一，由艺以明道，儒者之学也。自世之学者卑无高论，习于数而不达其理，囿于今而不通乎古，于是儒林之实学遂下同于方技，虽复运算如飞，下子不误，又曷足贵乎？刘歆《三统术》……词虽浅近，然循是而习之，一隅反三，则古今推步之源流，不难一一会通其故也。"锐谨受教，识之不敢忘。十年以来，专力斯学。[①]

钱大昕与弟子孙星衍的交情深厚，以致身后以墓志相托。嘉庆初年，孙星衍官山东按察使时，曾平反大量冤狱。嘉庆八年（1803），孙氏再补山东粮道后，好刊刻古籍，钱致信云："闻阁下有意刊《唐律疏义》，此真无量功德，较之一时平反冤狱，其惠盖万万倍也……大昕桑榆景迫，恐相见无期，身后墓志，亦待椽笔。卅载相知，幸不吝挥洒。息壤之约，惟留意焉。"[②]其后，孙氏嘱顾广圻将《故唐律疏义》30卷付梓，后附《宋提刑洗冤集录》，于嘉庆十二年（1807）刊于江宁。

钱大昕与门生邵晋涵的学术重心都在史学，二人见解多有相同。他评邵氏云："自四库馆开，而士大夫始重经史之学，言经学则推戴吉士震，言史学则推君，君于《国史》，当在《儒林》《文苑》之列，朝野无间言，而知之最先者，予也。"[③]钱大昕对《宋史》不满处甚多，其《潜研堂文集》《十驾斋养新录》有多处记载。邵晋涵研究《尔雅》及重修《宋史》的设想也受其启发，曾致书云：

① 李锐：《跋》，《三统术钤》，《丛书集成三编》第29册，第16页。

② 钱大昕：《与孙渊如书》，收入吴修《昭代名人尺牍》，参见陈祖武等著《乾嘉学术编年》，河北人民出版社2005年版，第625页。

③ 钱大昕：《日讲起居注官翰林院侍讲学士邵君墓志铭》，《潜研堂文集》卷四十三，《嘉定钱大昕全集》第9册，第744页。

> 晋涵得承训诲，勉以读书，南归后复事奔走，不能专一。思虑肆力于六经，深用惶悚。近思撰《尔雅正义》，先取陆氏《释文》是正文字，继取《九经注疏》，为邢氏删其剿袭，补其缺漏，次及于佚书古义、周秦诸子，暨许、顾、陆、丁小学诸书……粗举大略，尚未得其条理也……晋涵明岁在安庆坐馆，勉力为之，三年可定稿本。见闻狭隘，不敢为郭氏功臣，随时编辑，用备遗忘，愿先生有以进之也。《宋史》亦时为翻阅，就所见之书，考其同异事迹，抵牾无从审定弥深，固陋之惭耳。[①]

嘉庆元年（1796），邵晋涵病卒，大昕为撰《墓志铭》，既高度评价其《尔雅正义》，又提到自己“尝论《宋史》纪传，南渡不如东都之有法，宁宗以后，不如前三朝之粗备，微特事迹不完，即褒贬亦失实”。晋涵“闻而善之，乃撰《南都事略》以续王偁之书，词简事增，过正史远甚”。[②]据后世年谱载，乾隆四十八年（1783），晋涵“以《宋史》自南渡以后，尤为荒谬，东都有王偁《事略》故也，因取熊克、李焘、李心传、陈均、刘时举所撰之书，及宋人笔记，先辑《南都事略》，欲使前后条贯初具，然后出其心裁，更撰赵宋一代全书，其标题则称《宋志》而不称《宋史》，亦见先生有微意焉”。[③]可见，钱、邵曾讨论重修《宋史》，而钱氏学术影响也清晰可见。邵晋涵以史学之长，著录的弟子数百人，王昶叹曰：“君洵为史才之良矣！”[④]

嘉道以降，钱氏学术流播士林，一些学术观点引起了晚辈讨论。比如，扬州焦循说：“少詹事钱竹汀先生，通儒也。愚尝谒之吴门，其容和，其言达，霭霭可亲。身后十年，始读其《潜研堂文集》。”焦循对钱氏关于“父子兄弟以天合者也，夫妇以人合者”；“古之孝者，立身行道，扬名于后世，以显父母”；“孟子言孔子成《春秋》而乱臣贼子惧”

① 邵晋涵：《上钱竹汀先生书》，《南江文钞》卷八，第15、17页。

② 钱大昕：《日讲起居注官翰林院侍讲学士邵君墓志铭》，《潜研堂文集》卷四十三，《嘉定钱大昕全集》第9册，第744页。

③ 黄云眉编：《邵二雲先生年谱》，《北京图书馆藏珍本年谱丛刊》第110册，第394页。

④ 王昶：《翰林院侍讲学士充国史馆提调官邵君墓表》，《春融堂集》卷六十，第4页。

等说进行了阐述。[①]事实上，钱大昕是陶铸乾嘉学术的巨匠，促使汉学趋于专精、严谨，并且由经学一隅扩大到史学及其他领域。而大昕的胞弟、子侄也延续其交游脉络，扩大了钱氏的学术影响，使其开辟的学术领域进一步扩展、深化（详见本书第六章）。

三　宝应刘氏的学友脉络

宝应刘氏在乾嘉年间转治汉学，而兼采宋学。这种特色的形成既源于家学传统，又与社会文化环境，如姻娅、交游相关，而刘氏的社会网络又为学传久远创造了条件。

宝应三氏的交往

刘氏先辈植根于理学，治经和修身均尊崇宋儒。明末刘永澄的后人与清初理学家王懋竑家有交往，与理学家朱泽沄家族数代联姻。王懋竑与朱泽沄家族也有姻娅并易子而教。宝应刘、王、朱三家形成的社会纽带，延续数百年之久，其间或紧或松，却未曾中断，这对刘氏、朱氏的学术构成产生了重要影响。

王懋竑（1668—1741），字予中，其叔父王式舟为康熙四十二年（1703）状元，参与修纂《朱子全书》。懋竑少从式舟学，刻励笃志，精研朱子学，并身体力行。他51岁才成进士，雍正元年（1723）任翰林院编修，次年丁忧回籍，服阕后不复出。康熙帝尊崇理学，一些理学家入值中枢，有的则视理学为利禄之途。王懋竑嗜好理学而淡泊名利，以设馆授徒为生。他青年时曾以孔安国、郑玄自许，又研习杜预、服虔诸家经学，熟悉考据方法。但他没有皈依汉学，只是发展了宋学蕴含的考证传统。通过考订朱子的学术历程，以维护、完善朱子学。他积20余年之力，四易其稿而著《朱子年谱》及《考异》各4卷。后人谓其“有志于洛、闽之学，从暗修作工夫，绝不自表襮。而穷经论史不由师传，能揭其蕴奥，极其波流，博闻强识，精思详辨，而一折中于朱子，则自其少而规模盖已早定

① 焦循:《翼钱三篇》,《雕菰集》卷七,第3—11页。

矣”。[①]

王懋竑极力维护朱子学的纯正性。他博采朱熹著述及前人年谱、传记材料，否定所谓朱子“晚年定论”说，认为朱子之学在中年已经定型。王著《朱子年谱》详于学术而略于政事，凸显朱、陆异同，也为朱子学辨诬。朱熹的《易本义》附有九图。清初黄宗羲、万斯同、胡渭均在著述中指出图、书出于道家，朱子不该援道入儒，混淆儒经的本来面目。对此，王懋竑博考《朱子文集》《朱子语类》等书，认为“《易本义》九图，非朱子之作也。后之人以《启蒙》依仿为之，又杂以己意，而尽失其本指者也。朱子于《易》，有《本义》，有《启蒙》。其见于《文集》《语录》、讲论者甚详，而此九图，未尝有一语及之。九图之不合于《本义》《启蒙》者多矣”。[②]后人对此看法不尽相同，王著的个别观点也可商榷，如他认为“家礼非朱子之书”，也是后人所作。[③]晚清夏炘、郭嵩焘等人就此提出质疑，认为朱子家礼并非后人所加。总的来看，王著《朱子年谱》多得后世学者重视。焦循谓“他人讲程朱理学，皆浮游剿袭而已，惟懋竑一生用力于朱子之书，考订精核，乃真考亭功臣”。[④]这不失为恰当评价。

同时的宝应学者有朱泽沄（1666—1732），字湘陶，别号止泉，诸生。其祖父为顺治进士，曾任云南道监察御使。泽沄早年读书于父亲的县令任所，交游者仅王懋竑等数人。他究心阳明学，偏重涵养德性功夫，对穷理致知不甚重视，且淡化了周敦颐“主静”说与朱熹“主敬”的边界。朱泽沄“少有经世志，凡天文、算数、河渠关于政治、民生者，博览遐稽，凿然有裨于实用。后见《性理大全》，乃笃嗜宋儒之学，一以朱子为宗，于朱陆学派异同辨析尤精，而涵养庄敬，随时体

① 《皇清敕授文林郎翰林院编修先考王公府君行状》，王懋竑著《白田草堂存稿》卷末附录，乾隆十七年刊本，第2页。

② 王懋竑：《易本义九图论》，《白田草堂存稿》卷一，第1页。

③ 参见王懋竑《家礼考》《家礼后考》《家礼考误》，《白田草堂存稿》卷二。

④ 焦循：《国史儒林文苑传议》，《雕菰集》卷十二，第4页。

认，已发未发，实理流行，平居端肃，如对神明”。[①]他从读“二十一史”入手，转而研究朱子，读《朱子文集》《语类》至废寝忘食。他认识到“朱子涵养，原与陆王两家不同，乃有所避忌”，朱子所讲之“理”，“皆贯通于涵养未发之中”。[②]故他所谓德性功夫也由早年的“以静为本”转而深信朱子的“居敬穷理”。所著《朱子圣学考略》10卷，收入《四库全书》，纪昀认为：“是编详叙朱子为学始末，以攻金溪、姚江之说，盖泽沄生于国初，正象山道弊，鹿洞教兴之日也。”[③]朱泽沄转宗朱子后，仍带有阳明学的痕迹，仍讲求心性之学；又与东林学者相似，关注社会，研究天文、舆地、水利、河渠、社仓、学校诸法，留心于经世实务，曾撰《治河三策》。

王懋竑之子王箴传曾受业于朱泽沄，并成为朱家女婿。朱泽沄之子朱光进又曾向王懋竑问学。[④]朱、王二家易子而教，又是亲家，学术上相互影响。朱泽沄自悔早年为辞章所误，而以程、朱理学教朱光进及从子朱辂等人，尝谓：“予近读朱子书，深信朱子之学，必以主敬知性为本，而讲明义理以栽培之，扩充之，使敬立而理易明，理明而敬益固……汝从此着手，可无徘徊歧路之叹矣。”又云：程、朱诸书中，“进学之序，日用之功，无所不具，从此造去，自是圣贤路上人”。[⑤]这种家教使得朱氏积淀了根深蒂固的理学传统。

宝应刘、朱、王三氏学术思想上相互熏染，刘永澄父子的东林遗风感染了朱泽沄等人。王懋竑、朱泽沄的理学修养也对刘氏治学有所影响。康雍年间，士人治学渐趋实证，一些学者推崇程、朱而又兼采考据学方法，

① 《人物志·列传下·朱泽沄》，《民国宝应县志》卷十二，《中国地方志集成·江苏府县志辑（49）》，第185页。

② 参见朱泽沄：《朱子未发涵养辨一》、《朱子未发涵养辨二》，见徐世昌编《清儒学案》卷五十二，第1册，中国书店1990年影印本，第928—929页。

③ 纪昀：《经史子集题辞》，见刘宝楠辑《宝应文征》卷四，中国国家图书馆藏清末汉画轩手抄本（无页码）。

④ 朱“光进，字宗洛，诸生，能传其父学，尝于斋中悬朱子像，曰：‘庶此心有所收敛。’性至孝，居母丧，以哀毁卒”。见《人物志·列传下·朱泽沄》，《民国宝应县志》卷十二，《中国地方志集成·江苏府县志辑（49）》，第185页。

⑤ 朱辂编：《朱止泉先生年谱》，《扬州学派年谱合刊》上册，第12、10页。

后世称为“不分汉、宋”。宝应王懋竑、朱泽沄根柢于理学，与汉学还有距离；但他们注重考订，与汉学方法相近，反映了清初由宋转汉的学术潮流。这也是宝应刘氏学术转变的文化背景。

刘台拱与扬州学人

到刘永澄的五世孙刘世謩，刘氏的姻娅和交游网络已有所发展。刘世謩的原配朱氏（朱泽代之女，朱泽沄从女），即刘台拱的母亲，也是朱彬的姑母。刘台拱为刘世謩的长子，少时师从王懋竑之子王箴传，深受理学熏陶。[①]刘台拱治汉学，却有深厚的理学修养，且重视践行于人伦日用。他于21岁举于乡，因六试礼部不售，大挑授丹徒县训导。此地为南北交通要道，官绅往来频繁。台拱交游广泛，慎于待人接物，德盛礼恭，虽顽夫骄士，对其莫不抑然自敛。朱筠曾云：“刘君，大贤也，岂独学问过人！”邵晋涵则说：“予游京师，交友中渊通静远，造次必儒者，端临一人而已。”[②]

台拱最密切的学友首推王念孙。二人定交于乾隆三十七年（1772）春赴京会试时，其后无论是居京相聚，还是异地任职，常有书札往返。王氏云：“岁在壬辰，予入都应礼部试，始得交于端临，接其言貌，晏晏如也。既又因汪容甫得闻端临之学之精，与其孝友纯笃，于是益心折焉。后端临留京师教授生徒，予亦官于工部，数过从讲学，每得一义，必以相示。及端临言归觐省，邮书来往，以所得相示，如在都下时。”[③]

刘、王学源相似，均由理学传家而转治汉学。台拱精于校勘，除了儒家经传之外，还为《国语》《淮南子》《方言》等书作“校补”。他校勘诸书多直陈结论，不像王氏那样旁引博证，动辄数千言，而校勘见解得到学者肯定。王念孙谓其“凡所纠正，悉彻本源，谬说伪文，焕然

① 王箴传，字雒师，10岁能为文，曾任国子监典簿，晚年居里授徒，于诸生多否而少可，独奇台拱之文，以为可追古作者。见刘文兴：《刘端临先生年谱》，《扬州学派年谱合刊》上册，第200页。

② 阮元：《刘端临先生墓表》，《揅经室二集》卷二，第27—29页。

③ 王念孙：《序》，《刘氏遗书》卷首，第1页。

冰释”。[1]王氏父子的文字训诂之学，也时采台拱的见解。乾隆五十四年（1789）春，王念孙致信云：“前岁差旋过镇，满拟入城一晤，并访段若膺先生，同作竟夕之谈。讵因水浅，改由焦山闸口渡江，遂不获如愿，怅何如之……自去年八月始作《广雅疏证》一书……倘先生平日有考订之处，务祈录示，以便登载。”[2]事实上，王著对台拱的见解非常重视。如台拱校《仪礼·遂以执见于乡大夫乡先生》一条，以贾、孔之说为据，谓“乡大夫”当为“卿大夫”。此说得卢文弨、程瑶田肯定，而段玉裁、顾广圻、阮元等人以《经典释文》为据，仍采“乡大夫”一说。对此分歧，王引之进行了长篇考订，认为“乡大夫”当为“卿大夫”。[3]后来胡培翚著《仪礼正义》也采纳了刘、王之说。

乾隆末年，王念孙在京内外任职，常致信台拱，抱怨供职不便学术研究之苦：“大著《仪礼补疏》已成者几卷？其中卓见必多，便中望寄示一二。念孙自客岁九月备给事员，十日之中进科者凡有五六日，一月之中看书者不过八九日，已与素怀相左。十一月初忽派巡城一差，终日碌碌……不胜其苦。”[4]刘、王均身兼仕、学二任，其书札除论学之外，也涉及政务。嘉庆八年（1803），王念孙以主事衔巡察直隶水利，与直隶总督等筹画治理畿辅水利办法。刘台拱致书：“黄河由大清河入海，乃其就下之性。因势利导，是为上策。闻乾隆初年，孙文定公执此议甚坚，但不知究于运道如何？执事履勘详明，必有定见，坐言起行，实在今日。草莽中可得与闻一二否？”[5]王念孙经多方考察后，列举畿辅水利章程，提出欲治直隶水系，当先治南北两运河之减河。

有的书札也展示了两家生活情形。王氏云：“念孙次子才质甚钝，远逊其兄。而得先生为之蹇修，且不为容甫所弃，何幸如之！夏初有谱者寄书议姻家，约俟女家来京面致聘订。迄今尚未来，违之又滋物议，容再

---

① 王念孙：《序》，《刘氏遗书》卷首，第2页。

② 王念孙：《与刘端临书》（第一书），《王石臞先生遗文》卷四，第8—9页。

③ 王引之：《遂以执见于乡大夫乡先生》，《经义述闻》卷十，第7—10页。

④ 王念孙：《致刘端临书第一》，《王石臞文集补编》，第20页。

⑤ 刘台拱：《与王念孙书》，《昭代经师手简》初篇。

奉闻。”[①]可见，台拱、汪中于王敬之的学业、婚事多所关心。嘉庆九年（1804），王念孙夫人吴氏逝世，刘台拱也在病中，仍致书以示问候："月前闻执事有安仁之戚，窃不胜惊怛之至……今以中年，一旦化去，执事能无失左右手之叹？况曼卿昆仲，孝思纯笃，摧痛之余，复相感动，此不能不为执事悬切者也……台拱连年忧患频仍，衰老之态日增月益……形容之蕉萃，见者骇为非人；脉息之细微，诊者惊其欲脱。"[②]次年，刘台拱卒于家，经王引之等人疏请，刘世謩、刘台拱父子入祀乡贤祠。

刘台拱喜帮助好学之士，周济、教诲早年贫困的臧庸17年如一日。臧庸常以说经之文向台拱请益，"试质以心得，则为之击节叹赏；或有不合，必反复引喻，明其义而后已"。乾隆五十九年（1794）秋，臧庸将去武昌见湖广总督毕沅，以谋职位。台拱对他说："毕制府已巡抚山东矣，子行或先后不相值。詹事府学使阮公，吾乡人，且学友也，子其谒之？"[③]因他的介绍，臧庸结识了时任浙江学政的阮元，从此获得较好的治学环境。就此而言，台拱在江南士林中颇有声誉显然不是偶然的。

宝应朱彬是台拱的表弟，学术上曾受王念孙影响，晚年交往较多，但远不如和刘氏那样渊源深厚。追根溯源，朱彬和刘台拱具有相同的学术渊源，而且世代姻娅、交好。朱彬的祖父朱泽代娶刘氏女为妻。朱彬之父朱宗贽，字野村，恩贡生，候选直隶州州判。[④]朱彬的姑母（朱泽代之女）即刘台拱的母亲。同时，朱彬又娶刘世说之女为妻。刘世说曾中举人，选知县，生子台辅、台弼，生女五人，长女适朱彬。世说后因外孙、朱彬之子朱士彦显贵，贻赠資政大夫、礼部侍郎衔。朱彬说："吾家自高祖侍御公与刘氏缔姻……吾姑母适蓼野先生，婚姻洽比，于今五世矣。"[⑤]刘、朱五代姻娅，学术上两互切磋。朱彬受台拱的学术影响亦非常明显。

朱彬幼时常去姑母家，与台拱兄弟聚集一堂，岁时宴乐，置酒高会，

① 王念孙：《与刘端临书第二》，《王石臞文集补编》，第21页。

② 刘台拱：《与王念孙书》，《昭代经师手简》初篇。

③ 臧庸：《刘端临先生遗书书后》，《刘氏遗书》卷末，第2页。

④ 朱为弼：《赠吏部尚书郁甫朱公墓志铭》，《蕉声馆文集》卷八，第22页。

⑤ 朱彬：《表弟刘保临七十寿序》，《游道堂集》卷三，《清代诗文集汇编》第437册，第624页。

辨论峰起。朱彬13岁时，读家藏《方望溪集》，十分喜好，推为北宋诸家后第一。台拱说："子未见明儒归震川文，使子见之，当不啻也。"[①]他遂从台拱家借《震川文集》，读而好之。两人一起砥砺学业，读宋、明儒书，究心理学。朱彬崇慕宋儒的"居敬穷理"功夫，说"幼年与端临从事于此，自审未能窥其樊，端临尔时已择之精而守之固。后各从事于经学，此事遂废"。[②]朱彬、台拱都曾受朱泽沄、王懋竑的学术熏陶，经历了从宋学向汉学的转变。朱彬自认为理学修养不如台拱深厚，但二人"相与砥励，同为训诂声音文字之学"。[③]他们始终尊崇宋学，即使转治汉学，也不訾议宋儒。朱彬勤学不倦，而著述晚成。台拱曾作《经传小记》，注重考释文字，其治学路径对朱彬有所启发。嘉庆十年（1805），台拱卒后，朱彬致书王念孙：

> 端临自去秋积劳成疾，寒热间作，岁杪甫得告平。顷接家言，渠入夏转剧，五月廿二日弃人间，海内通人又弱一个。先生闻之，必当为唤奈何也！彬少小相依，骨肉兄弟之爱，数十年如一日，痛何可言！……俟秋凉返里，辑其遗文，就正有道，亦后死者之责也。[④]

其后，朱彬撰《刘端临先生行状》，记述其一生治学、为人和交游。朱彬也兑现了诺言，为编辑台拱的遗书多所尽力。道光十年（1830），朱彬致信王引之："日来为端临编录《论语注》一书，《荀子》《汉书》各一书，礼当写定，可以慰我良友。其平生札记于经传上端者甚多，开岁当诣其几案，一一签录。"[⑤]几年后，《刘氏遗书》在亲家阮元的帮助下付梓。据刘台拱的外孙阮恩海云：嘉庆十年（1805），阮常生奉父亲阮元之命赴宝应奔丧，"并取其遗书《论语骈枝》《荀子补注》《汉书拾遗》凡三卷，公之弟建临先生及同里朱武曹先生编录，吾祖审定付刊，

① 朱彬：《与陆祁孙书》，《游道堂集》卷二，《清代诗文集汇编》第437册，第610页。

② 朱彬：《与叶子云书》，《游道堂集》卷二，《清代诗文集汇编》第437册，第607页。

③ 朱为弼：《赠吏部尚书郁甫朱公墓志铭》，《蕉声馆文集》卷八，第22页。

④ 朱彬：《与王念孙书》，《昭代经师手简》初篇。

⑤ 朱彬：《与王引之书》，《昭代经师手简》二篇。

世所行《端临先生遗书》也”。[1]后来台拱之弟建临及侄子又补刊续编，成《刘端临先生遗书》8卷。

刘台拱、汪中的学术渊源存在较大差异。刘氏传承理学，而汪中推崇清初顾炎武等经学家，但这没有妨碍其密切交往。乾隆三十七年（1772）九月，汪中赴泰州应拔贡试，寓居幻竹庵。当时朱彬亦在其父陪同下来应试，与之同寓。朱彬盛赞表兄台拱学行之美。此时，台拱亦来泰州，汪中因往拜访，遂定交。是年九月二十七日，汪中致函台拱：“中与端临闻名而思，既见而恨其晚。相聚数日而遽别，离群之感，日为惘然。而念他山攻错之义，诚使德行学业表著于后世，而人得知其相观而善之美，则今日之遇，乃非偶然。百年易尽，而天地无穷，视此一日之离合，又不足云也。”[2]《新编汪中集》所收书信中，有六通致刘台拱，为数最多，其实数还远不止此。汪中继娶宝应朱氏女，即朱彬的伯父朱光弼之女，朱毓楷的胞妹，也是台拱的表妹。乾隆四十一年（1776）汪中致台拱的书信提到：“县考后，当同令表妹来宝应，恐其时足下不得家食也。”[3]

汪中恃才傲物，多招物议；台拱讲求内圣功夫，涵养宁静，二人个性不同，故汪中说：“往者人之立言，其始则摧我以求胜，其卒归乎毁方以媚于世，此适足发吾之激昂耳。刘君欲吾养其德性，而无骋乎血气，使吾反之见其所不足，而茫然失其所恃，此吾所以服也。”[4]刘、汪为文章道义之交，性格不同而交谊深厚。汪中卒后，台拱为之校阅遗集，并予褒扬：“博闻强记，通知古今。才、学、识三者皆有以过人。为文钩贯经史，熔铸汉、唐，闳丽渊雅，卓然自成一家。”[5]台拱对汪中遗孤爱护有加，“喜孙有过，匡戒之；有善，奖谕之；有急难，保护安全之，喜孙赖以成立”。[6]

因学术同好，加之王念孙的关系，刘台拱与晚年定居苏州的段玉裁

---

① 阮恩海：《刘端临先生遗书书后》，《刘氏遗书》卷末，第3页。

② 汪中：《致刘端临书之一》，《新编汪中集》，第430页。

③ 刘文兴：《刘端临先生年谱》，《扬州学派年谱合刊》上册，第206页。

④ 汪中：《致刘端临书之一》，《新编汪中集》，第430页。

⑤ 刘台拱：《容甫先生遗诗题辞》，《新编汪中集》，第489页。

⑥ 汪喜孙：《书端临先生遗书后》，《汪喜孙著作集》中，第862页。

往来密切。刘盼遂辑《经韵楼集补编》收有段氏至台拱书札31通，为“补编”所收书札数量之冠，这还不是全部。这些书札有的谈家事、生活，如段氏云：“弟坛邑事糜烂不可言（按，当指因在家乡迁葬引起的官司——引注），苏州买屋略佳者需四五千金，量力而行，甚难合式。再，日用之物翔贵，居此大不易也。”[①]段氏还为嫁孙女事托台拱帮忙：“弟女孙年十八，尚未许字，苏州所说或过富，或过贫，皆有不便之处。而苏风太侈，故弟尤虑之。镇江倘有能作时艺不甚窘者，祈大兄为择一人。弟办嫁尚可，不至甚薄也。女孙德性安重，读书识字，弟甚爱之，祈留意焉！”[②]

段玉裁也将访书、治学的收获随时告知台拱：“正月内得手书，深荷关切……苏州古书络绎而出，近有得《仪礼》单行疏者，得北宋本《汉书》者，得宋板《左传释文》《礼记释文》者，得宋板《群书音辨》可校正张刻者，得明道二年《国语》影抄者。”[③]台拱深于《说文》《仪礼》，名重学界。他劝段氏精研《说文》，段回信云：“承尊意命完《说文》，此非一人帮做，一人帮写不可，幸为我筹之。在东既从楚归，请之易易，其写者亦祈筹之。但总须《仪礼汉读考》成后，乃能动笔。”[④]乾嘉之际，台拱较之段、王诸老仍算年富力强，对老友们的研究工作也多方帮助。现存段氏致台拱的数十通书札中，不少是讨论《说文》等书的见解。段氏也期望随时阅读、汲取台拱见解，曾致信云：“足下《仪礼疏义》得几许，毕竟足下精力远胜于弟，不可容易过去也。于《说文》有妙契独解处，祈札示之，以备采入。”[⑤]显然，刘、段是互相勉励的学友，而段氏《说文》学成就也曾得益于台拱的帮助。

因为王念孙的关系，刘台拱也交好李惇。李惇曾致信云：“惇因衰病侵寻，进取之念既灰，著述之心亦懒，并妻子之情亦淡。惟朋友之爱不能忘怀。如足下及易田、怀祖、容甫诸君，惇一得侍便神志飞舞，终日不

① 段玉裁：《与刘端临第五书》，《经韵楼集补编》卷下，第3页。

② 段玉裁：《与刘端临第十五书》，《经韵楼集补编》卷下，第9—10页。

③ 段玉裁：《与刘端临第七书》，《经韵楼集补编》卷下，第4页。

④ 段玉裁：《与刘端临第八书》，《经韵楼集补编》卷下，第5页。

⑤ 段玉裁：《与刘端临第十六书》，《经韵楼集补编》卷下，第10页。

语而性情亦适。”[①]其情谊于此可见。对于台拱兼采宋学的倾向，汪中、李惇不以为然。汪中致书台拱：“李君相见时，每以足下笃信宋人之说为恨。君子之学如蜕然，幡然迁之，未审比来进德修业，亦尝发寤于心否？示知为望。”[②]但台拱并没有因为汪、李排斥宋学而改变学术倾向，且宝应刘氏兼采宋学的特色传之后代。

汪中曾向焦循称誉刘台拱的学问。故焦循作《群经宫室图》之后，特呈前辈刘氏请教，书云：“循谓经学之道，亦因乎时。汉初，值秦废书，儒者各持其师之学。守之既久，必会而通。故郑氏注经，多违旧说……近时数十年来，江南千余里中，虽幼学鄙儒，无不知有许、郑者。所患习为虚声，不能深造而有得。盖古学未兴，道在存其学；古学大兴，道在求其通。”[③]或许因为年龄差距，刘、焦往来书信不多，而焦循追求博通的主张适应了嘉庆以后的潮流，并且刘、焦及阮元等人在根柢于汉学，而又兼容宋学方面互相呼应。

刘宝楠的交游

刘宝楠幼习诗书，其母乔氏的高祖乔莱，《宝应县志》有传：乔莱，字子静，号石林。康熙进士，试博学宏词一等，改授翰林院编修，升翰林院侍讲、侍读，纂修《明史》，充实录纂修官。“以国书译汉文，独能曲畅本旨，语简而事详。”于成龙出掌河务、水利时，“恒以地方利弊相咨访，莱必直言无隐”。[④]宝树、宝楠兄弟幼年接受严格的母教，宝树还从母舅乔研农受业。乔先生少孤力学，补博士弟子员，以授徒为生，循循善诱，人皆亲近。又喜作诗文，“曾著《明史竹枝》百余首，于有明一代政事得失，了如指掌”。[⑤]不过，宝楠兄弟学术上受外家影响相对较小，

① 汪喜孙：《容甫先生年谱》，《新编汪中集》（附录一），第23页。

② 汪中：《致刘端临书之四》，《新编汪中集》，第436页。

③ 焦循：《与刘端临教谕书》，《雕菰集》卷十三，第25页。

④ 《人物志·列传下·乔莱》，《民国宝应县志》卷十二，《中国地方志集成·江苏府县志辑（49）》，第181—182页。

⑤ 刘宝树：《母舅乔研农先生七十寿言》，《娱景堂集》卷中，《宝应刘氏集》，第78页。

主要是传承家学。

刘宝楠的《念楼集》有几十篇记录交游的诗文，其中福建宁化人伊秉绶为早年“受知师”。伊氏为乾隆进士，嘉庆十年（1805）出任扬州知府，为政勤勉清廉。嘉庆十一年（1806），宝楠16岁，得到伊秉绶赏识，视为意外恩宠，终身师事之。宝楠自称“由是孺子名，稍稍供谈宴”。[①]但宝楠成进士前的20多年，除了给阮常生当过两年幕僚外，一直专注于授徒、治学，自称“屏绝形声夷与希，科头含笑似忘机。年来不作南柯梦，自署江淮大布衣”。[②]后来自称：“仆性疏好静，拙于交游，然一艺之善，终身不忘；一技之长，赞不去口。非以邀名，情不能已。是以褰裳所至，得其欢心；而市井面朋，江湖皮相，闻名而思。既见而喜，周旋既积，谤嫉渐生，美始恶终，所如不合。至于文章道义之友，此生不过数人。”[③]这反映其早年治学、交友的基本情形。他一生学友包括伊念曾、汪喜孙、阮亨、阮常生、陆小严、黄竹云、黄盛修、薛传均、金欣望、梅蕴生、王豫、丁晏、杨铸等人。刘宝楠与仪征刘文淇、福建陈庆镛尤为交好，故刘宝树的诗文也有刘、陈序言，如刘文淇云：“忆余因楚桢纳交于君几二十年，君尝往来郡城，每与谈论，偶出所作诗示余，既为之序其《鹤汀诗钞》矣，而绝口不谈经史。身没之后，余得读君遗集，乃知其于经史之学至为深邃。”[④]

刘宝楠、刘文淇学术上多得切磋之益。文淇之父刘锡瑜，通医术，泛读儒书而不事举子业，援例入国子监，享年92岁。文淇的舅父凌曙，扬州江都人，少孤贫，发奋读书，著《公羊礼疏》等书。文淇少时亦从学于舅父，青年时即以淹通经史而知名江淮间。宝楠为诸生时，曾在宝应城中课徒授业，因从学者渐多，遂于嘉庆二十三年（1818）在扬州设馆，与文淇相识、交好，人称“扬州二刘”。宝楠于道光二年（1822）再回宝应设馆，道光三年（1823）迁仪征，道光六年（1826）再来扬州。“九

① 刘宝楠：《纪遇诗，为故守伊墨卿师秉绶作》，《念楼集》卷一，《宝应刘氏集》，第146页。

② 刘宝楠：《自题小像》，《念楼集》卷三，《宝应刘氏集》，第197页。

③ 刘宝楠：《答某书》，《念楼集》卷六，《宝应刘氏集》，第268页。

④ 刘文淇：《娱景堂集序》，《青溪旧屋文集》卷六，第12页

年之间，凡四迁。”与文淇相“邻者且七年，朝夕相见，两人相资益者实多”。[①]宝楠的诗作于此多有记载，其中云：“夙昔同岁生，与君交尤密。僦屋为君邻，卤莽定家室。过从日五三，意气倾胶漆。相赏有真诠，可否不轻必。闭门望千古，殚心事纂述。我行学已荒，君居愿可毕。”[②]他怀念与好友切磋学术的岁月，虽忙于求功名、作县令，却羡慕好友的著述生涯。刘文淇曾以所撰《左传旧疏考证》稿请宝楠指正，并致书云“承荷校勘谨严、精确，获益良多”。宝楠在卷首的签注被其他学友评为“语语允当，可称良友”。[③]嘉庆二十四年（1819），“扬州二刘”同时选为优贡生，入国子监读书，其友丁晏云：

> 孟瞻长余五岁，楚桢长余三岁，交久且敬。淮、扬相距三百里，书翰往来，皆以学问相切劘。每至大比之岁，聚首省会，朝夕过从，或公车同行，讲贯无虚日。孟瞻著书满家，四旬外即不应科目，以明经老，肖然为江左经师。楚桢，道光庚子进士，筮仕文安县，以儒术课治，绰有循吏之称。[④]

“扬州二刘”早年切磋学术，也多次一同应举，亲密无间。文淇于道光十一年（1831）写道：“辛卯秋赋，与楚桢同寓金陵，计前后省试已十一次，与楚桢同寓亦五次矣。相约此后，闭户著书，不复应举。”[⑤]其后，刘宝楠以优贡生中道光十五年（1835）举人，成进士后任县令，刘文淇则以秀才终老书斋。二刘晚年显示了各自的学术特征。刘文淇考证《左传》，擅长汉学，专注学问；刘宝楠治汉学而不排斥宋学，晚年走上仕途，更关注经世致用。他曾在收阅刘文淇的书信后题签：

> 孔曰博学，亦曰征文。道以文积，业以学分。吾宗孟氏，综贯典

① 刘文淇：《刘楚桢江淮泛宅图序》，《青溪旧屋文集》卷四，第8页。
② 刘宝楠：《将之当涂，留别刘孟瞻》，《念楼集》卷三，《宝应刘氏集》，第187页。
③ 刘文淇：《与刘楚桢书》，《青溪旧屋文集》卷三，第10—11页。
④ 丁晏：《念楼集序》，《刘宝楠集·念楼集序跋》，《宝应刘氏集》，第125页。
⑤ 刘文淇：《别号舍并序》，《青溪旧屋文集》卷十一，第2页。

坟。百家传注，能治其棼。昔同里巷，辩论纷纭。今也离居，孤寂无群。昨得尺素，温籍殷勤……月满中天，微风生云。中夜徘徊，不能忘君。[①]

在刘宝楠的交游中，汪喜孙也是值得注意的人物。刘、汪为世交，性格不同的刘台拱、汪中是终生好友。道光二年（1822），喜孙在农部任职，宝楠曾馆于汪家，教其子保和读书。后来宝楠在扬州作诗忆旧：

万卷书堂月满帷，挑灯浇酒夜谈诗。十年鹿梦留前迹，三匝乌飞失故枝。愧我无家工作客，羡君有母得为儿。丰台红药春如海，想见轩舆侍立时。[②]

馆于汪家时，宝楠读了程瑶田的《通艺录》，赞许其《九谷考》对禾、黍、稷三种考证精审，而惋惜程氏对麦、豆、麻考证流于阙略，乃于授徒之暇，撰《释谷》一书，广引群书，旁推交通，对程著有所补充。是书于道光二十年（1830）由其次子恭冕校写成帙，厘为4卷。[③]

汪喜孙与刘宝楠往来书札多论学术。喜孙认为，宝楠"其学近于郑君，于天文、地学、名物最核"，《毛诗》故训"千年无传人"，"楚桢可不勉哉？"[④]他将一些整理后的汪中手稿转呈刘宝楠，并谓"记室藏之名山，传之其人，幸甚！"[⑤]喜孙之母朱氏逝世后，因"遵制入城治丧，世俗浮靡，叩之刘明经宝楠，始克成礼"。[⑥]汪、刘不仅学术上交流濡染，而且同讲德性之学，砥励品行。二人均任下层官员，涉足杂务，而清

① 刘宝楠：《月下得孟瞻书感赋，时自都中将赴保定》，《念楼集》卷四，《宝应刘氏集》，第212页。

② 刘宝楠：《郡城过汪孟慈舍人故宅，即寄孟慈都中》，《念楼集》卷二，《宝应刘氏集》，第154页。

③ 刘宝楠：《释谷序》，《释谷》卷首，咸丰五年刊本，第1页。

④ 汪喜孙：《与刘孟瞻书（二）》，《汪喜孙著作集》上，第164页。

⑤ 汪喜孙：《与刘宝楠书（一）》，《汪喜孙著作集》上，第178页。

⑥ 汪喜孙：《丧服答问纪实》，《汪喜孙著作集》中，第548页。

廉自守。喜孙致信云："回念少小以来，所历之境，盐务、户部、仓场，皆腥羶之地。清夜扪心，白水旌信，虽鹰瞵鱼腭，狼噬虎吞，日肆干戈，身罹罗网，竟不得纳诸沟壑，诬以赃污，究是义命自安，天日可鉴。此身易辱，此志难移，金石能销，江河不废者也。"[①]喜孙卒后，宝楠为撰墓表，对其知怀庆府期间的勤政事迹罗列详尽，称其"勤恤民隐，孜孜不倦"。"以劳致疾，卒官。"[②]

刘宝楠精研群籍，而善作诗。生平诗文收为《念楼集》8卷，前4卷均为诗作；《念楼外集》也有相当篇幅的诗作。诗人梅曾亮致书赞云："阁下之文，渊雅翔实，而诗则清远华妙。文人有一长者，或好用长于不宜用之地，则见短矣。能者兼之，是为难也"。[③]他还认为："其诗磊落直致，或跌宕清妙，怡人心神。凡生平之所撰述，一空其迹。吾向知楚桢之为学人，今乃益知其为诗人也。"[④]

刘宝楠兼为学人和诗人，诗文均不乏思想。其诗清新自然，情感质朴，题材广阔。有的记录了作者的生活经历、友朋聚散和仕途心境；有的描写自然景物，情景交融；有的感咏历史，有的深入现实社会，记录民生的艰辛。关于作诗之感想，宝楠之子云："家君论为文之法曰'切'，曰'洁'。切在命意，洁在修辞。又尝自谓：文如春水触矶，不风自浪；虽无江河浩瀚之观，而有动宕纡回之致。诗有性情肫挚处，自觉惊心动魄，咄咄逼人。"[⑤]他的诗虽不乏花前月下、友朋应酬和思乡之作，但有些则以质朴的语言，阐明自己对自然现象和事物的见解，如云：

> 橘枳同根，南北异实。燕、越同民，刚柔异质。马有千里，亦有驽骀。草有芝兰，亦有蒿莱。鸱不害凤，虎不伤麟。河、济合流，兰

---

① 汪喜孙：《与刘宝楠书（二）》，《汪喜孙著作集》上，第180页。

② 刘宝楠：《清故中宪大夫、钦加兵备道衔河南怀庆府知府汪君墓表》，《念楼集》卷十，《宝应刘氏集》，第360—361页。

③ 梅曾亮：《复刘楚桢书》，《柏枧山房全集》卷二，《续修四库全书》影印咸丰六年刊本，第19页。

④ 梅曾亮：《刘楚桢诗序》，《柏枧山房全集》卷七，第8页。

⑤ 刘恭笏等：《念楼集书后》，《刘宝楠集·念楼集序跋》，《宝应刘氏集》，第124页。

莠同春。见兽一毛，不知其皮。自智者愚，自是者非。相彼廄马，疴痒相啮。雏鸡呼食，乐群不越。我无双翼，不羡飞鸟。我非游鳞，不慕池沼。[①]

此类文字蕴含了丰富的哲理，也折射出作者的人生观，有助于解读其既置身官场，又常思归田的复杂心态。

刘宝楠重视刻书，作县令时曾致函朋友："春海先生《尚友录》，弟未见用，和诗已寄京否？竹云诗已刻未？吾郡文学王广陵在北宋乃卓然大家，乡人竟未有刻其集以传之者，阁下当力任之。"[②]他著述丰富，而生前刊行者仅有《释谷》4卷以及所编《清芬集》10卷。自著诗文《念楼集》、考释经史的《愈愚录》《汉石例》《宝应图经》等都没有刊版，仅以稿本、钞本流传。有的至光绪年间才有刻本，自著诗文集《念楼集》则直到当代才有刊本。同光之际，有学者感慨"数十年来，每以未睹其著作为憾"。[③]究其原因，当然包括刻书费用的限制。刘氏以学术传家，而官职不过县令、教谕，且清廉自律。清中期，县令年俸多者60两，少者45两。为了维持生计，清廷允许州、县官从地方征收的溢额（附加费）中取支"养廉银"，主要用于办公开支、胥吏的工食银及幕友的薪酬，但大多数知县的养廉银每年在500两到1200两之间。"一个州县官的全部薪水几乎不够给幕友付酬。"[④]教谕、训导为正、从八品，俸银仅40两，[⑤]且无"养廉银"，不可能像封疆大吏那样刊印个人著述。事实上，举人以下的士子几乎都只能以设馆授徒、为人作幕宾或校书谋生。倘若没有刘恭冕殚精竭虑地继承父志，则刘氏《论语》学也会如仪征刘氏《左传》学一样成

① 刘宝楠：《杂诗》，《念楼集》卷一，《宝应刘氏集》，第141页。

② 刘宝楠：《刘宝楠致董恂》，《小莽苍苍斋藏清代学者书札（修订本）》（中），第546—547页。

③ 匡源：《汉石例序》，参见刘文兴《刘楚桢先生年谱》，见《扬州学派年谱合刊》下册，第748页。

④ 瞿同祖：《清代地方政府》，范忠信等译校，法律出版社2003年版，第41—42页。

⑤ 清代品官的俸银及非正式经费收支，详见（美）曾小萍的《州县官的银两——18世纪中国合理化的财政改革》，董建中译，中国人民大学出版社2005年版，第25—67页。

为未竟之业。

刘恭冕与《论语正义》的刊行

刘宝楠的次子恭冕传承了《论语》学和交游脉络。如与恭冕交好的宝应学者成孺（原名蓉镜，1816—1883），字芙卿，晚号心巢。事母至孝，30岁以后绝意科举，以诸生终。其治学“凡三变，二十攻词章，三十攻考证，四十攻义理”。[①]成孺著述甚丰，其义理之学折衷于程、朱，与弟子论学，也以主敬穷理为宗，而又操履敦笃，耻为空言，晚年论学尤以朱子为宗。他虽重义理而兼治考据，“尝为楹帖云：求是即通儒，为义理，为训诂，为典章，门户何分汉宋？希贤无异道，曰周程，曰张邵，曰朱陆，躬修不外伦常”。[②]这与宝应刘氏兼采汉、宋的特色相似。成孺与宝应刘氏关系密切，学术上相互影响。同治年间，张文虎、刘毓崧、刘恭冕、戴望、刘寿曾等人先后在金陵书局校书。七年（1868）正月，刘恭冕回书局时，偕成孺一起拜访了张文虎。[③]其后，成孺与书局学者交往增多，并于同光之际入局校书。光绪六年（1880），成孺主讲长沙校经堂，创博文、约礼两斋，造士众多，其著者有曲阜孔广牧、金坛冯煦等。

刘恭冕的至交学友是仪征刘氏一家。刘宝楠任知县后，不能专心治学，《论语正义》未能完稿。刘文淇曾致书恭冕：“淇现为岑氏校刻《舆地纪胜》及朱武曹先生《礼记训纂》，均约于春、夏间可以竣事。终日碌碌，未遑自理旧业。每念英俊勤于编集，深为健羡。《论语疏证》，尊甫已有长编，足下能继述盛业，不使高邮父子专美于前，是所望也。”[④]高邮王氏为三代名宦，所著四部考证之作均在生前刊版，也令士人钦慕。刘文淇以此勉励恭冕，何尝不是对自家《左传》学的感慨！

---

① 冯煦：《成先生行状》，《蒿庵类稿》卷二十四，《近代中国史料丛刊》初编，第三十三辑，第328册，第1页。

② 《人物志·列传下·成孺》，《民国宝应县志》卷十二，《中国地方志集成·江苏府县志辑（49）》，第192页。

③ 张文虎：《张文虎日记》（同治七年正月二十三日），上海书店出版社2009年版，第124页。

④ （日）小泽文四郎：《刘孟瞻先生年谱》，见《扬州学派年谱合刊》下册，第679页。

咸丰六年（1856），恭冕入安徽学政朱兰幕，为之校核李贻德的《春秋贾服注辑述》稿本。在校正文字之外，还为该书“移补百数十事”，令朱兰叹服。在校书生涯中，他与刘文淇之子毓崧交往密切。恭冕拟撰《毛诗释例》，致书毓崧云：“伯山足下，昨得复书，知近候佳胜，为庆。弟比以天热，校书所好轩，修篁翳日，颇娱清览。每得一疑谊，深苦识人不多，无从质难，今略具数事，为足下陈之。”①恭冕提出请益的问题涉及《诗经》文字和对焦循解释的质疑。毓崧则回复长信以述己见。②刘毓崧的功名只是优贡生，能传父学，专研《左传》而旁及诸子。“精于勘校，友人有所述作或刊刻，多质君乃定。”“与朋友交，劝善惩过，终始不渝。”③殁于同治六年，年仅50岁，刘恭冕为撰墓志。

至同治五年（1866），刘恭冕已基本续完《论语正义》，并注疏了《论语序》，修订全书。他于是年三月撰成《后叙》，请父执陈立作序，同年冬又请冯志沂题签，④下一步就是刊印行世了。同年三月，朱兰离学政任，迁内阁学士兼礼部侍郎衔，不久即归田。恭冕一时无所归依，谋职无门。恰在此时，曾国藩创办金陵书局，继《船山遗书》之后续刊经史书籍。据《张文虎日记》，同治五年（1866）十一月底，由“朱久香（兰）学使荐刘叔俛入书局”。⑤恭冕与已在书局的张文虎、刘毓松及随后入局的戴望等人分校经、史书，他承校《后汉书》。

曾国藩开府江宁，幕中吴廷栋、何慎修、涂宗瀛、杨德亨、方宗诚、陈艾等人宗宋学，而校书者张文虎、唐仁寿、戴望、刘恭冕、刘寿曾等人则治汉学，“所主既绝殊，交攻互讥，犹凿枘之不入”。⑥校刊经史是曾国藩重建儒学的举措。书局规模不过六七人，却时常得其垂顾。久在曾幕的朱孔彰（朱骏声之子）“落花碧草冶城东”诗注云：“公移书局于冶城

① 刘恭冕：《与刘伯山书》，《广经室文钞》，《宝应刘氏集》，第586页。

② 见刘毓崧：《与刘叔俛书》，《通义堂文集》卷二，第39—42页。

③ 刘恭冕：《清故优贡生刘君墓志铭》，《广经室文钞》，《宝应刘氏集》，第590页。

④ 冯志沂，道光进士，山西代县人，卒于同治六年（1867）四月。

⑤ 张文虎：《张文虎日记》（同治五年十一月卅日），第72页。

⑥ 冯煦：《清故两淮盐运使洪公墓志铭并序》，《蒿庵续稿》卷三，《近代中国史料丛刊》初编，第三十三辑，第328册（4），第40—41页。

山，延博雅之儒校雠经史，政暇则肩舆经过，谈论移时而去。”[①]曾氏的幕府和书局也大体成为江宁兼容汉、宋的象征。

校书者虽有学问，却是科场失意之士，功名多不过诸生。当时，科举之途对芸芸士子依然是狭窄而残酷的。恭冕最初与书局之外的张慎卿同住。同治六年（1867）秋闱时，张氏告诉张文虎等人，“头场病死试士数人，有一人以铜笔杳刺心而死，一人以刀剖腹死”。[②]这则传闻未必完全属实，却不是空穴来风。科举对贫寒士子的压力在《儒林外史》中已有淋漓尽致的揭露，也一再见诸士人笔端。比如，潘德舆记道光元年（1821）的秋闱：“号中某生吐泻不止，监临遣医来针之，僵卧号舍中，不肯纳卷出。省下此症极多，二场某生以此死号中。病而舁出者累累也。”[③]这种状况至同治以后未变，乃致与科举相始终。对于失意诸生，能入局校书不失为谋生良机。当时，江宁饱经太平天国兴亡的战火，满目疮痍，也透露出凄凉和阴森。江宁的老名士汪士铎在劫后惊魂未定，曾告诉恭冕等人，在金陵书局的旧屋里，“有人在楼上遇缢鬼几死”。但张文虎说，自己“居此屋二年余，未尝有鬼魅之说，恐属附会”。[④]张文虎可以不信，而这些远离家乡的寒士们仍不免忐忑不安。幸亏在曾国藩的关照下，金陵书局于同治六年（1867）三月迁入飞霞阁新屋，校书之事也顺利开展起来。

在书局数年，刘恭冕长期与戴望同屋而住，成为忘年学友。戴望是曾氏得意门生俞樾的表侄，曾从宋翔凤治今文经学，援今文经学作《论语注》。他认同魏源等今文家通经致用的路向，曾致书朋友云：“征诸古训，求之微言，贯经术、政事、文章于一，则救世弊而维圣道者将在于此。”[⑤]这已表明其治学心志。戴望宗汉学，而反对汉、宋调和。“性倨傲，门户之见持之甚力，论学有不合家法者，必反复辩难而后已，人

① 朱孔彰：《题江南曾文正公祠百咏》，光绪十三年初刊、1935年朱师辙补刊本，第41页。

② 张文虎：《张文虎日记》（同治六年八月十三日），第100页。

③ 潘德舆：《潘德舆家书与日记（外四种）》，凤凰出版社2015年版，第76页。

④ 张文虎：《张文虎日记》（同治六年十一月十四日），第113页。

⑤ 戴望：《戴望致张星鉴》，《小莽苍苍斋藏清代学者书札（修订本）》（下），第932页。

故忌之。”[①]后来刘师培云：湘军克复金陵后，“公卿慕儒术者，多伪托宋学以投时尚、博声誉。先生壮罹兵阨，客游江南，其所讲肆，多与世违。一时卿士大夫虽跻先生雅才之右，及论学辄牾龉不相合。而先生特立独行，竟以此不克申其志”。[②]同治十一年（1872）二月，曾国藩卒于两江总督任，金陵书局步履维艰。虽然曾、戴二人学术倾向不同、地位悬殊，但戴望此时如失林之鸟，致书张星鉴云：“因曾文正公之变，感其生前以文字相知，中心郁悼，心火上炎，遂患喉病。频年境遇奇窘，又加以悼逝伤离，令人不堪回首，此多病之所由来……此间自曾侯薨逝，不堪依恋，将舍此它去，而资斧告匮，无以为计，不得已且作桑下之宿，然终非久策。”[③]戴望还未来得及离开，便于同治十二年（1873）二月病卒于书局，年仅37岁。

刘恭冕在书局的另一好友是刘毓崧之子刘寿曾，字恭甫，同治、光绪间两中副榜举人。同治初年，刘毓崧即已入书局校书，为曾国藩器重，不幸于同治六年（1867）八月病卒。是年十二月，刘寿曾受曾国藩之招，入书局继续校书，“所校者多官书”。此外，又曾修《江都县志》，与汪士铎等纂修《江宁府志》。[④]他“旁搜博览，见闻日扩”，“乃发愤以继志述事为任”。但他的《左传》疏仍未撰成，且于光绪八年（1882）七月溘然而逝，年仅45岁，[⑤]留下《传雅堂集》等手稿。

那些年，刘恭冕不像张文虎、戴望长住书局，多在农历腊月回宝应，正月以后才回局。对于书局及江宁士大夫的茶话、雅集，恭冕也不像戴望、刘寿曾那样频繁出席。但对曾国藩的“招饮”，他几乎没有缺席。他较之戴望等人的幸运之处或许是择机离开了书局。同治六年（1867），李鸿章转任湖广总督，但仍在军营“剿捻”。同治八年（1869）二月兼署湖

① 张星鉴：《戴子高传》，《仰萧楼文集》，第74页。

② 刘师培：《戴望传》，《谪麐堂遗集》卷首，第3页。

③ 戴望：《戴望致张星鉴》，《小莽苍苍斋藏清代学者书札（修订本）》（下），第933页。

④ 汪士铎：《墓志铭》，刘寿曾著《传雅堂集》卷首，第2页。

⑤ 刘恭冕：《刘君恭甫家传》，《续碑传集》卷七十五，《近代中国史料丛刊》初编，第九十九辑，第989册，第9页。

北巡抚，张之洞任湖北学政，倡兴文教，在文昌书院之上创设经心书院，仿杭州诂经精舍，以经学造士。刘恭冕应李鸿章之请，于同治末年主讲经心书院，专课经训，以朴实学风训导诸生。

1933年，刘恭冕的侄孙刘文兴提到《论语正义》的早期版本：恭冕于“同治丙寅告成，适应曾文正聘，校书金陵，遂以付刊，后取板置于家，孙某售之金陵书估。先是，王先谦刻《皇清经解续编》亦曾列入，故是书有二刻。又案：此书另有黄冈范氏重刻本，世不经见，孟徵先伯亦未言及，去岁日本京城帝国大学教授藤塚素轩先生来华，过访相告，始获知之”。[①]

不过，刘文兴的说法仍待辨析。《皇清经解续编》始刻于光绪十二（1886）年，十四年（1888）刻竣，其中《论语正义》并非初刻本。黄冈范氏本也是在初刻本之后，据范氏跋云：刘恭冕主讲经心书院时，范华封“得交其嗣君子芳，悉先生之学。读所著《广经室文钞》，已非近世俳优轧苗之比。《正义》一书，同志尤争购之。原板为先生携归，华封乃出子芳向所持赠者，畀之梓民，用广其传焉”。[②]可见，范氏刻本是在学者争购《论语正义》后重刊，而该书原板已为恭冕携归。

刘文兴说同治五年（丙寅，1866）该书已经“付刊”。而且，中国国家图书馆等地藏有“同治丙寅冬代州冯志沂署检”的《论语正义》刊本。刘恭冕撰于同治五年三月的《论语正义》“后叙”云：该书到同治四年（1865）“之秋而后写定，述其义例，列于卷首。继自今但求精校，或更得未见书读之，冀少有裨益”。[③]显然，该书“写定”之后，并没有立即刊行。

对此，台湾学者陈鸿森曾以陈立《论语正义序》、李慈铭《越缦堂日记》、陈澧《复刘叔俛书》、刘恭冕《刘君恭甫家传》等文献为据，认为刘恭冕在同治五年（1866）春撰成该书《后叙》后并未随即付印，仍续为搜讨。陈立卒于同治八年（1869）十二月，其序文说明《论语正义》彼

① 刘文兴：《刘楚桢先生年谱·附著述考》，《扬州学派年谱合刊》下册，第735页。

② 刘文兴：《刘楚桢先生年谱·附著述考》，《扬州学派年谱合刊》下册，第737页。

③ 刘恭冕：《后叙》，《论语正义》，《诸子集成》（1），第435页。

时尚未刊版。陈澧《复刘叔俛书》也可见刘恭冕在同治年间仍在搜集最新成果。这些旁证了当时该书尚未刊印。且刘恭冕撰写《刘君恭甫家传》时云："先君子所作疏已及大半，授冕续成之，光绪初梓行。"[①]故他认为，其刊行"实在光绪之初。此为当日相约著书诸君，最先梓行者"。[②]

但陈氏的考证似乎未被研究者接受，其后一些出版物仍沿袭同治五年（1866）已有刻本。《续修四库全书》影印南京图书馆藏《论语正义》仍标明"清同治"刻本。[③]近年的博、硕士论文中，沿用旧说者不一而足，故对此有必要再加申述。如前所述，刘恭冕的《刘君恭甫家传》已提到"光绪初梓行"《论语正义》。如果作者回忆有误，则近年笔者所见其他材料也清楚地说明：《论语正义》印行于光绪初年而非同治年间。最近出版的田家英《小莽苍苍斋藏清代学者书札》收录了刘恭冕致刘寿曾的六通书札，其二云：

> 《论语疏》未刻十一卷现已陆续谋付刊，计明岁当可毕工。从前奉赠数卷中有冕所评《论语》，乞即钞寄，将来仍须剜改，或抽换数叶方好。《春秋大义》凡例三则呈教……郭中丞俟新抚接印即南归，刘鹭汀先生亦欲归去，此间讲学之友无一人，只门下聪俊者尚可与言，冕劝其分经史习之，未知将来能有成就与否？陈卓人先生《白虎通》何时可刻竟？其遗稿曾付刊否？前所作《论语疏序》尾仍需增数语，文气方足，特另写一通，望阅后即交子绶兄，刻文时可照此本也……[④]

其三云：

---

① 刘恭冕：《刘君恭甫家传》，《续碑传集》卷七十五，《近代中国史料丛刊》初编，第九十九辑，第989册，第10页。

② 陈鸿森：《刘氏〈论语正义〉成书考》，台北，《中研院历史语言研究所集刊》第六十五本，第三分，第506页，1994年。

③ 见《续修四库全书·经部》第156册，上海古籍出版社影印本。

④ 刘恭冕：《刘恭冕致刘寿曾》（第二通），《小莽苍苍斋藏清代学者书札（修订本）》（下），第803—805页。

> 八月间舍亲吴大琴轩回南京，属其带呈一信并《论疏》十二部托存书局代售，此信想早得达……此间明岁拟续纂通志（中丞昭勇决只，制军意不知若何），闻当事亦欲延吾兄分任斯事，到时当有书奉邀，弟及张联翁皆与此役也……有便人来楚，乞将《何休注训》板寄来。《毛诗》、子高《论语注》每部刷价若干及《梅村先生集》价若干？统望示知，此间索此颇众。[①]

不难发现，刘恭冕的两封信写于经心书院授徒期间。前者提到托刘寿曾转交修改后的陈立《论语疏序》，后者托人带12部已刻成的《论疏》（《论语正义》）寄存在（金陵）书局。可见，该书在同治八年（1869）陈立逝世后，尚余11卷未刻，而在刘寿曾逝世之前已印行。

此外，孙诒让的刘寿曾墓表也明确提到："同治中，诒让侍亲江宁，始得识恭甫。于时，大江南北方闻之士总萃于是，宝应刘君叔俛方继成其父楚桢先生《论语正义》，甘泉梅君延祖治《穀梁》亦为《义疏》，而恭甫治《左氏》为尤精……曾不数年，踪迹四散。诒让既南归，叔俛主讲鄂中，其书甫刻成而卒。"[②]所谓"甫刻成而卒"当是光绪初年，而至迟不会在光绪五年（1879）之后。光绪初年，恭冕就职湖北，逗留江宁的时间不多。诒让也不常住江宁，朋友们"踪迹四散"。孙氏没有及时读到此书，印象中就成为"甫刻成而卒"了。孙诒让所撰刘寿曾墓表虽不完全准确（如寿曾、恭冕辞世次序），但关于《论语正义》印行于光绪初年的说法应无疑义。然而，该书刊行时，刘恭冕保留了"同治丙寅冬代州冯志沂署检"的题签，以至后来一些人视为同治刊本。

清人刻书周期不一，阮元的《皇清经解》、王先谦的《皇清经解续编》工程浩大，都不过数年刊成，有些篇幅不大的个人著述很快便可刻竣。刊印个人的学术著作稍慢，但像《论语正义》那样拖延十余年印行仍属事出有因。其原因自然不排除寻求精校。刘恭冕与戴望、俞樾均治汉

① 刘恭冕：《刘恭冕致刘寿曾》（第三通），《小莽苍苍斋藏清代学者书札（修订本）》（下），第807—809页。

② 孙诒让：《刘恭甫墓表》，《籀庼述林》卷九，第10—11页。

学，学术观点不尽相同，但《论语正义》既引用俞樾的《群经平议》（初刊于同治六年，1867）、《诸子平议》（刊于同治九年，1870），又引用了戴望的《论语注》（刊于同治十年，1871）。该书前17卷所引俞、戴二人的考释约有20余条，[①]后7卷也引用了俞、戴之书若干条。这说明，“但求精校”说并非毫无依据。不过，对此因素也不能夸大。从作者学术交往来看，其“求精校”的程度相当有限。

张文虎是金陵书局的老人，治汉学，精于校书。恭冕、戴望同时与之相识，交谊不相上下。同治五年（1866）底，刘、戴入书局后，刘即回宝应过年。戴望则与张文虎、李善兰、唐仁寿一起度岁，并将所撰《管子校正》手稿请张文虎指正。同治六年（1867）十一月，戴望又以所撰《论语注》书稿向张氏请教。张文虎对戴著并不完全赞同，认为《论语注》“多用《公羊春秋传》说，傅合处多矫强”。[②]但戴望显然依重张文虎。两年之后，张氏又记云：“自入冬来，戴子高以所辑《管子校正》属复校，然昼间校局中所刊书，不能兼及，只于灯下校阅，随笔记录，又得百余条，至此毕事。”[③]恭冕对张文虎也是尊重的，如同治六年（1867）八月，赠所校李贻德的《春秋贾服注辑述》。张氏日记认为，该书“搜采颇博，辨证亦平允，末附诗词二卷”。[④]翌年，恭冕又赠送已刊父著《释谷》。张氏认为该书“征引稍广，然拟似处不能确凿言之，注《雅》诚未易也”。[⑤]而刘氏《论语正义》书稿始终没有请张文虎校阅。

戴望与恭冕的学术见解不同。戴望曾云：“叔俛兄经学虽有所得，唯惜其汉宋杂糅，与苏、常诸老派别实异，求如洵美、泳之之谨守家法，自二三君子外，不可多得也。”[⑥]恭冕也不完全认同戴望的今文学路向，但

① 见陈鸿森：《刘氏〈论语正义〉成书考》，台北，《中研院历史语言研究所集刊》第六十五本，第三分，第490—495页，1994年。

② 张文虎：《张文虎日记》（同治六年十一月十八日），第114页。

③ 张文虎：《张文虎日记》（同治八年十一月廿八日），第199页。

④ 张文虎：《张文虎日记》（同治六年八月一日），第99页。

⑤ 张文虎：《张文虎日记》（同治七年七月廿九日），第146页。

⑥ 戴望：《戴望致张星鉴》，《小莽苍苍斋藏清代学者书札（修订本）》（下），第934页。

对这位年轻13岁的《论语》学朋友还是相当重视的，且关心戴氏遗著的出版。刘著《何休注训论语述》除了多引刘逢禄、宋翔凤等人见解外，也直接引用了戴氏《论语注》，如“戴望注云：‘《传》曰：《春秋》系辞而不杀者，正也’”。[①]戴氏卒后，其家人也将一些藏书赠予恭冕等人。此外，恭冕的论学之友主要是俞樾、孙诒让。

同治六年（1867）五月，曾国藩在江宁宴请俞樾、莫友芝、李善兰及书局的张文虎、刘毓崧、刘恭冕、唐仁寿等13人，[②]这可能是俞樾、恭冕初识。俞樾是曾国藩器重的经学大家，名重士林。其后，刘、俞书疏往来。恭冕在较早时间读到了俞著《群经平议》《诸子平议》，并在《论语正义》中有所引用。俞樾也读了《论语正义》的部分刻稿，曾于同治九年（1870）致书恭冕：“去岁承示《论语正义》一卷，受而读之，视邢《疏》详备，视皇《疏》谨严，真不朽之盛事矣。惟说‘萧墙’一事，引方氏观旭之说，与鄙见未惬。”[③]事实上，俞樾仅校阅该书的极少篇章。

刘恭冕、孙诒让为忘年交，《论语正义》对汲取孙氏见解更为谨慎。孙诒让于同治六年（1867）中本省乡试举人。同治七年（1868）十一月，孙衣言应两江总督马新贻之请至江宁任道员，其后诒让侍父于江宁，与书局学者多有交往。孙氏后人孙延钊所撰《年谱》于同治九年（1870）条载：

> 诒让以南昌府本汉熹平《石经论语》碑末残字，校《颜渊篇·哀公问于有若章》审定“盖肆乎”即“盍彻乎”之异文……举告刘叔俛，叔俛深以为然。盖宋元以来考释石经者，于此咸莫能详，叔俛遂疑其为逸文，非也。诒让读《论语正义》毕，凡为札记数十条。宝应刘宝楠撰《论语正义》未成而殁，其子叔俛恭冕补成之，以刻本见寄，并属为审核。诒让为举证二十余事，质之叔俛。此后续有发现，

① 刘恭冕：《何休注训论语述》，《丛书集成续编》第36册，第329页。
② 张文虎：《张文虎日记》（同治六年五月廿五日），第92页。
③ 俞樾：《致刘恭冕》，《俞樾函札辑证》（上），第192页。

积有札记五、六十条之多。[①]

但《年谱》此处所载似不准确。孙诒让在同治九年（1870）所读《论语正义》并非全书，其“举证二十余事”也可能晚于同治九年。现存孙诒让致刘恭冕信札云：

> 昨日下稷辱惠顾，敬聆绪论，以前举质“哀公问有若章”汉石经异文，猥荷不弃刍荛，以为致确，仰见虚衷下问之盛，曷任钦佩。迩来校读尊疏，又得剩义数事，谨再质之执事，未敢自以为是也……此皆琐屑义证，并附陈之，以备财择。尊疏体大精思，远轶皇、邢，匆遽未遑尽读，俟更研绎，傥有所窥，当续录奉质也。惟鉴不宣。[②]

上文省略处为孙诒让所列8条考释《论语正义》的意见。这是现存刘、孙唯一谈及《论语正义》的书札。从中可见，孙诒让校正《论语正义》不止一次。当其发现《石经论语》“有若章”异文之后，曾写信告诉恭冕。恭冕以为然，并在其后“惠顾”了晚辈学者孙诒让，然后孙氏提出了8条意见。

关于刘、孙会晤的时间，据孙氏《年谱》载：同治七年（1868）冬，诒让侍父江宁，得识在金陵书局的张文虎、戴望、刘毓崧、刘恭冕、唐仁寿诸先生。[③]事实上，孙诒让得识诸先生并非都在其父刚履任的同治七年冬，恭冕、诒让晤面时间可能比较晚。同治九年（1870）二月，孙诒让再来江宁。是年十二月及其后孙衣言在江宁邀请同人的多次雅集（孙诒让多与会），均不见恭冕参与。为了与前辈学者刘恭冕交流学术，诒让曾写信举告“哀公问有若章”的意见。至同治十一年（1872），孙诒让又以所撰《商周金识拾遗》初稿向恭冕请益。他遂于是年十月为撰跋文，对孙氏古

① 孙延钊：《孙衣言孙诒让父子年谱》，第96页。

② 孙诒让：《与刘叔俛论论语义书》，《籀庼述林》卷十，第18—22页。

③ 孙延钊：《孙衣言孙诒让父子年谱》，第105页。

文字考释给予高度评价。[①]

大约同治十二年（1873），刘恭冕“惠顾”了晚辈学者孙诒让，并且以《论语正义》部分刻本请其指正。孙氏还从刘恭冕那里“手录一副”刘宝楠读乾嘉诸儒《大戴礼记》校本的札记手稿。[②]故孙氏后来说“同治癸酉，侍先太仆君在江宁……时相过从，商榷经义，偶出《大戴》校本示余，手录归之……今者甄录诸家旧校，亦以答刘君相示之意”。[③]此后，孙诒让写下了《与刘叔俛论论语义书》，且私下认为“楚桢先生《论语疏》，于古训亦详备，然援引似无限断”。[④]其后，孙氏又提出了一些质疑。除考证文字之外，他对刘宝楠所引何休、刘逢禄之说不乏异议。比如：《论语正义》卷八注解“不义而富且贵，于我如浮云”云：“刘氏逢禄《述何篇》，此因上章而类记之。”孙诒让认为，“《述何》义凿可删”。[⑤]类似看法在他篇也有。不过，汲取今文家、宋学家的注解是《论语正义》的特色之一，刘恭冕的《论语正义补》相沿未变。孙诒让对刘氏父子的《论语》研究陆续予以质疑、商榷，总计达数十条，而被采纳者不多，主因是刘恭冕格于观点和体例而不愿更改父著，故刘文兴说：

> 案，此孙仲容商榷之书。是时《正义》已定稿，不独前十七卷未用其说，即后七卷为叔俛公所述，于“朱紫”之辨，亦止采江说也。又向于故纸中得叔俛伯祖所著《论语正义补》一卷，前有王蒿隐颂蔚先生《序》，所述“德不孤，必有邻”，即取仲容书中之说，然“传不习乎”，“传”读“专”，“德不孤，必有邻”，“邻”训“报”，则皆楚桢公所已采，而又自以为“不敢定于一是者”……叔俛伯祖《凡例》亦言“说义二三，于义得合，悉为录之，以正向来墨守之失”，是公父子书例如是，非以创解为定论。及作《补编》，自

① 孙延钊：《孙衣言孙诒让父子年谱》，第105页。

② 孙延钊：《孙衣言孙诒让父子年谱》，第117页。

③ 孙诒让：《大戴礼记校补叙》，《籀庼述林》卷四，第19—20页。

④ 孙诒让：《孙诒让致刘寿曾》，《小莽苍苍斋藏清代学者书札（修订本）》（下），第983页。

⑤ 孙诒让：《籀庼读书录》，《籀庼遗著辑存》，中华书局2010年版，第241页。

变其例，而不以入《正义》，盖始终不以己意杂入也……又以见叔俛伯祖编辑之慎，不苟同也。[①]

总之，《论语正义》在刻印过程中，吸取了俞樾、戴望等已刊新著的见解，对已刻部分有“剜改”，甚至“抽换数叶”的情形。但总共汲取他人的意见不多，且文字简练。对孙诒让的意见，《论语正义》基本未予汲取，而恭冕自著的《论语正义补》收入了若干条。因此，刘氏因寻求精校而推迟刊印的意图并不明显，更重要的或许是因客观困难而拖延下来。事实上，同治五年（1866）以后，刘恭冕一方面力求精校，搜求遗漏书籍；另一方面则在寻找刻书经费。笔者认为，主要因为后者，该书拖延多年才全部刊出。

刘文兴说，刘恭冕“应曾文正聘，校书金陵，遂以付刊，后取板置于家，孙某售之金陵书估”。[②]据此，该书似乎列入了金陵书局的刻书计划，但未能实行。然此说只是笼统之词，还有待辨析。以金陵书局情况及刘恭冕的地位而论，书局恐怕不会有刊印此书的计划。

曾国藩自咸丰末年被授钦差大臣、总督两江，而驻江宁时间不长。同治元年（1862），曾国藩、曾国荃兄弟已在安庆着手刊刻《船山遗书》，张文虎、刘毓松等分任校雠，于四年（1865）十月刻竣。同治四年五月，曾国藩已离两江总督任，奉旨北上“剿捻”，李鸿章继任。同治六年（1867）二月，曾国藩再督两江，亲定书局章程，一年后又调任直隶总督。曾氏主张既刊印经史名著，又兼刻清代汉学家的著述。同治六年，他提出将王念孙的《读书杂志》、钱大昭的《两汉书辨疑》考证前后《汉书》的条目附刊，还主张以聚珍版刊印顾炎武的《肇域志》。[③]这一计划得到刘恭冕的支持，4个月之后，汪士铎拟定了《校编〈肇域志〉条例》。张文虎认为，此事盖恭冕之意，然戴望“殊不愿也”。[④]鉴于刊

① 刘文兴：《刘楚桢先生年谱·附著述考》，《扬州学派年谱合刊》下册，第742页。
② 刘文兴：《刘楚桢先生年谱·附著述考》，《扬州学派年谱合刊》下册，第735页。
③ 张文虎：《张文虎日记》（同治六年十一月十七日），第113页。
④ 张文虎：《张文虎日记》（同治七年三月十七日），第113页。

印正史已有进展，曾国藩于同治八年（1869）七月又致信书局，“命校刊王石臞《读书杂志》”。[①]他推重的是王夫之、顾炎武、王念孙等名家著述。

继任两江总督马新贻于同治七年（1868）九月履任。此时，张文虎、刘恭冕、刘寿曾等人已基本上校完前四史，于是年十月去拜见新任总督。马新贻对刊印清人著述兴趣不大。《张文虎日记》云：“制军欲令刻廿四史，其意甚好，然工程太巨，且非三、四年所能集也。”[②]尽管校书者看法不同，但金陵书局于次年完全改为官办，重刻二十四史的工程随之蓬勃开展，实际上由金陵、湖北、苏州、浙江等官书局合刊。直到同治九年（1870）马新贻被张文祥刺杀于总督任，这项工程一直在紧张进行。金陵书局如此繁忙，刊刻个人新著显然不易。《论语正义》没能列入书局计划也就不奇怪了。

刘恭冕及朋友的书信多次提到寄《论语正义》至金陵书局。光绪初年，程秉钊在江西书局任职，主修《江西通志》，曾写信给金陵书局的刘寿曾：“戴君集因刻《邹叔绩遗书》（邹氏于学无所不通，湘中奇士也），久未印刷，邹书因志事旁午，仅刊及半，其余无暇校刊，遂至停工……十月中得令弟及叔俛先生书，知有见寄《论语正义》在尊处，此书恐信局邮寄不便。当先修函答谢，再从㧑叔假观，亦可先睹为快，似可遇便再求转寄耳。”“此后故书秘籍俱可广为搜刻，以彰同文之盛，不似江右书局以惜费停刊，仅作货书肆也。”[③]从信可知，刘恭冕赠给程秉钊的《论语正义》已寄往金陵书局。程氏修书致谢，并云可先从赵之谦（㧑叔）处借阅，告知刘寿曾不必从信局邮寄。显然，邹汉勋、戴望的书均列

① 张文虎：《张文虎日记》（同治八年六月四日），第183页。邓文锋编“金陵书局刊书目录”，包括王念孙的《读书杂志》、张文虎的《校勘史记集解索隐正义札记》、刘毓崧的《王船山先生年谱》及张尔岐、朱轼、曾国藩等清人著述，没有顾炎武的《肇域志》，该书似未刊行。该“目录”罗列较详，但文字有误，如《史姓韵编》作者显然是汪辉祖，而非“汪祖”；《浪语集》作者薛季宣是南宋人，而非清朝人。见其《晚清官书局述论稿》，中国书籍出版社2011年版，第148—151页。

② 张文虎：《张文虎日记》（同治七年十月二日），第156—157页。

③ 程秉钊：《程秉钊致刘寿曾》，《小莽苍苍斋藏清代学者书札（修订本）》（下），第1031—1034页。

入了江西书局的刊刻计划，却“以惜费停刊”。这类情形在当时大概不一而足。

刘恭冕提到了《论语正义》的刻印办法和资金来源：“陈卓人先生《公羊疏》已成不刻，令人闷绝。昨与一友人言之，可以助刻，然必从自家忙起，先刻一二卷，再去找人。如《论语疏》之得刻成，即此出也。”[①]可见，刊行《论语正义》的办法是自己“先刻一二卷，再去找人”，由朋友或书商资助刻成。他认为此法行之有效，陈立的《公羊疏》也可仿行。然而，这种办法并不简单易行。

校书者学有专长，但无科举功名，不在品官之列，其地位、薪水不及县令和教谕。金陵书局的校书者月薪仅20多两纹银。[②]张文虎的资历、学识在书局名列前茅，却于同治六年（1867）底感慨：“衰年远客，为贫所使，往返千里，音问都难。使故乡有五十千文馆，决计归峪，亦不恋此非幕非官之一席矣。”[③]校书者待遇不及幕宾，甚至不如设馆授徒，而且薪水并非固定。按例，书局提调在农历元霄节后宴请校书学者。马新贻任总督后，负责局事的提调周学浚去职，江宁知府涂宗瀛接任。涂氏学宗宋儒，与书局学者本非同道。同治八年（1869）正月十八日涂氏宴请，仅张文虎、唐仁寿、刘寿曾到场，戴望“患病”，刘恭冕等几人“俱假不归”。而“局中刊书计字算帐，向由提调批发，至江宁府署领钱，去年夏工头李姓以已算之卷蒙领，冒支至三百余千”。因此，张文虎向涂氏建议，以后“刻局收照以钤记为凭，设立号簿骑缝存根，满月缴销勘验”。[④]校书者的薪酬大致可养家糊口，却无力刊刻篇幅较多的著述。《船山遗书》320余卷，据说耗白银数万两（其中曾国藩捐俸3万两，曾国

① 刘恭冕：《刘恭冕致刘寿曾》（第五通），《小莽苍苍斋藏清代学者书札（修订本）》（下），第812页。

② 曾国藩于同治七年（1868）十一月《复钱振伦》云：“令弟之事，鄙意久定，因托者颇多，故月初始行定局。书局月俸虽仅二十四金，而职事较简，与令弟不愿远出不耐过劳之指相符。”见《曾国藩全集（修订版）》（书信之九），第30册，岳麓书社2011年版，第488页。

③ 张文虎：《张文虎日记》（同治六年十一月一日），第111页。

④ 张文虎：《张文虎日记》（同治八年正月十八日），第169页。

荃捐俸8000两）。[①]《论语正义》24卷，估计费用也得千两左右。以刘恭冕的家境和地位，先刻部分书稿并不容易。

自己刻成一、二卷之后，找人助刊更难。清中期，图书销售不易。乾隆进士、擅长诗辞和戏曲的李调元曾编印《函海》丛书，收录历代及自撰经、史、文学作品30种，托王芑孙销售，却无人问津。王芑孙致信云："前吾兄所留《函海》一部，以价稍贵，无人销售，今留弟处矣。外附区区十六金，以当书价可也，以为故人春驿梅花之寄可也。伏唯莞纳。"[②]刘文淇曾购得《资治通鉴》，觉得"颇可观览"，"其价银十六两"。[③]金陵书局刊刻的《史记》《汉书》等，售价为几元到十几元不等。张文虎在同治七年（1868）记云：刘逢禄的《刘礼部集》，以前在京城琉璃厂仅售500文，"今从京中寄买来，价银二两，悬殊数倍，盖近日京钱十千兑银一两也"。[④]绩溪胡氏以礼学传家，胡培翚的《仪礼正义》40卷久负盛名，而每部仅售四元，且销路不畅。[⑤]一般学术图书印数有限，难以获利。道咸年间，邓显鹤编纂图书颇有时誉，其《资江耆旧集》仅"印得百五十部"。[⑥]刊印尚无影响的学术著作显然更难。《论语正义》非士人必读之书，且时人褒贬不一。该书即使印行，售价当在十元以下，印数也不多，自然无利可图。正是在此困局中，《论语正义》的刊行久拖不定。

---

① 编辑《船山遗书》的欧阳兆熊说：该书在咸丰四年（1854）毁于火后，"友人赵惠甫刺史言于沅圃宫保，遂付八千金嘱予重刊，自百五十卷增益至三百卷"（欧阳兆熊：《书王船山先生轶事》，《水窗春呓》卷上，中华书局1984年版，第8页）。又，朱孔彰有诗云："劫历红羊失五车，浓香班马选梨初。欲将节义风天下，先刻船山百卷书"。注云："公（曾国藩）捐廉俸三万金，设书局，重刊经史。先在安庆商之九弟沅圃方伯，刻王船山遗书。"见朱孔彰《题江南曾文正公祠百咏》，第41页。

② 王芑孙：《王芑孙致李鼎元》，《小莽苍苍斋藏清代学者书札（修订本）》（上），第350页。

③ 刘文淇：《刘文淇致丁晏》，《小莽苍苍斋藏清代学者书札（修订本）》（中），第582—583页。

④ 张文虎：《张文虎日记》（同治七年八月十六日），第151页。

⑤ 胡培系：《胡培系致刘寿曾》，《小莽苍苍斋藏清代学者书札（修订本）》（下），第774页。

⑥ 邓显鹤：《邓显鹤致黄本骥》，《小莽苍苍斋藏清代学者书札（修订本）》（中），第486页。

同治末年，刘恭冕赴武昌经心书院授徒，其后还担任湖北志局的编辑，主持修撰了《沔阳州志》《黄州府志》《汉阳府志》《黄冈县志》。正如章学诚等失意士人一样，修志是谋生的机会。刘恭冕在鄂致信刘寿曾，告知王芾卿分纂《湖北通志》的“晷度舆图、沿革图、关榷三门，大约可得五六百金而已”。[①]刘恭冕的修志薪酬当与王氏不相上下。在那里，恭冕还想利用湖北官书局的关系，设法为朋友寻找刊书机会。他致信刘寿曾：“仲虞先生《周易》，粮道张鹿仙先生（书局副办）已经允刻，为胡月樵先生（书局正办）所阻，不知何故？湖南友人张君升香（名维馨，亦在书局），言其同乡治汉学者甚多，此书必可集资刻之，姑缓须臾，即知其行止，如更无望，即寄还。”[②]胡月樵即主持湖北崇文书局的胡凤丹。至于此公主张，恭冕后来信札云：“此间书局总办胡公，喜刻坊间通行之书，易于销售，凡通儒著述，皆不欲刻，其性然也。”[③]因此，他帮助朋友刊刻著作的努力无果而终。

刘恭冕的另一信札也说明，《论语正义》不是由官书局，而是由私人刻印。他告知刘寿曾：“又卓翁《公羊疏》，弟曾与王芾卿（颂蔚）庶常言之，芾翁现馆总署，言中丞可函致左相或苏抚，可由官局代刻，此皆极难得机会，不可错过。可函告之子绶，能携稿来楚一走否？万一有成（潘先生《论语集笺》即是官局代刻），岂非吾党中争一大体面，而子绶孝思亦见用慰。书至此，真乃欢喜无量矣！”[④]“潘先生《论语集笺》”即潘维城的《论语古注集笺》，光绪七年（1881）江苏书局初版。此时，《论语正义》已经刊行，却不如官局刊行“体面”，故他以潘氏为例，推动陈立的遗著出版。陈立的《公羊义疏》后来收入到《皇清经解续编》才

① 刘恭冕：《刘恭冕致刘寿曾》（第六通），《小莽苍苍斋藏清代学者书札（修订本）》（下），第815页。

② 刘恭冕：《刘恭冕致刘寿曾》（第二通），《小莽苍苍斋藏清代学者书札（修订本）》（下），第804页。

③ 刘恭冕：《刘恭冕致刘寿曾》（第四通），《小莽苍苍斋藏清代学者书札（修订本）》（下），第810页。

④ 刘恭冕：《刘恭冕致刘寿曾》（第三通），《小莽苍苍斋藏清代学者书札（修订本）》（下），第808—809页。

刊行。

总之，《论语正义》的刊印过程大致是，刘恭冕在江苏做了部分刻版，同治末年带至武昌。他得到刻书资助后，或许还有自己修志的部分薪酬，最后在光绪初年由私人或书商刻完。刘文兴说，“《正义》一书，同志尤争购之。原板为先生携归，（范）华封乃出子芳向所持赠者，畀之梓民，用广其传焉”。[①]黄冈范氏重刻本，不是使用原板。但原板曾经留在武昌，不然何来恭冕“先生携归”之说？因《论语正义》在鄂刻印成书，刘恭冕才托回江苏的亲友带回12部，请刘寿曾代售、代赠。《论语正义》不是由官书局，而是由私人刊印，不署出版者也就理所当然了。《论语正义》印行后，受到读者欢迎，故有黄冈范氏重刻本及其他版本。光绪五年（1879），56岁的刘恭冕中乡试举人，再无入仕机会。晚年主讲席，“诱掖后进，惟恐不及，凡与游者，虚往实归，莫不欢洽”。[②]光绪九年（1883）六月，因中风卒于家。

综上，清代士人交游既是刻书、论学的机缘，又展现了清代学术衍生、流播的广阔画面，反映了学术家族活力的一个侧面。

① 刘文兴：《刘楚桢先生年谱·附著述考》，《扬州学派年谱合刊》下册，第737页。

② 刘岳云：《族兄叔俛事略》，《宝应刘氏集》，第594页。

第六章

学术家族与汉学领域的拓展

在弥漫着实证学风的清代，经学并非一枝独秀，而是与诸学同生共荣。清末叶德辉举例说“经有六证”，即“以经证经，以史证经，以子证经，以汉人文赋证经，以《说文解字》证经，以汉碑证经”。[①]仅就证经的需要而言，乾嘉经学必然涉及子、史、文辞、小学、金石、碑志等领域，经师们势必对相关研究产生兴趣。随时推移，一些学者有意无意地从经学转研其他诸学，完全撇开了证经目的，一些家学也在传承、发展中转换了学术重心。事实上，清代汉学不仅以今、古文经学为核心，而且包括主要运用考证学方法的文字训诂学、诸子学、史学和辞章之学。一些学者，尤其是今文家和诸子学家的汉学也蕴含了义理。因之，清代汉学发轫于经学，而在专精、深化过程中，其学术领域又有所拓展。非经学领域兴起之后，也会反作用于经学。比如，考据史学的兴起既有裨于经学的精深化，又可能淡化经学的独尊地位；子书可以证经，而诸子学又可能冲击儒学的“异端”观念；辞章之学、《说文》学及金石碑志学均可能给经学产生不同影响。本章通过考察家学传衍，揭示经学与其他学术的关联，从而认识清代学术格局转换的内在脉络。

一　从经学到史学

章学诚立足于史学，继南宋学者“经等于史”的主张后，倡言“六

---

① 徐珂编撰:《经有六证》,《清稗类钞》第8册, 中华书局1986年版, 第3805—3807页。

经皆史”，认为“盈天地间，凡涉著作之林，皆是史学。六经特圣人取此六种之史以垂训者耳。子、集诸家，其源皆出于史”。[①]其后，龚自珍对此说续有阐发。晚清以来，史学家大多注重经、史关系。民国史学家柳诒徵再加阐发：“吾谓乾嘉诸儒所独到者，实非经学，而为考史之学……诸儒治经，实为考史，或辑一代之学说，或明一师之家法，于经义亦未有大发明，特区分畛域，可以使学者知此时代此经师之学若此耳。其于三礼，尤属古史之制度……皆可谓研究古史之专书，即今文学家标举《公羊》义例，亦不过说明孔子之史法，与公羊家所讲明孔子之史法耳。”[②]他不但肯定“六经皆史”，且将清代经学纳入史学范畴，表达了淡化经学、彰显史学的主观愿望。

准诸事实，柳氏此说与儒经本身和清学实际仍有差距。20世纪的史学家金毓黻指出：“六经皆史”说来自王守仁的“五经皆史”，而章氏“阐其义而益精”。“夫史籍有史料、史著之分。”六经皆古之记注，可为史料内容之一，而“废经、子、集之名，而悉集于史，可谓整齐画一矣，其奈名不副实何。是故谓《尚书》《春秋》为史，可也。谓《易》《诗》《礼》《乐》为史，不可也。谓《易》《诗》《礼》《乐》为史料，可也。径谓为史著，不可也”。[③]这种批评并非没有道理。至清末，即使经学走下了神坛，史学也没有笼罩全部传统学术。不过，“六经皆史”说的流行一定程度反映了乾嘉之际的学术变化。经学大盛之后，有的学者由经学转重史学，以其精深研究彰显了史学地位，从而为“六经皆史”说提供了现实依据。嘉定钱氏、阳湖洪氏便是典型事例。

钱大昕与经、史重心的转换

王引之论钱大昕曰：“国初诸儒起而振之，若昆山顾氏、宣城梅氏、太原阎氏、婺源江氏、元和惠氏，其学皆实事求是，先生生于其后而集其

① 章学诚：《报孙渊如书》，《文史通义》外篇三，《章氏遗书》卷九，第42页。
② 柳诒徵：《中国文化史》下册，上海古籍出版社2001年版，第832页。
③ 金毓黻：《中国史学史》，第310页。

成。”[①]阮元亦云：“学术盛衰，当于百年前后论升降焉……国初以来，诸儒或言道德，或言经术，或言史学，或言天学，或言地理，或言文字音韵，或言金石诗文，专精者固多，兼擅者尚少，惟嘉定钱辛楣先生能兼其成。”[②]钱大昕兼治诸学，气象宏大，乾嘉诸老中罕有其匹，但并非主次不分，其学术根柢仍然是经学和史学。故钱氏学术是剖析乾嘉经、史关系，或者说从经学转重史学的典型个案。

钱大昕早年的《易》学见解与惠栋相似，但治学领域和途径很快超越惠氏樊篱，从历算学、金石学到史学，无不精研博考。他成进士后，居京入仕，而为时不长。乾隆三十三年（1768）以后，专注于考证“正史”。像许多汉学家一样，钱大昕视小学作为经学的根基，重视文字训诂，并以治经之法考史。清末张之洞评论小学、经学、史学的关系说：“由小学入经学者，其经学可信，由经学入史学者，其史学可信，由经学、史学入理学者，其理学可信，以经学、史学兼词章者，其词章有用，以经学、史学兼经济者，其经济成就远大。”[③]除了于经济之学略有欠缺，这种学术次第几乎成为钱氏汉学历程的写照。当然，钱大昕所讲“理学”不是宋学，而是儒经义理；其经济之学不成系统，少涉经世实务，仅在论说中略显社会关怀。

像许多乾嘉经师一样，钱大昕的经史考证立基于小学。他认为，“六经皆载于文字者也。非声音则经之文不正，非训诂则经之义不明”。[④]故“有文字而后有诂训，有诂训而后有义理。训诂者，义理之所由出，非别有义理出乎训诂之外者也”。[⑤]晋、宋儒者不喜训诂，流于师心自用，故不能求得孔儒真义。他自乾隆三十五年（1770）起，“始读《说文》，研

① 王引之：《詹事府少詹事钱先生神道碑铭》，《王文简公文集》卷四，第12—14页。

② 阮元：《十驾斋养新录序》，《嘉定钱大昕全集》第7册，第1页。

③ 张之洞：《国朝著述诸家姓名总目》，《书目答问补正》附二，上海古籍出版社2011年版，第258页。

④ 钱大昕：《小学考序》，《潜研堂文集》卷二十四，《嘉定钱大昕全集》第9册，第378页。

⑤ 钱大昕：《经籍籑诂序》，《潜研堂文集》卷二十四，《嘉定钱大昕全集》第9册，第377页。

究声音文字训诂之原。间作篆隶书”。[①]章太炎论乾隆小学云：从江永、段玉裁、孔广森到王念孙，音韵分部，“后出转精”。然江氏“过信字母”，“段、孔以降，含隐不言”。“独钱大昕差次古今，以舌上、轻唇二音，古所无有。然后宫商有准，八风从律。斯则定韵莫察乎孔，审纽莫辨乎钱，虽有损益，百世可知也。”[②]钱大昕不以小学闻名，而其造诣和贡献于此可见。他与族子钱坫共校《白虎通》《广雅》等书，著《经典文字考异》《声类》《说文答问》等篇。

《潜研堂文集》有《答问》12卷，多涉经学见解，其他如《春秋论》《大学论》《中庸说》等文也专论儒经，故江藩、章太炎等人视钱大昕为吴派经师。但大昕没有株守惠氏汉学，也不以惠学传人自居。其汉学范围比较宏大，既立足于古文经学，又重视今文经学，认为“伏、郑所传，有古今文之别，要未必郑是而伏非也”。“圣人与天地参，以天下为一家，中国为一人，由其心之无不容也，故曰‘有容德乃大’。”[③]这是其学术包容性的表白，事实上也是如此。孙星衍于嘉庆初年任山东道台，提出立伏生后裔为世袭博士，嘉庆七年（1802）得清廷允准，“增设秦博士伏胜后裔五经博士一员，以六十五代孙敬祖承袭”。[④]钱大昕赞赏此举，致信孙氏：“伏生后裔世袭博士，允为熙朝旷典，古学振兴，将在此日。”[⑤]嘉庆初年，今文经学尚非主流，而他明确肯定了西汉今文经学的正统性。钱氏经学见解也较丰富，却无鸿篇巨制，其学术中心是考史，尤其是考校史书。他博极群书，考证了全部“正史”，被誉为“通儒”“一代儒宗”。

乾隆中叶，汉学仍集中于两汉经学。戴震、朱筠等推重小学，但一般视为治经途径，以之治史书者寥寥无几，有的略涉三史，其后则多属阙

---

① 钱庆曾校注：《钱辛楣先生年谱·竹汀居士年谱》，《嘉定钱大昕全集》第1册，第23页。

② 章太炎：《国故论衡》上卷，上海古籍出版社2003年版，第9页。

③ 钱大昕：《答问二》，《潜研堂文集》卷五，《嘉定钱大昕全集》第9册，第64—65页。

④ 《仁宗睿皇帝实录》卷九七，《清实录》第29册，中华书局1986年影印本，第289页。

⑤ 钱大昕：《与孙渊如书》，收入吴修《昭代名人尺牍》，参见陈祖武等著《乾嘉学术编年》，第625页。

如。历代正史文字繁多，义例纷纭，地名今昔不同，官职沿袭而又变革。钱大昕积20多年之功，将历年考订所得，整理成帙，成《廿二史考异》100卷，初成于乾隆四十七年（1782），其自序云：

> 予弱冠时，好读乙部书。通籍以后，尤专斯业。自《史》《汉》迄《金》《元》，作者廿有二家，反复校勘，虽寒暑疾疢，未尝少辍，偶有所得，写于别纸。丁亥岁，乞假归里，稍编次之。岁有增益，卷帙滋多……且夫史非一家之书，实千载之书。袪其疑乃能坚其信，指其瑕益以见其美。拾遗规过，匪为龂龁前人，实以开导后学……桑榆景迫，学殖无成，惟有实事求是，护惜古人之苦心，可与海内共白。自知檠烛之光，必多罅漏，所冀有道君子，理而董之。[①]

这里叙述了编纂缘起，也表明了考证史书的重要性和原则。《廿二史考异》以断代为次，对《史记》至《元史》22部纪传体正史全面考证、辨异、校勘、补遗，正传闻之误，订字句之舛，考辨年号、年代、世系、语音、艺文等项，于舆地、官制、氏族三类考证尤为精勤。是书与赵翼的《廿二史劄记》、王鸣盛的《十七史商榷》并列为清代三大考史名著。钱大昕于宋、辽、金、元四史用功最深，此外撰有《元史氏族表》、补《元史艺文志》等书。后来周中孚比较三书：《廿二史考异》于舆地、官制、氏族三者，“先就本书证之，证之未妥者，复取他书及石刻证之，条理贯穿，了如指掌。又小学、算法，尤属专门。凡文字之讹误，无不是正；律术之参错，无不订定。而于典制事迹，亦能原原本本，证据详明。考史之书，至竹汀此编，诚所谓实事求是，得未曾有者也。”《十七史商榷》“考证舆地、典制颇不减于竹汀。惟其好取事迹加以议论，仍不免蹈前人史论之辙。且于宋、辽、元、金四史未及商榷，其书究难与竹汀抗行”。至于《廿二史劄记》，则“类叙事实，毫无发明，又别为一体，尤不可

① 钱大昕：《廿二史考异序》，《潜研堂文集》卷二十四，《嘉定钱大昕全集》第9册，第390页。

与是编相提并论焉”。[①]周氏评论未必完全准确，却表明了钱著的学术地位。

钱、王并为考史大家，早年均潜心于经学。《十七史商榷》百卷，实现了王氏于四部皆有著述的志向。但其身后引人注目的成就仍在经学，而非考史。王昶有“古文案定千秋业，杂著编成百卷垂”的诗语。[②]赵翼也有“岁在龙蛇谶可惊，儒林果失郑康成”的挽诗。[③]他们均看重王氏的《古文尚书》研究，传承郑玄经学。清末朱一新是清代史学的局外人，认为：“竹汀史学精绝，即偶有疏误，视西庄辈，固远胜之。第此为读史之始事，史之大端，不尽于此也。”[④]他肯定钱氏考史成就，也注意到其不足之处，即偏重于考证史书。

钱大昕以治经之法考史，增强了史学的实证风气，也蕴含了丰富的史学思想。他指出：“经与史岂有二学哉！昔宣尼赞修六经，而《尚书》《春秋》实为史家之权舆。汉世刘向父子校理秘文为《六略》，而《世本》《楚汉春秋》《太史公书》《汉著纪》列于《春秋》家，《高祖传》《孝文传》列于儒家，初无经、史之别。”隋、唐四部分科，“然不闻陋史而荣经也”。自宋以后，讲求心性，才将十七史束诸高阁，而元、明言经者，“非剿袭稗贩，则师心妄作”，其经学“奚足尚哉！”[⑤]此论延续了汉学家排斥宋学的思维定势，但旗帜鲜明地彰显了史学的价值，与章学诚“六经皆史”说有异曲同工之妙。在经学盛炽之时，章氏史学议论颇遭非议，钱大昕也不敢公然尊史抑经。该序文未收入《潜研堂文集》，这是耐人寻味的。

钱大昕考证历代正史，贯穿了实事求是宗旨。“每读古人书，必稽其爵里、年齿、事状，著之卷末。盖取《孟子》‘知人论世’之意，因以校正史传之误。”[⑥]他不仅考校史书文字，而且重视褒善贬恶的“春秋笔

① 周中孚：《郑堂读书记》卷三十五，第20—21页。
② 王昶：《闻凤喈讣》，《春融堂集》卷二十二，第31页。
③ 赵翼：《王西庄光禄挽诗》，《瓯北集》卷三十九，第27页。
④ 朱一新：《评读汉书艺文志》，《无邪堂答问》，第75页。
⑤ 钱大昕：《廿二史劄记序》，《廿二史劄记》卷首，第1—2页。
⑥ 钱东壁、钱东塾：《钱竹汀先生行述》，《嘉定钱大昕全集》第1册，第18页。

法”，如谓：

《春秋》，褒善贬恶之书也。其褒贬奈何？直书其事，使人之善恶无所隐而已矣，曰崩，曰薨，曰卒，曰死，以其位为之等。《春秋》之例书崩、书薨、书卒而不书死。死者，庶人之称，庶人不得见于史，故未有书死者……褒善贬恶之义莫备乎《春秋》，谓《春秋》之法有所未备，而以意补之，岂后儒之识能加孔子之上乎哉……故曰：明乎《春秋》之例，可与言史矣！[①]

《春秋》本是史书，却缊含道德评判。他认为，“死”字不见于《春秋》，并非因其为古书的贬词，后人不必以例求之。史书应如《春秋》那样，记人物之死“以其位为之等”。故他不满《宋史》的褒贬笔法，如评《宋史·神宗纪》云：“欧阳修、张昪，皆前两府致仕，修官太子少师，修书‘薨’而昪书‘卒’，皆义例之未当者也……《高宗纪》尹焞、杨时书‘卒’，《宁宗纪》朱熹书‘卒’，或以尊崇道学，特变其例。然周敦颐、二程，又未尝书‘卒’也。”[②]《宋史》书大臣之死如此混乱，显悖《春秋》笔法。事实上，钱氏考史之作张扬操守气节，贬斥奸佞，贯穿了明人伦、正风俗的关怀。

自清初以来，因为纂修《明史》，江南一些学者曾为是否如《宋史》别立“道学传”各执一词。徐元文拟定《修史条例》，提出《明史》当如《宋史》例，以程、朱一派别立《理学传》。黄宗羲则上《移史馆不宜立理学传书》，对此进行了辩驳。徐、黄之争其实反映了官学与民间学术的分野。徐氏《修史条例》适应了清廷倡导理学的需要，而黄宗羲的见解表现了超越理学的苗头。乾隆年间，批评《宋史·道学传》的余音未绝，且成为汉、宋之争的象征之一。钱大昕不完全排斥程、朱理学，但对《宋史》拔高宋学，单列《道学传》大不谓然：

---

① 钱大昕：《春秋论》，《潜研堂文集》卷二，《嘉定钱大昕全集》第9册，第17—19页。

② 钱大昕：《廿二史考异》卷六十七，《嘉定钱大昕全集》第3册，第1284页。

> 自史迁以经师相授受者为《儒林传》，而史家因之。洎宋洛、闽诸大儒讲明性道，自谓直接孔、孟之传，嗣后儒分为二，有说经之儒，有讲学之儒。《宋史》乃创为《道学传》，列于《儒林》之前，以尊周、二程、张、邵、朱六子，而程、朱之门人附焉……自黄老之学兴，其徒皆自号为道家。马枢有《道学传》二十卷，乃列仙集、仙传之类尔，谓“道学”之名必美于“儒林”者，非通论也……愚以为周、程、张、朱五子宜合为一传，而于论赞中著其直接圣贤之宗旨，不必别之曰“道学”也。自五子而外，则入之《儒林》可矣。[①]

他认为“道学传”并非美名，《宋史》之“道学传”本非允恰，不足为史家效法。这些评论体现了乾嘉经学对史学的思想渗透。后来阮元主编清代《儒林传稿》，不立道学传、经学传一类名目，淡化学派意识，力持汉、宋之平，也体现了实事求是理念的落实。

与此同时，钱大昕的史学也不无现实关怀。他不敢对最高统治者流露不敬之辞，但对仕风士习的批评常见诸考史之作。比如，他在考证中评论：“父母官一词之由来，自宋初已有之矣。虽然天下无不爱子之父母，而却有不爱百姓之官，甚至假其势以恣其残暴。苟有人心者，能毋顾名而惭且悔乎？”[②]他考稽居官之忌，又引伸云：“施彦执云：有官君子最忌二事：在己则贪，在公家则聚敛。他罪犹可免，犯此二者，终身不可齿士大夫之列。今人或有处身最廉，然掊克百姓，上以媚朝廷，下以谄权贵，辄得美官，虽不入己，其入己莫甚焉！暗中伸手，此小偷也；公然聚敛，以期显贵，真劫盗也。”[③]这些评论带有鲜明的现实针对性，是对一些官吏搜括民财，逼索下属，以谄媚权贵的抨击。其现实关怀也落实于具体的民生问题。比如，他批评由政府控制、垄断食盐；否定清廷对“小有违失”的官吏动辄罚俸的惯例。又如，他对“河防”的考证，指出：

① 钱大昕：《跋宋史》，《潜研堂文集》卷二十八，《嘉定钱大昕全集》第9册，第471—472页。

② 钱大昕：《父母官》，《十驾斋养新录》卷十六，《嘉定钱大昕全集》第7册，第442页。

③ 钱大昕：《居官忌二事》，《十驾斋养新录》卷十八，《嘉定钱大昕全集》第7册，第497—498页。

“禹之治水也，使由地中行，无所谓防也。言防而劳费无已，遂为国家大患矣。”他认为，使河水分道入海，并非不可行，而加筑河堤，使河水归一入海的效果不佳，只会给官吏造成“堤防日增，决溢屡告，竭海内之膏脂，饱若辈之囊橐”的局面。[①]这些考史之作，反映了作者对乾嘉社会的深刻认识，开嘉道经世实学之先河。

钱大昕的考证史学蕴含义理，关怀社会，虽然声音微弱，不为世人注意，却提升了考证史学的意义，丰富了乾嘉汉学的内容。就乾嘉学术来看，自吴县惠氏出而士人青睐于两汉经学；自戴震力倡文字训诂而小学蔚成风气；钱大昕之后，考证史学的价值迅速彰显，几乎与经学并驾齐驱。

钱氏史学的专门化

钱氏史学的宏大气象立基于根深叶茂的家族文化。钱大昕悉心指导、帮助家族子弟治学，使其学术发扬光大，传之后代。其子钱东壁记云：从兄弟钱东垣、钱绎、钱侗及妹婿瞿中溶、许荫堂，与大昕“尤朝夕过从。府君每与谈艺，必引申触类，反复讲求。有时日旰烛跋，听者跛倚，而府君语犹谆谆不已。即至愚不肖如不孝等，偶有质疑，亦必周详指示。盖府君乐育后进之怀，出于至诚，未尝有不屑之教诲焉”。[②]在钱大昕的引导下，他们切磋学术，考证经史、音韵、天文历算、地理方志、金石碑志等，成为乾嘉年间重要的学术群体。其中，钱大昭深化了钱氏史学，瞿中溶则发展了钱氏金石学。

清代汉学兴起伊始，考经与考史就难解难分。惠栋专崇汉儒经学，又作《后汉书补注》，随后考据汉代史书、史实者接踵而起。钱大昭、沈钦韩、周寿昌、王先谦等人的《汉书》《后汉书》考证皆卓有成就。而钱大昕、钱坫也对汉代历法、地理进行了深入研究。乾嘉以降，汉学家由专尊经学而转向经、史兼治，钱氏学者则是这一转变的桥梁。

钱大昭比其兄大昕小16岁，乾隆二十八年（1763）随父入都。次

① 钱大昕：《河防》，《十驾斋养新录》卷十八，《嘉定钱大昕全集》第7册，第498—499页。

② 钱东壁、钱东塾：《钱竹汀先生行述》，《嘉定钱大昕全集》第1册，第16页。

年，依例补国子监生。大昕“诲以勤学端本，务为躬行实践”。大昭事兄“如严师”，凡读书行事，必承兄指点，“始惬于心”，[①]“时有两苏之比”。[②]然大昭屡试不第，几年后回嘉定随父居住。“好读书而不汲汲乎荣利之嗜”，名读书之所为“可庐”，“盖蕲至于古之随遇自足者”。[③]三十八年（1773），大昭再游京师，代友人校录《四库全书》，博览罕见古籍，由是学益浩博。钱大昕任广东学政时，大昭随赴广东。不数月，其父病卒，兄弟俩丁忧归里。

钱大昭博通经史，思绪缜密，精识洞达，于经学、小学、金石、方志等均有研究，而考辨正史是其重心。汉学风靡之时，与两汉学术和人物相关的史实自然重要。钱大昭精研两汉史书，尝谓：“史有二体，纪传、编年是也。纪传中有二体，陈氏《三国志》、李氏《南北史》之与诸史是也。诸史中，《班书》约而仍明，略而勿陋，叙事最为肃括……窃尝论之，注史与注经不同。注经以明理为宗，理寓于训诂，训诂明而理自见。注史以达事为主，事不明，训诂虽精，无益也。”[④]他注意到经、史二学的特点，于断代正史中，推重《汉书》，而对《后汉书》多有不满，其学术重心则是专考两汉正史、史实，于经学之外另辟蹊径。

范晔的《后汉书》仅有纪、传，而无表、志。后来刘昭补注旧志，仍然无表。宋代熊方作《后汉书年表》10卷，而取材狭窄，脱漏甚多。鉴于此，钱大昭于乾隆四十二年（1777）撰成《后汉书补表》，共得诸侯王61人，王子侯344人，功臣侯379人，外戚恩泽侯89人，宦者侯79人。他分诸侯王、王子侯为二表，分功臣侯、外戚恩泽侯为二表，较熊方仅以同异姓分表更为明了恰当，所补王侯，多于熊书130人。又作《公卿表》，汇为8卷。卢文弨称“凡山经、地志、金石、子、集之有会于是书者，罔不网罗

① 钱东壁、钱东塾：《钱竹汀先生行述》，《嘉定钱大昕全集》第1册，第14页。

② 《列传二百六十八·儒林二·钱大昭》，《清史稿》卷四百八十一，第43册，第13234页。

③ 钱大昕：《可庐记》，《潜研堂文集》卷二十一，《嘉定钱大昕全集》第9册，第334页。

④ 钱大昭：《三国志辨疑自序》，钱大昭著《三国志辨疑》卷首，《续修四库全书》影印道光二十四年刊本，第1—3页。

缀辑，而其体例一如班氏之书……凡熊氏所漏脱者，悉考而补之，于是此书乃始完善而无少遗憾矣”。[①]该书补熊《表》之不足，有裨于读史，非思维缜密者不能为。“论者谓视万斯同《历代史表》有过之无不及。”[②]好臧否前人的周中孚认为：是书于“熊氏所漏脱者，悉考而补之。叙事简洁，而考证审密，诚可以踵班氏而无愧矣。见今版行诸史，既以《续汉书志》系范《书》之后，亦当以此《补表》并系之，殊远胜于熊《表》之附范《书》也”。[③]

有感于服虔、应劭之注释《汉书》，裴骃、徐广之注《史记》，均未能会通稗官、载记、碑刻材料，以考异质疑，钱大昭遂于乾隆四十四年（1779）著成《两汉书辨疑》42卷。王鸣盛序云：“可庐精于《说文》，深通古训，穿穴经史传记，墓铭碑碣，善求其间，识纯而心细，实事求是，不屑为支蔓语，故能折衷群疑。而于官制、地理所得尤多，洵班、范之功臣，史家之指南也。”[④]大昭好札记群书，考释俗语源头。四十七年（1782）成《迩言》6卷，类似大昕的《恒言录》，迩言即浅近之语。他收集经、史、子、集之书中俗语、俗事，共597条，多为二字俗语，也有少数三四字俗语，分条罗列，考稽文献根据，以明词语流变，不乏语言学价值。

大昭沉潜于著述，乾隆五十三年（1788）撰成《补续汉书艺文志》。此外有《后汉郡国令长考》1卷，依据范晔《后汉书》及东汉碑碣资料，考辨东汉所设的县令、县长情形。五十八年（1793）又成《三国志辨疑》3卷，于地理、官制多有发明，不立议论以测古今，不妄褒贬以骋词辨，可补陈寿《三国志》之缺略、裴松之《三国志注》之遗漏。钱大昕于嘉庆二年（1797）序云：“予性喜史学，马、班而外，即推此书……所恨意存涉猎，不能专力。予弟晦之孜孜好古，实事求是，所得殊多于予。其用力精勤，虽近儒何屺瞻、陈少章未能或之先也。”[⑤]于此可见该书的学术价

① 卢文弨：《钱晦之大昭后汉书补表序（辛亥）》，《抱经堂文集》卷四，第6—7页。

② 《列传二百六十八·儒林二·钱大昭》，《清史稿》卷四百八十一，第43册，第13235页。

③ 周中孚：《郑堂读书记》卷十五，第14页。

④ 王鸣盛：《两汉书辨疑序》，参见陈祖武等著《乾嘉学术编年》，第292页。

⑤ 钱大昕：《三国志辨疑序》，《三国志辨疑》卷首，第2页。

值，亦可见大昭继续其兄之业，完善了家学。

像许多汉学家一样，钱大昭认为小学、经学密不可分：“读书以通经为本，通经以识字为先。经书必资于小学，故郑司农深通六经，而先明训诂；小学必资于经学，故许祭酒专精六书，而并研经义。”[①]他长期沉潜于小学，于乾隆三十六年（1771）撰成《说文徐氏新补新附考证》。该书博征四部典籍及石经碑刻，也多取其兄见解，对新附字的音、义、使用情形进行考辨梳理。后来扩展为《说文统释》60卷，书未刊，而造诣之深可见。乾隆五十五年（1790），他自述该书体例有十：“一曰疏证以佐古义，凡经典古义以及星象、郡国、山川、训诂、历律、器用、舆服、制度、宫室、饮食、鸟兽、草木、虫鱼之类，见于载籍，与许合者，在所必收”；“二曰切音以复古音”；“三曰考异以复古本”，考证古本及古书所引文字有异，折中订正；“四曰辨俗以正讹字”；“五曰通义以明互借，凡经典之同物同音，于古本是通用者，皆引经证之”；“六曰从母以明孳乳”；“七曰别体以广异义，凡重文中之籀、篆、古文奇字，皆有所从”；“八曰正讹以订刊误”，凡许慎不收之字，传写者妄改，字画刊刻脱误者，均予校正；“九曰崇古以知古字”；“十曰补字以免漏略”。[②]

钱大昕曾致书大昭：“夫六经皆以明道，未有不通训诂而能知道者。欲穷六经之旨，必自《尔雅》始。”[③]大昭遂撰《尔雅释文补》3卷。鉴于研究《尔雅》已有数家，他于是转研《广雅》，乾隆五十八年（1793）撰成《广雅疏义》25卷。桂馥序云：“今海内治《广雅》者三家，一为卢先生文弨，一为王先生念孙，一为钱先生大昭。馥幸得同游，素闻风旨者也。钱先生之《疏义》先成，请而读之，叹其精审，当与邵先生《尔雅正义》并传。”[④]《广雅疏义》篇幅较大，而不能与王念孙的《广雅疏证》抗衡，始终未能刊行，仅有抄本流传，民国间始有影印抄本行世。

---

① 钱大昭：《说文统释序》，《四库未收书辑刊》第八辑，第3册，第281页。

② 钱大昭：《说文统释序》，《四库未收书辑刊》第八辑，第3册，第280—281页。

③ 钱大昕：《与晦之论尔雅书》，《潜研堂文集》卷三十三，《嘉定钱大昕全集》第9册，第574页。

④ 桂馥：《广雅疏义序》，《广雅疏义》卷首，《续修四库全书》影印爱古堂钞本，第1页。

钱大昭没有科名，而学术成就受到世人重视。据载："南安知府邢树尝绘通经大儒江永、惠栋等十人像，奉为瓣香，大昭昆弟以生人与其列。其敬服如此。"[①]大昕晚年讲学吴中，大昭则以游幕为生。嘉庆元年（1796），诏举孝廉方正，大昭被荐，赐六品服。大昭将所著辑为《可庐著述十种》，此外有《尊闻斋稿》《嘉定金石文字记》及诗、文集等。但著述生前多未刊行，《可庐著述十种》也仅有《叙例》行世。嘉庆十八年（1813）十月，钱大昭卒于浙江松阳——其长子的知县任所。

钱氏后人各有所长，而功名不显。钱大昕的长子钱东壁（1766—1818），字星伯，号饮石，又号梦渔，附监生，于经史之学有造诣。其孙钱庆曾云：先祖"大资聪颖，状貌俊逸，多须髯，为人豁达大度，锐于学问。年十七，补博士弟子，试辄高等。乡闱屡荐不售，乃纳粟入国学，游京师。仓场侍郎刘公竹轩一见倾倒，邀入幕中，佐理文翰。凡有撰述，多出所拟。下笔千言，略不加点，于是都中有小钱之目"。后受阮元之聘，在浙江任职。东壁于"经史百家，无所不览。而于词章，尤所笃好。中年以后，淡于进取，家居以典籍自娱，偶有所得，纂为笔记"。曾集注苏轼诗，见他人已成注本，乃止。"为文不自珍惜，随作随弃。"书法精真、行，"晚年专书《兰亭》，日必一本，寒暑无间"。"教子弟一以规矩，无世俗爱憎之见，闻读书声，则喜形于色。"[②]著有《梦渔笔记》及《三休亭长遗诗》1卷。[③]

大昕次子钱东塾，"字学仲，一字子臯，号石桥，又号畮田，廪贡生，试用训导，署吴县训导……安徽徽州府祁门县学教谕。善草隶，工山水，著有《月波楼诗稿》"。[④]据顾颉刚等考证，他著有《琴道诗集》4卷

① 《望仙桥乡志·钱大昭》，《中国地方志集成·乡镇志专集（3）》，第848页。

② 钱庆曾校注：《钱辛楣先生年谱·竹汀居士年谱》，《嘉定钱大昕全集》第1册，第21页。

③ 顾颉刚、陈盘：《钱大昕及其家族的著述》，《中山大学图书馆周刊》第5卷，第5、6期，第9页。1928年。

④ 钱庆曾校注：《钱辛楣先生年谱·竹汀居士年谱》，《嘉定钱大昕全集》第1册，第22页。

及《石桥偶存稿》《题画诗》。[①]

钱大昭有子三人，既治史学，又于小学、经学、金石学等各有所成。其长子钱东垣，字既勤，号亦轩。幼承家学，沉博而知要，长好著述。乾隆五十五年（1790）客西安，得有字瓦当，经考订为成周丰宫故物，乃编成《丰宫瓦当文考》1卷。曾与弟钱绎、钱侗及同县秦鉴勘定郑樵《通志》。以世传《孟子》注疏谬舛甚多，乃集刘熙、綦毋邃、陆善经诸家注，及顾炎武、阎若璩及同时师友之论，附以己见，正其音读，考其异同，著《孟子解谊》14卷，自序"厥例有七：一曰正刊误；二曰正旧注；三曰集众说；四曰存鄙见；五曰正音读；六曰辑古注；七曰考异本"。全书不妄立议论，不空谈义理。制度则准之礼经，都邑则测其地望，训故则本之《尔雅》《说文》，综采汉儒传注，折衷群言，惟归一是。京师名家翁方纲说："钱子少年笃学，以所业读《孟》之文寄予，沈博而知要，今之学人所罕见也。"[②]阮元则云："钱既勤孝廉沈潜笃学，著书能自抒心得。癸丑随可庐征君在予幕中，佐阅，藏有草字瓦当，篆文奇古，予为考释之。其弟以成、同人亦皆潜研经史、金石，各有著述。时人有钱氏三凤之目。"[③]

嘉庆三年（1798），东垣中举人。后官浙江松阳知县，丁忧归，服阕后补上虞知县。他还撰有《列代建元表》10卷，末附《建元聚类考》2卷。取正史为资，亦参阅稗官载记，专记上古至明末历代世系嬗递，僭伪国名，建元年数，间记重大史事，旁及殊方兴废，外国相承。是书于"共和以前，略仿《史记》世表，共和以后，则如《年表》之例"。考证谨严，按语精当。[④]另著有《小尔雅校正》《补经义考》等，文稿收为《勤有堂文集》。

钱大昭的次子钱绎，初名东墉，字以成，号小庐。诸生，少承家学，

① 顾颉刚、陈盘：《钱大昕及其家族的著述》，《中山大学图书馆周刊》第5卷，第5、6期，第9页。1928年。

② 翁方纲：《既勤说》，《复初斋文集》卷十，第19页。

③ 顾颉刚、陈盘：《钱大昕及其家族的著述》，《中山大学图书馆周刊》第5卷，第5、6期，第23页。1928年。

④ 王欣夫：《蛾术轩箧存善本书录》上册，第557页。

一生居乡未仕，究心经术，长于音韵训诂。鉴于诸经句读，征引家互有异同，遂据武亿原本，参稽群籍，折中至是，成《十三经断句考》13卷。又著《说文解字读若考》3卷、《训诂类纂》106卷、《尔雅疏证》19卷。

古代五方之民，言语不通，循声译字，音理可推。汉代扬雄著《輶轩使者绝代语释别国方言》15卷，《隋书·经籍志》以后定为13卷。扬著《方言》仿《尔雅》体例，类集古今各地同义词语，考察汉代方言之分布。晋代郭璞始为《方言》作注，而各种刻本，多有伪误，《永乐大典》所藏旧本也是如此。戴震根据多种版本，首先对《方言》进行校勘，逐条改正伪字281个，补脱字27个，删衍字17个。其后，卢文弨也曾校勘《方言》版本，撰《重校方言》及附录《校正补遗》。王念孙也作《方言疏证补》。钱绎之弟钱侗博采前人校注，成《方言笺疏》13卷。手稿搁置十余年后，其侄出示遗稿。钱绎感其弟"用力之勤，而惧其久而散佚也，乃取而件系之，条录之。凡未及者补之，复出者删之，未尽者详之，未安者辨之，或因此而及彼者，则触类而引伸之……竭数年心力，始得脱稿。自后时加厘正，而涂乙篡改者又十之六"。[①]是书寻音变之原，发古人以声释文之旨，博引群书，诠释字义。除了汲取戴、卢两家校本之外，王念孙的《广雅疏证》、段玉裁的《说文解字注》、钱大昭的《广雅义疏》等相关内容也分类列述，虽不无误改之处，而于戴、卢校本多所完善，可谓集众家之长。其友毛岳生谓是书"义沈而体大，识邃而说创"。但因钱绎无科名，一生境遇不佳，以至"蒙时俗讪笑，为儿曹辈所侮"。[②]清末到民国年间，《方言笺疏》有多种版本行世。钱绎工诸体书法，卒年80岁。

钱大昭的三子钱侗（1778—1815），初名东野，字同人，号赵堂。弱冠好学，少时即以《礼记郑注》校朱熹注《大学》异同，经史传注，无所不通。嘉庆十三年（1808）召试二等，充文颖馆校录。于《说文》用力至深，精研韵学，熟悉古音之通转，著为《释声》8卷。另著有《群经古音钩沉》《说文音韵表》等。钱侗还精于考辨金石、钱币，著《金石录》《古钱待仿录》等。于有史可征及官稗野乘足与钱文相发明者，

① 钱绎：《序》，《方言笺疏》卷首，光绪十六年红蝠山房刊本，第1页。

② 毛岳生：《像赞》，《方言笺疏》卷首，第2—3页。

别著《列代钱币图考》20卷。乾隆末年，钱大昕曾查阅范氏天一阁藏书楼，编成《天一阁碑目》2卷。《四库全书》分藏江南之后，学者研究古籍较前方便了。北宋《崇文总目》流传后世，而多阙漏、舛伪。东垣、钱绎、钱侗等人以天一阁所藏残本与文渊阁四库馆新本互勘异同，博稽史志，于嘉庆四年（1799）编成《崇文总目辑释》5卷，附录1卷。钱侗记云：

> 《崇文总目》六十六卷……侗家旧藏四明范氏天一阁钞本，止载卷数，时或标注撰人，然惟经部十有一二，其余不过因书名相仿，始加注以别之，此外别无所见，读者病焉……因偕伯兄既勤、仲兄以成、金秬和姊倩，凡五人分类搜采，其引见古今载籍者，辑而缀之……雠校方半，又属友人于文渊阁借钞四库馆新定之本，互勘异同，总得原叙三十篇，原释九百八十条，引证四百二十条，或原释无从考见，乃为博稽史志，补释撰人……间为一二商搉语。[①]

是书由钱氏兄弟合作辑成，体现了学术家族的群体优势。嘉庆十五年（1810），钱侗中顺天乡试举人，授知县，十八年（1813）丁忧归。钱大昕著《宋辽金元四史朔闰考》2卷，未成而卒。钱侗乃复加编次，以群书数百种，金石文字2000通，翻阅厘补，共增辑1300余条，至废寝忘食，乃获成书。因编是书积劳成疾，竟于嘉庆二十年（1815）早逝。钱侗著述不多，而学问受世人重视。王昶纂《金石萃编》所论地理官制，多取钱侗之说。王昶纂《太仓州志》，其中“文苑”“兵防”等篇亦由钱侗撰稿。其诗文辑为《乐斯堂诗文集》12卷。

大昕、大昭的孙辈书香传家，不乏著述，但学术成就较之祖、父辈相对逊色。钱大昕有孙三人：东壁之子师慎，监生。东塾之子师康，拔贡生。东塾之子师光，业儒。师慎之子钱庆曾生于嘉庆初年，咸丰二年（1852）岁贡。历署江苏江阴、武进教谕，靖江训导，著有《鱼衣廛文

① 钱侗：《崇文总目辑释小引》，《崇文总目辑释》卷首，《续修四库全书》影印本，第1—3页。

稿》《诗稿》及《拟嘉定县艺文志稿》等。钱师康曾为武英殿校录官，选授安徽祁门县教谕，卒年34岁，著有《郑乡诗文集》14卷。钱侗之子师璟，例选训导，精篆隶，工篆刻，通小学，著有《嘉定钱氏艺文志略》《听松亭印存》等，大体传承了钱氏史学专长。

钱氏一家中进士、举人者寥寥无几，多为诸生、监生，但著述之多非一般士族可比。有论者就此指出："像钱竹汀这样的一个特殊的家族，在中国是不多见的。在竹汀前后不过七代，这时期很短、范围不大的宗族里，产生了有著作可考的学者29人，著作261种，卷数可以统计的1934卷。"[①]该数据或许不太准确，而钱氏学术盛况可见一斑。嘉定钱氏并非望族，至钱大昕之时已历八九世，"成丁者垂及百人，或稽田，或读书"。[②]其后，人丁或有增多，但增幅不大。而钱氏学者在百余年中"率能具其一体，文字之盛，萃于一门"。[③]这与乾嘉学风相关，又体现了钱大昕学术的辉映效果。嘉道以后，钱氏学术重心由经学转至史学、小学、金石学等，显示了家学结构的调整。这也是整个学术格局转变的基础和缩影。

阳湖洪氏的史学传承

嘉道以降，由经学转重史学者已不罕见，比如阳湖洪氏。洪亮吉6岁而孤，幼时随母亲寄居外祖母家就学，早年长于汉魏六朝之文。乾隆三十六年（1771）岁杪，朱筠视学安徽，亮吉"往从之游，所交多知名士"。原"擅词章，至是乃兼治经"。[④]同年，在江宁与汪中、顾九苞订交，在朱筠幕与邵晋涵、高文照、王念孙、章学诚、吴兰庭交最密，由是学识益进，从事于诸经正义及《说文》《玉篇》研究。四十五年（1780）

① 顾颉刚、陈盘：《钱大昕及其家族的著述》，《中山大学图书馆周刊》第5卷，第5、6期，第31页。1928年。

② 钱大昕：《盛泾先茔之碣》，《潜研堂文集》卷四十九，《嘉定钱大昕全集》第9册，第817页。

③ 王昶：《詹事府少詹事钱君墓志铭》，《春融堂集》卷五十五，第15页。

④ 赵怀玉：《皇清奉直大夫翰林院编修洪君墓志铭》，《洪亮吉集·附录》第5册，第2362页。

中顺天乡试举人，次年入陕西巡抚毕沅幕。时孙星衍、钱坫、严长明均在幕中，擅地志之学。在此，洪亮吉与钱、严等人切磋学术，也转重地志之学，参与毕沅主持修纂的《续资治通鉴》及陕西、河南等州县志。五十五年（1790），洪亮吉成进士，授编修。充石经馆分掌，以蒋衡所书“十三经”石经字多伪俗，曾请总裁一一更正，未能如愿。未散馆而出任贵州学政，以敦厉实学教士，增进了贵州士人好古笃学之风。

嘉庆初，洪亮吉充咸安宫总裁，不久入值上书房。三年（1798）二月，大考翰詹，御试《征邪教疏》，亮吉慷慨数千言，历陈内外弊政，因触朝官忌讳，被抑置三等。他恰逢弟丧，遂引疾归。四年（1799）四月，在京任实录馆纂修官，教习庶吉习。此时，川楚白莲教起义未平，嘉庆帝下诏求言。这虽不完全是故作姿态，却不可能走得太远，更不能有损帝王威严。尤其是和珅覆亡后，下诏求言已非帝王之术的急务。书生本性的洪亮吉想有所奏陈，因成例不得直接奏事，遂于九月初上书成亲王及座主尚书朱珪、都御使刘权之。疏中“三、四月以来，视朝稍晏，恐有俳优近习，荧惑圣德”等语，惹怒嘉庆皇帝。刑部定为死罪，然后由嘉庆帝特恩免死，“发往伊犁”效力。五年（1800）四月，京师大旱，嘉庆帝亲书特旨赦免洪亮吉。赦免当日，京师大雨，天时巧合给嘉庆帝增添了仁厚的光环。五年闰四月上谕承认：“洪亮吉所论，实足启沃朕心，故置诸座右，时常观览。”[①]恽敬评论他说：“君之智力足以颠倒英豪，激扬权势。独于名义所在，一心专气以必赴之，此非经生文士之所能企逮，而惜乎所见止于如此。然君不遇圣主，受殊恩，非伏锧槁街，则袭棺绝域矣！吾州多异才，敬于君尤为惋叹焉！”[②]恽敬所言大体不差，洪亮吉之所以能得善终，确实依赖于嘉庆帝的宽大政策。他归籍后，自号更生居士，寄情山水间十余年，卒年64岁。

洪亮吉著述丰富，号称“诗文至五千首，撰述至三十种，门生义故百

① 《仁宗睿皇帝实录》卷六五，《清实录》第28册，第867页。

② 恽敬：《前翰林院编修洪君遗事述》，《大云山房文稿二集》卷三，上海商务印书馆《四部丛刊》影印同治八年刊本，第46页。

人，著录弟子三百”。[①]洪氏治学广涉经、史、小学、诸子，而精研《春秋》，他不满杜预的《春秋左氏经传集解》，于是冥心搜录，撰成《春秋左传诂》20卷。“以他经证此经，以别传校此传，寒暑不辍者又十年。分经为四卷，传为一十六卷，遵汉《艺文志》例也。训诂则以贾、许、郑、服为主，以三家固专门，许则亲问业于贾者也。”[②]是书考核史实义例，谙熟山经地志。其经学受到吴县惠氏的影响，却不属“吴派”，而注重实事求是，择善而从。他又精于小学，著有《汉魏音》《六书转注录》《比雅》等。尤擅长史学及地理沿革，于历朝疆域变更尤有研究，著《补三国疆域志》《东晋疆域志》《十六国疆域志》《西夏国志》等。当然，有的乾嘉学者认为，洪亮吉以文士治经，文献征引或有疏漏。后人对其擅长的疆域志考证也多有补正，如晚清谢钟英撰有《三国疆域志补注》19卷。

洪亮吉治学，主以儒经，辅以史地，但其子传衍家学后，学术重心明显转向史地。洪亮吉有五子二女，五子为饴孙、盼孙（殇）、符孙、胙孙、齮孙。他晚年对诸子传承家学寄予了厚望，其戒子书云：“夫功名之士，以身殉时；勤学之儒，以身殉古。各有所好，强之不能，在立志何如耳。形质不能与天地争久，姓名则克与嵩华竞高……夫陶令达者也，不忘于戒子；魏收凉德也，亦眷眷于遗言。吾上不敢望泉明，下不致同伯起，是在女曹成吾之志耳。”他希望子孙成为勤学之儒，留名青史。又对诸子提出了具体遗言：“饴孙年过三十，处事尚不克平心，是女之短也。惟编校故书，尚知条理，他日或当传吾记诵之学耳……余幼子弱孙，则尚争梨栗，无辨菽麦。顾念艺菊之子，纵非同生；树兰之门，亦均共气。他日兄率其弟，父课其子，庶几寒宗，毋坠先绪。”[③]

洪氏诸子中，以长子饴孙、幼子齮孙较有学术成就。饴孙幼时好学，嘉庆三年（1798）举人，四赴礼闱不售，选取为国史馆誊录。期满后，选任湖北东湖知县，仅历8月而卒。饴孙壮年早逝，学术未有大成，而史学

① 洪亮吉:《戒子书并诗》,《洪亮吉集》第3册, 第1100页。
② 洪亮吉:《春秋左传诂序》,《洪亮吉集》第3册, 第1117—1118页。
③ 洪亮吉:《戒子书并诗》,《洪亮吉集》第3册, 第1100页。

重心一目了然。李兆洛辑其遗书，有《世本辑补》10卷、《三国职官表》3卷及《史目表》《毗陵艺文志》等，未成之稿有《汉书艺文志考》《隋书经籍志考证》《诸史考略》等数十卷。洪亮吉三子符孙也撰有《禹贡地名疏证》《鄢陵县志》《禹州志》等。

洪齮孙，字子龄，道光举人，官广东镇平县知县，克承家学。他仿其父《疆域志》体例，撰《补梁疆域志》4卷，于虚实名土、地名异同，莫不详加辨析，明其是非。又详述州治、县志沿革，于名山大川、历史陈迹，均广为搜辑、考释。他还撰《汉魏六朝隋唐地理书目考证》，全书分16门，于星野、诂经、述古、一统、都邑、州郡、山川、城廓、宫殿、寺庙、道里、故事、传记、风土、物产、外域等详述源流，但该书未能付梓。

洪氏兄弟传衍家学，成就参差，而专于考证史地，使洪氏学术由经、史并重转向以史地为主。与此类似的学术世家不一而足，其学术方法和思想主旨一脉相承，而学术重心发生了转换，从而无形之中改变了偏重儒经的汉学格局。

二　常州张氏：在经学与辞章之间

清代经学兴盛，而文学上既无汉、唐气派，又逊两宋风骚，这与清廷崇经学而抑辞章的文治政策不无关系。如乾隆十三年（1748）四月，殿试告诫士子不可“事词章而略经术，急进取而竞声华”。[①]在此背景下，一些早年究心辞章者，中年以后转向经学，矻矻治经，死而后已。许多学者偏重经学，甚至使之与辞章之学对立起来。张惠言少好时文，在学术道路和倾向上曾受桐城派主张的启发，成为乾嘉之际兼擅经学和辞章的学者。他精于《易经》《仪礼》和《墨子》研究，既视经学为文章之本，又始终不弃辞章，这种特色拓宽了张氏学术传衍的渠道。其弟张琦等发展辞章之学，并传之后人，进而转换了张氏学术重心，也扩大了其汉学影响。

① 《高宗纯皇帝实录》卷三一三，《清实录》第13册，中华书局1986年版，第138页。

张惠言的学源

常州在晋太康年间为毗陵郡，唐武德三年（620）复称常州。据《嘉庆重修一统志》，常州府辖武进、阳湖、无锡、金匮、江阴、宜兴、荆溪、靖江八县，其中武进、阳湖县治附于府城。[①]武进、阳湖原为一县，“雍正二年，析武进置阳湖”，[②]于是一分为二。至民国以后，二县又合而为一。乾嘉年间，常州学者辈出。后世注目者有庄存与开创的今文经学派；张惠言为代表的虞氏《易》学派及常州词派；有张惠言、李兆洛为代表的“阳湖文派”。

据张氏族谱载，常州张氏乃南宋大儒张栻之后，嘉庆初年散居常州城乡，约有千余人。张惠言说：“常州之张，多由滁。谱牒废，世不可纪。其后曰端，当明宏治中，居南门德安里，是为大南门张氏，张氏非大南门不其谱。”[③]张惠言被族人列为张栻的第三十六代孙，受邀为族谱撰序。晚明以来，大南门张氏诗书传家，而科名不显，著述不丰。值得一提的学者有：万历举人张宏道，曾官通判，与其弟凝道合纂《科名盛事录》《明三元考》。张宏道之子张典，诸生，著有《国朝诸儒语录》《俞戚二将军兵书》。张典之子张以鼎，秀才，著有《诗经贯》《四书贯》《大学衍义摘要》等；惠言的曾祖父张采，著有《易贯》。这几位举人、秀才的撰述活动均围绕举业进行，有关经书的注解也较贯通大义，适应科考的需要。

张氏不乏宋学渊源，推重宋儒道统。明正统年间，常州城南书院始建张栻专祠，清代沿袭此例。乾隆七年（1742），张氏三十四世孙张翼丰跋族谱云：“道学之传，上自尧舜，迄于孔孟。下自周程，迄于朱子及我宣公，渊源有自，所以维持世教民彝物则，历万古而不变。”张氏增修族谱，也是为了“使吾祖上接道统之传”以宏扬家学。[④]张惠言对道学也是认同、重视的，曾序族谱云：“我张氏于唐则著相业，于宋则传道学，为子孙者数典而忘其祖，可乎？士贤上承先志，合而谱之，于有余年之文

① 《嘉庆重修一统志》卷八六“常州府一”，上海商务印书馆影印清史馆呈进本，第1页。

② 蒋彤：《养一子述》，《丹棱文钞》卷三，《清代诗文集汇编》，第615册，第663页。

③ 张惠言：《先府君行实》，《茗柯文二编》卷下，第19页。

④ 张翼丰：《家乘继编跋》，《张氏宗谱》卷一“历代修谱序”，第16—17页。

献，悉包举而无遗，可谓贤士子孙矣……读是谱者，各深水源木本之思，共励孝弟忠信之行，则是谱之作垂之无穷……此则余之所厚望也夫！”[①]张惠言早年受宋学熏陶，置重宋儒的伦理教化，与一些汉学家贬斥宋学的取向不同。

张惠言的父、祖辈均为县学生，又均早逝。惠言幼时孤苦，14岁便为童子师，日以继夜地学为时文，十余年未曾懈怠。他于17岁补县学附生，19岁补廪膳生，与国子监生钱伯坰交好。钱氏（1738—1812）字鲁斯，一字鲁思，阳湖人，幼时曾从惠言之父张蟾宾读书，惠言兄事之。他是乾隆十年（1745）状元钱维城的从子，长惠言24岁，工诗词，尤善书法，作品至夥，雄健豪放。惠言记云：“余十六七岁，时方治科举业，间以其暇学鲁斯为书，书不工；又学鲁斯为诗，诗又不工。然鲁斯尝诲之。”[②]钱伯坰后来师事刘大櫆，受古文法，转而授张惠言、恽敬，遂以能文名天下。同时，惠言的姐夫董达章也好作诗，达章的朋友、武进监生杨云珊也“锐意为诗”。惠言少时与之“朝夕相过，过即论诗”。“心好两人诗，未暇学也。”其后三四年，他们奔走南北，数年才得一见，相见则各出新诗。而惠言久无所得，遂绝意不复作诗。[③]惠言的诗作少，后来却贯通诗、词、赋理论，以《诗》《骚》精神阐发了词、赋见解。

乾隆四十九年（1784），张惠言受知于常州知府、安徽歙县人金云槐（乾隆三十九年即1774年状元金榜之兄），随即被其弟金杲延至歙县岩镇，课子侄读书。刘大櫆曾在皖南设馆多年，传授古文之法。自五十年（1785）始，刘大櫆的得意弟子王灼也在歙设馆，与张惠言相识并成为执友。王灼（1752—1819），字悔生，少居枞阳，从刘大櫆游，受赏识。王灼在歙设馆八年，结交了金榜、程瑶田等人，而与惠言尤为密切。二人“旬月中必数相见，见则皋闻必先在，相与脱冠解衣，恣言剧

① 张惠言:《增修世谱序》,《张氏宗谱》卷一“历代修谱序”, 第24—25页。

② 张惠言:《送钱鲁斯序》,《茗柯文二编》卷下, 第2页。

③ 张惠言:《杨云珊览辉阁诗序》,《茗柯文三编》, 上海商务印书馆《四部丛刊》影印同治八年刊本, 第18页。

谈……各极其意以去”。[①]岩镇之南，有园名先春。地平衍而小，台榭简朴，而池、石、花、树独奇。惠言记五十年（1785）的一次聚谈：“余客岩镇，时园荒无人。尝以岁除之日，与桐城王悔生披篱而入，对语竟日。是时朔风怒号，树木叫啸，败叶荒草，堆积庭下。时有行客，窥门而视，相与怪骇，不知吾两人为何如人也。”“明年，余与悔生皆去岩镇。又十年，余复来。”[②]这座荒园后为其好友金文舫买下，整修之后命名“鄂不草堂”，张惠言则是“草堂”的常客。五十一年（1786），惠言中本省乡试举人。王灼亦中举，选任双流教谕。

其后，他们奔走南北，时相往来。乾隆五十二年（1787）以后，张惠言、恽敬、庄述祖、庄有可、陈石麟、王灼“先后集京师”，相与为友，“商榷经义古文”。[③]此时，张惠言等人开始习读古文。至五十三年（戊申，1788）六月，惠言、王灼又在歙县相聚。八月，惠言、王灼同游黄山，“居山中者七日，往来道途者三日”。[④]王灼撰写了长篇游记，惠言则作《游黄山赋》《黄山赋》。嘉庆二年（丁巳，1797），二人重逢于歙县，王灼吟诗并作记：“予不至歙十年矣，丁巳十月，行役复至此。金理函舍人，馆予别墅中，凡七日。时皋文、翰风昆季亦在歙，日与纵谈豪饮，相得欢甚。”[⑤]如此愉快的交游，自然免不了交流古文心得。

不过，张惠言汲取桐城派学术的渠道不限于王灼，还有张、王二人年长的朋友钱伯坰。五十三年（1788），惠言由歙县回常州，拜访了老友钱伯坰。惠言记云：“鲁斯大喜。顾而谓余：‘吾尝受古文法于桐城刘海峰先生，顾未暇以为，子傥为之乎？’余愧谢未能。已而余游京师，思鲁斯言，乃尽屏置曩时所习诗赋若书不为，而为古文，三年乃

---

① 王灼:《送赵汸如还荆溪序》,《悔生文集》卷四,《清代诗文集汇编》第431册,第478页。

② 张惠言:《鄂不草堂图记》,《茗柯文二编》卷下,第7页。

③ 吴德旋:《恽子居先生行状》,《初月楼文钞》卷八,《清代诗文集汇编》第486册,第75页。

④ 王灼:《黄山纪游》,《悔生文集》卷五,《清代诗文集汇编》第431册,第496页。

⑤ 王灼:《悔生诗钞》卷一,《清代诗文集汇编》第431册,第537页。

稍稍得之。”[①]张惠言由辞赋而转向古文的过程中，钱伯坰的推动作用显然不可忽视。故阳湖文人陆继辂云：钱伯坰“亲受业于海峰之门，时时诵其师说于其友恽子居、张皋文。二子者，始尽弃其考据、骈骊之学，专志以治古文……以二子之才与识而治古文，实自鲁思发之”。[②]当然，张惠言究心古文之后，并未尽弃考据、骈骊，只是学术兴趣有所调整。

明道：从古文到经学

张惠言、恽敬曾受桐城派的文学的影响。刘声木认为，张惠言“研精经传，取法于韩、欧阳两家，变大櫆之清宕为渊雅，文格与姚鼐为近，首倡桐城文学于常州”。[③]惠言经学造诣深厚，学术宏大，自然较海峰之文渊雅。方宗诚则评论：“皋文与吾邑王悔生友善，得海峰论文之旨，而超然自悟，多沉锐洁净之文，同时恽子居盖不逮焉，惜其年寿之不终。”[④]他认为，张惠言比恽敬的文章更为“沉锐洁净”，盖因惠言不仅与钱、王交谊深厚，而且对因文求道“超然自悟”，重视从经学寻求义理。嘉庆元年（1796），刘大櫆的《论文偶记》刊行，详论文章“神气”，也推崇《庄子》《史记》之文，兼及唐、宋诸家和归有光。张惠言曾编录一本《刘海峰文钞》，熟悉刘氏的文章特色，读过此文也在情理之中。然而，惠言对桐城派的了解不限于刘大櫆，而是博采众家，“文格与姚鼐为近”。吴德旋云：在京师曾从惠言学为文，得姚鼐的《古文辞类纂》读之，“而知为文之不可不讲于法也，如工之有规矩焉……尝持是说以语皋文，而皋文不予非也”。[⑤]仅就古文“家法”而

① 张惠言：《送钱鲁斯序》，《茗柯文二编》卷下，第2页。

② 陆继辂：《七家文钞序》，《崇百药斋续集》卷三，《续修四库全书》影印道光四年刊本，第7页。

③ 刘声木：《桐城文学渊源考》卷五，《丛书集成三编》第6册，第745页。

④ 方宗诚：《记张皋文茗柯文后》，《柏堂集前编》卷三，《清代诗文集汇编》第672册，第77页。

⑤ 吴德旋：《七家文钞后序》，《初月楼文钞》卷五，《清代诗文集汇编》第486册，第50页。

言，张惠言非刘大櫆嫡传，也没有囿于桐城派主张，他对骈文、词赋的持续兴趣可为旁证，但桐城派对其学术道路和治学风格则具有重要意义。

方苞说："《春秋》之制义法，自太史公发之，而后之深于文者亦具焉。义即《易》之所谓'言有物'也，法即《易》之所谓'言有序'也。义以为经而法纬之，然后为成体之文。"[①]他引经据典，讲究立言有序，而"言有物"是其实质所在。如何讲求"义法"，臻于最佳境界？刘大櫆对此进行了具体阐发。针对曹丕、苏辙所云文章以气为主的说法，他提出："行文之道，神为主，气辅之……至专以理为主者，则犹未尽其妙也。"[②]其"神气说"似乎侧重于"言有序"，但并非斤斤于字句，而是注重文章的精神境界和气势。他肯定文章"天成"的说法，却强调文人的"能事"。视文人如大匠，而"义理、书卷、经济者，匠人之材料也"。匠人技艺不同，文章也参差不齐。作文当明理适用，"而明义理，适世用，必有待于文人之能事"。对于作文的客观、主观之分，他似乎更强调主观作为和艺术品格。而其所谓"神"，所谓"精气"，都蕴含思想内容，与"言有物"本质相通。因之，桐城派重视以经文矫骈文之弊。刘大櫆认为，六朝骈文靡弱，复兴古文的韩愈"矫之以质，本六经为文"。[③]他主张从儒经汲取义理，融理入文，而非拘泥于宋学。他认识到："其文章之传于后世，或久或暂，一视其精神之大小薄厚而不逾累黍……夫与天地日月同其存灭，六经之文也。"[④]就儒家"三不朽"功业而言，他以"立德"为最高境界，而"立言"则当"根之以六经之旨，参之以诸史百子，以杜其岐趋，以稽

① 方苞：《又书货殖传后》，《望溪先生文集》卷二，第20页。

② 刘大櫆：《论文偶记》，见《论文偶记　初月楼古文绪论　春觉斋论文》，人民文学出版社1959年版，第3页。

③ 刘大櫆：《论文偶记》，见《论文偶记　初月楼古文绪论　春觉斋论文》，第3—4、9页。

④ 刘大櫆：《见吾轩诗集序》，《海峰文集》卷四，《桐城派名家文集》（13），第66—67页。

其治乱、成败、兴坏之纪”。[①]儒经作为中国最重要的思想宝库，不仅是士人讲求内圣外王的指针，而且对于“立言”具有重要的思想、文学价值。

王灼也宗奉宋学，提倡文道合一。时文（八股文）是清代科考的必备技能。尽管士大夫对其多有批评，但许多人长年累月地琢磨甚至教授时文。王灼认为，清代与唐代的时文相比而近于骈体，而时文当与古文特质相通，“理不足不可以为文，气不盛不可以为文，名物制度不谙于古，不可以为文。时文，固经艺也……不通诸经，亦不足与言经艺”。如同其师刘大櫆，王灼也重视文章的神气，赞赏文章“沉酿于濂、洛、关、闽之书以挹其精，胎息于《左》《史》、韩、欧之文以袭其气”。[②]王灼视理学、名物制度和经学为时文之本，折射出清代考据学风气的渗透。同时，他虽主古文，却没有鲜明地排斥骈文，而是融骈入散。

张惠言宗奉桐城派因文求道的宗旨，沿袭了刘大櫆、王灼置重儒经的学术路向，并加以发展，由时文、词赋而转向经学。他自序文稿说：

> 余少学为时文，穷日夜力，屏他务，为之十余年，乃往往知其利病。其后好《文选》辞赋，为之又如为时文者三四年。余友王悔生见余《黄山赋》而善之，劝余为古文，语余以所受于其师刘海峰者。为之一二年，稍稍得规矩。已而思古之以文传者……其言必曰道。道成而所得之浅深醇杂见乎其文，无其道而有其文者，则未有也。故乃退而考之于经，求天地阴阳消息于《易》虞氏，求古先圣王礼乐制度于《礼》郑氏……余之知学于道，自为古文始。[③]

显然，研习古文影响了张惠言的学术道路。他“学于道”的历程

① 刘大櫆：《赠张清少序》，《海峰文集》卷四，《桐城派名家文集》（13），第56页。

② 王灼：《吴苍二时文序》，《悔生文集》卷三，《清代诗文集汇编》第431册，第472页。

③ 张惠言：《文稿自序》，《茗柯文三编》，第21—22页。

中，不断受到桐城派学者的鼓励。不过，惠言没有停留于因文求道，而是转向从经明道。故董士锡云："先生初学为词、赋、古文。既成，以为空言未足以明道，乃进求诸六经，取汉诸儒传注读之。尤善郑氏《礼》，尽求郑氏书，得其《易注》，善其以《易》说《礼》，而其注残阙不备，乃更求诸《易》家言。"[①]阮元总结张惠言的文章是"以经术为古文"，[②]确实说出了根本所在。从讲求载道之文，到研究儒经，这是张惠言学术道路的必然逻辑，其中张氏经学与桐城派的学术关联清晰可见。乾嘉时期，汉、宋学者间时有互贬之词，实则二者密切相关，似相反而实相成。

经学与文学倾向

张惠言好读汉儒传注，治经带有汉学色彩，故王灼认为其深于《易》，且"专宗汉学"。[③]但其学术领域较为开阔，门户观念不像一些吴、皖汉学家那样深重，学术风格倒是与桐城派学者多有契合。除了因经求道的学术路向外，对于"异端"学派的宽容和经世取向，张惠言也与方苞、刘大櫆、王灼等人如出一辙。

元、明以降，排斥佛、道成为儒学的旗帜之一，乾隆朝的汉、宋对峙也日益凸显。但早期桐城派学者尤其是刘大櫆对"异端"学派相当包容。针对先秦儒墨之争、韩愈"辟佛老"和宋明儒家的朱、陆之辨，他指出："天下之理亦不可以一端尽"，"今也操室中之戈而为门内之斗，是亦不可以已夫！夫未尝深究其言之是非，见有稍异于己者，则众起而排之，此不足以论人也……夫恢然有余，而于物无所不包，此孔子之所以大而无外也。"[④]王灼也涉猎先秦诸子，认为《晏子春秋》"意旨实多出《墨子》"，而《汉书·艺文志》列入儒家，"以墨为儒"是

① 董士锡：《张氏易说后叙》，《齐物论斋文集》卷一，第6—7页。

② 阮元：《序》，《茗柯文编》卷首，第1页。

③ 王灼：《吴伯芬六十寿序》，《悔生文集》卷四，《清代诗文集汇编》第431册，第485页。

④ 刘大櫆：《息争》，《海峰文集》卷一，《桐城派名家文集》（13），第22—23页。

不恰当的。[①]他认同韩愈“孔墨必相为用”的主张，对汪中阐扬墨学的言论也无反感。[②]更有进者，张惠言非但不排斥“异端”，并且好《墨子》，撰著《墨子经说解》2卷，考辨《墨经》的文字和大旨，是清代最早研究《墨子》的学者之一。他大抵为《墨子》学说辩护，认为“墨之本在兼爱。而兼爱者，墨之所以自固而不可破……与圣人所以治天下者复何以异？”[③]其学术包容性大体一致。

更为鲜明的学术共性是，在考证学风的笼罩下，他们都流露出一定的经世意识。晚清理学经世派崛起之前，桐城派已有相当的社会关怀。刘大櫆仕途困顿，以教谕而终。因地位低微，他不像侍郎方苞那样直接关注漕运、治河、荒政、屯田等时务，但主张作文当勾稽古今治乱成败，自记曾与同里友人胡龚参“抵掌当世之务，慨然奋发，相期以百世之人心为己任”。[④]其弟子认为：“先生志在经世，其蕴蓄而未出者，未尝不欲表著于一时。”[⑤]刘大櫆少谈治平之策，而经世意识仍不时显现。王灼的处境和社会关怀与其师大致相同。

张惠言生长于贫寒之家，深知“盛世”的民间疾苦和吏治腐败。恽敬曾记惠言与座师朱珪（谥文正）的分歧：“文正言‘天子当以宽大得民’。皋文言‘国家承平百余年，至仁涵育，远出汉、唐、宋之上，吏民习于宽大，故奸孽萌芽其间，宜大伸罚以肃内外之政’；文正言‘天子当优有过大臣’。皋文言‘庸猥之辈，倖致通显，复坏朝廷法度，惜全之当何所用？’文正喜进淹雅之士，皋文言‘当进内治官府、外治疆场者’。”[⑥]这些分歧根源于对“乾嘉盛世”的不同认识，而张惠言的清醒头脑显然与社会阅历分不开。唯其如此，张惠言的经学、辞章之学均蕴含

---

① 王灼：《读〈晏子春秋〉》，《悔生文集》卷一，《清代诗文集汇编》第431册，第454页。

② 王灼：《读〈墨子〉》，《悔生文集》卷一，《清代诗文集汇编》第431册，第455页。

③ 张惠言：《书墨子经后》，《茗柯文初编》上海商务印书馆《四部丛刊》影印同治八年刊本，第19页。

④ 刘大櫆：《送胡先生序》，《海峰文集》卷三，《桐城派名家文集》（13），第48页。

⑤ 刘琢：《海峰文集跋》，见《桐城派名家文集》（13），第213页。

⑥ 恽敬：《张皋文墓志铭》，《大云山房文稿初集》卷四，上海商务印书馆《四部丛刊》影印同治八年刊本，第24页。

着社会关怀。他认识到："古之以文传者，传其道也。夫道，以之修身，以之齐家、治国、平天下。"故自汉代贾谊、董仲舒，以至唐宋八大家，其学术"皆各有以施之天下，非是者其文不至，则不足以传今"。[①]他研习古文之后，产生了以文传道的自觉，认为汉、唐古文之所以成就巨大，恰恰在于能传儒家之道。而"道""学"不可分开，"传道"不得不取径于"有以施之于天下"的经学。

当然，张氏学术根柢不是宋学，而是汉学。乾隆五十九年（1794），他任景山宫官学教习期满，例得引见，以母疾急归，旋居母丧。嘉庆元年（1796），惠言再至歙县设馆，期间他曾从金榜问学。金榜曾师事江永和戴震，深于《礼》学，撰《礼笺》3卷。惠言说："嘉庆之初，问郑学于歙金先生。三年，图《仪礼》十卷，而《易义》三十九卷亦成。粗以述其迹象，辟其户牖。若乃微显阐幽，开物成务，召古今之统，合天人之纪，若涉渊海，其无涯涘。"[②]张氏《仪礼图》实为6卷，引用了《礼笺》的一些看法。不过，他在歙期间，既忙于科举，研习词、赋、古文，而经学重心仍在虞氏《易》学。其文章、书信中，未见与金榜讨论经学，只有一篇《与金先生论保甲事例书》。

正如作文不囿于桐城"家法"一样，张惠言的经学也源出多途，不拘一隅，与惠栋《易》学、金榜《礼》学均呈现差异。其友吴德旋云："自元、明以来，学者剿袭宋儒之书，空谈性命。而近时宗汉之士专取汉人穿凿附会之说，矜博炫异，以与程朱为难。先生起而驾前说，能悉会汉、宋诸儒传注，而兼采其长，故一时言六艺者折衷焉，惜乎年未及中寿而卒。"[③]张惠言兼采汉宋，学术范围不囿于某家某派，也不限于经学，但始终没有离开"足以立身行义，施天下致一切之治"的思想追求。

清中期，排斥宋儒的图、书《易》学成为潮流，惠栋、张惠言亦然，并且都青睐于汉代虞翻的《易》学，旨趣相同。然而，张惠言认为：惠栋

① 张惠言:《送徐尚之序》,《茗柯文补编》卷下, 第9页。

② 张惠言:《文稿自序》,《茗柯文三编》, 第21页。

③ 吴德旋:《张皋文先生述》,《初月楼文钞》卷八,《清代诗文集汇编》第486册, 第72页。

《易汉学》《周易述》等，“掇拾于亡废之后，左右采获，十无二三……然则求七十子之微言，田何、杨叔、丁将军之所传者，舍虞氏之注，其何所自焉？”[①]他认为惠氏治《易》驳杂不纯，泥古琐碎，没有阐明《易》义，也未能阐明孔门微言。他曾辑《青囊天玉通义》，于术数略有所知，却自称：“惠言所习者，伏羲、文王、孔子之《易》，非魏伯阳、陈抟之《易》。”[②]他试图摒弃惠氏《易》学的谶讳内容，阐发《易》学的阴阳大义，撰《周易虞氏义》《周易虞氏消息》等，以阐明大旨。又本郑氏“以礼言易”之旨，作《虞氏易礼》。虞氏长于说人事，但简略而不贯通，惠言遂作《虞氏易事》，为之羽翼，成一家之学。他指出：“故郑氏之《易》，其要在礼。若乃本天以求其端，原卦画以求其变，推象附事以求文王、周公制作之意，文质损益，大小该备。故郑氏之《易》，人事也，非天象也。此郑氏之所以为大，而定宇氏未之知也。”[③]在他看来，王应麟、惠栋的《易》学长于考证，却不能关切人事，故“所涉浅也”。他没有满足于复兴汉《易》或考证卦爻，而是力图阐明变易之理，关切人事。

张惠言以图释《礼》，也是针对社会问题有感而作，意在阐释古人治天下之理，这也是金榜《礼》学不具备的。他说：“盖先王之制礼也，原情而为之节，因事而为之防。民之生固有喜、怒、哀、乐之情，即有饮食、男女、声色、安逸之欲，而亦有恻隐、羞恶、辞让、是非之心。故为之婚姻、冠笄、丧服、祭祀、宾乡相见之礼，因以制上下之分，亲疏之等，贵贱长幼之序，进退揖让升降之数。使之情有以自达，欲有以自遂，而仁、义、礼、智之心油然以生，而邪气不得接焉。”[④]他探讨了《礼》学的本原，希望以儒学改良吏治和风俗。还提出了整肃礼制的具体办法，表现了深切的社会关怀。

张惠言于经学卓有成就，却始终未弃辞章。在其生前，“阳湖文派”

---

① 张惠言:《自序》,《周易虞氏义》卷首,《续修四库全书》影印嘉庆八年刊本, 第1—3页。

② 张惠言:《答钱竹初大令书》,《茗柯文四编》, 第7—10页。

③ 张惠言:《丁小雅郑氏易注后定序》,《茗柯文二编》卷上, 第28页。

④ 张惠言:《原治》,《茗柯文三编》, 第16—17页。

没有出世，但他孕育了该派的文学主张。他重视汉魏六朝赋体文学，编纂了《七十家赋钞》一书，认为“赋者，诗之体也”。李兆洛继之选编《骈体文钞》，渐成“阳湖文派”兼容骈文的传统。惠言的词、赋主题不只是风花雪夜，游山玩水，而往往咏物言志。比如他解释《寒蝉赋》的主旨：“余唯其蜕浊秽，辞泥滓，清洁莫尚，无营于物而喧喧不已。”[①]他赞赏寒蝉的品质，恰好是修身理念的体现。其数十篇《茗柯词》虽非全力所为，却不乏脍炙人口的篇章，如《木兰花慢·杨花》一词：

> 尽飘零尽了，谁人解，当花看。正风避重帘，雨回深幕，云护轻幡。寻他一春伴侣，只断红、相识夕阳间。未忍无声委地，将低重又飞还。
>
> 疏狂情性，算凄凉、耐得到春阑。但月地和梅，花天伴雪，合称清寒。收将十分春恨，做一天、愁影绕云山。看取青青池畔，泪痕点点凝斑。[②]

这飘零而清寒的杨花不正是作者命运的象征吗？张惠言“独工寄托”的词作，反映了寒士们漂泊蓬转的生活无奈。后来词家评论：“张茗柯谓为人非表里纯白，不足为第一流。其所撰词，实称此语。”[③]比较而言，惠言的词学见解较之词作更为重要。

嘉庆二年（1797），张惠言在歙县的从学者渐多，乃请胞弟张琦同来授徒。同年夏，16岁的外甥董士锡也来歙县随舅父读书。惠言弟子有金式玉、金应瑊、金应珪、郑善长等。金氏兄弟喜好词学，惠言遂为讲授唐、宋名篇，谓元、明以来，词作已江河日下，只有以推崇词体、崇尚寄托以转移风气。张氏兄弟合编了《词选》2卷，选录唐、五代、两宋词116首，由金应珪于嘉庆二年（1797）校刻，该书成为常州词派的源头。《词选》

① 张惠言：《寒蝉赋》，《茗柯文初编》，第9页。

② 张惠言：《木兰花慢·杨花》，张惠言编《词选·附录》，宣统二年扫叶山房刊本，第4页。

③ 张德瀛：《词征》卷六，《词话丛编》1934年刊本，第10页。

在歙刊刻后，郑善长又选录当时词作者12家63首为《附录》1卷。包括黄景仁1首、左辅2首、恽敬6首、钱季重7首、张惠言7首、张琦7首、李兆洛5首、丁履恒3首、陆继辂5首。还包括惠言三弟子的词作，金应珹6首、金式玉7首、郑善长7首。《附录》带有家派色彩，未随即刊行。

清中期数十年家家许郑、人人贾马的学风毕竟令人窒息，文人学者需要其他形式以表达“微言”，古文、词、赋遂应时更新。康乾时期，以朱彝尊、厉鄂为代表的浙西派词人，追求清空醇雅，题材趋于狭窄。风气所及，“淫词”“游词”“鄙词”充斥词坛。张惠言等人另辟蹊径，将“文以载道”的思想运用于词学，适应了文学衍生的逻辑。惠言论词主“比兴”“寄托”，批评浙西派词学寄兴不高的琐屑雕琢。他指出：

> 词者，盖出于唐之诗人采乐府之音，以制新律，因系其词，故曰词。《传》曰：“意内而言外，谓之词。”其缘情造端，兴于微言，以相感动，极命风谣里巷，男女哀乐，以道贤人君子幽约怨悱，不能自言之情，低徊要眇，以喻其致。盖《诗》之比、兴、变风之义，骚人之歌，则近之矣……然要其至者，莫不恻隐盱愉，感物而发，触类条鬯，各有所归，非苟为雕琢曼辞而已。[①]

“意内而言外”说与《易》学造诣相关。据张德瀛考察，此语源于西汉孟喜的《周易孟氏章句》“意内而言外也”。“言发于意，意为之主，故曰意内。”[②]像方苞的“义法说”一样，张惠言的“意内言外”说汲取了汉儒经学思想，又将其比肩于“诗教”，作为常州词派的“词教”之一。他虽未完全接受桐城派的文学主张，但其经、子之学和词赋凸显了思想性和经世意识，其学术特色又与桐城派大体一致。

家学传衍和转变

龚自珍有诗赞常州的学术风尚：“天下名士有部落，东南无与常匹

① 张惠言：《词选叙》，《词选》卷首，第1—2页。

② 张德瀛：《意内言外为词》，《词征》卷一，第1页。

传。”而在经学领域，“《易》家人人本虞氏，毖纬户户知何休”。[①]庄氏和张家是清中叶常州学术的枢纽，其学术重心《春秋》公羊学和虞氏《易》在嘉道以降广为流播。张家不像庄氏族大人多，仕途腾达，但张家的文学成就扩大了家族声望和学术影响。引申而言，张惠言的“意内言外”说，也可视为以经学为内核、以辞章为媒介的学术体系。焦循说：“不学则文无本，不文则学不宣。”[②]这代表了当时士人对学、文辩证关系的认识。张惠言恰恰是以文宣学的少数学者之一。阮元有感于其学术成就云：“近时《易》学推惠氏栋，《礼》学推江氏永，而二家之文无传。盖义之附于经者，内也；义之征于文者，外也。由内及外，而发挥天人之际，推阐制数之精，其所蕴更宏，其所就更大。”[③]仅就经学而言，张惠言的《易》《礼》研究不及惠栋、江永专精，但流播更广，所就更大。其原因之一是，张氏借助于辞章之学，将经学鲜明、平易地昭示于士人，使经学和辞章相得益彰。

在清代，诗词唱和仍是士人最普遍的交游媒介。张氏的古文、词、赋得到常州士人的推重、阐发。张氏兄弟与恽敬、常州庄氏、包世臣、丁履恒及稍后李兆洛等人交往密切。他们的交游最初多见之于诗词唱和，伴随之论文、论学，一定程度上拓宽了经学的传播渠道。

张惠言、庄有可的父亲交谊深厚，子承父谊，可谓世交。他们二人曾在京师切磋经义古文。张惠言曾从庄述祖治《说文》，师其文字训诂之学，而庄氏弟子刘逢禄、宋翔凤也从惠言游。嘉庆五年（1800），刘逢禄进京会试，“唯就张编修惠言问虞氏《易》、郑氏三礼，竟以此被黜”。[④]宋翔凤擅长文辞，青年时游京师，曾就惠言问习古文之法。宋氏词学源于张惠言，认为“凡情与事委折抑塞，于五七字诗不能尽见者，词能短长以陈之，抑扬以究之”。故李兆洛云：宋翔凤等人“皆能引申皋文之旨而博其趣。知其可以补诗境之穷，则知诗之复于乐矣；知其奇可以敛

① 龚自珍：《常州高材篇》，《龚自珍全集》，第494页。

② 焦循：《里堂家训》卷下，第6页。

③ 阮元：《序》，《茗柯文编》卷首，第1页。

④ 戴望：《故礼部仪制司主事刘先生行状》，《谪麐堂遗集》文卷一，第19页。

散越之旨，则知词之深于诗矣”。[①]显然，张惠言与庄氏的经学、辞章交错传播，学术上相互影响。

清初以来，常州恽氏以文学传家，明末清初的恽日初（字逊庵）、恽本初（字香山）并以文章名世。清末俞樾序其族谱云：“恽氏在国初有逊庵先生、香山先生、南田先生，并以文章、气节后先辉映。南田诗、书、画世称三绝，得其寸缣，宝犹尺璧。至简堂先生，以古文名一世，所著《大云山房文集》与南田《瓯香馆诗集》并行，卓然为本朝一大家。古称安平崔氏、汝南应氏，其家相继以文称，然不过二三世而已。”而恽氏数代文脉不断，为其他世家所不及。[②]

恽敬，号简堂，幼承庭训，15岁“学六朝文，学汉、魏赋颂及宋、元小词”。17岁“学汉、唐、宋、元、明诸大家文”。其父教以“读书之序，穷理之要”，遂“治小学，治经史百家”。[③]恽敬的治学经历与惠言相似，“四十后益研精经训，深求史传兴衰治乱得失之故，旁览纵横、名、法、兵、农、阴阳家言，较其醇驳而折衷于儒术，将以博其识而昌其辞，以期至于可用而无弊”。[④]他于乾隆四十八年（1783）中举，多次进京会试，充咸安宫官学教习，与惠言共习唐、宋古文，相知最深。五十九年（1794），恽敬选授浙江富阳知县。惠言恰逢母丧，遂助恽敬纂修富阳县志。嘉庆元年（1896），恽敬调离后，惠言再至歙县设馆。至其卒后，恽敬感慨：“古文自元、明以来，渐失其传，吾向所以不多作古文者，有皋文在也。今皋文死，吾当并力为之。”[⑤]张惠言对恽敬的古文创作有所推动，而“阳湖文派”也在此交流、互动中逐渐形成。恽敬、张惠言都试图调整桐城派专宗唐、宋古文的取向，兼采骈散之长。对于“文章本天成”的说法，恽敬虽表赞同，却认为“古今之文，越天成越有法度”，如

① 李兆洛：《朱橘亭词稿序》，《养一斋文集》卷四，第44—45页。

② 俞樾：《毗陵恽氏族谱序》，《春在堂杂文》五编卷六，第7—8页。

③ 恽敬：《叙录》，《大云山房文稿初集》卷首，第8—9页。

④ 张维骧：《恽敬》，《清代毗陵名人小传稿》卷五，《近代中国史料丛刊》续编，第十三辑，第121册，第14页。

⑤ 吴德旋：《恽子居先生行状》，《初月楼文钞》卷八，《清代诗文集汇编》第486册，第75页。

《史记》。他认为能摆脱诸家旧习，另辟蹊径固然好。否则，“亦不妨仍落此数家，不染习气者，入习气亦不染，即禅宗入魔法也”。[①]他不仅肯定作文的独创性，而且重视继承、汲取前人的作文法度。针对袁枚“格调增一分，则性情减一分”之说，他强调二者辩证关系，相辅相承。

张琦与泾县包世臣相识于嘉庆初年乡试之时。在歙县，二人来往频繁，并结为儿女亲家。包世臣好诗、赋，与张琦一起钻研书法和金石拓片。二人书法齐名，推崇北魏碑刻体。包氏推崇张琦的行书“举世无匹”，而张琦发现包世臣还是济世之才，劝其转治他学。包世臣遂究心经世之学，卓然有成，成为嘉道年间的经世干才，与一些务实的名宦关系密切，也扩大了张氏的学术影响和脉络。

李兆洛于37岁成进士，曾官安徽凤台知县。他治今文经而兼及辞章、舆地，论文主骈散结合，晚年主江阴书院讲席近20年。在文学上，李兆洛对方苞的“义法”说不无异议，认为“义充则法自具，不当歧而二之”，[②]似乎偏重思想。同时，他既重唐宋古文，又习六朝骈文，认为秦、汉的骈偶实为唐、宋古文之祖。故编《骈体文钞》一书，以弥补姚鼐《古文辞类纂》之缺。李兆洛的词作喜好与张惠言、董士锡等间有出入，但推重张氏学术。据其年谱载：嘉庆二十一年（1816），李兆洛暇则录惠言《易》学著作，“日尽二十纸”。曾与人曰：“吾党如皋文庶几不朽。人之难成也如此，而天又靳之。呜呼，谁为后来者乎！”[③]他于水利、盐政、钱法、兵制等经世实学无所不通，成为张惠言的学术“后来者”。

陆继辂也是阳湖文派、常州词派的重要作者，直接阐发了张氏词学。他“始学词，疑世所称学苏、辛、秦、柳者之不类，质之张惠言。惠言曰：善哉，子之疑也。词故无所谓苏、辛、秦、柳也，自分苏、辛、秦、柳为界，而词学衰”。继辂乃取温庭筠、韦庄以下数十家词读之，“窥其所以不能已于言之故”。加之，又有张琦及左辅、恽敬、钱季重、李兆

---

① 恽敬：《与舒白香》，《大云山房文稿·言事》卷一，上海商务印书馆《四部丛刊》影印同治八年刊本，第19—20页。

② 李兆洛：《荅高雨农书》，《养一斋文集》卷八，第15页。

③ 蒋彤：《武进李先生年谱》，《北京图书馆藏珍本年谱丛刊》，第131册，第56页。

洛、丁履恒等人引伸惠言之说。[①]其后，张氏词学经董士锡及周济等数十人的阐发、实践，遂成常州词派，流播百年。此外，传衍其古文者还有宜兴吴德旋等人。他在京交惠言、恽敬后，始知所以读书为文之道，故自云："予尝受古文法于执友张皋文所，退而读古人之文，以意逆志，与之委蛇，俯仰间有所述。"[②]

张惠言重视学术传衍，却不主张沿袭师说。他曾评论爱徒江承之"治虞氏则依余之《易义》，然皆贯串经文，以求其合。其有不合，虽余口授不敢信。争之每龂龂，尽悟乃已"。[③]其学术授受情形由此可见，其实也表明了张惠言的治学主张。不幸的是，江承之执意随师至京师后，于嘉庆五年（1800）正月初一病卒，年仅18岁。其后，张惠言撰多篇追思文字，将江承之的读书笔记整理为《安甫遗学》，包括《周易爻义》《仪礼名物》《郑氏诗谱》各1卷。惠言弟子杨绍文于道光三年（1823）将师弟作品编为《受经堂汇稿》，记云："受经堂者，绍文居京师时，偕金式玉、董士锡、江承之，从张皋文先生讲学所也……其诲人也，各因其资之所近。式玉、士锡工辞赋，而士锡与承之治《易》及《礼》，并能通其说。绍文少喜议论，偶有闻见，辄著之于文。"江承之、金式玉均卒在惠言之前，好学而不永年。杨绍文感慨："后之人，尚有能传先生之书、守先生之学者耶？即有其人，其所得于先生者，以视亲受业于先生者，果何如耶？"[④]惠言早逝，虽有弟子数人，而学术上无甚杰出者。

因之，张惠言的学术传承多在家人。其胞弟张琦、子张成孙、外甥董士锡均于家学多有阐发。张琦少时师事其兄，受古文法，20岁补县学生。惠言成进士后，张琦仍带着一家妻小在歙县授徒，直到三年后兄长病逝，才回到常州。张氏兄弟学术上水乳交融，而重心不尽相同。惠言治经学，工于选赋；张琦通史书，擅诗词、书法，工选诗。惠言撰文多涉经、

① 张维骧：《陆继辂》，《清代毗陵名人小传稿》卷六，《近代中国史料丛刊》续编，第十三辑，第121册，第7—8页。

② 吴德旋：《顾少卿文集序》，《初月楼文钞》卷四，《清代诗文集汇编》第486册，第40页。

③ 张惠言：《安甫遗学序》，《茗柯文三编》，第22—23页。

④ 杨绍文：《受经堂汇稿序录》，参见陈祖武等著《乾嘉学术编年》，第827页。

子之学；张琦撰文多涉《史记》《汉书》人物。后人记张琦云："先生颖悟亚于兄，为诗、古文、词，播于海内士大夫之口，学者并称二张先生也。"[①]张琦"志在用世，而识能鉴人，治权家，覃精地理。其于山川阨塞形胜，及古今割隶、战守成败得失之故，上下纵横数千年如指掌"。[②]嘉庆十八年（1813），50岁的张琦中顺天乡试举人。道光二年（1822）以馆班分发山东候补。初署邹平知县，后知馆陶。任职期间，张琦体恤民情，赈济百姓。朋友赞其"尝慨然有志于经世之学，胸中之所学日益闳大，故其言切实而疏通。但力为之，将不至于贾生、晁错之为不止"。[③]张琦未能施展经世抱负，数年后卒于馆陶知县任，而对传衍、扩展家学发挥了关键作用。

张惠言的独子成孙，国子监生，少时从父受《说文》形声之学。惠言在京病卒，家无余财，成孙年仅14岁。孤儿寡母扶柩南归，家贫如昔，因其父友王曰旦的资助，才得以治丧葬。在母亲的督教下，成孙学业有成。他传承、完善了家学，工历算，精研礼意。后从庄述祖游，精小学，续补未完父著《说文谐声谱》至50卷。他自云：22岁馆于庄家，庄述祖先生见惠言是书未完稿，曰："子曷成之？"成孙以学识不足推辞，庄述祖遂"示以大要"，成孙终于续成书稿，增补篇幅多达一半。[④]他以书稿呈示阮元，得其肯定、帮助，在道光十七年（1837）刊行。

张成孙也延续了父辈的交游脉络，与董祐诚、董基诚、方履篯、刘逢禄弟子潘准（字念谖）为友，与董氏兄弟尤为密切。董祐诚幼颖异，18岁与同里张成孙共治算学，尽通诸家法。董祐诚始为汉、魏、六朝之文，继复肆力于历数、舆地、名物之学，曾撰有《皇清地理图》《水经注图说》等。董祐诚于33岁殁后，其胞兄、嘉庆进士董基诚刊刻《董方立遗书》九种，成孙为之校勘。成孙娶附监生吴朝干之女，有一子三女，子名晋仁，

① 吴德旋：《宛邻公行述》，《张氏宗谱》卷三十九，第47—48页。

② 包世臣：《张馆陶墓志铭》，《齐民四术》卷三，中华书局2001年版，第122页。

③ 吴德旋：《答张翰风书》，《初月楼文钞》卷二，《清代诗文集汇编》第486册，第16页。

④ 张成孙：《序例·自序》，《谐声谱》卷五十，《续修四库全书》影印民国刊本，第1页。

敕授登仕郎分发云南从九品，未履任而卒。[①]晋仁娶大兴籍闽县知县方履篯之女，生子式曾。[②]张式曾（1836—1886），字孟则，幼名孟官，著有《说文证异》，可谓传承家学。张式曾娶洪亮吉的曾孙女、太学生文善次女，未迎娶而卒。继娶吕氏、侧室李氏，有子女多人。[③]

传衍张氏学术者还有董士锡，嘉庆十八年（1813）副榜贡生，候选直隶州判。历主南通紫琅书院、扬州广陵书院、泰州书院讲席。他从二位舅父游，为古文、赋、诗、词，又传承张氏《易》学，阐发虞氏《易》。他说："《易》以九六为变数，以寓盈虚消长之情，而人事之治乱象焉。此《易》道之大宗，而先圣设卦观象之指也。"[④]他发扬张氏通经致用的倾向，重视《易经》蕴含的人事治乱之理，世运变化之道："故《易》一治一乱以寓世运之变，变而皆治，治乱相循，天道也，复、遘（过）是也。以治救乱，人道也，泰、否是也。元、亨、利、贞者，贞变之用，而圣人之所以治天下也。"[⑤]这些阐释折射出嘉道士人期望国家拨乱返治、消除积弊的愿望。董士锡没有专精于经史考据，所撰多涉社会实务，不乏经世色彩。他与李兆洛、陆继辂等常州学者游，又与荆溪经世学者周济为好友，著有《齐物论斋文集》《齐物论斋词》等。

张家女性也传承、彰显了辞章之学。张琦之妻汤瑶卿，生于常州的书香门第，为乾隆七年（1742）探花、翰林院编修汤大绅的孙女，国子监生汤修业的次女。瑶卿少习诗书，与堂兄弟一起熟读《三字经》等蒙学读物，还读了四书、班昭的《女诫》、刘向的《列女传》等。清代蓝鼎元的《女学》和陈宏谋的《教女遗规》也是经常读本。张氏兄弟馆于歙县金家时，瑶卿带着年幼的长子珏孙、还有两个更小的女儿随行。在歙县，瑶卿又生下了三女和四女。惠言早逝后，回到常州的张琦一家生活陷入困窘。张琦外出谋生，瑶卿则带着女儿在家读书，做女红自给，督课子女。瑶卿

① 《大南门世表·成孙》，《张氏宗谱》卷三十三，第43页。

② 《大南门世表·晋仁》，《张氏宗谱》卷三十三，第59—60页。

③ 《大南门世表·式曾》，《张氏宗谱》卷三十三，第72页。

④ 董士锡：《释杂卦传》，《齐物论斋文集》卷一，第3页。

⑤ 董士锡：《张氏易说后叙》，《齐物论斋文集》卷一，第6页。

40岁以后开始作诗，旋作旋弃，仅存《蓬室偶吟》1卷。[①]张琦对瑶卿一生操持家务、相夫教子之功心存感激。他们有二子四女，长子珏孙15岁早卒。

张琦的次子曜孙（1808—1862），又名复生，字仲远，一字仲员。“少承家学，工为文，研求古今成败，民生利病，言事娓娓，听者忘倦。以其余力通诸方技，而尤精于医。”受父亲熏陶，曜孙幼时“自知读书，尤嗜医。童时即洞晓经脉方药。弱冠注扁、仓列传，识者惊为绝业”。[②]其父卒后，曜孙行医自给，南来北往，“当世贤士大夫皆慕与交”。[③]道光二十三年（1843）中举人，选授湖北武昌知县。“官知县时，尝坐堂为民诊疾，日夕无倦容。亦善画，擅折枝花卉，工诗五言，古宗汉魏”，[④]著有《产孕集》行世。

咸丰元年（1851），太平天国事起，张曜孙任汉阳府同知，分驻汉口。曾上书总督，提出以援兵守全州，未被采纳，不久全州陷落。又提出以重兵守岳州，北镇汉阳，以固省会，并条陈武汉守御事宜，皆不为所用。咸丰二年（1852）冬，武汉被太平军占领。“君引带自经。有受君惠者窃解之，载以小舟北行。君苏乃大恨，或劝之留身为后图，始稍进饮食。”金陵失陷后，总督张亮基查办失守事，以汉口本无城，请免曜孙罪。“奉旨：褫职留营效力”，随后他领兵随江忠源进战。湘军复武昌，曜孙以功擢知府，署德安府知府、湖北粮道。咸丰七年（1857），以道员补用。十年（1860），以任武昌知县时，因供湖北军饷米数不符罢职。曜孙曾提出取洋税佐军饷，同治元年（1862）有官员请其至上海定议，甫有成说，便于是年七月卒于上海。[⑤]著有《谨言慎好居诗集》等，曾续写曹雪芹的《红楼梦》，为续写诸家之一，后有印本。如同其父一样，曜孙支

---

① 张曜孙：《后记》，《宛邻集·蓬室偶吟》，第1页。

② 包世臣：《皇敕封孺人山东馆陶县知县张君妻汤氏墓志铭》，《艺舟双楫》卷八（附录二），道光二十六年《安吴四种》刊本，第19页。

③ 庄受祺：《仲远公墓志铭》，《张氏宗谱》卷三十九，第89页。

④ 张维骧：《张曜孙》，《清代毗陵名人小传稿》卷七，《近代中国史料丛刊》续编，第十三辑，第121册，第19页。

⑤ 庄受祺：《仲远公墓志铭》，《张氏宗谱》卷三十九，第89—91页。

持家中女性的文学爱好，刊行了诸姊的作品，并请文人学者作序，收入其父的《宛邻书屋丛书》。

在张家的文学传衍中，张琦的四位才女不可忽视。[①]张琦云：其妻对子女“慈爱特甚，然教必以礼，少有失，辄呵责不少姑息”。“四女晓文义，能诗，皆孺人之教也。”[②]四位女性的文才略有差异，但均读书吟诗，在张氏交游圈中小有名气。

张䌌英，字孟缇，张琦长女。幼时随母吟诗作词，稍长，助母操持家务。由张琦作主，与常熟吴赞（原名廷鉁）结婚。吴赞中举后，屡困春闱，长期留居京师常州会馆，䌌英也一直住在娘家，直到丈夫中进士后，才真正“出阁”。她是张家女儿中最有成就的诗人、词人。“词笔秀逸，真得碧山白云之神。多疾病，恒经月处床褥，益伏枕读。镜台、妆匣、枕衾之畔，皆简册堆积，至以为常。尝言读书不得其解，思之竟日夜，倦极酣睡，晨起辄能自解，不自知其所由。病《撷芳集》收闺秀诗太滥，《正始集》选闺秀诗太简，因另选一帙，曰《国朝列女诗录》。”[③]是书与恽珠的《国朝闺秀正始集》一样，都是清代重要的闺秀诗集。此外，她著有《澹菊轩初稿》《澹菊轩词》。刘晓华、薛子衡、吴德旋、周贻朴、周仪暐等16人为之序跋。[④]䌌英晚年随夫住京师，与女诗人唱和，并收有一些女弟子，教之吟诗作词。

张𦇅英，字纬青，张琦次女，是张氏四姐妹唯一婚后即住夫家者。“工诗词，尝曰：凡读诗则如身入诗中，为诗则如心游身外。身所未历之境，心能历之；言所未达之情，心能会之。”[⑤]她婚后不再作诗，年仅30岁病逝。六年后，曜孙将诗稿编成《纬青遗稿》刊印，凡收录诗词52

① 关于张琦四位才女的详细研究，可见Susan Mann, *The Talented Womem of the Zhang Family*, University of California Press, 2007, pp.63-129.

② 张绮：《亡室汤孺人行略》，《宛邻集》卷六，第13、14页。

③ 张维骧：《张䌌英》，《清代毗陵名人小传稿》卷十一，《近代中国史料丛刊》续编第十三辑，第121册，第8—9页。

④ 胡文楷：《历代妇女著作考》，商务印书馆1957年版，第405页。

⑤ 张维骧：《张𦇅英》，《清代毗陵名人小传稿》卷十一，《近代中国史料丛刊》续编，第十三辑，第121册，第9页。

首。其父序云："绷英年十三，即学为诗。余时奔走乞食，岁恒一归，不过留数十日。儿女有问字者，心辄喜，然不得常授书，偶一讲说大义而已。"绷英20岁嫁江阴章政平，道光四年（1824）病殁。[①]绷英早逝，却被刘声木列入传衍桐城派古文的作者："尤嗜古文，其为文，词旨简洁，雅有宗法。"[②]

张纶英，字婉紃，张琦三女，丈夫为同邑国子监生孙劼。孙氏本有五子，故张琦议婚时，孙劼入赘张家，纶英一直没有离开父母。后来，孙劼的其余兄弟均病逝，纶英夫妇不得已来到陷入困顿的孙家，以支撑门面。纶英诗才不如大姐，而自小嗜好书法，在姊妹中最有成就。她的书法作品不公开出售，却不乏求购者。"工北朝体书，日本、高丽诸贡使辄购其书以归。诗宗魏晋，不屑为绮丽之语。一门风雅，自成师友，弟妹所生之女，皆受书于纶英，各得其传"。[③]著有《绿槐书屋诗》3卷，同治刊本有张曜孙序。

张纨英，字若绮，张琦四女，丈夫为太仓国子监生王曦。太仓王氏自晚明以来出过两位大学士和九位进士。王曦也不乏文才，却无荣耀的科名，长年以教书、编书谋生。纨英夫妇生有四位漂亮的女儿和一个儿子，王曦还纳妾生了四个孩子。"张氏诸女名天下，而纨英尤工古文篆法"，[④]著有《餐枫馆文集》2卷。还有《邻云友月之居诗》4卷，凡诗213首，附录71首。[⑤]纨英一直住在娘家，父母逝世后，依弟曜孙而居，其夫中年早逝，以至于纨英之女形同于张家孙女。纨英的长女王采苹，在纨英诸女中最有才华，早年随舅舅曜孙和母亲读书，擅诗文。其夫死后，晚年在河道总督许振祎家做塾师。次女王采蘩"师事从母张纶英，能诗文"。三女采蓝，"从纶英学诗，清旷绝俗，书传母氏家法，画学恽清於"。

① 张琦：《亡女纬青遗稿序》，《宛邻集》卷四，第3页。

② 刘声木：《桐城文学渊源考》卷五，《丛书集成三编》第6册，第748页。

③ 张维骧：《张纶英》，《清代毗陵名人小传稿》卷十一，《近代中国史料丛刊》续编，第十三辑，第121册，第9页。

④ 张维骧：《张纨英》，《清代毗陵名人小传稿》卷十一，《近代中国史料丛刊》续编，第十三辑，第121册，第9—10页。

⑤ 胡文楷：《历代妇女著作考》，第395页。

四女王采藻受业于舅氏张曜孙，能诗画。[①]采苹、采蘩、采蓝、采藻分别撰有《读选楼诗稿》《慕伏师班之室诗集》《仪宋斋诗存》和《春晖草堂诗》，可谓家学余韵，一门风雅。

张惠言、张琦兄弟均是独子传家，但在张琦的四位才女中，三位长期生活于娘家，闻名于常州乃至山东、京城的士人圈，而她们的后代又传衍了书香脉络，扩大了张氏学术的影响。道咸以降，一些学者、官员因之注意到张家的学术成就和传衍。如光绪年间，经师皮锡瑞曾序王采苹诗："武进张皋文、宛邻两先生古诗词选，比兴深至，上薄风骚；芳馨远流，下逮闺阁。涧香女史，宛邻先生外女孙也。蚤承舅氏之教，能传外家之学。"[②]

张惠言根柢汉学，擅长考释《易》《礼》，辞章之学居于次要。但后者得到常州文人学者的推崇和阐扬，并由家人发扬、实践，转变为张氏学术重心。与钱大昕、汪中、阮元、凌廷堪、蒋湘南等许多汉学家排斥桐城派或唐宋古文不同，张惠言博采众长，淡化学术门户，并受桐城派的思想熏染。进而言之，张惠言有别于一般汉学家的学术特色是，学与文相需相济，而不是相斥相害。这虽然疏离了经学中心，却使经学和辞章相得益彰。

三　汉学与金石学

乾嘉汉学盛极之时，寻找稀见史料成为考经证史的有效途径。清代汉学家极重文字训诂学，《说文》学亦长盛不衰。在以古为尚的风气中，追溯文字、史料的源头成为趋势，更古老的金石文字因之倍受青睐。清代金石学成就超越两宋，更无论元、明。清人粗略估算，至嘉道之际，清朝"凡为金石之学者得三百余人"。[③]其中钱大昕、王鸣盛、王昶等既是汉学名家，又是金石学复兴的关键人物。值得注意的是，清中叶的一些金石

① 张维骧：《王采蘩》、《孙嗣徽》、《王采藻》，《清代毗陵名人小传稿》卷十一，《近代中国史料丛刊》续编，第十三辑，第121册，第18—19页。

② 皮锡瑞：《读选楼诗集序》，《皮锡瑞集》(一)，第33页。

③ 李富孙：《金石学录序》，《校经庼文稿》卷十二，《续修四库全书》影印道光刻本，第5页。

学名家，大多不乏家族背景，而嘉定钱氏尤为典型。该学术群体中，瞿中溶、钱坫、钱侗等人发展了钱氏金石学，也为汉学领域的拓展推波助澜。

钱氏金石学的扩展

周秦以降，金石学已逐渐形成，至宋代成为专门之学。薛尚功的《历代钟鼎彝器款识法帖》为一代名著，但薛著旨在于鉴别文字、书法，而非考镜学术。清代学者则视金石文字为考证经史的材料。傅山、阎若璩认为，“金石文字足以证经史之讹而补其阙”。[①]乾嘉汉学家尤其重视金石文字的学术价值，钱大昕指出：“金石之学，与经史相表里……盖以竹帛之文，久而易坏，手抄版刻，展转失真；独金石铭勒，出于千百载以前，犹见古人真面目，其文其事，信而有征，故可宝也。”[②]他主钟山书院时，就以史学和金石学为士人推重，宋学家翁方纲有诗云：“钱子良史才，岂惟甬东万。自倚钟山青，归侍慈母饭。余亦金石癖，未果欧阳愿。”[③]他认为，钱大昕史才堪比万斯同，而金石学成就又自愧弗如。自视甚高且同好金石文字的王鸣盛认为，自周、汉以至清初，“完备”的金石学家有六家，即欧阳修、赵明诚、都穆、赵崡、顾炎武、王澍，清代朱尊彝“始足并列为七焉”。大昕所著“乃尽淹七家出其上，遂为古今金石学之冠”。[④]这种评价并非过誉。金石学是钱氏考史的工具，也是其汉学的自然延伸。大昕有女二：长适砀山县教谕之子、附贡生瞿中溶，次适浙江道监察御史许宝善之子、青浦县学生许荫堂。其中，瞿中溶发展了钱氏金石学。

瞿中溶（1769—1842），字苌生，一字木夫，嘉定人，幼习诗书，为声韵之学。31岁补诸生，多年未能中举，33岁以后绝意科场。援例捐布政司理问，分发湖南，50岁以后，弃官归田。他少好收藏古钱，自述10岁

① 王鸣盛：《序》，《潜研堂金石文跋尾》卷首，《嘉定钱大昕全集》第6册，第1页。

② 钱大昕：《关中金石记序》，《潜研堂文集》卷二十五，《嘉定钱大昕全集》第9册，第396页。

③ 翁方纲：《热河怀人诗五首同习庵瘦同赋·钱辛楣》，《复初斋诗集》卷二十一，《续修四库全书》影印清刊本，第10页。

④ 王鸣盛：《序》，《潜研堂金石文跋尾》卷首，《嘉定钱大昕全集》第6册，第1—2页。

时，“于制钱内见古年号钱，爱玩不置。除夕守岁，向母乞尽出家中所存钱，检取古钱藏之，古钱之好自此始”。14岁，初习时文。祖父为其约聘钱大昕的长女钱敬为室。19岁时，购得宋代洪迈的《遵泉志》读之，遂有作《续泉志》之意。乾隆五十六年（1791），中溶“购得汉碑数种，始留心金石文字”。九月，娶妇钱氏，“十月，偕妇往嘉定归宁，居甥馆，从外舅问史学”。五十八年（1793），中溶“同妇归宁，为外舅整理架中金石文字二千余种。即假读唐石经及《五经文字》《九经字样》，作《石经辨证》。又假录六朝碑刻全文，拟仿洪氏《隶释隶续》例，作《续汉金石古文》”。[①]

其后，瞿中溶成为钱大昕金石学的助手，受其学术熏陶，自云：“外舅少詹钱先生，博采经史文字以考证经史之学，多欧、赵前贤所未逮。中溶随侍甥馆十三四年，亲蒙先生指授。间尝撰杖从游，所过山崖水畔、黉宫梵宇，得一断碑残刻，必剔藓拂尘，摩挲审读而后去。”[②]比如，乾隆六十年（1795），毕沅请钱大昕审阅《续资治通鉴》，中溶和李锐共佐校雠。大昕兄弟修《长兴县志》，中溶帮助收集文献资料。他又以家藏拓本，仿欧阳修《集古录》之例，以年月为次，与许荫堂等编刻了钱大昕的遗著《金石文字目录》8卷，于完善钱氏金石学不为无功。

瞿中溶是杭州钱社成员，常与社友交流收藏的古钱，讨论古钱文字，编著有《古泉山馆金石文编》《古泉山馆彝器图识》等。北宋末年，学者开始收集、研究古代印章，皆官私并收，有图无说，只供鉴赏，无关学问。瞿中溶著《集古官印考证》17卷，收集、考证古代官印印谱，进而考释其官位设置及沿革。其学术价值得到后来同好肯定，吴大澂在同治年间读了该书后，认为“鉴别之精，考据之确，与历代职官、舆地志书相印证，足为读史者考镜之资”。[③]袁保恒亦谓其“足究六书之源，更有补正

① 瞿中溶：《瞿木夫先生自定年谱》，《北京图书馆藏珍本年谱丛刊》第131册，第220、226—227页。

② 瞿中溶：《跋》，《潜研堂金石文字目录》，《嘉定钱大昕全集》第6册，第201页。

③ 吴大澂：《古泉山馆集古官印考证叙》，瞿中溶著《集古官印考证》卷首，《续修四库全书》影印同治十三年刊本，第1页。

史之缺者”。[①]

瞿中溶精于鉴赏，名重一时。他人每得一器，必得其一言以定真伪。他任湖南布政司理问多年，受湖南巡抚翁元圻、吴荣光、左辅的礼遇，承修《湖南通志》的“金石”门，最为赅备，后以《湖南金石志》20卷刊行。瞿氏金石学朋友黄易（小松）发现武梁祠画像石之后，他遂历时十余年撰成《汉武梁祠画像考证》6卷。此外著有《虎符鱼符考》《三礼石金辨正考》《春秋三传经异文备考》《孝经释文辨正》《列代避讳札记》《洗冤录详辨》等20余种。[②]

钱大昕的族子钱塘、钱坫兄弟，大昭之子钱侗，均有金石学造诣。钱塘（1735—1790），字学渊，一字禹美，号溉亭。曾祖父钱澄与钱大昕的祖父为“从祖昆弟”。钱塘比大昕小7岁，幼年相与共学，并受经学于大昕之父钱桂发。钱塘之父钱煌，字永辉，监生，泛读经史，好聚异书，晚年潜心《易》理。钱塘为诸生时，作古今体诗，得王鸣盛、王昶激赏。但他不欲以词人自命，及选入国子监肄业，屡试不中，益肆力于经史之学。大昕入都后，他常与族叔大昭、弟钱坫相切磋，为实事求是之学。乾隆四十一年（1776），大昕丁父忧归里，向钱塘出示早年所作《三统术衍》，感慨所著湮没：“我已悔作之矣!曩者我之为此也，为之寝不能寐者积年，而后克有成。成又二十余年，未尝有问及之者，况欲后人之知而好之哉！”[③]当时，学者了解此书者确实寥寥无几。不过，因大昕的影响，钱塘成为《三统术衍》的“知而好之”者，对天文历算的兴趣持续不减。

四十五年（1780），钱塘举江南乡试，翌年成进士，需次当得知县，自谓不习吏事，请就教职，乃任江宁府学教授。他在公务之暇，专精撰述，而“体素羸弱，夏月常畏寒拥絮，而考辩精到，议论风生”。[④]治学广涉经史，于声音、文字、律吕、历算之学尤有神解，著《律吕古义》

---

① 袁保恒：《古泉山馆集古官印考证序》，《集古官印考证》卷首，第2页。

② 瞿中溶：《瞿木夫先生自定年谱》，《北京图书馆藏珍本年谱丛刊》第131册，第373页。

③ 钱塘：《跋》，《三统术钤》，《丛书集成三编》第29册，第15页。

④ 钱大昕：《溉亭别传》，《潜研堂文集》卷三十九，《嘉定钱大昕全集》第9册，第677页。

6卷。他于《史》《汉》等书的天文、历法有精深研究，著《史记律历天官三书释疑》《淮南天文训补注》《续汉书律历志补注》等。晚年读《左传》，精心有得，遂作《春秋左传考古义》6卷，于杜注不无拾遗纠违之功。其所作诂经之文、论学书札辑为《溉亭述古录》2卷，收入阮元的《文选楼丛书》。

钱坫与钱大昕的学术关联更为密切。钱坫（1744—1806），字献之，又字篆秋，号泉坫，又号十兰，乾隆九年（1744）生。[①]少有过人之资，而家境贫寒，12岁时已无力就外求学，乃闭户自学13年，于三礼、《左氏春秋》《毛诗》《史记》《汉书》《说文解字》《通典》及马、郑、孔、贾之言，皆能错综其义。钱坫科举不顺，补诸生后，仍困乏不能自存，乃于乾隆三十六年（1771）至京师从族叔父大昕治学。因通《说文解字》，依大昕之命学篆。唐代李阳冰被后世誉为“李斯后小篆第一人”，钱坫遂购其《城隍庙碑》，昼夜练习。三月不能成字，忽患痫病。延医生诊脉，似无病状。而手足冰凉，目光呆滞，微有鼻息。据说“如是者七日，忽中夜跃起，濡墨作篆，书乾卦象毕，不胜饿而寝。翼早，詹事来视病，君尚未寤，见案上篆大惊，呼问病状，君答曰：儿故无病，梦至石室，见唐巾老者指授篆法七日夜。作成，辄批抹。最后书乾卦象，老者曰：‘可矣’。儿遂觉，追忆笔势，中夜作此幅。詹事细询梦中所见，盖即小温云。时都中能作篆者，唯翁学士方纲。闻是事，索君书，叹绝，以为神授。君篆书遂名天下，殆所谓思之思之，神明通之欤！”[②]这则轶事反映出钱坫刻苦学篆、忽然觉悟的经历。其后，京中名家朱筠引为上宾，并题其“篆秋书屋”。钱坫也“自负不凡，尝刊一石章云：‘冰斯之后直至小生’”。[③]

乾隆三十九年（1774），钱坫撰成《十经文字通正书》14卷。该书依《说文解字》部首分类，“考十经中文字之通假，故曰通正书也”。而

① 一说钱坫生于乾隆六年（1741），但乾隆九年（1744）说较为可信。参见陈鸿森、潘妍艳《钱坫事迹考证》，载《中国典籍与文化》2011年第4期。

② 葛虚存编：《钱竹汀兄子之篆学》，《清代名人轶事》，《近代中国史料丛刊》三编，第四辑，第40册，第125页。

③ 洪亮吉：《北江诗话》卷三，《洪亮吉集》第5册，第2279页。

“十经”则是《周易》《尚书》《诗经》及三礼、《春秋》三传和《论语》。[①]四十一年（1776）春，钱坫从江南北上至京，科场落第，遂于四十二年（1777）秋离京去关中，朱筠有诗送行：

> 秦川匹马风，萧瑟秋欲老。十里五里碑，古苔没官道。汉隶半蚀裂，唐笔恣搜讨。昭陵陪葬人，朽骨那堪考。子怀下第悲，去踏墟暮草……高松吾故人（谓东原），劈斧或一折。不惜失声号，莫留旷代哲。子兮既挺生，齐辈推尔杰。材大用则非，名场失讵劣。珍重九经文，造化补断缺。可语可道古，忍子清泪别。[②]

是年五月，一代学术大师戴震卒。而钱坫又屡试不举，不得不远去关中寻找机会。这使得爱才如渴的朱筠颇感失望，悲怆之情溢于诗中。至关中后，钱坫入陕西巡抚毕沅幕，与孙星衍、洪亮吉等人切磋训诂、舆地之学。在毕沅幕参与编撰《续资治通鉴》。毕沅辑《关中金石记》，钱坫任校字之责，于四十六年（1781）七月成书。当时恰逢维修西安城墙，毕沅乃于乾隆四十八年（1783）六月十八日开工之日上奏朝廷：认为钱坫“长于测算”，“拟将该州判饬交工所，专司核对、测量、销算等事”。[③]但修城没有迅速开工，江藩所谓钱坫“监修陕西城”，[④]即使真有其事，也不过数月之久。毕沅属修《韩城县志》，钱坫参与其事。该志尚未成书，他于四十九年（1784）夏转任兴安府通判，分防汉阴。此地位处深山之中，地偏职闲，而图书资料匮乏，他的行囊中只有一套《汉书》，又无他书可校，遂作《汉书十表注》10卷。嘉庆二年（1797），白莲教军入

① 钱坫：《十经文字通正书叙》，《十经文字通正书》卷首，见《四库未收书辑刊》第四辑，第9册，第1页。

② 朱筠：《送钱献之》，《笥河诗集》卷十五，《续修四库全书》影印嘉庆九年刻本，第9—10页。

③ 台北故宫博物院编《宫中档乾隆朝奏折》第56辑，台北故宫博物院1986年版，第487页。参见陈鸿森、潘妍艳《钱坫事迹考证》一文。又案：该文认为钱坫于“乾隆四十一年赴秦，入毕沅抚部幕”。但据上述朱筠送钱坫诗，提到戴震之死。戴氏卒于乾隆四十二年（1777）五月，故钱坫入陕当在四十二年秋。

④ 江藩：《汉学师承记（外二种）》，第63页。

关中。华州为陕西入河南要道，正逢钱坫“兼摄州县事，率众乘城，力遏其冲。城无弓矢，君仿古为合竹强弓，厚背纸为翎，二人共发之，达百五十步；又以为意发石之法，石重十斤，达三百步”。“前后接战者四次，守城者八月”，白莲教军不能东走河南。[①]

钱坫擅长篆刻，偶尔画作。“著述繁富，所诣与其父兄埒。性灵敏，九流百家之说，一寓目即能称举其要旨，诗古文辞以涩险古奥为主”。[②]就发展家学来看，钱坫的主要成就还在金石学。他在陕西任职前后达20余年，多见古代金石文物，其中珍贵文字，则绘而板之，并为图说。他在嘉庆元年正月云：这些商、周、秦、汉器物“有足证文字之原流者，有足辨经史之讹舛者，皆有裨于学识”，[③]乃编为《十六长乐堂古器款识考》4卷，主要为殷、周铜器（共29件），也涉及秦、汉以后少数器物（共20件），对其形制、尺寸、文字一一考证。此外，他还以所藏古镜25种，摹其花纹铭识，各为释文，编为《浣花拜石轩镜铭集录》2卷。他研究史书多兼重地志，撰《史记补注》130卷，详于音训及郡县沿革、山川地理。嘉庆四年秋、冬间，钱坫得风痹之病。陕甘总督松筠重其品学，亲至卧榻问疾，索未刊著述，坫取此书付之。是时，恰逢朝廷命松筠任伊犁将军，松筠说：“塞外不能事剞劂，当录一副本，原稿必寄子也。”[④]其后，他托人将书稿带回，没有付梓。

钱坫因病告归后，住在苏州。晚年以左腕书画，篆书更显古茂生动，笔力苍厚。吕星垣说：钱坫“深通小学，博极群书。于汉唐先儒之学，无不洞见底蕴，穿穴训诂。下笔谨丽，著作宏富。尤精籀篆，为天下第一”。又云“先生考证金石最精，篆书得汉人遗意，孙渊如称为本朝第一”。[⑤]他久为幕宾，却不改书生本质。包世臣谓其学问沉博不及大昕，

---

① 包世臣：《钱献之传》，《艺舟双楫》卷八（附录二），第4页。

② 《望仙桥乡志·钱坫》，《中国地方志集成·乡镇志专集（3）》，第872页。

③ 钱坫：《十六长乐堂古器款识考叙》，《十六长乐堂古器款识考》卷首，《续修四库全书》影印嘉庆元年自刻本，第1页。

④ 江藩：《汉学师承记（外二种）》，第63页。

⑤ 顾颉刚、陈盘：《钱大昕及其家族的著述》，《中山大学图书馆周刊》第5卷，第5、6期，第21页，1928年。

“而精当过之”。除已刊著述外，至嘉庆七年（1802）他将卷帙较少者编为《钱氏四种》刊行，包括《诗音表》《车制考》《尔雅释地四篇注》《论语后录》。另外，所著《说文解字斠诠》《尔雅古义》《异语》《新斠注地理志》等书刊于嘉庆至民国年间。未刊者除《史记补注》外，还有《十六国地理志》等多种。[①]

晚清金石学的家族背景

清代士人收集、鉴赏金石成为风气，而见道不同，高下相形。汪喜孙认为，“金石文字，当辨其书法之精粗，不必核其字数之多寡。近人翻刻汉唐碑碣，多以祖刻上石，傥执字数以求之，则与初拓无异……近时骨董家不能辨别真伪，考核文字，但以某字尚完、某字缺半为词，非真鉴家所许也”。[②]金石学的基本前提是鉴别真伪，必须基于学识。与此同时，因资源稀有、收集困难，金石学也立基于学者的社会地位和经济实力。清代汉学家擅长考证，有金石学造诣者不少，金石学者大多与汉学家族密切相关。晚清金石学方兴未艾，而家族背景更为彰显。

阮元是继毕沅、翁方纲之后，集官、学于一的名人，曾组织幕宾收集、编纂金石文字。较之钱大昕主要将金石文字作为考证材料不同，阮元还视之为儒学的载道之器，他说：“形上谓道，形下谓器。商、周二代之道存于今者，有九经焉。”金石文字“为古王侯贤大夫所为，其重与九经同之”。“欲观三代以上之道与器，九经之外，舍钟鼎之属，曷由观之！”[③]同时，他也认为钟鼎文字均在周公、孔子未生以前，极具文物、文字价值：

> 钟鼎彝器，三代之所宝贵，故分器、赠器，皆以是为先，直与土地并重，且或以为重赂。其造作之精，文字之古，非后人所能及。古器金锡之至精者，其气不外泄，无青绿。其有青绿者，金之不精外泄

① 包世臣：《钱献之传》，《艺舟双楫》卷八（附录二），第5页。
② 汪喜孙：《答山尊先生书（一）》，《汪喜孙著作集》上，第171页。
③ 阮元：《商周铜器说上》，《揅经室三集》卷三，第1—2页。

于土者也。古器铭字多者或至数百字，纵不抵《尚书》百篇，而有过于汲冢者远甚。[①]

因之，阮元历官所致，好收集金石文字。官山东学政，编《山左金石志》；官浙江，又编《两浙金石志》。他将多年收集的钟鼎文字，加上友人江德量、朱为弼、孙星衍、赵秉冲、翁树培、秦恩复、宋葆醇、钱坫、赵魏、何元锡、江藩、张廷济等人收藏的拓本，于嘉庆九年（1804）编成《积古斋钟鼎彝器款识》，所辑钟鼎彝器共550件，超过薛尚功的493器之数。是书共分十卷，辨证金石文字，考释多精确。

今人有诗云："积古斋中六一翁，鼎彝考释启宗风。后来居上吴、潘出，兹学终推筚路功。"[②]阮元的金石学承前启后，而振兴文教之功体现在编纂书籍，虽以显宦致仕，却不富有。他的金石收藏不及后来吴荣光、潘祖荫丰富。南海吴荣光精鉴金石，有《筠清馆金石文录》，由龚自珍编纂，不乏独到见解，却有粗疏之失。孙诒让推重阮元、吴荣光的金石学，认为"甄录金文之书，自钱塘薛氏书外，近代唯仪征阮氏、南海吴氏最为精富。仓、籀遗迹，灿然可寻，固悬诸日月而不刊者也"。[③]

咸同以降，金石学成为热门。它由汉学延伸、发展而来，却基于一定的家族背景。吴式芬、陈介祺、潘祖荫、吴大澂、王懿荣、杨守敬、缪荃孙皆一时名家，其中多有家学和姻娅渊源。比如，道光年间的金石学家吴式芬、陈介祺是儿女亲家。陈介祺，山东潍县人，道光二十五年（1845）进士，是金石学家李璋煜的女婿。而李璋煜之兄李仁煜也是金石学家。李璋煜曾主持校勘桂馥的《说文解字义证》。陈介祺一生搜集彝器数百件，其尤著者有毛公鼎，文几七百余字，被推为天下金石之冠。此外，他还收集了众多陶器、周印、汉魏印、秦诏版等，为以往鉴赏家所未有。吴式芬，山东海丰人，道光十四年（1834）进士，官至内阁学士，嗜好金石学，尝补修《寰宇访碑录》，撰《攟古录金文》。又荟萃金石目录，分

① 阮元：《积古斋钟鼎彝器款识序》，《揅经室三集》卷三，第5页。
② 刘梅先：《阮文达公遗事杂咏》，见《扬州杂咏》，广陵书社2010年版，第69页。
③ 孙诒让：《古籀余论后序》，《籀庼述林》卷四，第23页。

州县而编，成《金石汇目分编》。其次子吴重憙是陈介祺的女婿，编有《石莲盦汇刻九金人集》。吴重憙之子吴峑又是王懿荣的女婿。几代同好搜集、研究金石，得切磋之益。

清代吴县潘氏数代官宦，咸丰进士潘祖荫为大学士潘世恩之裔孙，曾任翰林院编修，推崇汉学，深通《公羊春秋》《尔雅》《后汉书》等书，喜搜罗善本书和金石碑版之属，撰有《攀古楼彝器款识》。当时京师以潘家所藏彝器最盛，且藏有西周大盂鼎和大克鼎，二鼎与毛公鼎一道，被晚清士人誉为“海内三宝”。

吴大澂（1835—1902），字清卿，晚年号愙斋，江苏吴县人，是晚清金石学的中心人物。咸丰二年至六年（1852—1856），曾从陈奂研习段玉裁的《说文解字注》，每日二三十页，兼习篆书。同治初，就学于苏州紫阳书院俞樾门下四年，并出入苏州知府兼金石学者吴云家中。故吴大澂早年已博通训诂辞章，究心金石学。他于同治年间成进士，授编修。曾疏请裁减同治帝大婚费，颇有声誉。在京交好潘祖荫、翁同龢等人，屡迁至副都御使，又与陈介祺、王懿荣、沈树镛、莫友之等好古学者游。同治九年（1870），入湖广总督李鸿章幕，担任文案之职，将湖北、河南、陕西等地的访古收获记录于《恒轩日记》，表明其开始留意于碑铭、金石文字。

同治十二年（1873），吴氏出任陕甘学政，“以仓颉列祀典，崇奖实学。疏请停修圆明园公程，直声震朝右”。[①]他在公务之余，热衷于考古、访古，成《石门访碑记》。又常与陈介祺等人书札往来，商讨碑刻、金石及石瓦文字。他意外访到从南方流落到此的瞿中溶后人瞿经孳，见到了访觅已久的瞿氏遗稿《集古官印考证》。在其筹划下，该书得以刊刻问世。吴大澂曾任河道总督，治河尽力，颇有时誉。中日甲午战争前，被授湖南巡抚，光绪二十一年（1895）春率湘军赴辽宁与日军作战，兵败革职。一生暇余则以考订古器为事，编撰《说文古籀补》《愙斋字说》以考释文字，不乏创见。又著《古玉图考》《愙斋集古录》等。“其余考定钟

① 《列传四·吴大澂》，曹允源、李根源纂修《民国吴县志》卷六十六下，《中国地方志集成·江苏府县志辑（12）》，第121页。

鼎文及手书大篆《论语》《孝经》，皆为学者所珍。”[①]吴大澂的金石学也得妹夫沈树镛之助。沈树镛，字韵初，著有《汉石经室金石跋尾》等。沈树镛逝世后，藏书多为吴大澂所得。吴氏部分碑版则在光绪三十一年（1905）转给刘鹗了。吴大澂幕宾有王同愈，也是苏州藏书家、学者，民国年间整理出版了吴氏著述。

“家家许、郑”是汉学繁荣的标志。许慎曾据鼎彝文字证古文，成千古名著《说文解字》。是书为小学的根基，有助于疏证、解释古籍，遂有清代空前繁荣的《说文》学。但《说文》学极度繁荣之后，又走上了以晚出鼎彝文字修正许书的途径。继庄述祖的《说文古籀疏证》之后，吴大澂有《说文古籀补》，孙诒让撰《古籀拾遗》《古籀余论》，丁佛言撰《说文古籀补补》等，均以金石文字订补《说文解字》。孙诒让典型地体现了金石学对汉学领域的拓展。

孙诒让之父孙衣言曾任江宁布政使等职，好收藏图书。诒让少时即好金石学，同治三年（1864）随父在寿州官署，收得元管军上百户铜印，为文记之。他读到阮元校印的薛尚功《历代钟鼎彝器款识法帖》后，爱玩不释，“治金文之学始此”。[②]后来，他又涉览阮元的《积古斋钟鼎彝器款识》、吴荣光的《筠清馆金石文》，遂草成《商周金石拾遗》（后修订为《古籀拾遗》），并以初稿呈示刘恭冕，请撰跋文。马叙伦评论其书：

> 清自钱大昕、阮元始以小学沟通经术及金石之学，然犹粗疏，每失而不当。桂馥、许瀚、王筠亦复有余憾。若吴荣光、吴式芬、陈介祺之流，则疏于经术，虽毕力致勤于金石之学，犹多陷于附会，不知文字范则，而切切于笔墨形似之间……近有吴大澂、刘心源、罗振玉、王国维为校胜，而先生实左右吴、刘，接引罗、王。盖先生既深于经术，故于名物制度既朗然于心目，而以训诂通经，则陈规卓立，援用于金石，遂豁然无碍。[③]

① 俞樾：《前湖南巡抚吴君墓志铭》，《春在堂杂文》六编卷五，第53页。
② 孙延钊：《孙衣言孙诒让父子年谱》，第59页。
③ 马叙伦：《措古录校记序》，见王欣夫《蛾术轩箧存善本书录》上册，第554页。

当时，许多人的金石爱好并没有提升到学术层面。嗜好金石文字成为士人雅兴，利之所在，泥沙俱下。赵烈文记上海售卖的名人字画“十有九伪……惟装潢尚可观，凑送官礼，最合用耳”。[①]书画进入市场，成为官场交往的利益链条，导致赝品充斥。金石文字的赝品、伪品没有如此严重，却难免鱼目混珠，尤其是宋代宣和以后，不乏伪造钟鼎之事。

因之，清代一些士大夫、包括崇信汉学者，对行情看涨的钟鼎文字心存疑虑。章太炎认为彝器真伪难辨，不应以鼎彝文字难许慎之书。他指出：“世人尊信彝器，以为重宝，皮傅形声，曲征经义，顾以《说文》为误，斯亦反矣。”他认为，自宋以后，彝器的出土才增多，真伪相杂，不必“取诡效殊文，用相诳耀”。庄述祖、龚自珍、吴大澂、孙诒让等人以彝器文字校订《说文》，“此盖吾之所未谕也”。[②]直到20世纪30年代，章氏仍对金石文字、甲骨文持怀疑态度，认为“龟甲之真伪本难分别，何况其证据又薄弱无力！至于钟鼎本系金属，真伪尚难辨别，然考证其文字，终觉无味……夫文字递变，必据有形迹者以为推”。[③]章氏精于小学，而对彝器文字的怀疑不无偏差，但这种态度在清末民初并非仅见。

张之洞、李文田也不信钟鼎文字。“夫彼之不信钟鼎真为古器者，同一有宣和仿造四字横梗于胸中，又以为三代之器不应文字体格相同，篆文亦无区别，且其铭文往往讹夺，或颠倒错误，既为一朝法物，不应如此草率铸成。”叶德辉的怀疑态度则有所变化。他认为三代钟鼎文字，“本由编撰金器人所臆定，其相沿无所分辨，亦固其宜。至其铭文，大半述先人之功，纪君赐之物，事多相类，所赐复同，其文不必有所异同，亦如今日内阁所拟诰命之文，人人可以通用也……况近世出土之巨器，如毛公鼎、散氏盘、齐侯罍、盂鼎之类，动至数百字，文辞古奥，几于谟诰之文，此亦谁得而造者？故余三十年前所不信者，三十年后乃尽信之”。[④]但他反对以金石文字辨证《说文》，认为钟鼎自钟鼎，《说文》自《说文》，不

---

① 赵烈文：《能静居日记》（四），岳麓书社2013年版，第2260页。

② 章太炎：《理惑论》，《国故论衡》，第42—43页。

③ 章太炎：《论今日切要之学》，《章太炎全集·演讲集上》第二辑，第418页。

④ 叶德辉：《答松崎鹤雄问钟鼎彝器文字书》，《叶德辉文集》，第82—85页。

必互证。他说："向不欲以鼎彝铭字佐证《说文》"，反对"妄以一时肊见，变乱古人之家法，窜改文字的形声"。"夫使鼎彝确非赝作，拓本又复精神，则《说文》以前之古文亦正足资考索。"[①]这体现了清末汉学家对钟鼎文字的谨慎态度，不过显得保守了。光绪学者冯煦云："今之学者，多自名为汉学，其实宋学也。何则？今所称汉学者，其略有四：曰《说文》，曰考据，曰金石，曰校勘。"他认为此四者皆源于宋代，故可谓皆从宋学而来。[②]此说准确与否还可讨论，但说明金石学至晚清已被多数学者纳入汉学范畴。

晚清甲骨学是金石学的自然延伸，而非西学东渐的产物，故在学术源头上与清代汉学息息相通。吴大澂与清末的晚辈金石、甲骨文学家如王懿荣、孙诒让、刘鄂直接相关。吴、王曾合作考订、编纂金石文字。刘鄂之父刘成忠为咸丰进士，曾任翰林院编修、知府等职。吴大澂与刘成忠有交谊，故吴大澂官河道总督时，刘鹗毛遂自荐，以捐同知的身份投效幕中，二人颇为投契。刘鹗提出的治河之法也被证明有效。光绪二十四、五年（1898—1899）间，河南安阳县西北五里小屯洹水崖岸，发现龟甲牛骨，镌古文字。王懿荣、刘鄂始为收藏。

王懿荣，山东福山人（今烟台市福山区），自其祖父辈即以金石、书法传家。其祖父王兆琛，精于书法，尤长于文字音韵学，有多种著述传世，包括《正俗备用字解》《经义测海》等。其从祖姑、清代才女王照圆，即著名学者郝懿行之妻。王懿荣的父亲王祖源精于书法，家藏金石甚多，善于鉴别真伪，著作有《判花轩集》《尔雅直音》等。王懿荣受家学熏陶，少好金石，光绪七年（1881）成进士后，开始收藏、研究金石文字。此外，凡有价值的残石、碑帖、书画、古钱、善本图书等，都设法购置收藏。光绪二十五年（1899），王懿荣三任国子监祭酒，与潘祖荫、张之洞、缪荃孙、吴大澂等人往来密切。他认识到甲骨文是三代古文，遂有意收藏，达到1500余片。光绪二十六年（1900），八国联军入侵北京时，王氏任京师团练大臣，兵败投井殉国。

① 叶德辉：《与易敦白论鼎彝铭字书》，《叶德辉文集》，第89页。

② 冯煦：《蒿庵随笔》卷三，《近代中国史料丛刊》初编，第6辑，第64册，第16页。

刘鄂为王懿荣的弟子，除接收其师的甲骨遗物外，又广为搜罗，收藏甲骨增至5000余片。刘鄂与罗振玉为儿女亲家，长于罗氏9岁。罗振玉早年即好金石、考据之学，撰有《读碑小笺》《金石萃编校记》等。光绪二十年（1894），刘鹗丁内艰回淮安，与罗振玉相见订交，并聘罗氏为家庭教师。光绪二十八年（1902），刘鄂全家迁居上海，二家斜对门而居，常相往来，讨论金石书画。在罗氏帮助下，刘鄂整理出1000多片甲骨文，于次年十月编印成《铁云藏龟》10册，但没有释文。

罗振玉收藏的甲骨数量据传有二三万片，而且从学术上进行研究。他考察甲骨出土之地近洹水，即《史记·项羽本纪》所谓“洹水南，殷虚也”，因此称之为“殷虚甲骨文”。他将其拓墨影行，编成《殷虚书契》前编、后编及续编等。甲骨所刻皆殷先王卜占、祭祀、征伐、行幸、田猎之事，比金石文字多而且更古老，文字学价值更为丰富。甲骨文所载事类多同，文字也有重复。罗振玉对其分别部居，去其重复，所编比《铁云藏龟》更显精审。

清末孙诒让“治古文大篆之学四十年，所见彝器款识逾二千种，大氐皆出周以后”。[①]光绪年间，费念慈、潘祖荫亦曾将金石拓片寄与孙诒让，不过仍是周代文字。光绪二十九年（1903），《铁云藏龟》甫一出版，孙诒让于2月之内考释其文字数百条，肯定其为商代文字，并于次年撰成《契文举例》二卷，多引金石文及《说文解字》为参照，开启了研究殷虚文字的新途径。其后，罗振玉所撰《殷商贞卜文字考》一书“实上承孙氏未竟之绪，下启文字考释之端”。[②]罗氏及其亲家王国维又以殷虚文字考订《说文解字》，考证上古历史，成就斐然。

乾嘉汉学的繁荣推动了金石学空前发展，并引发甲骨学的勃兴。在此过程中，家族和家学背景又显然不可忽视。金石学、甲骨学又反过来修正了作为汉学重心的许、郑之学。钱基博曾总结甲骨文足以订补《说文解字》者：

---

① 孙诒让：《契文举例叙》，《籀庼述林》卷五，第6页。

② 董作宾：《罗雪堂先生传略》，见罗振玉《清代学术源流考》，江苏文艺出版社2011年版，第211页。

> 一曰“甲骨文之不见《说文》者几及千字，可以补许氏之所未备”也。二曰“甲骨文之与《说文》形体不同者，可以斠正许氏之讹”也。三曰“甲骨文有与大篆、小篆相同者，可以证籀斯之或异或颇省改，不过董理前文，而非师心自用，仍旧贯者亦不少”也。四曰“甲骨文之象形，恍若图画；可以悟象形之所由名”也。五曰“甲骨文之会意，有殊体而实一字者，亦可以拾许氏之遗也”。[①]

故仅从修正《说文》学而言，清末、民国的甲骨学也与清代汉学密切相关。甲骨学的本质特征与金石学大体相同，而甲骨学的兴起和繁荣又将传统考据学与现代考古学衔接起来，成为中国学术由传统向现代过渡的象征。

① 钱基博:《近五十年许慎〈说文〉学流别考论》,《钱基博学术论著选》, 华中师范大学出版社1997年版, 第604页。

第七章

家学传衍与经世思想的发展

乾嘉汉学家尚古求真，大多沉迷故纸，缺少社会关怀。因之颇遭宋学家诟病，如翁方纲说："穷经以致用也。苟措诸实事而不可施行，而必泥执一家之言以为古说，其不为邪说畔道不止，可勿戒诸？"①在他看来，"夫考订之学，大则裨益于人心风俗，小则关涉于典故名物，然一言以约之曰：取资于用而已。经曰'不作无益'。有裨于用者则当考之，其无益者则不必考之"。②学宗宋儒的陆燿不仅强调"立言贵乎有用"，而且于乾隆四十一年（1776）编成《切问斋文钞》，接续清初的经世理学。但他们倡导学术致用的呼声在乾隆年间反响微弱。

嘉庆帝亲政后，朝廷的文治政策有所调整。其经筵讲学和殿试策问均兼重宋学，同时也提倡士人通经致用，为学术调整创造了外部条件。嘉道年间，汉、宋学者反思汉学的苗头已经生长。汉学群体中本来就有少数学者不乏社会关怀。而在一些汉学世家中，祖父辈的经世思想尚不鲜明、不成熟，但子侄辈传承、发展之后，潜存的经世思想趋于彰显。比如，乾隆至嘉道时期的汪中父子和宝应刘氏，同光年间的瑞安孙氏。这些家庭不失为观察经世思想衍生和发展的重要窗口。

一　江都汪氏之子承父志

清中期，戴震、汪中、章学诚、焦循都是贯通学术和思想的名家。

---

① 翁方纲：《跋张惠言仪礼图二首》，《复初斋文集》卷十六，第6页。

② 翁方纲：《考订论上之三》，《复初斋文集》卷七，12页。

就学术专精来看，汪中缺少章学诚式的史论，没有焦循那样的《易》学造诣，思想也不及戴震系统。但就社会关怀和经世意识而言，则戴、章、焦三人都不及汪中。他少苦孤露，长苦奔走，晚苦疾疢，深知民生困苦，曾有志于用世而抱恨终天。汪中的学思犹如漫漫长夜中的一颗明星，闪耀于当时，也影响后世。

汪中的个性与学问

汪中的先祖由安徽歙县迁居江苏江都。他7岁而孤，家境十分贫寒，自记其母“缉屦以为食”，“直岁大饥，乃荡然无所托命矣！再徙北城，所居止三席地。其左无壁，覆之以苫。日常使姊守舍，携中及妹，傫然丐于亲故，率日不得一食。归则藉稿于地，每冬夜号寒，母子相拥，不自意全济”。[①]汪家衣食如此困难，何谈就傅读书！幸亏汪母邹氏为塾师之女，略通文墨，授汪中以四书。汪中14岁便到书肆为佣，每日向书贾借阅经史百家书，博闻强记。其父友张文、郭能济“见而异之，授以举子业。年十六，始学为诗，早岁溯源汉、晋，根柢唐人，于杜工部、韩昌黎用力尤遂”。自以少作，不欲存稿。刘台拱曾录数十首，由巡抚曾燠收入《朋旧遗诗》刊行。[②]乾隆二十八年（1763），汪中应生员试。侍郎李因培督学江苏，试《谢雁赋》。汪中的答卷协官韵，合唐人法。榜出，他列扬州府属第一，入江都县学为附生。成为秀才后，汪中益肆力于诗、古文，学问日益增进。

是时，杭世骏主讲扬州安定书院，读到汪中的文章后，深加叹赏。清廷重视礼学，汉学家亦纷纷考释三礼。杭氏晚年专研礼学、史学和典制，自著《续礼记集说》100卷，所讲课程有“四通”，即杜佑《通典》、郑樵《通制》、马端临《文献通考》之外，增加司马光的《资治通鉴》。[③]

① 汪中：《先母邹孺人灵表》，《新编汪中集》，第475页。

② 汪喜孙：《先君学行记》，《汪喜孙著作集》中，第619页。

③ 乾隆八年（1743），杭世骏（大宗）任编修期间，“例试保和殿，大宗下笔为五千言，其一条云：我朝一统久矣，朝廷用人，宜泯满、汉之见。是日旨交刑部，部议拟死。上博询廷臣，侍郎观保曰：是狂生，当其为诸生时，放言高论久矣。上意解，赦归里”（龚自珍：《杭大宗逸事状》，《龚自珍全集》，第161页）。杭氏退出官场后，主讲安定书院数年。

汪中从杭氏“借读《群经正义》，学日以进”，“经学由是知名”。乾隆三十三年（），汪中迁居仪征。乐仪书院山长沈廷芳重其才学，自逊以为弗如。他所居仪征花园巷，仅破屋三楹，四望野田漫漫。前有池水，引江湖自涵洞入。夏日潮水暴至，室中水涨二尺。其母生病，只得蹲绕几上。[①]三十三年（），汪中赴江宁乡试，却等来下第消息，惆怅良久，吟诗云：“高材为人弃，贫贱良独难。焉知天下士，一身饥且寒。”[②]他身体素弱，经此打击，心力交瘁，得怔忡之病，闻更鼓鸡犬声，辄夜不成寐。此后，他视科名为身外之物，个性多有不平之气，诗云“佯狂骂坐自平日，焉知性命鸿毛轻”，[③]可谓写实。

汪中30岁以后不复作诗，而擅散文、骈文。乾隆三十六年（1771）十二月，仪征盐船失火，焚溺千余人，汪中作《哀盐船文》。杭世骏赞誉该文“惊心动魄，一字千金”。此外，其《吊黄祖文》《泰伯庙铭并序》《黄鹤楼铭并序》等并为世人推重。王念孙云：“余为训诂、文字、声音之学，而容甫讨论经史，榷然疏发，挈其纲维。余拙于文词，而容甫澹雅之才，跨越近代，每自愧所学不若容甫之大也……至其为文，则合汉、魏、晋、宋作者，而铸成一家之言，渊雅醇茂，无意摩放而神与之合，盖宋以后无此作手矣。”[④]如果这是朋友的溢美之辞，那么旁人也有评论：其“为文根柢经史，陶冶汉、魏，不袭欧、王、曾、苏之派，而取则于古，故卓然成一家言”。[⑤]清末孙宝瑄则认为：“古今词人惓惓于家国者，前有庾子山，后有杜少陵。其怀才落魄，悲伤身世者，则冯敬通、祢正平、汪容甫三人而已。盖词赋以言情为最高，能哀感顽艳，声满宇宙者，古今不数人也。”[⑥]他们均视汪中为古今不多见的词赋家。

疏离科场的汪中落落寡合，后来致书朱彬说：学问之外，“平日则自

---

① 汪喜孙：《容甫先生年谱》，《新编汪中集》（附录一），第3—5页。

② 汪中：《咏史效左记室》，《新编汪中集》，第498页。

③ 汪喜孙认为此诗见于汪中辛卯（乾隆三十六年，1771）所作《暮雨诗》，非晚年之作。见汪喜孙：《五松园文稿先君传正误》，《汪喜孙著作集》中，第696页。

④ 王念孙：《汪容甫述学叙》，《王石臞先生遗文》卷二，第6—7页。

⑤ 《徽州府志·汪中传》，《新编汪中集》（附录二），第44页。

⑥ 孙宝瑄：《忘山庐日记》上册，第332页。

食其力，而可以养其廉耻。即有饥馑流散之患，亦足以卫其生。何苦耗心劳力，饰虚词以求悦世人哉！”[①]汪中不饰虚词，重养廉耻，但自食其力并非易事。乾隆三十五年（1770），他为安徽太平知府沈业富“掌书记，郑先生虎文见之，爱其有古意”。[②]三十七年（1772）冬，又往浙江秀水谒见左春坊赞善郑虎文。郑氏荐之于安徽学使朱筠：“汪生盖笃学，薄浮名而期不朽者也。”“才如汪生，至饥寒不能奉其母，尤仁人君子之所心恻者也。”[③]汪中遂一度从游在朱筠幕下。此时，他奔波于扬州、江宁、当涂等地，自题诗云：“千里关河七尺身，长年逐食傍风尘。眼前冠盖谁容我？老去饥寒尚累亲。”[④]这真实地记录了当时漂泊不定的游幕生活。

汪中的坎坷命运与率真、自负的个性自然相关。没有功名的汪中恃才傲物，常遭人忌恨。据说，安定书院每位山长来，他总以经史疑难数事请质。如山长不能对答，他便大笑而出，故被一些人视为“狂生”。[⑤]乾隆三十七年（1772），他与时任安定书院山长编修蒋士铨讨论经史疑义，相争不下。诗人蒋士铨性情刚直，自视甚高。他认为，汪中桀骜不训，人品不佳。是年九月，江苏学政彭元瑞在泰州选拔贡，试《牛李维州论》，初试汪中列为上等。而蒋、彭同乡相契，被乾隆帝称为“江右两名士”。蒋向彭进谮言，复试乃改汪中为二等一名。汪中再次落选。

三十七年（1772），洪亮吉曾至扬州拜访安定书院山长蒋士铨，[⑥]大约此时，汪中曾在书院与洪亮吉切磋学术。据陈康祺云：

> 一日，偕至院门外，各跨一石狻猊，谈徐氏《读礼通考》得失。忽一商人，冠服贵倨，肩舆访山长。甫投刺，适院中某生，趋出足恭，揖商人述连日趋谒状，商人微颔不答。容甫愤甚，潜往拍商人项大声曰：“汝识我乎？”商人逡巡曰：“不识。”“识向之趋谒者

① 汪中：《与朱武曹书》，《新编汪中集》，第442页。
② 汪喜孙：《礼堂遗札跋》，《汪喜孙著作集》中，第663页。
③ 汪喜孙：《容甫先生年谱》，《新编汪中集》（附录一），第8页。
④ 汪中：《千里》，《新编汪中集》，第517页。
⑤ 洪亮吉：《又书三友人遗事》，《洪亮吉集》第3册，第1040页。
⑥ 吕培等编：《洪北江先生年谱》，《北京图书馆藏珍本年谱丛刊》第116册，第375页。

> 乎？”曰：“亦不识也。”曰：“我汪先生，趋揖者某先生。汝后识之乎？”曰：“识之矣。”曰：“汝识之，即速去。毋溷吾事。”商人大懊丧，登舆去……讲学家闻之，必以容甫为诞率。然今日讲学家，一遇冠服贵倨之商人，吾甚憾其不诞率也。盖汪先生者一，某先生者百也。[①]

这些逸闻反映了汪中孤傲直率的个性，却被陈康祺视为“讲学家”的凤毛麟角。三十九年（1774），朱筠离学政任，荐汪中于宁绍台道冯廷丞，但冯氏于四十年（1775）转任台湾兵备道。汪中以母老，不能随往。他游历祖籍地歙县，“主汪梧凤家，得见戴（震）君未刻之书，私淑戴君绪论，所学益进”。[②]

乾隆四十一年（1776），汪中受知于江苏学政谢墉，“始食廪饩”。[③]明年，谢墉力排众议，拔而贡诸太学。曰“予之上容甫，以爵；若以学，则予于容甫北面也”。[④]选拔后，汪中因病未赴廷试，自是不赴朝考，也不就乡试。其时，他与翁方纲、袁枚、章学诚、张埙等人论学每不合，而对钱大昕、程瑶田、王念孙、孔广森、刘端临、李惇等，或以师事之，或以友事之，终身称道。

汪中的高、曾祖通书画、篆籀，祖父善刻印，因为前辈影响和谋生需要，汪中十四五岁即喜蓄金石文字，数十年中，所积遂多。于金石文物常有精审裁断，如撰《古玉释名》纠正朱彝尊《释圭》一文之误，作《石鼓文证》补证孙星衍所云石鼓文为宇文周之物。他曾自负于文章、学问、碑版三者之福。乾隆五十年（1785），在宝应射阳镇寻得东汉石门画像，绘孔子见老子问礼之事，十分自得，自署其堂曰“问礼”，曾编

---

① 陈康祺：《汪容甫少时之狂放》，《郎潜纪闻初笔二笔三笔》下册，第566页。不过，汪喜孙辩驳此事云：“先君是年，客宁波未归里，有《上冯均弼先生诗》可证，次年四月，始返江都。检洪《年谱》，次年春即馆江宁，安得有偕至院门外，谈《读礼通考》一事！”见《更生斋文集洪亮吉书友人遗事正误》，《汪喜孙著作集》中，第695页。

② 汪喜孙：《先君学行记》，《汪喜孙著作集》中，第627页。

③ 汪喜孙：《容甫先生年谱》，《新编汪中集》（附录一），第16页。

④ 汪喜孙：《先君学行记》，《汪喜孙著作集》中，第622页。

《问礼堂书目》，已佚。因能鉴别彝器书画，购得时出价较低，售价或至数倍，其家境亦渐宽裕。

乾隆五十一年（1786），朱筠之弟侍郎朱珪主江南乡试，行前谓人曰："吾此行必得汪中为选首。"不料，汪中并未应试。因感知遇之恩，他上书朱珪数千言，请执弟子礼。次年，他往钱塘节署谒见浙江学政朱珪，谈及广陵佚事。遂作《广陵对》三千言，答述扬州史地及死节之人，畅论古代兴废得失。朱珪说："善乎子之张广陵也，辞富而事核，可谓有征矣。"[①]后汪中撰《广陵通典》10卷。

汪中曾与河南巡抚毕沅的幕宾孙星衍（季仇）交往，将研究《墨子》的文章、资料寄赠毕沅，其书信云："中向者于周、秦古籍多所校正，于《墨子》已有成书，诚不及先生所刊之精确，不敢自匿所短，谨录序目奉上。又有《后序篇》，在季仇书中，伏乞教之。射阳石门画像，东汉时物。其石今在中家，谨以打本二奉上。《东京梦华录》，何焯学士所校，亦奉左右。"[②]五十四年（1789），汪中游武昌，受湖广总督毕沅礼遇，撰《黄鹤楼铭》，程瑶田为之书石，钱坫篆额，时人谓之"三绝"。但他谋职无门，落落寡欢。自是不远游，专心著述。五十五年（1790），诏修《四库全书》告成，颁于江苏、浙江，敕建文汇、文宗、文澜三阁贮藏。受毕沅、谢墉等推荐，汪中得以校勘《四库全书》，盐政戴全德又荐为金山文宗阁秘书。竭二年之力，校勘始毕。他将多年研读四部心得编为《文宗阁杂记》。乾隆五十九年（1794）秋，受戴全德荐，又往杭州校勘文澜阁《四库全书》，杭州文学之士知其至，纷纷来问字谈经，多有文酒之会。是年十一月十九日，汪中突然发病，仅有一山僧与一仆侍侧。二十日病卒于杭州西湖葛林园。

汪中生性质直，不信释老、阴阳、神怪之说，言世间淫祀尤为惑人心、害政事。又不喜宋儒性命之学，朱子之外，有举其名者，必痛诋之。见人邀福祠祷者，辄骂不休，聆者掩耳疾走，而汪中益自喜。于时流不轻

① 钱林：《汪中传》，见《新编汪中集》（附录二），第45页。

② 汪中：《与巡抚毕侍郎书》，《新编汪中集》，第429页。

许可，有盛名于世者必肆讥弹。[①]又据洪亮吉说：

> 时侨居扬州程吏部晋芳、兴化任礼部大椿、顾明经九苞，皆以读书该博有盛名。中众中语曰："扬州一府，通者三人，不通者三人。"通者高邮王念孙、宝应刘台拱与中是也。不通者，即指吏部等。适有荐绅里居者，因盛服访中，兼乞针砭。中大言曰："汝不在不通之列。"其人喜过望。中徐曰："汝再读三十年书，可以望不通矣。"[②]

凌廷堪也说，江中于时流"恒多否而少可"，除钱大昕、程瑶田之外，惟王念孙、孔广森、刘台拱、江藩数人时或称道，"余大半视之蔑如也"，人或规劝他，则回答："吾所骂者皆非不知古今者，盖恶莠恐乱其苗耳。若方苞、袁枚辈，岂屑屑骂之哉！"[③]这些记载不无夸张、失实之处，其子汪喜孙有所辨正。

针对洪亮吉的说法，喜孙说："先君生前，自刻《述学》小字本，有《冯按察碑铭》，略云：'歙程编修晋芳，以名节相矜尚，文章议论，咸蕴籍有根柢，天下称名德焉。'先君称述程编修如此。"[④]针对凌廷堪的说法，喜孙引段玉裁的评论：凌氏撰"《容甫墓志铭》，称其不屑骂方灵皋。容甫实无此言，语太重矣！"又引汪中评方苞语："于存殁之际，多有情至之文，亦其才美，不可没也。"可见，汪中对方苞仍有所肯定。对他于数人外，"余大半视之蔑如"的说法，喜孙指出：其父所撰冯廷丞《碑铭》称冯氏、大兴朱筠兄弟、钱大昕、王昶、程晋芳、汪孟鋗诸人"以名节相矜尚。文章议论，咸蕴藉有根柢……天下称名德焉"。又称郑虎文"一代名德"，洪榜等人于戴震之学"可称具体"，《尔雅正义》为"天下奇书也"，魏次卿"博学无方"，赵魏"深于金石之学"，朱彬

① 江藩：《汉学师承记（外二种）》，第134页。

② 洪亮吉：《又书三友人遗事》，《洪亮吉集》第3册，第1040—1041页。

③ 凌廷堪：《汪容甫墓志铭》，《校礼堂文集》，第320页。

④ 汪喜孙：《更生斋文集洪亮吉书友人遗事正误》，《汪喜孙著作集》中，第695页。

“有远见之识，有淳笃之性”。如此等等，“何尝视之蔑如”。[①]不过，汪中性格刚直，好议论时人，有时骂人也是实情。李威的《朱先生从游记》说，“江都汪容甫，才学通敏，冠绝江南北。素傲睨，好诋议人，辄招时忌，无能合其意者”。[②]喜孙也肯定其父“性简直，孝于亲，笃于朋友，疾恶如风，而乐道人善。孤秀独出，泾渭分明，遇事有所论列，口如悬河，是以人咸敬而畏之”。[③]

汪中笃师友之谊，虽一饭终身不忘。于知友故旧，殁后寥落者，披榛拜墓，存恤衰门。其少时业师郭先生，殁后无子嗣，汪中春秋拜奠其墓。曾作《责平原君客文》，以讽当世负恩文人。喜孙说：“先君性情伉直，哀乐过人，弗在于义，虽举世从之，弗与之比；虽老师宿儒，平生亲厚之人，弗为之讳。于朋友，喜尽言，虽取怨怨，不悔也……不轻与人交，然于故旧之有恩者，历数十年不忘。为人志墓，无溢美之辞。”[④]孙星衍认为，“汪中非狂士也”，“世人以不狂为狂，岂不惑哉！”[⑤]卢文弨的祭文云：“君实不狂，而众曰狂，皮里春秋，泾渭分明。”[⑥]他们认为，“狂”、“好骂”只是汪中性格的表象，这些评论均得喜孙认同。

与个性密切相关的，是汪中治学的特立独见。他独尊汉学，不喜谈心性。“于国朝顾宁人、阎百诗、梅定九、万季野、胡朏明、惠定宇、戴东原诸先生，服膺最深，拟作《七儒颂》，未果。”[⑦]这些人都是乾嘉汉学的先驱或大师，与宋学人物无关，其尊汉斥宋可谓旗帜鲜明。汪中治学以音韵、文字为基础，精研形声、假借，其《尔雅正误》的见解多为学者采纳，《经义新知记》于声音、训诂、名物、象数之学多所发明。喜孙说，“先君子获交于高邮王先生，以小学相切劘。尝因形以求其音，因音以求

① 汪喜孙：《校礼堂集凌仲子撰先君墓铭正误》，《汪喜孙著作集》中，第700—701页。
② 李威：《从游记》，见《筲河文集》卷首，第31—32页。
③ 汪喜孙：《先君灵表》，《汪喜孙著作集》中，第617页。
④ 汪喜孙：《先君学行记》，《汪喜孙著作集》中，第645页。
⑤ 孙星衍：《汪中传》，《五松园文稿》卷一，《孙渊如先生全集》，第25页。
⑥ 卢文弨：《祭汪容甫文》，《新编汪中集》（附录二），第51页。
⑦ 汪喜孙：《先君学行记》，《汪喜孙著作集》中，第645页。

其义，研究《尔雅》《说文》，作《尔雅补注》《说文求端》”。[1]

乾隆末年，卢文弨、谢墉曾校刊《荀子》，而乾嘉年间序、跋《荀子》者有王昶、钱大昕、汪中、卢文弨、谢墉、张惠言、顾广圻、郝懿行、凌廷堪等人，王念孙的《读荀子杂志》则是集大成之作。谢墉于乾隆五十一年（1786）在江阴学使署应卢文弨之请撰《荀子笺释序》，而汪中已在此前致力于研究《荀子》。乾隆四十一年（1776），汪中游幕江宁时，曾校勘《荀子》，又作《荀卿子通论》《荀卿子年表》，他指出：

> 荀卿之学，出于孔氏，而尤有功于诸经……盖自七十子之徒既殁，汉诸儒未兴，中更战国、暴秦之乱，六艺之传赖以不绝者，荀卿也。周公作之，孔子述之，荀卿子传之，其揆一也……《史记》载孟子受业于子思之门人，于荀卿则未详焉，今考其书，始于《劝学》，终于《尧问》，篇次实仿《论语》……知荀卿之学实出于子夏、仲弓也。《宥坐》《子道》《法行》《哀公》《尧问》五篇，杂记孔子及诸弟子言行，盖据其平日之闻于师友者，亦由渊源所渐，传习有素而然也。[2]

汪中尊荀子，将之纳入儒学正统，实际上是对宋儒独尊孔、孟的调整。他长期研究礼学，曾校读《仪礼》，作《居丧释服解义》等文。其后，对儒家礼制、礼义追本溯源，发前人所未发。其《明堂通释》云：“明堂有六，一宗周，二东都，三路寝，四方岳之下，五太学，六鲁大庙。”[3]对明堂的形制、使用规范多有发明。他曾致信与卢文弨讨论《仪礼》，与李惇论明堂制度，与程瑶田、刘台拱论及三礼。又曾与王念孙、刘台拱“同校《大戴礼记》。客歙县王灼家，得戴君《校本》录上，最后用《绎史》校，凡七过”，早于孔广森著书以前。阮元注《曾子》十篇，

① 汪喜孙：《小学跋》，《汪喜孙著作集》中，第656页。
② 汪中：《荀卿子通论》，《新编汪中集》，第412—413页。
③ 汪中：《明堂通释》，《新编汪中集》，第360页。

王引之《经义述闻》亦采其说。[①]

汪中晚年研究《左传》，作《春秋述义》，并撰《春秋后传》藏于家。这方面或许得好友贾田祖的切磋之益，但无师承关系。焦循曾说："稻孙者，高邮老儒，深于治经，汪、李之学，所从出也。"汪喜孙就此辩驳云：汪中、李惇与贾田祖"交深而学自别……学且不同，安可谓贾君为'汪、李之学所从出'耶？是诬先君与李君，即诬贾君也"。[②]汪中不像贾田祖那样专研《左传》，而侧重从礼学视角阐述己见。今存汪中的《春秋述义》《左氏春秋释疑》二篇，文字简要而不乏独见，如他论《春秋》与《周礼》的关系："鲁之《春秋》，策书之法，实本《周礼》。""使《周礼》无即位之礼，则《春秋》所书为无据矣……《春秋》本一代之礼，成一国之史，上不可通于夏、商，旁不可施于吴、楚，而后之君子欲援《春秋》之法，以定列代之史，斯不然矣。"[③]汪中带有将《春秋》礼学化的倾向，揭示了孔子作《春秋》的基本主旨，凸显了周、孔之间的思想脉络，不同于《春秋》三传的思路。但认为孔子那样以《春秋》存先王之典非常人所能，不可"泛然望诸衰世之史"。故不主张拘泥旧礼，或者以史著来强化礼制。

汪中虽考证经史，而尤重诸子之学，指出："商鞅、韩非并以刻薄亡其身，其文特为精悍。""道家老子、庄、列，并以微渺高旷之言倾动天下，然其意特出于愤世而自全。文子、关尹，亦其类也……诸子皆出于衰周。战国之世，刑名、纵横之学方盛，其时言仁义者，有孟子；言礼乐者，有荀子。二子并为大儒。诸子虽不合于圣人之道，然莫不极深研几，穷尽天地事物之变，斯其不可磨灭者哉！"[④]而汪氏诸子学的重心是《墨子》。

《墨子》经长期冷遇之后，在乾嘉考据风气中，卢文弨、孙星衍、汪中、王念孙等人曾考此书，翁方纲也注意到《墨子》。他们校注《墨子》

① 汪喜孙：《先君学行记》，《汪喜孙著作集》中，第631页。
② 汪喜孙：《焦里堂书谢少宰遗事正误》，《汪喜孙著作集》中，第699页。
③ 汪中：《春秋述义》，《新编汪中集》，第382—383页。
④ 汪中：《策略謏闻》，《新编汪中集》，第253—254页。

文字，各有所得，而汪中阐明先秦儒墨平等的事实，隐含为墨学昭雪的意图。这又使他颇遭翁方纲、章学诚的攻击。乾隆四十二年（1777）底，汪中首次校毕《墨子》，其后续有校勘。又采古书之涉于墨子者，别为《表微》1卷，考证墨子生活时代和学术渊源，且作序以推崇墨子。汪中之前，欣赏墨学者只能像韩愈那样认为“孔子必用墨子；墨子必用孔子。不相用，不足为孔墨”。[①]或者如毕沅那样认为“是翟未尝非孔。孔子之言多见《论语》《家语》，及他纬书传注，亦无斥墨词”。[②]这在当时虽难能可贵，却回避了儒墨矛盾的基本事实，而汪中指出：

> 儒之绌墨子者，孟氏、荀氏……彼且以兼爱教天下之为人子者，使以孝其亲。而谓之“无父”，斯已枉矣！后之君子，日习孟子之说，而未睹《墨子》之本书，其已耳食，无足怪也。世莫不以其诬孔子为墨子罪。虽然，自今日言之，孔子之尊，固生民以来所未有矣。自当日言之，则孔子鲁之大夫也，而墨子宋之大夫也。其位相埒，其年又相近，其操术不同，而立言务以求胜，虽欲平情核实，其可得乎？是故墨子之诬孔子，犹孟子之诬墨子也，归于不相为谋而已矣……其在九流之中，惟儒足与之相抗，自余诸子，皆非其比。[③]

他否定孟子对墨子“兼爱无父”的指责，并且把儒墨当作完全平等的学派来评论。身居高位的翁方纲对此非常反感，声称：“有生员汪中者，则公然为《墨子》撰序，自言能治《墨子》，且敢言孟子之言‘兼爱无父’为诬墨子，此则又名教之罪人，又无疑也……不名之曰生员，以

① 韩愈：《读墨子》，《韩昌黎全集》，中国书店1991年版，第184页。

② 毕沅：《墨子注叙》，见孙诒让《墨子间诂》附录一，《诸子集成》（4），上海书店1986年影印本，第14页。

③ 案，今汪中《述学·墨子序》文字已为后人修改，上引文字改为“自儒者言之，孔子之尊，固生民以来所未有矣。自墨者言之，则孔子，鲁之大夫也，而墨子，宋之大夫也。其位相埒，其年又相近，其操术不同，而立言务以求胜，此在诸子百家，莫不如是。是故墨子之诬孔子，犹老子之绌儒学也，归于不相为谋而已矣”。见汪中：《墨子序》，《新编汪中集》，第410页。本节所引文字参见方濬颐《述学校勘记》，《新编汪中集》（附录三），第69页；又参阅孙诒让《汪中墨子序》，《墨子间诂》附录一，《诸子集成》（4），第23页。

当褫革，第称曰‘墨者汪中，，庶得其平也乎？”[①]汪中面临的压力可想而知。

当时，严厉贬汪的另一学者是章学诚。章、汪曾在乾隆三十七年（1772）冬、三十八年（1773）秋在安徽学政朱筠幕，三十九年（1774）冬在宁绍道台冯廷丞幕短期共事。二人经历不同，但年龄相近（章学诚年长6岁），其学相埒，均自视甚高，好臧否人物。汪中鄙视科名，章学诚则锲而不舍，于乾隆四十三年（1778）成为进士。五十四年（1789），汪中受毕沅邀请赴武昌，作《黄鹤楼铭》。次年，章学诚也受邀来到武昌，二人又在毕沅幕会面，终至交恶。这次汪、章交锋的得势者是章学诚。汪中留鄂不到一年即回江苏。章学诚则留在毕沅幕，主修《湖北通志》。五十九年（1794）秋，毕沅移节山东，章学诚仍留湖北修志。然而，令章学诚料想不到的是，该志遭到同人否定。六十年（1795），毕沅复督两湖，忙于平息苗民乱事，章学诚只得“狼狈归家，困不可支”。后来章氏致书孙星衍：“鄙人游楚，前后五载，中间委曲，一言难尽。大约楚中官场恶薄，天下所无，而游士习气亦险诈相倾，非弇山先生（毕沅——引注）定识不摇，则积毁销骨，区区无生全理矣！”[②]汪、章交恶显然与个人性情有关。

民国初年的兴化学者李详说：章学诚、包世臣之所以诋毁汪中，其原因是“章则吹诟索瘢，包则自矜文体，皆忌前害胜，求掩其上。容甫文自在天壤，章、包气矜之隆，余殊不欲辨之”。[③]其实，除性格、文人相轻之外，二人交恶也与思想分歧相关。乾隆五十七年（1792），汪中《述学》初刻本出版后，章氏未读其书，却放言汪中“聪明有余，而识力不足”，学问不知宗本：

> 江都汪容甫，工辞章，而优于辞命，苟善成之，则渊源非无所

① 翁方纲：《书墨子》，《复初斋文集》卷十五，第9页。

② 章学诚：《章学诚致孙星衍》，《小莽苍苍斋藏清代学者书札（修订本）》（上），第229—230页。

③ 李详：《重印江都汪氏丛书序》，《汪喜孙著作集》下，第1335页。

> 自……无如其人聪明有余，而识力不足。不善尽其天质之良，而强言学问。恒得其似，而不得其是……汪氏晚年自定《述学》内外之篇，余闻之而未见，然逆知其必无当也。盖其平日谈经论史，灿然可观，甚有出于名才宿学之所不及。而求其宗本，茫然未有所归。故曰聪明有余，识不足也。

在他看来，《述学》文章编为内、外篇并不恰当。“其言有得有失，其考有是有非，大约杂举经传小学，辨别名，诂义训，初无类例，亦无次序。苟使全书果有立言之宗，恐其孤立而鲜助也。杂引经传以证其义，博采旁搜以畅其旨，则此纷然丛出者，亦当列于杂篇，不但不可为内，亦并不可谓之外也，而况本无著书之旨乎？”[①]平实而论，汪中治学博杂，《述学》也不像《文史通义》那样专论文史，但并非没有立言之旨。所谓《述学》内外篇体例不当，也不能说明他“不知宗本”。

章学诚对乾嘉汉学多有不满和批评，其“原道”的主旨是维护、阐述儒学正统，与汪中超越正统、兼容墨学的思想迥异。章氏认为：“诸子之书，虽极偏驳，而其中实有先王政教之遗。惟所存有多寡纯驳之不同，而其著书之旨，又各以私意为之……陋儒习于成说，既辟之为异端非圣，而置不足道。世之涉学未深，而好为高论翻成说者，则见其中亦有先王政教，而因谓其指初不异于圣人。如汪中之叙《墨子》，至谓孔、墨初不甚异，墨子诬孔，孟子诬墨，等于诸子之相非，则亦可谓好诞之至矣！”[②]如此评论，表明了章氏牢固的儒学正统观念，与汪中的学术平等观已大异其趣。

二者学术思想既不相同，伦理观念又大相径庭。章氏还一一批驳汪中《女子许嫁而婿死从死及守志议》《释三九》《释媒氏文》等文有关妇女贞节道德及婚俗的看法，表明了维护传统礼教的立场。[③]故有学者认为，汪、章交恶的深层原因是“一个要尽力维护纲常名教，一个则公然蔑视

① 章学诚：《立言有本》，《文史通义》外篇一，《章氏遗书》卷七，第1—3页。

② 章学诚：《述学驳文》，《文史通义》外篇一，《章氏遗书》卷七，第10页。

③ 章学诚：《述学驳文》，《文史通义》外篇一，《章氏遗书》卷七，第4—12页。

儒家经典，敢于向其挑战，这或许才是问题的症结所在”。[①]汪、章的学思不同，处境也不完全一样。汪中讥评人物诚有过当之处，而二人留下的文字中，章多贬汪之辞，汪则无任何辩驳。这或许因为《述学》刊行二年后，汪中就已病逝。但汪喜孙重刊《述学》时，也删改了原书主张儒、墨平等的文字，说明汪家确实面临着巨大的压力。

汪中研究《墨子》之后，陕西巡抚毕沅于乾隆四十八年（1783）十月成《墨子注》一书，同年十二月刊行。毕沅的自序仅提到“先是，仁和卢学士文弨、阳湖孙明经星衍，互校此书，略有端绪，沅始集其成”。[②]孙星衍的《后序》则说：关于《墨子》“时则有仁和卢学士抱经、大兴翁洗马覃谿及星衍，三人者不谋同时，共为其学，皆折衷于先生。或此书当显，幸其成帙，以惠来学，不觉僭而识其末也”。[③]孙氏此时在毕沅幕中，而卢、翁已是全国名流，故能引起注意。其实，此前的汪中、此后的王念孙，均为考校《墨子》的重要学者。

至道光年间，刘逢禄于汪著有公正评价：“盖先生说经之书，多在惠定宇、戴东原、段懋堂、邵二雲诸先生著述未行之前，而默与之合者，多手削之。余为《春秋》之学往往有如此者，知后人立说之难也。”[④]此时，顾广圻可能向喜孙提出，将其父的子、史研究成果汇集刊行。喜孙回信云：“惟是先君著书在各家之前，刻书在各家之后。又复散失殆尽，片词只字，未发之蕴致多……其诸子之学，不及王先生之多；诸史之学，不及钱先生之富。俟《经义》编成，别辑子史，分为两册，一子一史，各自单行。”[⑤]喜孙将父著分两册刊刻的设想没有实现，但可见汪著确实成于各家之前。

汪中自乾隆四十四年（1779）始撰《述学》一书，援据经传，博征子史，详考三代之学制、典礼，述孔门言行、七十子后学。篇目为虞夏第

① 陈祖武、朱彤窗：《乾嘉学派研究》，第405页。

② 毕沅：《墨子注叙》，见孙诒让《墨子间诂》附录一，《诸子集成》（4），第14页。

③ 孙星衍：《墨子注后序》，见孙诒让《墨子间诂》附录一，《诸子集成》（4），第18页。

④ 刘逢禄：《汪容甫遗书序》，《刘礼部集》卷十，第1页。

⑤ 汪喜孙：《与顾涧蘋书（四）》，《汪喜孙著作集》上，第145—146页。

一，周礼第二，列国第三，孔门第四，七十子后学者第五，又列通论、释经、旧闻、典籍、数典、世官等目。《述学》提纲规模宏大（后人称为《述学》故书），如果天假以年，其学术规模将不亚于章氏《文史通义》。但他未能写出全书，乃取平日所撰之文，为《述学》内外篇4卷，于乾隆五十七年（1792）刊行。后人增补、修订为6卷。汪中长期奔走乞食，50岁早逝，学术上无鸿篇巨制，却在乾嘉时期的经学、诸子学、文字学、金石学和文学等领域均有一席之地，于《荀子》和《墨子》研究尤有开创之功，故被许多人称为一代通儒，如阮元指出：

> 有陋儒之学，有通儒之学。何谓陋儒之学？守一先生之言，不能变通，其下焉者，则惟习辞章、攻八比之是务，此陋儒之学也。何谓通儒之学？笃信好古，实事求是，汇通前圣微言大义而涉其藩篱，此通儒之学也……（汪）所著有《述学》内、外篇，如《释三九》《释明堂》数篇，皆汇萃古训，疏通证明。而其所最精者，则在《周官经》《左氏传》……殆所谓通儒之学者矣。[①]

阮元所谓“通儒”侧重于经学的汇通、变通。汪中考证经子，贯通古今文字、名物、制度，固然不失为通儒。但他作为“通儒”，还在于沟通了学术与社会，将古学研究与社会关怀融会贯通。

汪中的经世意识

清代学术的开山之一顾炎武强调“博学于文，行己有耻”。又说：“自一身以至于天下国家，皆学之事也。自子臣弟友以至出入往来，辞受取与之间，皆有耻之事也。”[②]他注重博学和修身，讲求修齐治平，喜谈经世之务。汪中接续顾氏之学，自称“少日问学，实私淑诸顾宁人处士。故尝推六经之旨，以合于世用”。[③]他像顾炎武一样博学而富于创见，期

---

① 阮元：《传经图记》，见《新编汪中集》（附录三），第57页。

② 顾炎武：《与友人论学书》，《亭林文集》卷三，第2页。

③ 汪中：《与巡抚毕侍郎书》，《新编汪中集》，第428页。

望经学有益于“世用”。又曾向朱彬自道心志：“中尝有志于用世，而耻为无用之学。故于古今制度沿革，民生利病之事，皆博问而切究之，以待一日之遇，下至百工小道，学一术以自托。”[①]这已鲜明地表明其经世意识。

汪中改良礼俗的思想与戴震对理学的批判颇多相契。但是，汪中真正接触、称赞戴震之学是在乾隆三十七年（1772）以后，而其改良礼俗的见解多发表于此前。故不能说，他这方面思想直接源于戴震。再则，与戴震重释理学观念、解构理学体系不同，汪中主要从考证礼制来批判社会礼俗。因此，戴、汪之间的思想关联不宜夸大。他不谈儒家性理，却受儒家仁爱思想的潜在影响。朱彬云：“‘悠悠委薄俗，郁郁回刚肠’，容甫之境也；‘语及君臣际，经书满腹中’，容甫之学也。”时人以为知言。[②]其“有志于用世”的范畴相当广泛，却没有着重阐发儒家的经世思想，而是针对社会现实有感而发，以下略述大旨。

（1）孝道的践履。古代士大夫的婚、丧、祭祀之礼，仪节繁复，后世官宦之家也难以遵循，民间礼俗与古礼规定反差更大。汪中幼年生活的江都，“士大夫家采用考亭家礼，惟大小殓制迥殊，每七日多作佛事，以资冥福，即守礼者亦未能不踵俗也。朝祖之夕，亲友环集其庭，具酒食鼓乐，名曰伴夜。送丧以致客多者为盛……惟缙绅间有家庙，余则多从寝堂设龛以祀，亲尽不祧”。[③]江都的丧祭繁冗，好作佛事，悖离了儒家礼意和《朱子家礼》，这不能不引起汪中的省思。清代官员遇父母之丧，一般均丁忧三年，惟有极少数情形才能移忠作孝，提前服阕。三年服制虽有教孝功效，却不无弊端。汪中考释了“三”“九”二字，为重释孝道规范提供了学理依据：

于是先王之制礼，凡一、二之所不能尽者，则以三为之节，

① 汪中：《与朱武曹书》，《新编汪中集》，第442页。

② 汪喜孙：《容甫先生年谱》，《新编汪中集》（附录一），第19页。

③ 《江都县志》卷十，《中国方志丛书·华中地方·第三九三号》，台北，成文出版社影印乾隆八年刊、光绪七年重刊本，第484页。

> “三加”“三推”之属是也。三之所不能尽者，则以九为之节，“九章”“九命”之属是也。此制度之实数也。因而生人之措辞，凡一、二之所不能尽者，则约之三，以见其多；三之所不能尽者，则约之九，以见其极多，此言语之虚数也……推之十、百、千、万，固亦如此。故学古者通其语言，则不胶其文字矣。

他认为，孔子讲“三年无改于父之道”，“‘三年’者，言其久也。何以不改也？为其为道也。若其非道，虽朝没而夕改，可也……曾子曰：‘君子之所谓孝者，先意承志，谕父母于道。’此父在而改于其子者也，是非以不改为孝也。然则何以不改也？为其为道也”。[①]他通过文字考释，强调“无改于父之道”须以“道”为前提，而非胶着于固定时间。一方面凸显“谕父母于道”作为孝道内涵，另一方面淡化了三年服制的神圣性，对丧礼规定另有所见。

在现实生活中，儒家的丧礼规范难以为继。高悬遥远的道德理想非但不能净化社会，反而会助长虚伪的假道学风气。鉴于此，汪中详考儒家典籍后指出：“衰麻哭泣，丧之文也。不饮酒、不食肉、不御内，丧之实也。”但实际情形如何？他指出：“然郊之日，丧者不敢哭，寡妇不夜哭。奔丧哭，辟市朝。君使人吊，主人迎宾不哭。君视敛，主人见马首不哭……有疾，饮酒食肉，七十者饮酒食肉。”“古之居丧者，惟御内为不可假……至于哭泣饮食，皆可通也。”[②]显然，古代丧礼的哭泣、饮食都有变通情形，甚至“衰麻而有时而可释焉”。他以文献考据为基础，对“丧之文”“丧之实”再加辨析，指出变通情形，纠正前代名儒的误解，适应了社会实际生活的需要。

汪氏以孝传家，汪中的从伯父汪一嵩、其父汪一元均入祀孝子祠，称为“汪氏两孝子”。汪中也是孝子，但并不认同前辈的孝行。他的《先考灵表》不载愚孝行为，也不宣扬“旌于朝”之类的“荣誉”。或许在他看来，这种行为不值得表彰。他事母至孝，卖文以为供养。左右服劳，侍

① 汪中：《释三九》，《新编汪中集》，第347—349页。

② 汪中：《居丧释服解义》，《新编汪中集》，第380页。

疾不辞烦辱。五十二年（1787），喜孙记其祖母病逝："先君借稿而卧，朔望瞻拜，不营佛事，不行七七之奠，四时之食，未祭不敢尝……以太宜人所柱杖，日置于侧，悲感欷嘘，见太宜人杖，如见太宜人焉。时古礼久废，先君白衣冠，行于道路，人多异之。"[①]汪母的丧礼体现了儒家宁俭勿奢、宁戚勿易的原则，却与江都民间习俗格格不入，以致"人多异之"。故喜孙认为，"吾家……丧礼自先儒林以来，上依周公《仪礼》，下据《朱子家礼》，他族或不尽然"。[②]

如果说汪中守母丧体现了儒家礼意，纠正世俗偏颇，那么其祭礼主张又是针对士大夫有感而发。他身感母爱深重，主张女性有受祭权。他依据《春秋公羊传》《春秋穀梁传》和《礼记》，指出祭礼妇人皆有主。"妇虽与夫同庙，亦有分祭之礼。"所谓"右主谓妇，左主谓母，是可据也"。那么，"吉祭，妇人何以无尸也？"他认为，《少牢馈食礼》云"以某妃配某氏，以某之某为尸"，故"吉祭"虽止男尸，但"妇人与夫共筵一尸，非无尸"。汪中主张妇女有受祭权，体现了尊重母权的思想，并指出"方苞侍郎家庙不为妇人作主，以为礼也。中谨据礼正之如此"。[③]汪中考释孝道礼俗，既是针对民间习俗，又从学理上正本清源，纠正士大夫礼学的偏失。

（2）贞节观念与礼俗主张。晚明以来，有识之士从不同角度对礼教进行了批评，归有光、唐甄、毛奇龄、钱大昕等均对传统婚礼或夫妻伦理提出了异议。而根深蒂固的传统是，朝廷及地方官员多重旌表贞节烈女，宋学家仍然固守正统的礼教观念。有的汉学官员则对贞节烈女表现出复杂心理。乾隆三十七、八年（1772—1773）间，朱筠督学安徽，大倡汉学，也好褒扬贞烈。"于亳得陈烈女，于阜阳得张烈女，于和州得薛孝子，为立碑冢，上率有司以特牲祭其冢。"[④]朱筠不好撰文，早年的《笥河文钞》仅3卷40余篇，其中表彰贞烈之文便有10篇。朱氏对贞节烈女带有敬

① 汪喜孙：《先君学行记》，《汪喜孙著作集》中，第644页。
② 汪喜孙：《江南理学论》，《汪喜孙著作集》中，第451页。
③ 汪中：《妇人无主答问》，《新编汪中集》第374－375页。
④ 汪中：《朱先生学政记》，《笥河文集》卷首，第37页。

意，基本予以肯定。故后人谓其“视学之旨首在扶翼伦纪，表彰潜德，不独倡导艺术已也”。[①]朱筠立足于完善礼教，对戴震抨击礼教的义理之学亦不以为然。[②]

与此同时，现实社会的悲剧仍然不断地刺激着汪中。清中期崇尚贞节烈女之风有增无已，汪中早年生活的扬州府也不例外。乾隆年间，江都县有五烈祠，祀池氏、霍氏、裔氏、程氏、周氏。汪中的朋友焦循提出：“忠孝节烈之事，一邑风教所关，前人创之，后人不可不从而振之。公议捐资修理……以谋诸大人先生，愿出资者自署其数如左方。”[③]五烈祠是江都节烈的象征，后来有的烈妇殉夫后均选此为墓地。历代方志于贞节之风均有记载。乾隆八年（1743）修纂的《江都县志》卷二十九《列女传》所列康、雍至乾隆初的贞节烈女多达数百人，此外多有不著姓氏者。清末江都方志亦云：“国初以来贞节妇女蒙旌奖者，具见前志。道光朝碑树题名，邑建总坊，先后奉旌者又千数百人。嗣后著为令甲，或年终汇题，或三岁咨报。至同治二年，郡人尹溶等立局采访，而贞孝节烈之未旌者，每岁皆得请于朝。”[④]可见，清代江都等地节烈之风长盛不衰。汪氏族人亲戚中，女性恪遵礼教的悲剧也在不断地上演。汪中“题信贞妇高柳鸣蝉画扇序”云：自己四五岁时，曾去表姑阎谨怀家，“为所保抱，及（阎）昏于信氏，数月而夫没。立子取妇，未久子又殇。通诗书，能画，穷乃至于斯，其可悲也”。[⑤]更令人伤心的是，这位守寡的表姑“所亲构侮不已，遂毁其家”。他得知后感慨不已，便“叙其生平，复以诗题之”。[⑥]社会

① 罗振玉：《序》，罗继祖编《朱笥河（筠）先生年谱》卷首，《近代中国史料丛刊》初编，第38辑，第372册，第1页。

② 戴震著《孟子字义疏证》，当时读者不能通其义，洪榜以为功不在禹下，撰《戴东原行状》，载《与彭进士尺木书》，以阐明该书及《原善》主旨。朱筠见之，曰：“可不必载，戴氏可传者不在此。”洪榜乃上书辩论，今《行状》不载此书，乃东原之子删之。见江藩《汉学师承记（外二种）》，第116—117页。

③ 焦循：《募修五烈祠序》，《雕菰集》卷十七，第10—11页。

④ 《女行旌门表第三上》，《江都县续志》卷五上，《中国方志丛书·华中地方·第二六号》，台北，成文出版社影印光绪九年刊本，第111页。

⑤ 汪喜孙：《容甫先生年谱》，《新编汪中集》（附录一），第16页。

⑥ 汪喜孙：《信贞妇佚事》，《汪喜孙著作集》上，第133页。

见闻不断地刺激着汪中，使之与早年孤儿寡母的生活联系起来，因而较深入地了解、关注女性的悲惨命运。

这类悲剧不仅频见于下层社会，而且来自著名学者之家。袁枚的三妹袁机，字素文。长相端丽，幼好读书，能写诗，“又能记稗官杂史，国家治乱名言”。但被父亲和高姓指腹为婚，因高氏子长为无赖，高家愿解婚约。而素文碍于礼教，不愿解约。“竟适高氏。高渺小，偻而斜视，躁戾佻险，非人所为。”好为狎邪赌博，向素文索赌资不得，则拳脚相加。素文受尽折磨，最后竟将被卖。袁家得知后，讼之官，素文才得以回到娘家。[①]据说，袁机将嫁时，誓言：“女从一者也，疾，我侍之；死，我守之。”至“高氏子死，哭之恸，越一年卒”，年仅40岁。[②]袁枚于乾隆三十二年（1767）葬妹时，写下了凄凉哀婉的《祭妹文》，回忆儿时共读游戏情形，真挚情感，催人泪下，又云：“汝以一念之贞，遇人仳离，致孤危托落。虽命之所存，天实为之；然而累汝至此者，未尝非予之过也。予幼从先生授经，汝差肩而坐，爱听古人节义事；一旦长成，遽躬蹈之。呜呼!使汝不识诗书，或未必艰贞若是。”[③]袁枚除了归咎命运之外，也提到“古人节义事”对妹妹的影响，不自觉地注意到节义榜样的负面效果。与此同时，在汪中的幕主郑虎文家更有惨剧。郑虎文的婢女许嫁给不肖流荡的纨绔子，后来其未婚夫和父母“咸愿改图”，但该女“执志不移”，嫁去之后，因不堪受窘而服毒自杀。

袁机读过古代贞节烈女的故事，而没有文化的女性并非如此，却仍然“执志不移”。汪中的思考比袁枚更进一层，发现了苛刻礼教的毒害。他认为，女性悲剧的根源在于人们误解了夫妻之伦及其礼制规范。他遂依据《仪礼》《礼记》，提出订婚不等于成婚。女子许嫁而婿死，该女殉未婚夫，或者适婿之家事其父母，为之立后守寡，均不合儒家礼制。在亲迎之前，未成夫妇，妇女不应为未婚夫守服。不合礼制之事，即使有父母之命、夫家之礼也不可行。双方父母、地方官员及地方士人有责任制止殉

① 袁枚：《女弟素文传》，《小仓山房文集》卷七，《丛书集成三编》第56册，第3页。

② 《袁机》，《清史稿》卷五〇九《列女二》，第46册，第14089页。

③ 袁枚：《祭妹文》，《小仓山房文集》卷十四，《丛书集成三编》第56册，第3页。

死、守节和嫁殇等陋俗。[①]

传统礼教对男女婚恋限制严格。然而，《周礼·媒氏》云："中春之月，令会男女。于是时也，奔者不禁。若无故而不用令者，罚之。"[②]汪中将嫁娶年龄规定与"奔者不禁"联系起来，认为男30而取，女20而嫁是婚嫁的最大年限，故在中春之月，有司应统计男女生辰："凡男女自成名以上，媒氏皆书其年、月、日、名焉，于是时计之，则其年与其人之数皆可知也。其有三十不取，二十不嫁，虽有奔者，不禁焉。非教民淫也，所以著之令，以耻其民，使及时嫁子取妇也。"[③]何谓奔？他曾引归有光所说"六礼不备，婿不亲迎，比之于奔"。[④]大概是指达到年限的青年男女，可以不必遵守婚礼。汪中并未从根本上否定束缚婚姻自由的礼教，也没有把男婚女嫁当作"个人问题"，只是希望在有司的督促下按时嫁娶，在一定条件下，对男女婚制稍加变通，以减少礼俗积弊带来的社会问题。

（3）孤寡废疾的救助。儒家的理想是"大道之行也……人不独亲其亲，不独子其子。使老有所终，壮有所用，幼有所长，矜寡孤独废疾者，皆有所养，男有分，女有归"。[⑤]明清时期，旌表节烈妇女成为制度，而政府对生活困难者并无切实救助措施。顺治朝规定节妇可给米维持生活，实则地方官员敷衍了事，鲜有过问。乾隆朝规定，受旌表而生活困难的节妇，经州、县官核实，可酌量给予口粮，但实效有限。原因之一是，孀妇守节二三十年以上才得旌表，而此前，孤儿寡母无论生活多么艰难，政府均不过问。而被旌表的节妇只是大量孀妇中的极少数，且多在士绅之家。许多农家寡妇贫困无靠，却无人救济。

乾隆二十一年（1756），山东黄河水漫溢，江苏南北也遭遇饥荒。面对哀鸿遍野，江苏巡抚陈宏谋发布了《保全节义示》，"命节妇之贫者，亲族共周恤之，以全其操"。而汪中回忆，"是时吾母子方流离乞食，

① 汪中：《女子许嫁而婿死从死及守志议》，《新编汪中集》，第375—376页。
② 《周礼·媒氏》，《十三经》上册，第419页。
③ 汪中：《释媒氏文》，《新编汪中集》，第373页。
④ 汪中：《女子许嫁而婿死从死及守志议》，《新编汪中集》，第376页。
⑤ 《礼记·礼运》，《四书五经》中册，第120页。

而三族之富人无问者”。[①]他的诗作还记录一位命运相似的梁夫人：“吾宗有母梁夫人，早年守义矢天只。朱门罗縠化为尘，闭户长饥乐文史。日操井臼夜诵诗，彤管高文见根柢……老来力尽疾疢生，五十衰容发已白。人生富贵无百年，苦节高名天所惜。两家孤子各成人，反使饥寒及身迫。”[②]孀居数十年后，养老问题并未解决，乃至汪中感慨：“子壮大兮母病羸。老不得养兮，何以生子为？日昭昭兮我心悲！”[③]少时处境给汪中留下了刻骨铭心的伤痛，且认识到寡妇的困难不能完全寄望于官府和亲族救济。

与此同时，士大夫的慈善之举也对汪中有所启发。唐、宋政府曾在京师等处设立救济老人和弃婴的慈善机构，明、清士大夫创设民间同善会已不鲜见。清初以后，江南地区（尤其是扬州）的育婴堂增多，据研究者统计，至乾隆六十年（1795）全国至少有324所。[④]乾隆三十七年（1772），沉潜于佛学的长洲彭绍升居士与朋友建立了“近取堂”，募集资金1800两，用本金买田，而取十一之息周济鳏寡孤独者，共计“三年所散者千金，所周者百有三十余家”。[⑤]汪中多年奔波于大江南北，对此耳闻目睹亦在情理之中。于是，他于乾隆三十八年（1773）初致书友人汪端光，[⑥]提出了救济寡母孤儿的设想，试图借助官府力量，扩大救助范围和实效：为无依无靠寡妇“造屋一区，为百间，间各户，使居之，命之曰：‘贞苦堂。’外为门，有守门者……妇有姑若子女三人者，月给米一石，钱二百，终岁绵六斤，布五匹，其多少以是为差，任以女工丝枲之事，而酬其直……门外为社，有师一人，凡孤子五岁至十岁者学焉，命之曰‘孤儿社。’三年视其材分志趣，而分授以四民之业。然而必通《孝经》，解字

① 汪中：《与剑潭书》，《新编汪中集》，第441页。

② 汪中：《答叔母梁夫人》，《新编汪中集》，第522页。

③ 汪中：《归耕操》，《新编汪中集》，第491页。

④ 梁其姿：《施善与教化——明清的慈善组织》，河北教育出版社2001年版，第135页。夫马进、梁其姿均认为，汪中于乾隆三十八年（1773）《与剑潭书》提出的“贞苦堂”为清代士人建“清节堂”的最早构想，见氏著《施善与教化——明清的慈善组织》，第219页。

⑤ 彭绍升：《近取堂记》，《二林居集》卷九，《续修四库全书》影印嘉庆四年刊本，第11页。

⑥ 汪端光，字剑潭，仪征人，官至广西镇安府知府。

体。至十六，度能自食其力，以次减其廪”。这样，或在一府一县推行，使各地效仿；“或告于上而颁之天下，以为令典。使经世大法，《诗》《书》所载，三代圣王之所不及，而今日行之”。他设想，贞苦堂由各州县官府建立，多方筹集经费。在堂中长大成人的男孩，假如有富贵的，就应该将财产的十分之三捐到堂中。民间有犯杖以下刑罚的，可视其轻重判罚一定资金入堂。他希望此举成为良法善政，惠及后人。[①]

汪中的具体办法（如筹措经费）未必可行，但其设想确实产生了反响。汪中卒后，喜孙官京师时，继承父志，与同人建“恤嫠所”，“外省州县踵行之”。[②]嘉道以后，江都县即设有恤嫠局，“由知府筹备，归绅士散给，年终出榜晓示”。“凡领恤以士族为先，次及民族。嫠妇必夫故在四十岁以内者，贞女之未字养亲、未婚守节，年在三十以外者，即非士族之家，亦准领恤。”[③]恤嫠局以救助士族贞节妇女为重点，但也惠及普通百姓。事实上，恤嫠会、清节堂等救济寡妇的机构在乾隆以后迅速发展，从“1773年到1911年间，全国共有216个救济寡妇的善会先后成立”，此外还有一些兼济寡妇的综合性善会。这些善会善堂接济的寡母孤儿大约有几十万人。[④]对于大量的贞节妇女而言，这些救助仍属杯水车薪，而汪中的设想与许多人不谋而合，反映了社会变迁的趋势。

（4）留意经世实学。汪中早年的文稿《策略謏闻》多涉治河、粮漕、屯田、钱法等后来所谓经世实务。乾隆四十九年（1784），他代谢墉作《展义论》，罗列了乾隆以来江淮一带兴修水利的政绩，也彰显了水利工程对于民生利病的密切关系，但不像有的论著所云提出了治水方略。[⑤]尽管如此，汪中熟悉水利事务倒是事实。喜孙云：“先君少习经世之学……论河道与王先生怀祖合，欲河由千乘入海，数百年可无河患。惟

① 汪中:《与剑潭书》,《新编汪中集》,第440—441页。

② 汪喜孙:《先君子与剑潭书跋尾》,《汪喜孙著作集》中,第671页。

③ 《建置考第二下》,《江都县续志》卷十二下,《中国方志丛书·华中地方·第二六号》,第785—786页。

④ 梁其姿:《施善与教化——明清的慈善组织》,第204、236页。

⑤ 汪喜孙:《容甫先生年谱》,《新编汪中集》(附录一),第27页。

草疏不传，先君或自焚之”。[①]这些活动还看不出系统的治水思想，却说明汪中熟悉水利，具有经世关怀。

汪中所论广涉蠲赈、平粜、钱币、漕粮、屯田、吏治、捕蝗等实务。他指出，蠲免赈贷之政，三代以前有之，自汉以后始详。古人成法，今尤可仿而行者有三：一是如汉代直接调粟关中，或者如历代对贩粟者免税。二是令富豪屯集之家贷余粟给贫民。三是安置流民，大兴土木，以帮助灾民。与赈贷交相为用的办法是平粜，即在荒年减价卖粮食给贫民。汉代官府建有常平仓，出于官设；隋代以后又有义仓，出于民营，可济常平仓之不足。对于漕粮，汪中也留意到前人经验，指出：陈瑄疏清江口、引水达淮，开河道转运之利。周忱定轮纳交兑之制，其功最大。唐刘晏以双倍船价付给船厂，使“有余剩养活众人。私用不窘，则官物牢固”。但刘晏之后，官方以实价购船，而漕粮不继，遂有黄巢之乱。汪中也认为钱币“权万货之轻重”，“通贫富以利民生”，私铸危害甚大，理当严禁。“钱币之权既出于上，则造钱币之司当归于一。”铸币的要旨在于“钱与物相权衡”。清代康雍到乾隆初年，边疆用兵不断，消耗国家财力、物力。因此，朝廷及有识之士都注意到边疆屯田之策。汪中认为，屯田之利，莫甚于塞下。水土之美，莫甚于西域。故“历代所屯，皆在西域及朔方、河西诸地。积粟当边，内省输转之劳费，斯其行有成效者”。对此利国利民之举，汪中说：“谋臣硕士，经国远猷，其可以为后世法者如此。”事实上，自乾隆二十五年（1760）开始，阿桂开始率军在新疆伊犁屯田，成效显著。[②]

汪中目睹了许多民间惨剧，提出的救助措施涉及甚广。乾隆三十六年（1771）十二月某晚，仪征盐船失火。烧毁船只130余艘，烧死、溺亡1400多人。他作《哀盐船文》，对百姓的悲惨命运寄予了深切同情。他没有断定惨剧的原因是天灾或人祸，但指出与河面“绾其口”有关，[③]委婉地表达了对当局草菅人命的不满。他的一些诗作也如杜甫一样记录了民生

① 汪喜孙：《容甫先生年谱》，《新编汪中集》（附录一），第19页。
② 汪中：《策略譾闻》，《新编汪中集》，第241—252页。
③ 汪中：《哀盐船文附序》，《新编汪中集》，第469—470页。

疾苦。他还提出，在长江北新城渡江的龙潭一带，由官府建屋三间，名曰"避风馆"，以便往来行人歇息，减少匆匆行船的灾难。[①]他甚至设想，在京口长江的狭窄处，"若南北造浮桥二道，交会于金山，行旅往来如在枕上，此百世之利也"。在他看来，长江建浮桥并非不可能，"有非常之事，必待非常之人，道固然尔！"[②]但在江苏，当时没有"非常之人"，建浮桥的建议未能实施。后来阮元说："浮桥至今难行之。养寡 妇事，近数十年，各省颇有行者。即如扬州，于嘉庆中，行恤嫠会，元即分认，每年皆养寡妇五十人，惜先生未及见也。"[③]汪中对社会实务不乏见解，而赍志早逝。喜孙继承父志，经世成绩引人注目。

在文化专制主义极度扩张的乾隆"盛世"，汪中才华横溢，而性格率真，又无科名，其学术抱负不得施展。自云虽对"古人为学之方""窥其门户"，但"群疑众难，就正末由"。[④]他肯定墨学，便被翁方纲、章学诚等人攻击。他不宣扬愚孝行为，也引起旁人非议。汪能肃认为，忠臣孝子因天性之笃，不可以礼之节文来限制，"以戚为礼之本，则毁卒与割肱，亦不可谓非本矣！"而汪中《先考灵表》不提此事，"且归于数，岂以毁卒非礼，故讳之耶？"[⑤]愚孝行为仍得官方旌表和士大夫赞颂，汪一元的孝行也被张履、陈墉等人称羡不已。在奔走衣食、颠沛流离的处境中，汪中身感"盛世"的思想压力。据洪亮吉云："中为文及诗，格度皆谨饬过甚。余怪问之，中曰：'一世皆欲杀中，倘笔墨更不谨，则堕诸人术内矣！'"[⑥]故其社会主张显得畏缩、软弱，伦理观念也基本沿袭传统。

汪中既等视君臣、夫妻纲常，又认为忠、贞节道德都有一定前提。他强调许嫁而未婚的女性不必守志、从死，但已嫁的妇女则不属此例。他肯定"夫妇之礼，人道之始也。子则得而妻之，则父母得而妇之"，故不

① 汪中:《龙潭募建避风馆疏》,《新编汪中集》,第468—469页。
② 汪中:《京口建浮桥议》,《新编汪中集》,第394页。
③ 《阮元识语》,《汪喜孙著作集》中,第672页。
④ 汪中:《上竹君先生书》,《新编汪中集》,第427页。
⑤ 汪能肃:《汪孝子传》,见汪喜孙编《汪氏学行记》,《汪喜孙著作集》下,第886页。
⑥ 洪亮吉:《又书三友人遗事》,《洪亮吉集》第3册,第1041页。

反对已婚妇女遵守纲常。因之，他主张改良非人道的礼俗，但不能说有了“解放妇女”“婚恋自由”之类的思想自觉。他设想的“贞苦堂”是养老与守节并重，一方面想救助寡母孤儿的生活困难，另一方面则以此完善守节机制。当时，寡妇再嫁已不少见，被迫再嫁的因素不一，[①]甚至“抢孀”现象也不罕见。故“贞苦堂”的管理相当严格，守节妇女不可随便见人。有男性来访，需“以其名族召之，则出见之，非是，不得入”。[②]汪中是改良、完善而非反对妇女守节。虽不赞成贞女守志或夫死从死，但主张救助自愿守节的妇女。其思想的复杂性在其个人生活中也有所体现，比如被一些人指责的“出妻”之事。汪中的原配孙氏女，“好诗，不事家人生计”，婆媳不和，加之汪中长期蹀蹀东西，多年无子，遂有出妻之举。[③]无论如何，休妻打上了传统孝道和贞节伦理的烙印。他在现实生活中与传统纲常妥协，而其局限性同样应当从思想和社会的两重背景中来理解。

汪喜孙继志力行

汪中生前，其思想不易为人理解，但在嘉道以降日益获得学者认同。这既与学术流变相关，又与汪喜孙继承父志、发扬家学分不开。喜孙9岁而孤，受其父的学术熏陶不久，但不乏从父读经的记忆。他序“礼堂受经图”云：

> “礼堂授经”者，喜孙哀述少小过庭之训，故作是图。喜孙年六岁，先君写定皇象本《急就篇》《管子·弟子职》，教授于礼堂。明年，更写郑康成《易注》、卫包未改本《尚书》、顾炎武《诗本音》《仪礼·丧服·子夏传》，以次授读。其时喜孙蒙稚无识，不获

① 郭松义的《伦理与生活——清代的婚姻关系》（商务印书馆2000年版）第十章第一节从“男女比例失调”“生活贫困”“没有子女”夫族“觊觎资产”“坐产招夫”和“招夫养子”分析了寡妇再婚的原因。

② 汪中：《与剑潭书》，《新编汪中集》，第441页。

③ 关于汪中出妻的原委，详见拙文《汪中礼俗观念的思想线索与社会背景》，载《安徽史学》2016年第1期。

承先人之教……回思先君授经礼堂，已历十有八载。孤露余生，家获再造，老屋故在，庭诰不闻，哀写此图，以当一哭。先君所居礼堂，在甘泉治新城玉井之西，偏屋止三楹，杂莳枇杷梅竹，门前有柳，高五六十尺，深巷暎蔚，造庐问字者，指大树以为记。[①]

喜孙少时，出身寒儒之家的母亲朱氏亲为课读。少长，延同里魏彝群、丁翰、韦佩金诸先生，授“以根柢之学”。[②]汪中在金山文宗阁校理《四库全书》时，与监理文宗阁书局的鲍志道（字诚一）成为好友，“暇则自述少年艰屯困苦之境。”汪中生病时，曾托孤于鲍志道。迨其卒，鲍志道来办理丧事，“恤孤子，御外侮，十年如一日”。鲍志道病重时，命其子鲍惜芬、鲍树棠延喜孙入家塾，从甘泉钟怀先生受业，始治经学。[③]喜孙16岁究心金石书画，就正于江藩，受称赏。18岁时，考列江都县试第一，受学于王念孙。19岁于扬州府试考列第二。是时乡先辈王念孙、刘台拱、段玉裁、程瑶田均谓喜孙能读父书，好古有识。故其少时“凡所请业，皆父执，一时海内名德也”。[④]嘉庆十年（1805），喜孙入安定书院读书，同学有刘宝楠等。

嘉庆十二年（1807），汪喜孙中举人，三试礼部不第后，受侍御鲍树棠的资助，援例入赀为内阁中书。按惯例，三次会试落第者得以“大挑”，或授知县，或授教谕。其母认为喜孙“愚戆”，不宜作县官。故“不赴挑选，援例授中书”。[⑤]肩负着母亲的期望，他先后八试礼闱，俱荐而未售。历任内阁撰文中书、《会典》馆复校、《玉牒》馆校录等职。

① 汪喜孙:《礼堂授经图自序》,《汪喜孙著作集》中,第703页。

② 汪保和等:《孟慈府君行述》,《汪喜孙著作集》下,第1269页。

③ 汪喜孙:《书鲍封翁佚事》,《汪喜孙著作集》中,第683页。案,名宦纪昀曾记鲍树棠之父:先生由贫约而致富,“恒思于物有济,修宗祠,纂家牒,置田赡族人之不能婚者,举苦节之不能旌者,则有关于伦纪。而世孝祠之建,世孝事实之刻,则有关于风俗人心。至捐金三千复紫阳书院,捐金八千复山间书院,则功在名教……贤仕宦也”(纪昀:《鲍肯园先生小传》,《纪文达公遗集》卷十五,第8—9页)。鲍氏父子与汪中交谊深厚,又乐善好施,为汪喜孙求学、入仕的鼎力相助者。

④ 王翼凤:《河南怀庆府知府汪公墓表》,《汪喜孙著作集》下,第1298页。

⑤ 汪喜孙:《道光十九年出使东河记》,《汪喜孙著作集》中,第517页。

随后派户部山东司行走，充河南司主稿、兼充贵州司主稿。他又究心医术，在京师时，鲍桂星闻医家言喜孙知医，请其治病。“有验，遍告士大夫，以此应接不暇。然十载以来，出入公卿，未尝有所得。”①

道光十二年（1832）正月，喜孙丁母忧，哀毁骨立，朝夕哭奠，恪遵古礼以治丧，并著《丧服答问纪实》。葬母之后，他受江苏巡抚林则徐之聘，主讲江苏平陵书院、安徽泾川书院。逾年，受两江督陶澍之聘，主讲镇江宝晋书院、安徽翠螺书院。每月正课之外，加以策论、诗赋、经解。于额课外，复送会文数百卷，喜孙逐卷详阅涂改。有人赠诗云：“问字客多双管秃，应门童小一身忙。”②

十四年（1834）三月，喜孙服阕，先留户部管理井田科主稿，议定章程。十六年（1836），补户部湖广司员外郎。后经大学士潘世恩等保荐，喜孙从河道总督栗毓美治河。二十一年（1841），保奏为候补知府，发往东河以知府用，负责防守黄河北岸，整修河堤，赈济灾民。二十五年（1845），补河南怀庆府知府，也得到了实践经世济民的机会。喜孙为官清廉尽责，曾与友人书曰：“吾以身许国，鞠躬尽瘁，死而后已。”二十七年（1847）春，他因公赴省城，归途感受风邪，忽患口角流涎，左手麻木，疾治甫愈，又忙于生童考试。是年夏，怀庆苦旱。他不召僧道，也不用古法，亲自入太行山求雨，感受山瘴暑湿，遂至时发时愈。至八月初二，亲祭社稷，为民祈福。祭毕而归，精神尚好。初三日早起，忽然头眩气闭，不治而逝，③卒年62岁。妻范氏，诰封恭人。子保和，县学生，通《左传》，能传家学，出嗣从兄汪墉。次延熙、介徽，皆国学生，考取算学天文生。

汪喜孙官不过知府，且履任时间不长。其自我解剖云：“论交天下，无朱子、象山之门户。通人畸士，名德大才，靡不引为知己。循吏、道学、儒林、文苑，亦尝窥其藩篱，所恨质不美、学不深、养不到。”④这

① 汪喜孙：《汪荀叔自撰年谱》，《汪喜孙著作集》下，第1193页。

② 汪保和等：《孟慈府君行述》，《汪喜孙著作集》下，第1280页。

③ 汪保和等：《孟慈府君行述》，《汪喜孙著作集》下，第1290页。

④ 汪喜孙：《与舅氏朱光禄书（一）》，《汪喜孙著作集》上，第176页。

番表白确实概括了喜孙学无专精的特征。不过，他传承、发展了家学，具有一定的典型意义。他因家学而挤身于嘉道士人的中心，汪家也因子承父志而引人注目。喜孙学术上首先是传承家学，侧重汉学。他于嘉庆十七年（1812）跋江藩的《国朝汉学师承记》云：

> 国朝汉学昌明，超轶前古。阎百诗驳《伪孔》，梅定九定历算，胡朏明辨《易图》，惠定宇述汉《易》，戴东原集诸儒之大成，裒然著述，显于当代，颛门之学，于斯为盛。至若经史、词章、金石之学，贯穿勃穴，靡不通擅，则顾宁人导之于前，钱晓征及先君子继之于后，可谓千古一时也。[①]

他表彰汉学，传承了父辈的学术精神。像其父一样，喜孙也有不少文字考释、校训之作。然而，较之汪中鲜明地排斥宋学，他倾向于调融汉、宋，力除门户之见。谓："吾儒所读之书，皆周、孔之书；所传之学，皆周、孔之学。降为汉学、宋学，可乎？"[②]故他认为，"汉、宋之学，可不必分；通经与力行，更不必别。安有学周公、孔子之道而行与言违，又安有读程子、朱子之书可束书不观者？"[③]在他看来，汉、宋学术的差异并不大："汉儒言学，不废义理；宋儒论学，不废考据是也。西汉儒者喜言微言大义，是矣！"《说文解字》解"性"字，标明"性善"之说，其解"情"字、"欲"字，亦与孟子相合。"彼以声音训故之学概《说文》者，浅之乎视许君矣！"宋儒"所解字义，则大抵一本汉儒，即与汉注相违，亦必取《尔雅》《说文》《玉篇》之训，互相解释，无一语无来历者，岂可以废弃汉注斥之哉！"[④]

针对乾嘉时期一些学者但求名物训诂，而不涉义理的偏向，汪喜孙重释了戴震、段玉裁的汉学内涵：

---

① 汪喜孙：《汉学师承记跋》，《汪喜孙著作集》上，第66页。
② 汪喜孙：《与朱兰坡先生书（一）》，《汪喜孙著作集》中，第408页。
③ 汪喜孙：《与任阶平先生书》，《汪喜孙著作集》中，第412页。
④ 汪喜孙：《上张石洲先生书》，《汪喜孙著作集》上，第188页。

> 戴先生谓，古六书九数，儒者结发从事，今或皓首未之闻。段先生谓，圣人之道在六经，不于六经求之，则无以得圣人所求之义理，以行于国家天下……盖由考核以通乎性与天道。既通乎性与天道矣，而考核益精，文章益盛，用则施政利民，舍则垂世立教而无弊。浅者乃求先生于一名一物、一字一句之间，惑矣……段先生欲由训诂以通义理，而未有成书，是诚见道之言。今世为段先生之学者，只求一字一句之间，非段先生所以为学，亦非段先生教人之心也。[①]

戴、段之学一脉相承，而其重心不一。戴震由考据以求义理，重建思想体系。段氏治学大体囿于文字训诂，较少涉及儒经义理，晚年自悔老大无成，有转重义理之学，而未成书。汪喜孙对戴、段之学的诠释，表明了兼重考据和义理的学术主张。故他致书好友刘文淇云："足下蔚为经师，需教后生由声音（廿一部）以通训诂，由训诂以通名物，由名物以通大义。"[②]

汪喜孙调融汉宋，并不是流于口头。汉学盛行时，桐城派古文家、学宗宋儒的姚鼐曾想拜戴震为师而被婉绝，又曾受汉学家排挤而离开了四库馆，不曾想数十年后斗转星移，宋学在嘉道年间重新抬头。汪喜孙有兼师宋学之意，欲拜姚鼐为师，却同样被婉言拒绝。嘉庆十年（1805），姚氏复信："云欲就受业，闻之愧悚不宁。谫陋何足师，况以加高明卓绝如足下者哉！""夫天下为学之事，不可胜言也……择而得其大者要者，而终弗自多焉，斯善学矣。今世天下相率为汉学者，搜求琐屑，征引猥杂，无研寻义理之味，多矜高自满之气。愚鄙窃不以为安。""尝以是语人，今故亦举为足下告也。"[③]

汉、宋调和在短时期内还不易实现，姚鼐婉拒汪中之子也不难理解，但汪喜孙兼重宋学的倾向没有改变。嘉庆十九年（1814），他与著名理学家唐鉴结下师弟之谊。是年会试，作为分校官的唐鉴得喜孙考卷，写

① 汪喜孙：《汪熹孙致陈奂》，《流翰仰瞻：陈硕甫友朋书札》，第226页。

② 汪喜孙：《与刘孟瞻书（四）》，《汪喜孙著作集》上，第169页。

③ 姚鼐：《复汪孟慈书》，《惜抱轩全集》，第227页。

下300字的推荐语，不料被总裁否决。“喜孙谒见先生，执弟子礼，自是奔奏御侮，如子路之在孔门，先生视之犹子。”[①]他主栗阳书院时，“刻《白鹿洞规》于屏”。[②]他极重宋儒的内圣功夫，认为：“孔子言敬，曾子、子思、孟子言诚，朱子主敬出于孔子……穷至事物之理，欲其所知无不尽，其说精而无弊。”[③]他讲求宋儒的德性之学也践履于行动中，曾在道光初年致书友人，自称“生平于程、朱书，用力甚浅。然平日读《论》《孟》《大学》《中庸》注，未尝以为科举业也”。朱子说“致饰于外，务以悦人，则人欲肆”，而天理亡。“夫以巧言令色，致饰于外，务以悦人，固是小人；而以学问经济、致饰于外，亦不得为君子。君子之道，暗然日章，是则某之所不逮也。至‘尽己谓忠’四字，不敢不勉。”[④]可以说，汪喜孙的为学、做人均汲取了宋学营养，这较之其父独尊汉学无疑是一大变化，却契合了嘉道学术潮流的变化。

与此同时，汪喜孙发展、践行了汪中的经世思想，自称“三十以内，校写楹书，略涉经史。迨后，总甄钱谷，因顿簿书，二十年来，废寝忘餐。惟于经世之学，发先人之蕴，自谓向所肆力；至于经史、词章、自分不能绍述先人，专门之业，卒以无成”。[⑤]这是比较贴切的自我评价。他较详细地阐述了儒家经世传统，认为无论汉、宋之学均与现实生活密切相关：“尧舜之道，不外孝悌。周公孔子之道，《诗》《书》《礼》《乐》《春秋》之文，不外伦常日用。道在六经，道在五伦，诵法先王者在此，平治天下者在此，垂教后世者在此，相在尔室者亦在此。”[⑥]汉、宋之学，不离乎“道”，而“道”不外伦常日用。因此，他阐述《易》学见解云：“故《易》一治一乱，以寓世运之变，变而皆治。古之君子，其自命，皆有以天下为任之心；其为学，皆有以礼乐为治之志。由人事以推天道，由天道以准人事，往来盈缩之理，礼乐刑政之具，古人所谓‘通经致

① 汪喜孙：《佐治刍言三事》，《汪喜孙著作集》中，第513页。
② 汪喜孙：《与林少穆先生书》，《汪喜孙著作集》中，第404页。
③ 汪喜孙：《宋明理学问》，《汪喜孙著作集》上，第41页。
④ 汪喜孙：《与戚蓉台书（三）》，《汪喜孙著作集》上，第153页。
⑤ 汪喜孙：《文稿自序》，《汪喜孙著作集》中，第428页。
⑥ 汪喜孙：《与朝鲜金正喜书（一）》，《汪喜孙著作集》上，第200页。

用'者，其在斯乎！"[①]又说，"夫读《礼》，非口诵而已，必将发悟于心；非发悟而已，必将践履于行"。[②]

因之，嘉道以降，士大夫多注意到汪喜孙对家学的发扬和实践。朱为弼云："余与孟慈农部交久，孟慈嗣家学，笃承先志，其行事既有可见者。今奉天子命，佐治东河，由此以宏利，济扬清芬。先生虽没，无异于亲行之矣。"[③]汪中在京口建浮桥的主张未能实行，而喜孙在镇江时，"劝好事者，修渡船二十四，以济行人，以酬先志"。[④]其友人如贾桢、陈庆镛认为，读汪中关于建恤嫠所、浮桥和避风馆等建议，如见"济世之心"，并且喜孙的"经世之心，即其尊公经世之心也，是美期于踵成"。[⑤]顾莼则赞赏喜孙"议论慷慨有真气"，而"真气"来自其父。"孟慈能守其学，固宜其与世俗异也。"[⑥]这些评论都有一定道理，但汪喜孙的经世思想和具体设想又有所发展。汪中的经世意识主要表现在改良礼俗，筹画社会救助，所涉经世实务尚嫌薄弱；喜孙则更广泛地关注、践行经世实务。

汪喜孙认为，经世之策不外孔、孟"富""教"二言。"大约富之之法，无过农田水利……督抚严责州县，赋不加重；盐政稽核商岸，盐不加价；督臣、河臣、漕臣通筹河漕，漕不病河，河不病漕……屯田兴则兵饷可以酌裁，仿唐府兵之制，而兵粮不耗矣。水利修则漕运可以变通，减苏松漕之额，而百姓足食矣。"[⑦]清代每遇河堤失事，总是工用浩繁，各地均摊征收于民，积欠沉重。嘉庆帝亲政以后，曾豁免民间河工费积欠3000余万两。喜孙有感于河南摊征积欠仍有82万两，夜不能寐，曾于雪夜坐车至宫门外，言于管部大臣英和，终于使朝廷免征此项积欠。[⑧]嘉庆末年，

① 汪喜孙：《易问》，《汪喜孙著作集》上，第26页。
② 汪喜孙：《与江饮吉书》，《汪喜孙著作集》上，第169页。
③ 《朱为弼识语》，《汪喜孙著作集》中，第673页。
④ 汪喜孙：《先君子京口建浮桥议跋尾》，《汪喜孙著作集》中，第672页。
⑤ 《陈庆镛跋语》，《汪喜孙著作集》中，第675页。
⑥ 顾南雅：《跋汪容甫先生诗集》，《新编汪中集》，第490页。
⑦ 汪喜孙：《拟治平疏》，《汪喜孙著作集》中，第385页。
⑧ 汪喜孙：《请豁河南摊征积欠记事》，《汪喜孙著作集》中，第474页。

他官户部时，还曾请豁免淮商捐输银两500万，以明“我国家损上益下，厚泽深仁”。[①]他在户部历任管理赋税、盐务、仓储、钱粮等事务，任职期间清除积弊、订定条规，多所建言。

他编著的《从政录》广泛涉及河、漕、盐三大政，指出：“国家岁运漕二百余万，江苏居其半。乾隆之世，官吏以为利薮，上下交征，遂为缙绅所攫夺、运官所挟制……久之，吏亦无权，权在运丁；绅亦无利，利在漕委；穷民鬻子女以输将，闸坝以漕运为奇货。向之州县，肥家润己；今则官民，焦头烂额。”[②]针对盐引滞销，而盐课不减，以致私枭日富的状况，他提出：“与其变官盐为私引，何如化枭匪为良民？刘晏、顾炎武之策，修而用之，不独盐法攸关，抑且私枭悉化，官民俱安矣！”[③]他也对朝廷减少地丁银而增加盐税的做法不以为然，致信陈奂云：“乾隆年间足国之道，在地丁不立盐关，是以地丁报部，实存每岁二千余万。今地丁不及其半，盐关之税倍加，江南尤甲于天下，其何以堪。有心经世者，尚念之哉。”[④]这些看法可谓传承汪中的思想本质而更为具体详明。

“为贪薄宦与浮名，廿载浮家住帝京。祖德父风兹未改，儒林循吏两无成。有亲白发今何在？教子一经足此生。入室操戈嗤同辈，莫教樽俎斗心兵。”[⑤]汪喜孙该诗记录了久为京吏的无奈心情。事实上，他不能进入“儒林”，却不愧为一代“循吏”。道光二十二年（1842），他致函陈奂：“弟上年防水祥工，北岸幸而堵合，而千乘入海之议，卒格不行。有苛派民间料垛，几于激变，谏之不听，辞总查料厂之役……闻工次民变，焚料垛千万斤，抢店钱，杀厅官家人，火焚公廨，见顶帽者即殴之。有陈州守弹压，几为所焚。乃请于上官，亟加振恤，民乃大定，河亦堵合。”[⑥]这是清代苛派激变的一个片断，也可见汪喜孙关心民间疾苦，敢于上书直言。故时人评论他“历官中外，厘奸剔弊，每为胥吏所切齿。在

① 汪喜孙：《记豁免淮商捐输银两事》，《汪喜孙著作集》中，第505页。
② 汪喜孙：《河漕盐三议》，《汪喜孙著作集》中，第459页。
③ 汪喜孙：《盐法利弊论》，《汪喜孙著作集》中，第460页。
④ 汪喜孙：《汪熹孙致陈奂》，《流翰仰瞻：陈硕甫友朋书札》，第222—223页。
⑤ 汪喜孙：《晨起有感》，《汪喜孙著作集》（上），第302页。
⑥ 汪喜孙：《汪熹孙致陈奂》，《流翰仰瞻：陈硕甫友朋书札》，第228页。

部时主稿，与大吏意见不合，则面争不已，大吏每以‘强项’称之”。[①]

汪喜孙宦游在外，却关心家乡事务，对祭祀乡贤、孝子多有建言，曾致信扬州知府，请“增设救生船沙漫洲、瓜州口之官渡。清厘恤嫠之会，毋务虚名；严禁贩卖之条，使先知耻。更宜裒忠旌孝，祀史阁部从难诸臣，都转以下，列在史志”。[②]他重视祭祀节孝，孝道观念与一些正统士大夫无异，而与汪中不尽相同。此外，继汪中设想“贞苦堂”“孤儿社”之后，汪喜孙关注扬州的“育婴堂”状况。扬州育婴堂建成很早，声名远播，但至嘉道年间管理混乱，死婴众多，甚至被人称为“杀婴堂”。他指出：“今乃以无罪之婴儿，官给乳妇以钱，而任其杀之不问，计一邑岁杀数十人，合天下岁杀数万人。而好行小惠者，并曰：‘吾育婴也。’岂仁人君子，所宜出此言哉？仁人君子，又可相喻于不言哉？”他认为不妨采取李忠孚的建议，对婴儿“月给薪水，令其母携归自育之”。[③]他的《五十衣帛说》《种木棉花考》《树艺说》《请米免税议》《禁止盗卖良家子女议》等文均关切民生困苦。这些言说与其任职有一定关系，却表现了社会责任感。

汪喜孙知怀庆府期间，勤于政务，于治河、安民尤有政绩。下车伊始，勤于治狱，审结积案百数十起。公闲则巡行郊野，访问民间疾苦。怀庆府旧有覃怀书院，岁久倾圮，他捐资五百金，重为修葺，增建学舍。每当课期，必在院终日，品骘文艺，讲贯经史，郡中士人，益知向学。又捐资修葺郡城普济堂、养济院，以养无告穷民。怀庆府境内有济河，发源于济渎庙，故道分支于柏香镇，东穿郡城，至龙涧村入沁河。近沁河处泥沙雍滞，水流不畅。嘉庆间，济河水涨，下游顶阻，水流旁趋官道，汇注成河。喜孙循旧河，自柏香至龙涧八十里，逐段挑浚。河遂复深通，溉田一万二千余亩。又督工疏浚境内的广济、永利、利丰三渠的潴塞渠段。郡西王曲村有旧河，长期汙塞，居民争水致讼。喜孙督饬兴工，疏浚故道，

① 刘文淇：《道衔怀庆府知府汪君墓表》，《汪喜孙著作集》下，第1311页。

② 汪喜孙：《汪憙孙致李璋煜》，《小莽苍苍斋藏清代学者书札（修订本）》（中），第564页。

③ 汪喜孙：《育婴议》，《汪喜孙著作集》中，第431—432页。

引沁河水至王曲村，溉田三千余亩，于河口建闸，外加八字石墙，以抵御沁河水伏汛，人称“新开汪公河”。[①]道光二十六年（1846），怀庆发生饥荒，河内、济源二县，劫夺不可禁。他遂发布告云：“昏夜执械入人家，抢衣物者，许居民打死，勿论。”[②]同时，令富户有屯粮者，酌借给亲族邻里，公同登记簿籍，待秋后偿还，官为追给，民赖以安。

在京多年，汪喜孙多次参与京师士人的修禊雅集。嘉庆末年，他刚入京会试，“与沈小宛、刘申甫，考订经史无虚日”。[③]后来与同官内阁中书的李彦章“过从甚密”。与程恩泽“日夕讲艺，每三更始散”。[④]这些都是关怀社会的有识之士。道光年间，他交往的经世学者更多，在京与刘逢禄、龚自珍、魏源、徐松等人比邻而居，曾一起切磋论学。与刘逢禄交往尤密，其学术交谊恰与二人学术上兼融汉宋，重视义理的倾向相契合。他还致信李兆洛，劝其积极入世：“盖人品、经济、学问三者，本是一事，兼而有之，舍阁下无二人……岂有品学如阁下，而甘心忘世者？岂有抱负如阁下，而俯首从人者？”[⑤]事实上，李兆洛后来成为嘉道间的著名经世学者。这些交游活动与汪中特立独行的个性和相对狭小的扬州学术圈又形成了鲜明对照。

如同汪中一样，汪喜孙孝思诚笃。他每逢父母忌日，必变服茹素，悲泣不已。后来扬州学人评论：“孟慈为容甫肖子，力传父书，好摹其体，官户部，铮铮有声，出守怀庆，以死殉官……父为名儒，子为循吏。吾扬之善继、善述者，孟慈殆其选也。”[⑥]刘文淇说：“君生有至性，每与人称述先世懿德，辄泫然流涕，于容甫先生所著书，片言只字，无不析及精微，心知其意。又于先生手迹，断笺敝纸，无不宝藏之。”[⑦]汪中的著作均经喜孙亲自搜集、校刻，如《述学》《春秋述义》《尚书考异》等。故

① 刘文淇：《道衔怀庆府知府汪君墓表》，《汪喜孙著作集》下，第1309页。
② 王翼凤：《河南怀庆府知府汪公墓表》，《汪喜孙著作集》下，第1301页。
③ 汪喜孙：《汪荀叔自撰年谱》，《汪喜孙著作集》下，第1191页。
④ 汪喜孙：《汪荀叔自撰年谱》，《汪喜孙著作集》下，第1197页。
⑤ 汪喜孙：《与李申耆先生书》，《汪喜孙著作集》上，第141—142页。
⑥ 李详：《重印江都汪氏丛书序》，《汪喜孙著作集》下，第1335页。
⑦ 刘文淇：《道衔怀庆府知府汪君墓表》，《汪喜孙著作集》下，第1311页。

姚莹说："容甫汪先生，以经学、古文词，为世名儒。有子孟慈，能世其业，经史、小学、文章，具有条理，乃悉发其家藏先生著作已未竟之书，疏通证明而刻行之，天下然后得以尽知先生之学。世或盛传先生而失其贯者，更援引证据以纠其谬，于是先生之学益明。"①

清廷国史馆编纂列传时，拟将汪中列入《文苑传》。喜孙闻知后，认为如此则"无以定千秋之公论"，故致书王念孙，请其转求阮元编纂《儒林传》时，将汪中列入："倘蒙致书阮公，嘱其改入《儒林》，庶几先君身后之名，自执事一言论定，可以信今，可以传后，先君亦且含笑九原矣！"②汪中终于列入《儒林传》，这虽基于自身的学术成就，但与喜孙据理力争不无关系。故罗振玉认为，喜孙"学术不能承家，而此举则厘然有当"。③为了表彰先人学行、事迹，汪喜孙撰《容甫先生年谱》，作《汪容甫年表》。"迨道光年间，复以平时之文，有涉于先世学行者，由祢以上，推及五世，次为《孤儿编》。大惧天下后世，不审喜孙言之所自出，乃采辑各家著述，为《汪氏学行记》。"④他又"为《家传》若干篇，所以备史臣采录也。未为史官，不敢作传，名之曰《尚友记》"。⑤其自著、自编有《国朝名臣言行录》《经师言行录》《丧服答问纪实》《从政录》《大戴礼记补注》及诗文等。近人编印《江都汪氏丛书》，收录汪氏父子著述13种。

二 宝应刘氏的经世意识

明末刘永澄是忧国的经世学者，但从王懋竑、朱泽沄到刘台拱、朱彬，宝应学者的经世意识尚不明显。正如朱彬所说："仆迂愚无似，年来有志治经，于经世济物之务未尝措怀。"⑥刘台拱虽是刘氏学术复兴的标

---

① 姚莹：《寿母小记·序》，《汪喜孙著作集》下，第1051页。

② 汪喜孙：《与王念孙书》，《昭代经师手简》初编。

③ 罗振玉：《序目》，《昭代经师手简》初编。

④ 汪喜孙：《孤儿编·自序》，《汪喜孙著作集》中，第565页。

⑤ 汪喜孙：《尚友记自叙》，《汪喜孙著作集》中，第715页。

⑥ 朱彬：《与干臣廉使书》，《游道堂集》卷二，《清代诗文集汇编》第437册，第608页。

志性人物，但大体上是纯粹的学者。他任丹徒儒学训导期间，积极赈济饥荒，捐俸修葺学房，也只是儒家内圣修养的外在体现，不能说具有经世意识。不过，刘宝楠兄弟的社会关怀明显增强，刘氏的经世意识也渐渐萌发了。

刘宝楠家的社会关怀

刘宝树、刘宝楠生长于寒门，命运坷坎，交游者多是下层士人，比刘台拱的社会关怀明显增强了。宝楠的一首咏叶诗云：

> 人生在大地，渺如一叶轻，一叶飘飖随风行。高者入九天，散作天花玉井莲。日边红杏月中桂，五云照耀生祥烟。低者入九渊，井谷深窈波回漩。粪泥瓦砾相杂错，天光不照地下泉。何况东飞逐海水，顷刻波涛一万里。大鹏常遭斥鷃讥，桃梗甘受土人呰。即今江淮多流民，提挈妻子良苦辛。不须惆怅看秋叶，尔我俱为萍泛人。[①]

这是刘氏兄弟对自身处境的感慨，也是其生活写照。刘氏兄弟多年接触社会实际，深知百姓疾苦，较之汉学名家更容易走出纯粹考据学的象牙塔，留心经世实务。

刘宝树长期奔波于授徒、应考，风尘仆仆，自称“半生羁旅半生愁”。他有不少诗作，生前疏于拾缀。刘文淇谓其诗“质雅冲和，缠绵往复……自然流露，情见乎辞，读者可以知君之志矣”。[②]宝树之诗洋溢着真情实感，并且记录了社会生活，流露出对百姓艰辛的深切感受，比如：

> 早行即事
>
> 山行峻曲夜径迷，铎声人影霜风凄。十里五里一饮马，半醒半睡时闻鸡。晓星的烁大若掌，海霞璀灿赤如缇。晨光缭绕白云外，始知马首群峰齐。山村人家卖芋粥，杂以豆粉无盐虀。南人滋味备百品，

① 刘宝楠：《一叶行》，《念楼集》卷三，《宝应刘氏集》，第178—179页。
② 刘文淇：《鹤汀诗钞叙》，《宝应刘氏集·娱景堂集叙》，第52页。

> 枵腹不辨藿与藜。微闻父老说丰乐，昔年饥旱树无荑。登车振策即长阪，一轮红日前山低。
>
> 过射阳湖
>
> 春水船去去，春帆风徐徐。湖中何所有，水上渔人居。渔人爱利轻生死，风波夜夜湖中水。但愿床前网不空，遑恤春寒霜披体。蘋花飐飐风扬舲，入网湖鱼出水腥。易得青蚨且沽酒，阿妇扶来醉不醒。[①]

这些诗作反映了民众的艰辛苦乐，与歌颂帝王和“盛世”的诗词境界形同天壤。宝树对社会积弊有所认识，故能委婉地提出一些改良主张。针对清代官吏冗员庞大、薪俸偏低的状况，他的《读史偶记》一再主张裁撤冗员，益俸禄以养廉，指出“多一吏，即民多一扰”。“然则欲天下之治平，莫如汰冗员、益吏奉，其如国家班禄之数不加多，而享之者厚，则报之者隆。”同时，他也主张改革官吏按资任职的旧制：“窃谓吏治之坏也，少年意气方盛，图治方殷”，“及其老也，筋力就衰，意气消沮，正宜还章解组之时，而或擢以重任，则将有不胜任者矣。”他也注意疏浚黄河之策。针对宋太祖“治河诏”“广营高岸”的办法，他认为“广营高岸，愈高愈险，人所易明。然自战国，专利故道，多为沃壤，而决溢之患至今未已，虽曰沧桑之变，亦人事使之也。吾独怪汉以来，不能用疏浚之策，而增卑倍薄，劳费无已……岂非诸臣之过乎？”而宋太祖诏令诸臣所上奏章，多“不可行也，与其亲览其奏章，孰若亲观其形势”。[②]这些评论以古讽今，委婉地表达了社会关怀。

刘宝树关心民生疾苦，也不能容忍民间不平之事。其妻族中，有甘泉县远亲汤君，老而无子，死后六日不殓。但棺衾毕具，嗣子亦在，并非贫不能殓。宝树得知后，因问其故。嗣子回答“待主丧者”。“扬俗，主丧者有三事，不肖者恃为居奇，需索至百金、数百金不等，然后至，一门

① 刘宝树：《娱景堂集》卷下，《宝应刘氏集》，第88、90页。

② 刘宝树：《读史偶记》，《娱景堂集》卷中，《宝应刘氏集》，第73—75页。

状，一嗣子，一执钉。主丧者不至，不敢殓也。”汤君的族人某索百金，而其嗣子已出30金。某嫌少，故不殓。宝树闻知，非常气愤，令汤君嗣子携妇往县署控告。汤君嗣子等遂向县令控诉。次日，县令差壮役八人，逼主丧者至，乃殓。故有人称赞宝树“义士也”。[①]

但是，这位“义士”屡困春闱，仕途困顿。嘉庆二十二年（1817），宝树大挑二等，数年后实任赣榆县儒学训导。到任时，恰逢水灾，县吏令教官造册赈济，其间有冒领克扣情形。他不愿造假，请求不参与其事，因而受到排挤。道光三年（1823）补安徽五河县教谕。五河地僻而险，水面甚阔，即洪泽湖上游。湖中无大舟，每年五、六月，舟行半途遇暴风，无岸可泊，常有人溺死。宝树乃与诸生商议，欲于湖中置救生大船数只，涨水时在险要处防守。他说：“余愿捐俸以倡，同人约以三年为限，盖因其地瘠民贫，非可一朝办也。至秋，予病疟，而同僚与余意见不合，归志遂决，此举亦不暇及矣。”[②]他任五河教谕的感受，曾在寄宝楠的诗中有所流露：“似宦疑非宦，依然湖海游。绕城多是水，僦屋小于舟。雁影分南北，鸿泥任去留。那如共晨夕，重筑韫山楼。”[③]官场的复杂和烦琐，令他非常厌倦，也怀念从前兄弟共学的岁月，以致提前辞归。宝楠感慨：“先生两司学籍，不满再期，先后皆移疾归。嗟呼！吾父兄皆有过人之才，而官不足以副其所学，又且得官而不及仕，仕而不能久。”[④]刘宝树不能适应官场习气，赍志辞官，但不平之气常常流露在诗作中：“千古伤心事，茫茫叩彼苍。才人能夺福，好女惯成孀。驽马升骐厩，凡禽在鹤梁。岂徒骚客问，流恨绕沅湘。”[⑤]古往今来，小人得志、忠良含冤的事情无数。此诗既是作者怨叹现实处境，也是嘉道士风的写照。

刘宝楠的经世意识比其兄较为明显，也更具学术色彩。他自少即好作

① 刘宝树：《记事八则》，《娱景堂集》卷中，《宝应刘氏集》，第84页。

② 刘宝树：《记事八则》，《娱景堂集》卷中，《宝应刘氏集》，第85页。

③ 刘宝树：《鹤汀诗钞·寄弟》，《娱景堂集》卷下，《宝应刘氏集》，第94页。

④ 刘宝楠：《皇清修职郎安徽五河县学教谕刘先生行状》，《念楼集》卷八，《宝应刘氏集》，第302页。

⑤ 刘宝树：《鹤汀诗钞·览古》，《娱景堂集》卷下，《宝应刘氏集》，第92页。

诗文，而其内涵主要不是花前月下或朋友应酬。其早年受知师、扬州知府伊秉绶评论他“多蓄义理于中，而得性情之正，即集义之功，与月露风云迥别也。既涉人事，不变所守，将上达可期矣”。[①]所谓“多蓄义理”无疑是儒家思想，而所涉人事则体现了社会关怀，这在其经世实践中得到了印证。他成进士时，朱卷的座师批语有“书味盎然”“大雅不群”“气息醇古”“经术湛深”等语。而“本房总批”有“从此出膺民社，文章、政事，于生有厚望焉”等语。[②]可见，座师们不仅肯定刘宝楠的经术、文章之长，而且寄望他出膺民社，致力于政事。

宝楠久受宋学熏陶，内行严整，呈现出比较复杂的思想性格。一方面，他追求仁的德性，置重于心、身、家、国之爱。另一方面，他认为爱发于情，而情“有欲”，故强调伦理规范，贞节观念鲜明地体现了矛盾性。当一位女青年因“疑奸自刎”时，他写诗表达了同情哀悼：

> 云间鸟，安知雌雄？池中水，安知西东？可怜有女颜如花，朝为掌上玉，暮为水中沙。可怜有女颜如花，不识花开，但见花摧。少蒙父母怜，县官坐堂大骂，狼吏捺臂相拽牵。不堪逼迫，不如下赴黄泉。少小不出门，不识人间路，那识黄泉处？窦中水，水如弦，助我哀鸣，日光惨淡，风萧然。[③]

该诗表达了对自杀女子的同情，鞭挞了官吏的暴虐无道。不过，刘氏贞节观念仍比较保守。自明代归有光以降，至清朝的毛奇龄、汪中、俞正燮等人，均对朝廷旌表“贞女”守志、“烈女”殉夫提出了异议，并从礼制上予以否定。而宝楠对这些异议不以为然。他认为，归有光等人“明乎礼之迹，而未达乎《礼经》言外之旨也”。何以言之？儒家经传云：夫死，女服斩衰而吊。既葬而服除，容女改适。此所谓“礼之迹”也。但儒

① 《国家图书馆善本部藏念楼诗稿稿本题跋》，《念楼集》附录一，《宝应刘氏集》，第370页。

② 顾廷龙主编：《清代朱卷集成》第11册，第155—156页。

③ 刘宝楠：《水鸣冤》，《念楼集》卷九，《宝应刘氏集》，第333页。

家强调妇女“不二斩”，“有三从之义”，故妇女“守志终身，或殉夫死，圣人必不绝之，然不可为定法也”。从一般人考虑，妇女服除之后，可“听其改适”，“而复严示以不二斩，不可改适之礼，此所谓‘言外之旨’也”。[①]所谓“言外之旨”，大体出自后儒注解。然而，封建政府将“守志”“殉夫”作为贞节典范予以表彰后，其伦理导向和社会效果就明显不同了。故有识之士针对社会悲剧，试图从儒家礼制上正本清源，否定背离人性的旌表制度。而刘氏不自觉地认同宋、明以来的伦理观念，否定对旌表制度的批评。这方面与思想保守的章学诚、胡承珙等人不谋而合。

刘氏《论语正义》对儒家仁学进行了深入阐发。如何彰显德性之仁？其实现途径不是宋明儒家的心性空谈。《论语》载有子曰：“孝弟也者，其为仁之本与？”又“子贡问为仁”。宝楠认为，这里“为”字皆重读。“仁虽具性，而有待于‘为’。”而《荀子·性恶篇》曰：“人之性恶，其善者伪也。”他认为，“为”“伪”二字，古通用。“本篇‘伪’字数见，皆‘为’之假借。”[②]他将《论语》“为仁”之“为”注解为动词，吸取了钱大昕、郝懿行等人的观点，将《荀子》言性善之“伪”也当作动词“为”的假借，将仁的释义导入了重视践履的方向，避开了性理空谈。

乾嘉时期，将德性之学与“经世济物之务”割裂的现象相当普遍。许多学者专注于考史证经，对社会实务无所用心；一些官吏则沉溺于官场事务，缺少学术造诣，刘宝楠则将学术与经世结合起来。他阐释《论语》“学而时习之”一句时，撇开心性之学，引用《荀子·劝学篇》所云“君子博学而日参省于己，则知明而行无过矣。故不登高山，不知天之高也；不临深渊，不知地之厚也；不闻先王之遗言，不知学问之大也”。显然，他将践履和典籍（先王之遗言）置于同等地位。在注解《论语》“君子务本，本立而道生”一语时，他也说：“道者，人所由行之路。事物之

① 刘宝楠：《李西园先生诗集书后》，《念楼集》卷七，《宝应刘氏集》，第283—284页。

② 刘宝楠：《味雪斋文钞序》，《念楼集》卷六，《宝应刘氏集》，第259页。

理，皆人所由行，故亦曰道。”[①]他践行儒学，注重从“所由行”来诠释“道”。在社会变局和经世学风的背景下，一些学者、包括刘宝楠等人虽治汉学，却没有囿于校勘训诂，而是将德性之学落实于行为之中。

淮河下游，水患频繁。而宝应“地当冲要，又居淮河下游，连年水溢，东西并灾，民困事剧，治理甚不易”。[②]刘宝楠的诗作对此多有记录，如云：“巨壑知天堑，洪流忆禹功。故乡今泽国，处处有哀鸿。”[③]又曰：“故乡不可住，沧海已横流。岂有归田计，姑为挟瑟游……燕赵三农歉，淮扬四渎争。嗷嗷沙渚雁，去往各哀鸣。”[④]在这样的生活环境中，他重视治水之策，且多真知灼见。如道光十一年（1831），淮河流域洪涝成灾、运河溃决，“十邑之民，田庐尽没，死者饱鱼鳖，生者棲霜露，哀鸿遍野，不知所归”。他上书朝廷陈述民间疾苦，认为运河河底日益汙积，堤岸已高，河身俯临城郭。其治理办法不仅在于堵运河决口，而且强调“改河漕为湖漕，诚今日第一要务”。应仿效明代湖漕之法，引漕船入白马湖。至于河漕全局，大旨谓河、淮宜分不宜合，漕船高大而船板脆薄，不耐风涛，宜坚筑拦河坝，为宽广隔堤，使淮水终岁畅流，然后裁撤高堰及运河各官，以全力治理黄河。黄河之患，在海口不畅，宜在黄河入海口筑堤，岁岁接长以束水，不让河水漫溢，从而减少入海口泥沙淤积。[⑤]道光十二年（1832），户部侍郎敬征奉命视察淮扬水灾，询问恰好回扬州的汪喜孙有何办法。喜孙遂针对洪泽湖水盛涨，河湖一片的情形，提出“发帑加堤”。宝楠得知后，认为“堤不可加，宜请浚河”。喜孙后来说，“自悔失言，迄今思之，楚桢真深知水利者”。[⑥]

道光十五年（1835），刘宝楠以优贡生中乡试举人。此时，他与一

① 刘宝楠:《论语正义》,《诸子集成》(1),第1、4页。

② 孟毓兰:《道光志跋序》,《民国宝应县志》卷首,《中国地方志集成·江苏府县志辑(49)》,第4—5页。

③ 刘宝楠:《江上》,《念楼集》卷二,《宝应刘氏集》,第169页。

④ 刘宝楠:《将赴保定,自郡城送孥归宝应,留别同人》,《念楼集》卷三,《宝应刘氏集》,第195页。

⑤ 刘宝楠:《上朱大司空书》,《念楼集》卷六,《宝应刘氏集》,第271—273页。

⑥ 汪喜孙:《淮扬运河议》,《汪喜孙著作集》中,第457页。

些经世学者频繁交往，与其兄一起参加了道光十六年（1836）京师陶然亭的“江亭展禊”。是年四月四日，鸿胪寺卿叶绍本、黄爵滋，翰林院编修徐宝善、黄琮，农部任职的汪喜孙、陈庆镛等招集同人42人，在京南陶然亭雅集。他们是鸦片战争前夕关心国事民瘼的有识之士。宝楠与他们交游、议论国是，增强了对经世实学的关注。二十年（1840），宝楠再次入京会试，邀集一些朋友再聚江亭，而此时徐宝善、潘德舆、刘宝树等人已经去世，黄爵滋外任福建，汪喜孙宣防东省。与会者“流连今昔，感慨系之”。[①]是年，宝楠终成进士，时年已50岁。他的“殿试策”云：“臣闻经明者立政之原，理财者体国之本，典农者阜民之要，烝髦者得士之全。”他论及经术、币法、水利、人才诸大端，旁征博引，纵横古今，其中论水利云：

> 夫井田与沟洫相表里，井田废而沟洫随之，是宜开渠以引水。盖北戎多山少水……未尝无可兴之水利。元虞集始有京东垦田之议，托克托踵其说，明邱浚、徐贞明等各有著书，以遗后世。窃谓后世之水，与古不同。古之九河，在今畿内及山东界，其同为逆河，直至永平碣石，逆海潮而同入于海。古者由浍达川，河流所经皆成沃壤，故冀州三面距河，有水利而无水灾。后世河屡南徙，至宋神宗时，南夺淮流，然北流犹未断也。明刘大夏筑断黄陵冈，北流始绝，于是直隶、山东多为石田。此邱濬、徐明贞所以亟讲求水利，益广虞集诸人之说，而治法治人，诚宜二者交备已。[②]

他的殿试对策虽然与其他进士一样仍有泛泛之词，但对水利农桑相当熟悉，不乏真知灼见。他成进士后，授直隶文安知县，从此获得了经世济民的实践机会。文安地势低洼，境内各庄堤年久失修，伏秋水涨，溃溢成灾。宝楠甫莅任，即巡查堤防，考察民间疾苦，出告示修清河堤、格淀堤以御水。他组织丁民修堤，自记“爰检旧册，依例举办。而旗民恒怙势

① 刘宝楠：《江亭感旧图诗有序》，《念楼集》卷四，《宝应刘氏集》，第211页。
② 刘文兴：《刘楚桢先生年谱》，《扬州学派年谱合刊》下册，第720页。

相为观望，不出佽助。予执法不阿，功卒以济。乃集前后诸卷案，汇为六帙”，[①]即《文安堤工录》。六月，相邻的大城县有堤决口，他冒雨驰赴大城，会同抢护，幸免危险，大城绅民感颂不已。但其离任后，堤复溃决，每岁告灾。在文安3年，他审结积案1400余起，并智擒文安巨盗刘麻子。每日清晨，他坐堂审案，“事无巨细，均令具结……凡涉亲故族属讼者，谕以睦恤，概令解释。讼狱既简，吏多去籍归耕。曹舍昼闭，或赁于人为书画肆，于是远近翕然”。[②]不久，被惩罚的旗民杜棠等人以堤工、兵车、军需、修学等事赴京城控告。至二十四年（1844）十月结案，宝楠被迫去职。

随后署宝坻知县，正值大水，他亲至现场指挥修堤抗涝，吁请赈济灾民。一年之后，又署固安知县。道光二十六年（1846）夏，任元氏知县。二十八年（1848）夏，元氏蝗蝻大作，延绵20余里。宝楠发动乡民捕蝗，由官收购，于东城角、西褚吴村分厂买捕，共收买乡民所捕蝗虫十余万斤，元氏“得不为灾”。[③]官元氏时，有平谷县民赴府告状，府署发回本县候审，而申诉人要求发到元氏审案。问其故，答云“元氏随到随审，无守候之苦”。宝楠“谓听讼本非易事，然苟以真意求之，所失必鲜。又谓居官不可有赫赫名，能令人思庶可耳”。元氏各房书吏向无办公银，费用皆取于民，宝楠留贫穷而谨慎谙练者数十人，以供差用，其余全部裁汰，劝令归耕。县衙政务精简，诸科房竟日无事。差役有识字者，皆令钞书，稍给工钱，以此防微杜渐。[④]他在该县境内之王村访得《汉延熹封龙山碑》，又迁明伦堂之《汉祀三公山碑》、南苏村的《汉三公山神碑》、城角儿村的《汉三公山碑》，合此四碑，安置于元氏文清书院之东厢。其后，刘恭冕、张穆、成孺、朱士端等人均对碑文进行了考证。

咸丰元年（1851），宝楠调任三河知县，值东三省兵络绎过境。按照惯例，兵车均由当地民间负担。他认为“兵多差重，非民所堪，遣往通

① 刘宝楠:《文安堤工录序》,《宝应刘氏集》,第353页。

② 戴望:《故三河县知县刘君事状》,《谪麐堂遗集》文卷二,第1—2页。

③ 《人物志·列传下·刘宝楠》,《民国宝应县志》卷十二,《中国地方志集成·江苏府县志辑(49)》,第191页。

④ 刘文兴:《刘楚桢先生年谱》,《扬州学派年谱合刊》下册,第730页。

州雇车应差，给以民价，空车减半，民得不扰”。[①]他任县官15年，勤勉清廉，衣履朴素如诸生；秉公执法，体恤民生。正如其友丁晏所云：“读书等身，勤学好问，悃愊无华，古所谓安静之吏也。”[②]然而，他晚年心境不佳。虽以进士任知县，勤勉为政，解救民生疾苦，但因秉公执法，往往得罪地方豪绅，常在一县“仕而不能久”。其诗常常流露出归隐心态，如云：“十载风尘吏，霜华两鬓侵。自惭身渐老，况复病相寻。旧业存三径，生还抵万金。何时买归櫂，垂钓泛湖阴。”[③]但他晚年忙于公务，既未能专心学问，也没有归田，直到咸丰五年（1855）九月卒于知县任，与汪喜孙的经历如出一辙。

刘宝楠之子恭冕传承家学，也将社会关怀寓于学术之中。恭冕生当咸同之世，社会乱象丛生，这在其学术和心理上留下了深刻烙印。他深受儒学熏陶，思想上与太平天国政权格格不入，而好友之死又使之雪上加霜。道光二十一年（1841），恭冕应府试，遇江都诸生任汉卿，结为好友。任氏又与刘文淇之子刘毓崧、山阳丁寿昌为友。恭冕记云：“盖君之为人，执义慷慨，虽邂逅之际，寥寥数语，而忠孝流露，予之受益于君者，多矣。”咸丰三年（1853），太平军攻陷扬州，“久之食尽”，任汉卿遂赋《绝命词》28字，“自抱所生幼儿投井死”。[④]他还记述了被太平军杀害的夏家铣夫妇。夏氏之父与宝楠为同榜举人，其弟则与恭冕交好。夏氏是上元县诸生，也是江宁死难士子的一个缩影。当太平军沿江东下时，夏家铣给清朝地方官上《江防十事》，布政使祁宿藻多采其议。太平军占领江苏后，强迫士子应试，题为“四海之内有东王”。夏氏不愿与试，“久有死志”，遂作讥讽诗：“四海皆清土，何容丑跳梁。人皆思北阙，世竟有东王。”夏氏被太平军捕至江宁，“受酷刑，身无完肤”，一周后被车裂而死。其妻蔡氏也被拘遇害。恭冕“闻君试帖诗，读之慨然”，为文记之。[⑤]

---

① 戴望：《故三河县知县刘君事状》，《谪麐堂遗集》文卷二，第1页。

② 丁晏：《感旧诗有序》，《刘宝楠集·念楼集附录二》，《宝应刘氏集》，第389页。

③ 刘宝楠：《病中思归》，《念楼集》卷九，《宝应刘氏集》，第342页。

④ 刘恭冕：《故友任君汉卿缔交记》，《广经室文钞》，见《宝应刘氏集》，第579页。

⑤ 刘恭冕：《夏君季质夫妇殉难记》，《广经室文钞》，《宝应刘氏集》，第577—578页。

恭冕学术上根柢于汉学，但不仅兼容宋学，而且对佛教颇多理解和肯定。他认为，儒者辟佛固然有理，但佛教仍自行于世。在他看来，中国儒教犹如五谷一样，人每天必不可少；而佛教犹如“异方”，可以治疗那些疑难杂症。在晚清，“今之人之为不善也，犹异疾也，其发而为贪、妄、淫、杀诸念也”。治疗这些“异疾”，不能完全依赖于儒教，“而不能不待治于释教者也”。故他认同魏源的说法：“蒙古黄教化群不逞之众，使之入于善柔，边境乂安者二百年。”恭冕对佛教的了解不及魏源深入，但重视其文化价值。他之所以宽容佛教思想，一方面来自对社会动荡的担忧，尤其是对太平天国时期下层社会变动的恐惧；另一方面，或许也与其宋学造诣相关。宋明理学本来融合了儒、佛思想，程颢且言可于佛教见三代礼乐。据恭冕的理解，古人学诗、礼、乐，三者不分，不仅口诵而已，而且“有弦歌舞三者，及升降揖拜诸节”。现在儒者已经不能如此，而礼乐之教已为佛家吸取，“幸于释教中留此一线之遗”，[①]其价值也于此可见。他这些思考未必完全奏效，但较之仅以儒学来医治战争创伤，思想视野更显广阔。

刘恭冕的学术思想不乏经世关怀。清康熙初年，曾有禁妇女裹足之议，不久礼部奏罢，汉族妇女裹足如故。缠足习俗在晚清逐渐受到有识之士非议，尤其是经历了太平天国之难后，一些士人对其弊病认识更深了。恭冕勤于治经，但并非埋头故纸，而有明显的社会关怀。他认为，“残人肢体，以娱吾目，岂仁者所为？足既削小无力，贫家井臼烦劳之事非所能任，是废人矣”。在太平天国占领苏北一带时，那些幸免于难的妇女，“率多大足妇人”。裹足妇女则事先“自尽者有之”，“为贼追迫而自死者有之，求死不得为贼虏胁者有之。又或子为母累，夫为妻累，父母为儿女累，兄弟为姊妹累，姘首就戮，相及于难者，指不胜屈”。同治四年（1865），他去皖南一带，看到人烟稀少，许多村几乎是“九男而一女焉。此一女者，非必少壮有夫能生育”。如此，则20年后，“或无遗种焉”。他说，“夫自古至今，妇女死于兵者，莫可殚述，而皆未有知其

① 刘恭冕：《释教论》，《广经室文钞》，《宝应刘氏集》，第563—564页。

死之多累于裹足者”。[1]故他主张严禁妇女缠足。此事起因于对战乱的直接感受，但其根据与戊戌思想家的看法并无大异，可谓清末改良思想之先河。

刘岳云的经世实学

刘恭冕的族弟刘岳云（1849—1917），字佛卿，又字佛青，号震庵，光绪十二年（1886）进士，授户部主事，累迁郎中，清末出任绍兴知府。辛亥鼎革之后，闭门谢客，一意著述。他少时读王懋竑、朱泽沄的书，如成孺一样注重宋学的修身主题。“以立身行己为重，常引子夏‘贤贤易色’一章而释之曰：‘能尽伦，未学可谓之学；不能尽伦，虽学亦谓之未学。’自勉勉人。”[2]与他经历相似的民国学人唐文治说：岳云“讲求经学，一以实事求是为宗旨，屹然不为世风所挠。因礼之云亡，于是有《礼经通释》之作；因孝道之晦蒙，于是有《孝通》之录”。他参与修订刘宝楠的《论语正义》，治学“无门户之见”，尝言“汉学之要在典章制度，而非仅训诂字句。宋儒所讲即圣人微言大义，而非若阔论空谈”。[3]正如刘氏前辈一样，他学术上融合汉宋，各取其长。

刘岳云既讲求心性义理，又穷研训诂，并涉猎典章名物、天算、舆地之学。他融入西学东渐的潮流，对西方格致之学有研究，曾答李善兰书云：“大抵读书之士多未明晓西法，则虽有其理，不能抉出以祛世惑。其习西法者则又先入为主，震惊佩服，不复能于中国之法求之。此所以扞（格）不入也。”[4]他主张会通中西，以西释中，著有《格物中法》及《算学十三种》等书，受当时士人重视。例如，孙诒让的《周礼正义》及《墨子间诂》就汲取了他的《墨子格术解》和《考工轮舆围防说》。

刘岳云早年即留心经世实务。清末戊戌之际，清廷曾令京官评议冯

① 刘恭冕：《妇人裹足当严禁说》，《广经室文钞》，《宝应刘氏集》，第558—559页。

② 章梫：《家传》，《刘岳云传志》，民国年间刊本（无页码），中国国家图书馆北海分馆藏。

③ 唐文治：《神道碑》，《刘岳云传志》，民国年间刊本（无页码），中国国家图书馆北海分馆藏。

④ 刘岳云：《答李壬叔先生书》，《食旧德斋杂著》卷一，光绪八年刊本，第70页。

桂芬的《校邠庐抗议》。他当时任户部候补主事，针对冯氏“复宗法”等主张，指出：“宗法一节，诚为至论，前人已屡言之。然一县之中，一族有数百人者即已不多，若一族有数千以上者尤少。宗法当行，不能处处行也。若保甲一法则处处能行。现奉旨饬各省切实举行，自可有效。”[①]他认为，时移世异，“复宗法”的可行性不大，但保甲制仍有实效，可作为治理基层社会的措施。据载，他主讲成都尊经书院时，“课诸生以立身行己为纲，经世之学为用，风气为之一变”。[②]

他生当清季，其社会关怀和经世意识比刘宝楠明显发展了。讲求的经世之学，也不再囿于传统儒学。他于江防、兵事、矿政、关税、河工、疆域无不论及，著有《光绪会计表》《矿政辑略》、《农曹案汇》等。这种学术重心，与刘宝楠撰写《释谷》《宝应图经》等书蕴含的社会关怀本质相通，却又汲取了西学，其经世之学的内容可谓随时而进了。此外，他曾参撰《湖北通志》，一生著述多达500卷。所撰文章辑为《食旧德斋杂著》，多涉社会实务，也体现了《礼》学专长，与宝应刘氏一脉相承。

章梫说：“宝应刘氏之学自端临训导，远承其祖练江昆季东林讲肄之绪，近接予中、止泉之传，而为芙卿之先导。而佛卿先生则本其父荣禄公累世传刘氏之家学，又亲受于芙卿，广以海内名流之所阐辟，宜其为刘氏家学一大宗，王、朱、成三氏后起之巨子也。”[③]这从一个侧面反映了刘岳云的家学渊源及在清季士林中的地位。

综上，宝应刘氏的经世思想虽不系统，但自刘宝楠、刘宝树，直到刘恭冕、刘岳云均关怀社会，所涉经世实务愈益丰富，而经世之学也趋于形成，并逐渐染上了西学色彩。不过，晚清经世思想发展的典型个案应当是瑞安孙氏。

---

① 中国第一历史档案馆编：《清廷签议〈校邠庐抗议〉档案汇编》第10册，第4157页。

② 章梫：《家传》，《刘岳云传志》，民国年间刊本（无页码），中国国家图书馆北海分馆藏。

③ 章梫：《家传》，《刘岳云传志》，民国年间刊本（无页码），中国国家图书馆北海分馆藏。

三　从瑞安孙氏看经世之学的发展

瑞安孙氏是清代汉学扩展的重镇，体现了汉学与宋学的调和融合。清代浙东学者多邃于史学，前中期出现了黄宗羲、鄞县万氏、全祖望、邵晋涵、章学诚等史学家，而当时浙南海滨的瑞安（今温州）相对逊色。北宋以降，温州传衍理学，永嘉县有“元丰九先生，淳熙六君子，俱以道德性命传程、朱之学”。南宋平阳县林湜等人“从游程、朱之门”，学有渊源。[①]而南宋薛季瑄、陈傅良、叶适等学者否定董仲舒以来“正谊不谋利”“明道不计功”的儒学信条，主张“崇义养利”。他们也不满陆九渊的心性之学，强调事功、实用，注重经世致用，后人称为永嘉学派。该学中绝于元、明，在清初隐而不彰，至晚清则随瑞安孙氏而引人注目。

孙氏的学术渊源

乾嘉年间，瑞安的重要学者是孙希旦，乾隆四十三年（1778）成一甲第三名进士，官翰林院编修，与修《四库全书》，校勘《玉海》《大金国志》等书，开清代浙南学术之先河。孙希旦学宗程、朱，深研三礼，擅长小戴《礼记》。他取宋、元以来诸家著述，推衍其说，撰《礼记集解》50卷。与江南汉学家独尊汉学不同，孙希旦“于宋程、朱之说尤笃信之”，故是书“大旨在旁参群经，以证明四十九篇之说。又博取后儒，以疏通郑、孔之室。故论者谓先生之言礼，其于名物制度考索精详，可以补汉儒所未及，而其深明先王制作之意，以即乎人心之所安，则又汉儒所不逮也”。[②]“至其阐明礼意，往复曲畅，必求即乎天理人心之安，则尤笃实正大，粹然程、朱之言也。”[③]孙希旦卒年49岁，《礼记集解》生前未刊，拟治《周礼》《仪礼》皆不及成书。此外，有《尚书顾命解》《求放心斋诗文集》等。后来孙衣言感慨：“我瑞安自入国朝至乾隆，时逾百年而先生始为登朝官，遂由甲科入词馆，骤以文章、学术折服其辈行。当是

① 李琬等纂修：（乾隆）《温州府志》卷十四“风俗”，乾隆二十五年刊、民国三年补刻本，第1、4页。

② 孙衣言：《敬轩先生行状》，《逊学斋文钞》卷六，同治十二年刊本，第6页。

③ 孙锵鸣：《礼记集解序》，孙希旦《礼记集解》卷首，《续修四库全书》影印同治七年刊本，第1页。

时，先生名动海内，天子、宰相皆奇其才，方思有以用之，而先生卒矣，是殆先生之命也欤！”[①]孙希旦是瑞安另一支孙氏——盘谷孙氏景仰的学术资源，且其治学领域启发后人。

盘谷孙氏的第一代学者是孙衣言、孙锵鸣兄弟。其二十六世祖孙振铎卒于嘉庆十四年（1809），是为衣言兄弟的祖父。[②]孙振铎26岁补县学生，乡试不售，家居好学。衣言之父孙希曾，少时读书郡城。其父病卒后，家道中落。“遂舍举子业，谢绝交游，折节为俭啬，力务农，早起晏罢，课僮奴治田事。暑月草屦蒲扇，循行阡陌间，不言劳。”夫人丁氏“躬执炊爨，未尝置俾媪”，白天劳作，夜间纺织补纫，为家人手制衣服。夫妻勤苦多年后，铢积寸累，宿债渐清。孙希曾集《四书》语以自励，曰“但愿润身不润屋，虽无恒产有恒心”。[③]“益以读书科第望诸子。衣言兄弟方四五岁……即口授之经，所以督课之甚严密。及衣言兄弟粗解文义，即为之择师，虽家无余赀，而于修脯独无所惜。”[④]

孙衣言，字克绳，号琴西。孙锵鸣，字克昌，号蕖田。衣言少以诗文闻，未仕前已显露经世关怀。《中英南京条约》签订后，他感愤穆彰阿专权误国，作《志愤诗》12首纪其事。自谓“多狂言”，实乃“忧时感事之忱不能自已，而发之于诗”。[⑤]道光三十年（1850）成进士，深得房师曾国藩赏识，由编修入值上书房，与修《宣宗实录》，独编《夷务书》百卷。孙锵鸣早在道光二十一年（1841）已成进士，道咸之际官广西学政，上《请罢斥穆章阿疏》，斥之为秦桧、严嵩。又深感广西盗匪充斥，风雨欲来，一再疏陈地方情形。咸丰三年（1853），锵鸣学政任满，请假回乡，旋奉命会办团练捐输，咸同之际升侍讲、侍读学士。同治三年（1864）被勒令休致，晚年掌教地方书院。

孙衣言治学长于考据，又讲求义理，擅长诗文。所撰《咏致经堂》等文，“力辟世儒汉、宋门户之见”。曾在京师，“与方闻之士论当时门

① 孙衣言：《敬轩先生行状》，《逊学斋文钞》卷六，第4—6页。
② 孙衣言纂修《盘谷孙氏族谱》，见《温州历史文献集刊》（第一辑），第251页。
③ 孙锵鸣：《家训随笔》，《孙锵鸣集》（上），第265—266页。
④ 孙衣言：《显考鲁臣府君妣丁太淑人行述》，《逊学斋文钞》卷六，第15—16页。
⑤ 俞樾：《孙琴西同年逊学斋诗序》，《春在堂杂文》卷一，第17页。

户之弊，常以为欲综汉、宋之长而通其区畛者，莫如以永嘉之学”。[①]他曾补辑《永嘉学案》，又搜集薛季宣、陈傅良、刘安节、刘安上、许景衡、叶适等人的著述及孙希旦《礼记集解》《尚书顾命解》等，编为《永嘉丛书》刊行。孙锵鸣“讲求经术，互勉躬行，以宋时永嘉诸儒之说为宗”。[②]虽官至学政，而“其可以不朽于通国者，不在立功，而在立德、立言”。他校勘了孙希旦的著作，并编纂地方文献《东瓯大事记》《东嘉诗话》等。又推重浙东史学，“独寻黄、万、邵、章、全之坠绪，以永嘉往哲之旨为归”。于顾炎武、王夫之、魏源、冯桂芬的著述“亦时时称道”。[③]孙氏兄弟晚年“约增祠田，创义塾，聚书延师，教育子弟。以朱子《小学》培其根本，而广之以历代之史，杜、马之典，考天下郡国之图经，博观约取，以庶乎乡先哲薛文宪、陈文节、叶文定之徒，复振永嘉之学”。[④]

孙氏兄弟推崇永嘉学派，整理、刊印其著述，具有浓厚的乡邦情结，但如果仅从此追溯其学术传承，则难免失之偏颇。他们既不像永嘉学派侧重于经史研究，又不像永嘉诸儒排斥宋学。其阐扬永嘉之学的底蕴在于讲功事、重实用，与曾国藩为代表的经世派理学完全契合。他们身处咸同之世，身临大厦将倾之局，经历了兴办团练的艰辛，学术上比较务实，对治平天下的儒学各派及非儒学资源较为包容。孙锵鸣官学政时，曾刻朱子《近思录》等书，分发生员阅读，以宋学陶养士人。他还告诫子孙：“大约做人道理，多看宋儒书有益。近来重汉学，薄宋学，人心风俗坏矣。”[⑤]咸丰初年，大理寺卿倭仁、礼部右侍郎曾国藩奏请恢复康熙朝的殿前日讲，遭部议驳回。时任广西学政孙锵鸣上疏：“清晨献替，言政事而不及义理，论时务而未遑稽古也。今举行日讲，则鉴古知今，互相参

---

① 孙衣言：《艮斋浪语集叙》（孙诒让代作），《籀庼述林》卷四，第11页。

② 孙延钊：《孙衣言孙诒让父子年谱》，第12页。

③ 宋恕：《外舅孙止庵师学行略述》，《宋恕集》下册，第320、326页。

④ 孙衣言：《贤秀表序》，《盘谷孙氏族谱》，见《温州历史文献集刊》（第一辑），第284—285页。

⑤ 孙锵鸣：《家训随笔》，《孙锵鸣集》（上），第266页。

证，心法治法，一以贯之矣。”[①]可谓与曾国藩声应气求。

孙衣言尤其认同经世派理学，曾编纂交游文字《师友集》，手抄曾国藩所作《孟子要略》序跋二文，编入该集。又赞誉曾氏心系国家、关怀天下的“大丈夫”气概，推崇其“文章之恢奇浩瀚，学术之广博精微”。[②]他学术上兼采汉、宋，而重视理学资源，被俞樾誉为“理学名臣”。[③]第二次鸦片战争期间，他因上疏主战而被贬出京。随着曾国藩等理学经世派崛起，孙衣言重入官场，任安徽庐凤颖道。同治七年（1868）署江南盐法道，后擢安徽按察使、湖北布政使，光绪三年（1877）移任江宁布政使。两年后，因未遵两江总督沈葆桢之命，被内授太仆寺卿。不久，称病辞归。

孙衣言宗宋学而不空谈性理，兼采汉学而不忘经世致用。他指出，“今天下皆知读经，皆宗朱子，然自取富贵利达外，若无用于经，此岂朱子之教也哉！”而汉儒“守一师之说，可以终其身。而一言一篇之所得，常可以持身决事，然则今日之所谓宗朱子者何耶？”[④]同治七年（1868）五月二十八日是顾炎武生辰，同人集慈仁寺，孙衣言“摄祭事”。他认为，祭祀顾炎武，旨在唤醒士人关心国事民瘼，“当思所以无愧于先生，岂徒以为相从饮酒，修饰故事而已哉！”[⑤]他也不满汉学家沉溺于文字训诂，光绪初年致书门人黄体芳：“近来言经学者，专于文字训诂用心，恐非经之本意，且于立身济世，皆无致用之实，而异同攻击，徒长轻薄，百年以来功名气节，不及前代，未必不由于此。大贤有志当世，似当观风气所趋，挽其既弊，不可更扬其波。”[⑥]

可见，无论是对永嘉之学，还是宋学、汉学，或顾炎武的经学，孙衣言并无门户观念，而重视其致用、实行之学，这是瑞安孙氏的家学传统。他们融入到晚清经世思潮，但如何讲求经世之学？沉浮于宦海的孙氏兄弟

① 孙锵鸣：《请举行日讲疏》，《孙锵鸣集》（上），第6页。
② 孙衣言：《祭曾文正公文》，《逊学斋文钞》卷七，第20页。
③ 朱芳圃编：《孙诒让年谱》，上海商务印书馆1935年版，第67页。
④ 孙衣言：《紫阳书院景徽堂记》，《逊学斋文钞》卷二，第16页。
⑤ 孙衣言：《亭林先生生日会客记》，《逊学斋文钞》卷二，第18页。
⑥ 孙延钊：《孙衣言孙诒让父子年谱》，第200页。

尚无专论，只是到了孙诒让才丰富、发展起来。

孙诒让经世思想的形成

孙诒让的经世之学大致经历了准备、疏离和形成的过程。他8岁随父读四书，还读了《周礼》，一定程度上受宋儒经世思想的熏陶。据年谱载："时衣言方欲以经制之学，融贯汉、宋，通其区畛，而以永嘉儒先治《周官经》特为精详……因于四子书外，先授诒让以此经，藉为研究薛、陈诸家学术之基本。"[①]实际上，薛季宣的《周礼释疑》已佚，"无由考其体例"。陈傅良的《周礼说》亦佚，"故有格君心、正朝纲、均国势说各四篇"。宋、元文献多载《周礼说》即此12篇。南宋乐清学者王与之的《周礼订义》以阐释义理为主，共引宋人旧注45家。但考核《周礼》并不是永嘉诸儒的学术重心，其主要影响也不在此。南宋浙南学者林椅"以《周礼》为周公经世之书"。[②]陈傅良的《周礼》学也主要针对南宋朝政立言，认为"求文、武、周公、成、康之心，考其行事，尚多见于《周礼》一书"。[③]他们将《周礼》视为可行于后世的经世之学，故孙诒让云："宋、元诸儒说，于周公至太平之迹推论至详，而于周制汉诂或多疏缪，今所搴择百一而已。"[④]这已表明，他汲取永嘉诸儒《周礼》学的重心不在文字考据，而在经世取向。

孙诒让的《周礼》研究也不能忽视包括孙希旦在内的家学渊源。孙希旦接续宋学，侧重阐释三礼义理。孙锵鸣校刊其《礼记集解》时，自称"我家敬轩先生"、"族子锵鸣"。[⑤]诒让亦云："家敬轩先生，当乾隆初，经学大师提倡未盛，先生独辟途径，研精《三礼》，博考精思，于礼经制度，参互研核，致多心得。"其书"兼综汉、唐、宋诸儒"，"择善

① 孙延钊：《孙衣言孙诒让父子年谱》，第26页。

② 孙诒让：《辨误·林椅〈周礼纲目〉》，《温州经籍志》下册，上海社会科学院出版社2005年版，第1684页。

③ 陈傅良：《进周礼说序》，《陈傅良先生文集》，浙江大学出版社1999年版，第504—505页。

④ 孙诒让：《周礼正义·凡例》，《周礼正义》卷首，第5页。

⑤ 孙锵鸣：《礼记集解序》，孙希旦《礼记集解》卷首，第1页。

而从，无所偏主”。“其学求之近代，当与张稷若、江慎修相颉颃。”[①]在他看来，孙希旦的礼学非宋学家可及，而比可肩于汉学家张尔岐、江永。盘谷孙氏对孙希旦礼学的推崇于此可见一斑。后来孙诒让自称“凡治古学，师今人不若师古人。故诒让自出家塾，未尝师事人，而亦不敢抗颜为人师”。[②]他置重的“家塾”陶养显然不囿于孙衣言兄弟，而包括同姓先贤孙希旦。

然而，孙诒让青年以后的学术视野没有局限于薛、陈诸家和家学，而是以乾嘉汉学的传人自任，进入到清学主流，故一段时间内疏离了永嘉学派及宋学传统。他16岁读江藩的《国朝汉学师承记》及阮元刻《皇清经解》，“始窥国朝通儒治经、史、小学家法”，[③]最服膺高邮王氏的经子考证，段玉裁的文字训诂，钱大昕、梁玉绳的史学考证。同治年间，诒让在江宁侍父读书，与客居该地的张文虎、刘寿曾、戴望、刘恭冕等汉学家交游，学益大进。时值东南初定，大族藏书散出。孙家乘机收购，建玉海楼收藏。至光绪初年，孙家已有藏书八九万卷，为一郡之冠，为潜研古学提供了便利。

孙诒让宏扬汉学而汲取新知。比如，孙诒让除金石文字造诣精深外，清末甲骨发现之后，一些晚辈学者如章太炎亦颇怀疑，而孙诒让据刘鹗《铁云藏龟》公布的1000余片甲骨，于光绪三十年（1904）写成了第一部甲骨学著作《契文举例》2卷。基于精湛的文字学造诣，孙诒让最先发现了甲骨文的文字学价值。他又著《名原》《古籀余论》等篇，于古文字学贡献良多。其论学之文收集为《籀庼述林》《札迻》等。章太炎认为：“诒让学术，盖龙有金榜、钱大昕、段玉裁、王念孙四家，其明大义，钩深穷高过之。”[④]这反映了孙氏学术精深的侧面。

孙氏学术中心还是《周礼》研究。像清代汉学家一样，他推重郑玄，谓“汉儒经诂，今存者六家，唯郑君《三礼注》最为完备”。但该书间有

① 孙诒让：《经部·礼类》，《温州经籍志》上册，第135—136页。

② 孙诒让：《答日人馆森鸿书》，《孙诒让遗文辑存》，第158页。

③ 孙诒让：《自序》，《札迻》卷首，第3页。

④ 章太炎：《孙诒让传》，《章太炎全集·太炎文录初编》第一辑，第219—220页。

疏牾，故作《礼记郑注考》上下篇以补正。[1]他立足于古文经学，不像俞樾、章太炎那样涉猎今文经。自同治十一年（1872）开始草创《周礼正义》长编，后来自序云：

> 诒让自胜衣就傅，先太仆君即授以此经，而以郑注简奥，贾疏疏略，未能尽通也。既长，略窥汉儒治经家法，乃以《尔雅》《说文》正其训诂，以《礼经》《大小戴记》证其制度。研撢累载，于经注微义略有所寤。窃思我朝经术昌明，诸经咸有新疏，斯经不宜独阙。遂博采汉、唐、宋以来，迄于乾嘉诸经儒旧诂，参互证绎，以发郑注之渊奥，裨贾疏之遗阙。[2]

这里揭示了孙诒让疏证《周礼》的家学渊源和汉学因缘。此时，他没有自觉地赓续永嘉学派，却发扬了乾嘉学派的治经方法。故在《周礼正义》卷帙浩繁的疏释文字中，他没有像永嘉学者那样阐释《周礼》的义理和经世蕴含。

沉潜于考经证子之后，孙诒让中年以后回到了经世致用的轨道上。他曾受父命参与校刊《永嘉丛书》，也搜罗、阅览了永嘉诸儒的《周礼》学著作，受其经世思想的熏染。又长期浸染于理学及经世致用的家学传统，“治汉学，而于宋代诸儒未尝轻诋，蹈尊汉卑宋之习”。[3]这是他从考据之学走向经世致用的学术基础。在此过程中，张之洞不无推助之功。正如孙氏父子调融汉、宋一样，张之洞也从汉学立场兼采宋学。同治十年（1871）春夏间，孙诒让入京会试，受邀参与龙树寺雅集，“同坐有盛訾宋学者”，张之洞云：“今天下大病在于不学，傥其能学，便是佳士，遑问其为汉、宋乎？”孙诒让“服膺斯语，以为通论”。认为时局如此，当“以保种、保教为第一要事。至于学派之小异，持论之偶差，似可

---

① 孙诒让：《礼记郑注考上》，《籀庼述林》卷一，第17页。

② 孙诒让：《周礼正义叙》，《周礼正义》卷首，第4页。

③ 章梫：《孙诒让传》，《一山文存》卷五，《近代中国史料丛刊》初编，第33辑，第329册，第262页。

勿论”。[①]面对内忧外患的剧变，他们凸显了学术的包容性和实用性。随着张之洞成为洋务派的后起之秀，孙诒让交游网络中的洋务因素也明显增加了。

同光之际，孙诒让仍沉潜于古学，经世意识尚不明显，但不是到中日甲午战争后才有思想变化。后来他在书札、论著中感叹经史考据无补于世，而其社会关怀却出现于此前。笔者认为，光绪十年（1884）的中法战争是其经世意识复苏的机缘。新任两广总督张之洞成为抗法战争的统帅，战事引起了孙衣言父子的关注。当时，清军的福州马尾港战一败涂地，法国军舰沿海北上，伺机侵略，沿海各省戒严。孙衣言曾与浙江提督、瑞安右营都司等筹划海防。孙诒让也与同县绅士筹办城乡团防，亟需“御敌之兵”，也增强了通经致用的紧迫感。

故诒让自述：“余少耽雅诂，矻矻治经生之业。中年以后，悕念时艰，始稍涉论治之书。”[②]此处所谓“中年以后”，当为40岁左右，而非甲午以后。光绪十年（1884），开始“悕念时艰”的孙诒让阅读了包世臣、魏源、孙家鼐、冯桂芬等人的著述，《海国图志》笺记130余条，《瀛寰志略》笺记17条。光绪十二年（1886），他批注冯氏《校邠庐抗议》26条，[③]赞同其改革主张。同时阅读了上海《格致汇编》《万国公报》等书刊。十三年（1887），薛福成上疏言修铁路之利，而廷臣议论尚多。孙诒让读其疏，批语云“兴办铁路以开发大陆交通，增进国家文明，最为当今重大而切要之新政”。“又如开矿山、采煤铁、冶金炼钢诸新政，皆与路务密切相关，则兼营并进，亦理所必然，势所必至也。”[④]他阅览时贤“论治之书”，关注时事和改革，经世意识迅速增强了。

但是，将考据学与经世思想相结合起来不可能一蹴而就。一段时间内，孙诒让没有离开科举之路，也没有转移已有端绪的经、子考证。他勤搜图书，尤好王念孙的《读书杂志》、卢文弨的《群书拾补》等书，深深

① 孙诒让：《致汪康年书（一）》，《汪康年师友书札》（二），上海书店出版社2017年版，第1328页。

② 孙诒让：《沈俪昆富强刍议叙》，《籀庼述林》卷五，第27页。

③ 孙延钊：《孙衣言孙诒让父子年谱》，第214、221页。

④ 孙诒上：《书薛福成〈兴办铁路疏〉后》，《孙诒让遗文辑存》，第414—415页。

地浸淫于乾嘉汉学，疏释《墨子》《周礼》。在多重因素的交织下，他的研究不再囿于校释疏证，而逐渐呈现出经世致用色彩。

光绪十九年（1893），孙诒让撰成《墨子间诂》15卷，并有《附录》《后语》等，次年刊行聚珍版300部。他赞扬墨家艰苦救世的献身精神，自云"深爱其撢精道术，操行艰苦，以佛氏等慈之旨，综西士通艺之学，九流汇海，斯为巨派。徒以非儒之论，蒙世大诟，心窃悕之"。[①]他在自序中指出：墨子于"国家昏乱，则语之尚贤、尚同；国家贫，则语之节用、节葬；国家憙音沉湎，则语之非乐、非命……国家务夺侵凌，则语之兼爱、非攻"。"综览厥书，释其纰驳，甄其纯，实可取者盖十之六七。其用心笃厚，勇于振世救敝，殆非韩、吕诸子之伦比也。"[②]他肯定《墨子》的价值及其救世精神，显示了对非儒学派的宽容和汲取，但其学术思想仍立足于儒家，治平之策也更依重于儒经《周礼》。

孙诒让研究《周礼》的初衷是接续乾嘉学派，详考古代名物制度。《周礼正义》博采汉学家注疏，于古制疏通证明，集清代《周礼》学之大成，但尚未融会近代西学、新学知识。他疏证该书时认为：虽然《周礼》天算之学"远出周初郑诂"，而"后世新法，古所未有，不可以释周经及汉注也"。[③]因而，书中阐释土矿、金石等物的管理、利用也多囿于经师注疏，不像其后的文章比附西方工艺制造。[④]该书正文几乎未涉及《周礼》的现实价值，经世色彩尚不明显。

甲午之后，孙诒让讲求经世致用的迫切性日益增强，由经师而投身于救亡、维新事业，发现了《周礼》丰富的现实价值。故于1899年自序云："（周礼）非徒周一代之典也。盖自黄帝、颛顼以来，纪于民事以命官，更历八代，斟汋损益，因袭积累，以集于文、武，其经世大法，咸粹于是。"而后儒"莫能通之"，"至于周公致太平之迹，宋、元诸儒所论多闳侈，而骈拇枝指，未尽楬其精要。顾惟秉资疏暗，素乏经世之用，岂能

① 孙诒让：《与梁卓如论墨子书》，《籀庼述林》卷十，第26页。
② 孙诒让：《墨子间诂》"自序"，《诸子集成》（4），第3—4页。
③ 孙诒让：《周礼正义·凡例》，《周礼正义》卷首，第5页。
④ 详见孙诒让：《周礼正义》卷三十，第27—28页；卷三十一，第15页。

有所发明，而亦非笺诂所能钩稽而扬榷也”。他继承古文家的说法，肯定《周礼》记载了“周公致太平之迹”，或者说蕴含经世之学。此时在他看来，宋、元诸儒对《周礼》经世思想的阐释还远远不够。这种说法不是沿袭旧说，而带有鲜明的时代烙印。

在历史上，有的学者虽然崇信《周礼》，或者认定为周公所作，但并不认为《周礼》完全实行过，永嘉学派的看法亦然。而孙诒让认为，《周礼》不仅实行过，记载了“周公致太平之迹”，而且所载政理契合近代大势。其重要根据在于，“今泰西之强国，其为治非尝稽核于周公、成王之典法也，而其所为政教者，务博议而广学，以鼻通道路，严追胥，化土物卝之属，咸与此经冥符而遥契。盖政教修明，则以致富强，若操左契。固寰宇之通理，放之四海而皆准者。此又古政教必可行于今者之明效大验也”。[①]他疏证了古代的礼制、田制、贡赋、官制、军制之后，注意到《周礼》与西方政教本质相通，《周礼》的经世价值也在西学辉映下凸显出来。

光绪二十七年（1901），清政府拟试办新政，令中外大臣详议变法事宜。侍郎盛宣怀通过费念慈，请孙诒让代撰条陈。他遂尽十昼夜之力，草拟了《变法条议》40篇，包括“朝仪”“冗官”“重禄”“达情”“宫政”“奄寺”“吏胥”“乡吏”“教胄”“广学”“通艺”“选举”“博议”“广报”“通译”“观新”“治兵”“巡察”“图表”“会计”“户版”“口税”“廛布”“券税”“金布”“券币”“渔征”“度量”“矿政”“冶金”“水利”“教农”“树艺”“保商”“同货”“考工”“考医”“狱讼”“喻刑”和“收教”等目。这些改革条目大抵没有超越戊戌变法的方案，却与洋务派思想不可同日而语，不失为清末新政急需的良药。

为了论证“变法条议”的合理性，孙诒让引经据典，每篇开端均列《周礼》内容，然后引申发挥，援引西政西俗，将改革纳入“古已有之”“中西无异”的框架。这些变法主张被包裹在厚重的学术外衣下，与

---

① 以上未注引文均见孙诒让：《周礼正义叙》，《周礼正义》卷首，第1—4页。

其说是新政方案，毋宁说是儒家经世之学的发展。孙诒让于次年改名《周礼政要》出版，可谓名副其实。他试图以古开新，改革时政，却超出了清政府的“新政”框架。盛宣怀心存疑虑，不敢奏上，只能束之高阁。然而，该书在20世纪初年广为流播，影响巨大。事实上，晚清士大夫久受儒学浸染，骤然接受近代西学、尤其是西政、西俗，仍面临重重阻力和心理障碍。当时地方督抚有关新政的奏折均偏重具体措施，缺少儒学依据。孙诒让为传统士大夫理解、接受西学提供了儒学依据，其积极意义是不可忽视的。

从嘉庆至咸同年间，士大夫的经世之学大体取资于今文经学、理学和诸子学，古文经学犹如远离尘世的无用之学。《周礼正义》撰成时，孙诒让曾致书友人，自云“此于西人为死学，但以廿年精力所萃，不欲置弃”。“《札迻》四册，亦中土无用之旧学也。”[①]光绪末年仍自谦地说“虽少治旧学，略窥一二，而刍狗已陈，屠龙无用，实不足以应时需”。[②]他自感“无用旧学”的尴尬，但并不甘心于经、子研究变成无用“死学”。考据之作撰成后的《墨子》自序、《周礼政要》等文，已注重阐释古学的现实价值，均为讲求经世致用的尝试。

在学术史上，《周礼》是古文经学的核心，也是晚清今古文之争的焦点之一。孙诒让没有直接反驳康有为的《新学伪经考》，但在其笔下，被康有为、廖平等人看作“伪经”的《周礼》，不仅是周、孔真传，而且蕴含丰富的经世价值，经、子之学的思想史意义也随之彰显出来。孙诒让筹划出版《周礼正义》时，还颇遭今文家的责难。而撰著、出版了《周礼政要》之后，是书的现代意义已与《孔子改制考》等今文学著作无分轩轾，其经世之学遂完全建立起来了。不妨说，在清末社会变革中，《春秋公羊传》和《周礼》作为维新运动的理论基石，其学术震撼力异曲同工。这是清代经学的里程碑，也是晚清经世思潮发展的标志。

---

① 孙诒让：《致汪康年书（一）》，《汪康年师友书札》（二），第1329页。

② 孙诒让：《报支季卿提学书二通（二）》，《孙诒让遗文辑存》，第142页。

道器并重的经世之学

道器之辨是中国哲学的重要范畴，儒家以“闻道”为最高境界。《易传·系辞上》云“形而上者谓之道，形而下者谓之器”。历代士大夫阐释道、器关系的言论层出不穷，但多立足于道本器末，其经世思想亦表现为重道轻器。宋明理学家和晚清理学经世派，无不偏重内圣外王，忽略器物之学。孔子“君子不器”一语蕴含多义，而朱熹注云：“器者，各适其用而不能相通。成德之士，体无不具，故用无不周，非特为一才一艺而已。”[①]朱注将原文引向了重道轻器的方向。而历代科考取士时，科学技术、工艺制造都不属考试范畴，更无论登大雅之堂。清初顾炎武以“明道”“救世”为治学宗旨，经世之学亦偏重于“明道”，而“举其尤要者，曰人才，曰教化，曰风俗，而尤致谨于礼”。[②]黄宗羲认同“器在斯道在，离器而道不可见”的说法。[③]王夫之认为：“道者，器之道。”“故圣人者，善治器而已矣！”“君子之道，尽夫器而已矣。”[④]黄、王置重“器”和“治器”，但与朱子“道器有分别而不相离”之说没有本质不同，也不可能在学术实践中探研器物之学。晚清今文家好谈“微言大义”，无暇顾及形而下的学问。同光年间，西方科技和工艺制造逐渐进入士人视野，洋务派及相关思想家王韬、郑观应等人均以“中体西用”“中道西器”的框架来嫁接西学，难以超越重道轻器的窠臼。孙诒让不谈道器之辨，而重视永嘉诸儒兼重义利、讲求实用的思想传统，又传承古文家擅长名物训诂、少谈心性的学术专长，重视器物之学，博采西学新知。就此而言，论者视孙诒让为接续顾炎武等人的经世思想，虽不无依据，却不尽然。

在儒家经典中，《周礼》多载技艺之事。故在孙诒让看来，古代圣贤本来没有重道轻器。他引《周礼·考工记》云：“百工之事，皆圣人之

① 朱熹：《论语集注》，《四书五经》上册，第6页。

② 钱穆：《顾亭林学述》，《中国学术思想史论丛》（八），台北，东大图书有限公司1980年版，第72页。

③ 黄宗羲：《先师蕺山先生文集序》，《南雷文定后集》卷一，《续修四库全书》影印康熙刊本，第1页。

④ 王夫之：《周易外传》卷五，《船山遗书》同治四年刊本，第45—46页。

作也。”他认为：“积众知以通其原理之谓道；积众巧以修其良法之谓艺；发明新理新法，利其用增其力之谓器……先秦管、墨诸子，类皆甄综道艺，然发其端而未竟其绪，举其较略而不能穷其繁赜。”[①]先秦贤哲甄综道艺，但后儒偏重治平之策，许多人为仕而学，忽略了器物之学。针对清代士人沉迷于时文试帖，孙诒让痛心地指出：“问以声、光、化、电诸学，则老师宿儒懵然不能举其名。以四千年声名文物之邦，而荒陋如是，可耻孰甚焉！”[②]因此，他如饥似渴的汲取西学新知，19世纪末年成为《时务报》《万国公报》的热心读者。1902年5月以后，自订“每日上午，专作阅览新书及报刊文字时间”，下午则处理地方公务，还一度请人教读英文。20世纪初年，他及时求购《清议报》《新民丛报》，也阅读了《西洋动物学》等书译本。为了传播、汲取西学，他认为可从儒经的相关记载来理解西学：“如电学则可援《礼记》之神气风霆；农学则可引《周礼》之草人土化。《王制》州服，涉开方幂积之算；《考工》柯欘通割圜弧角之形，则算术形学也。以逮博物动植，资多识于《毛诗》，校异名于《尔雅》，应时举证，尤采获不穷。”[③]显然，他认为儒经蕴含了近代科技原理。与此同时，他也肯定西学自有本体：“曩与同志撢研西艺，浏览新译各书，深知斯学之体精而用博。”[④]他从整体上认识西学，而不囿于中体西用、中道西器的二分思维来评判中西文化，实际上如同严复那样超越了洋务派的思想樊篱。

既然经、子之书蕴含器物之学，与西学息息相通，那么，诠释、彰显其内涵也就顺理成章了。孙诒让博采近代化学、电学、动植物学、光学知识，诠释了古学的科学因素。他认为，“今西人所治天算、地形、光、重、化、电诸学，盖已略晐于其中。故周衰，学校废缺，而诸子百家犹有能综述之者：若曾子、单居离之论天，管夷吾、邹衍之论地，列御寇、墨翟之论景鉴均重，多奇伟精眇之说，而其技巧家言，则墨氏之书尤

① 孙诒让:《科学仪器馆月报小引》,《孙诒让遗文辑存》,第240页。
② 孙诒让:《周礼政要》卷二,《丛书集成续编》第58册,第647页。
③ 孙诒让:《学务本议》,《孙诒让遗文辑存》,第34页。
④ 孙诒让:《记瑞平化学学堂缘起》,《籀庼述林》卷十,第6页。

详”。[①]这种“西学中源”论虽有局限，却有裨于相关研究者的学术重心转向器物之学。与儒家重道轻器的取向不同，古代墨家极重工匠技艺，被后世看作兼重道器、沟通义利的学派。《墨子》所载力学、光学、数学以及逻辑学的知识超乎后人想像，可惜未能在秦、汉以后赓续、发展。晚清邹伯奇、陈澧等人对此已有零散发现，而孙诒让阐发尤详。

《墨子间诂》博引西学知识，诠释科技内涵。比如，《墨子·经下》“临鉴而立，景到”，孙诒让以光学原理释云：“盖凡发光、含明及光所照物，蔽而成阴，三者通谓之景。”近人“郑复光《镜镜詅痴》云：‘光线自阔而狭，名约行线。约行线愈引愈狭，必交合为一而成角，名交角线。两物相射，约行线自此至彼，若中有物隔，则约行线至所隔之物而止。设隔处有孔，则射线穿孔约行，不至彼物不止。如彼物甚远，则约行必交，穿交而过，则此之上边必反射彼下边，此之左边必反射彼右边者，势也，能无成倒影乎？塔影倒垂，此其理也”。[②]他释《墨子》下文“多而若少”时，又运用了凹凸镜的原理。《墨子间诂》诠释光、重、化、电之学的注释每每可见，体现了作者对西学的认识，多为后来研究者采纳。

孙氏《周礼》学也体现了道器并重的思想特色。正如一些儒家人物将政教视为“道”一样，孙诒让此处所谓“道”，不是性理之学或微言大义，而是政教礼俗，尤为制度文明。他从制度层面会通中西文明的本质，认为“《周礼》一经政法之精详，与今泰东西诸国所以致富强者，若合符契。然则华盛顿、拿坡仑、卢梭、斯密亚丹之伦所经营而讲贯，今人所指为西政之最新者，吾二千年之旧政已发其端”。[③]《周礼政要》“远法成周、近采西制”，提出了以政治制度为核心的改革主张。比如，其中认为中国古有“博议”之制，周代小司寇掌外朝之政，“三询之位，自三公六卿，以逮乡吏、州吏，下及庶人，无不与焉”。而古希腊雅典有元老院，“事必经民会议定始行”。近代西方各国有上下议院，各郡县亦皆有议院。因此，中国也应设置中央和地方议院：

① 孙诒让:《张广雅尚书六秩寿序》,《孙诒让遗文辑存》,第315页。
② 孙诒让:《墨子间诂》卷十,《诸子集成》(4),第197页。
③ 孙诒让:《周礼政要·叙》,《丛书集成续编》第58册,第629页。

> 今当更化之初，经纬万端，宜博采群议以祛专己之弊，示公溥之规。当仿西国上议院之例，设大议院于京师……设中议院于各省会，亦半由督抚札充，半由各州县绅民公举。设小议院于各郡县，半由守令谕充，半由绅耆公举。凡公举者亦仿西例，以投票多少为凭。公派私举，互相检察……其他详细规制，并查照西国议院章程，酌量办理，则士论民气大伸于下，嘉谟良法咸献于上，郅治之隆，斯其基础矣！①

设立议院无疑会对专制主义造成根本冲击，却是实行宪政的必然途径。对于1901年的清政府而言，这种新政仍然是不能接受的。孙诒让的改革方案具体而微，又如他针对中国拜跪礼云："古常朝之仪，有立有坐而无跪，有揖而无拜……王日视正朝，但立见群臣，揖之而已。王揖毕，入适路寝听政，则有坐议之事，皆无所谓拜跪也。"西人入教堂礼拜才有跪礼，而臣见君、子女见父母亦均无拜跪。"其礼与中国古礼虽不同，然其简而易行则一也。"故朝廷应明降谕旨，"每日常朝易拜为揖，议政之顷则一律赐坐"。②他参照西政，政治上主张精减机构、裁减冗员、改革兵制、编练民兵和警察，允许臣民直接上书进言；文化上提出改革科举、广设学堂和报馆；经济上实行预决算、革新币制、规范税收、发展农业、兴修水利等。这些建议延续了戊戌维新思潮，也彰显了古文经学的价值。

与此同时，孙诒让重视儒经蕴含的器物之学。他释《周礼·夏官·训方氏》"正岁，则布而训四方，而观新物"一语云："新物者，盖谓物产珍异，器械便利。观之者，所以资民用而劝艺事也。"《书·盘庚》的"器唯求新"与此足相印证。西方各国"讨究声、光、化、电之学，研精阐微，而通之于制造，故新法日出而不穷……与《周礼》观新物之意实为暗合"。③他认为，《周礼》本重器物制造，但没有奖励制度，故器艺生产不能发展起来。他也将《周礼》关于采矿、冶金、农业、树艺的记载，

① 孙诒让：《周礼政要》卷二，《丛书集成续编》第58册，第651—652页。

② 孙诒让：《周礼政要》卷一，《丛书集成续编》第58册，第631—632页。

③ 孙诒让：《周礼政要》卷二，《丛书集成续编》第58册，第656页。

与西方各国技术参照阐释，提出“宜广译西国工艺之书，颁行天下，使咸诵习。再于各行省及商埠，广开工学学堂及工艺院，精延工艺名师，俾之教习机器”。[①]《周礼政要》中所列提倡科学、奖励发明、兴办制造、开采矿山等条目，无疑都侧重器物之学。

除有关《周礼》的著述外，孙诒让不乏诠释古代科技知识的言论。他说：“《周礼·地官》‘草人掌土化之法以物地，相其宜而为之种’，此植物之化学也。《墨子》及《淮南王书》有鼃鹑之论，《庄周书》有斯弥食醯之说，此动物之化学也。《周礼·大宗伯》云：‘以天产作阴德，以地产作阳德。’而继之曰：‘合天地之化，百物之产。’郑君谓天产、地产，即动物、植物。”[②]他隐约地认识到动植物的进化现象，以动物学的种类、名词诠释《山海经》《尔雅》及《说文》等书，均为近人理解古籍提供了参考。

道本器末、重理轻艺是中国士大夫的思维习惯，也是传统经世之学的基本倾向。随着晚清西学东渐和洋务运动的兴起，器物之学进入了士人的研习范畴。但绝大多数洋务人才、包括维新思想家康有为等人的富强方案，总体上仍不免重道轻器。他们对传统器物之学少有注意和探讨，维新方案也偏重于体、道层面，甚至流于“大同世界”一类乌托邦。孙诒让诠释经、子典籍的器物之学，体现了道器并重的思想特征。就此而言，其经世之学不只是古文经学走向经世致用的象征，而且也折射出儒家思维模式的变化。

经世思想的践履

清代士人的经世之学大体上仍不免重知轻行。孙诒让没有出仕，却坚韧不拔地践履了经世思想。其自撰春联“雄谈经世，老学匡时”一语，[③]恰好表明了心志。《白虎通》云：“士者，事也。任事之称也。故传曰：

① 孙诒让：《周礼政要》卷四，《丛书集成续编》第58册，第689页。
② 孙诒让：《记瑞平化学学堂缘起》，《籀庼述林》卷十，第4页。
③ 孙诒让：《家门春联》，《孙诒让遗文辑存》，第479页。

'通古今，辩然不，谓之士。'"[①]孙诒让赞同此说，肯定士人"任事"之责。宋恕认为，孙诒让研究《周礼》《墨子》，"迹其抗怀经国，笃践兼爱，芬芳悱恻，终不俗化，其庶能志周公之志、行墨子之行者与！"[②]综观孙氏一生，虽未必能志周公之志，却努力行墨子之行。就维新事业的实践来看，其实干家角色或许是康、梁不能比肩的。

孙诒让侧重的经世实务不再是嘉道年间的河工、漕运和盐政，而是兴学救国。中日甲午战争爆发后，他力持保种、保教之念，投身于救亡、维新。光绪二十年（1894），他任瑞安筹防局总办，撰《办防条议》，向浙江巡抚提出固海防、修城墙、备军火、办团练等建议。《马关条约》签订之际，康、梁等人在京发动"公车上书"，组织强学会，掀起变法运动。孙诒让闻迅发起"兴儒会"，撰《兴儒会略例并叙》。他感慨士人短于学术致用，近人董祐诚、邹伯奇、李善兰等人于科技"著书名家"，而"于致用，尚邈乎远也"。故欲"合全国各行省四万万人于一体"，"以尊孔振儒为名，以保华攘夷为实"。[③]兴儒会拟于京师设立总会，各省设分会，以儒学为纽带，集股兴办新政、实业。

甲午之后，朝廷并无切实的改革措施，真正关心变法的官绅也不多。孙诒让于光绪二十三年（1897）致函朋友："非朝廷幡然改弦更张，万无挽回之术。自前年有卧薪尝胆之谕旨，圣主之意，盖已有所感动。独患自强之说，无由上达清听，即有一二得达者，亦终不敌守旧之论之多。"他提出联合各"行省之贤士大夫为痛哭流涕之呼吁"，在光绪二十四年（1898）会试期间，"订集数千人上书沥陈危局，吁请早定变法之议"。[④]事实上，康有为于是年初提出了开设制度局、推行全面变法的主张。至四月，"百日维新"紧锣密鼓地开幕了。清廷诏开经济特科时，湖南巡抚陈宝箴、江苏学政瞿鸿禨推荐了孙诒让，未应诏而发生了政变。

孙诒让与康、梁的学术根柢不同，却佩服梁启超"《变法通议》之

① 孙诒让：《白虎通校补辑补》，《籀庼遗著辑存》，第53页。
② 宋恕：《籀庼居士行年六十生日寿诗序》，《宋恕集》上册，第421页。
③ 孙诒让：《兴儒会略例并序》，《孙诒让遗文辑存》，第8页。
④ 孙诒让：《致汪康年书（二）》，《汪康年师友书札》（二），第1330页。

剀切详明，不敢以其主张康学之执拗而薄之”。政变发生后，孙诒让驰书张之洞，请营救谭嗣同、林旭等人，但老谋深算的张之洞不愿尽力。针对守旧势力尽弃新法的倒行逆施，孙诒让致函朋友：戊戌变法“乃今上之圣明，于康氏何与？乃今之达官贵人主持旧学者，举一切良法美意皆归之康氏，锐意摈绝摧陷之，是张康之焰，而使外人得挟此为口实，使中土之正人志士引为大病，何其谬哉！”[①]戊戌变法与康氏无关的说法离事实尚有距离，却表达了继续变法的强烈愿望。20世纪初年，孙诒让同情革命志士，却“沈机观变”，没有参加革命阵营，政治上与维新派、立宪派大致相同。他认为：“古豪杰必以沈机观变为第一本领，今之少年乃以露机幸变为宗旨，其无当于经世之用明矣。”[②]他喜读《新民丛报》，认识到西方政治有“民主立宪”和“君主立宪”两种，而他努力推动“君主立宪”，在浙江开展地方自治活动，重视养成“国民资格”。

因之，在经世思想的践履中，孙诒让没有掀起康、梁那样的政治风浪，却侧重兴办教育，且卓有成效。针对清末温州闭塞、保守的局面，他指出：“吾乡学子，大都汩没于时文帖括，蒙固茫昧，不知所自振。抱此愚陋，长与终古，而欲以支撑世局，宁有当乎？”[③]西方之所以强盛，在于男女、贵贱都能识字。士、农、工、商“都有普通的知识”，个个“都是有用之材”。[④]故他强调“富强之原，在于兴学”。[⑤]在办学过程中，孙诒让涉及近代政法制度，而尤重专门和基础教育，讲求农桑、工艺、制造等科技知识。这与其道器并重的经世思想是完全一致的。

他认识到算学为近代科技的基础，“盖古者小学，六艺之一端，而造乎其微，则步天、测地、制器、治兵，厥用不穷。今西人所为挟其长以雄视五州者，盖不外是”。因此，他与黄绍箕、黄绍第等人筹办瑞安算学

① 孙诒让：《致汪康年书（四）》，《汪康年师友书札》（二），第1332页。

② 孙诒让：《评〈鉴楼政学会条约〉》，见潘猛补：《〈孙诒让遗文辑存〉拾遗》，《文献》1991年第4期，第197页。

③ 孙诒让：《重修陈文节祠募启跋》（光绪二十四年），见潘猛补：《〈孙诒让遗文辑存〉拾遗》，《文献》1991年第4期，第196页。

④ 孙诒让：《温州艺文学校开学典礼演说辞》，《孙诒让遗文辑存》，第436页。

⑤ 孙诒让：《与梁卓如论墨子书》，《籀庼述林》卷十，第28页。

书院，“专治算学，以为致用之本”。[①]1896年4月，书院更名“瑞安学计馆”，正式开学，成为清末最早的算学专门学校和职业学校。他重视传播、更新农桑知识，于1897年集资在永嘉创办蚕学馆，教导饲蚕种桑。他还组织瑞安务农会，倡导农业革新。世纪末年，他创办瑞安方言馆、瑞平化学馆等，重视培养青年的职业技能。孙诒让创办的蒙学堂“教里中子弟识字，并以浅近算学、西艺、体质诸学导之涂径”。县学堂“功课则以经、史、掌故、西政、西艺、舆地、算学七门为大纲”[②]，可谓中西并重而侧重科技。

孙诒让也提倡“普及教育，兼重女学”，创办了女子蒙塾（1903）、德象女塾等初等女学堂。影响所及，数年内温、处两府的女学堂增至20所。为了适应新式教育的发展，浙南温、处两府于1905年联合设立学务分处，孙诒让被推为总理，制定了《温处学务分处章程》，办学事业也由瑞安县扩大到温、处两府16县。甲午以后，温、处两府由他亲手创办的学校达20余所。又“改温州校士馆为师范学堂，开设博物、理化讲习所，以备小学格致教习之用。三年之间，两府中小学堂增至三百余所”。[③]这些学堂绝大数为私人集资兴建，官办的中学堂和师范学堂不到10%。然而，办学经费困难，步履维艰。他曾提到：“顷惟与两三同志约开一化学馆，力薄不能延教习，止购书、器、药剂，小试其耑，然亦甚费力。”[④]这类情形在其多年办学活动中，可谓屡见不鲜。作为中上层绅衿人物，孙诒让与地方官及下层绅士间不无矛盾，但显然不能主要从利益纠葛来观察。正如章太炎所说：“诒让行亦大类墨氏，家居任恤，所至兴学，与长吏楮柱，虽众怨弗恤也。”[⑤]

清末新政期间，湖广总督张之洞保举“经济人才”，推荐孙诒让“群经诸子靡不研精，淹雅闳深，著述甚富，久负士林宿望，近年讲求时务，

① 孙诒让：《瑞安新开学计馆叙》，《籀庼述林》卷五，28页。

② 孙诒让：《与刘绍宽论办学手札二十六通（二）》，《孙诒让遗文辑存》，第181页。

③ 章梫：《孙诒让传》，《一山文存》卷五，《近代中国史料丛刊》初编，第33辑，第329册，第246页。

④ 孙诒让：《致汪康年书（七）》，《汪康年师友书札》（二），第1335页。

⑤ 章太炎：《孙诒让传》，《章太炎全集·太炎文录初编》第一辑，第219页。

实能会通中西古今学术治术”。[①]经工部尚书张百熙等人疏荐，孙诒让被列入光绪二十九年（1903）清廷“经济特科”录用人才，但他对清廷早已失望，没有应征，致书朋友云：“时事致此，百无一望。新政亦万不及事，只好急图自立之计，多买报章，以广闻见。殷户子弟筹资出洋学工艺，归立艺场以兴制造，保权利。”[②]显然，其维新事业的重心，不是粉饰朝廷“新政”，而是讲求传统士大夫忽视、贬低的工艺制造。为了发展实业，他于1907年在瑞安创办了大新轮船股份公司，试图在当地集股开矿，因储量、交通的限制，未获成功。这些活动远不如教育事业成效卓著，却不失为讲求器物之学的实践。

孙诒让潜心于地方教育，而精湛的学术造诣仍然引人注目。光绪三十三年（1907），清廷礼部设礼学馆，奏派其为总纂。张之洞在武昌创办存古学堂，三次电聘他为总教习。孙诒让皆辞不就，自称“年来意兴阑珊，凡百灰心，亦必不任鞭策”。[③]是年，被推为浙江首届教育会副会长，次年春撰写了《学务本议》四则、《学务枝议》十则上呈学部，提出实行义务教育、规范教育经费、兴办女学等措施。未及推行，他便于光绪三十四年（1908）五月中风病逝了。

孙诒让的《周礼》《墨子》研究集前人之大成，为清代汉学的余晖，也是古文家通经致用的体现。在清末维新人士中，较之侧重移植西学的严复、梁启超，孙诒让的经世思想还包裹在厚重的学术外衣下，带有传统经世之学的色彩，但本质上与康、梁等人的维新思想无异。孙氏经世之学对章太炎、刘师培等古文家均有所影响和启发。而其道器并重的思想又在维新派中独具特色，折射出晚清士人思维模式的转变趋势，至今不乏启示意义。

---

① 张之洞：《保荐经济特科人才折（并清单）》，《张之洞全集》第3册，第1520页。

② 孙诒让：《复刘祝群书二通（一）》，《孙诒让遗文辑存》，第118页。

③ 孙诒让：《答黄仲弢书》，《孙诒让遗文辑存》，第139页。

结语：清代汉学再研究

有清一代，士人群趋于考经证史，学术上汇集众流，成就辉煌。清代汉学的繁荣，既与朝廷崇尚经学、倡导实证学风相关，又基于较长时段的社会安定和经济发展。而同样重要的是，清代汉学自身形成的学术精神。人类社会的生息繁衍虽不能离开物质条件和外在环境，却有不可忽视的精神传统。后者常常刻画了一个个生动、独特、乃至令人感慨的生命历程，引领着无数人的价值取向。清代汉学家在治学生涯中形成的学术理念和精神传统，虽然还不系统，缺乏理论性，却是解析汉学生命力的重要入口。

一　学术精神阐微

清代汉学为传统学术的高峰，至晚清虽受经世思潮和西学浸染，仍不失生机。清代汉学家勤于著述，许多精深的经、史、诸子学论著前无古人，后少来者，至今都是不能忽视的学术资源，但其政治地位历经坎坷。清前期，朝廷标榜以理学治国，逐渐兴起的汉学只是民间学术。其开创者或如顾炎武自居遗民，或者如阎若璩、万斯大、万斯同等人以布衣终老，甚至如臧琳等人死而无闻。这与当时理学名臣继起，甚至死后从祀孔庙的荣耀形同天壤。乾隆年间，朝廷崇尚经学，汉学地位迅速提升，出现了毕沅、王引之、阮元等汉学官员。但绝大多数汉学家并无一官半职，如惠栋、江声、余萧客、沈彤、江永、汪中、焦循、臧庸等人久困场屋，甘居林下。许多家境贫寒者，晚年只能以游幕、授徒为生，甚至贫病交加，赍志而终。晚清以降，理学经世派迅速崛起，汉学仍有余晖，而政治地位再度边缘化。

显然，清代汉学的繁荣，根本上不在于政治地位。汉学的魅力和成就，是与学者的治学精神分不开的。嘉道校勘学家顾广圻曾区分汉学、宋学和俗学："予尝反复寻求，阅历数十年而后得，请以三言蔽之曰：汉学者，正心诚意而读书者是也；宋学者，正心诚意而往往不读书者是也；俗学者，不正心诚意而尚读书者是也。"[①]他所分未必恰当，却提示了汉学尊德性与道问学并重的传统。

乾嘉汉学家如钱大昕、汪中、阮元、凌廷堪等人的文集、书札均揭橥"实事求是"旗帜。道咸以降，学术潮流因时而变，"实事求是"仍然是汉学家的基本理念。比如，刘宝楠的《论语正义·凡例》表明："至引申经文，实事求是，不专一家。"[②]端木国瑚也说："注经只求其是，以心安理足为要。"[③]清代汉学家将"实事求是"精神发挥到极致，后世阐发其旨的论著不胜枚举，毋须赘述。但如果对汉学精神的了解仅囿于此，则不能完全领悟其"尊德性""道问学"并重的丰富蕴含。清代汉学家在皓首穷经的岁月中，还形成了一些独具魅力的学术精神。它们与"实事求是"相辅相成，相得益彰。

首先，置重学术、淡泊利禄的精神追求。

相对于佛、道二教，儒家具有鲜明的入世倾向。在专制主义的钳制下，科举成就与儒学修养不能完全等同。士大夫的人格多被仕途扭曲、异化，许多人不讲修身立品，学问也只是谋取利禄之资。不少人迷恋仕途，期望以此光宗耀祖。但儒学的精神传统并没有完全断裂，孔子说："不义而富且贵，于我如浮云。"[④]董仲舒则云："夫仁人者，正其谊不谋其利，明其道不计其功。"他还以此描述孔门弟子之行。[⑤]这类理念在清代仍然薪火不绝，影响深远。

---

① 顾广圻：《壤室读书图序》，《思适斋集》卷十三，第11页。

② 刘宝楠：《论语正义·凡例》，《诸子集成》（1），第1页。

③ 端木国瑚：《端木国瑚致徐迪惠》，《小莽苍苍斋藏清代学者书札（修订本）》（中），第461页。

④ 《论语·述而》，《四书五经》上册，第29页。

⑤ 班固：《董仲舒传》，《汉书》卷五十六，第8册，第2524页。

清廷入主中原后，广大士人在精神上没有完全臣服。有清一代，满族很大程度上汉化了，而满、汉之间的民族隔阂始终存在。“扬州十日”“嘉定三屠”的惨剧长期留在清初士民的记忆中，接踵而至的文字狱更是让读书人生活得战战兢兢，如履薄冰。江南士人对政治的恐惧增强了远离官场的取向。与此同时，清代汉学在兴起之初，一直是有别于庙堂理学的民间学术，其“治平天下”的文化功能隐而不显，故不为统治者青睐，也不能像理学那样迅速官学化。这既使得许多汉学家远离权利中心，淡化经世致用，而又在较大程度上传承了儒学重义轻利的精神传统。

清代汉学家虽然有人在“尊德性”方面仍有欠缺，甚至不无利禄之心，但绝大多数人“明其道不计其功”，一生守望学术净土。清中期沈彤、余萧客、臧琳等人潜心学术、布衣终生，却是建立汉学的基石。一些人游移于仕、学之间，而价值重心仍在学问。钱大昕早年入仕，曾得乾隆帝赏赐，“将大用，而先生淡于荣利，以识分知足为怀。慕邴曼容之为人，谓官至四品可休。奉讳归里后，即引疾不出”。[①]他40岁以后专注于著述、讲学，时人为之惋惜。而他认为，做官不如著述，唐代陇西、赵郡位居宰相者数十人，“然而太白、义山未登朊仕，至今妇孺皆能诵其姓字，视身都将相而无所表见者，所得孰多？故知名位之有尽，不若文章之无穷，昔人所以擘精覃思，兀兀穷年而不悔也”。[②]这是钱大昕的人生感悟，也践履于行动之中。历代许多人入仕之后，荒废学业，专攻心术，甚至连官场文书都委之吏属，败坏了仕风。故钱大昕强调士大夫的学术素养，并以史为鉴：“士大夫不可以无学。不殖将落，原氏所以先亡；数典亡祖，籍父所以无后。董昭言：‘当今年少，不复以学问为本，专以交游为业。’曹魏所以不永也。史洪肇言：‘但事长枪大剑，安用毛锥？’乾祐所以失国也。蔡京禁人读史，以《通鉴》为元祐学术，宣和所以速祸也。”[③]他认为，处理好仕、学关系不仅影响个人成就，而且关系国家安

① 李元度：《钱竹汀先生事略》，《国朝先正事略》卷三十四，第32页。

② 钱大昕：《益都李氏宗祠记》，《潜研堂文集》卷二十一，《嘉定钱大昕全集》第9册，第327—328页。

③ 钱大昕：《士大夫不说学》，《十驾斋养新录》卷十八，《嘉定钱大昕全集》第7册，第497页。

危。钱氏成为一代儒宗，学传久远，与其淡薄利禄、置重学术的志向无疑密切相关。

一些汉学家像钱大昕一样，明智地抉择于仕、学之间。乾隆十四年（1749），清廷令各地督抚保荐经学人才。惠栋被两江总督荐举，因故未能赴京。又有朝官荐举戴震之师江永，而江氏“自顾颓然就老，谓无复可用。又昔至京师，所与游皆无在者，愈益感怆，乃辞谢”。他致函戴震表示“驰逐名场，非素心”。“卒不能强起。”[①]金榜高中状元，授职后即告归，沉潜于三礼之学，晚年卧病而著述不辍，终为礼学名家。

王念孙久值谏垣，任御史已满四年后，例当出任知府。为了潜心学术，他请辞更利仕途的外任，仍供京职，后来长期屈居六品。任大椿与王念孙志趣相同，而机遇不济。他少以文章名，自少至壮，起居食息、舟车道路无一时不究心典籍，精研考据。乾隆三十四年（1769）成二甲第一名进士。按例当改庶吉士，却被授礼部仪制司主事。该司工作繁重，无暇学问。他求座师朱筠设法移司闲曹，以便竭半日一夜之力读书，于是十年守官，仍可大半读书。朱筠说：“古人仕学不偏废，且知命者固不求热，亦岂有意求清冷耶？”大椿唯唯以退。[②]每日自官署归，辄闭门读书，如诸生时，不以仕废学。类似学者还有凌廷堪，成进士后，例选知县，而心向学术的他自请改为教职，曰：“必如此，吾乃可养母治经。”遂选宁国府学教授，“孝悌安贫，谨身节用，毕力著述”，著《礼经释例》等书。[③]受钱大昕学术熏陶的钱坫也在成进士后，请求由知县改为江宁府学教授，以便从事撰述。

有的学者疏离仕途也体现了对精神自由的追求。汪中早年曾赴科考，30岁以后绝意仕途。被谢墉选为拔贡后，却不赴朝考。汪中的才学深得朱筠、朱珪兄弟赏识。乾隆五十年（1785），朱珪主江南乡试，放言必得汪中为选首。但他未应试，曾致书孙星衍表明心迹：“科名，身外之一物，以之荣亲则为实际。某每闻人致语云：‘一举登科日’，泊然无所动心

---

① 戴震：《江慎修先生事略状》，《戴东原集》卷十二，第6页。

② 章学诚：《任幼植别传》，《章氏遗书》卷十八，第12页。

③ 阮元：《次仲凌君传》，《揅经室二集》卷四，第26页。

也。继云：‘双亲未老时’，则闻而瞿然。”又云：“入世既深，必思所以自立。学术观其会通，行业归于平实，是所望也。”[①]一天，汪中过访焦循居所，感叹“湖光山色都娱目”，请焦循作对为楹帖，焦循遂联以“和璧隋珠勿动心”。这副联语其实表明二人心向学术、不图利禄的精神默契。汪、焦“行业归于平实”，既考虑了自身特长，又是向往自由精神。他们学思深厚，却不能迎逢官场习气，即使勉强入仕，未必能坦途如意。清代成进士者数以万计，而像汪、焦那样的学术巨匠则寥寥可数。

一些学者比汪中、焦循的科举顺利，仕宦生涯也有声有色，但有的学者型官员人在仕途，而心系学术。洪亮吉致信孙星衍：“至吾辈艰窘之况，亦须稍受之，况既以出门，自当委运，日读书数卷无苦也。惟上则萦心堂上，次则系念故人，尚劳劳耳！”[②]洪、孙二人入仕而不废学，一有机会便投身于学术事业，潜心学问。他们晚年专注学术后，成就卓著。在清代汉学家中，这类情形并不少见。

清代汉学家淡泊名利的精神追求曾给后人留下了深刻印象。章太炎针对清末士风云：“曩者凌曙卖香，汪绂陶瓦，戴震裨贩，汪中佣书，张惠言饿不能具饼饵，及其学术有造，往往陵厉前哲，修名烂然。自今以往，上品将无寒门，斯风则堕地矣！”[③]梁启超也赞扬清代“学者的人格”：“为学问而学问，断不以学问供学问以外之手段。故其性耿介，其志专一。虽若不周于世用，然每一时代文化之进展，必赖有此等人。”[④]清末民初，章、梁已不能“为学问而学问”，却崇尚汉学家的精神风骨，多少带有文化托命的忧思。他们针砭世风，也为后人了解、阐释汉学精神提供了线索。

其次，刻苦治学、锲而不舍的学术韧性。

中国学术代有演进，各显优长。汉赋、唐诗流芳百世，宋、明理学高明深邃。但就治学之勤奋而言，则清代汉学家可谓首屈一指。清代汉学

① 汪喜孙：《容甫先生年谱》，《新编汪中集》（附录一），第31页。

② 洪亮吉：《洪亮吉致孙星衍》，《小莽苍苍斋藏清代学者书札（修订本）》（上），第275页。

③ 章太炎：《与王鹤鸣书》，《章太炎全集·太炎文录初编》第一辑，第154页。

④ 梁启超：《清代学术概论》，《饮冰室合集》专集之三十四，第78页。

名家辈出，著述累累，却并非天才济济。其中不少学者天资平常，少无才华。比如，阎若璩“幼口吃，性颇钝，读书千百过不能熟。年十五，冬夜读书，寒甚，漏四下，坚坐沉思，心忽开，自是颖悟绝人”。“生平长于考证，遇有疑义，反复穷究，必得其解乃已。”[①]正是穷究疑义的韧性，使阎若璩的辨伪研究成绩斐然，成为汉学兴起的重要环节。章学诚自述“二十岁以前，性绝騃滞，读书日不过三二百言，犹不能久识。学为文字，虚字多不当理。廿一二岁，骎骎向长，纵览群书，于经训未见领会。而史部之书，乍接于目，便似夙所攻习然者，其中利病得失，随口能举，举而辄当。人皆谓吾得力《史通》，其实吾见《史通》已廿八岁矣”。[②]章氏以勤补拙，坚持不懈，终成史学名家。

清代汉学家多无名位，常年以著书、授徒、游幕为生。著述虽勤，而刊印不易，有幸得到卢文弨、毕沅、阮元等官员助刊者为数有限，故他们生前刊行著述者并不多见。即使付梓，也几乎无利可图。惠氏弟子江声享誉学界，在嘉庆初年被举为孝廉方正，赐六品顶戴，但生活贫寒。孙星衍曾寄银数十两接济，江声谢云：“接奉手函及《明堂考》，且奉厚惠十金，窃念阁下爱我，谢非笔所能罄也。计阁下贶我，于今四次矣。去年曾致书阁下勿复见赐，不至伤惠，俾声亦不至伤廉……心实歉仄，感愧交并也……自计昔为刻书受钱颇多，方患实不副名，前此既不可追，后此宜深自厉，见利辄取，毋乃累乎？”[③]江声清贫的著述生涯于此可见。

考经证史耗费心力，出版又不易，许多汉学家一生贫病交加，默默无闻。比如，张星鉴师从陈奂，屡应秋闱不中，以诸生终。他以游幕为生，历经皖、鄂、豫等省，与咸同年间校书者多有交往，所撰《国朝经学名儒记》一卷，得河南学政之助刊行，其余则难以面世。同治年间，张星鉴曾去金陵书局拜访戴望、刘恭冕，于治学的艰辛颇有同感。自记云：“时局中刻诸史，任校雠之役者如德清戴君子高、宝应刘君叔甫，各以文章、学

① 李元度：《阎百诗先生事略》，《国朝先正事略》卷三十二，第1、6页。

② 章学诚：《家书六》，《章氏遗书》卷九，第73页。

③ 江声：《江声致孙星衍》，《小莽苍苍斋藏清代学者书札（修订本）》（上），第113页。

术雄视一时。子高好读毗陵庄侍郎、刘礼部书，为先汉今文家学。叔甫系端临先生从孙，考证经、史，能不坠其家法。与之言论，慨异学之鼓簧，叹经生之不遇。”[①]张星鉴“晚年学益邃，境益困……未尝一日稍得志”。光绪三年（1977），“倦游返吴，老而贫，贫而病，里居困瘁……有子先卒，身后萧然，家徒壁立。亲友为营丧葬事既毕，其戚朱砚生给谏……搜访遗文，将以付梓，得《仰萧楼手稿》二卷”。[②]乾嘉汉学一度得到官方扶持，但对朝廷来说，经学的价值始终体现在工具层面。故有清一代，“叹经生之不遇者”绝非少数。刘恭冕学有渊源，逝世前得中举人，而一生境遇并不比戴望、张星鉴优裕多少，而续完的《论语正义》则成为一代名著。这类刻苦治学的情形在清代中下层士人中屡见不鲜。

尽管如此，许多学者仍不计功利，数十年沉潜于学术，死而后已，兹举乾嘉汉学家数例：

余萧客早年师从惠栋而能传其业，深疾凿空之谈。“幼有异禀，尤攻苦自励。家甚窭贫，而书卷不啻千计，皆奔走数十里，或扁舟，或柴车，闻一异书，必假抄写，或得观乃已，故其家率多善本……中岁得目疾，畏风日，构一室无窗户，上穴一方，以通天光。设巨案周其室，书册鳞比，诵习之寒暑弗间也。”[③]他以布衣终老，有暇则读《十三经注疏》，并摘录注疏，欲求补缺。自乾隆二十四年（1759）秋始，依十三经经文编次，孜孜不倦，昼夜手录，至二十六年（1761），左眼几近青盲。二十七年（1762）二月，目疾日甚，多方治疗，至四月仍未愈，以至头不得俯、不得回，行走不能活动，否则眩晕耳鸣，通晚不止。是年九月，终于成《古经解钩沉》30卷，而《叙录》《周易》《左传》均各分子卷，实为33卷。是书成稿后，余萧客告祀先圣及文昌之神，学友为诗以纪其事。

任大椿精于汉代礼制和名物制度，官“四库馆”及监台之余，精研《礼经》，著有《弁服释例》等书。他好辑录佚书，撰《小学钩沉》，

① 张星鉴：《赠丁咏之序》，《仰萧楼文集》，第20页。

② 陈倬：《仰萧楼文集序》，《仰萧楼文集》卷首，第1页。

③ 任兆麟：《余仲林墓志铭》，《有竹居集》卷十，《清代诗文集汇编》第484册，第452页。

辑小学书籍38种，于诸家异说多所考证。又撰《字林考逸》8卷，共辑一万五千余字，超过原书字数。辑佚之事，艰苦繁杂，以致他经常带病操劳。乾隆四十年（1775），他正带病辑考《字林》，特来探望的章学诚记云："散见蒐猎横博，楮墨纷挐，狼籍枕席间。君呻吟谓病不可堪，赖此消长日耳。"[①]是书于乾隆四十七年（1782）完稿。

章学诚治学也是孜孜不倦，毅力坚强。晚年眼病目盲，仍著述不辍。自己不能写字，则口授儿子代写。针对汉魏以降士大夫好编文集、总集、别集之风，他强调"古人有专家之学，而后有专门之书。有专门之书，而后有专门之授受"。[②]他主张写专门之书而反对编文集，体现了汉学家的学术取向，即好作专门的经史考证，而疏于作文。清代一些著名汉学家，如吴县惠氏、高邮王氏、常州庄氏等都潜心撰写专门之书，留下的文集篇幅很少。然而，许多经学、子学专著不得不耗费作者数十年、甚至几代人的心血，其锲而不舍的学术追求是不言而喻的。

焦循中举后，发奋著书，成为《易》学、《孟子》学和天算学大家。自述从41岁以《十翼》及上、下两经"参互融合"，五年三易其稿，至45岁那年"三月十八日昏绝，至二十四日复苏。妻子啼泣，戚友喧问，一无所知，惟《杂卦传》一篇脉脉于心。既苏，默思此传实为赞《易》至精至要之处。二千年说《易》之人置之不论，或且疑之。是固我孔子神爽聿昭，以循有志于此经，所以昏瞀之中，开牖其心，阴示厥意"。[③]从此，他不惮寒暑，不与应酬，不赴科考，专心《易》学。焦循著《孟子正义》则先令其子焦廷琥抄录专说《孟子》之书，加上杂见他书者，编成《孟子长编》30卷，然后以己意裁成损益，撰写《孟子正义》。廷琥记云：

戊寅（嘉庆二十三年——引注）十二月初七日，开笔撰《正义》，自恐懈弛，立簿逐日稽省，仍如前此注《易》……每夜三鼓后不寐，拥被寻思：某处当检某书，某处当考某书。天将明，少睡片

① 章学诚：《任幼植别传》，《章氏遗书》卷十八，第13页。

② 章学诚：《文集》，《文史通义》内篇六，《章氏遗书》卷六，第3页。

③ 焦循：《告先圣先师文》，《雕菰集》卷二十四，第1页。

> 刻，日上纸窗，府君起盥漱，即依夜来所寻思，一一检而考之……府君之心血，竟以著书耗矣……病中犹以未能录完为憾，语不孝曰：《孟子正义》无甚更改，惟所引书籍，仍宜逐一校对，恐传写有误耳。①

焦循家居18年，刻苦著书300卷，在完成《孟子正义》后不久，便于嘉庆二十五年（1820）七月去世了，仅58岁。焦循著书而死，而其子廷琥发扬家学，沉溺于学术，加之体弱多病，父卒半年后也因病早逝了。

道咸以降，社会动荡，治学环境每况愈下，而许多学者治学不懈。绩溪胡氏以学术成就享誉晚清，而勤奋治学也是胡氏家风。史载胡秉虔，"好学之心孜孜不倦。咸丰辛未之岁，已成进士十二年。先生从侄竹村先生计谐来都，与先生同寓。每夜读书必尽烛二条，或日间酬应纷纭，而夜课不减。勤学不辍，无异寒素，宜其所成之深也"。②其侄胡培翚（竹村）的《仪礼正义》为传世之作，而撰写过程更加艰苦。他致信陈奂云："弟自秋间背生一疽，卧床数月，近日始能起坐，然尚未复元。《仪礼疏》稿写出仅止一半，今岁在舍，耽延日多，俗务纷集，又复遭此灾厄，精神顿减，成书未知何日，焦甚。"③然而，胡培翚仍以顽强的毅力撰成了此书。

黄式三自少癖嗜读书，一生治学不辍，生前仅有《论语后案》刊行。他对汉学家的"求是"理念不敢自信，但坚持"天假我一日，即读一日之书，而求其是"。④这种好学精神滋润后代，其子黄以周阐发家学，精研三礼，"详考礼制书，昼夜研索，多正旧说之误，释后人之疑"，著《礼书通故》百卷，列为50目。⑤黄氏成为晚清学术名家，而刻苦治学也传为

① 焦廷琥：《先府君事略》，《丛书集成三编》第86册，第18—19页。

② 胡蕴玉：《胡秉虔传》，《碑传集补》卷四十，《近代中国史料研究丛刊》初编第一百辑，第997册，第9页。

③ 胡培翚：《胡培翚致陈奂》，《流翰仰瞻：陈硕甫友朋书札》，第211页。

④ 黄式三：《求是室记》，《儆居集·杂著四》，第26页。

⑤ 缪荃孙：《中书衔处州府学教授黄先生墓志铭》，《续碑传集》卷七十五，《近代中国史料丛刊》初编，第九十九辑，第989册，第3页。

家风。

戴望出身儒门，幼年孤苦，寡母节衣缩食，助之向学。他曾从陈奂、宋翔凤问学。学未大成，却遇上太平天国战争，只得奉寡母避居苏州城南之东林山。清军收复江宁后，戴望受聘入金陵书局校书，闲时研究经、子，学识益进，撰成《戴氏论语注》20卷，辑《习斋颜氏学记》10卷，撰《管子校正》24卷。“又为《古文尚书述》，属稿未半而病以亟矣！盖君自至江宁数病，病稍间，即改所著书，复作乃止，如是六七年，至于不可为以卒”，年仅37岁。[①]这类事例在清代汉学群体中不胜列举。

清代汉学家沉潜于研经考史，表现出顽强的学术韧性。王国维谓治学的第二境界是“衣带渐宽终不悔，为伊消得人憔悴”。在清代汉学群体中，许多人岂止是憔悴而已，以学术为生命者可谓比比皆是。正是这种刻苦治学、锲而不舍的精神铸就了实证学风，延续了清代汉学的辉煌。

其三、平等立言、和而不同的学术风范。

清代汉学家的门户观念不如宋、明理学家深重。乾隆年间，惠栋等人倡导汉学之时，注重独立门户，凸显壁垒。但嘉庆以降，调和、兼采汉宋的局面逐渐形成，门户观念趋于淡化。尽管汉学家之间也有师承或意气之争（后者如段玉裁与顾广圻论校书），但大抵以实事求是为宗旨，表现出和而不同、平等立言的态度，学术上没有不可冒犯的偶像。郑玄、许慎是汉学宗师，自然也是学术典范，但如何认识二人的学术风范？焦循认为：“许氏作《说文解字》，博采众家，兼收异说。郑氏……注三礼，列郑大夫、杜子春之说于前，而以‘元谓’按之于后。《易》辨爻辰，《书》采地说，未尝据一说也。且许氏撰《五经异义》，郑氏驳之。语云：‘君子和而不同。’两君有之。”[②]“和而不同”是焦循对许、郑学术精神的总结，实则反映乾嘉汉学家的治学态度。清代汉学群体中，学术上争鸣立异、推陈出新是普遍情形。惠栋、戴震、钱大昕等人以学问精博、蔚为宗师而载诸史册，而他们的一些见解在当时即遭受质疑。

与此同时，汉学家进行学术争鸣的态度多如钱大昕所云：“愚以为

① 施补华：《戴君墓表》，《谪麐堂遗集》卷首，第2页。

② 焦循：《里堂家训》卷下，第3—4页。

学问乃千秋事，订讹规过，非以訾毁前人，实以嘉惠后学。但议论须平允，词气须谦和。一事之失，无妨全体之善。”[①]讨论古学尚且如此，与当朝人切磋更需谦谨。钱氏面对他人的学术质疑，总是心平气和地进行讨论，其大量书札留下了这类记录。比如，卢文弨推崇钱大昕“品如金玉，学如渊海，国之仪表，士之楷模”。但对于钱撰《熊方后汉书年表序》反对更改熊书的主张，卢氏持有异议。在反复考核之后，他指出熊书的数条失误，[②]还指出钱著《续汉志》中的几处讹误。钱大昕复信云：“来教谓《续汉志》述二十四气中星，大寒旦中，当是‘心半’，非‘心二半’。仆初校时，但据闽本添‘二’字，初未布算，兹以《四分述》推之，果是心半，始悔向来粗心之误，受教良非浅矣。惟是尊教云中与节相距之度，不过十四、十五之间，则恐未为定率。”[③]这类平实讨论在汉学家之间实在是习以为常。

“四库馆”成为汉学家的大本营，也象征着汉学挤身于清学正统。馆中聚集了不少一流学者，但他们并非不可置疑的学术权威。戴震作为学术大家享誉士林，而从嘉道年间开始，戴震的《水经注》案争论就已开始，其后持续百多年。王念孙早年师从戴震，却像汪中一样否定戴震“光被四表”的解释，这一见解后来收入王引之的《经义述闻》。钱大昕与戴震书札往返，力辨西人历算学之非，指出戴震之师江永“乃创为本无消长之说，极诋杨（光辅）、郭（守敬），以傅会西人”。[④]与此同时，王念孙对钱大昕的经史考据也多有辨驳，如《史记杂志序》《书钱氏答问说地字音后》等篇。[⑤]

扬州学者王念孙、汪中、刘台拱、李惇（成裕）等人为至交好友，

---

① 钱大昕：《答王西庄书》，《潜研堂文集》卷三十五，《嘉定钱大昕全集》第9册，第603—604页。

② 卢文弨：《与辛楣论熊方后汉书年表书》，《抱经堂文集》卷十九，第3—6页。

③ 钱大昕：《答卢学士书》，《潜研堂文集》卷三十四，《嘉定钱大昕全集》第9册，第590页。

④ 钱大昕：《与戴东原书》，《潜研堂文集》卷三十三，《嘉定钱大昕全集》第9册，第566页。

⑤ 参见王念孙：《王石臞先生遗文》卷三。

而学术观点多有出入。汪中致信刘台拱云：“中在府城中，尝与成裕相知，处四五日，其心折于足下者甚至。至于学术同异，则诚不可以口舌争也。”[①]他们的学术异同不只是考证见解，而且体现在儒学宗主。王念孙、刘台拱兼尊宋学，汪中、李惇则不遗余力地排斥宋学，而汪、李对于刘台拱兼尊宋学也颇有微辞。汪中曾致书台拱：“李君相见时，每以足下笃信宋人之说为恨。君子之学如蜕然，幡然迁之，未审比来进德修业，亦尝发寤于心否？示知为望。”[②]但刘台拱并未改变自己的学术特色。汪中、李惇还曾为考辨明堂制度反复辩论，求同存异。这些学友，“并才力所诣，各成其学。虽有讲习，不相依附”。[③]不相依附是汉学家的学术理念之一，不仅见之于同乡好友间，也流露于师徒之际。

焦循对待学术批评的态度也有典型意义，他说：“余生质极钝，然每得一书，无论其著名与否，必详阅首尾……余交游素少，然每有以著作教我者，无论经、史、子、集……必详读至再至三，心有所契，则手录之，历二三十年，盈二尺许矣！”[④]在设馆授徒之余，他呕心沥血，于28岁撰成《群经宫室图》50篇，仓促付梓后，疏漏自不能免。江声读后，写信反复辩难。焦循将江声手札保存下来，赞赏江氏“德性之醇穆”，并感慨：

> 呜呼！人有撰述以示于人，能移书规之，必此书首尾皆阅之矣。于人之书而首尾阅之，是亲我重我，因而规我。其规之当，则依而改之；其规之不当，则与之辨明。亦因其亲我重我，而不敢不布之以诚，非恶夫人之规己而务胜之也。[⑤]

焦循阐明了学者对待学术批评的应有态度，“规之当，则依而改之”，否则开诚布公地辨明。这是博大胸怀和学术自信的体现。

① 汪中：《致刘端临书之三》，《新编汪中集》，第434页。
② 汪中：《致刘端临书之四》，《新编汪中集》，第436页。
③ 汪中：《大清故候选知县李君之铭并序》，《新编汪中集》，第480页。
④ 焦循：《里堂道听录序》，《雕菰集》卷十六，第3页。
⑤ 焦循：《江处士手札跋》，《雕菰集》卷十八，第5页。

刘恭冕、戴望是《论语》学朋友，而学术路向大相径庭。戴望对刘氏兼采汉、宋不以为然，曾致书张星鉴云："叔俛兄经学虽有所得，唯惜其汉、宋杂糅，与苏、常诸老派别实异，求如洵美、泳之之谨守家法，自二三君子外，不可多得也。"[①]刘恭冕则不完全认同戴望的今文经学，曾致信刘寿曾云："冕于《春秋》欲昌明左氏，辨汉人左氏不传《春秋》之诬（拟为文十篇），现撰文四篇，俟后钞出求教（一辨卫蒯聩、辄父子争国事，一辨王壬秋《庄子》中有公羊说之误，一论何劭公用纬说《公羊春秋》之误，一论公羊家微言之辨）。"[②]尽管如此，刘恭冕的《何休注训论语述》除了多引刘逢禄、宋翔凤的见解外，也直接引用戴望的《论语注》，且关心其遗著出版。

这些学术精神与"实事求是"的理念相辅相成，还有待于今人再加认识和阐发。其实，清代汉学家治学精神远不止此。比如，汉学家谨慎立言的学风，被人称为"一字之证，博及万卷"。正如阮元所云："我朝儒学笃实，务为其难，务求其是，是以通儒硕学，束发研经，白首而不能究，岂如朝立一旨，暮即成宗者哉！"[③]清代汉学家不好立宗旨，淡化道统，似乎做着"无用之学"，但不仅取得了辉煌的考证成就，而且在庙堂理学之外诠释儒学本原，自建了学统。汉学虽然不无繁琐之弊，却是医治空疏学风的良药。

二　家学与清代汉学的活力

隋、唐以降，朝廷不像以前那样依赖于豪门大族，基层政权大抵趋于强化，保甲制成为皇权延伸的末端根系，但基层社会仍不免闭塞、涣散，宗族组织遂成为基层政权的重要补充。明清时期，以家族为主体的绅衿阶层在社会生活中发挥着重要作用，而世家大族多是一方学术文化的主角。人类社会的再生产，既是人类自身的生存繁衍，又是精神、

① 戴望：《戴望致张星鉴》，《小莽苍苍斋藏清代学者书札（修订本）》（下），第934页。

② 刘恭冕：《刘恭冕致刘寿曾》（第二通），《小莽苍苍斋藏清代学者书札（修订本）》（下），第803—804页。

③ 阮元：《国朝汉学师承记序》，《揅经室一集》卷十一，第13页。

文化的薪火相传，家学则是二者的集中体现。如同弓冶传家，家世其学比师承、书院、朋友间的学术传衍独具优势。它带来了清代汉学的繁荣，也延续了民间学术脉络。仅从学术本身而言，汉学家族亦有其活力源泉：

其一，清代汉学的家法观念具有包容性，适应了家学传衍和发展的需要。一般说来，经学重视家法相传，学传久远。但清代家世相传的汉学并不是官学，更不像汉代经学那样高踞庙堂。清代汉学家法不过是学者对于治学宗旨、途径和方法的自觉，大体上因时更新。这在一定程度上使之学脉绵长，具有活力。

吴县江声精研《尚书》，传承惠氏经学，又讲求家法。而其孙江沅师从段玉裁，专注于文字训诂之学，转换了学术脉承和重心。清代今文家注重儒经文本的异同及不同诠释，陈寿祺强调：“汉儒传注，有古学、今学之分，必先考其家法，然后异同可辨。”[①]然而，他们区分今、古的自觉也是逐渐萌发的。比如，乾隆年间，庄存与兼治今、古文经，今文学家法还较笼统、模糊。其侄庄述祖传承家学，而又“独辟天地”，将庄氏今文学传授于外甥刘逢禄、宋翔凤。于是，其经学边界逐渐清晰，今文学理论趋于完备，今文学派随之初具规模。

其二，家学脉络有利于拓展汉学领域，注入新的学术生机。清代汉学初兴之时，学者偏重古文经学或小学。随着研究日趋精深，创获更显困难。一些学术世家的学术方法和思想主旨一脉相承，而学术重心已有变化，由经学而转重史学，或诸子学、金石学、辞章之学，比如嘉定钱氏、常州张氏、阳湖洪氏、湘阴郭氏等。

钱大昕指导、帮助家族子弟沉潜治学，使之专精史学及金石学、小学，并以家学优势宏扬了考据史学。钱氏子弟在学术上独辟蹊径，深化了原有的家学体系，影响所及，一定程度上重塑了乾嘉汉学的面貌。洪亮吉精于《春秋》，兼考史地。其子洪饴孙、洪齮孙则专于考证史地，充实了家学内容。又如，乾隆年间的经史考证与辞章之学大抵各自独立，甚至相

① 陈寿祺:《经郛条例》,《左海文集》卷四,第15页。

互排斥。而张惠言兼治二学，相得益彰。其辞章之学得到家人发扬，发展为张氏学术中心，流播士林。郭庆藩既传承伯父郭嵩焘的学术思想，又转而精研子书，卓有成就。家学领域的拓展，延续了学术家族的辉煌气象，也有助于改变经学独盛的畸形格局。

其三，汉学家族的理学渊源有裨于超越门户，走向汉、宋调和或兼采，提升学术境界。清代理学复兴后，许多家族均以理学传家，如宝应刘氏、高邮王氏、常州庄氏、宝应朱氏、绩溪胡氏、甘泉焦氏等。他们在乾嘉年间因应时势、转治汉学，却仍然接受了理学熏陶，汉、宋门户观念淡薄，兼采宋儒经解。这种学源铺设了获取科名的阶梯，也对其经史考证大有裨益。

焦循是乾嘉之际的汉学名家，早年究心于理学，学术上反对“唯汉是好”。他指出：“近世考据之家，唯汉儒是师，宋、元说经，弃之如粪土，亦非也。”[①]他在《易》学及《孟子正义》中兼采汉、宋，于考释、疏证中蕴含义理，故被视为一代“通儒”。宝应刘氏学者转治汉学后，不仅讲求宋儒的德性修养，而且学术上兼采汉、宋。刘宝楠的《论语正义》立足于汉学，又汲取宋学家的见解，汇集众长，成为一代名作。就此而言，汉学家族的理学背景对于考证儒经显然具有意义。

其四，一些汉学家族培育了经世之学，彰显了经、史、诸子研究的社会价值。学术上求真与致用属于不同的价值追求，却不是根本对立。乾嘉汉学家多偏重考据，淡化经世致用。不过，有的家学传承孕育了一定的经世意识，如江都汪氏、宝应刘氏、常州庄氏以及稍后的瑞安孙氏等。在这些家族中，前辈的社会关怀尚属淡薄，或不成体系，但经后人发扬、践履后，逐步形成了经世思想。

汪中不喜心性之谈，而关心民生利病，对改良礼俗、救济孤寡诸事不乏真知灼见。其子汪喜孙继志力行，对其社会主张多所阐述和践行，凸显了汪氏学思的价值。庄存与、庄培因兄弟仰慕贾谊、董仲舒的“明体达用”之学，却缺少思想创见。刘逢禄则发展庄氏《春秋》学，以之讽时议

① 焦循：《里堂家训》卷下，第4页。

政，并阐发“三统”“三世”说，以期消弥社会隐患。庄氏今文学也随之更新和发展，成为晚清经世思潮的源头。至清末，经世学风弥漫士林，其学术资源也从理学、今文经学而扩大到古文经学，后者代表人物是孙诒让和章太炎。[①]孙氏传衍家学，发掘《周礼》等古文经的经世蕴含，显示了道器并重的思想特征。他不仅以西学诠释经、子典籍中的器物知识，而且在兴学救国的实践中，讲求工艺制造及实用之学，发展了晚清的经世之学。总之，汉学的经世致用走向，丰富了传统学术的价值系统，也为经世思潮提供了学理资源。

乾隆年间，家学传承还不是汉学主流。随着嘉道年间老宿凋零，传衍家学者如雨后春笋，纷纷凸现。一些家学的潜在因素，如考据史学、今文经学，以及兼采汉宋、经世意识等，逐渐发展起来，进而更新了原有的学术面貌。康熙士人叶梦珠曾说：“士风之升降也，不知始自何人。大约一二人唱之，众从而和之。和之者，遂成风俗，不可猝变。殆其变也，亦始于一二人，而成于众和。方其始也，人犹异之，及其成也，群相习于其中，油油而不自觉矣。”[②]学风与士风在本质上并无大异。所谓“大约一二人唱之”，也可引申为一些家族的学术示范。

清代汉学兴盛200余年，又延续到后世，成为不可多得的学术丰碑。这与学者的精神追求密切相关，也基于家世其学的优势。现代职业日趋多元，价值观念丕变，人们选择职业更带有功利性。在学术界，能屏除利禄诱惑，沉潜治学者已属凤毛麟角。当人们的精神世界日益受浮躁、功利的世风侵蚀时，清代汉学家族昭示的学术精神无疑弥足珍贵。当代中国不可能复制日益远逝的学术家族，但仍然可以关注、阐扬并不遥远的精神传统。

---

① 详见拙文《清末古文家的经世学风及经世之学》，《近代史研究》2001年第6期。

② 叶梦珠：《阅世编》，第94页。

参考文献要目

一　清代及民国学者著述

顾炎武：《亭林文集》，《续修四库全书》影印清刻本。

顾炎武：《日知录集释》（黄汝成集释），《续修四库全书》影印道光刊本。

万斯大：《宗法论》，《续修四库全书》影印道光刊本。

惠栋：《易汉学》，《丛书集成新编》第17册，台北，新文丰出版公司，1985。

惠栋：《松崖文钞》，光绪二十五年刘氏聚学轩刊本。

惠栋：《周易述》，《景印文渊阁四库全书》第52册，台北，商务印书馆，1986。

惠栋：《九经古义》，《丛书集成新编》第10册，台北，新文丰出版公司，1985。

陈祖范：《陈司业文集》，《清代诗文集汇编》第236册，上海古籍出版社，2010。

戴震：《戴东原集》，《续修四库全书》影印乾隆五十七年段玉裁刻本。

钱大昕：《嘉定钱大昕全集》（陈文和主编），江苏古籍出版社，1997。

钱大昭：《三国志辨疑》，《续修四库全书》影印道光二十四年刊本。

钱大昭：《说文统释序》，《四库未收书辑刊》第八辑，第3册，北京出版社，2000。

钱绎：《方言笺疏》，光绪十六年红蝠山房刊本。

王昶：《春融堂集》，《续修四库全书》影印嘉庆十二年刊本。

王鸣盛：《西庄始存稿》，《续修四库全书》影印乾隆三十年刻本。

王鸣盛：《十七史商榷》，《续修四库全书》影印乾隆刻本。

王鸣盛：《蛾术编》，《续修四库全书》影印道光二十一年刊本。

赵翼：《廿二史劄记校证》（王树民校证），中华书局，1984。

赵翼：《瓯北集》，《续修四库全书》影印嘉庆十七年刊本。

纪昀：《纪文达公遗集》，《续修四库全书》影印嘉庆刊本。

翁方纲：《复初斋文集》，光绪三年刊本。

翁方纲：《复初斋诗集》，《续修四库全书》影印清刊本。

卢文弨：《抱经堂文集》，《续修四库全书》影印乾隆六十年刊本。

程瑶田：《通艺录》，《丛书集成续编》第10册，台北，新文丰出版公司，1989。

庄起元：《漆园卮言》文部，《四库全书存目丛书》集部第184册，齐鲁书社，1997。

庄存与：《春秋正辞》，《味经斋遗书》道光年间刊本。

庄存与：《春秋要指》，《味经斋遗书》道光年间刊本。

庄培因：《虚一斋集》，光绪九年刊本。

庄述祖：《珍艺宧文钞》，《续修四库全书》影印清刊本。

孔广森：《顨轩孔氏所著书》，嘉庆年间刊本。

刘逢禄：《刘礼部集》，光绪十八年重刊本。

刘逢禄：《春秋公羊经何氏释例》，《续修四库全书》影印嘉庆刊本。

宋翔凤：《论语说义》，《皇清经解续编》，光绪十四年南菁书院刊本。

宋翔凤：《过庭录》，中华书局，1986。

宋翔凤：《朴学斋文录》，嘉庆二十五年刊本。

王安国：《王文肃公遗文》，罗振玉辑印《高邮王氏遗书》，1925。

王念孙：《广雅疏证》，嘉庆元年刊本。

王念孙：《读书杂志》，《续修四库全书》影印道光十二年刊本。

王念孙：《王石臞先生遗文》，罗振玉辑《高邮王氏遗书》，1925。

王念孙：《王石臞文集补编》（刘盼遂辑），北平来熏阁书店刊本，1935。

王引之：《经传释词》，嘉庆二十四年刊本。

王引之：《经义述闻》，道光七年王氏刊本。

王引之：《王文简公文集》，罗振玉辑《高邮王氏遗书》，1925年。

王引之：《王伯申文集补编》（刘盼遂辑），北平来薰阁书店刊本，1935年。

段玉裁：《经韵楼集》，《续修四库全书》影印嘉庆十九年刊本。

段玉裁：《经韵楼集补编》（刘盼遂辑），北平来熏阁书店刊本，1935年。

贾田祖：《贾稻孙集》，《四库未收书辑刊》第十辑，第28册，北京出版社，2000。

陈鳣：《简庄文钞》，光绪十四年刊本。

王懋竑：《白田草堂存稿》，乾隆十七年刊本。

汪中：《述学》，江都汪氏丛书，1925年刊本。

汪中：《新编汪中集》（田汉云点校），广陵书社，2005。

汪喜孙：《汪喜孙著作集》（杨晋龙主编），台北，中研院中国文哲研究所，2003。

刘台拱：《刘氏遗书》，光绪十五年广雅书局刊本。

刘台拱、刘宝楠、刘宝树、刘恭冕：《宝应刘氏集》（张连生、秦跃宇点校），广陵书社，2006。

刘履恂：《秋槎杂记》《四库未收书辑刊》第四辑，第9册，北京出版社，2000。

刘宝楠：《论语正义》，《诸子集成》（1），上海书店1986年影印本。

刘宝楠编：《清芬集》，道光十九年世德堂刊本。

刘恭冕：《何休注训论语述》，《丛书集成续编》第36册，台北，新文丰出版公司，1989。

刘岳云：《食旧德斋杂著》，光绪八年刊本。

朱彬：《游道堂集》，《清代诗文集汇编》第437册，上海古籍出版社，2010。

朱彬：《经传考证》，《四库未收书辑刊》第四辑，第9册，北京出版社，2000。

朱彬：《礼记训纂》，宜禄堂咸丰刊本。

彭启丰：《芝庭文稿》，《四库未收书辑刊》第九辑，第23册，北京出版社，2000。

彭绍升：《二林居集》，《续修四库全书》影印嘉庆四年刊本。

朱筠：《笥河文集》，《续修四库全书》影印嘉庆二十年刻本。

朱筠：《笥河诗集》，《续修四库全书》影印嘉庆九年刻本。

邵晋涵：《南江文钞》，《续修四库全书》影印道光十二年刊本。

孙星衍：《孙渊如先生全集》，上海商务印书馆《四部丛刊》影印嘉庆刊本。

章学诚：《章氏遗书》，刘氏嘉业堂1922年刊本。

章学诚：《文史通义校注》（叶瑛校注），中华书局，1994。

洪亮吉：《洪亮吉集》（刘德权点校），中华书局，2001。

凌廷堪：《校礼堂文集》（王文锦点校），中华书局，1998。

焦循：《雕菰集》，《续修四库全书》影印道光刊本。

焦循：《里堂家训》，《续修四库全书》影印上海图书馆藏稿本。

焦循：《论语补疏》，《丛书集成三编》第13册，台北，新文丰出版公司，1997。

臧庸：《拜经堂文集》，《续修四库全书》影印汉阳叶氏写本。

王芑孙：《惕甫未定稿》，《续修四库全书》影印《渊雅堂全集》嘉庆刊本。

方苞：《望溪先生文集》，《续修四库全书》影印咸丰元年刊本。

刘大櫆：《海峰文集》，见严云绶、施立业、江小角主编《桐城派名家文集》（13），安徽教育出版社，2014。

刘大櫆：《论文偶记》，见刘大櫆等著《论文偶记、初月楼古文绪论、春觉斋论文》，人民文学出版社，1959。

袁枚：《小仓山房文集》，《丛书集成三编》第56册，台北，新文丰出版公司，1997。

李文藻：《南涧文集》，光绪年间刊本。

顾广圻：《思适斋集》，《续修四库全书》影印道光刊本。

汪辉祖：《双节堂庸训》，《汪龙庄先生遗书》光绪刊本。

阮元：《揅经室集》，上海商务印书馆《四部丛刊》影印初刻本。

阮元：《儒林传稿》，《续修四库全书》影印嘉庆刊本。

张金吾：《两汉五经博士考》，《丛书集成新编》第30册，台北，新文丰出版公司，1985。

阮元编订：《诂经精舍文集》，《丛书集成新编》第59册，台北，新文丰出版公司，1985。

江藩：《经解入门》，光绪二十年上海文林书局刊本。

任兆麟：《有竹居集》，《清代诗文集汇编》第484册，上海古籍出版社，2010。

朱琦：《小万卷斋文稿》，光绪十一年重刊本。

朱为弼：《蕉声馆文集》，咸丰二年刊本。

胡培翚：《研六室文钞》，道光十七年刊本。

胡承珙：《求是堂文集》，道光十七年刊本。

胡秉虔：《汉西京博士考》，《丛书集成新编》第99册，台北，新文丰出版公司，1985。

龚自珍：《龚自珍全集》（王佩诤校），上海古籍出版社，1999。

魏源：《魏源集》，中华书局，1976。

张惠言：《茗柯文编》，上海商务印书馆《四部丛刊》影印同治八年刊本。

张惠言：《茗柯文补编》，上海商务印书馆《四部丛刊》影印道光刊本。

张惠言：《茗柯文外编》，上海商务印书馆《四部丛刊》影印道光刊本。

张琦：《宛邻集》，光绪年间盛氏刻常州先哲遗书本。

张惠言、张成孙：《谐声谱》，《续修四库全书》影印民国刊本。

王灼：《悔生文集》，《清代诗文集汇编》第431册，上海古籍出版社，2010。

吴德旋：《初月楼文钞》，《清代诗文集汇编》第486册，上海古籍出版社，2010。

丁履恒：《思贤阁文集》，咸丰四年家刊本。

恽敬：《大云山房文稿》，上海商务印书馆《四部丛刊》影印同治八年刊本。

董士锡：《齐物论斋文集》，道光二十年刊本。

李兆洛：《养一斋文集》，道光年间刊本。

李兆洛：《养一斋文集续编》，道光年间刊本。

包世臣：《艺舟双楫》，道光二十六年《安吴四种》刊本。

邓显鹤：《南村草堂文钞》，咸丰元年刊本。

张穆：《㐆斋文集》，山右丛书初编，1912年刊本。

陈寿祺：《左海文集》，《续修四库全书》影印清刊本。

陈寿祺辑校：《尚书大传（附叙录辨伪）》，《丛书集成新编》第106册，台北，新文丰出版公司，1985。

陈寿祺撰、陈乔枞述：《三家诗遗说考》，《续修四库全书》影印清刻本。

陈乔枞：《齐诗翼氏学疏证》，《续修四库全书》影印清刊本。

郝懿行：《晒书堂文集》，光绪十年刊本。

梁章钜：《师友集》，道光二十五年刊本。

沈垚：《落帆楼文集》，吴兴刘氏嘉业堂1918年刊本。

陈澧：《东塾集》，光绪十八年菊坡精舍刊本。

陈澧：《东塾读书记》，光绪初年刊本。

陈澧：《陈兰甫先生澧遗稿》，《岭南学报》第2卷，第2期、第3期，1931。

桂文灿：《经学博采录》（王晓骊、柳向春点校），华东师范大学出版社，2010。

蒋湘南：《七经楼文钞》，《续修四库全书》影印同治八年刊本。

陈庆镛：《籀经堂类稿》，光绪九年刊本。

刘文淇：《青溪旧屋文集》，光绪九年刊本。

刘毓崧：《通义堂文集》，民国刘氏求恕斋丛书本。

刘寿曾：《传雅堂集》，1937年铅印本。

沈钦韩：《幼学堂文稿》，《续修四库全书》影印清刊本。

李富孙：《校经庼文稿》，《续修四库全书》影印道光刻本。

陈立：《公羊义疏》，光绪十四年南菁书院刊本。

姚鼐：《惜抱轩全集》，中国书店，1991。

姚莹：《东溟文集》，同治六年《中复堂全集》本。

梅曾亮：《柏枧山房全集》，《续修四库全书》影印咸丰六年刊本。

陈用光：《太乙舟文集》，道光十七刊本。

林伯桐：《修本堂稿》，道光二十四年刊本。

曾钊：《面城楼集钞》，光绪十二年学海堂丛刊本。

曾国藩：《曾文正公全集》，《近代中国史料丛刊》续编，第一辑，台北，文海出版社影印光绪二年刊本。

冯桂芬：《显志堂稿》，光绪二年校邠庐刊本。

冯桂芬：《校邠庐抗议》，光绪十年刊本。

夏炘：《景紫堂文集》，同治元年《景紫堂全书》本。

黄式三：《儆居集》，光绪十四年刊本。

黄以周：《儆季杂著》，光绪二十年刊本。

黄以周：《礼书通故》，光绪十九年刊本。

周中孚：《郑堂读书记》，《续修四库全书》影印民国刊本。

郭嵩焘：《礼记质疑》，岳麓书社，1992。

郭嵩焘：《郭嵩焘诗文集》（杨坚点校），岳麓书社，1984。

郭崑焘、郭崙焘：《郭崑焘集郭崙焘集》（王建等点校），岳麓书社，2011。

郭庆潘：《庄子集释》，《诸子集成》（3），上海书店，1986。

郭庆潘：《郭庆藩书札》，湖南图书馆藏稿本。

俞樾：《春在堂全书》，光绪二十五年刊本。

俞樾：《俞樾函札辑证》（张燕婴整理），凤凰出版社，2014。

戴望：《谪麐堂遗集》，宣统三年刊本。

戴望：《戴氏注论语小疏》（郭晓东校疏），华东师范大学出版社，2014。

孙衣言：《逊学斋文钞》，同治十二年刊本。

孙锵鸣：《孙锵鸣集》（胡珠生编），上海社会科学院出版社，2003。

孙诒让：《籀庼述林》，1916年刊本。

孙诒让：《墨子间诂》，《诸子集成》本，上海书店，1986。

孙诒让：《籀庼遗文》，1926年刊本。

孙诒让：《周礼政要》，《丛书集成续编》第58册，台北，新文丰出版公司，1989。

孙诒让：《孙诒让遗文辑存》（张宪文辑），浙江人民出版社，1990。

孙诒让：《籀庼遗著辑存》，中华书局，2010。

皮锡瑞：《经学通论》，中华书局，1954。

皮锡瑞：《经学历史》（周予同注释），中华书局，1959。

皮锡瑞：《师伏堂未刊日记》，《湖南历史资料》1958年第4期、1959年第1—2期、1981年第2辑，湖南人民出版社。

皮锡瑞：《皮锡瑞集》（吴仰湘点校），岳麓书社，2012。

王先谦：《葵园四种》，岳麓书社，1986。

王先谦：《庄子集解》，《诸子集成》本，上海书店1986年影印。

叶德辉：《叶德辉文集》（印晓峰编），华东师范大学出版社，2010。

谭献：《谭献集》（罗仲鼎、俞浣萍点校），浙江古籍出版社，2012。

谭献：《谭献日记》（范旭仑、牟晓朋整理），中华书局，2013。

郑珍：《郑珍全集》（黄万机等点校），上海古籍出版社，2012。

张星鉴：《仰萧楼文集》，光绪六年刊本。

冯煦：《蒿庵类稿·续稿·奏稿》，《近代中国史料丛刊》初编，第三十三辑，第328册，台北，文海出版社影印本。

朱一新：《无邪堂答问》（吕鸿儒、张长法点校），中华书局，2000。

章太炎：《章太炎全集》第一辑，上海人民出版社，2014。

章太炎：《章太炎全集》第二辑，上海人民出版社，2015。

刘师培：《刘申叔先生遗书》，宁武南氏1936年刊本。

梁启超：《饮冰室合集》（林志钧编），中华书局，1989。

陈黻宸：《陈黻宸集》（陈德溥编），中华书局，1995。

宋恕：《宋恕集》（胡珠生编），中华书局，1993。

曹元忠：《笺经室遗集》，1941年王氏学礼斋刊本。

曹元弼：《复礼堂文集》，1917年刊本。

章梫：《一山文存》，《近代中国史料丛刊》初编，第33辑，第329册，台北，文海出版社影印本。

张之洞：《张之洞全集》（苑书义等编），河北人民出版社，1998。

苏舆：《春秋繁露义证》，中华书局，1992。

孙宝瑄：《忘山庐日记》，上海人民出版社，2015。

屈大均：《广东新语》，中华书局，1985。

昭梿：《啸亭杂录》，中华书局，1980。

钱泳：《履园丛话》，中华书局，1979。

张文虎：《张文虎日记》（陈大康整理），上海书店出版社，2009。

陈康祺：《郎潜纪闻初笔二笔三笔》，中华书局，1984。

方浚师：《蕉轩随录续录》，中华书局，1995。

赵翼、姚元之：《簷曝杂记、竹叶亭杂记》，中华书局，1982。

朱彭寿：《旧典备征　安乐康平室随笔》，中华书局，1982。

吴振棫：《养吉斋丛录》，中华书局，2005。

叶梦珠：《阅世编》，中华书局，2007。

李斗：《扬州画舫录》，中华书局，1960。

欧阳兆熊、金安清：《水窗春呓》，中华书局，1984。

刘禺生：《世载堂杂忆》，中华书局，1960。

赵烈文：《能静居日记》，岳麓书社，2013。

贺长龄、魏源编：《皇朝经世文编》，《近代中国史料丛刊》初编，第七十四辑，台北，文海出版社影印本。

徐珂编撰《清稗类钞》（1—13册），中华书局，1984、1986。

罗振玉辑：《昭代经师手简》初编、二编，1918年影印墨迹本。

陈烈主编：《小莽苍苍斋藏清代学者书札》（修订本），人民文学出版社，2014。

《清代名人书札》，北京师范大学出版，2009。

陈奂辑《流翰仰瞻：陈硕甫友朋书札》（吴格整理），上海古籍出版社，2012。

《汪康年师友书札》（上海图书馆编）上海书店出版社，2017。

王欣夫：《蛾术轩箧存善本书录》，上海古籍出版社，2002。

刘声木：《桐城文学渊源考》，《丛书集成三编》第6册，台北，新文丰出版公司，1997。

二 族谱和方志

《濠梁万氏宗谱》（万承式等纂修），乾隆三十七年辨志堂刻本。

《毗陵庄氏族谱》，光绪元年刊本，中国国家图书馆藏。

《毗陵庄氏族谱》，2008年庄氏自印版，中国国家图书馆藏。

《续王氏世谱》（王元增纂修），1925年铅印本。

《惠氏宗谱》（惠善旌等纂修），光绪二十五年刊本。

《张氏宗谱》，常州城南书院藏版。

《（宝应）刘氏家谱》（刘源昆编），道光三十年刊本，中国国家图书馆藏复印本。

《会稽偁山章氏智九公分祠支谱》（章贻贤纂修），光绪二十年刊本。

《孙氏谱记》（孙星衍纂修），嘉庆十五年金陵五松祠刻本。

《张香都朱氏支谱》（朱琦纂修），道光五年刻本。

《中华族谱集成》刘氏谱卷第17册，巴蜀书社，1995。

《湘潭鼓磉洲罗氏九修族谱》（罗山寿纂修），1948年刊本。

《湘上戴氏四修族谱》（戴海鲲等修），1943年木活字本。

《夏孝汤氏家谱》（汤金钊等纂修），道光四年刊本。

《乐安郡孙氏家谱》（孙孔祥主修），1940年抄本。

《湘阴郭氏家谱》（郭嵩焘编撰），见郭道西主编《湘阴郭氏家族史全书》，湖南省图书馆藏2006年复印本。

《苞溪李氏家乘》（李洽纂修），光绪十六年刊本。

《善化贺氏族谱》（贺家栋等纂修），1929年滋德堂刊本。

《东兴缪氏宗谱》（缪楷等纂修），宣统元年木活字本。

《萧山毛氏宗谱》（毛鼒亭纂修），道光二十六年刊本。

《盘谷孙氏族谱》（孙衣言纂修），见《温州历史文献集刊》（第一辑），南京大学出版社，2010。

《吴江沈氏家传》，国家图书馆地方志家谱文献中心编《清代民国名人家谱选刊》第17册，北京燕山出版社，2006。

《李氏家牒》（李兆洛辑），国家图书馆地方志家谱文献中心编《清代民国名人家谱选刊》第17册，北京燕山出版社，2006。

《兰陵缪氏世谱》（缪荃孙纂辑），国家图书馆地方志家谱文献中心编《清代民国名人家谱选刊》第44—45册，北京燕山出版社，2006。

《祁氏世谱》（祁韵士、祁寯藻等纂刻），国家图书馆地方志家谱文献中心编《清代民国名人家谱选刊续编》第35册，北京燕山出版社，2006。

《大阜潘氏支谱》（潘遵祁等纂修），国家图书馆地方志家谱文献中心编《清代民国名人家谱选刊续编》第9—13册，北京燕山出版社，2006。

《安徽建德县纸阬山周氏宗谱》（周馥等纂修），宣统三年刊本。

《德清城关胡氏家谱》（胡文经等纂修），清芬堂2002年铅印本，上海图书馆藏。

《湘乡罗氏族谱》（罗日嵩等纂修），光绪十八年刊本。

《遵义沙滩黎氏家谱》不分卷（黎庶昌等修），光绪十五年刊本。

《上川明经胡氏宗谱》（胡祥木纂修），宣统三年刻本。

《新会梁氏族谱》（新会梁氏族谱研究会纂修），上海图书馆藏2003年铅印本。

《中国家谱资料选编·传记卷》（上海图书馆编；王铁整理），上海古籍出版社，2013。

《中国家谱资料选编·序跋卷》（上海图书馆编；丁凤麟整理），上海古籍出版社，2013。

《中国家谱资料选编·诗文卷》（上海图书馆编；梁颖整理），上海古籍出版社，2013。

《中国家谱资料选编·家规族约卷》（上海图书馆编；周秋芳、王宏整理），上海古籍出版社，2013。

《中国家谱资料选编·教育卷》（上海图书馆编；顾燕整理），上海古籍出版社，2013。

《中国家谱资料选编·礼仪风俗卷》（上海图书馆编；陈秉仁整理），上海古籍出版社，2013。

费成康主编：《中国的家法族规》，上海社会科学院出版社，1998。

（康熙）《扬州府志》（崔华、张万寿编纂），《四库全书存目丛书》史部215册，齐鲁书社，1996。

《道光徽州府志》，《中国地方志集成·安徽府县志辑（48）》，江苏古籍出版社，1998。

《重修宝应县志》，道光二十年刊本。

《民国宝应县志》（戴邦桢等纂修），《中国地方志集成·江苏府县志辑（49）》，江苏古籍出版社，1991。

《江都县志》，《中国方志丛书 · 华中地方 · 第三九三号》，台北，成文出版社影印乾隆八年刊、光绪七年重刊本。

《江都县续志》，《中国方志丛书 · 华中地方 · 第二六号》，台北，成文出版社影印光绪九年刊本。

《嘉庆高邮州志》（杨宜仑、夏之蓉、沈之本等纂修），《中国地方志集成·江苏府县志（46）》，江苏古籍出版社，1991。

《民国吴县志》（曹允源、李根源纂修），《中国地方志集成·江苏府县志辑（12）》，江苏古籍出版社，1991。

《光绪无锡金匮县志》（裴大中、倪咸生、秦湘业等纂修），《中国地方志集成·江苏府县志（24）》，江苏古籍出版社，1991。

（乾隆）《温州府志》（李琬等纂修），乾隆二十五年刊、民国三年补刻本。

《青浦县志》，台北，成文出版社影印光绪五年刊本。

《中国地方志集成·乡镇志专集（3）》，上海书店，1992。

《中国地方志民俗资料汇编》（华北卷、东北卷、中南卷、西南卷、华东卷、西北卷，丁世良、赵放主编），书目文献出版社1989-1995。

《明清以来苏州社会史碑刻集》（王国平、唐力行主编），苏州大学出版社，1998。

《民国时期社会调查丛编》（一编）文教事业卷（李文海主编），福建教育出版社，2014。

三　官书和传记

《四书五经》（宋元人注），中国书店1985影印本。

《十三经》，北京燕山出版社，1991。

班固：《汉书》，中华书局，1962。

班固：《白虎通》，《丛书集成新编》第9册，台北，新文丰出版公司，1985。

范晔：《后汉书》，中华书局，1965。

《圣谕广训》，《景印文渊阁四库全书》第717册，台北，商务印书馆，1986。

《高宗纯皇帝实录》，《清实录》第9至27册，中华书局1985—1986年影印本。

《仁宗睿皇帝实录》，《清实录》第28至32册，中华书局1986年影印本。

《宣宗成皇帝实录》，《清实录》第35册，中华书局1986年影印本。

《大清十朝圣训》，北京燕山出版社，1998。

《清史稿》（赵尔巽等撰、启功等点校），中华书局，1977。

《清代朱卷集成》（顾廷龙主编），台北，成文出版社，1992。

《清代官员履历档案全编》（秦国经主编），华东师范大学出版社，1997。

《钦定四库全书总目》（纪昀等纂），中华书局，1997。

《清廷签议〈校邠庐抗议〉档案汇编》（中国第一历史档案馆编），线装书局，2008。

《清史列传》（王钟翰点校），中华书局，1987。

江藩、方东树：《国朝汉学师承记（外二种）》，生活·读书·新知三联书店，1998。

钱林：《文献征存录》，咸丰八年有嘉树轩刻本。

唐鉴：《国朝学案小识》，道光二十五年刊本。

李元度：《国朝先正事略》，同治八年刊本。

徐世昌编：《清儒学案》，中国书店1990影印本。

陈奂：《师友渊源记》，光绪十二年刊本。

钱仪吉编：《碑传集》，《近代中国史料丛刊》初编，第九十三辑，台北，文海出版社影印本。

缪荃孙编：《续碑传集》，《近代中国史料丛刊》初编，第九十九辑，台北，文海出版社影印本。

闵尔昌编：《碑传集补》，《近代中国史料丛刊》初编，第一百辑，台北，文海出版社影印本。

张维骧编：《清代毗陵名人小传稿》，《近代中国史料丛刊》续编，第十三辑，第121册，台北，文海出版社影印本。

阮元、罗士琳：《畴人传》，《文选楼丛书》1911年重印嘉庆四年刊本。

诸可宝：《畴人传三编》，光绪十二年刊本。

朱保炯、谢沛霖编《明清进士题名碑录索引》，上海古籍出版社，1980。

缪荃孙：《循良传稿》，《北京大学图书馆馆藏稿本丛书》第二十二册，天津古籍出版社，1991。

王安国等：《高邮王氏六叶传状碑志集》，罗振玉辑《高邮王氏遗书》，1925。

段玉裁：《戴东原先生年谱》，《北京图书馆藏珍本年谱丛刊》第104册，北京图书馆出版社，1998。

刘盼遂：《高邮王氏父子年谱》，《丛书集成三编》第85册，台北，新文丰出版公司，1997。

严荣：《述庵先生年谱》，《续修四库全书》影印嘉庆刊本。

刘颖编：《刘职方公年谱》，《北京图书馆藏珍本年谱丛刊》第57册，北京图书馆出版社，1998。

焦廷琥：《先府君事略》，《丛书集成三编》第86册，台北，新文丰出版公司，1997。

罗继祖编：《朱笥河（筠）先生年谱》，《近代中国史料丛刊》初编，第三十八辑，第372册，台北，文海出版社影印本。

张鉴等撰：《阮元年谱》，中华书局，1995。

吕培等编：《洪北江先生年谱》，《北京图书馆藏珍本年谱丛刊》第116册，北京图书馆出版社，1998。

谢忱编：《张惠言先生年谱》，《常州工业技术学院学报》1998年第1期。

黄云眉编：《邵二雲先生年谱》，《北京图书馆藏珍本年谱丛刊》第110册，北京图书馆出版社，1998。

瞿中溶编：《瞿木夫先生自定年谱》，《北京图书馆藏珍本年谱丛刊》第131册，北京图书馆出版社，1998。

蒋彤编：《武进李先生年谱》，《北京图书馆藏珍本年谱丛刊》第131册，北京图书馆出版社，1998。

闵尔昌编：《江子屏先生年谱》，《北京图书馆藏珍本年谱丛刊》第122册，北京图书馆出版社，1998。

葛虚存编：《清代名人轶事》，《近代中国史料丛刊》三编，第四辑，第40册，台北，文海出版社影印本。

（日）小泽文四郎：《仪征刘孟瞻年谱》，《北京图书馆藏珍本年谱丛刊》第143册，北京图书馆出版社，1999。

孙延钊：《孙衣言孙诒让父子年谱》（徐和雍、周立人整理），上海社会科学院出版社，2003。

支伟成：《清代朴学大师列传》，岳麓书社，1998。

江庆柏：《清代人物生卒年表》，人民文学出版社，2005。

闵尔昌等：《扬州学派年谱合刊》（郑晓霞、吴平标点），广陵书社，2008。

章梫等：《刘岳云传志》，民国年间刊本（无页码），中国国家图书馆北海分馆藏。

郭振镛：《郭庆藩行述》，湖南图书馆藏清光绪刻本。

《中华文史资料文库》（文化教育编），中国文史出版社，1996。

四　参考近著（以作者姓氏拼音为序）

（美）艾尔曼（Benjamin A. Elman）：《经学、政治和宗族——中华帝国晚期常州今文经学派研究》，赵刚译，江苏人民出版社，1998。

曹虹：《阳湖文派研究》，中华书局，1996。

常建华：《宋以后宗族的形成及地域比较》，人民出版社，2013。

陈寅恪：《金明馆丛稿初编》，生活·读书·新知三联书店，2001。

陈祖武、朱彤窗：《乾嘉学术编年》，河北人民出版社，2005。

陈祖武、朱彤窗：《乾嘉学派研究》，河北人民出版社，2005。

陈其泰：《清代公羊学》，东方出版社，1997。

陈鸿森：《刘氏〈论语正义〉成书考》，台北，《中研院历史语言研究所集刊》第六十五本，第三分，1994。

冯尔康：《18世纪以来中国家族的现代转向》，上海人民出版社，2005。

黄爱平：《朴学与清代社会》，河北人民出版社，2003。

葛兆光：《七世纪至十九世纪中国的知识、思想与信仰》（中国思想史第二卷），复旦大学出版社，2000。

龚书铎主编：《清代理学史》，广东教育出版社，2007。

顾颉刚、陈盘：《钱大昕及其家族的著述》，《中山大学图书馆周刊》第5卷，第5、6期。1928年。

江庆柏：《明清苏南望族文化研究》，南京师范大学出版，1999。

蒋明宏等：《明清江南家族教育》，知识产权出版社，2013。

金毓黻：《中国史学史》，商务印书馆，1999。

梁启超：《中国近三百年学术史》，《饮冰室合集》专集之七十五，中华书局，1989。

梁启超：《中国文化史·社会组织篇》，《饮冰室合集》专集之八十六，中华书局，1989。

梁其姿：《施善与教化——明清的慈善组织》，河北教育出版社，2001。

凌郁之：《苏州文化世家与清代文学》，齐鲁书社，2008。

刘大年：《评近代经学》，见《刘大年全集》（七），湖北人民出版社，2016。

陆宝千：《清代思想史》，华东师范大学出版社，2009。

路新生：《中国近三百年疑古思潮研究》，上海人民出版社，2001。

罗检秋：《嘉庆以来汉学传统的衍变与传承》，中国人民大学出版社，2006。

罗检秋：《新会梁氏：梁启超家族文化史》，中国人民大学出版社，1999。

罗时进：《地域·家族·文学：清代江南诗文研究》，上海古籍出版社，2010。

罗香林：《中国族谱研究》，香港中国学社，1971。

罗志田：《国家与学术：清季民初关于“国学”的思想论争》，生活·读书·新知三联书店，2003。

孟森：《清史讲义》，中华书局，2006。

潘光旦：《明清两代嘉兴的望族》，见《潘光旦文集》第三卷，北京大学出版社，1995。

漆永祥：《乾嘉考据学研究》，中国社会科学出版社，1998。

钱杭：《宗族的传统建构与现代转型》，上海人民出版社，2011。

钱穆：《中国近三百年学术史》，中华书局，1986。

钱穆：《两汉经学今古文平议》，九州出版社，2011。

桑兵：《晚清民国时期的国学研究》，上海古籍出版社，2001。

史革新：《清代以来的学术与思想论集》，社会科学文献出版社，2011。

（美）施坚雅（G. William Skinner）主编：《中华帝国晚期的城市》，叶光庭等译，中华书局，2000。

汤志钧：《近代经学与政治》，中华书局，1989。

王俊义：《清代学术探研录》，中国社会科学出版社，2002。

王汎森：《中国近代思想与学术的系谱》，河北教育出版社，2001。

吴丽娱主编：《礼与中国古代社会》，中国社会科学出版社，2016。

熊铁基：《汉代学术史论》，高等教育出版社，2013。

徐扬杰：《中国家族制度史》，人民出版社，1992。

徐扬杰：《宋明家族制度史论》，中华书局，1995。

徐复观：《徐复观论经学史二种》，上海书店出版社，2002。

徐茂明等编著：《明清以来苏州文化世族与社会变迁》，中国社会科学出版社，2011。

徐雁平：《清代世家与文学传承》，生活·读书·新知三联书店，2012。

余英时：《士与中国文化》，上海人民出版社，1987。

余英时：《论戴震与章学诚：清代中期学术思想史研究》，生活·读书·新知三联书店，2000。

赵华富：《徽州宗族研究》，安徽大学出版社，2004。

赵园：《明清之际士大夫研究》，北京大学出版社，1999。

张兴武：《两宋望族与文学》，人民文学出版社，2010。

张舜徽：《张舜徽集 · 清儒学记》，华中师范大学出版社，2005。

张舜徽：《清代扬州学记》，广陵书社，2004。

张杰：《清代科举家族》，社会科学文献出版社，2003。

张研：《清代族田与基层社会结构》，中国人民大学出版社，1991。

周予同：《周予同经学史论著选集》（朱维铮编，增订本），上海人民出版社，1996。

朱维铮：《求索真文明——晚清学术史论》，上海古籍出版社，1996。

中研院历史语言研究所：《中国近世家族与社会学术研讨会论文集》，台北，1998。

（美）曾小萍（Madeleine Zelin）：《州县官的银两——18世纪中国合理化的财政改革》，董建中译，中国人民大学出版社，2005。

庄小虎：《庄存与家族史考述》，《常州工学院学报》2003年第5期。

Beverly J. Bossler, *Powerful Relations: Kinship, Status & the State in Sung China (960-1279)*, Cambridge, Mass: Council on East Asian Studies, 1998.

Guotong Li, *Migrating Fujianese: Ethnic, Family, and Gender Identities in an Early Modern Maritime World*, Leiden and Boston:BRILL, 2016.

Kai-wing Chow, *The Rise of Confucian Ritualism in Late Imperial China: Ethics, Classics, and Lineage Discourse*, Stanford :Stanford University Press, 1994.

Patricia Buckley Ebrey and James L.Watson (ed.): *Kinship Organization in Late Imperial China (1000—1940)*, Berkeley and Los Angeles:University of California Press, 1986.

Susan Mann, *The Talented Womem of the Zhang Family*, Berkeley and Los Angeles:University of California Press, 2007.

Steven B.Miles, *The Sea of Learning: Mobility and Identity in Nineteenth-Century Guangzhou*, Harvard University Press, 2006.

后　记

常言道，著书当“十年磨一剑”，而在如今的中国学界，这已经难乎其难。本书写作不到十年，却也几经磨砺。个中艰苦，一言难尽。深感清代汉学高耸在中国学术史上的地位，自2012年“18—19世纪学术家族之研究”列为国家社科基金一般项目，至2018年6月修订交稿，这些年我魂牵梦萦的就是“清代汉学家族研究”。

在研究、写作过程中，我曾经颇为踌躇：是否仍像20年前撰写《新会梁氏：梁启超家族文化史》那样，以通俗的笔调叙述一个或几个家族的学思成就和人生坎坷，或是做一些更具挑战性的探索?清代汉学家族不下数十，值得写成专书者也得十个以上。“吾生也有涯，而知也无涯。以有涯随无涯，殆已!”这些年再读《庄子》，似乎又明白了许多道理。我觉得，与其撰写一部又一部的学术家族史，推出多少有些雷同的著述，毋宁以问题为中心，对清代汉学家族的治学理念、学术精神和家学兴衰作一些宏观性、理论性探讨，以为他人研究开辟门径。于是，就有了这部书稿的呈现。

本书部分章节曾在学术期刊发表，十余位编辑朋友为拙稿付出了辛劳。笔者受益匪浅，在此谨致谢忱。刊发的原文俱在，恕不一一举名。还要感谢国家社科基金评委及中国社科院近代史所领导对此项研究的支持，感谢中华书局诸位编辑对本书的帮助。多年来，妻子李国彤教授对我的研究予以精神上支持及学术上砥砺，亦致谢意。

罗检秋于2018年7月